駿台

東大入試詳解 25年

日本史 第3版

2023~1999

問題編

駿台文庫

2023年

第 1 問

古代の宮都などの大規模造営では，

伐り出し，瓦の製作，それらの輸送(陸

労働力が必要であった。国家的造営工事

の設問に答えよ。解答は，解答用紙(イ)

(1) 律令制のもとでは，仕丁と雇夫が

国から50戸ごとに成年男子2名が徴

は官司に雇用された人夫で，諸国から

(2) 奈良時代に朝廷が行った石山寺の造

の内容が記録に残されている。また，

模な工事を実施する際には，労働力不

の雇夫を集めることが命じられた。

(3) 960年9月，平安京の内裏が火災で

木工寮といった中央官司だけでなく，

物ごとの工事を割り当てて行われた。

(4) 1068年に即位した後三条天皇は，1

体の復興工事を進めた。これを契機に，

国衙領だけでなく荘園にも一律に賦課

設　問

国家的造営工事のあり方は，国家財政とそれを支える地方支配との関係を反映して変化した。その変化について，律令制期，摂関期，院政期の違いにふれながら，6行以内で説明せよ。

第 2 問

次の(1)~(4)の文章を読んで，下記の設問に答えよ。解答は，解答用紙(ロ)の欄に記入せよ。

(1) 1433年4月，安芸国の国人小早川家の家督をめぐり，持平(もちひら)・凞平(ひろひら)兄弟が争った。兄弟の父則平(のりひら)は，当初持平を後継者に指名したが，死去の直前あらためて凞平を指名していた。将軍足利義教が有力守護に意見を問うたところ，まず一族・家臣の考えを尋ねるべしという回答が大勢を占めた。

(2) 1433年11月，義教は，かつて管領を務めた斯波義淳(よしあつ)の後継者として，その弟たちのなかで以前から有力な候補と目されていた持有(もちあり)をしりぞけ，その兄義郷(よしさと)を指名して斯波家の家督を継がせた。

(3) 畠山家では，惣領持国(もちくに)と将軍義教との関係が良くなかったため，1441年，有力家臣たちが義教に願い出て，弟の持永(もちなが)を家督に擁立した。しかし同年，義教が嘉吉の変で討たれると，持国は軍勢を率いて持永を京都から追い落とし，家督に復帰した。

(4) 斯波家では，義郷の跡を継いだ義健(よしたけ)が幼少だったため，有力家臣甲斐常治(じょうじ)が主導権を握った。義健が早世したあと一族の義敏(よしとし)が跡を継いだが，常治と義敏の父持種(もちたね)が対立した結果，義敏は家臣たちの支持を失い，1459年，家督をしりぞいた。

設　問

1467年に応仁・文明の乱が起きた。乱の発生と拡大には，この時期の武士の家における家督継承決定のあり方の変化がかかわっていたと考えられる。その変化と乱との関係について，5行以内で述べよ。

第 3 問

次の(1)~(5)の文章を読んで，下記の設問A・Bに答えよ。解答は，解答用紙(ハ)の欄に，設問ごとに改行し，設問の記号を付して記入せよ。

(1)　江戸の寄席は多様な芸能を興行し，1820年頃から急増して，1841年には211カ所にのぼっていた。歌舞伎(芝居)は日中だけ興行し，入場料が次第に高額化したのに対し，寄席は夜も興行し，入場料は歌舞伎の100分の1ほどであった。

(2)　1841年，老中水野忠邦は，江戸の寄席の全廃を主張した。町奉行は，寄席は歌舞伎などに行けない職人や日雇い稼ぎの者などのささやかな娯楽の場で，そこで働く人々の仕事も失われるとして反対した。結局，15カ所だけが引き続き営業を認められた。

(3)　これより以前の1837年，町奉行は，江戸で例年に比べ米価などが高く，盛り場もにぎわっておらず，建物の普請による仕事の口も少ないことを問題視した。この先さらに状況が悪くなると，職人などは何をするかわからないと懸念し，彼らが騒ぎ立てないよう手を打つべきだと述べた。

(4)　1842年，町奉行は，江戸の町方人口56万人のうち，28万人余りは日々の暮らしをその日に稼いだわずかな収入でまかなう「その日稼ぎの者」であると述べた。

⑸　1844年，新任の町奉行は，⑵とほぼ同様の趣旨を述べて，寄席に対する統制の緩和を主張した。軒数の制限が撤廃されると，その数は急増し，700カ所に達したと噂された。

設　問

A　⑴のように江戸で寄席が急増したのは，どのような理由によったと考えられるか。歌舞伎と対比される寄席の特徴に留意しながら，2行以内で述べよ。

B　町奉行が⑵⑸のように寄席を擁護したのは，どのような事態が生じることを懸念したためと考えられるか。江戸に関する幕府の当時の政策や，幕府がこれ以前に直面したできごとにふれながら，3行以内で述べよ。

第4問

次の⑴～⑷の文章と図を読んで，下記の設問Ａ・Ｂに答えよ。解答は，解答用紙(二)の欄に，設問ごとに改行し，設問の記号を付して記入せよ。

⑴　この憲法の改正は，各議院の総議員の三分の二以上の賛成で，国会が，これを発議し，国民に提案してその承認を経なければならない。この承認には，特別の国民投票又は国会の定める選挙の際行はれる投票において，その過半数の賛成を必要とする。(以下略)

(日本国憲法第96条)

⑵　1951年9月，サンフランシスコ平和条約が調印され，吉田茂首相は日米安全保障条約に日本側ではただ一人署名した。1952年8月，吉田首相は，初めて憲法第7条により，与野党議員の多くに対して事前に知らせずに，突如，衆議院の解散を断行した。選挙結果における各党の当選者数は次の通りである。

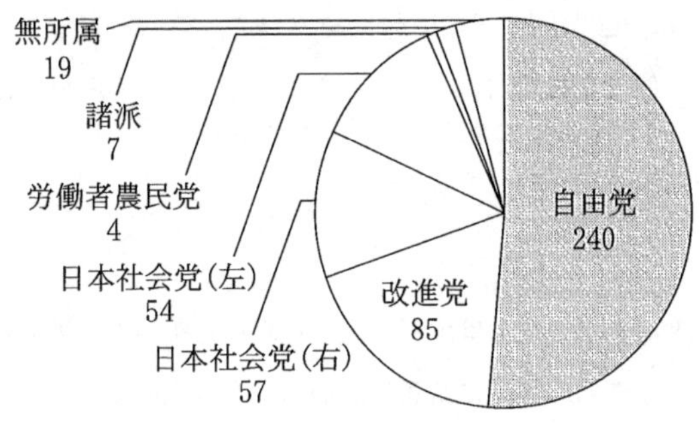

(総議席数466)

(3) 1954年12月，吉田内閣が総辞職した後，早期解散を求める左右両社会党の支持を得て鳩山一郎内閣が成立した。鳩山首相は翌年1月に衆議院の解散を決めた。選挙結果は次の通りである。1956年10月，鳩山首相は，モスクワで日ソ共同宣言に調印し，12月に内閣は総辞職した。

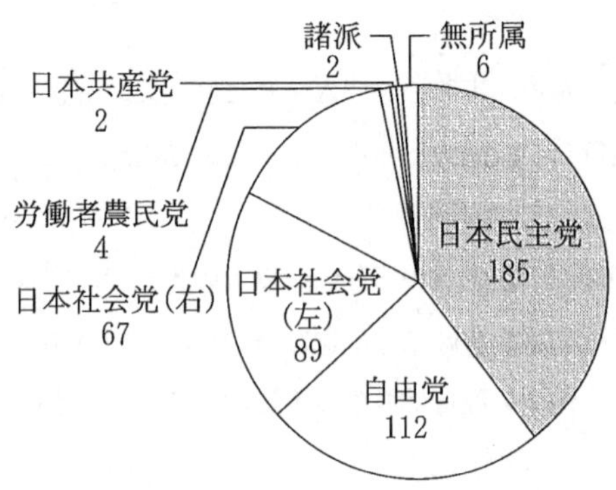

(総議席数467)

(4) 鳩山内閣の後に成立した石橋湛山内閣が首相の病気により総辞職し，それを継いで首相となった岸信介は，1958年4月，日本社会党の鈴木茂三郎委員長と会談を行い，衆議院は解散された。選挙結果は次の通りである。1960年6月，岸首相は，新しい日米安全保障条約が発効した日に退陣を表明し，翌月，内閣は総辞職した。

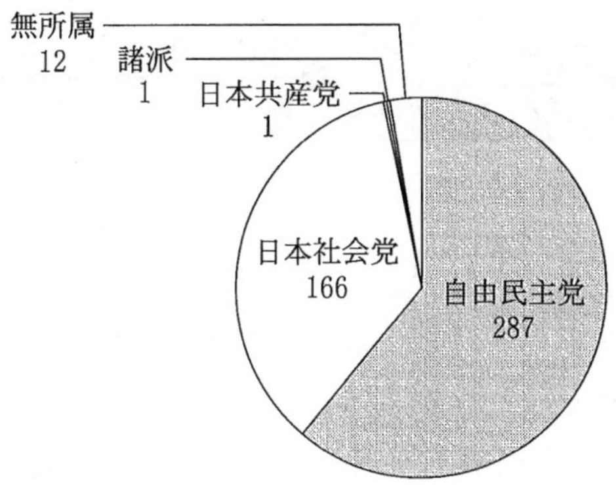

（総議席数 467）

設　問

A　占領終結から岸内閣期において日本の対外関係はどのように変化したか。国際政治の動向に留意しながら，3 行以内で述べよ。

B　1950 年代後半から岸内閣期における政党間対立はどのように変化したか。内閣の施策に留意しながら，3 行以内で述べよ。

2022年

解答時間：2科目150分
配　　点：120点

第 1 問

次の(1)~(4)の文章を読んで，下記の設問A・Bに答えよ。解答は，解答用紙(イ)の欄に，設問ごとに改行し，設問の記号を付して記入せよ。

(1) 律令制のもと，中央政府から諸国への連絡には文書が用いられた。その際，たとえば改元のように，全国一律に同じ内容を伝える場合には，各国宛てに1通ずつ作成されるのではなく，あわせて8通の文書が作成され，中央政府から畿内や七道の諸国に伝達された。受けとった国司はそれを写しとり，国内で施行したものとみられる。

(2) 734年に出雲国が中央政府や他国との間でやりとりした文書の目録によれば，3月23日に中央政府が出雲国に宛てて発給した文書が，4月8日に伯耆国を通過し，4月10日に出雲国に到着したことが知られる。また出雲国を経由して，隠岐国や石見国に文書が伝達されることもあった。

(3) 石川県で発掘された木札には，849年の郡司の命令が記されていた。そのなかで郡司は，国司からの命令を引用した上で，管轄下の役人に対し，その内容を道路沿いに掲示し，村人たちに諭し聞かせるようにと指示している。この木札には，一定期間，屋外に掲示されていた痕跡が残っている。

(4) 奈良時代の村落における農耕祭祀の様子を伝える史料によれば，祭りの日には酒や食事が用意され，村の成人男女が集合すると「国家の法」が告知され，その後に宴会がおこなわれたという。

設　問

A　中央政府から諸国に命令を伝えるときに，都から個別に使者を派遣する場合もあったが，そうではない場合はどのような方法がとられていたか。2行以内で述べよ。

B　諸国では，どのようにして命令が民衆にまで周知されたと考えられるか。具体的な伝達方法に注意しつつ，4行以内で述べよ。

第 2 問

次の(1)~(5)の文章を読んで，下記の設問に答えよ。解答は，解答用紙(ロ)の欄に記入せよ。

(1) 後嵯峨天皇の死後，皇統が分かれて両統迭立がおこなわれると，皇位経験者が増加し，1301年から1304年にかけては上皇が5人も存在した。上皇たちの生活は，持明院統では長講堂領，大覚寺統では八条院領という荘園群に支えられていた。

(2) 室町幕府が出した半済令には，諸国の守護や武士による荘園公領への侵略がすすむなか，荘園領主の権益を半分は保全するという目的もあった。さらに1368年には，天皇や院，摂関家などの所領については全面的に半済を禁止した。

(3) 内裏の造営や即位にともなう大嘗祭などの経費は，平安時代後期から各国内の荘園公領に一律に賦課する一国平均役によってまかなわれており，室町時代には幕府が段銭や棟別銭として守護に徴収させた。

(4) 1464年，後花園天皇は譲位して院政を始めるにあたり，上皇のための所領を設定するよう足利義政に求めた。位を譲られた後土御門天皇は，2年後に幕府の経費負担で大嘗祭をおこなったが，これが室町時代最後の大嘗祭になった。

(5) 1573年，織田信長から譲位を取りはからうとの意思を示された正親町天皇は，後土御門天皇から3代のあいだ望みながらも果たせなかった譲位を実現できることは朝廷の復興につながるとして大いに喜んだ。

設　問

(5)に述べる3代の天皇が譲位を果たせなかったのはなぜか。鎌倉時代以来の朝廷の経済基盤をめぐる状況の変化と，それに関する室町幕府の対応にふれながら，5行以内で述べよ。

第 3 問

次の(1)〜(4)の文章を読んで，下記の設問A・Bに答えよ。解答は，解答用紙(ハ)の欄に，設問ごとに改行し，設問の記号を付して記入せよ。

(1) 1588年，豊臣秀吉は諸国の百姓から刀・鉄砲など武具の類を没収し，百姓は農具さえ持って耕作に専念すれば子孫まで末長く繁栄すると述べた。

(2) 1675年12月，ある大名の江戸藩邸の門外に，むしろに包んだものが置かれていた。役人が，江戸の事情に詳しい商人に聞くと「それはきっと死んだ乞食を捨てたのでしょう。江戸ではそういうことが時々あるので，捨てさせればよいでしょう」と言ったので，他所へ捨てさせた。

(3) 1687年，江戸幕府は全国の村々で，条件をつけて鉄砲の所持や使用を認め，それ以外の鉄砲をすべて領主や代官に取りあげさせた。1689年，諸藩の役人を呼んで，作毛を荒らされるか，人間や家畜の命に関わるような場合には鉄砲を使ってよい，と補足説明した。

(4) 1696年6月，(2)と同じ藩邸の堀に老女が落ちたのを番人が見つけて，すぐに引きあげた。医師に容体を診察させたところ無事だったので，着替えさせ食事を与え，幕府に報告した。幕府の役人の指示で，その者をできるだけ介抱し，翌日，藩邸の者17人で町奉行所へ出向いて引き渡した。

設　問

A　(3)で江戸幕府は，条件をつけて鉄砲の所持と使用を認めている。どのような用途を想定して鉄砲の所持や使用を認めたと考えられるか。(1)で没収された理由と対比して，3行以内で述べよ。

B　(2)(3)をふまえると，(4)のような手厚い対応をとるようになった背景として，どのようなことが考えられるか。2行以内で述べよ。

第 4 問

労働生産性は，働き手1人が一定の時間に生み出す付加価値額(生産額から原材料費や燃料費を差し引いた額)によって計られる。その上昇は，機械など，働き手1人当たり資本設備の増加による部分と，その他の要因による部分とに分けられる。後者の要因には，教育による労働の質の向上，技術の進歩，財産権を保護する法などの制度が含まれる。労働生産性に関わる以下の図と史料を読み，下記の設問A・Bに答えよ。解答は，解答用紙(二)の欄に，設問ごとに改行し，設問の記号を付して記入せよ。

図　労働生産性上昇率の推移　1885～1940年(年率)

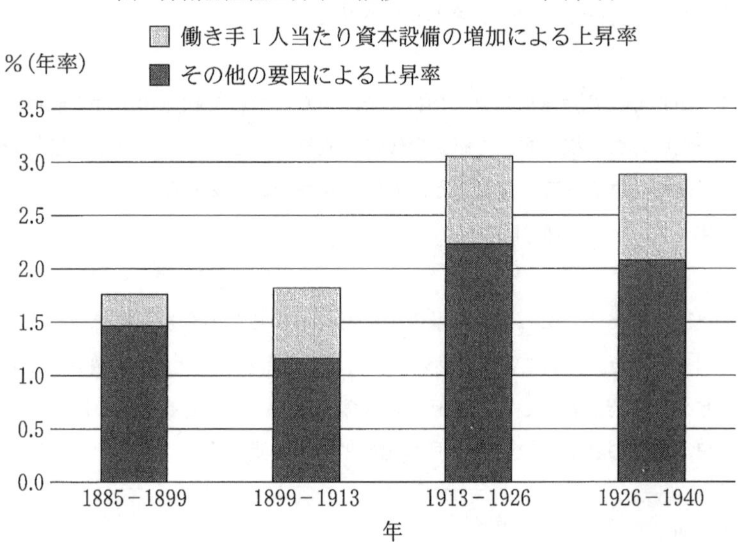

(深尾京司他『岩波講座　日本経済の歴史』より)

2022年　入試問題

史　料

専(もっぱ)ら勤(いそし)むべきは人間普通日用(ふつうにちよう)に近き実学なり。譬(たと)えば，いろは四十七文字を習い，手紙の文言(もんごん)，帳合(ちょうあい)の仕方，算盤(そろばん)の稽古(けいこ)，天秤(てんびん)の取扱い等を心得(こころえ)，なおまた進んで学ぶべき箇条は甚だ多し。(中略) 一科一学も実事を押え，その事に就(つ)きその物に従い，近く物事の道理を求めて今日の用を達すべきなり。上記は人間普通の実学にて，人たる者は貴賤上下の区別なく皆悉(ことごと)くたしなむべき心得なれば，この心得ありて後に士農工商各々その分を尽(つく)し銘々(めいめい)の家業を営み，身も独立し家も独立し天下国家も独立すべきなり。

(福沢諭吉『学問のすゝめ』初編，1872年，表現を一部改変)

国民たる者は一人にて二人前の役目を勤(つと)むるが如し。即ちその一の役目は，自分の名代(みょうだい)として政府を立て一国中の悪人を取押(とりおさ)えて善人を保護することなり。その二の役目は，固く政府の約束を守りその法に従って保護を受くることなり。

(福沢諭吉『学問のすゝめ』六編，1874年，表現を一部改変)

設　問

A　1880年代半ばから1890年代における労働生産性の上昇をもたらした要因は何か。具体的に3行以内で述べよ。

B　第一次世界大戦期以後において，労働生産性の上昇はさらに加速しているが，その要因は何か。具体的に3行以内で述べよ。

2021 年

解答時間：2 科目 150 分
配　　点：120 点

第 1 問

次の(1)～(5)の文章を読んで，下記の設問に答えなさい。解答は，解答用紙(イ)の欄に，記入しなさい。

(1)　842 年嵯峨上皇が没すると，仁明天皇を廃して淳和天皇の子である皇太子恒貞親王を奉じようとする謀反が発覚し，恒貞親王は廃され，仁明天皇の長男道康親王(文徳天皇)が皇太子に立てられた。以後皇位は，直系で継承されていく。

(2)　嵯峨・淳和天皇は学者など有能な文人官僚を公卿に取り立てていくが，承和の変の背景には，淳和天皇と恒貞親王に仕える官人の排斥があった。これ以後，文人官僚はその勢力を失っていき，太政官の中枢は嵯峨源氏と藤原北家で占められるようになった。

(3)　文徳天皇は，仁寿年間以降(851～)，内裏の中心である紫宸殿に出御して政治をみることがなかったという。官僚機構の整備によって天皇がその場に臨まなくても支障のない体制になったためだと考えられる。藤原氏の勧学院，在原氏や源氏の奨学院など，有力氏族は子弟のための教育施設を設けた。

(4)　858 年清和天皇はわずか 9 歳で即位した。このとき外祖父で太政大臣の藤原良房が実質的に摂政となったと考えられる。876 年に陽成天皇に譲位する時に，清和天皇は藤原基経を摂政に任じ，良房が自分を補佐したように陽成天皇に仕えよと述べている。

(5)　清和天皇の貞観年間(859～876)には，『貞観格』『貞観式』が撰定されたほか，唐の儀礼書を手本に『儀式』が編纂されてさまざまな儀礼を規定するなど，法典編纂が進められた。

設　問

9世紀後半になると，奈良時代以来くり返された皇位継承をめぐるクーデターや争いはみられなくなり，安定した体制になった。その背景にはどのような変化があったか。5行以内で述べなさい。

第 2 問

13世紀の荘園に関する次の(1)～(4)の文章を読んで，下記の設問A・Bに答えなさい。解答は，解答用紙(ロ)の欄に，設問ごとに改行し，設問の記号を付して記入しなさい。

(1)　安芸国沼田(ぬた)荘の地頭小早川氏は，鎌倉時代半ば以降，荘内の低湿地を干拓し，田地にしていった。このように各地の地頭は積極的に荒野の開発を進め，田地を拡大していた。

(2)　若狭国太良(たら)荘の荘園領主は現地に使者を派遣し，検注とよばれる土地の調査を行った。検注では荘内の田地の面積などが調べられ，荘園領主に納める年貢の額が決定された。

(3)　検注は，荘園領主がかわった時などに実施されるのが慣例であった。下総国匝瑳南条西方(そうさなんじょうにしかた)でも新たな領主による検注が予定されていたが，それ以前に開発された田地の検注を地頭が拒否して，鎌倉幕府の法廷で裁判となった。

(4)　越後国奥山(おくやま)荘の荘園領主は検注の実施を主張して，検注を拒否する地頭を鎌倉幕府に訴えたが，奥山荘は地頭請所であったため，検注の停止が命じられた。

設　問

A　荘園領主が検注を実施しようとした理由を，2行以内で説明しなさい。

B　地頭請は地頭の荘園支配にどのような役割をはたしたか。検注や開発との関係にふれながら，3行以内で説明しなさい。

第 3 問

次の(1)〜(4)の文章を読んで，下記の設問A・Bに答えなさい。解答は，解答用紙(ハ)の欄に，設問ごとに改行し，設問の記号を付して記入しなさい。

(1)　1707年に富士山が大噴火して広範囲に砂(火山灰)が降り，砂はさらに川に流れ込んで大きな被害をもたらした。幕府は，砂除川浚(すなよけかわざらい)奉行を任命するとともに，「近年出費がかさんでおり，砂が積もった村々の御救も必要」として，全国の村々から「諸国高役金」を徴収した。

(2)　豊かな足柄平野を潤す酒匂(さかわ)川では，上流から砂が流れ込んで堆積し，氾濫の危険性が高まっていた。幕府は他地域の大名にも費用を分担させ，最も危険な箇所を補強する工事を緊急に行ったが，砂の除去が不十分で堤が切れ，下流域で洪水が繰り返された。

(3)　砂が最も深く積もったのは，酒匂川上流の冷涼な富士山麓の村々であった。砂除には莫大な費用が見込まれたが，幕府からの手当はわずかであり，一部の田畑を潰して砂を捨てていた。後には砂を流す水路の開削費用が支給されるようになったものの，捨てた砂は酒匂川に流れ込み，下流部に堆積してしまった。

(4)　幕府に上納された約49万両の「諸国高役金」のうち，被災地の救済に使われたことがはっきりしているのは6万両余にすぎなかった。その6万両の大半は酒匂川の工事にあてられた。

設　問

A　幕府が(1)(4)のような対応をとる背景となった17世紀後半以降の幕府財政上の問題について，2行以内で述べなさい。

B　被災地の救済にあたって幕府はどのような方針をとり，それにはどのような問題があったか。(2)(3)のように対応が異なる理由に注意して，3行以内で述べなさい。

第4問

1869年に，公卿・諸侯の称を廃し，華族と称す，として誕生した華族は，1947年に廃止されるまで，士族や平民とは区別された存在であった。それに関する次の(1)~(4)の文章を読んで，下記の設問A・Bに答えなさい。解答は，解答用紙(二)の欄に，設問ごとに改行し，設問の記号を付して記入しなさい。

(1)　公爵に叙せらるべき者

一，親王諸王より臣位に列せらるる者

一，旧摂家

一，徳川宗家

一，国家に偉勲ある者

（「華族叙爵内規」1884年より抜粋）

(2)　第34条　貴族院は貴族院令の定むる所に依り皇族華族及勅任せられたる議員を以て組織す

（「大日本帝国憲法」1889年）

(3)　第36条　何人も同時に両議院の議員たることを得ず

（「大日本帝国憲法」1889年）

⑷　第12条　華族の戸主は選挙権及被選挙権を有せず

（「改正衆議院議員選挙法」1900年）

設　問

A　1884年に制定された華族令は，公・侯・伯・子・男の5つの爵位を設けただけでなく，華族の構成に大きな変化をもたらした。その変化はどのようなものであり，またそれはどのような意図でなされたのか。3行以内で述べなさい。

B　1924年に発足した清浦奎吾内閣は，衆議院を解散したため，衆議院議員総選挙が行われた。これに対し，立憲政友会の総裁で，子爵であった高橋是清は，隠居をして，貴族院議員を辞職した上で，衆議院議員総選挙に立候補した。高橋がこうした行動をとったのはどうしてか。この時期の国内政治の状況にふれながら，3行以内で述べなさい。

2020年

解答時間：2科目150分
配　　点：120点

第 1 問

次の(1)~(5)の文章を読んで，下記の設問A・Bに答えなさい。解答は，解答用紙(イ)の欄に，設問ごとに改行し，設問の記号を付して記入しなさい。

(1) 『千字文』は6世紀前半に，初学の教科書として，書聖と称された王羲之(おうぎし)の筆跡を集め，千字の漢字を四字句に綴ったものと言われる。習字の手本としても利用され，『古事記』によれば，百済から『論語』とともに倭国に伝えられたという。

(2) 唐の皇帝太宗は，王羲之の書を好み，模本(複製)をたくさん作らせた。遣唐使はそれらを下賜され，持ち帰ったと推測される。

(3) 大宝令では，中央に大学，地方に国学が置かれ，『論語』が共通の教科書とされていた。大学寮には書博士が置かれ，書学生もいた。長屋王家にも「書法模人」という書の手本を模写する人が存在したらしい。天平年間には国家事業としての写経所が設立され，多くの写経生が仏典の書写に従事していた。

(4) 律令国家は6年に1回，戸籍を国府で3通作成した。また地方から貢納される調は，郡家で郡司らが計帳などと照合し，貢進者・品名・量などを墨書した木簡がくくり付けられて，都に送られた。

(5) 756年に聖武天皇の遺愛の品を東大寺大仏に奉献した宝物目録には，王羲之の真筆や手本があったと記されている。光明皇后が王羲之の書を模写したという「楽毅論(がっきろん)」も正倉院に伝来している。平安時代の初めに留学した空海・橘逸勢も唐代の書を通して王羲之の書法を学んだという。

設　問

A　中央の都城や地方の官衙から出土する8世紀の木簡には，『千字文』や『論語』の文章の一部が多くみられる。その理由を2行以内で述べなさい。

B　中国大陸から毛筆による書が日本列島に伝えられ，定着していく。その過程において，唐を中心とした東アジアの中で，律令国家や天皇家が果たした役割を4行以内で具体的に述べなさい。

第 2 問

京都の夏の風物詩である祇園祭で行われる山鉾巡行（じゅんこう）は，数十基の山鉾が京中を練り歩く華麗な行事として知られる。16世紀の山鉾巡行に関する次の(1)~(4)の文章を読んで，下記の設問に答えなさい。解答は，解答用紙(ロ)の欄に記入しなさい。

(1)　1533年，祇園祭を延期するよう室町幕府が命じると，下京の六十六町の月行事たちは，山鉾の巡行は行いたいと主張した。

(2)　下京の各町では，祇園祭の山鉾を確実に用意するため，他町の者へ土地を売却することを禁じるよう幕府に求めたり，町の住人に賦課された「祇園会出銭」から「山の綱引き賃」を支出したりした。

(3)　上杉本『洛中洛外図屏風』に描かれている山鉾巡行の場面をみると(図1)，人々に綱で引かれて長刀鉾（なぎなたぼこ）が右方向へと進み，蟷螂（とうろう）(かまきり)山（やま），傘鉾（かさぼこ）があとに続いている。

(4)　現代の京都市街図をみると(図2)，通りをはさむように町名が連なっている。そのなかには，16世紀にさかのぼる町名もみえる。

設　問

16世紀において，山鉾はどのように運営され，それは町の自治のあり方にどのように影響したのか。5行以内で述べなさい。

図 1

（『国宝　上杉本　洛中洛外図屏風』米沢市上杉博物館より）

図 2

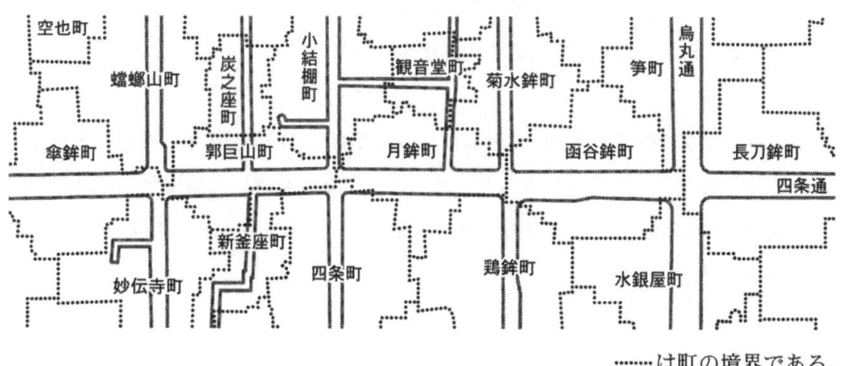

……は町の境界である。

第 3 問

次の(1)～(5)の文章を読んで，下記の設問A・Bに答えなさい。解答は，解答用紙(ハ)の欄に，設問ごとに改行し，設問の記号を付して記入しなさい。

(1) 日本では古代国家が採用した唐の暦が長く用いられていた。渋川春海（しぶかわはるみ）は元（げん）の暦をもとに，明で作られた世界地図もみて，中国と日本(京都)の経度の違いを検討し，新たな暦を考えた。江戸幕府はこれを採用し，天体観測や暦作りを行う天文方を設置して，渋川春海を初代に任じた。

(2) 朝廷は幕府の申し入れをうけて，1684年に暦を改める儀式を行い，渋川春海の新たな暦を貞享暦と命名した。幕府は翌1685年から貞享暦を全国で施行した。この手順は江戸時代を通じて変わらなかった。

(3) 西洋天文学の基礎を記した清の書物『天経或問（てんけいわくもん）』は，「禁書であったが内容は有益である」と幕府が判断して，1730年に刊行が許可され，広く読まれるようになった。

(4) 1755年から幕府が施行した宝暦暦は，公家の土御門泰邦（つちみかどやすくに）が幕府に働きかけて作成を主導したが，1763年の日食の予測に失敗した。大坂の麻田剛立（あさだごうりゅう）ら各地の天文学者が事前に警告した通りで，幕府は天文方に人員を補充して暦の修正に当たらせ，以後天文方の学術面での強化を進めていった。

(5) 麻田剛立の弟子高橋至時（たかはしよしとき）は幕府天文方に登用され，清で編まれた西洋天文学の書物をもとに，1797年に寛政暦を作った。天文方を継いだ高橋至時の子渋川景佑（しぶかわかげすけ）は，オランダ語の天文学書の翻訳を完成し，これを活かして1842年に天保暦を作った。

設　問

A　江戸時代に暦を改めるに際して，幕府と朝廷はそれぞれどのような役割を果たしたか。両者を対比させて，2行以内で述べなさい。

B　江戸時代に暦を改める際に依拠した知識は，どのように推移したか。幕府の学問に対する政策とその影響に留意して，3行以内で述べなさい。

第 4 問

次の(1)・(2)の文章は，軍人が実践すべき道徳を論じた明治時代の史料から，一部を抜き出して現代語訳したものである。これを読んで，下記の設問A・Bに答えなさい。解答は，解答用紙(二)の欄に，設問ごとに改行し，設問の記号を付して記入しなさい。

(1)　維新以後の世の風潮の一つに「民権家風」があるが，軍人はこれに染まることを避けなくてはいけない。軍人は大元帥である天皇を戴き，あくまでも上下の序列を重んじて，命令に服従すべきである。いま政府はかつての幕府に見られた専権圧制の体制を脱し，人民の自治・自由の精神を鼓舞しようとしており，一般人民がそれに呼応するのは当然であるが，軍人は別であるべきだ。

(西周「兵家徳行」第4回，1878年5月。陸軍将校に対する講演の記録)

(2)　軍人は忠節を尽くすことを本分とすべきである。兵力の消長はそのまま国運の盛衰となることをわきまえ，世論に惑わず，政治に関わらず，ひたすら忠節を守れ。それを守れず汚名を受けることのないようにせよ。

(「軍人勅諭」1882年1月)

設　問

A　(1)の主張の背景にある，当時の政府の方針と社会の情勢について，3行以内で述べなさい。

B　(2)のような規律を掲げた政府の意図はどのようなものだったか。当時の国内政治の状況に即しながら，3行以内で述べなさい。

2019年

解答時間：2 科目 150 分
配　　点：120 点

第 1 問

10 世紀から 11 世紀前半の貴族社会に関する次の(1)～(5)の文章を読んで，下記の設問A・Bに答えなさい。解答は，解答用紙(イ)の欄に，設問ごとに改行し，設問の記号を付して記入しなさい。

(1)　9 世紀後半以降，朝廷で行われる神事・仏事や政務が「年中行事」として整えられた。それが繰り返されるにともない，あらゆる政務や儀式について，執り行う手順や作法に関する先例が蓄積されていき，それは細かな動作にまで及んだ。

(2)　そうした朝廷の諸行事は，「上卿（しょうけい）」と呼ばれる責任者の主導で執り行われた。「上卿」をつとめることができるのは大臣・大納言などであり，また地位によって担当できる行事が異なっていた。

(3)　藤原顕光（あきみつ）は名門に生まれ，左大臣にまで上ったため，重要行事の「上卿」をつとめたが，手順や作法を誤ることが多かった。他の貴族たちはそれを「前例に違（たが）う」などと評し，顕光を「至愚（しぐ）(たいへん愚か)」と嘲笑した。

(4)　右大臣藤原実資（さねすけ）は，祖父左大臣藤原実頼（さねより）の日記を受け継ぎ，また自らも長年日記を記していたので，様々な儀式や政務の先例に通じていた。実資は，重要行事の「上卿」をしばしば任されるなど朝廷で重んじられ，後世，「賢人右府(右大臣)」と称された。

(5)　藤原道長の祖父である右大臣藤原師輔（もろすけ）は，子孫に対して，朝起きたら前日のことを日記につけること，重要な朝廷の行事と天皇や父親に関することは，後々の参考のため，特に記録しておくことを遺訓した。

設　問

A　この時代の上級貴族にはどのような能力が求められたか。1行以内で述べなさい。

B　この時期には，『御堂関白記』(藤原道長)や『小右記』(藤原実資)のような貴族の日記が多く書かれるようになった。日記が書かれた目的を4行以内で述べなさい。

第 2 問

次の(1)～(3)の文章を読んで，下記の設問A・Bに答えなさい。解答は，解答用紙(ロ)の欄に，設問ごとに改行し，設問の記号を付して記入しなさい。

(1)　1235年，隠岐に流されていた後鳥羽上皇の帰京を望む声が朝廷で高まったことをうけ，当時の朝廷を主導していた九条道家は鎌倉幕府に後鳥羽上皇の帰京を提案したが，幕府は拒否した。

(2)　後嵯峨上皇は，後深草上皇と亀山天皇のどちらが次に院政を行うか決めなかった。そのため，後嵯峨上皇の没後，天皇家は持明院統と大覚寺統に分かれた。

(3)　持明院統と大覚寺統からはしばしば鎌倉に使者が派遣され，その様子は「競馬のごとし」と言われた。

設　問

A　後鳥羽上皇が隠岐に流される原因となった事件について，その事件がその後の朝廷と幕府の関係に与えた影響にもふれつつ，2行以内で説明しなさい。

B　持明院統と大覚寺統の双方から鎌倉に使者が派遣されたのはなぜか。次の系図を参考に，朝廷の側の事情，およびAの事件以後の朝廷と幕府の関係に留意して，3行以内で述べなさい。

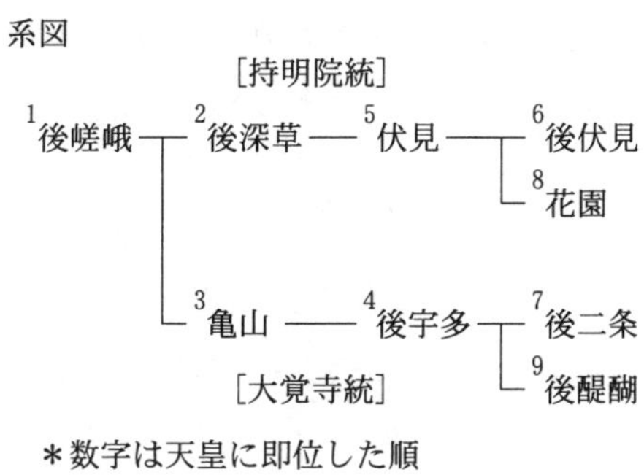

＊数字は天皇に即位した順

第 3 問

次の⑴～⑷の文章を読んで，下記の設問A・Bに答えなさい。解答は，解答用紙(ハ)の欄に，設問ごとに改行し，設問の記号を付して記入しなさい。

⑴　17世紀を通じて，日本の最大の輸入品は中国産の生糸であった。ほかに，東南アジア産の砂糖や，朝鮮人参（にんじん）などの薬種も多く輸入された。それらの対価として，初めは銀が，やがて金や銅が支払われた。

⑵　江戸幕府は1685年に，長崎における生糸などの輸入額を制限した。1712年には京都の織屋に日本産の生糸も使用するよう命じ，翌年には諸国に養蚕や製糸を奨励する触れを出した。

⑶　1720年には，対馬藩に朝鮮人参を取り寄せるよう命じ，栽培を試みた。その後，試作に成功すると，1738年には「江戸の御用達（ごようたし）町人に人参の種を販売させるので，誰でも希望する者は買うように」という触れを出した。

⑷　1727年に幕府は，薩摩藩士を呼び出し，その教えに従って，サトウキビの栽培を試みた。その後も引き続き，製糖の方法を調査・研究した。

設　問

A　江戸幕府が⑵〜⑷のような政策をとった背景や意図として，貿易との関連では，どのようなことが考えられるか。2行以内で述べなさい。

B　そうした政策をとった背景として，国内の消費生活において，どのような動きがあったと考えられるか。それぞれの産物の用途に留意して，3行以内で述べなさい。

第 4 問

20世紀初頭の日本の機械工業は，力織機や小型のポンプなど繊維産業や鉱山業で用いられる比較的簡易な機械を生産して，これらの産業の拡大を支えていた。また，造船業は国の奨励政策もあって比較的発展していたが，紡績機械をはじめ大型の機械は輸入されることが多かった。一方，高度経済成長期には，輸出品や耐久消費財の生産も活発で，機械工業の発展が著しかった。

次の⑴・⑵の文章は，この二つの時期にはさまれた期間の機械工業について記したものである。これらを読み，機械類の需要や貿易の状況に留意しながら，下記の設問A・Bに答えなさい。解答は，解答用紙(ニ)の欄に，設問ごとに改行し，設問の記号を付して記入しなさい。

⑴　このたびのヨーロッパの大戦は我が国の工業界にかつてない好影響をもたらし，各種の機械工業はにわかに活況を呈した。特に兵器，船舶，その他の機械類の製作業はその発展が最も顕著で，非常な好況になった。

（農商務省工務局『主要工業概覧』1922年による）

⑵　近来特に伸びの著しい機種は，電源開発に関連した機械類や小型自動車及びスクーター，蛍光灯などの新しい機種である。輸出額では船舶(大型タンカー)が40％近くを占めて機械輸出の主力をなし，繊維機械，ミシン，自転車，エンジン，カメラ，双眼鏡など比較的軽機械に類するものが好調である。

（通商産業省重工業局『機械器具工業の概況と施策』1953年による）

設　問

A　⑴に示された第一次世界大戦期の機械工業の活況はなぜ生じたのか。3行以内で述べなさい。

B　⑵はサンフランシスコ平和条約が発効した直後の状況を示す。この時期の機械工業の活況はどのような事情で生じたのか。3行以内で述べなさい。

2018年

解答時間：2科目150分
配　　点：120点

第 1 問

中国の都城にならって営まれた日本古代の宮都は，藤原京(694～710年)にはじまるとされる。それまでの大王の王宮のあり方と比べて，藤原京ではどのような変化が起きたのか。律令制の確立過程における藤原京の歴史的意義にふれながら，解答用紙(イ)の欄に6行以内で説明しなさい。なお，解答には下に示した語句を一度は用い，使用した語句には必ず下線を引きなさい。

官僚制　　条坊制　　大王宮　　大極殿

第 2 問

次の(1)～(5)の文章を読んで，下記の設問A・Bに答えなさい。解答は，解答用紙(ロ)の欄に，設問ごとに改行し，設問の記号を付して記入しなさい。

(1) 『建武式目』第6条は，治安の悪化による土倉の荒廃を問題視し，人々が安心して暮らせるようにするためには，それらの再興が急務であるとうたっている。

(2) 室町幕府は，南北朝合体の翌年である1393年に土倉役・酒屋役の恒常的な課税を開始した。土倉役は質物数を，酒屋役は酒壺数を基準に賦課され，幕府の年中行事費用のうち年間6000貫文がここから支出された。

(3) 正長・嘉吉の土一揆は，土倉に預けた質物を奪い返したり，借用証書を焼くなどの実力行使におよんだ。嘉吉の土一揆は，それに加え，室町幕府に対して徳政令の発布も求めた。

⑷　室町幕府は，1441 年，嘉吉の土一揆の要求をうけて徳政令を発布したが，この徳政令は幕府に深刻な財政難をもたらした。

⑸　室町幕府は，1455 年の賀茂祭の費用を「去年冬徳政十分の一，諸人進上分」によってまかなった。

設　問

A　室町幕府の財政にはどのような特徴があるか。その所在地との関係に注目して 2 行以内で述べなさい。

B　徳政令の発布が室町幕府に深刻な財政難をもたらしたのはなぜか。また，それを打開するために，幕府はどのような方策をとったか。あわせて 3 行以内で述べなさい。

第 3 問

1825 年，江戸幕府は異国船打払令(無二念打払令)を出した。この前後の出来事に関して述べた，次の⑴～⑸の文章を読んで，下記の設問A・Bに答えなさい。解答は，解答用紙(ハ)の欄に，設問ごとに改行し，設問の記号を付して記入しなさい。

⑴　1823 年，水戸藩領の漁師らは，太平洋岸の沖合でイギリスの捕鯨船に遭遇した。彼らは，その際に密かに交易をおこなったとの嫌疑を受け，水戸藩の役人により処罰された。

⑵　1824 年，イギリス捕鯨船の乗組員が，常陸の大津浜に上陸した。幕府および水戸藩は，この事件への対応に追われた。

⑶　この異国船打払令を将軍が裁可するにあたり，幕府老中は，近海に出没する異国の漁船については，格別の防備は不要であるとの見解を，将軍に説明していた。

⑷　異国船打払令と同時に，幕府は関連する法令も出した。それは，海上で廻船や漁船が異国の船と「親しみ候」事態について，あらためて厳禁する趣旨のものであった。

⑸　1810年から会津藩に課されていた江戸湾の防備は1820年に免除され，同じく白河藩による防備は1823年に免除された。以後，江戸湾の防備は，浦賀奉行および房総代官配下の役人が担当する体制に縮小され，1825年以後になっても拡充されることがなかった。

設　問

A　異国船打払いを命じる法令を出したにもかかわらず，⑸のように沿岸防備を強化しなかった幕府の姿勢は，異国船に対するどのような認識にもとづいたものか。2行以内で説明しなさい。

B　異国船打払令と同時に⑷の法令も出されたことから，幕府の政策にはどのような意図があったと考えられるか。3行以内で述べなさい。

第 4 問

教育勅語は，1890年に発布されたが，その後も時代の変化に応じて何度か新たな教育勅語が模索された。それに関する次の⑴・⑵の文章を読んで，下記の設問A・Bに答えなさい。解答は，解答用紙(二)の欄に，設問ごとに改行し，設問の記号を付して記入しなさい。

⑴　先帝(孝明天皇)が国を開き，朕が皇統を継ぎ，旧来の悪しき慣習を破り，知識を世界に求め，上下心を一つにして怠らない。ここに開国の国是が確立・一定して，動かすべからざるものとなった。(中略)条約改正の結果として，相手国の臣民が来て，我が統治の下に身を任せる時期もまた目前に迫ってきた。この時にあたり，我が臣民は，相手国の臣民に丁寧・親切に接し，はっきりと大国としての寛容の気風を発揮しなければならない。

『西園寺公望伝』別巻2(大意)

⑵ 従来の教育勅語は，天地の公道を示されしものとして，決して謬（あやま）りにはあらざるも，時勢の推移につれ，国民今後の精神生活の指針たるに適せざるものあるにつき，あらためて平和主義による新日本の建設の根幹となるべき，国民教育の新方針並びに国民の精神生活の新方向を明示し給うごとき詔書をたまわりたきこと。

「教育勅語に関する意見」

設　問

A ⑴は，日清戦争後に西園寺公望文部大臣が記した勅語の草稿である。西園寺は，どのような状況を危惧し，それにどう対処しようとしたのか。 3 行以内で述べなさい。

B ⑵は，1946 年 3 月に来日した米国教育使節団に協力するため，日本政府が設けた教育関係者による委員会が準備した報告書である。しかし新たな勅語は実現することなく，1948 年 6 月には国会で教育勅語の排除および失効確認の決議がなされた。そのようになったのはなぜか。日本国憲法との関連に留意しながら， 3 行以内で述べなさい。

2017年

解答時間：2科目150分
配　　点：120点

第 1 問

次の(1)〜(5)の文章を読んで，下記の設問A・Bに答えなさい。解答は，解答用紙(イ)の欄に，設問ごとに改行し，設問の記号を付して記入しなさい。

(1) 東アジアの国際関係の変動の中で，日本列島では律令国家による国土の拡張が進められた。東北地方への進出では，7世紀に渟足柵・磐舟柵，ついで太平洋側にも城柵を設置し，8世紀には出羽国を建て，多賀城を置いて支配を広げた。

(2) 律令国家が東北支配の諸政策を進める中，東国は度重なる軍事動員や農民の東北への移住などで大きな影響を受け続けた。他の諸国にも大量の武具製作や帰順した蝦夷の移住受入れなどが課され，東北政策の社会的影響は全国に及んだ。

(3) 律令制支配が東北に伸長した結果，8世紀後期から9世紀初期の30数年間，政府と蝦夷勢力との武力衝突が相次いだ。支配がさらに北へ広がる一方，桓武天皇は負担が国力の限界に達したとして，蝦夷の軍事的征討の停止に政策を転じた。

(4) 金(砂金)や，昆布等の海産物，優秀な馬といった東北地方の物産に対する貴族らの関心は高かった。また，陸奥国と本州の太平洋に面した諸国の人々の間には，海上交通で結ばれた往来・交流も存在した。

(5) 鎮守府の将軍など，東北を鎮めるための軍事的官職は，平安時代を通じて存続し，社会的な意味を持ち続けた。平貞盛，藤原秀郷，源頼信・義家らは，本人や近親がそうした官職に就くことで，武士団の棟梁としての力を築いた。

設　問

A　東北地方の支配は，律令国家にとってどのような意味を持ったか。２行以内で述べなさい。

B　７世紀半ばから９世紀に，東北地方に関する諸政策は国家と社会にどのような影響を与えたか。その後の平安時代の展開にも触れながら，４行以内で述べなさい。

第２問

次の⑴〜⑶の文章を読んで，下記の設問Ａ・Ｂに答えなさい。解答は，解答用紙(ロ)の欄に，設問ごとに改行し，設問の記号を付して記入しなさい。

⑴　鎌倉幕府には，各地の御家人を当事者とする紛争を適正に裁決することが求められるようになった。そのため，京都・博多にも北条氏一門を派遣して統治機関を設け，鎌倉・京都・博多の各地で訴訟を受け付け，判決を下していた。

⑵　京都に設けられた統治機関の最初の長官を務めたのは，北条泰時・時房の二人であった。博多に統治機関が設けられたのはそれよりも遅く，モンゴル襲来後のことであった。

⑶　京都で下された判決に不服なものは，さらに鎌倉に訴え出ることもできた。それに対して，博多で下された判決は幕府の最終的な判断とする措置がとられ，九州の御家人が鎌倉に訴え出ることは原則として禁じられた。

設　問

A　鎌倉幕府が京都で裁判を行うようになった経緯を，２行以内で述べなさい。

B　鎌倉幕府が九州について(3)の措置をとったのはなぜか。当時の軍事情勢に留意しながら，3行以内で述べなさい。

第3問

次の(1)~(4)の文章を読んで，下記の設問A・Bに答えなさい。解答は，解答用紙(ハ)の欄に，設問ごとに改行し，設問の記号を付して記入しなさい。

(1)　17世紀後半頃には，農村においても夫婦とその親・子世代を中心とする「家」が広く成立し，家業と財産を代々継承することが重視されるようになる。当主は家を代表して年貢や諸役をつとめ，村の運営に参加した。

(2)　江戸近郊のS村では，1839年から1869年の間に，81件の相続が行われた。相続者は，前当主の長男が46件と過半を占めたが，次男(4件)，弟(3件)，母(4件)，妻(後家(ごけ))(6件)，養子(8件)などが相続する例もあった。

(3)　上の例では，家族内に男性がいないときには女性が相続し，その後，婿(むこ)や養子などの男性に家督を譲っていた。男子がいても，若年だった場合，問題を起こした場合，村を出て行った場合などには，女性の相続がみられた。

(4)　S村では，男性当主は家名として代々同じ名前を継ぐことが多かった。平左衛門(へいざえもん)が死亡し，妻のひさが相続した例では，家ごとの構成員を示す宗門人別改帳には，「百姓平左衛門後家ひさ」と亡夫の名前を肩書きに付けて記された。一方，村の取決めや年貢などの書類には「平左衛門」の名前のみが書かれた。

設　問

A　S村では家の相続者はどのように決められていたか。2行以内で述べなさい。

B　村と家において女性はどのように位置づけられていたか。(4)で当主の名前の書かれ方が男女で違ったことをふまえ，3行以内で述べなさい。

第 4 問

大日本帝国憲法の下においては，内閣・帝国議会・枢密院などの国家機関が複雑に分立し，内閣に対する軍部の自立性も強かったため，軍備をめぐる問題が政治上の大きな争点となった。次の年表を参考にしながら，下記の設問A・Bに答えなさい。解答は，解答用紙(二)の欄に，設問ごとに改行し，設問の記号を付して記入しなさい。

1912年12月	上原勇作陸相，陸軍2個師団増設が拒否されたことで辞職。
	第2次西園寺公望内閣が総辞職し，第3次桂太郎内閣が成立。
1915年 6 月	第2次大隈重信内閣による2個師団増設案，帝国議会で可決。
1921年12月	高橋是清内閣，ワシントン会議にて四カ国条約を締結。
1922年 2 月	同内閣，同会議にて海軍軍縮条約および九カ国条約を締結。
1930年 4 月	浜口雄幸内閣，ロンドン海軍軍縮条約を締結。

設　問

A　2個師団増設をめぐる問題は，政党政治にどのような影響を与えたか。3行以内で述べなさい。

B　浜口内閣がロンドン海軍軍縮条約の成立を推進した背景として，どのようなことがあったか。また，この方針に対して国内でどのような反応があったか。あわせて3行以内で述べなさい。

2016年

解答時間：2科目150分
配　　点：120点

第 1 問

次の(1)〜(5)の文章を読んで，下記の設問Ａ・Ｂに答えなさい。解答は，解答用紙(イ)の欄に，設問ごとに改行し，設問の記号を付して記入しなさい。

(1) 『日本書紀』には，東国に派遣された「国司」が，646年に国造など現地の豪族を伴って都へ帰ったことを記す。評の役人となる候補者を連れて帰り，政府の審査を経て任命されたと考えられる。

(2) 律令の規定によれば，郡司は任期の定めのない終身の官職であり，官位相当制の対象ではなかったが，支給される職分田(職田)の額は国司に比べて多かった。

(3) 国府の中心にある国庁では，元日に，国司・郡司が誰もいない正殿に向かって拝礼したのち，国司長官が次官以下と郡司から祝賀をうけた。郡司は，国司と道で会ったときは，位階の上下にかかわらず馬を下りる礼をとった。

(4) 郡家には，田租や出挙稲を蓄える正倉がおかれた。そのなかに郡司が管轄する郡稲もあったが，ほかのいくつかの稲穀とともに，734年に統合され，国司の単独財源である正税が成立した。

(5) 郡司には，中央で式部省が候補者を試問した上で任命したが，812年に国司が推薦する候補者をそのまま任ずることとなり，新興の豪族が多く任命されるようになった。

設　問

A　郡司は，律令制のなかで特異な性格をもつ官職といわれる。その歴史的背景について2行以内で説明しなさい。

B　国司と郡司とは，8世紀初頭にはどのような関係であったか。また，それは9世紀にかけてどのように変化したか。4行以内で述べなさい。

第 2 問

15世紀から16世紀にかけて，京都郊外の桂川流域には，東寺領上久世（かみくぜ）荘をはじめ，領主を異にする小規模な荘園が多く分布し，それぞれがひとつの惣村としてまとまりをもっていた。この地域に関連する次の(1)～(5)の文章を読んで，下記の設問に答えなさい。解答は，解答用紙(ロ)の欄に記入しなさい。

(1)　15世紀，桂川両岸には多くの灌漑用水の取入れ口があったが，主要な用水路は，十一カ郷用水，五カ荘用水などと呼ばれており，各荘園はそこから荘内に水を引き入れていた。

(2)　荘内の用水路が洪水で埋まってしまったとき，上久世荘の百姓らは「近隣ではすでに耕作を始めようとしているのに，当荘ではその準備もできない。用水路修復の費用を援助してほしい」と，東寺に要求することがあった。

(3)　旱魃（かんばつ）に見舞われた1494年，五カ荘用水を利用する上久世荘など5つの荘園(五カ荘)の沙汰人らは，桂川の用水取入れ口の位置をめぐって，石清水八幡宮領西荘と争い，室町幕府に裁定を求めた。

(4)　幕府が西荘の主張を認める判決を下したため，西荘は近隣惣村に協力を要請して五カ荘の用水取入れ口を破壊しようとしたが，五カ荘側もまた近隣惣村の協力を得てそれを阻止したため，合戦となり，決着はつかなかった。

(5) 1495年，五カ荘では西荘に対して再び用水裁判を始め，沙汰人らがみずから幕府の法廷で争った結果，五カ荘側にも用水を引くことが認められた。しかし，その後も争いは継続し，最終的には1503年になって，近隣惣村の沙汰人らの仲裁で決着した。

設　問

灌漑用水の利用による生産の安定をはかるため，惣村はどのような行動をとったか。近隣惣村との関係に留意しながら，5行以内で述べなさい。

第 3 問

次の(1)～(4)の文章を読んで，下記の設問A・Bに答えなさい。解答は，解答用紙(ハ)の欄に，設問ごとに改行し，設問の記号を付して記入しなさい。

(1) 1609年，徳川家康は，大坂以西の有力な大名から五百石積み以上の大船をすべて没収し，その所持を禁止した。想定されていたのは，国内での戦争やそのための輸送に用いる和船であり，外洋を航海する船ではなかった。

(2) この大船禁止令は，徳川家光の時の武家諸法度に加えられ，その後，原則として継承された。

(3) 1853年，ペリー来航の直後，幕府は，全国の海防のために，外洋航海が可能な洋式軍艦の建造を推進することとし，大船禁止令の改定に着手した。

⑷　その改定の担当者は，「寛永年中」の大船禁止令を，当時の対外政策にもとづいた家光の「御深慮」だったと考え，大船を解禁すると，大名が「外国へ罷り越し，又海上の互市等」を行うのではないかと危惧した。

設　問

A　徳川家康が大船禁止令を出した理由を，当時の政治情勢をふまえて，2行以内で述べなさい。

B　幕末には，大船禁止令の理解のしかたが当初と比べ，どのように変化しているか。3行以内で述べなさい。

第 4 問

1880年代以降における経済発展と工業労働者の賃金について，以下の設問A・Bに答えなさい。解答は，解答用紙(二)の欄に，設問ごとに改行し，設問の記号を付して記入しなさい。

設　問

A　図1は1885～1899年における女性工業労働者の実質賃金を表している。また，下記の文章は，横山源之助が1899年刊行の著書に記したものである。この時期における女性工業労働者の賃金の上昇は何によってもたらされ，どのような社会的影響を及ぼしたか。図と文章を参考に，2行以内で述べなさい。

図1　女性工業労働者の実質賃金(1898年価格換算)

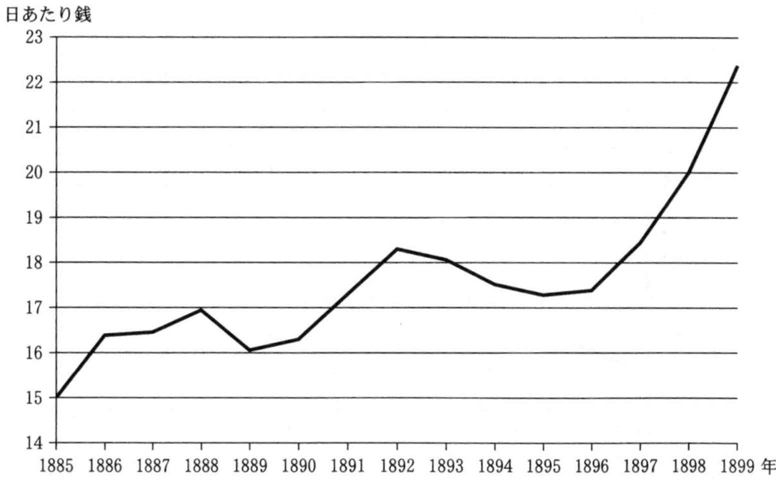

『長期経済統計8　物価』(1967)により作成。

都会はもちろん，近年，地方においても下女(住み込みの女性使用人)が不足していることを頻繁に聞く。(中略)この状況について，下女を雇う人々は，「近頃の下女は生意気でどうしようもない，まったく，下女のくせに」とつぶやいている。(中略)機織工女も，製糸工女も，下女の賃金とくらべれば非常に高い賃金を受け取っている。年配の女性は別として，以前ならば下女として雇われていた若い女性が，皆，工場に向かうのは当然である。(中略)下女の不足とは，ある意味，工業の進歩を意味するものであり，また，下女の社会的地位を高めるものであって，私は深くこれを喜びたい。

『日本之下層社会』(現代語訳)

B　図2は1920～2003年における男性工業労働者の実質賃金を表している。1930年代における賃金の下降と，1960年代における急上昇は何によってもたらされたか。4行以内で述べなさい。

図2　男性工業労働者の実質賃金(2003年価格換算)

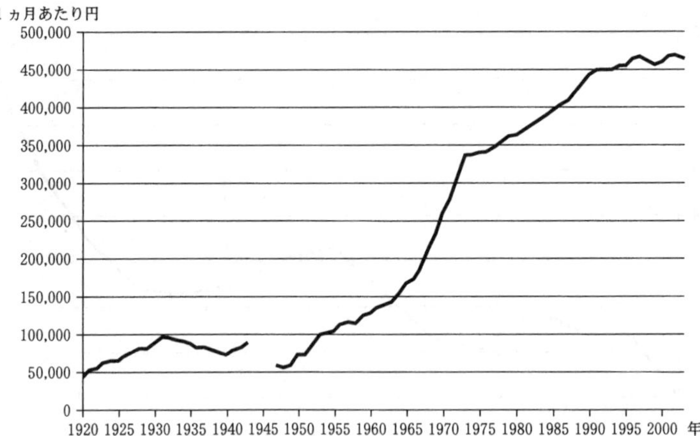

『長期経済統計8　物価』(1967)，『日本長期統計総覧』第4巻(1988)，『新版　日本長期統計総覧』第4巻(2006)により作成。1944～1946年の値は欠落している。

2015年

解答時間：2科目150分
配　　点：120点

第 1 問

日本列島に仏教が伝わると，在来の神々への信仰もいろいろな影響を受けることとなった。それに関する次の(1)～(6)の文章を読んで，下記の設問A・Bに答えなさい。解答は，解答用紙(イ)の欄に，設問ごとに改行し，設問の記号を付して記入しなさい。

(1) 大和国の大神（おおみわ）神社では，神体である三輪山が祭りの対象となり，のちに山麓に建てられた社殿は礼拝のための施設と考えられている。

(2) 飛鳥寺の塔の下には，勾玉や武具など，古墳の副葬品と同様の品々が埋納されていた。

(3) 藤原氏は，平城遷都にともない，奈良の地に氏寺である興福寺を建立するとともに，氏神である春日神を祭った。

(4) 奈良時代前期には，神社の境内に寺が営まれたり，神前で経巻を読む法会が行われたりするようになった。

(5) 平安時代前期になると，僧の姿をした八幡神の神像彫刻がつくられるようになった。

(6) 日本の神々は，仏が人々を救うためにこの世に仮に姿を現したものとする考えが，平安時代中期になると広まっていった。

設　問

A　在来の神々への信仰と伝来した仏教との間には違いがあったにもかかわらず，両者の共存が可能となった理由について，2行以内で述べなさい。

B　奈良時代から平安時代前期にかけて，神々への信仰は仏教の影響を受けてどのように展開したのか，4行以内で述べなさい。

第 2 問

次の(1)~(4)の文章を読んで，下記の設問A・Bに答えなさい。解答は，解答用紙(ロ)の欄に，設問ごとに改行し，設問の記号を付して記入しなさい。

(1)　相模国三浦半島を本拠とした御家人三浦氏は，13世紀なかばまでには，陸奥国名取（なとり）郡・好島西（よしまにし）荘，河内国東条中村（とうじょうなかむら），紀伊国石手（いわで）荘・弘田（ひろた）荘，肥前国神埼（かんざき）荘など全国各地に所領を有するようになっていた。

(2)　1223年，御家人大友能直（おおともよしなお）は，相模・豊後国内の所領を子供たちに譲った際，幕府への奉公は惣領の指示に従うことを義務づけていた。しかし，のちに庶子のなかには直接に幕府へ奉公しようとする者もあらわれ，惣領との間で紛争が起こった。

(3)　1239年の鎌倉幕府の法令からは，金融業を営む者が各地の御家人の所領において代官として起用され，年貢の徴収などにあたっていたことがうかがわれる。

(4)　1297年，鎌倉幕府は，御家人が所領を質入れ・売却することを禁じ，すでに質入れ・売却されていた所領は取り戻すように命じた。ただし，翌年にはこの禁止令は解除された。

設　問

A　御家人の所領が(1)のように分布することになったのはなぜか。鎌倉幕府の成立・発展期の具体的なできごとにふれながら，2行以内で述べなさい。

B　(1)のような構成の所領を御家人たちはどういった方法で経営したか。また，それがその後の御家人の所領にどのような影響を与えたか。4行以内で述べなさい。

第3問

次の(1)〜(4)の文章を読んで，下記の設問A・Bに答えなさい。解答は，解答用紙(ハ)の欄に，設問ごとに改行し，設問の記号を付して記入しなさい。

(1)　江戸幕府は，1724年以降，主要な商品について，大坂の町人が江戸へ送った量を調査した。次の表は，1730年まで7年間の調査結果を，年平均にして示したものである。

繰綿(くりわた)	95,737本	炭	447俵
木綿(綿布)	13,110箇	薪(たきぎ)	0
油	62,619樽	魚　油	60樽
醤　油	136,526樽	味　噌	0
酒	219,752樽	米	19,218俵

『大阪市史』(第一)のデータによって作成。

(2)　江戸時代には，綿(わた)や油菜(菜種)が温暖な西日本で盛んに栽培され，衣類や灯油の原料となった。

⑶　綿から摘まれた綿花には種子(綿実)が入っていたが，それを繰屋(くりや)が器具で取り除き，繰綿として流通した。繰綿や木綿は，綿の栽培されない東北地方へも江戸などの問屋や商人を介して送られた。

⑷　当時，菜種や綿実を絞って灯火用の油をとったが，摂津の灘目(なだめ)には水車で大規模に絞油を行う業者も出現した。上総の九十九里浜などでは，漁獲した鰯を釜で煮て魚油をとり，これも灯火に用いられたが，質が劣るものだった。

設　問

A　⑴の表では，大量に送られた商品とそうでない商品との差が明瞭である。繰綿・木綿・油・醤油・酒の5品目が大量に送られているのは，どのような事情によるか。生産・加工と運輸・流通の両面に留意して，3行以内で述べなさい。

B　一方，炭・薪・魚油・味噌の4品目は，とるに足らない量で，米も江戸の人口に見合った量は送られていない。それはなぜか。炭など4品目と米とを区別して，2行以内で述べなさい。

第 4 問

第一次世界大戦中から，日本では都市化とマス＝メディアの発展が顕著になり，海外からの情報と思想の流入も，大量で急速になった。こうした変化が何をもたらしたかに関して，下記の設問A・Bに答えなさい。解答は，解答用紙(二)の欄に，設問ごとに改行し，設問の記号を付して記入しなさい。

設　問

A　上のような社会の変化は，政治のしくみをどのように変えていったか。大正時代の終わりまでについて，3行以内で説明しなさい。

B　上のような社会の変化は，国際的な性格をもった社会運動を生んだ。その内容と，この動きに対する当時の政権の政策について，3行以内で説明しなさい。

2014年

解答時間：2科目150分
配　　点：120点

第1問

次の(1)~(4)の文章を読んで，下記の設問A・Bに答えなさい。解答は，解答用紙(イ)の欄に，設問ごとに改行し，設問の記号を付して記入しなさい。

(1) ヤマト政権では，大王が，臣姓・連姓の豪族の中から最も有力なものを大臣・大連に任命し，国政の重要事項の審議には，有力氏族の氏上も大夫(マエツキミ)として加わった。律令制の国政の運営には，こうした伝統を引き継いだ部分もあった。

(2) 810年，嵯峨天皇は，藤原薬子の変(平城太上天皇の変)に際して太政官組織との連携を重視し，天皇の命令をすみやかに伝えるために，蔵人頭を設けた。蔵人頭や蔵人は，天皇と太政官とをつなぐ重要な役割を果たすことになった。

(3) 太政大臣藤原基経は，884年，問題のある素行を繰り返す陽成天皇を退位させ，年長で温和な人柄の光孝天皇を擁立した。基経の処置は，多くの貴族層の支持を得ていたと考えられる。

(4) 10世紀後半以降の摂関期には，摂政・関白が大きな権限を持っていたが，位階の授与や任官の儀式は，天皇・摂関のもとで公卿も参加して行われた。また，任地に赴いた受領は，任期終了後に受領功過定(こうかさだめ)という公卿会議による審査を受けた。

設　問

A　律令制では，国政はどのように審議されたのか。その構成員に注目して，2行以内で述べなさい。

B　(4)の時期に，国政の審議はどのように行われていたか。太政官や公卿の関与のあり方に注目して，4行以内で述べなさい。

第 2 問

次の(1)~(4)の文章を読んで，下記の設問に答えなさい。解答は，解答用紙(ロ)の欄に記入しなさい。

(1)　応仁の乱以前，遠国を除き，守護は原則として在京し，複数国の守護を兼ねる家では，守護代も在京することが多かった。乱以後には，ほぼ恒常的に在京した守護は細川氏だけであった。

(2)　1463年に没したある武士は，京都に居住し，五山の禅僧や中下級の公家と日常的に交流するとともに，立花の名手池坊専慶に庇護を加えていた。

(3)　応仁の乱以前に京都で活躍し，七賢と称された連歌の名手には，山名氏の家臣など3人の武士が含まれていた。

(4)　応仁の乱以後，宗祇は，朝倉氏の越前一乗谷，上杉氏の越後府中，大内氏の周防山口などを訪れ，連歌の指導や古典の講義を行った。

設　問

応仁の乱は，中央の文化が地方に伝播する契機になったが，そのなかで武士の果たした役割はどのようなものであったか。乱の前後における武士と都市との関わりの変化に留意しながら，5行以内で述べなさい。

第 3 問

次の(1)~(4)の文章を読んで，下記の設問Ａ・Ｂに答えなさい。解答は，解答用紙(ハ)の欄に，設問ごとに改行し，設問の記号を付して記入しなさい。

(1) 1864年，禁門の変で敗れた長州藩を朝敵として追討することが決まると，幕府は征討軍の編成に着手し，従軍する諸大名・旗本に対して，定めの通り，各自の知行高に応じた数の人馬や兵器を用意することを命じた。

(2) 幕府や諸藩は，武器・弾薬や兵糧などを運搬するため，領内の村々に，村高に応じた数の人夫を出すことを命じた。こうした人夫の徴発は村々の負担となった。

(3) 幕府や諸藩は，長州征討に派遣する軍勢のため，大量の兵糧米を集めた。さらに，商人による米の買い占めなどもあって，米価が高騰した。

(4) 長州藩は，いったん屈伏したが，藩論を転換して再び幕府に抵抗した。このため幕府は，1865年，長州藩を再度征討することを決定した。しかし，長州藩と結んだ薩摩藩が幕府の命令に従わなかっただけでなく，他の藩の多くも出兵には消極的となっていた。

設　問

A　長州征討に際し，どのような人々が，どのように動員されたのか。2行以内で述べなさい。

B　再度の長州征討に際し，多くの藩が出兵に消極的となった理由としてどのようなことが考えられるか。諸藩と民衆の関係に注目して，3行以内で述べなさい。

第4問

次の文章を読んで，下記の設問A・Bに答えなさい。解答は，解答用紙(ニ)の欄に，設問ごとに改行し，設問の記号を付して記入しなさい。

1889年2月，大日本帝国憲法が発布された。これを受けて，民権派の植木枝盛らが執筆した『土陽新聞』の論説は，憲法の章立てを紹介し，「ああ憲法よ，汝(なんじ)すでに生れたり。吾(われ)これを祝す。すでに汝の生れたるを祝すれば，随(したが)ってまた，汝の成長するを祈らざるべからず」と述べた。さらに，7月の同紙の論説は，新聞紙条例，出版条例，集会条例を改正し，保安条例を廃止するべきであると主張した。

設　問

A　大日本帝国憲法は，その内容に関して公開の場で議論することのない欽定憲法という形式で制定された。それにもかかわらず民権派が憲法の発布を祝ったのはなぜか。3行以内で説明しなさい。

B　7月の論説のような主張は，どのような根拠にもとづいてなされたと考えられるか。2行以内で述べなさい。

2013年

解答時間：2科目150分
配　　点：120点

第１問

次の(1)〜(4)の文章を読んで，下記の設問に答えなさい。解答は，解答用紙(イ)の欄に記入しなさい。

(1) 『宋書』には，478年に倭王武が宋に遣使し，周辺の国を征服したことを述べ，「使持節都督倭・新羅・任那・加羅・秦韓・慕韓六国諸軍事安東大将軍倭王」に任じられたと記す。こののち推古朝の遣隋使まで中国への遣使は見られない。

(2) 埼玉県の稲荷山古墳から出土した鉄剣の銘文には，オワケの臣が先祖以来大王に奉仕し，ワカタケル大王が「天下を治める」のをたすけたと記す。熊本県の江田船山古墳出土の鉄刀銘にも「治天下ワカタケル大王」が見える。前者の銘文は471年に記されたとする説が有力である。

(3) 『日本書紀』には，雄略天皇を「大泊瀬幼武（おおはつせわかたける）天皇」と記している。「記紀」は，雄略天皇をきわめて残忍な人物として描き，中央の葛城氏や地方の吉備氏を攻略した伝承を記している。

(4) 475年に百済は高句麗に攻められ，王が戦死していったん滅び，そののち都を南に移した。この戦乱で多くの王族とともに百済の人々が倭に渡来した。さまざまな技術が渡来人によって伝えられ，ヤマト政権は彼らを部に組織した。

設　問

5世紀後半のワカタケル大王の時代は，古代国家成立の過程でどのような意味を持っていたか。宋の皇帝に官職を求める国際的な立場と「治天下大王」という国内での称号の相違に留意しながら，6行以内で説明しなさい。

第 2 問

12世紀末の日本では，西国を基盤とする平氏，東国を基盤とする源頼朝，奥羽を基盤とする奥州藤原氏の3つの武家政権が分立する状態が生まれ，最後には頼朝が勝利して鎌倉幕府を開いた。このことに関連する次の(1)〜(5)の文章を読んで，次ページの設問A〜Cに答えなさい。解答は，解答用紙(ロ)の欄に，設問ごとに改行し，設問の記号を付して記入しなさい。

(1) 1126年，藤原清衡は，平泉に「鎮護国家の大伽藍」中尊寺が落成した際の願文において，前半では自己を奥羽の蝦夷や北方の海洋民族を従える頭領と呼び，後半では天皇・上皇・女院らの長寿と五畿七道の官・民の安楽を祈願している。

(2) 1180年，富士川で平氏軍を破り上洛しようとする頼朝を，東国武士団の族長たちは，「東国の平定が先です」と言って引き止め，頼朝は鎌倉に戻った。

(3) 1185年，頼朝は，弟義経の追討を名目に，御家人を守護・地頭に任じて軍事・行政にあたらせる権限を，朝廷にせまって獲得した。その後義経は，奥州藤原氏のもとへ逃げこんだ。

(4) 地頭は平氏政権のもとでも存在したが，それは朝廷の認可を経たものではなく，平氏や国司・領家が私の「恩」として平氏の家人を任じたものだった。

(5) はじめ，奥州の貢物は奥州藤原氏から京都へ直接納められていたが，1186年，頼朝は，それを鎌倉を経由する形に改めさせた。3年後，奥州藤原氏を滅ぼして平泉に入った頼朝は，整った都市景観と豊富な財宝に衝撃を受け，鎌倉の都市建設にあたって平泉を手本とした。

設　問

A　奥州藤原氏はどのような姿勢で政権を維持しようとしたか。京都の朝廷および日本の外との関係にふれながら，2行以内で述べなさい。

B　頼朝政権が，全国平定の仕上げとして奥州藤原氏政権を滅ぼさなければならなかったのはなぜか。朝廷の動きを含めて，2行以内で述べなさい。

C　平氏政権と異なって，頼朝政権が最初の安定した武家政権（幕府）となりえたのはなぜか。地理的要因と武士の編成のあり方の両面から，3行以内で述べなさい。

第 3 問

次の(1)〜(4)の文章を読んで，下記の設問A・Bに答えなさい。解答は，解答用紙(ハ)の欄に，設問ごとに改行し，設問の記号を付して記入しなさい。

(1)　江戸幕府は，1615年の大坂夏の陣で豊臣氏を滅ぼした後，伏見城に諸大名を集めて武家諸法度を読み聞かせた。その第1条は，大名のあるべき姿について，「文武弓馬の道，専ら相嗜(たしな)むべき事」と述べていた。

(2)　ついで幕府は，禁中並公家諸法度を天皇と公家たちに示した。その第1条は，天皇のあるべき姿について，「第一御学問なり」と述べ，皇帝による政治のあり方を説く中国唐代の書物や，平安時代の天皇が後継者に与えた訓戒書に言及している。

(3)　1651年，新将軍のもとで末期養子の禁が緩和され，1663年には殉死が禁止された。これらの項目は1683年の武家諸法度に条文として加えられた。

⑷　1683年の武家諸法度では，第1条は「文武忠孝を励まし，礼儀を正すべき事」と改められた。

設　問

A　⑴・⑵の時期に，幕府は，支配体制の中で大名と天皇にそれぞれどのような役割を求めたと考えられるか。2行以内で述べなさい。

B　1683年に幕府が武家諸法度を改めたのは，武士の置かれた社会状況のどのような変化によると考えられるか。3行以内で述べなさい。

第4問

明治維新の過程ではさまざまな政治改革の構想が打ち出された。次の文章はそのもっとも初期の例で，1858年，福井藩士橋本左内が友人に書き送った手紙の一部を現代語に直したものである。これを読んで下記の設問A・Bに答えなさい。解答は，解答用紙(二)の欄に，設問ごとに改行し，設問の記号を付して記入しなさい。

第一に将軍の後継ぎを立て，第二に我が公(松平慶永)・水戸老公(徳川斉昭)・薩摩公(島津斉彬)らを国内事務担当の老中，肥前公(鍋島斉正)を外国事務担当の老中にし，それに有能な旗本を添え，そのほか天下に名のとどろいた見識ある人物を，大名の家来や浪人であっても登用して老中たちに附属させれば，いまの情勢でもかなりの変革ができるのではなかろうか。

設　問

A　橋本は幕末の公議政体論の先駆者として知られるが，この構想は従来の政治の仕組みをどのように変えようとするものであったか。国際的背景を含めて，4行以内で説明しなさい。

B　この後，維新の動乱を経て約 30 年後には新たな国家体制が成立したが，その政治制度は橋本の構想とはかなり違うものとなっていた。主な相違点をいくつかあげて，3 行以内で述べなさい。

2012年

解答時間：2科目150分
配　　点：120点

第 1 問

次の(1)〜(4)の文章を読んで，下記の設問に答えなさい。解答は，解答用紙(イ)の欄に記入しなさい。

(1) 740年，大宰少弐藤原広嗣が反乱を起こし，豊前・筑前国境の板櫃(いたひつ)河をはさんで，政府軍約6,000人と広嗣軍約10,000人が戦った。両軍の主力は，すでに確立していた軍団制・兵士制のシステムを利用して動員された兵力であった。

(2) 780年の伊治呰麻呂による多賀城襲撃の後，30年以上にわたって政府と蝦夷との間で戦争があいついだ。政府は，坂東諸国などから大規模な兵力をしばしば動員し，陸奥・出羽に派遣した。

(3) 783年，政府は坂東諸国に対し，有位者の子，郡司の子弟などから国ごとに軍士500〜1,000人を選抜して訓練するように命じ，軍事動員に備える体制をとらせた。一方で792年，陸奥・出羽・佐渡と西海道諸国を除いて軍団・兵士を廃止した。

(4) 939年，平将門は常陸・下野・上野の国府を襲撃し，坂東諸国の大半を制圧した。平貞盛・藤原秀郷らは，政府からの命令に応じて自らの兵力を率いて将門と合戦し，これを倒した。

設　問

8世紀から10世紀前半に，政府が動員する軍事力の構成や性格はどのように変化したか。6行以内で説明しなさい。

2012年　入試問題

第 2 問

院政期から鎌倉時代にかけての仏教の動向にかかわる次の(1)〜(5)の文章を読んで，下記の設問A・Bに答えなさい。解答は，解答用紙(ロ)の欄に，設問ごとに改行し，設問の記号を付して記入しなさい。

(1) 院政期の天皇家は精力的に造寺・造仏を行った。白河天皇による法勝寺をはじめとして，大規模な寺院が次々と建立された。

(2) 平氏の焼き討ちにより奈良の寺々は大きな打撃をこうむった。勧進上人重源は各地をまわって信仰を勧め，寄付や支援を募り，東大寺の再興を成し遂げた。

(3) 鎌倉幕府の御家人熊谷直実は，法然が「罪の軽重は関係ない。念仏を唱えさえすれば往生できるのだ」と説くのを聞き，「手足を切り，命をも捨てなければ救われないと思っておりましたのに，念仏を唱えるだけで往生できるとはありがたい」と感激して帰依した。

(4) 1205年，興福寺は法然の教えを禁じるように求める上奏文を朝廷に提出した。このような攻撃の影響で，1207年に法然は土佐国に流され，弟子の親鸞も越後国に流された。

(5) 1262年，奈良西大寺の叡尊は，北条氏の招きによって鎌倉に下向し，多くの人々に授戒した。彼はまた，京都南郊の宇治橋の修造を発願し，1286年に完成させた。

設　問

A　(1)と(2)では，寺院の造営の方法に，理念のうえで大きな相違がある。それはどのようなものか。2行以内で述べなさい。

B　鎌倉時代におこった法然や親鸞の教えは，どのような特徴を持っていたか，また，それに対応して旧仏教側はどのような活動を展開したか。4行以内で述べなさい。

第 3 問

次の(1)〜(4)の文章は，江戸時代半ば以降における農村の休日について記したものである。これらを読んで，下記の設問A・Bに答えなさい。解答は，解答用紙(ハ)の欄に，設問ごとに改行し，設問の記号を付して記入しなさい。

(1)　村の定書をみると，「休日(やすみび)」「遊日(あそびび)」と称して，正月・盆・五節句や諸神社の祭礼，田植え・稲刈り明けのほか，多くの休日が定められている。その数は，村や地域によって様々だが，年間30〜60日ほどである。

(2)　百姓の日記によれば，村の休日以外にそれぞれの家で休むこともあるが，村で定められた休日はおおむね守っている。休日には，平日よりも贅沢な食事や酒，花火などを楽しんだほか，禁じられている博打(ばくち)に興じる者もいた。

(3)　ある村の名主の日記によると，若者が大勢で頻繁に押しかけてきて，臨時の休日を願い出ている。名主は，村役人の寄合を開き，それを拒んだり認めたりしている。当時の若者は，惣代や世話人を立て，強固な集団を作っており，若者組とよばれた。

(4)　若者組の会計帳簿をみると，支出の大半は祭礼関係であり，飲食費のほか，芝居の稽古をつけてくれた隣町の師匠へ謝礼を払ったり，近隣の村々での芝居・相撲興行に際して「花代(はなだい)」(祝い金)を出したりしている。

設　問

A　当時，村ごとに休日を定めたのはなぜか。村の性格や百姓・若者組のあり方に即して，3行以内で述べなさい。

B　幕府や藩は，18世紀末になると，村人の「遊び」をより厳しく規制しようとした。それは，なにを危惧したのか。農村社会の変化を念頭において，2行以内で述べなさい。

第 4 問

次の表は，日本の敗戦から1976年末までの，中国およびソ連からの日本人の復員・引揚者数をまとめたものである。この表を参考に，下の(1)・(2)の文章を読んで，下記の設問A・Bに答えなさい。解答は，解答用紙(二)の欄に，設問ごとに改行し，設問の記号を付して記入しなさい。

地　域	軍人・軍属	一般邦人
中国東北地方	52,833人	1,218,646人
東北地方以外の中国と香港	1,058,745人	496,016人
ソ連(旧日本帝国領を除く)	453,787人	19,155人

(1)　第二次世界大戦の終結ののち，日本の占領地や植民地などにいた日本人軍人・軍属の復員とそれ以外の一般邦人の引揚げが始まった。多くの日本人は終戦の翌年までに帰還したが，中国とソ連からの帰還は長期化した。

(2)　ソ連政府は1950年に「日本人捕虜の送還を完了した」と宣言し，日本人の送還を中断した。その後，日ソ両国の赤十字社の交渉を通じて1953年から帰還が再開されたが，日本側の要望通りには進展しなかった。ほとんどの日本人の帰還が実現したのは1956年のことであった。

2012年　入試問題

設　問

A　表に見るように多数の一般邦人が，中国に在住するようになっていたのはなぜか。20世紀初頭以降の歴史的背景を，4行以内で説明しなさい。

B　ソ連からの日本人の帰還が，⑵のような経過をたどった理由を，当時の国際社会の状況に着目して，2行以内で説明しなさい。

2011年

解答時間：2科目150分
配　　点：120点

第 1 問

663年に起きた白村江の戦いとその後の情勢に関する次の(1)〜(5)の文章を読んで，下記の設問A・Bに答えなさい。解答は，解答用紙(イ)の欄に，設問ごとに改行し，設問の記号を付して記入しなさい。

(1) 664年，対馬島・壱岐島・筑紫国等に防人と烽(とぶひ)を置き，筑紫に水城を築いた。翌年，答炑春初(とうほんしゅんそ)を派遣して長門国に城を築き，憶礼福留(おくらいふくる)・四比福夫(しひふくふ)を筑紫国に派遣して大野城と基肄(きい)城とを築かせた。

(2) 高句麗が滅んだ668年，新羅からの使者に託して，中臣鎌足は新羅の高官金庾信(きんゆしん)に船1隻を贈り，天智天皇も新羅王に船1隻を贈った。唐に向けては，翌年高句麗制圧を祝う遣唐使を送ったが，その後30年ほど遣使は途絶えた。

(3) 671年，倭の朝廷は，百済貴族の余自信(よじしん)・沙宅紹明(さたくじょうみょう)・憶礼福留・答炑春初ら50余人に倭の冠位を与えて，登用した。

(4) 百済救援の戦いに動員された筑紫国の兵士大伴部博麻(おおともべのはかま)は，ともに唐軍に捕らえられた豪族の筑紫君ら4人を帰国させるために自らの身を売った。博麻が新羅使に送られて帰国できたのは，690年のことであった。

(5) 『日本霊異記』によれば，備後国三谷郡司の先祖は，百済救援の戦いに赴いて無事に帰国したのち，連れ帰った百済人僧侶の力を借りて，出征前の誓いどおり，郷里に立派な寺院を建立したという。この寺院は，発掘調査された寺町廃寺である。伊予国の郡司の先祖についても，同様の話が伝わる。

2011年　入試問題

設　問

A　白村江の戦いに倭から派遣された軍勢の構成について，1行以内で述べなさい。

B　白村江での敗戦は，日本古代の律令国家の形成にどのような影響をもたらしたのか，その後の東アジアの国際情勢にもふれながら，5行以内で述べなさい。

第 2 問

次の表は，室町幕府が最も安定していた4代将軍足利義持の時期(1422年)における，鎌倉府の管轄および九州をのぞいた諸国の守護について，氏ごとにまとめたものである。この表を参考に，下の(1)・(2)の文章を読んで，下記の設問A～Cに答えなさい。解答は，解答用紙(ロ)の欄に，設問ごとに改行し，設問の記号を付して記入しなさい。

氏	国
赤松	播磨，美作，備前
一色	三河，若狭，丹後
今川	駿河
上杉	越後
大内	周防，長門
京極	山城，飛騨，出雲，隠岐
河野	伊予
斯波	尾張，遠江，越前
富樫	加賀
土岐	伊勢，美濃
畠山	河内，能登，越中，紀伊
細川	和泉，摂津，丹波，備中，淡路，阿波，讃岐，土佐
山名	但馬，因幡，伯耆，石見，備後，安芸
六角	近江

(1) 南北朝の動乱がおさまったのち，応仁の乱まで，この表の諸国の守護は，原則として在京を義務づけられ，その一部は，幕府の運営や重要な政務の決定に参画した。一方，今川・上杉・大内の各氏は，在京を免除されることも多かった。

(2) かつて幕府に反抗したこともあった大内氏は，この表の時期，弱体化していた九州探題渋川氏にかわって，九州の安定に貢献することを幕府から期待される存在になっていた。

設　問

A　幕府の運営や重要な政務の決定に参画した守護には，どのような共通点がみられるか。中央における職制上の地位にもふれながら，2行以内で述べなさい。

B　今川・上杉・大内の各氏が，在京を免除されることが多かったのはなぜか。2行以内で説明しなさい。

C　義持の時期における安定は，足利義満の守護に対する施策によって準備された面がある。その施策の内容を，1行以内で述べなさい。

第 3 問

17世紀前半，江戸幕府は各藩に，江戸城や大坂城等の普請を命じた。そのことに関する次の⑴〜⑷の文章を読んで，下記の設問A・Bに答えなさい。解答は，解答用紙(ハ)の欄に，設問ごとに改行し，設問の記号を付して記入しなさい。

⑴　城普請においては，それぞれの藩に，石垣や堀の普請が割り当てられた。その担当する面積は，各藩の領知高をもとにして決められた。

⑵　相次ぐ城普請は重い負担となったが，大名は，城普請役をつとめることが藩の存続にとって不可欠であることを強調して家臣を普請に動員し，その知行高に応じて普請の費用を徴収した。

⑶　城普請の中心は石垣普請であった。巨大な石が遠隔地で切り出され，陸上と水上を運搬され，綿密な計算に基づいて積み上げられた。これには，石積みの専門家穴太衆(あのう)に加え，多様な技術を持つ人々が動員された。

⑷　城普請に参加したある藩の家臣が，山から切り出した巨石を，川の水流をたくみに調節しながら浜辺まで運んだ。これを見て，他藩の者たちも，皆この技術を取り入れた。この家臣は，藩内各所の治水等にも成果をあげていた。

設　問

A　幕府が藩に課した城普請役は，将軍と大名の関係，および大名と家臣の関係に結果としてどのような影響を与えたか。負担の基準にもふれながら，3行以内で述べなさい。

B　城普請は，17世紀の全国的な経済発展に，どのような効果をもたらしたか。2行以内で述べなさい。

第 4 問

次のグラフは，1945年以前に日本(植民地を除く)の工場で働いていた職工について，男女別の人数の変化を示したものである。このグラフを見ながら，下記の設問A・Bに答えなさい。解答は，解答用紙(ニ)の欄に，設問ごとに改行し，設問の記号を付して記入しなさい。

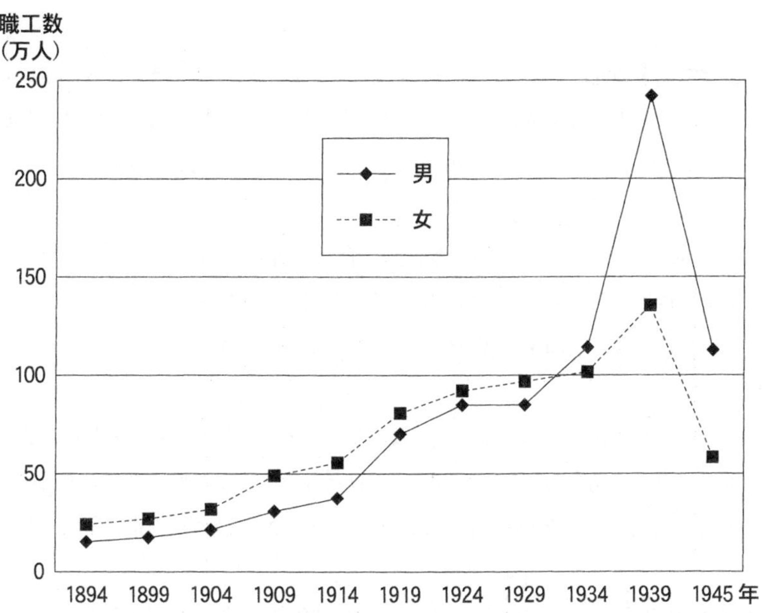

設　問

A　1920年代まで女性の数が男性を上回っているが，これはどのような事情によると考えられるか。当時の産業構造に留意して，3行以内で説明しなさい。

B　男性の数は1910年代と30年代に急激に増加している。それぞれの増加の背景を，あわせて3行以内で説明しなさい。

2010年

解答時間：2科目150分
配　　点：120点

第 1 問

次の(1)〜(4)の文章を読んで，下記の設問に答えなさい。解答は，解答用紙（イ）の欄に記入しなさい。

(1) 大宝律令の完成により官僚制が整備され，官人たちは位階や官職に応じて給与を得た。地方には中央から貴族が国司として派遣され，『万葉集』には，上級貴族の家柄である大伴家持が，越中守として任地で詠んだ和歌がみえる。

(2) 10世紀には，地方支配のあり方や，官人の昇進と給与の仕組みが変質し，中下級貴族は収入の多い地方官になることを望んだ。特定の中央官職で一定の勤続年数に達すると，国司（受領）に任じられる慣例も生まれた。

(3) 藤原道長の日記には，諸国の受領たちからの贈り物が度々みえるが，彼らは摂関家などに家司（けいし）（家の経営にあたる職員）として仕えた。豊かな国々の受領は，このような家司がほぼ独占的に任じられ，その手元には多くの富が蓄えられた。

(4) 清和源氏の源満仲と子息の頼光・頼信は摂関家に侍として仕え，その警護にあたるとともに，受領にも任じられて物資を提供した。頼信が平忠常の乱を制圧したことなどから，やがて東国に源氏の勢力が広まっていった。

設　問

10・11世紀の摂関政治期，中下級貴族は上級貴族とどのような関係を結ぶようになったのか。その背景の奈良時代からの変化にもふれながら，6行以内で述べなさい。

第 2 問

次の(1)〜(3)の文章を読んで，下記の設問A〜Cに答えなさい。解答は，解答用紙(ロ)の欄に，設問ごとに改行し，設問の記号を付して記入しなさい。

(1) 次の表は，平安末〜鎌倉時代における荘園・公領の年貢がどのような物品で納められていたかを，畿内・関東・九州地方について集計したものである。

畿内

国名	米	油	絹	麻	綿
山城	17	6		1	
大和	27	7	2		
河内	8	1			
和泉	2	1	1		1
摂津	13	2		1	

関東地方

国名	米	油	絹	麻	綿
相模				3	
武蔵			2	2	
上総	1	1		4	3
下総			1	1	1
常陸		1	5	1	2
上野				1	
下野			3	2	

九州地方

国名	米	油	絹	麻	綿
筑前	13				
筑後	6		3		1
豊前	1				
豊後	3				
肥前	4				
肥後	7		4		
日向	1				
大隅	1				
薩摩	3				

数字は年貢品目の判明した荘園・公領数。
主要な5品目のみを掲げ，件数の少ないその他の品目は省略した。
網野善彦『日本中世の百姓と職能民』より作成。

⑵　次の史料は，1290年に若狭国太良荘から荘園領主である京都の東寺に納められた年貢の送り状である。

進上する太良御庄御年貢代銭の送文の事
合わせて十五貫文てへり(注)。但し百文別に一斗一升の定め。
右，運上するところ件(くだん)の如(ごと)し。
正応三年九月二十五日　　公文(花押)
御使(花押)

(注)　合計15貫文の意。

⑶　摂津国兵庫北関の関銭台帳である『兵庫北関入船納帳』には，1445年の約1年間に同関を通過した，塩10万600余石，材木3万7000余石，米2万4000余石をはじめとする莫大な物資が記録されているが，そのほとんどは商品として運ばれたものであった。

設　問

A　畿内・関東・九州地方の年貢品目には，それぞれどのような地域的特色が認められるか。⑴の表から読みとれるところを2行以内で述べなさい。

B　⑴の年貢品目は，鎌倉時代後期に大きく変化したが，その変化とはどのようなものであったか。⑵の史料を参考にして1行以内で説明しなさい。

C　室町時代に⑶のような大量の商品が発生した理由を，⑴⑵の内容をふまえて2行以内で説明しなさい。

第 3 問

次の(1)〜(4)の文章は，17 世紀前半の出羽国の院内銀山について記したものである。これらを読んで，下記の設問A・Bに答えなさい。解答は，解答用紙(ハ)の欄に，設問ごとに改行し，設問の記号を付して記入しなさい。

(1) 1607 年に開かれ，秋田藩の直轄となった院内銀山では，開山して数年で，城下町久保田(現在の秋田市)に並ぶ約 1 万人の人口をもつ鉱山町が山中に形成された。

(2) 鉱山町の住民の出身地をみると，藩に運上を納めて鉱山経営を請け負った山師は，大坂・京都を含む畿内，北陸，中国地方の割合が高く，精錬を行う職人は，石見国など中国地方の出身者が多かった。一方，鉱石の運搬などの単純労働に従事した者は，秋田領内とその近国の割合が高かった。

(3) 鉱山町では，藩が領内の相場より高い価格で独占的に年貢米を販売しており，それによる藩の収入は，山師などが納める運上の額を上回っていた。

(4) 当時，藩が上方(かみがた)で年貢米を売り払うためには，輸送に水路と陸路を併用したので，積替えの手間がかかり，費用もかさんだ。

設　問

A　鉱山町の住民のうち，山師と精錬を行う職人の出身地にそれぞれ上記のような特徴がみられたのはなぜか。3 行以内で述べなさい。

B　秋田藩にとって，鉱山町のような人口の多い都市を領内にもつことにはどのような利点があったか。2 行以内で述べなさい。

第 4 問

明治政府は，条約改正交渉を担当した井上馨を中心として，法律・美術・社交・生活習慣といった幅広い分野での欧化を促進した。これに対して，1887年頃には政治と文化の両面で，欧化主義への反発が方向の違いをふくみながらあらわれた。このような反発の内容と背景を，下の年表を参考にしながら，6行以内で説明しなさい。解答は，解答用紙(ニ)の欄に記入しなさい。

1887年　2月　民友社(徳富蘇峰ら)，雑誌『国民之友』を創刊

　　　　10月　東京美術学校設立

　　　　10〜12月　三大事件建白運動

1888年　4月　政教社(三宅雪嶺・志賀重昂ら)，雑誌『日本人』を創刊

2009年

解答時間：2科目150分
配　　点：120点

第1問

次の(1)〜(4)の文章を読んで，下記の設問に答えなさい。解答は，解答用紙(イ)の欄に記入しなさい。

(1) 607年に小野妹子が遣隋使として「日出づる処の天子」にはじまる国書を提出したが，煬帝は無礼として悦(よろこ)ばなかった。翌年再び隋に向かう妹子に託された国書は「東の天皇，敬(つつし)みて西の皇帝に白(もう)す」に改められた。推古朝に天皇号が考え出されたとする説も有力である。

(2) 659年に派遣された遣唐使は，唐の政府に「来年に海東の政(軍事行動のこと)がある」と言われ，1年以上帰国が許されなかった。669年に派遣された遣唐使は，唐の記録には高句麗平定を賀するものだったと記されている。

(3) 30年の空白をおいて派遣された702年の遣唐使は，それまでの「倭」に代えて「日本」という新たな国号を唐に認めてもらうことが使命の一つだったらしい。8世紀には遣唐使は20年に1度朝貢する約束を結んでいたと考えられる。

(4) 717年の遣唐使で唐に渡った吉備真備と玄昉は，それぞれ中国滞在中に儒教や音楽などに関する膨大な書籍や当時最新の仏教経典を収集し，次の733年の遣唐使と共に帰国し，日本にもたらした。

設　問

7・8世紀の遣隋使・遣唐使は，東アジア情勢の変化に対応してその性格も変わった。その果たした役割や意義を，時期区分しながら，6行以内で説明しなさい。

第 2 問

豊臣秀吉が戦乱の世をしずめ，全国統一を実現したことにかかわる次の(1)〜(4)の文章を読んで，下記の設問A〜Cに答えなさい。解答は，解答用紙(ロ)の欄に，設問ごとに改行し，設問の記号を付して記入しなさい。

(1) 1585年，秀吉は九州地方の大名島津氏に，次のような趣旨の文書を送った。「勅命に基づいて書き送る。九州でいまだに戦乱が続いているのは良くないことである。国や郡の境目争いについては，双方の言い分を聴取して，追って決定する。まず敵も味方も戦いをやめよというのが叡慮である。もしこれに応じなければ，直ちに成敗するであろう。」

(2) 1586年，島津氏は，「関白殿から戦いをやめるように言われたが，境を接する大友氏から攻撃を受けているので，それなりの防戦をせざるを得ない」と回答した。

(3) 1587年，島津氏は秀吉の攻撃を受けたが，まもなく降伏した。一方，中国地方の大名毛利氏は，早くから秀吉に協力した。秀吉は島津氏に薩摩国・大隅国などを，毛利氏に安芸国・備後国・石見国などを，それぞれ領地として与えた。

(4) 1592年に始まる朝鮮出兵では，島津氏も毛利氏も，与えられた領地に応じた軍勢を出すように命じられた。

設　問

A　秀吉は，戦乱の原因をどのようにとらえ，その解決のためにどのような方針でのぞんだか。3行以内で述べなさい。

B　秀吉は，自身の命令を正当化するために，どのような地位と論理を用いたか。1行以内で述べなさい。

C　秀吉による全国統一には，鎌倉幕府以来の武士社会における結合の原理に基づく面がある。秀吉はどのようにして諸大名を従えたか。2行以内で述べなさい。

第 3 問

江戸時代の日中関係にかかわる次の(1)〜(4)の文章を読んで，下記の設問A・Bに答えなさい。解答は，解答用紙(ハ)の欄に，設問ごとに改行し，設問の記号を付して記入しなさい。

(1)　幕府は，1639年にポルトガル船の来航を禁止するに際して，主要な輸入品であった中国産品が他のルートによって確保できるかどうか，慎重な検討を重ねていた。

(2)　幕府は，1685年に長崎での毎年の貿易総額を定め，1715年には，銅の輸出量にも上限を設けた。

(3)　中国書籍は長崎に着くと，キリスト教に関係がないか調査された後，商人たちの手により全国に販売された。

(4)　長崎には，黄檗宗を広めた隠元隆琦ばかりでなく，医術・詩文・絵画・書道などに通じた人物が，中国からしばしば来航していた。

設　問

A　(1)の時期と(2)の時期以降とでは，中国との貿易品にどのような変化があったか。国内産業への影響も含め，3行以内で述べなさい。

B　江戸時代の中国からの文化の流入には，どのような特徴があるか。2行以内で述べなさい。

第 4 問

次の図は日本における産業別15歳以上就業者数の推移を示したものである。この図を手がかりとして，下記の設問に答えなさい。解答は，解答用紙(二)の欄に記入しなさい。

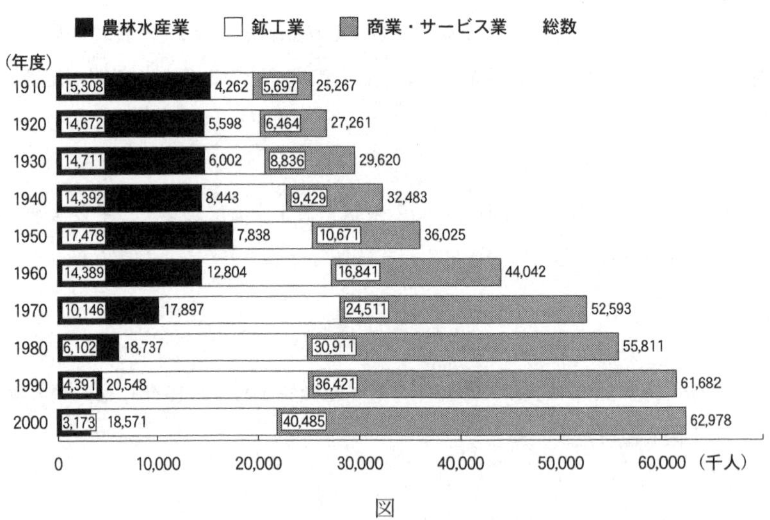

図

1920年度以降は『国勢調査』，1910年度は『労働力(長期経済統計2)』の大川推計による。
1920年度以降の総数は分類不能の産業を含む。

設　問

高度経済成長期以降の農村では，機械化や農薬の利用によって省力化が進み，農業就業者が急激に減り，現在では後継者の確保や集落の維持が困難な例が生じている。昭和恐慌の際にも，現在とは異なる「農村の危機」が問題となっていたが，その内容と背景を，5行以内で述べなさい。なお，解答には，下に示した語句を一度は用い，使用した語句には必ず下線を引きなさい。

失業者　　農村人口　　米価　　養蚕

2008年

解答時間：2科目150分
配　　点：120点

第 1 問

次の(1)～(6)の文章を読んで，下記の設問A・Bに答えなさい。解答は，解答用紙(イ)の欄に，設問ごとに改行し，設問の記号を付して記入しなさい。

(1) 奈良時代の東国の郡司には，金刺舎人（かなさしのとねり）など6世紀の大王宮があった地名を含む姓が見える。これはかつて国造（くにのみやつこ）たちが，その子弟を舎人として，大王宮に仕えさせていたことによると考えられる。

(2) 672年，近江朝廷と対立し，吉野で挙兵した大海人皇子は，伊賀・伊勢を経て，美濃に移って東国の兵を集結し，不破（ふわ）の地を押さえて，近江朝廷に勝利した。

(3) 大宰府に配属された防人は，全て東国の諸国から徴発されており，前の時代の国造に率いられた兵力のあり方が残っていたと考えられる。

(4) 律令制では，美濃国不破・伊勢国鈴鹿（すずか）・越前国愛発（あらち）にそれぞれ関が置かれ，三関（さんげん）とよばれた。奈良時代には，長屋王の変や天皇の死去など国家の大事が発生すると，使者を三関のある国に派遣し，関を閉鎖する固関（こげん）が行われた。

(5) 聖武天皇の詔（みことのり）には，「額（ひたい）に矢が立つことはあっても，背中に矢が立つことはあるものか」と身辺警護の「東人（あずまびと）」が常に語っていたことが見える。古代の天皇の親衛隊は，東国出身者が中心であったらしい。

(6) 764年，反乱を起こした藤原仲麻呂は，平城京から山背・近江を経て，越前に向かおうとしたが，愛発関で阻まれ，近江国高島（たかしま）郡において斬殺された。

設　問

A　東国は，古代国家にとって，どのような役割を果たしていたのか。3行以内で述べなさい。

B　律令国家は，内乱にどのように対処しようとしたのか。古代の内乱の傾向を踏まえて，3行以内で述べなさい。

第 2 問

ある目的を共有して集団を結成することを，中世では「一揆」といった。それにかかわる次の(1)～(4)の文章を読んで，下記の設問A～Cに答えなさい。解答は，解答用紙(ロ)の欄に，設問ごとに改行し，設問の記号を付して記入しなさい。

(1)　1373年，九州五島の武士たちが「一味同心」を誓った誓約書に，「このメンバーの中で訴訟が起きたときは，当事者との関係が兄弟・叔父甥・縁者・他人などのいずれであるかにかかわりなく，理非の審理を尽くすべきである」と書かれている。

(2)　1428年，室町幕府の首長足利義持は，跡継ぎの男子なく死去した。臨終の際，義持が後継者を指名しなかったため，重臣たちは石清水八幡宮の神前でクジを引いて，当たった義教(義持の弟)を新首長に推戴した。ある貴族は義教のことを「神慮により武家一味して用い申す武将」と評した。

(3)　1469年，備中国北部にあった荘園で，成年男子がひとり残らず鎮守の八幡神社に寄り合って，境内の大鐘をつき，「京都の東寺以外には領主をもたない」ことを誓い合った。鐘をつく行為は，その場に神を呼び出す意味があったと思われる。

(4)　1557年，安芸国の武士12人は，「今後，警告を無視して軍勢の乱暴をやめさせなかったり，無断で戦線を離脱したりする者が出たら，その者は死罪とする」と申し合わせた。その誓約書の末尾には，「八幡大菩薩・厳島大明神がご覧になっているから，決して誓いを破らない」と記され，次の図のように署名がなされた。

設　問

A　図のような署名形式は，署名者相互のどのような関係を表現しているか。1行以内で説明しなさい。

B　一揆が結成されることにより，参加者相互の関係は結成以前と比べてどのように変化したか。2行以内で述べなさい。

C　中世の人々は「神」と「人」との関係をどのようなものと考えていたか。2行以内で述べなさい。

2008年　入試問題

第 3 問

次の(1)〜(3)の文章は，松平定信の意見の一部(現代語訳)である。これらを読んで，下記の設問A・Bに答えなさい。解答は，解答用紙(ハ)の欄に，設問ごとに改行し，設問の記号を付して記入しなさい。

(1) 昔から，「耕す者が一人減ればそれだけ飢える者が出る」と言うが，去る午年(1786年)の人別帳を見るとその前回の調査人数と比較して140万人も減少している。その140万人は死亡したのではなく，みな離散して人別帳に記載されなくなったのである。

(2) 人々が利益ばかりを追求し，煙草を作ったり，養蚕をしたり，また藍や紅花を作るなどして地力を無駄に費やし，常に少ない労力で金を多く稼ぐことを好むので，米はいよいよ少なくなっている。農家も今は多く米を食べ，酒も濁り酒は好まず，かつ村々に髪結床などもあり，農業以外で生計を立てようとしている。

(3) 近年水害なども多く，豊作とよべる年は数えるほどで，傾向として米は年をおって減少している。その減少した上に不時の凶作があれば，どれほど困難な事態が生じるであろうか。恐ろしいことである。

(『物価論』)

設　問

A　当時の農業や食糧について，定信はどのような問題があると認識していたか。2行以内で述べなさい。

B　その問題に対処するため，定信が主導した幕政改革では，具体的にどのような政策がとられたか。4行以内で述べなさい。

第 4 問

1898年に成立した第一次大隈重信内閣は，はじめての政党内閣と呼ばれ，1918年の原敬内閣の発足は，本格的な政党内閣の成立と言われている。

この二つの内閣についての，下記の設問A・Bに答えなさい。解答は，解答用紙(二)の欄に，設問ごとに改行し，設問の記号を付して記入しなさい。

設　問

A　二つの政党内閣が成立した事情は，どちらも戦争と深くかかわっている。第一次大隈重信内閣について，その成立と戦争との関連を，2行以内で説明しなさい。

B　原敬内閣が，第一次大隈重信内閣とは異なり，のちの「憲政の常道」の慣行につながる，本格的な政党内閣となったのはなぜか。その理由を，社会的背景に留意しながら，4行以内で説明しなさい。

2007年

解答時間：2科目150分
配　　点：120点

第 1 問

8世紀の銭貨について述べた次の(1)～(5)の文章を読んで，下記の設問に答えなさい。解答は，解答用紙(イ)の欄に記入しなさい。

(1) 711年には，穀6升をもって銭1文に当てることとし，また712年には，諸国からの調庸を銭で納める場合には，布1常を銭5文に換算するとした。

(2) 711年に，位階や職務に応じて，絹織物・糸のほか銭を役人に支給する法を定めた。また，蓄えた銭の多少にしたがって位階を授けることを定めた。

(3) 712年に，諸国の役夫と運脚の者に対して，郷里に帰るときの食糧の欠乏を救うため，銭を携行することを命じた。

(4) 東大寺を造る役所の帳簿には，銭を用いて京内の市で物品を購入したことや，雇っていた人びとに銭を支払ったことが記されている。また，山背(やましろ)国の計帳には，調として銭を納めていたことが記されている。

(5) 798年に，「外国(畿内以外の諸国)の役人や人民が銭を多く蓄えてしまうので，京・畿内ではかえって人びとが用いる銭が不足している。これは銭を用いる便利さにそむき，よろしくない。もっている銭はことごとく官に納めさせ，稲をその代価として支給せよ。銭を隠す者を罰し，その銭は没収せよ」という法令を，畿内以外の諸国に向けて出した。

設　問

日本の古代国家は，銭貨を発行し，その使用を促進するためにさまざまな政策を実行してきた。銭貨についての政策の変遷をふまえて，8世紀末に(5)の法令が出されるようになった理由を，6行以内で説明しなさい。

第 2 問

次の(1)〜(5)の文章を読んで，下記の設問A・Bに答えなさい。解答は，解答用紙(ロ)の欄に，設問ごとに改行し，設問の記号を付して記入しなさい。

(1)　1207年，親鸞は朝廷により越後に流され，1271年，日蓮は鎌倉幕府により佐渡に流された。

(2)　北条時頼は，建長寺を建立して渡来僧蘭渓道隆を住持とし，北条時宗は，無学祖元を南宋から招き，円覚寺を創建した。日本からも多くの禅僧が海を渡った。室町時代になると，外交使節にはおもに五山の禅僧が起用された。

(3)　五山の禅僧は，漢詩文によって宗教活動を表現した。雪舟は，日本で宋・元に由来する絵画技法を学び，遣明船で明に渡って，現地でその技法を深めた。

(4)　蓮如は，だれでも極楽往生できると，かなの平易な文章で説いた。加賀では，教えを支持した門徒たちが守護を退け，「百姓の持ちたる国」のようになった。

(5)　日蓮の教えは都市の商工業者にひろまった。16世紀前半の京都では，信者たちが他の宗派を排して町政を運営した。

設　問

A　政治権力との関わりをふまえて，禅宗が生み出した文化の特徴を，3行以内で述べなさい。

B　鎌倉時代に抑圧された宗派は，戦国時代までにどのように展開したか。3行以内で述べなさい。

第 3 問

次の(1)～(4)の文章を読んで，下記の設問に答えなさい。解答は，解答用紙(ハ)の欄に記入しなさい。

(1)　平賀源内は，各地の薬草や鉱物を一堂に展示する物産会を催し，展示品360種の解説をあつめた『物類品隲(ぶつるいひんしつ)』を1763年に刊行した。

(2)　杉田玄白・前野良沢らは，西洋解剖書の原書を直接理解する必要性を感じ，医学・語学の知識を動員して，蘭書『ターヘル・アナトミア』の翻訳をすすめた。そして1774年にその成果を『解体新書』として刊行した。

(3)　ドイツ人ヒュプネル(ヒュブネル)の世界地理書をオランダ語訳した『ゼオガラヒー』は，18世紀に日本にもたらされ，朽木昌綱(くつきまさつな)の『泰西輿地図説(たいせいよちずせつ)』(1789年刊)など，世界地理に関する著作の主要材料として利用された。

(4)　本居宣長は，日本古来の姿を明らかにしたいと考え，『古事記』の読解に取り組んだ。古語の用例を集めて文章の意味を推定する作業をくり返しつつ，30年以上の年月をかけて注釈書『古事記伝』を1798年に完成させた。

設　問

18世紀後半に学問はどのような発展をとげたか。研究の方法に共通する特徴にふれながら，5行以内で述べなさい。

第 4 問

次の文章は，当時ジャーナリストとして活躍していた石橋湛山が，1921年のワシントン会議を前に発表した「一切を棄つるの覚悟」の一部である。これを読んで，下記の設問A・Bに答えなさい。解答は，解答用紙(二)の欄に，設問ごとに改行し，設問の記号を付して記入しなさい。

仮に会議の主動者には，我が国際的位地低くして成り得なんだとしても，もし政府と国民に，総てを棄てて掛るの覚悟があるならば，会議そのものは，必ず我に有利に導き得るに相違ない。たとえば満州を棄てる①，山東を棄てる，その他支那(注1)が我が国から受けつつありと考うる一切の圧迫を棄てる，その結果はどうなるか。またたとえば朝鮮に，台湾に自由を許す，その結果はどうなるか。英国にせよ，米国にせよ，非常の苦境に陥るだろう。何となれば彼らは日本にのみかくの如き自由主義を採られては，世界におけるその道徳的位地を保つを得ぬに至るからである。(中略)ここにすなわち「身を棄ててこそ」の面白味がある。遅しといえども，今にしてこの覚悟をすれば，我が国は救わるる。しかも，こがその唯一の道②である。しかしながらこの唯一の道は，同時に，我が国際的位地をば，従来の守勢から一転して攻勢に出でしむるの道である。

(『東洋経済新報』1921年7月23日号)

(注1)　当時，日本で使われていた中国の呼称。

設　問

A　下線部①の「満州を棄てる」とは何を棄てることを意味するのか。それを日本が獲得した事情を含め，2行以内で説明しなさい。

B　下線部②の「唯一の道」をその後の日本が進むことはなかった。その理由を，歴史的経緯をふまえ，4行以内で述べなさい。

2006 年

解答時間：2 科目 150 分
配　　点：120 点

第 1 問

次の(1)〜(4)の文章を読んで，下記の設問に答えなさい。解答は，解答用紙(イ)の欄に記入しなさい。

(1) 律令制では，官人は能力に応じて位階が進む仕組みだったが，五位以上は貴族とされて，様々な特権をもち，地方の豪族が五位に昇って中央で活躍することは多くはなかった。

(2) 藤原不比等の長男武智麻呂は，701 年に初めての任官で内舎人(うどねり)(天皇に仕える官僚の見習い)となったが，周囲には良家の嫡男として地位が低すぎるという声もあった。彼は学問にも力を注ぎ，右大臣にまで昇った。

(3) 太政官で政治を議する公卿には，同一氏族から一人が出ることが一般的だった。それに対して藤原氏は，武智麻呂・房前など兄弟四人が同時に公卿の地位に昇り，それまでの慣例を破った。

(4) 大伴家持は，749 年，大伴氏などの天皇への奉仕をたたえた聖武天皇の詔書に感激して長歌を詠み，大伴氏の氏人に，先祖以来の軍事氏族としての伝統を受け継いで，結束して天皇の護衛に励もうと呼びかけた。

設　問

奈良時代は，古くからの豪族を代表する「大伴的」なものと新しい「藤原的」なものが対立していたとする見方がある。律令制にはそれ以前の氏族制を継承する面と新しい面があることに注目して，奈良時代の政治と貴族のありかたについて，6 行以内で説明しなさい。

第 2 問

院政期における武士の進出について述べた次の⑴〜⑸の文章を読んで，下記の設問A・Bに答えなさい。解答は，解答用紙(ロ)の欄に，設問ごとに改行し，設問の記号を付して記入しなさい。

⑴　院政期には，荘園と公領が確定される動きが進み，大寺社は多くの荘園の所有を認められることになった。

⑵　白河上皇は，「私の思い通りにならないものは，賀茂川の水と双六のさいころと比叡山の僧兵だけだ」と言ったと伝えられる。

⑶　慈円は，『愚管抄』のなかで，「1156(保元元)年に鳥羽上皇が亡くなった後，日本国における乱逆ということがおこり，武者の世となった」と述べた。

⑷　平氏は，安芸の厳島神社を信仰し，何度も参詣した。また，一門の繁栄を祈願して，『平家納経』と呼ばれる豪華な装飾経を奉納した。

⑸　平清盛は，摂津の大輪田泊を修築し，外国船も入港できる港として整備した。

設　問

A　中央政界で武士の力が必要とされた理由を，２行以内で述べなさい。

B　平氏が権力を掌握する過程と，その経済的基盤について，４行以内で述べなさい。

第 3 問

次の文章(1)(2)は，1846年にフランス海軍提督が琉球王府に通商条約締結を求めたときの往復文書の要約である。これらを読み，下記の設問A・Bに答えなさい。解答は，解答用紙(ハ)の欄に，設問ごとに改行し，設問の記号を付して記入しなさい。

(1)［海軍提督の申し入れ］　北山と南山の王国を中山に併合した尚巴志と，貿易の発展に寄与した尚真との，両王の栄光の時代を思い出されたい。貴国の船はコーチシナ(現在のベトナム)や朝鮮，マラッカでもその姿が見かけられた。あのすばらしい時代はどうなったのか。

(2)［琉球王府の返事］　当国は小さく，穀物や産物も少ないのです。先の明王朝から現在まで，中国の冊封国となり，代々王位を与えられ属国としての義務を果たしています。福建に朝貢に行くときに，必需品のほかに絹などを買い求めます。朝貢品や中国で売るための輸出品は，当国に隣接している日本のトカラ島で買う以外に入手することはできません。その他に米，薪，鉄鍋，綿，茶などがトカラ島の商人によって日本から運ばれ，当国の黒砂糖，酒，それに福建からの商品と交換されています。もし，貴国と友好通商関係を結べば，トカラ島の商人たちは，日本の法律によって来ることが禁じられます。すると朝貢品を納められず，当国は存続できないのです。

フォルカード『幕末日仏交流記』

設　問

A　15世紀に琉球が，海外貿易に積極的に乗り出したのはなぜか。中国との関係をふまえて，2行以内で説明しなさい。

B　トカラ島は実在の「吐噶喇(とから)列島」とは別の，架空の島である。こうした架空の話により，琉球王府が隠そうとした国際関係はどのようなものであったか。歴史的経緯を含めて，4行以内で説明しなさい。

第 4 問

次のグラフは日本における鉄道の発達を示したものである。このグラフを手がかりとして，下記の設問A～Cに答えなさい。解答は解答用紙(ニ)の欄に，設問ごとに改行し，設問の記号を付して記入しなさい。

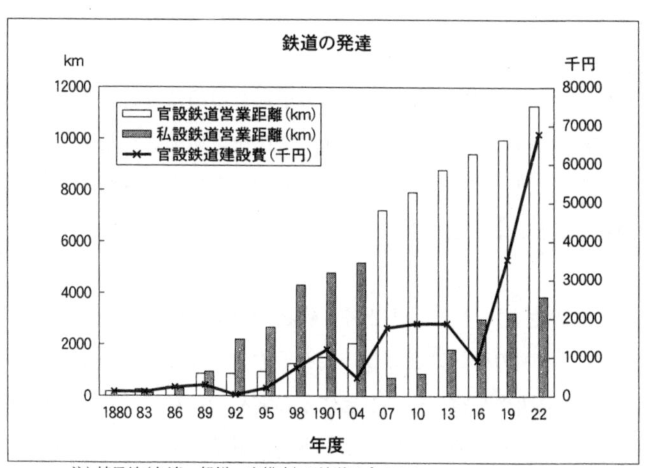

注）植民地（台湾・朝鮮・南樺太）の鉄道は含まない。

設　問

A　1904年度と1907年度とを比較すると大きな変化が見られる。その理由を1行以内で述べなさい。

B　1889年度から1901年度にかけて鉄道の営業距離はどのように変化したか。その特徴と背景とを3行以内で説明しなさい。

C　官設鉄道建設費の推移を見ると，1919年度から1922年度にかけて急激に増加している。当時の内閣はなぜこのような政策をとったのか，2行以内で説明しなさい。

2005年

解答時間：2科目150分
配　　点：120点

第1問

次の平安時代初期の年表を読み，下記の設問に答えなさい。解答は，解答用紙(イ)の欄に記入しなさい。

809年	嵯峨天皇が即位する
810年	蔵人所を設置する
812年	この頃，空海が『風信帖』を書く
814年	『凌雲集』ができる
816年	この頃，検非違使を設置する
818年	平安宮の諸門・建物の名称を唐風にあらためる
	『文華秀麗集』ができる
820年	『弘仁格』『弘仁式』が成立する
821年	唐風をとり入れた儀式次第を記す勅撰儀式書『内裏式』が成立する
	藤原冬嗣が勧学院を設置する
823年	嵯峨天皇が譲位する
827年	『経国集』ができる
833年	『令義解』が完成する
842年	嵯峨上皇が死去する

2005

設　問

嵯峨天皇は，即位の翌年に起きた藤原薬子の変を経て権力を確立し，貴族をおさえて強い政治力をふるい，譲位した後も上皇として朝廷で重きをなした。その結果，この時期30年余りにわたって政治の安定した状態が続くこととなった。古代における律令国家や文化の変化の中で，この時期はどのような意味をもっているか。政策と文化の関わりに注目して，6行以内で説明しなさい。

第 2 問

次の文章は，鎌倉幕府執権北条泰時が，弟の六波羅探題重時に宛てて書き送った書状の一節(現代語訳)である。これを読んで，下記の設問A・Bに答えなさい。解答は，解答用紙(ロ)の欄に，設問ごとに改行し，設問の記号を付して記入しなさい。

この式目を作るにあたっては，何を本説①として注(ちゅう)し載せたのかと，人々がさだめて非難を加えることもありましょう。まことに，これといった本文(ほんもん)②に依拠したということもありませんが，ただ道理の指し示すところを記したものです。(中略)あらかじめ御成敗のありかたを定めて，人の身分の高下にかかわらず，偏りなく裁定されるように，子細を記録しておいたものです。この状は，法令③の教えと異なるところも少々ありますが，(中略)もっぱら武家の人々へのはからいのためばかりのものです。これによって，京都の御沙汰や律令の掟は，少しも改まるべきものではありません。およそ，法令の教えは尊いものですが，武家の人々や民間の人々には，それをうかがい知っている者など，百人千人のうちに一人二人もおりません。(中略)京都の人々が非難を加えることがありましたなら，こうした趣旨を心得た上で，応答してください。

(注)　①本説，②本文：典拠とすべき典籍ないし文章
　　　③法令：律令ないし公家法

設　問

A　「この式目」を制定した意図について，この書状から読みとれることを，2行以内で述べなさい。

B　泰時はなぜこうした書状を書き送ったのか。当時の朝廷と幕府との関係をふまえて，4行以内で説明しなさい。

第3問

次の(1)〜(3)の文章を読んで，下記の設問に答えなさい。解答は，解答用紙(ハ)の欄に記入しなさい。

(1)　江戸時代，幕府の軍事力は直参である旗本・御家人とともに，大名から差し出される兵力から成っていた。大名は，将軍の上洛や日光社参には家臣団を率いて御供したが，これらも軍事動員の一種であった。

(2)　幕府は，動員する軍勢の基準を定めた。寛永年間の規定によると，知行高1万石の大名は，馬上(騎乗の武士)10騎・鉄砲20挺・弓10張・鑓(やり)30本などを整えるべきものとされ，扶持米(ふちまい)を幕府から支給された。

(3)　村々からは百姓が兵糧や物資輸送などのために夫役(陣夫役)として徴発された。たとえば幕末に，幕府の年貢米を兵糧として戦場まで輸送した際には，村高1000石につき5人が基準となった。

設　問

このような統一基準をもった軍事動員を可能にした制度について，江戸時代の支配の仕組みにふれながら，5行以内で説明しなさい。

2005年　入試問題

第 4 問

次の文章は，吉野作造が1916年に発表した「憲政の本義を説いてその有終の美を済(な)すの途(みち)を論ず」の一部である。これを読んで，下記の設問に答えなさい。解答は，解答用紙(二)の欄に記入しなさい。

憲法はその内容の主なるものとして，(a)人民権利の保障，(b)三権分立主義，(c)民選議院制度の三種の規定を含むものでなければならぬ。たとい憲法の名の下に，普通の法律よりも強い効力を付与せらるる国家統治の根本規則を集めても，以上の三事項の規定を欠くときは，今日これを憲法といわぬようになって居る。(中略)つまり，これらの手段によって我々の権利・自由が保護せらるる政治を立憲政治というのである。

設　問

大日本帝国憲法と日本国憲法の間には共通点と相違点とがある。たとえば，いずれも国民の人権を保障したが，大日本帝国憲法では法律の定める範囲内という制限を設けたのに対し，日本国憲法にはそのような限定はない。では，三権分立に関しては，どのような共通点と相違点とを指摘できるだろうか。6行以内で説明しなさい。

2004年

解答時間：2科目150分
配　　点：120点

第1問

次の年表を読み，下記の設問に答えなさい。解答は，解答用紙(イ)の欄に記入しなさい。

57年	倭の奴国の王が後漢の光武帝から印を授かる(『後漢書』東夷伝)
239年	魏の明帝，親魏倭王とする旨の詔書を卑弥呼に送る(『三国志』魏書)
4～5世紀	百済から和迩吉師(わにきし)が渡来し，『論語』『千字文』を伝えたという(『古事記』)
471年ヵ	稲荷山古墳出土鉄剣の銘文が記される
478年	倭王武が宋の皇帝に上表文を送る(『宋書』倭国伝)
607年	遣隋使小野妹子が隋の煬帝に国書を届ける(『隋書』倭国伝)
701年	大宝律令が成立。地方行政区画の「評」を「郡」に改める
712年	太安万侶が漢字の音訓を用いて神話等の伝承を筆録した『古事記』ができる
720年	編年体の漢文正史『日本書紀』ができる
751年	『懐風藻』ができる
8世紀後半	『万葉集』が編集される
8～9世紀	この時代の各地の国府・郡家などの遺跡から木簡が出土する
814年	嵯峨天皇の命により，最初の勅撰漢詩文集『凌雲集』ができる
905年	醍醐天皇の命により，勅撰和歌集『古今和歌集』ができる
935年頃	紀貫之，最初のかな日記である『土佐日記』を著す
11世紀	紫式部，『源氏物語』を著す

2004

2004年　入試問題

設　問

古代の日本列島に漢字が伝えられ，文字文化が広まっていく過程の歴史的背景について，政治的動向にもふれながら，6行以内で説明しなさい。なお，解答には下に示した語句を一度は用い，使用した語句には必ず下線を引きなさい。

国風文化　　勅撰漢詩文集　　唐風化政策　　渡来人　　万葉仮名

第 2 問

次の三種類の銭貨は，12世紀以降の日本で流通したもので，左から発行の古い順に並んでいる。これを見て下記の設問A～Cに答えなさい。解答は，解答用紙(ロ)の欄に，設問ごとに改行し，設問の記号を付して記入しなさい。

①　皇宋通寳

②　永樂通寳

③　寛永通寳

設　問

A　①は鎌倉時代の日本で使われていた銭貨の一例である。これらはどこで造られたものか。また，流通した背景に国内経済のどのような変化があったか。2行以内で述べなさい。

B　②は日本の遺跡で相当数がまとまった状態で発掘されることがある。それが造られてから，土中に埋まるまでの経過を，2行以内で説明しなさい。

C　①②が流通していた時代から③が発行されるまでに，日本の国家権力にどのような変化があり，それが貨幣のあり方にどのような影響を与えたか。3行以内で述べなさい。

第 3 問

次の(1)〜(3)の文章は，江戸時代における蝦夷地の動向について記したものである。これらを読んで，下記の設問に答えなさい。解答は，解答用紙(ハ)の欄に記入しなさい。

(1)　アイヌは，豊かな大自然の中，河川流域や海岸沿いにコタン(集落)を作り，漁業や狩猟で得たものを，和人などと交易して生活を支えた。松前藩は蝦夷地を支配するにあたって，有力なアイヌを乙名(おとな)などに任じ，アイヌ社会を掌握しようとした。また藩やその家臣たちは，アイヌとの交易から得る利益を主な収入とした。

(2)　18世紀に入ると，松前藩は交易を広く商人にゆだねるようになり，18世紀後半からは，全国から有力な商人たちが漁獲物や毛皮・材木などを求めて蝦夷地に殺到した。商人の中にはアイヌを酷使しながら，自ら漁業や林業の経営に乗り出す者も現れた。また同じころ，松前・江差・箱館から日本海を回り，下関を経て上方にいたる廻船のルートが確立した。

(3)　蝦夷地における漁業は，鯡(にしん)・鮭・鮑(あわび)・昆布などが主なものであった。鯡は食用にも用いられたが，19世紀に入ると肥料用の〆粕(しめかす)などに加工された。鮭は塩引(しおびき)として，食用や贈答品に用いられ，また，なまこや鮑も食用に加工された。

設　問

18世紀中ごろまでには，蝦夷地は幕藩体制にとって，なくてはならない地域となっていた。それはどのような意味においてだろうか。生産や流通，および長崎貿易との関係を中心に，6行以内で説明しなさい。

第 4 問

地租改正と農地改革は，近代日本における土地制度の二大改革であった。これらによって，土地制度はそれぞれどのように改革されたのか，あわせて6行以内で説明しなさい。解答は，解答用紙㈡の欄に記入しなさい。

2003年

解答時間：2科目150分
配　　点：120点

第 1 問

次の(1)〜(4)の8世紀の日本の外交についての文章を読んで，下記の設問に答えなさい。解答は，解答用紙(イ)の欄に記入しなさい。

(1) 律令法を導入した日本では，中国と同じように，外国を「外蕃」「蕃国」と呼んだ。ただし唐を他と区別して，「隣国」と称することもあった。

(2) 遣唐使大伴古麻呂は，唐の玄宗皇帝の元日朝賀（臣下から祝賀をうける儀式）に参列した時，日本と新羅とが席次を争ったことを報告している。8世紀には，日本は唐に20年に1度朝貢する約束を結んでいたと考えられる。

(3) 743年，新羅使は，それまでの「調」という貢進物の名称を「土毛」（土地の物産）に改めたので，日本の朝廷は受けとりを拒否した。このように両国関係は緊張することもあった。

(4) 8世紀を通じて新羅使は20回ほど来日している。長屋王は，新羅使の帰国にあたって私邸で饗宴をもよおし，使節と漢詩をよみかわしたことが知られる。また，752年の新羅使は700人あまりの大人数で，アジア各地のさまざまな品物をもたらし，貴族たちが競って購入したことが知られる。

設　問

この時代の日本にとって，唐との関係と新羅との関係のもつ意味にはどのような違いがあるか。たて前と実際との差に注目しながら，6行以内で説明しなさい。

第 2 問

次の(1)〜(3)の文章を読んで，南北朝内乱に関する下記の設問A・Bに答えなさい。解答は，解答用紙(ロ)の欄に，設問ごとに改行し，設問の記号を付して記入しなさい。

(1) 南北朝内乱の渦中のこと，常陸国のある武士は，四男にあてて次のような譲状をしたため，その所領を譲った。

長男は男子のないまま，すでに他界し，二男は親の命に背いて敵方に加わり，三男はどちらにも加担しないで引きこもってしまった。四男のおまえだけは，味方に属して活躍しているので，所領を譲り渡すことにした。

(2) 1349年に高師直のクーデターによって引退に追い込まれた足利直義は，翌年京都を出奔して南朝と和睦(わぼく)した。直義はまもなく京都を制圧し，師直を滅ぼした。その後，足利尊氏と直義が争い，尊氏が南朝と和睦した。

(3) 1363年のこと，足利基氏と芳賀(はが)高貞との合戦が武蔵国で行われた。高貞は敵陣にいる武蔵国や上野国の中小の武士たちを見ながら，次のように語って味方を励ましたという。

あの者どもは，今は敵方に属しているが，われわれの戦いぶりによっては，味方に加わってくれるだろう。

設　問

A　当時の武士の行動の特徴を，2行以内で述べなさい。

B　南朝は政権としては弱体だったが，南北朝内乱は全国的に展開し，また長期化した。このようなことになったのはなぜか，4行以内で述べなさい。

<u>2003年</u>　<u>入試問題</u>

第 3 問

次の文章を読んで，下記の設問A・Bに答えなさい。解答は，解答用紙(ハ)の欄に，設問ごとに改行し，設問の記号を付して記入しなさい。

17世紀後半になると，歴史書の編纂（へんさん）がさかんになった。幕府に仕えた儒学者の林羅山・林鵞峯父子は，神代から17世紀初めまでの編年史である『本朝通鑑』を完成させ，水戸藩では徳川光圀の命により『大日本史』の編纂がはじまった。また，儒学者の山鹿素行は，戦国時代から徳川家康までの武家の歴史を記述した『武家事紀』を著した。

山鹿素行はその一方，1669年の序文がある『中朝事実』を書き，国と国の優劣を比較して，それまで日本は異民族に征服されその支配をうけることがなかったことや，王朝の交替がなかったことなどを根拠に，<u>日本こそが「中華」である</u>と主張した。

設　問

A　17世紀後半になると，なぜ歴史書の編纂がさかんになったのだろうか。当時の幕藩体制の動向に関連させて，3行以内で述べなさい。

B　下線部のような主張が生まれてくる背景は何か。幕府が作り上げた対外関係の動向を中心に，この時期の東アジア情勢にもふれながら，3行以内で述べなさい。

第 4 問

次の文章は民俗学者柳田国男が1954年に著したものである。これを読んで下記の設問A～Cに答えなさい。解答は，解答用紙㈡の欄に，設問ごとに改行し，設問の記号を付して記入しなさい。

1878年(明治11年)の報告書を見ると，全国農山村の米の消費量は全食料の三分の一にもおよんでいない。以後兵士その他町の慣習を持ち帰る者が多くなると，米の使用量は漸次増加している。とはいえ明治時代には農民は晴れの日以外にはまだ米を食っていなかったといってよろしい。(中略)こんどの戦争中，山村の人々は米の配給①に驚いた。当局とすれば，日常米を食わぬ村だと知っていても，制度ともなれば配給から除外出来るものではない。そうした人々は，戦争になって，いままでよりよけいに米を食べるようになったのである。(中略)それにしても大勢は明治以後，米以外には食わぬ人々が増加し，外米の輸入を余儀なくさせる状勢であった。米の精白が病気の元であることまで云々せられるようになるに至ったのである。こうした食糧事情に伴なって，②砂糖の消費量の増加，肉食の始まりなど，明治年代の食生活の風俗は目まぐるしいほど変化に富んだものであった。

設　問

A　下線部①「米の配給」はどのような背景の下で何のために作られた制度か，2行以内で説明しなさい。

B　下線部②のような食生活の変容をもたらした要因は何か，2行以内で説明しなさい。

C　明治時代の農村の人々はなぜ都市の人々ほど米を食べていなかったのか，3行以内で説明しなさい。

2002年

解答時間：2科目150分
配　　点：120点

第1問

平安時代に日本に伝来し広まった密教や浄土教の信仰は，人々にどのように受け入れられていったか。10世紀以降平安時代末に至るまでの，朝廷・貴族と，地方の有力者の受容のあり方について，解答用紙(イ)の欄に7行以内で説明しなさい。なお，解答には下に示した語句を一度は用い，使用した語句には必ず下線を引きなさい。

阿弥陀堂　　　加持祈禱　　　聖（ひじり）　　　寄木造

第2問

次のア～エの文章を読んで，下記の設問Ａ～Ｄに答えなさい。解答は，解答用紙(ロ)の欄に，設問ごとに改行し，設問の記号を付して記入しなさい。

ア　室町時代，国人たちは在地に居館を設け，地侍たちと主従関係を結んでいた。従者となった地侍たちは惣村の指導者層でもあったが，平時から武装しており，主君である国人が戦争に参加するときには，これに従って出陣した。

イ　戦国大名は，自分に従う国人たちの所領の検地を行い，そこに住む人々を，年貢を負担する者と，軍役を負担する者とに区別していった。そして国人や軍役を負担する人々を城下町に集住させようとした。

ウ　近世大名は，家臣たちを城下町に強制的に集住させ，領国内外から商人・手工業者を呼び集めたので，城下町は，領国の政治・経済の中心地として発展していった。

エ　近世の村は，農民の生産と生活のための共同体であると同時に，支配の末端組織としての性格も与えられた。

設　問

A　室町時代の地侍たちは，幕府・大名・荘園領主たちと対立することもあった。具体的にどのような行動であったか，3行以内で述べなさい。

B　戦国大名は，何を目的として城下町に家臣たちを集住させようとしたのか，4行以内で述べなさい。

C　近世大名は，城下町に呼び集めた商人・手工業者をどのように扱ったか。居住のしかたと与えた特権について，3行以内で述べなさい。

D　近世の村がもつ二つの側面とその相互の関係について，4行以内で説明しなさい。

第 3 問

次の文章は，ジャーナリスト徳富蘇峰が，1916(大正5)年，政府のロシアに対する外交政策を支持する立場から，国民の対露感情を批評したものである。これを読んで，下記の設問に答えなさい。解答は，解答用紙(ハ)の欄に，設問ごとに改行し，設問の記号を付して記入しなさい。

明治三十七八年役の，大なる収穫あり。そは百年来，我が国民を悪夢の如く圧したる，怖露病を一掃したること是れなり。(中略) 対馬海の大海戦，奉天の大陸戦は，我が国民の自恃心(じじしん)を刺戟(しげき)し，憂うべきは，怖露にあらずして，却(かえ)って侮露たらんとするの傾向さえも，生じたりしなり。(中略) 吾人は漫(みだ)りに帝国の前途を悲観する者にあらず。されど我が国民が小成に安んじ，小功に誇り，却って其の当面の大責任を，放却しつつあるにあらざるかを，憂慮せざらんとするも能わざるなり。

設　問

A　上の文章に言う「怖露病」がもっとも激しかったのは日清戦争直後のことであったが，その国際関係上の背景を，2行以内で説明しなさい。

B　「明治三十七八年役」の後，上の文章の執筆時において，日露両国政府の関係は，戦争前とは大きく変化していた。その変化の内容と理由とを，4行以内で説明しなさい。

2001 年

解答時間：2 科目 150 分
配　　点：120 点

第 1 問

次の(1)(2)の史料と文章を読み，下記の設問に答えなさい。解答は，解答用紙(イ)の欄に記入しなさい。

(1)（表）尾張国智多郡冨具郷和尓部臣人足（わにべ）（ひとたり）
（裏）調塩三斗　天平勝宝七歳九月十七日

(2) 一，進上する調絹の減直（価値を低めに設定すること）ならびに精好の生糸について裁断を請う事
右，両種の貢進官物（調の絹と生糸）の定数は，官の帳簿に定めるところである。ただし，先例では，絹 1 疋を田地 2 町 4 段に対して割り当て，絹 1 疋の価値は米 4 石 8 斗相当であった。ところが，（藤原元命が国守となってから）実際に絹を納める日に定めとする納入額は，絹 1 疋を田地 1 町余に割り当てている。また精好の生糸にいたっては，当国の美糸を責め取って私用の綾羅を織り，他国の粗糸を買い上げて政府への貢納に充てている。

平城宮から出土する奈良時代の木簡には，地方からの貢納品に付けられて都に運ばれてきた荷札が多数見られる。(1)は，調として貢納された塩（調塩）の荷札で，調塩を課された者の本籍地と氏名，納めた塩の量，納めた日付が記されている。

調の課税は，平安時代になっても存続した。(2)は，同じ尾張国で国守藤原元命の暴政を訴えて 988 年に朝廷に提出された「尾張国郡司百姓等解文」の一部（現代語訳）である。元命が先例を破って非常な重税を課していることを記しているが，平安時代中期には，調という税のあり方が律令制本来の姿とは変化していたことがわかる。

設　問

奈良時代と平安時代中期で，調の課税の方式や，調が徴収されてから中央政府に納入されるまでのあり方にどのような違いがあったか。(1)(2)の史料からわかることを，5行以内で具体的に説明しなさい。

第 2 問

次の(1)〜(3)の文章は，おもに鎌倉時代の荘園について述べたものである。これらを読み，また図をみて，下記の設問に答えなさい。解答は，解答用紙(ロ)の欄に，設問ごとに改行し，設問の記号を付して記入しなさい。

(1)　上野国新田荘は，新田義重が未墾地の開発を進め，既墾地とあわせて中央貴族に寄進して成立した。のち義重の子息は地頭職に任命された。

(2)　東寺は，承久の乱後に任命された地頭との間で，丹波国大山荘の年貢のことについて契約を結んだ。それによれば，地頭は東寺に，米142石，麦10石のほか，栗1石，また少量ながら干柿・くるみ・干蕨・つくしなどを納めることになっていた。

(3)　伯耆国東郷荘では，領家と地頭の間で土地の折半がなされ，領家分には地頭の支配は及ばなくなった。次ページの図は，このとき作成された絵図の略図である。

設　問

A　東国と西国では，地頭がもっている荘園支配の権限にどのような違いがあったか。2行以内で説明しなさい。

B　西国では，荘園領主と地頭の間にどのような問題が生じたか。また，それをどのように解決したか。2行以内で説明しなさい。

C　荘園では，どのような産業が展開していたか。上の文章と図から読み取れることを2行以内で述べなさい。

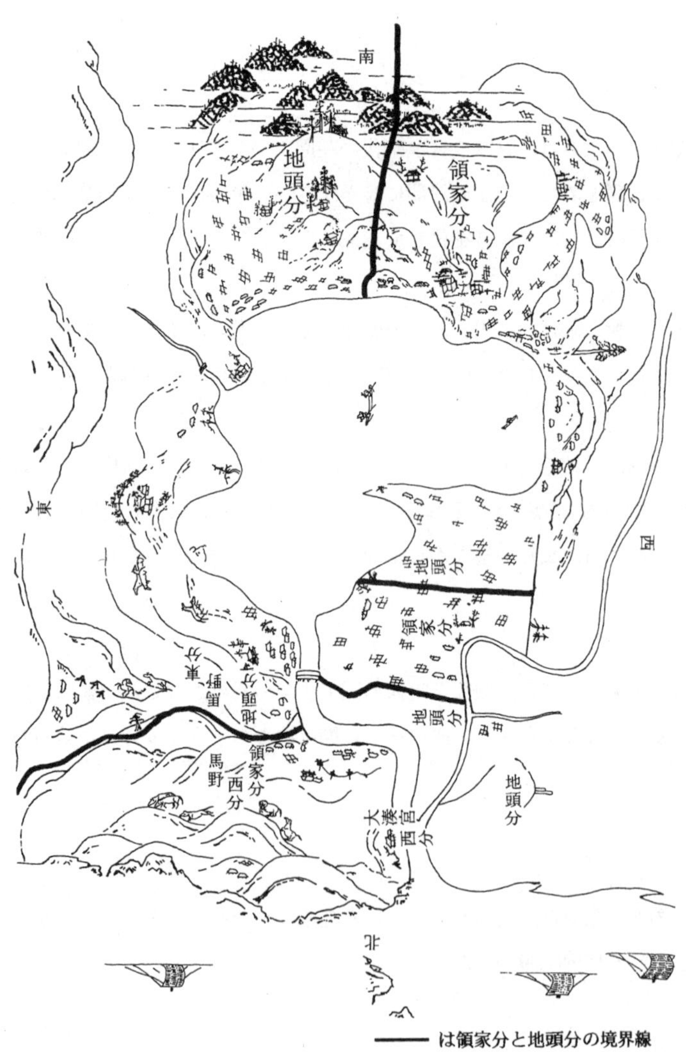

―― は領家分と地頭分の境界線

第 3 問

次の文章は，1770年代に生まれたある村の知識人が1840年代に村の変化を書き留めた記録から抜粋し，現代語訳したものである。これを読んで，下記の設問に答えなさい。解答は，解答用紙(ハ)の欄に記入しなさい。

昔，この村には無筆（読み書きのできない）の者が多かった。今では，そのようなことを言っても，誰も本当のことだとは思わないほどである。もっとも，老人にはまだ無筆の人もいるが。以前，たいへん博学な寺の住職が隠居した後に，儒教の書物などを教授することはあったが，そのころは村の人々に余裕がなかったためか，学ぶことは流行しなかった。しかし，そのうちに素読（儒教書などを声を出して読むこと）が流行し，奉公人までが学ぶようになった。さらに現在では，学問，俳諧，和歌，狂歌，生け花，茶の湯，書画などを心がける人が多い。この村では，まことに天地黒白ほどの変化が生まれたが，この村だけではなく世間一般に同じ状況である。

設　問

上の文章のような変化が生まれた背景を，化政文化の特徴にもふれながら5行以内で説明しなさい。

第 4 問

明治時代の日本における銅をめぐる問題について，下記の設問に答えなさい。解答は，解答用紙(ニ)の欄に，設問ごとに改行し，設問の記号を付して記入しなさい。

設　問

A　次のグラフを手がかりとして，銅の生産がこの時期の日本の経済発展にはたした役割について，2行以内で述べなさい。

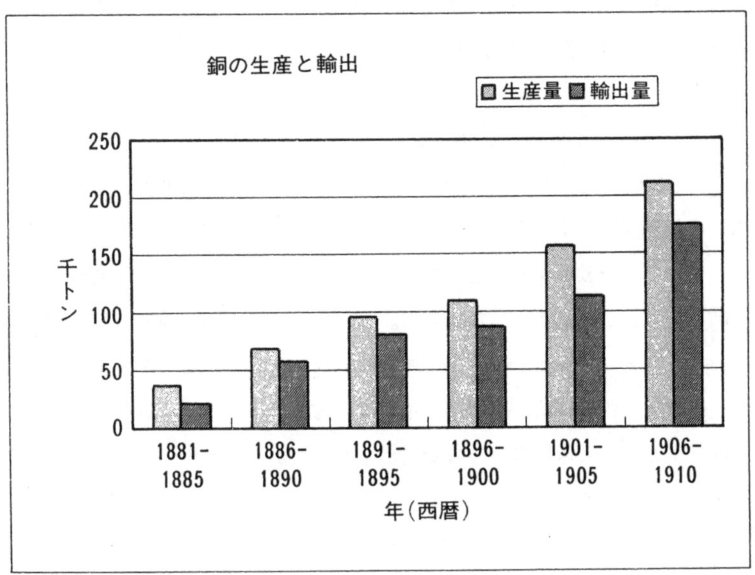

B　銅の生産がもたらした社会問題について，3行以内で述べなさい。

2000年

解答時間：2科目150分
配　　点：120点

第 1 問

律令国家のもとでは，都と地方を結ぶ道路が敷設され，駅という施設が設けられて，駅制が整備された。発掘の結果，諸国の国府を連絡する駅路のなかには，幅12メートルにも及ぶ直線状の道路があったことが知られるようになった。

次の(1)〜(5)の文章を読んで，下記の設問に答えよ。解答は，解答用紙(イ)の欄に，設問ごとに改行し，設問の記号を付して記入せよ。

(1) 山陽道（都と大宰府を結ぶ道）の各駅には20頭，東海道と東山道の各駅には10頭，その他の4つの道には駅ごとに5頭の馬を置いて，国司に監督責任を負わせた。

(2) 反乱や災害・疫病の発生，外国の動向などは，駅馬を利用した使者（駅使）により中央に報告された。藤原広嗣の反乱の情報は，5日目には都に報告されていた。

(3) 737年，疫病の流行と干ばつにより，高齢者などに稲を支給することを命じた詔が出された。但馬国が中央に提出した帳簿には，この詔を伝えて来た隣国の駅使と，次の国へ伝える但馬国の駅使に対して，食料を支給した記録が残されている。

(4) 駅長（駅の責任者）は，調・庸・雑徭を免除され，駅馬や鞍の管理を行った。また，駅子（駅での労役に従事させるために設定した駅戸の構成員）は庸と雑徭を免除され，駅馬の飼育に従事し，駅長とともに，駅使の供給（必要な食料の支給や宿泊の便宜を提供すること）にあたった。

(5) 駅馬を利用する使者は，位階に応じて利用できる馬の頭数が定められていた。しかし，838年には，都と地方を往来するさまざまな使者が，規定より多くの駅馬を利用することを禁じる太政官の命令が出された。

設　問

A　律令制のもとで，駅は，どのような目的で設置されたと考えられるか。山陽道の駅馬が，他の道に比べて多いことの背景にふれながら，3 行以内で述べよ。

B　850 年に，太政官は，逃亡した駅子を捕えるようにとの命令を出した。なぜ駅子は逃亡したのか，4 行以内で説明せよ。

第 2 問

次の史料は，豊臣秀吉が天正 15 年（1587）6 月 18 日に出したキリシタン禁令の第 6 条と第 8 条である（意味を通りやすくするため原文に少し手を加えた）。これを読んで，下記の設問に答えよ。解答は，解答用紙(ロ)の欄に，設問ごとに改行し，設問の記号を付して記入せよ。

（第 6 条）

一，伴天連(バテレン)門徒の儀は，一向宗よりも外に申し合わせ候由，（秀吉が）聞こし召され候。一向宗，その国郡に寺内を立て，給人へ年貢を成さず，ならびに加賀一国を門徒に成し候て，国主の富樫(とがし)を追い出し，一向宗の坊主のもとへ知行せしめ，その上越前まで取り候て，天下の障りに成り候儀，その隠れなく候事。

（第 8 条）

一，国郡または在所を持ち候大名，その家中の者共を伴天連門徒に押し付け成し候事は，本願寺門徒の寺内を立て候よりもしかるべからざる儀に候間，天下の障りに成るべく候条，その分別これなき者（そのことをわきまえない大名）は，御成敗を加えらるべく候事。

設　問

A　第6条には戦国時代の一向一揆の行動が記されている。その特徴を2行以内で説明せよ。

B　伴天連（キリスト教宣教師）は，日本布教にあたってどのような方針を採ったか。第8条から読みとって，2行以内で述べよ。

C　秀吉が，一向宗や伴天連門徒を「天下の障り」と考えた理由は何か。2行以内で述べよ。

第　3　問

幕末の開港後，国内の情勢は急速に不穏さを増していった。文久3年（1863）末，幕府は使節団をヨーロッパに派遣して，これに対応しようとした。使節は条約を締結した各国をまわる予定であったが，翌年春にフランス一国と交渉を行ったのち，与えられた使命の遂行を断念し，予定を打ち切って帰国の途についた。

以下の史料は，使節が書きとめたフランス外務大臣との交渉記録の一部である（原文には一部手を加えてある）。

これを読み，下記の設問に答えよ。解答は，解答用紙(ハ)の欄に，設問ごとに改行し，設問の記号を付して記入せよ。

〔幕府使節〕　外国貿易の儀は，最初より天朝において忌み嫌われ，民心にも応ぜず，一種の凶族ありて，人心不折合（ふおりあい）の機会に乗じ，さかんに外国人排斥の説を主張す。<u>すでに，不都合の事ども差し重なり</u>，このまま差し置き候ては，かえって交誼も相破れ申すべく候。ひとまず折り合いをはかり候ため，神奈川港閉鎖いたし候わば，外国へ対し不都合の次第も差し起こらず，国内人心の折り合いの方便にも相成り，永久懇親も相遂げられ申すべし。

2000年　入試問題

〔フランス外務大臣〕 神奈川港閉鎖の儀はできかね候。天朝御異存のところ，強いて条約御取り結びなされ候政府の思し召しはよく相分かり候。さりながら，ただ今にいたり条約御違反相成り候わば，戦争に及ぶべきは必定にこれあり。御国海軍は，たとえば大海の一滴にて，所詮御勝算はこれあるまじく存じ候。

設　問

A　幕府使節のフランスへの要求は何か。1行以内で述べよ。

B　幕府がこのような使節を派遣するにいたった背景は何か。下線部の内容に留意しながら，3行以内で述べよ。

C　幕府使節はなぜ交渉を断念したのか。フランス外務大臣の対応にふれながら，2行以内で述べよ。

第 4 問

下のグラフは外国為替相場（年平均）と商品輸出金額の変動を示したものである。このグラフを見て，この時期の経済政策と経済状況について，解答用紙(ニ)の欄に5行以内で説明せよ。解答には下記の4つの語句を一度は用い，使用した箇所には下線を引くこと。

緊縮政策　　金輸出解禁　　金輸出再禁止　　世界恐慌

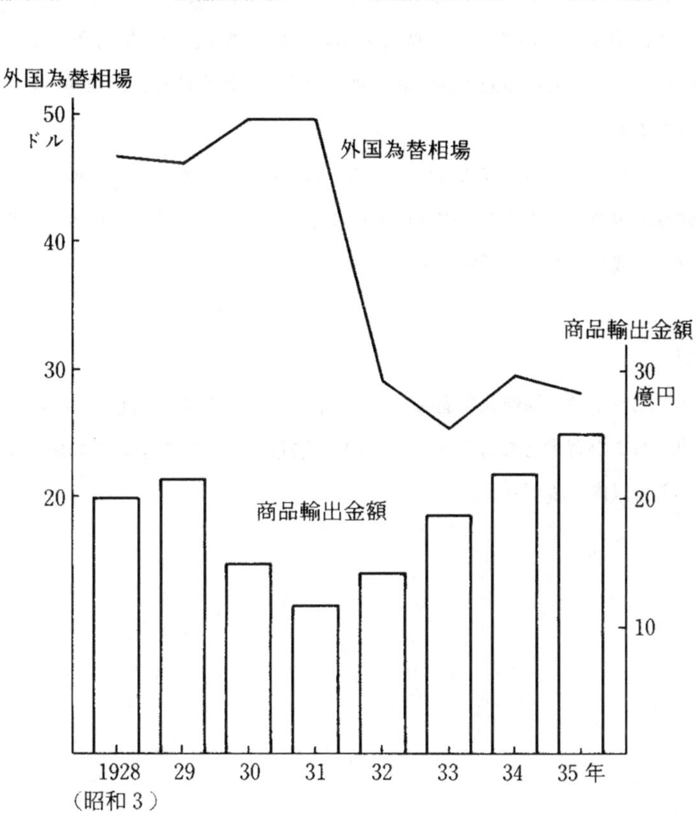

（注）外国為替相場は日本円100円がアメリカ・ドル何ドルにあたるかを示す。

1999年

解答時間：2科目150分
配　　点：120点

第 1 問

次の文章を読み，下記の設問に答えよ。解答は，解答用紙(イ)の欄に記入せよ。

「天武天皇が，13年（684年）閏（うるう）4月の詔で『政ノ要ハ軍事ナリ』とのべたとき，かれは国家について一つの真実を語ったのである。（中略）『政ノ要ハ軍事ナリ』の原則には，天武の個人的経験を越えた古代の国際的経験が集約されているとみるべきであろう。」

これは，古代国家の形成について，ある著名な歴史家が述べたものである。軍事力の建設の視点からみると，律令国家の支配の仕組みや，正丁3～4人を標準として1戸を編成したことの意味がわかりやすい。

設　問

7世紀後半の戸籍作成の進展と，律令国家の軍事体制の特色について，両者の関連，および背景となった「天武の個人的経験」「古代の国際的経験」をふまえて，7行以内で説明せよ。

第 2 問

次の(1)〜(4)の文章を読んで，そこからうかがわれる室町時代の文化の特徴について，当時の民衆の状況と関連づけて6行以内で述べよ。解答は解答用紙(ロ)の欄に記入せよ。

(1) 観阿弥は，はじめ伊賀国の山間部の農村地帯で猿楽座を結成したが，のちに能を大成し，子の世阿弥ともども足利義満の称賛を受けた。

(2) 村田珠光は，上流階級の間で流行していた貴族的な喫茶にあきたらず，京都や奈良の町衆の間で行われていた質素な喫茶を取り入れて，わびを重んじる茶道を始めた。

(3) 戦国時代のはじめごろ，和泉国のある村に滞在していた一人の公家は，盆に村人たちが演じるお囃子(はやし)や舞を見て，都の熟練者にも劣らぬものであると驚嘆している。

(4) 大和国のある村の神社には，連歌会を催すための掟が残されている。そこには，連歌会の実施や作品の評定を行う役は，参加者のうちから多数決によって互選することが定められている。

第 3 問

次の(1)〜(5)の文章は，江戸時代の有力な商人たちが書いた，いくつかの「家訓」（子孫への教訓書）から抜粋し，現代語に訳したものである。これらを読んで，下記の設問に答えよ。解答は，解答用紙(ハ)の欄に記入せよ。

(1)　家の財産は，ご先祖よりの預かりものと心得て，万端わがままにせず，子孫へ首尾よく相続するように，朝暮心掛けること。

(2)　天子や大名において，次男以下の弟たちはみな，家を継ぐ長男の家来となる。下々の我々においても，次男以下の者は，長男の家来同様の立場にあるべきものだ。

(3)　長男については，幼少のころから学問をさせること。ただし，長男の成長が思わしくないときは，これに相続させず，分家などの間で相談し，人品を見て適当な相続者を決めるように。

(4)　血脈の子孫でも，家を滅亡させかねない者へは家の財産を与えてはならない。このような場合には，他人でも役に立ちそうな者を見立て，養子相続させること。

(5)　女子は他家へ嫁がされるものだ。親の家に暮らす子供のうちから気ままに育てられると，嫁ぎ先の家で辛抱することができなくなり，これがついには離縁されるもととなる。親元で厳しくされれば，他家にいるほうがかえって楽に思えるようになるものだ。

設　問

江戸時代の有力な商人の家における相続は，武士の家とくらべてどのような特徴をもったか。上の文章に見られる長男の地位にふれながら，5行以内で述べよ。

第 4 問

近代日本の教育は，初等教育でも高等教育でも，明治初年より戦後までの間，制度・内容の両面において幾多の変遷をみてきた。その概略を，次の年表を参考にしながら，解答用紙(ニ)の欄に8行以内で述べよ。

1872（明治5）年	学制公布
1886（明治19）年	帝国大学令公布
1890（明治23）年	教育勅語発布
1907（明治40）年	義務教育4年から6年に延長
1918（大正7）年	大学令公布
1941（昭和16）年	国民学校令公布
1943（昭和18）年	学徒出陣開始
1947（昭和22）年	教育基本法・学校教育法公布

— MEMO —

— MEMO —

— MEMO —

— MEMO —

— MEMO —

— MEMO —

— MEMO —

東大入試詳解

第3版①20231110

東大入試詳解 25年 日本史 第3版

2023~1999

解答・解説編

駿台文庫

はじめに

もはや21世紀初頭と呼べる時代は過ぎ去った。連日のように技術革新を告げるニュースが流れる一方で，国際情勢は緊張と緩和をダイナミックに繰り返している。ブレイクスルーとグローバリゼーションが人類に希望をもたらす反面，未知への恐怖と異文化・異文明間の軋轢が史上最大級の不安を生んでいる。

このような時代において，大学の役割とは何か。まず上記の二点に対応するのが，人類の物心両面に豊かさをもたらす「研究」と，異文化・異文明に触れることで多様性を実感させ，衝突の危険性を下げる「交流」である。そしてもう一つ重要なのが，人材の「育成」である。どのような人材育成を目指すのかは，各大学によって異なって良いし，実際各大学は個性を発揮して，結果として多様な人材育成が実現されている。

では，東京大学はどのような人材育成を目指しているか。実は答えはきちんと示されている。それが「東京大学憲章」（以下「憲章」）と「東京大学アドミッション・ポリシー」（以下「AP」）である。もし，ただ偏差値が高いから，ただ就職に有利だからなどという理由で東大を受験しようとしている人がいるなら，「憲章」と「AP」をぜひ読んでほしい。これらは東大のWebサイト上でも公開されている。

「憲章」において，「公正な社会の実現，科学･技術の進歩と文化の創造に貢献する，世界的視野をもった市民的エリート」の育成を目指すとはっきりと述べられている。そして，「AP」ではこれを強調したうえで，さらに期待する学生像として「入学試験の得点だけを意識した，視野の狭い受験勉強のみに意を注ぐ人よりも，学校の授業の内外で，自らの興味・関心を生かして幅広く学び，その過程で見出されるに違いない諸問題を関連づける広い視野，あるいは自らの問題意識を掘り下げて追究するための深い洞察力を真剣に獲得しようとする人」を歓迎するとある。つまり東大を目指す人には，「広い視野」と「深い洞察力」が求められているのである。

当然，入試問題はこの「AP」に基づいて作成される。奇を衒った問題はない。よく誤解されるように超難問が並べられているわけでもない。しかし，物事を俯瞰的にとらえ，自身の知識を総動員して総合的に理解する能力が不可欠となる。さまざまな事象に興味を持ち，主体的に学問に取り組んできた者が高い評価を与えられる試験なのである。

本書に収められているのは，その東大の過去の入試問題25年分と，解答・解説である。問題に対する単なる解答に留まらず，問題の背景や関連事項にまで踏み込んだ解説を掲載している。本書を繰り返し学習することによって，広く，深い学びを実践してほしい。

「憲章」「AP」を引用するまでもなく，真摯に学問を追究し，培った専門性をいかして，公共的な責任を負って活躍することが東大を目指すみなさんの使命と言えるであろう。本書が，「世界的視野をもった市民的エリート」への道を歩みだす一助となれば幸いである。

駿台文庫 編集部

目　次

※「解答・解説」は，青本掲載時のものを再録しました（2003年～2005年を除く）。

出題分析と入試対策

年度	番号	出　題　内　容	時　代	テーマ
23	1	国家的造営工事のあり方の変化　(180字)	奈良・平安	社会経済
	2	応仁・文明の乱と家督継承の関係　(150字)	室　町	社会経済・政治
	3	寄席の急増と町奉行の寄席擁護の理由 A　江戸で寄席が急増した理由　(60字) B　寄席を擁護した理由となる，町奉行が懸念した事態　(90字)	江　戸	文化・政治
	4	戦後日本の対外関係と政党間対立 A　占領終結から岸内閣期の日本の対外関係の変化　(90字) B　1950年代後半から岸内閣期における政党間対立の変化　(90字)	昭和戦後	外交・政治
22	1	律令制下の命令の伝達 A　中央政府から諸国への命令の伝達方法　(60字) B　諸国における，命令の民衆への周知　(120字)	奈良・平安	政　治
	2	朝廷の経済基盤の変化と室町幕府の対応 (150字)	鎌倉・室町	社会経済
	3	鉄砲の没収・所持と生類憐みの令・服忌令 A　豊臣秀吉と江戸幕府の鉄砲に対する政策の相違　(90字) B　死人・病人への対応の変化の背景 (60字)	安土桃山・江戸	政　治
	4	労働生産性の上昇の原因 A　1880年代半ばから1890年代における労働生産性の上昇をもたらした要因 (90字) B　第一次世界大戦期以後における労働生産性の上昇の加速の要因　(90字)	明治・大正	社会経済

21	1	９世紀後半の体制安定の背景 （150字）	平　安	政　治
	2	荘園領主の検注と地頭の荘園支配 A　荘園領主が検注を実施しようとした理由 （60字） B　地頭請が地頭の荘園支配に果たした役割 （90字）	鎌　倉	社会経済
	3	富士山の大噴火と被災地の救済 A　全国の村々から徴収した「諸国高役金」の大半が被災地救済に使用されなかった背景となる，17世紀後半以降の江戸幕府の財政上の問題 （60字） B　江戸幕府の被災地救済の方針と問題点 （90字）	江　戸	社会経済
	4	華族令制定の意図と第二次護憲運動 A　華族令の制定による華族の構成の変化とその意図 （90字） B　子爵であった高橋是清が，隠居して貴族院議員を辞職した上で衆議院議員総選挙に立候補した理由 （90字）	明治・大正	政　治
20	1	奈良時代から平安初期の文字や書の利用と定着 A　８世紀の木簡に『千字文』や『論語』の文章の一部が多くみられる理由 （60字） B　毛筆による書が定着していく過程において，唐を中心とした東アジアの中で，律令国家や天皇家が果たした役割 （120字）	奈良・平安	文化・外交
	2	山鉾の運営と町の自治 （150字）	室　町	社会経済
	3	江戸時代の改暦 A　改暦に際して，幕府と朝廷がそれぞれ果たした役割 （60字） B　改暦の際に依拠した知識の推移 （90字）	江　戸	政治・文化

年度	番号	設問内容	時代	分野
	4	軍人の道徳と軍人勅諭 A　西周「兵家徳行」の主張の背景にある，当時の政府の方針と社会の情勢　(90字) B　「軍人勅諭」で示した規律を掲げた政府の意図と，当時の国内政治の状況　(90字)	明　治	政治・社会経済
19	1	摂関政治期の上級貴族の能力と日記 A　上級貴族に求められた能力　(30字) B　上級貴族が日記を書く目的　(120字)	平　安	政　治
	2	承久の乱後の朝幕関係 A　承久の乱の内容，及び，承久の乱が朝廷と幕府の関係に与えた影響　(60字) B　持明院統と大覚寺統の双方が，鎌倉に使者を派遣した理由　(90字)	鎌　倉	政　治
	3	江戸時代の貿易と産業と消費生活 A　江戸幕府が，長崎貿易の制限，日本産生糸の使用と養蚕・製糸の奨励，朝鮮人参・サトウキビの栽培などの政策をとった背景と意図　(60字) B　江戸幕府が，上記の政策をとった背景となる，国内の消費生活の動向　(90字)	江　戸	社会経済
	4	第一次世界大戦期と朝鮮戦争期の機械工業の活況 A　第一次世界大戦期の機械工業の活況の理由　(90字) B　サンフランシスコ平和条約が発効した時期の機械工業の活況の理由　(90字)	大正・戦後	社会経済
18	1	藤原京の歴史的意義　(180字)	ヤマト時代	政　治
	2	室町幕府の財政と徳政令 A　室町幕府の財政の特徴　(60字) B　徳政令の発布が，室町幕府に財政難をもたらした理由と，それに対する幕府の打開策　(90字)	室　町	社会経済

	3	江戸幕府が発令した異国船打払令 A　異国船打払令の発令にもかかわらず，沿岸警備を強化しなかった幕府の異国船に対する認識　(60字) B　異国船と民衆との接触を厳禁する幕府の意図　(90字)	江　戸	外　交
	4	新教育勅語起草の試みと教育勅語の排除・失効 A　西園寺公望の新しい教育勅語の草稿の作成の背景となる日清戦争後の状況と，それへの対処　(90字) B　国会で教育勅語の排除・失効の決議がなされた理由　(90字)	明治・戦後	文　化
17	1	律令国家の東北政策 A　律令国家にとっての東北支配の持つ意味　(60字) B　律令国家の東北地方に関する諸政策が，国家と社会に与えた影響　(120字)	奈良・平安	政治・社会経済
	2	鎌倉時代の裁判を通して見る政治と軍事 A　鎌倉幕府が京都で裁判を行うようになった経緯　(60字) B　博多で下した判決を，幕府の最終的な判断とする措置がとられた理由　(90字)	鎌　倉	政　治
	3	江戸時代の村における相続の在り方と女性の地位 A　農村における家の相続者　(60字) B　村と家における女性の位置づけ　(90字)	江　戸	社会経済
	4	政党政治と軍部との関係 A　２個師団増設を巡る問題が政党政治に与えた影響　(90字) B　ロンドン海軍軍縮条約成立の背景と，条約調印に対する国内の反応　(90字)	大正・昭和	政　治

16	1	郡司の性格や国司と郡司の関係 A　郡司が，律令制の中で特異な性格を持つ官職といわれることとなった歴史的背景（60字） B　8世紀初頭の国司と郡司の関係，及び，9世紀にかけての国司と郡司の関係の変化（120字）	奈良・平安	政　治
	2	惣村の自治と惣荘・惣郷の共同行動（150字）	室　町	社会経済
	3	江戸幕府の大船禁止令の発令 A　徳川家康が大船禁止令を発令した理由（60字） B　従来の大船禁止令の目的と，幕末における大船禁止令の理解の相違（90字）	江戸・幕末	外　交
	4	戦前・戦後の経済発展と工業労働者の賃金 A　1885～1899年の女性工業労働者の賃金上昇の要因と，その社会的影響（60字） B　1930年代における男性工業労働者の実質賃金下降の要因と，1960年代における実質賃金急上昇の要因（120字）	明治～戦後	社会経済
15	1	神仏共存の理由と神仏習合の展開 A　在来の神々への信仰と伝来した仏教との共存が可能になった理由（60字） B　神々の信仰の仏教からの影響（120字）	奈良・平安	文　化
	2	御家人所領の分布と御家人による所領経営の方法 A　御家人所領の分布の理由（60字） B　御家人の所領経営の方法と，それが御家人所領に与えた影響（120字）	鎌　倉	政　治
	3	江戸時代の商品の生産と流通 A　大坂から江戸に繰綿・木綿・油・醤油・酒が大量に送られている事情（90字） B　大坂から江戸に炭・薪・魚油・味噌と米が少量しか送られていない理由（60字）	江戸・幕末	社会経済

	4	大正期の社会の変化がもたらした政治の仕組みの変化と共産主義運動 A　大正期の社会の変化がもたらす政治の仕組みの変化　(90字) B　大正期の社会の変化が生み出した国際的な性格を持った社会運動の内容と当時の政権の対応　(90字)	大　正	政治･思想
14	1	律令制下・摂関期における国政の審議 A　律令制下での国政がどのように審議されたか　(60字) B　摂関期での国政がどのように審議されたか　(120字)	奈良・平安	政　治
	2	文化の地方への伝播と武士の役割　(150字)	室　町	文　化
	3	長州征討の動員と民衆 A　長州征討にどのような人々がどのように動員されたか　(60字) B　再度の長州征討に多くの藩が出兵に消極的となった理由　(90字)	江戸・幕末	政治・社会経済
	4	大日本帝国憲法の発布と民権派の動向 A　民権派が大日本帝国憲法発布を祝った理由　(90字) B　新聞紙条例, 出版条例, 集会条例を改正し, 保安条例を廃止すべきであるとする民権派の主張の根拠　(60字)	明　治	政治･思想
13	1	ワカタケル大王の時代と古代国家成立過程　(180字)	ヤマト時代	政治･外交
	2	奥州藤原氏政権と東国武家政権 A　奥州藤原氏の政権維持と朝廷との関係　(60字) B　頼朝政権が奥州藤原氏政権を滅ぼさなければならなかった理由　(60字) C　頼朝政権が安定した武家政権となりえた理由　(90字)	平安〜鎌倉	政　治

	3	幕藩体制下の大名・天皇の役割と文治政治の背景となる社会状況 A　幕府が求めた大名と天皇の役割　(60字) B　武家諸法度改正の背景となる武士の置かれた社会状況の変化　(90字)	江　戸	政治・社会経済
	4	橋本左内の公議政体論と明治政府の国家体制 A　橋本左内の公議政体論の構想　(120字) B　橋本左内の構想と明治政府の国家体制の相違　(90字)	幕末～明治	政治・制度
12	1	8世紀から10世紀前半の軍事力の構成や性格の変化　(180字)	ヤマト時代～平安	政　治
	2	院政期から鎌倉時代にかけての仏教の動向 A　天皇家の御願寺と東大寺再建の造営の方法における理念の相違　(60字) B　法然や親鸞の教えの特徴，および，それに対応した旧仏教側の活動　(120字)	鎌　倉	文　化
	3	江戸時代の村落と農村社会の変化 A　村ごとに休日を定めた理由　(90字) B　幕府や藩が村人の「遊び」を危惧した理由　(60字)	江　戸	社会経済
	4	占領地・植民地に進出した日本人 A　多数の一般邦人が中国に在住するようになっていた理由となる，20世紀初頭以降の歴史的背景　(120字) B　ソ連からの日本人の帰還が，1950年に中断し，1956年に完了した理由　(60字)	明治～戦後	外　交
	1	白村江の戦いと律令国家の形成 A　戦いに派遣された倭軍の構成　(30字) B　敗戦が律令国家形成に及ぼした影響　(150字)	ヤマト時代	外交・政治

年度	番号	項目	時代	分野
11	2	室町時代の守護 A　在京守護の共通点　(60字) B　今川・上杉・大内氏が在京を免除された理由　(60字) C　足利義満の対守護政策　(30字)	室　町	政　治
	3	江戸時代の普請役 A　城普請役が将軍と大名・大名と家臣の関係に与えた影響　(90字) B　城普請が経済発展に及ぼした効果 (60字)	江　戸	政治・社会経済
	4	工場労働者における男女別人数の変化 A　1920年代まで女性数が男性数を上回っていた事情　(90字) B　男性工場労働者急増の背景　(90字)	明治～昭和戦前	社会経済
10	1	摂関政治期の貴族のあり方　(180字)	奈良・平安	政治・制度
	2	中世の産業と流通 A　畿内・関東・九州地方の年貢品目の特色　(60字) B　鎌倉時代後期の年貢品目の大きな変化　(30字) C　室町時代の商品の大量発生の理由 (60字)	鎌倉・室町	社会経済
	3	院内銀山と秋田藩の財政 A　山師と精錬職人の出身地の特徴　(90字) B　藩財政に於ける都市を有する利点 (60字)	江　戸	社会経済
	4	欧化主義への反発の内容とその背景　(180字)	明　治	文　化
09	1	遣隋使・遣唐使の役割と意義　(180字)	ヤマト時代・奈良	外　交
	2	豊臣秀吉の全国統一 A　戦乱の原因と解決のための方針　(90字) B　惣無事令正当化のための地位と論理　(30字) C　秀吉の諸大名統制の原理と方針　(60字)	戦国・安土桃山	政　治

	3	江戸時代の日中関係	江　戸	外交･文化
		A　日中貿易の変化と国内産業への影響　(90字)		
		B　中国文化流入の特徴　(60字)		
	4	昭和恐慌と農村　(150字)	昭和戦前	社会経済
08	1	古代国家に於ける東国の軍事的役割	ヤマト時代・奈良	政　治
		A　古代国家にとっての東国の役割　(90字)		
		B　古代の内乱の傾向と律令国家の内乱への対処　(90字)		
	2	中世の一揆と「神」の意識	室　町	社　会
		A　傘連判から考察する一揆構成員相互の関係　(30字)		
		B　一揆結成による参加者相互の関係の変化　(60字)		
		C　中世の人々が意識した「神」と「人」との関係　(60字)		
	3	寛政の改革と農村	江　戸	社会経済
		A　18世紀末の農業・食糧問題に対する松平定信の認識　(60字)		
		B　18世紀末の農業・食糧問題に対処する寛政の改革の諸政策　(120字)		
	4	政党内閣の成立とその背景	明治～大正	政　治
		A　第一次大隈重信内閣の成立と戦争との関連　(60字)		
		B　原敬内閣が「憲政の常道」につながる本格的な政党内閣になった理由とその社会的背景　(120字)		
07	1	8世紀の銭貨政策の変遷　(180字)	奈　良	政治・社会経済
	2	中世の仏教と文化	中　世	文　化
		A　中世の禅宗文化　(90字)		
		B　一向一揆と法華一揆　(90字)		

年度	番号	内容	時代	分野
	3	江戸時代の学問の発展 (150字)	近　世	文　化
	4	近代日本のアジア侵略	近　代	外　交
		A　満州権益とその放棄 (60字)		
		B　近代日本が「小日本主義」をとらなかった理由 (120字)		
06	1	奈良時代の政治と貴族のあり方 (180字)	奈　良	政治・制度
	2	院政期における武士の進出と平氏政権	平安後期	政　治
		A　中央政界で武士の力が必要とされた理由 (60字)		
		B　平氏の権力掌握過程と経済基盤 (120字)		
	3	中世・近世の琉球王国をめぐる国際関係	中世～近世	外　交
		A　15世紀の琉球王国の貿易 (60字)		
		B　琉球王国が隠そうとした国際関係 (120字)		
	4	明治・大正期における鉄道の発達	明治～大正	社会経済・政治
		A　鉄道国有法 (30字)		
		B　私鉄営業距離伸張の特徴と背景 (90字)		
		C　原敬内閣が鉄道網を拡張した目的 (60字)		
05	1	嵯峨天皇(上皇)の政策と平安初期の文化(180字)	平安初期	政治・文化
	2	北条泰時の書状	鎌　倉	政　治
		A　御成敗式目制定の意図 (60字)		
		B　泰時が式目制定の趣旨を伝える書状を送った理由 (120字)		
	3	統一的軍事動員を可能にした制度 (150字)	近　世	社会経済
	4	三権分立をめぐる新旧憲法の共通点と相違点 (180字)	明治中期と戦後初期	政治・制度
04	1	文字文化波及の歴史的背景 (180字)	1世紀～11世紀	政治・文化
	2	中世～近世の貨幣流通	中世～近世初期	社会経済
		A　宋銭が流通した背景 (60字)		
		B　永楽通宝が鋳造・埋蔵された経過 (60字)		
		C　幕藩体制の確立と貨幣のあり方 (90字)		
	3	幕藩体制にとっての蝦夷地の不可欠性 (180字)	近　世	総　合

	4	地租改正と農地改革 (180字)	明治初期と戦後初期	経　済
03	1	8 世紀における日本と唐・新羅との関係の相違 (180字)	8 世紀	外　交
	2	南北朝の内乱と武士 A　南北朝期の武士の行動 (60字) B　南北朝の内乱が全国化・長期化した理由 (120字)	南北朝期	社会経済と政治
	3	歴史書の編纂と「中華」意識 A　17 世紀後半に歴史書編纂が盛んになった理由 (90字) B　17 世紀後半に「中華」意識が生じた背景 (90字)	17世紀後半	政治･外交
	4	近代における食生活 A　米の配給制成立の背景と目的 (60字) B　明治期における食生活変容の要因 (60字) C　明治期の農村で米食が一般化しなかった理由 (90字)	江戸～昭和戦前期	経　済
02	1	平安時代の密教と浄土教 (210字)	平　安	文　化
	2	室町時代の地侍の行動と戦国大名の城下町集住政策 A　地侍の領主に対する行動 (90字) B　戦国大名による城下町集住政策の目的 (120字)	室町～戦国	社会経済
		近世の城下町と村 C　城下町における商人・手工業者に対する政策 (90字) D　近世の村がもつ二側面と相互関係 (120字)	近　世	社会経済
	3	日清・日露戦争後の国際関係 A　日清戦争直後の「恐露病」の背景 (60字) B　日露戦争後における両国関係の変化の内容と理由 (120字)	明治後期	外　交

年度	番号	内容	時代	分野
01	1	調の課税・納入方式の変化 (150字)	奈良～平安中期	社会経済
	2	鎌倉時代の荘園 A 東国と西国における地頭権限の違い (60字) B 荘園領主・地頭間で発生した問題と解決方法 (60字) C 荘園内の産業 (60字)	鎌　倉	社会経済
	3	1840年代の村の変化 (150字)	江戸後期	社会経済
	4	明治時代の銅をめぐる問題 A 銅生産が明治期の経済発展に果たした役割 (60字) B 銅生産がもたらした社会問題 (90字)	明　治	社会経済
00	1	古代の駅 A 駅設置の目的 (90字) B 駅子逃亡の理由 (120字)	奈良・平安	社会経済
	2	豊臣秀吉のキリシタン禁令 A 一向一揆の行動の特徴 (60字) B 宣教師の日本布教方針 (60字) C 一向宗やキリシタンを「天下の障り」と考えた理由 (60字)	織　豊	政　治
	3	文久3年の横浜鎖港問題 A 幕府のフランスへの要求 (30字) B 幕府が横浜鎖港を考えた背景 (90字) C 使節が交渉を断念した理由 (60字)	幕　末	外　交
	4	1928～35年の経済政策と経済状況 (150字)	昭和初期	社会経済
99	1	戸籍作成の進展と律令国家の軍事体制の特色 (210字)	7世紀後半	政　治
	2	室町時代の文化の特徴 (180字)	室　町	文　化
	3	商人の家の相続 (150字)	江　戸	社会経済
	4	近代教育の制度・内容の変遷 (240字)	明治～昭和	社会経済

出題分析と対策

◆分量◆

東大日本史は，基本的には例年4題の論述問題で構成されている。各問題は一つの設問である場合が多いが，A・BまたはA・B・Cと，2ないし3の小設問に分ける場合もある。字数は1行・30字の形式で，4問の合計が，以前は700字を超えることも多かったが，近年は660字（22行）程度である。

「地歴」は2科目で150分となるので，答案作成にあてる時間は，単純に均等配分をしてみると1科目75分，4題構成の「日本史」では1題20分弱となる。

初期の学習は，テキストや教科書などを駆使して1題1題にじっくり時間をかけ，自分の最高と思う答案を作成する方法が好ましい。しかし，入試の直前までには，1題を15分以内で解答できるように修練を積むとよい。入試の現場において大いに自信と余裕が出るはずである。2023年度の場合，1題は最大180字であり，一橋大「日本史」と比較するとずいぶんと字数が少ない。しかし，字数が少ないことは決して易しいということではない。初期の学習の時点では，要求される字数が埋められなくて四苦八苦する受験生も見受けられるが，やがて，書くべき内容を字数内でまとめることに腐心せざるを得なくなる。初期は「足し算」のように記述することになるが，学習が進むと，逆に論ずべき内容を「引き算」するようにまとめなければならなくなる。

◆形式◆

基本的には4題。すべて論述問題で，形式としては，①リード文と設問で構成される問題，②現代語の参考文を与え，そこから示唆されるものを読み取り，要求に従って論述する問題，③史料そのものを読解して論述する問題，④グラフ・統計・図表などの数値を読み解き，要求に従って論述する問題，⑤絵画や写真を提示して考察させる問題が例年出題される。

内容としては，東大だからといって教科書の内容以上の学説的知識を要求しているわけではない。教科書レベルの基礎的な歴史に対する理解が前提となるのである。

しかし，「基礎」とは「初歩」ではなく，歴史学習の土台となる歴史の大きな流れ，各時代の特徴，国際関係のあり方，土地制度への理解，文化と社会の関係，経済の発展に対する理解など，歴史を考える上で不可欠な基本的歴史認識であり，難題である。

著名な日本史研究者として知られるある東大の教員が，『東大新聞』紙上で，東大を日本史で受験する学生に対してメッセージを送っていた。そこに於いて，彼は予備校や参考書が「論理まで暗記させている」と語り，苛立ちをあらわにしていた（筆者もこの苛立ちは正当なものだと共感している）。駿台日本史科においては，このような傾向は否定されるべきとする共通認識を有しているが，受験界全般では，必ずしもそのようではないことが残念な現状である。

こうした傾向を反映してか，東大日本史の論述対策に於いてすら，「論理」の丸覚えや形式論理学的な「論理」の安易な積み重ねで高得点となると勘違いしている受験生が増加しているのは事実である。もし，これで歴史を理解したつもりになったり，あるいは「論理」らしきものを暗記し，積み木遊戯のようにそれを重ね合わせた程度で論述問題など「事足れり」と思い込んでしまったりしたならば，その段階で合格など程遠いことをまず自覚すべきである。

東大入試の「日本史」では，まず歴史の基本的な理解や，そのために必要かつ十分な歴史的知識が要求されている。そして，その「理解」や「知識」を駆使し，設問の参考文・史料などで与えられた歴史的事実を斟酌し，歴史の像を再構成させる。そのことを通して，受験生の歴史に対する「理解」や「知識」のみではなく，仮説を立てる論理力や潜在力までを問うているのである。また，設問に於いては，参考文・史料・グラフ・図表・統計・写真等が多用されるが，それらを利用・応用し答案として論述する内容は，結果的には，基本的な歴史的知識に裏付けられた歴史に対する理解力である。それゆえ，解答例だけを見て，「基本的な知識」と「論理の暗記」で対応できると身びいきに誤解する向きが出てしまうのだが，これは稚拙なことである。

東大日本史の入試の典型的パターンの一つとして，受験生の基礎的な知識や基本的な理解を前提に，史料や参考文などを提示して，受験生の「知らない」歴史の「見方」=「学説」を再構成させる問題がある。もちろん，受験生に「学説」そのものへの知識や理解を要求しているわけではないので，その点は余計な心配をする必要はない。受験生はその「学説」を知らなくてかまわないし，出題者の側も，受験生が「知らないこと」を「期待」して問題を作成しているのである。なぜならば，このような問題は受験生の歴史的思考力を問うために工夫を凝らして作成されているからである。

◆分野◆

出題される時代に関しては，第1問が古代（まれに原始・古代），第2問が中世，第3問が近世，第4問が近代または近現代（戦前と戦後）というのが基本的パターンである。東大は戦後史を出題しないという「伝説」が流布されていたが，近年は近現代という形式で出題されており，2023・2016年度は1960年代まで出題された。また戦後史の配点も全体の約8分の1と推定され，取りこぼすことは不合格につながる。独立した戦後史の問題は今まで出ていなかったが，2023年度に初めて出題され，配点も全体の4分の1となった。今後も，この傾向は続く可能性がある。「～は出ない」などというのは，受験生の主観的な願望に過ぎないので，東大を目指す諸君なら，原始から現代までの全範囲に取り組むことが不可避である。

また，各時代とも，政治史・制度史・外交史・社会経済史・文化史，及び，それらの関わりを問う問題や総合的な問題が満遍なく出題されている。

◆内容◆

基本的には，各時代や各時期の特徴を論じさせ，その理解を問う問題が多い。また，各時代・各時期の移行期に関して，その変化の意味を問う問題も最近は増加している。

第1問の古代史は，律令国家の理解が中心になる。法に基づく官僚機構である律令制度の制度史的理解，その政治史的展開，律令国家の地方支配，律令に基づく土地制度とその変質，律令制度の衰退と籍帳支配の崩壊，荘園公領制の形成過程などへの理解が問われる。

また，国際関係では，前近代における中国を中心とした東アジアの国際秩序である冊封体制への理解が要求され，日本(倭)と中国・朝鮮との関係，及び東アジア情勢が日本(倭)に及ぼす影響について問われている。各文化の特色を押さえ，各文化と政治史との関わりや古代仏教史の展開をしっかりと理解する必要がある。

第2問の中世史においては，武家社会の特質，封建制度への理解が中心となる。先ずは，鎌倉時代と室町時代の政治史的理解が不可欠となる。例えば，鎌倉時代では，鎌倉幕府の実態が御家人の連合政権であること，初期が「頼朝独裁」の時期であったこと，承久の乱を経て確立した「執権政治」は御家人合議体制であること，宝治合戦・元寇を経て強化され霜月騒動で確立される「得宗専制」が，北条氏の独裁や御内人の専権により御家人の不満を招き，それが後醍醐天皇の挙兵を契機に反北条氏に結実して鎌倉幕府滅亡の要因となること，これらが理解されているだろうか。

室町時代に関しては，室町幕府が守護大名の連合政権的性格を持ち，将軍と守護大名が「持ちつ持たれつ」の関係にあると同時に，「抑制と均衡」の関係にあること，南北朝の内乱期，足利将軍の全盛期，応仁の乱とそれ以後の戦国時代，このような政治史の基本的展開が理解されているであろうか。この程度をすぐに論じることが「基礎的理解」として論述問題の解答の前提となる。また，鎌倉時代の武家の社会的結合である惣領制とその崩壊過程は頻出である。

一方，外交史では，日宋貿易，元寇，日元貿易，日明貿易，日朝貿易に関する知識や，明の海禁政策との関係への理解が問われている。また，社会経済史では，武士の荘園侵略，貨幣経済・商業の発展，農業生産力の向上と惣の形成，徳政一揆や一向一揆の理解など，文化史では，各文化と政治史との関連，鎌倉新仏教，仏教と政治や民衆との関係などが繰り返し問われている。

第3問の近世史では，幕藩体制の基本的仕組みに対する理解が要求される。近世社会を基礎づけることになる太閤検地，武士が在地性を剥奪され生産から遊離する一方，農民は土地に緊縛され生産に従事して剰余生産物を搾取される兵農分離，土地の生産力を米量で表示して年貢収奪や知行給与の基準とした石高制，石高を基準に知行給与（御恩）し，知行高を基準に軍役などを負担（奉公）させて主従関係の基礎となる大名知行制，本百姓体制と本百姓維持政策などのしっかりとした理解が要求される。

また，社会経済史では，大坂を中心とした幕藩体制の全国流通機構への理解が不可欠となる。すなわち，幕藩領主は本百姓から年貢米を収奪し，それを大坂などの蔵屋敷で売却・換金して財政基盤とすること，その仕組みが幕藩体制の全国流通機構の形成・整備の基礎となることの理解が問われている。さらには，武士と町人・農民との関係も押さえなければならない。

一方，制度史は江戸幕府の支配機構，政治史は朝幕関係や三大改革，文化史はその基盤となる社会経済史との関係を押さえることなどが要求され，外交史は，「鎖国」体制と称されてきた一種の海禁政策に対する理解，朝鮮・琉球・アイヌ民族との交流に対する理解が問われる。

第４問の近現代史は，近代国家の成立・発展に対する基本的認識が要求される。特に立憲体制の確立過程，大日本帝国憲法とその運用に対する政治史・法制史への理解が前提となる。また近年は，地租改正と農地改革，大日本帝国憲法と日本国憲法など，近代と現代の最重要事項の比較などが問われている。

社会経済史では，地租改正―松方財政―産業革命―資本主義確立と連動する日本資本主義発達史の深い理解が前提となる。その上で，金本位制など金融・貨幣制度，恐慌，井上財政や高橋財政などを具体的に論述することが要求される。

一方，外交史では，明治期（1868 ～ 1912）の日本外交が「欧米への従属」と「アジアへの侵略」の二重性を持ち，対欧米関係は不平等条約の改正，対アジア外交は朝鮮植民地化を軸に展開されていたことの認識が基礎となる。その上で，日中関係・日朝関係・対欧米関係・ワシントン体制・協調外交とその挫折などの詳細な知識と理解が不可欠となる。さらに，労働運動史・女性史・教育史などの論述を通して近代史・現代史の理解を提示させる問題も出題されており，各テーマを通して近現代史を説明できるように準備していく必要もある。また，戦後史も今以上に出題される可能性は強いのでしっかりと学習することが肝要である。

◆対策・対応◆

先ず，前述した出題傾向の分析をよく理解した上で，常に「歴史を考える」姿勢で学習することが第一である。高校の教科書を読み込んでいく場合も，一つの歴史事項に対し，前提―背景―経過―結果―影響―意義などを押さえ，それが他の歴史事項とどのような因果関係を持っているかを考察しながら読み進んでいくとよい。

問題に臨むときは，先ず，問題の「要求」や「指示」を正確に把握すること。東大の場合，問題の「要求」を完璧に理解した段階で半分以上すでに解答ができたといってよい問題も多い。ところが諸君の答案を見ていると，解答欄に見事な歴史に関する記述がなされているのに，「要求」と離れたことが書かれている場合がよくある。これでは加点されるはずがないことは当然である。

先ずは，問題の「要求」部分や「指示」に線を引き，次に必要な場合はそれを「条件分け」する（例えば，「影響」を問われたならば，政治的影響・社会経済的影響・対外的影響・文化的影響など，「対外関係」なら対アジア関係，対欧米関係など）。そして，「指示」に従って「要求」に応えて解答していく。このとき，いきなり解答欄のマス目を埋め始めてはいけない。先ず，参考文やグラフ・図表などが提示されている場合は，そこから読み取れることを次々とメモし，それを取捨選択しつつまとめる。参考文の場合は，各参考文を要約するだけでは不足であり，それが示唆するものを読解し，かつ，それを歴史的表現に置き換える必要がある。その上で，「要求」に従って丁寧なメモを作り，そこでじっくり考察し，論述に必要とされる関連事項や具体的な歴史事項を補うとよい。もし，10分間の余裕があるとすれば，「採点基準」を作成するようなつもりでメモ・まとめを作りながら考察することに6分間を費やし，書くことをすべて決めた上で，4分間で一気に答案を作成すればよい。本番に臨んでも，あせらず，6対4程度は考察する時間に費やすこと。

また，自学習で問題を演習するときは，初期段階では，テキスト・教科書・用語集など何を使って調べてもいいし時間をかけてもいいので，自分が完璧と思う答案を作ること。特に，友人同士で答案を検討し合い議論することが極めて有効である。高校の教科書は，書き込みなどが入ったものは自分のノートと同様なので大切に使用し熟読すること。ただ，同時に，それとは別の他の教科書を通読することも有効である。

参考書として，東大受験生は必読なので，早い段階から，『日本史論述研究―実戦と分析―』（福井紳一・駿台文庫）に取り組むとよい。同書は，入試に於ける「論述問題」を，実戦的に「読み解く」ことを通し，重要テーマとなる「各論」を押さえつつ，古代から現代に至る「日本史」を分析し，その「通史」的理解を獲得することを目的としている。

題材としては，東京大学の「論述問題」に臨むための演習として，総合的な観点から最適と判断し，東京大学の問題を中心に，駿台の東大実戦模試などを用いている。

また，同書は，駿台の長い蓄積と研鑽に裏打ちされた独自の「採点基準」を示し，詳細な「解説」を施すことにより，初学者でも，歴史を考察し，理解を試みることを通して,「満点答案」を作成することが可能となっていくように叙述されている。

「採点基準」を用いて自己採点を行うことは,反省点や課題を確認し,更なる実力向上に大きく貢献する。しかし,ここでの「採点基準」は,単に自己採点に用いるためだけのものではなく,問題の要求する「論点」を把握する力の養成,それに打ち返す「論理」を構築する力の鍛錬,東大入試に必要とされる「知識」の豊富化・充実化に資するように作成されているので,「採点基準」を丁寧に熟読・分析して自学習することにより,「満点答案」作成の道程が見えてくるのである。

また,深い理解が要求される近代史の対策としては,『戦中史』(福井紳一・角川書店),政治・経済・外交などが複雑にからみあう戦後史の対策としては,『戦後史をよみなおす』(福井紳一・講談社) あるいは『戦後日本史』(福井紳一・講談社+ α 文庫) を夏までに読み込んでおくとよい。

駿台生は,駿台日本史科の『基幹教材』を熟読することが最も効果的である。『基幹教材』は東大レベルの論述に対応させて,重要な歴史事項に関しては,前提—背景—経過—結果—影響—意義など詳細に叙述し,歴史的思考力を養成するように構成されている。

また,春期講習—夏期講習—冬期講習—直前講習と連動する「東大日本史」は,過去問や予想問題の実戦的演習なので,その機会を利用し,しっかりと論述対策に取り組んでほしい。

2023年

第1問

解説 国家的造営工事のあり方の変化を考察する問題である。国家的造営工事のあり方の変化について，国家財政とそれを支える地方支配との関係を踏まえ，律令制期，摂関期，院政期の違いに触れながら説明することが求められている。その際，参考文を熟読し，その内容や示唆するものを読み取って，問題の要求に沿って論じることが要求されている。

参考文(1)

律令制のもとでは，仕丁(しちょう)と雇夫(こふ)が国家的造営工事に動員された。仕丁は，全国から50戸ごとに成年男子2名が徴発され，都に出仕し役務に従事した。雇夫は官司に雇用された人夫で，諸国から納められた庸が雇用の財源となった。

ここからは，律令制のもとでは，仕丁と雇夫が「国家的造営工事」に動員されたことを確認し，仕丁が律令制の労役の一つであること，及び，律令制において雇役として雇用される雇夫の賃金・食料などが，庸を財源にしていたことを読み取ることが要求されている。

まず，「国家的造営工事」を考察するにあたっては，律令制の国家の支配機構や税制について確認しておく必要がある。律令国家は，法に基づく官僚機構と，戸籍・計帳による人民支配(籍帳支配)を基礎にして成立している。

官僚機構は，官位相当制により整備され，位階を与えられた官僚(官人)には，位階に応じた官職が与えられた。ヤマト政権においては，大王(のち天皇)が，蘇我氏・物部氏のような氏とよばれる同族集団に，臣・連のような姓と言われる称号を与える，氏姓制度が支配体制の基礎をなした。しかし，氏に与えられる姓と異なり，律令制における位階は，官僚の序列を示す，正一位から少初位下までの30階の等級であり，個人に与えられ，能力によって昇進も可能であった。また，官職とは，太政大臣・左大臣・右大臣・大納言などのような官僚の地位・役職のことである。そして，位階に応じた官職が授与される官位相当制の官僚機構を基礎に，二官八省の律令国家の中央行政組織が形成された。

律令国家は，6年ごとに，徴税・徴兵など，人民支配の根幹となり，班田の台帳ともなる戸籍を編纂し，毎年，人頭税の台帳となる計帳を作成した。そして，6歳以上の良民と賤民の男女に口分田を班給し，最低生活の保障を図る班田収授法を実施した。

土地税の租は，面積を単位として田の収穫に賦課され，国衙の財源となった。１段につき稲２束２把が課され，収穫の約３％で低率であったが，それは民衆の最低生活を保障し，人頭税の課税対象を確保するためであった。

課役とも言われる人頭税の調・庸・雑徭は，男性のみに課され，正丁は21～60歳，老丁(次丁)は61～65歳，少丁(中男)は17～20歳の男性と規定された。

調は，絹・糸・布(麻布)など各地の特産品を税としたもので，中央政府の財源となり，老丁は正丁の２分の１，少丁は正丁の４分の１を負担した。

庸は，歳役(都での10日間の労役)の代わりに収められる布(麻布)で，中央政府の財源となり，正丁１人あたり２丈６尺(約８ｍ)，老丁は正丁の２分の１を負担，少丁には負担はなかった。

雑徭は，国司の下での土木工事などの労役で，正丁は年間60日を上限に使役させられ，老丁は正丁の２分の１，少丁は正丁の４分の１を負担した。

仕丁とは，公民の成年男性に課せられた労役，及び，労役に徴発された正丁の呼称である。養老令では，地方の諸国から50戸に正丁２名の割合で徴発し，中央政府の雑務に服させた。

雇役とは，宮都や寺院の造営など中央での国家的造営工事に際して，賃金や食料を支給して人夫を雇用することであり，その人夫を雇夫とよんだ。そして，庸が雇役の財源となった。

ここでは，問題の要求する，「律令制期」の「国家的造営工事のあり方」として，その労働力が仕丁とよばれる正丁に課せられた労役と，雇役として雇用された雇夫によって担われたものであることを確認する必要がある。

また，問題の要求する「国家財政とそれを支える地方支配との関係」としては，仕丁は税制の一環としての労役として地方から徴発される正丁であり，雇夫は地方から集めて雇用した人夫であり，雇夫を雇用する財源は，地方から徴税した庸であったことも確認する必要がある。

さらに，「律令制期」の「地方支配」としては，６年のち４年の任期で派遣された中央貴族の国司の下，ヤマト政権における国造などの地方豪族を採用して任命した郡司が徴税の実務にあたっていたことにも言及することが求められている。

参考文(2)……………………………………………………………………

奈良時代に朝廷が行った石山寺の造営工事では，仕丁・雇夫らが従事した作業の内容が記録に残されている。また，恭仁京・長岡京・平安京の造営など，大規模な工事を実施する際には，労働力不足への対処として，畿内周辺の諸国に多数の雇夫を集めることが命じられた。

ここからは，「律令制期」にあたる奈良時代の「国家的造営工事」のひとつが，石山寺の造営事業のような寺院の造営作業であり，その労働力が仕丁と雇夫であることを確認することが求められている。また，もうひとつが，恭仁京・長岡京・平安京の造営など大規模な工事であり，労働力不足への対処として，畿内周辺諸国から多数の雇夫が集められたことも併せて確認することが求められている。

参考文(3)

960年９月，平安京の内裏が火災ではじめて焼失した。その再建は，修理職(しゅりしき)や木工寮(もくりょう)といった中央官司だけでなく，美濃・周防・山城など27カ国の受領に建物ごとの工事を割り当てて行われた。こうした方式はこの後の定例となった。

ここからは，10世紀に焼失した平安京の内裏の再建は中央官司だけではなく，27カ国の受領に建物ごとの工事が割り当てられ，以後，「摂関期」になると，このような方式が定例となったことを読み取る必要がある。その上で，10世紀になると，国司が定額の租税を納入する方式に転換したことによって，現地に赴任した受領国司の権力が強化され，暴政・蓄財を行う者も現れ，国司の地位は利権化して成功・重任・遙任などが行われたことを想起する。そして，これらのことから，「摂関期」には，「国家的造営工事」も受領国司の成功によって行われた側面があることを考察することが求められている。

これらのことを考察するためには，10世紀以降の国司制度の変質について整理する必要がある。

８世紀の後半以降，人頭税の負担過重もあり，浮浪・逃亡が増加していった。また，戸籍に，男性であっても女性と虚偽の記載を行い，人頭税を課せられる男性の数を実際よりも少なく見せかける偽籍も横行した。このような中で，桓武天皇は，班田の期間を６年１班から12年１班に改めることによって班田収授の励行を試みたり，公出挙の利息を５割から３割に減らしたり，雑徭の期間を60日から30日に半減するなど，公民負担の軽減を図った。しかし，籍帳支配の崩壊は進行し，班田収授が行われない地域も増加した。そして，しだいに人頭税の徴収も困難となって，律令国家は財政難に陥っていった。

一方，地方では，大規模な農業経営を行うような有力農民も現れ，私出挙なども行い勢力を強めていった。それに伴い，国造の系譜を引く地方豪族で，伝統的な支配力を持つ郡司の勢力も，しだいに弱まっていった。

10世紀に入り，醍醐天皇は，902年に延喜の荘園整理令を発したり，班田の励行に努めたり，律令制の再建を図ったが，もはや籍帳支配は崩壊し，902年が最後の班田となった。このような律令制の衰退の様相は，三善清行が醍醐天皇に提出した「意見封事十二箇条」にある地方政治の実態によく表れている。

このように律令制が衰退し，籍帳支配が崩壊していく中，籍帳支配を前提とした人頭税中心の税体制も崩れ，律令国家は，旧来の形態では，もはや支配を維持することが不可能となっていった。

そのため，律令国家は，国司に一定額の税の納入を請負わせ，それと引き換えに国司に任国の統治を委任する方針に転換していった。従来は，国司は中央政府の監督の下に，任国の行政を担い，厳しく勤務評定される地方官であった。そして，国司の下で，郡司が徴税業務など民政の実務を担当していた。

しかし，このような国司制度の変質により，国司の権限は強化され，地方政治における国司の役割は増大し，本来は律令に規定された地方官としての職務を要請された国司は，しだいに徴税請負人化していった。そして，国司の政庁である国衙も，従来と比較し，重要な役割を持つようになった。

一方，国司の権限強化に伴い，これまで地方の実務を直接的に担ってきた，郡司の政庁である郡衙(郡家)の役割は低下し，郡衙は衰退していき，10世紀末ごろまでには解体していった。

籍帳支配の崩壊に伴い，籍帳支配を前提とした人頭税の徴収は困難となってきたことは前述した。そのため，国司は，郡司を媒介することなく，領内の課税対象となる田地を名という徴税単位に分割して編成した。そして，田堵と呼ばれる有力農民に名の耕作を請負わせ，名には負名といわれる請負人の名をつけた。このような制度を，負名体制と呼ぶが，国司は負名を直接的に掌握し，従来の租・庸・調や公出挙の利稲，雑徭などの労役を統合し，それらに見合う，官物や臨時雑役と呼ばれる土地税を，名を単位に徴収した。

このように，籍帳支配を前提とした，戸籍に登録された成年男性に課税する，律令の原則に基づく人頭税中心の税体系は崩壊し，有力農民の経営する土地を基礎に課税する土地税中心の税体制に転換した。そして，国司制度の変質と税制の転換は，醍醐天皇の親政である延喜の治と，村上天皇の親政である天暦の治の間の時期に位置する，朱雀天皇の摂政・関白であった藤原忠平が政権を掌握していた時期に推進された。

国司制度の変質に伴い，任国の国衙に赴任する国司の最上席者は，政府に対する徴税請負人の性格を強めて受領と呼ばれた。なお，国司の最上席者とは，例外を除いて国司の長官である守であった。

受領国司は，任国の行政を担う最高責任者として国務を一手に掌握したが，その多くは，中下級貴族の出身であり，暴政・蓄財を行う者も多かった。988年，「尾張国郡司百姓等解」によって，尾張の国司であった藤原元命は，郡司や有力農民から，極端な増税や，都から連れてきた子弟･郎党の乱暴など，31カ条にわたる非法を列挙され，政府に訴えられた。それにより，翌年，藤原元命は，尾張守を解任されたものの，その後も他国の国守(国司の長官)となり昇進した。

このように，国司の地位が利権化したので，私財を寄付して国司などの官職を得る成功や，成功により再任される重任などの売位売官が行われるようになり，重任のほとんどの例が国司であった。また,中央の上級貴族の中には,国司の利権に目をつけ,中央の官職につきながら国司を兼任するものの，現地には赴任せずに収益のみを獲得し，任国の国衙には目代を派遣する遙任を行う者も増加した。このような国司を遙任国司といい，遙任国司の国衙を留守所といった。そして，国衙の実務をとる在庁官人は，国司が私的に現地の地方豪族や開発領主から採用した。在庁官人の地位は世襲され，同時に武士化も進行した。

969年の安和の変で,醍醐天皇の子である左大臣の源高明を失脚させることにより,藤原北家の他氏排斥は完成した。以後，ほぼ摂政・関白が常置される体制になったので，安和の変から，藤原北家を外戚としない後三条天皇の親政が始まる1068年までを「摂関期」とすることが一般的である。

この「摂関期」の「国家的造営工事のあり方」と「国家財政と地方支配との関係」については,「国家的造営工事」が受領国司の成功によって行われる側面が多くなっていったことを考察し，受領国司が名を単位に田堵から徴収する土地税が,「国家的造営工事」の財源となっていったことを想起することが求められている。

参考文(4)……………………………………………………………………………………

1068年に即位した後三条天皇は，10年前に焼失した内裏をはじめ，平安宮全体の復興工事を進めた。これを契機に，造営費用をまかなうための臨時雑役を，国衙領(こくがりょう)だけでなく荘園にも一律に賦課する一国平均役(いっこくへいきんやく)の制度が確立した。

……………………………………………………………………………………………………

ここからは，後三条天皇が平安宮全体の復興工事を進めたことを契機に，造営費用を賄うための臨時雑役を，国衙領だけでなく荘園にも一律に課税する一国平均役の制度が確立したことを確認する。その上で,「院政期」には荘園整理も進み,「国家的造営工事」は，荘園公領制に対応する一国平均役で賄われたことを考察し，国司のもとで，郡司・郷司・保司が名主から徴収する年貢・公事・夫役が財源となったことを想起することが求められている。

国司の支配下にある土地を国衙領(公領)というが，11世紀頃になると，国司は国内を郡・郷・保などの新たな単位に再編成して国衙領を形成していき，開発領主たちを郡司・郷司・保司に任命して徴税を請け負わせた。そのような中で，在庁官人や郡司らの中には，公領を自らの領地のように管理したりする者が現れ，国衙の圧迫を受けた郡司・郷司・保司の中には，中央の貴族や寺社を荘園領主とし，郡・郷・保を寄進したりするようになる者も現れた。

そのため，律令制のもとで，国・郡・里(郷)の上下の区分で構成されていた国の編成は，荘・郡・郷などが並立する，荘園と公領で構成される荘園公領制へと移行していった。

一方，「院政期」になると，寄進地系荘園も急速に拡大し，荘園は荘官が管理し，公領は郡司・郷司・保司や在庁官人らが管理するようになり，荘園と公領との同質化も進み，荘園公領制が確立していった。

この頃より，田堵は耕作権を強化して名主とよばれるようになって名主職を持ち，名は名田と言われるようになり，荘園も公領も名田で構成されるようになった。そして，荘園内の名主は荘園領主に，公領内の名主は国司に，年貢・公事・夫役と言われる土地税を納入した。なお，「職」とは職務に伴う土地からの収益権のことである。

また，「院政期」の「国家的造営工事のあり方」と「国家財政と地方支配との関係」については，「院政期」になると，荘園・公領を問わず，国内一律に賦課される一国平均役が租税として確立したので，一国平均役が「院政期」における「国家的造営工事」の財源となっていったことを考察することが求められている。

解法をまとめると，

①「律令制期」の「国家的造営工事のあり方」と「国家財政と地方支配との関係」については，参考文(1)から，まず，「律令制期」の「国家的造営工事」では，仕丁と雇夫が動員されたことを確認する。つぎに，地方から徴発された仕丁が，律令制の労役の一つであるという基本的知識を導く。その上で，律令制の雇役において雇用される雇夫の賃金・食料などが，国司の下で郡司が地方の公民から徴税した，人頭税である庸を財源にしていたことを考察する。

②「律令制期」の「国家的造営工事のあり方」と「国家財政と地方支配との関係」については，参考文(2)から，まず，「律令制期」の「国家的造営工事」の一例が寺院

の造営作業であり，その労働力が仕丁と雇夫であることを読み取る。つぎに，「国家的造営工事」のもうひとつの例が，都城の造営などの大規模な工事であり，労働力不足への対処として，畿内周辺諸国から多数の雇夫が集められたことも読み取る。その上で，参考文(1)を想起して，雇夫の財源が庸であることを再確認する。

③「摂関期」の「国家的造営工事のあり方」と「国家財政と地方支配との関係」については，参考文(3)から，まず，「摂関期」の「国家的造営工事」が受領によって担われたことを読み取る。その上で，籍帳支配の崩壊による定額租税納入への転換により，権力が拡大した受領が「国家的造営工事」を担い，田堵から徴収する土地税や受領の成功が財源となったことを考察する。

④「院政期」の「国家的造営工事のあり方」と「国家財政と地方支配との関係」については，参考文(4)から，まず，「院政期」の「国家的造営工事」が，国衙領だけでなく荘園にも一律に課税する一国平均役で賄われたことを読み取る。その上で，「院政期」に荘園公領制が確立したことを想起し，「国家的造営工事」は，荘園公領制に対応する一国平均役で賄われたことを再確認する。そして，「国家財政と地方支配との関係」については，荘園領主や国司が名主から徴収する年貢・公事・夫役がその財源となったことを考察する。

上記の内容を踏まえ，解答の骨子を示してみよう。

国家的造営工事は，律令制期，仕丁や雇役により担われ，人頭税を財源とし，摂関期，受領の成功や，田堵から徴収する土地税を財源とし，院政期，一国平均役で賄われ，名主から徴収する土地税を財源としたことを述べればよい。

〔問題の要求〕

国家的造営工事のあり方の変化について，国家財政とそれを支える地方支配との関係を踏まえ，律令制期，摂関期，院政期の違いに触れながら，180字以内で説明することが要求されている。

以下の〔ポイント〕は，問題が要求している「論点」を示すとともに，それに対応する「採点基準」における加点要素を示している。また，〔ポイント〕は**解説**で詳述した「解法」のまとめにもなっている。

〔ポイント〕

＜国家的造営工事のあり方―律令制期＞

①律令に規定

＊仕丁を動員

＊雇役により担う(雇夫を動員)

<国家的造営工事を支える国家財政―律令制期>

①人頭税(庸・調)中心

<国家的造営工事を支える地方支配―律令制期>

①戸籍・計帳による人民支配(籍帳支配)

②郡司が徴税

＊課口に運脚の義務

<国家的造営工事のあり方―摂関期>

①受領(国司)に課す

②受領(国司)の成功

<国家的造営工事を支える国家財政―摂関期>

①律令制の衰退(籍帳支配の崩壊)

②受領(国司)が定額租税納入

③負名体制

＊国司が名を単位に徴収

＊田堵(負名)から土地税(官物・臨時雑役)を徴収

<国家的造営工事を支える地方支配―摂関期>

①受領(国司)に国内の支配を委ねる

＊受領(国司)の徴税請負人化

＊受領(国司)の権力拡大

②郡司の衰退

<国家的造営工事のあり方―院政期>

①一国平均役

<国家的造営工事を支える国家財政―院政期>

①荘園公領制

＊荘園・公領から徴税

＊名主から土地税(年貢・公事・夫役)を徴収

<国家的造営工事を支える地方支配―院政期>

①受領(国司)が郡司(郷司・保司)に徴税を請負わせる

解答

律令制期，国家的造営工事は律令に規定された仕丁や雇役により担われ，郡司が徴税する人頭税を財源とした。摂関期，籍帳支配の崩壊による定額租税納入への転換により権力が拡大した受領の成功や，田堵から徴収する官物など土地税が財源となった。院政期，荘園整理も進み，荘園公領制に対応する一国平均役で賄われ，荘園領主や国司が名主から徴収する年貢・公事など土地税が財源となった。(30字×6行)

第2問

解説 応仁・文明の乱と家督継承の関係について問う問題である。15世紀の武士の家における家督継承の決定のあり方の変化と，応仁・文明の乱の発生・拡大との関係について説明することが求められている。その際，参考文を熟読し，その内容や示唆するものを読み取って，問題の要求に沿って論じることが要求されている。

鎌倉時代後期以降，惣領制が解体し，分割相続から嫡子単独相続へと移行していくと，家督相続争い(家督争い)が激化していった。このことが，応仁・文明の乱の発生・拡大の背景・要因となっていた。このことを考察するためには，まず，惣領制とその解体について，明確に確認する必要がある。

惣領制とは，一族の血縁的結合に基づく中世武士団の社会的結合形態のことである。一族の本家(宗家)の家長のことを惣領，または家督と呼び，惣領を継ぐ，器量・識見のある者を嫡子，その他を庶子といった。また，惣領家と庶子家との集団は，一門・一家と呼ばれる強固な血縁的結合を形成し，所領は一門・一家の内部で分割相続され，鎌倉時代前中期には，庶子のみならず，女性にも分割相続された。

将軍は，見参(けんざん)して名簿(みょうぶ)を提出した，主として惣領である武士と主従関係を結び，御家人とした。そして，将軍は，惣領家，庶子家，及び，それらの家に属する家子・郎党(郎等)に至る一門・一家を統率している惣領を通して御家人を掌握し，戦時に際しては，惣領を通して軍事動員した。

一方，惣領は，惣領家の家子・郎党，庶子家の家子・郎党に至る，一門・一家を率いて，戦時の軍事動員である軍役や，内裏などを警護する京都大番役，幕府を警護する鎌倉番役などの番役や，修造役である関東御公事などの御家人役を，奉公として務めた。すなわち，鎌倉幕府は，惣領制に依拠して御家人を統率していたのである。

元寇の後，鎌倉後期になってくると，元寇の多大な戦費負担と極端な恩賞不足，分割相続による所領の細分化，貨幣経済の進展による所領の売却・入質などにより，御家人の窮乏化は進んだ。また，1221年の承久の乱に際して，後鳥羽上皇方の所領約3000箇所を没収して以降，鎌倉幕府による大規模な所領の拡大と，それに伴う，御恩としての御家人所領の大規模な知行給与は行われていない。

そのため，相続形態においては，分割相続から嫡子単独相続への転換が余儀なくされた。そして，所領を分割されなかった多くの庶子は，惣領家の家臣化し，惣領家への従属が進んだ。

一方，惣領家から独立する庶子も生まれ，周辺の武士と一揆や党を結成する者も現れた。このように，惣領制の解体に伴い一門・一家の結合が崩壊していき，武士の血縁的結合から地縁的結合への転換が促されていったのである。

また，惣領制の解体に伴う，分割相続から嫡子単独相続への転換により，一門・一家が分裂して骨肉の争いを演じる家督相続争いが発生するようになっていった。

惣領制の解体に伴う，一門・一家の血縁的結合の崩壊は，御家人制の動揺を促し，御家人制の動揺は，事実上，御家人の連合政権である鎌倉幕府の根柢を揺らがせることとなったのである。そして，室町時代になると，武士の家における家督争いは，熾烈になっていった。

参考文(1)……………………………………………………………………………

1433年4月，安芸国の国人小早川家の家督をめぐり，持平・凞平兄弟が争った。兄弟の父則平は，当初持平を後継者に指名したが，死去の直前あらためて凞平を指名していた。将軍足利義教が有力守護に意見を問うたところ，まず一族・家臣の考えを尋ねるべしという回答が大勢を占めた。

……………………………………………………………………………………

ここからは，1433年，安芸の国人小早川家の家督継承では，父である惣領の則平が，当初，後継者として持平を指名していたが，死去の直前，凞平を改めて指名したこと，この件に関し，6代将軍足利義教が有力守護に意見を聞いたこと，及び，有力守護の回答の大勢は一族・家臣の考えを聞け，というものであったことを読み取る。

その上で，惣領の後継者である嫡子は，惣領の意思で決まっていたが，この事例から，15世紀になると，将軍の意向や，一族・家臣の意向も反映されるようになったことを考察することが要求されている。

参考文(2)……………………………………………………………………………

1433年11月，義教は，かつて管領を務めた斯波義淳の後継者として，その弟たちのなかで以前から有力な候補と目されていた持有をしりぞけ，その兄義郷を指名して斯波家の家督を継がせた。

……………………………………………………………………………………

ここからは，6代将軍足利義教が，管領を務めた斯波義淳の後継者として有力視されていた弟の持有を退け，兄の義郷に斯波家の家督を継がせたことを読み取る。

そこから，将軍が管領家の家督相続争いに介入していることを確認することが要求されている。

参考文(3)

畠山家では，惣領持国(もちくに)と将軍義教との関係が良くなかったため，1441年，有力家臣たちが義教に願い出て，弟の持永(もちなが)を家督に擁立した。しかし同年，義教が嘉吉の変で討たれると，持国は軍勢を率いて持永を京都から追い落とし，家督に復帰した。

ここからは，1441年，畠山家では，有力家臣たちが，6代将軍足利義教に願い出て，義教と関係の悪い惣領の持国を排して弟の持永を擁立したこと，しかし，同年，嘉吉の変で義教が討たれると，持国は軍勢を率いて持永を追放して家督に復帰したことを読み取る。

その上で，将軍が有力守護大名家の家督争いに介入していることを再確認するとともに，嘉吉の変で，6代将軍足利義教が赤松満祐に討たれ，将軍権威が衰退して以降，家督争いに武力が用いられるようになってきたことを考察することが要求されている。

参考文(4)

斯波家では，義郷の跡を継いだ義健(よしたけ)が幼少だったため，有力家臣甲斐常治(じょうじ)が主導権を握った。義健が早世したあと一族の義敏(よしとし)が跡を継いだが，常治と義敏の父持種(もちたね)が対立した結果，義敏は家臣たちの支持を失い，1459年，家督をしりぞいた。

ここからは，斯波家では，幼少の惣領である義健の下で有力家臣の甲斐常治が主導権を握ったこと，義健が早世した後，一族の義敏が家督を継いだが，甲斐常治と義敏の父持種が対立すると，1459年，家臣の支持を失った義敏が家督を退いたことを読み取る。

その上で，嘉吉の変以降，将軍権威が衰退すると，家臣や一族の意向で家督争いが複雑化していることを考察することが要求されている。

つぎに，このような，15世紀の家督争いの変化の実態を確認した上で，1467～77年の応仁・文明の乱の発生・拡大と，武士の家における家督継承決定のあり方の変化の関係を考察することが求められている。

1441年の嘉吉の変の後，将軍権威が失墜し，将軍権力が衰退していった。それに伴い，有力守護大名家や将軍家においても，家督争いが続発していった。将軍を補佐する管領を担う細川・斯波・畠山の三氏は，三管領と言われた。管領家の畠山家では，惣領の父持国から家督を相続した畠山義就と，一族の擁立する畠山政長との間で家督争いが発生していた。斯波家でも，義健が早世した後，家督を継いだ一族の斯波義敏と，九州探題渋川氏の一族から迎えられた斯波義廉が家督争いを起こしていた。

さらに，将軍家でも，８代将軍足利義政の弟の義視を将軍の後継者と決定したが，翌年，義政と妻の日野富子との間に義尚が生まれ，富子が義尚を強く将軍に推したため，足利義政・義尚と足利義視との間に家督争いが起こった。

一方，室町幕府では，幕政の覇権を巡り，細川勝元と山名持豊(宗全)が対立していた。この両者が，管領家や将軍家の家督争いに介入していったため，対立は一層激化し，1467年，応仁・文明の乱(応仁の乱)が発生した。

細川勝元を中心とする東軍(細川方)は，家督争いをしていた畠山政長・斯波義敏，及び，赤松氏・京極氏などの有力守護大名で構成され，一方，山名持豊を中心とする西軍(山名方)は，家督争いをしていた畠山義就・斯波義廉，及び，大内氏・一色氏などの有力守護大名で構成された。

当初，東軍が足利義政・義尚親子のみならず，義政の弟の義視の身柄も確保していた。しかし，大内政弘が大軍を率いて西軍に合流して，西軍が優位に立つと，1468年，足利義視が脱出して西軍に走った。そのため，西軍は義視を擁立し，義尚を擁立する東軍に対して対抗した。さらに守護大名たちも，領国支配を巡る利害対立などが絡み，次々に戦いに参入していったので，応仁・文明の乱は拡大していった。

解法をまとめると，

①「武士の家における家督継承の決定のあり方」については，まず，惣領が後継者となる嫡子を決定する従来の家督継承のあり方を想起する。つぎに，惣領制の解体にともない，分割相続から嫡子単独相続に転換すると，家督争いが発生してくるという，基本知識を前提として確認する。

②「家督継承の決定のあり方の変化」については，まず，参考文(1)から，従来，惣領の後継者である嫡子は，惣領の意思で決まっていたが，15世紀になると，将軍の意向や，一族・家臣の意向も反映されるように変化したことを考察する。つぎに，参考文(2)から，将軍が管領家の家督争いに介入している事例を確認する。

③参考文(3)から，まず，将軍が有力守護大名家の家督争いに介入していることを再確認する。つぎに，嘉吉の変で将軍権威が衰退して以降，家督争いに武力が用いられるようになってきたことを考察する。

④参考文(4)から，嘉吉の変以降，将軍権威が衰退すると，家臣や一族の意向で家督

争いが複雑化していることを考察する。

⑤まず，上記の①～④から「家督継承の決定のあり方の変化」を考察する。その上で，応仁・文明の乱(応仁の乱)の基本知識を想起し，幕府の覇権を巡り細川勝元と山名持豊が対立していたこと，この対立する両者が管領家や将軍家の家督争いに介入したこと，領国支配などを巡り利害対立する守護大名などが参入してきたことを確認し，それらのことが，「応仁・文明の乱の発生・拡大」の要因となったことを考察する。

上記の内容を踏まえ，解答の骨子を示してみよう。

家督の決定に将軍・家臣の意向が重視され，将軍権力衰退に伴い家督争いが複雑化する中，細川勝元と山名持豊が管領家や将軍家の家督争いに介入したことが，応仁・文明の乱の発生・拡大の要因となったことを述べればよい。

〔問題の要求〕

15世紀の武士の家における家督継承の決定のあり方の変化と，応仁・文明の乱の発生・拡大との関係について，150字以内で説明することが要求されている。

以下の〔ポイント〕は，問題が要求している「論点」を示すとともに，それに対応する「採点基準」における加点要素を示している。また，〔ポイント〕は**解説**で詳述した「解法」のまとめにもなっている。

〔ポイント〕

＜家督継承決定のあり方の変化―形態＞

①(鎌倉前中期は)分割相続

②(鎌倉後期以降)嫡子への単独相続に変化

＜家督継承決定のあり方の変化―家督の決定＞

①従来は家督継承決定には惣領の意向が重視

②家督継承決定にも将軍の意向が重視されるようになる

③家督継承決定にも家臣(一族)の意向が重視されるようになる

＜家督継承決定のあり方の変化―嘉吉の変の後＞

①嘉吉の変(乱)の後の変化

＊将軍権力の弱体化(将軍権威の衰退)

＊家督争いの複雑化

＊武力を用いた決着

＜家督継承決定のあり方の変化―応仁・文明の乱との関係＞

①応仁・文明の乱の背景

＊管領家(畠山氏･斯波氏)の家督争い

＊将軍家の家督争い

＊幕府の覇権を巡る細川勝元と山名持豊の対立

②応仁・文明の乱の発生・拡大

＊細川勝元と山名持豊が管領家(畠山氏･斯波氏)の家督争いに介入

＊細川勝元と山名持豊が将軍家の家督争いに介入

＊守護家の対立が絡む

解答

嫡子単独相続になると家督争いが多発し，家督の決定にも，惣領の
みならず将軍や家臣の意向が重視されるようになり，嘉吉の変後，
将軍権力が弱体化すると武力を伴う家督争いが複雑化した。幕府の
覇権を巡り対立する細川勝元と山名持豊が管領家や将軍家の家督争
いに介入し，守護家の対立も絡み，応仁の乱を発生・拡大させた。(30字×５行)

第３問

解説　寄席の急増と町奉行の寄席擁護の理由について考察する問題である。参考文を熟読し，その内容や示唆するものを読み取って，問題の要求に沿って論じることが要求されている。

設問Ａは，江戸で寄席が急増した理由を，歌舞伎と対比される寄席の特徴に留意しながら考察することを求める問題である。

まず，歌舞伎について整理しておく。歌舞伎の源流は，出雲阿国が始めた阿国歌舞伎とよばれる踊りにあるといわれている。「かぶき」とは「傾く＝かぶく」から生まれた語で，「傾く」とは，異様な風俗，常軌を逸した行動の意である。

秩序や権威に反し，異様な風体で横行する放蕩無頼の徒を「かぶき者」といい，傾奇者・歌舞伎者と表記することもある。「かぶき者」の横行は，戦国時代末期から江戸時代初期にかけての風潮であり，既存の秩序を否定し，既成の価値を否認し，無頼の徒党を組むが，仲間同士の結束と信義を重んじ命を惜しまない，放逸・遊俠・伊達の気風を一身にたたえた異風の男たちであった。

「かぶき者」は，一方では，幕府権力の取り締まりの対象となり，世俗からは，乱暴・狼藉を働く無法者として嫌悪された。しかし，もう一方では，その男伊達な生き方が，伝統的な美意識の枠組みや，物事の価値基準を大きく転換させる発想のものとして，心の底では，その気風を憧れる人々の共感と賞賛を得ており，「かぶき者」は女性に

もよくもてた。３代将軍徳川家光の治世の時期である寛永期頃から，長子単独相続などの不満を抱えた旗本や御家人の次男・三男以下を中心とする旗本奴，江戸の町人たちを中心とする侠客の集団である町奴といった無頼集団が，江戸を跋扈したが，かれらも「かぶき者」の一類型である。

江戸幕府が成立した1603年，出雲阿国が，「かぶき者」の風俗を取り入れた歌舞伎踊りの公演を京都で成功させると，かぶき踊りは，たちまち全国的な流行となり，のちの歌舞伎の原型となった。

歌舞伎踊りの創始者である出雲阿国は，出雲大社の巫女と言われる。歌舞伎踊りは，「かぶき者」を演じる男装の阿国が，茶屋の女（遊女）と戯れる有様を真似た踊りであり，爆発的な人気を呼ぶが，やがて遊女が踊る女歌舞伎に発展していった。

女歌舞伎は，阿国が「かぶき者」の男を演じる間接的なエロティシズムから，遊女の性的魅力を誇示する直接的なエロティシズムへ転換した。女歌舞伎は人気を博し，諸国に広がり，民衆のみならず大名をはじめとして武士たちも愛好した。しかし，遊女が演じるので売春と結びつき，遊女を巡り，男たちの喧嘩や口論が絶えなかったので，1629年，江戸幕府により，風俗紊乱を招くとして，女歌舞伎は禁止された。受験生の諸君も，これから，留学生や外国人の友人から，「歌舞伎は何で男だけで演じるのか？」との質問を受けることがあると思うが，それは，弾圧の結果によるものであったことは説明できないとまずい。

女歌舞伎が禁止されると，それに代わって，元服前の若衆髷の美少年が演じる若衆歌舞伎が流行した。男色の対象としての少年の容色本位のものであって，芸といったようなものはまだ成り立たなかったと思われるが，若衆でなければ演じられないようなエロティックなものもあり，軽業芸や，狂言小舞と踊とをとりまぜた一人で踊る踊など，後世の歌舞伎の中に残る芸も伝えた。しかし，男色が風俗を乱すとして，1652年に禁止された。

このような，風俗弾圧の結果，若衆歌舞伎が禁止された翌年，前髪を剃った野郎頭の成人男性による野郎歌舞伎のみが，「物真似狂言尽し」を演ずることを条件として再開を許可された。すなわち，容色を売る，男色につながる若衆の扇情的な舞や踊ではなく，野郎が演ずる「物真似芝居」のみならば容赦してやるという意味であった。しかし，このように弾圧による表現の規制で追い込まれた結果，歌舞伎は，ストーリーも舞台装置も急速に充実させ，本格的な演劇としての道を進むことになり，内容を飛躍的に発展させ，生き残っていった。

元禄歌舞伎には，三人のスターも生まれた。ひとりは，市川団十郎（初代）である。市川団十郎は，超人的力を振るって勇猛振りを見せる演技である荒事を創始した江戸前期の江戸の歌舞伎役者である。「見得(みえ)」「隈取(くまどり)」も荒事から生まれた。元禄文化は大坂が中心であったが，歌舞伎は江戸でも人気を博していた。

もうひとりが，坂田藤十郎(初代)である。坂田藤十郎は，家を出て遊びにふける若者が女と戯れる演技である和事を得意とした江戸前期の上方の歌舞伎役者である。また，和事の一部としてエロティックな演技である濡れ事が発展した。

さらにもうひとりが，芳沢あやめ(初代)である。芳沢あやめは，女形の第一人者といわれた江戸前期の上方の歌舞伎役者であるが，女形とは，女役を演じる歌舞伎の役柄のことで，「おやま」ともよばれる。

歌舞伎興行のための劇場は芝居小屋とよばれ，高く構えた上級の見物席を桟敷席とよんだ。中村座・市村座・森田座は，幕府に公認された名門の歌舞伎の芝居小屋であり，江戸三座とよばれた。

享保の改革や田沼時代の頃に活躍した歌舞伎作者の並木正三(なみきしょうざ)は，回り舞台・花道・迫り出しなどの舞台装置や舞台技術を考案した。回り舞台とは，迅速な舞台転換のために中央が回転する舞台装置のことであり，花道とは，役者が舞台に出入りする細長い通路のことであり，迫り出しとは，舞台の床の一部を切り取り，その部分を上下させる，迫りとよばれる装置で役者などを押し上げて，奈落(舞台や花道の床下)から，役者を舞台に出すことである。

江戸後期の歌舞伎作者の重鎮で「大南北」と称される鶴屋南北(4世)は，下層社会にうごめく庶民の生態を生々しく描く生世話物を完成し，怪奇・淫蕩・凄惨な描写の怪談物を得意とした。代表作の『東海道四谷怪談』は，牢人民谷伊右衛門が毒殺した妻お岩の怨霊に復讐される生世話物の怪談である。

江戸末期から明治初期の歌舞伎作者である河竹黙阿弥は，生世話物や，盗賊を主人公とする白浪物を得意とした。お嬢吉三・お坊吉三・和尚吉三という3人の泥棒の物語である『三人吉三廓初買(さんにんきちざくるわのはつがい)』や，『白浪五人男』と通称される白浪物の『青砥稿花紅彩画(あおとぞうしはなのにしきえ)』などが代表作である。

また，河竹黙阿弥は，明治初期には歌舞伎の改良に尽力した。散切頭や洋装など文明開化の新風俗を取り入れた世話物である散切物や，歴史的事実に忠実な脚色と時代考証により，『安愚楽鍋』などの戯作文学で知られる仮名垣魯文が「活(い)きた歴史」と評したことに由来する活歴を創出した。

江戸後期になり，歌舞伎の入場料が高額化し，娯楽として貧しい庶民には手が出なくなってくると，入場料の安い寄席が，庶民の娯楽となっていった。

寄席とは，江戸に始まった大衆芸能の興行場所である。寄席では，話の最後に「おち」を持つ一人で演じる笑話芸である落語や，軍記・武勇伝などに調子をつけて面白く語る講談などの興業が行われた。

参考文(1)……………………………………………………………………………………

江戸の寄席は多様な芸能を興行し，1820年頃から急増して，1841年には211カ所にのぼっていた。歌舞伎(芝居)は日中だけ興行し，入場料が次第に高額化したのに対し，寄席は夜も興行し，入場料は歌舞伎の100分の１ほどであった。

……………………………………………………………………………………………………

ここからは，歌舞伎は日中だけ興行し，入場料が高額化したこと，寄席は夜も興行し，入場料は歌舞伎の100分の１ほどであったことを読み取り，江戸の寄席が，1820年頃から急増し，1841年には211箇所に上っていたことを確認する。その上で，この時期，農民層分解の進展による本百姓の没落などで，江戸へ貧民が流入し，下層町人の人口が増加したので，昼間は労働せざるを得ず，賃金も安い下層町人の娯楽として，夜も興行し，入場料の安い寄席が急増したことを考察することが要求されている。

徳川家斉が大御所(実権をもった元将軍)となったのは，晩年の４年間のみである。しかし，通常，1793～1841年までを大御所時代とよぶ。つまり，11代将軍徳川家斉(在職1787～1837)が，尊号一件を巡って，寛政の改革を遂行する松平定信を，1793年に失脚させてから，1837年に12代徳川家慶に将軍職を譲った後も大御所として実権を掌握して死去した1841年までの48年間，すなわち，寛政の改革と天保の改革の間の期間の治世を大御所時代とよぶ。また，この時代は文化年間と文政年間を中心としたので，文化・文政時代とよぶこともあり，大御所時代の文化は，化政文化とよばれる。

文化期(1804～18)は，「寛政の遺老」といわれた老中松平信明らが寛政の改革の質素倹約の路線を継承した。いわば，緊縮財政(デフレ政策)が継続されたのである。しかし，文政期(1818～30)となると，側用人のち老中に就任した水野忠成らにより積極財政(インフレ政策)が展開された。巷では，水野忠成の政策が，田沼意次の治世を彷彿させたので，「水の出てもとの田沼となりにける」などの川柳も作られていた。水野忠成らは，幕府財政悪化を打開するため，改鋳差益を目的に悪貨である文政金銀を大量に鋳造したので，農村への貨幣経済の浸透が進み，農民層分解が激化した。

また，この時期は，江戸地廻り経済圏の形成により，関東農村では農民層分解が顕著となっていたことも確認する必要がある。江戸地廻り経済圏とは，江戸に結合する，関東を中心とした市場圏のことである。江戸に入荷する商品は，全国の物資の集散地である中央市場(全国市場)である大坂から江戸に送られる「下り物(下し荷)」と，江戸に近い近国から送られてくる「地廻り物(地廻り荷)」に大別された。江戸地廻り経済圏が形成され，江戸も中央市場(全国市場)化すると，大坂の中央市場(全国市場)としての地位が低下した。

江戸地廻り経済圏の形成に伴い，関東農村に江戸の生活必需品を供給する商品作物の栽培や農村工業が発達し，百姓身分の新興の農村商人である在郷商人が成長した。また，文政期から天保期にかけてマニュファクチュア(工場制手工業)も発展を始めた。そのため，関東農村に急激に貨幣経済が浸透し，農民層分解が促進され，本百姓の没落が増加し，博徒や無宿人が激増して治安が悪化してきた。

また，関八州(関東八カ国)は，幕領・大名領・旗本領・寺社領が入り組んでおり，それぞれ警察権が異なるので，取り締まりに困難が伴い，犯罪が横行した。そのため，1805年，幕領や私領の区別なく犯罪人を逮捕・取締り権限を持つ，「八州廻り」と通称される関東取締出役を設置し，関東の治安維持にあたらせた。さらに，1827年，幕府は，幕領・私領の区別なく数十カ村で結成され，関東取締出役の下で治安維持にあたる，寄場組合(改革組合村)を設置した。

設問Bは，寄席を擁護した理由となる，町奉行が懸念した事態について，幕府の当時の政策や，幕府がそれ以前に直面した出来事にふれながら考察することを求める問題である。

参考文(2)……………………………………………………………………………………

1841年，老中水野忠邦は，江戸の寄席の全廃を主張した。町奉行は，寄席は歌舞伎などに行けない職人や日雇い稼ぎの者などのささやかな娯楽の場で，そこで働く人々の仕事も失われるとして反対した。結局，15カ所だけが引き続き営業を認められた。

……………………………………………………………………………………………

ここからは，1841年，天保の改革を遂行する老中水野忠邦が，江戸の寄席の全廃を主張したこと，町奉行が，職人や日雇い稼ぎの者などの娯楽や，寄席で働く者の仕事を失うことになるので反対したこと，町奉行の反対で15箇所だけ営業が認められたことを読み取る。その上で，江戸の治安を預かる町奉行が，下層町人の不満緩和や雇用確保のために，寄席の廃止に反対したことを考察することが要求されている。

1833～1836年頃，長雨・洪水・冷害などに起因する全国的な天保の飢饉が発生し，大量の餓死者がでた。1841～1843年の老中水野忠邦が主導する天保の改革は，いわば，天保の飢饉の後始末であった。

天保の飢饉に際して，1837年，大塩平八郎の乱が発生した。大坂町奉行所の元与力で陽明学者であった大塩平八郎(中斎)が「救民」を掲げ民衆とともに蜂起したのである。大塩平八郎に呼応し，越後柏崎で平田篤胤門下の国学者の蜂起する生田万の乱が起きるなど，各地で大塩門弟を称する一揆が続発した。

天保の飢饉や大塩平八郎の乱の「内憂」や，モリソン号事件など外国船の接近の「外患」に対し，1841年，老中水野忠邦は，享保の改革や寛政の改革を目標とし，幕府権力の強化を図ることを目的に，天保の改革に着手した。

まず，水野忠邦は，文化・風俗の抑制を図り，倹約令の発令，出版統制令の発令による，人情本『春色梅児誉美(暦)』の作者為永春水や，合巻『偐紫田舎源氏』の作者柳亭種彦への弾圧，風俗取締令の発令による，江戸三座(中村座・市村座・森田座)の場末である浅草への移転などを行った。また，寄席の全廃も主張した。しかし，民衆の反発による打ちこわしを懸念する町奉行が反対したので全廃はしなかったものの，211軒あった寄席を15軒に減らした。

商業政策としては，1841年，江戸の物価引下げを目的として株仲間解散令を発令した。水野忠邦は，物価騰貴の原因を株仲間が上方市場からの商品流通を独占し，物価を操作していると誤った判断をしていた。

しかし，実際の物価騰貴の原因は，株仲間の統制が弛緩したことにより，大坂を全国の物資の集散地とする中央市場(全国市場)として形成された商品流通の基本ルートが機能しなくなり始め，江戸への商品流通量が減少していたことにあった。また，悪貨の大量鋳造も物価騰貴の原因となっていた。ところが，水野忠邦が判断を誤って株仲間を解散させた結果，江戸への物資輸送量が一層減少し，逆に江戸における物価の上昇を促進させてしまった。

1843年，水野忠邦は，人返しの法(人返し令)を発令し，天保の飢饉で荒廃した農村の再建を目的に，江戸に流入した貧民を強制帰村させようとした。すなわち，江戸の下層の住民の数を減らして，打ちこわしの防止などの治安維持を図るとともに，農村人口を回復して，年貢負担者の確保を意図した。また，江戸の人別改めの強化と百姓の出稼ぎの禁止も行った。

このように，水野忠邦は，天保の改革において，風俗を統制し，人返しの法を発するなどの強硬策を実施し，寄席の全廃も主張した。しかし，町奉行は，下層町人の不満緩和や雇用確保のために寄席を擁護したのである。

参考文(3)……………………………………………………………………………………

これより以前の1837年，町奉行は，江戸で例年に比べ米価などが高く，盛り場もにぎわっておらず，建物の普請による仕事の口も少ないことを問題視した。この先さらに状況が悪くなると，職人などは何をするかわからないと懸念し，彼らが騒ぎ立てないよう手を打つべきだと述べた。

………………………………………………………………………………………………

ここからは，1837年，江戸の米価の高騰や，盛り場がにぎわってないこと，建築普請の仕事口が少ないことを問題視した町奉行が，職人が騒ぎ立てないように手を打つべきだと述べたことを読み取る。その上で，1833～36年を中心とした天保の飢饉の影響による物価の高騰，消費の減退，雇用の減少が下層町人の不安を高めているので，町奉行が打ちこわしを懸念していることを考察することが要求されている。

幕藩体制のシステムとして，将軍や大名が本百姓から年貢米を収奪し，家臣に対して御恩の俸禄米(蔵米)として知行給与する俸禄制度(蔵米知行制)が形成された。家臣は，その俸禄米(蔵米)を都市(江戸などの城下町)で売却・換金し，その現金を用いて消費生活を行った。一方，将軍や大名は，本百姓から収奪した年貢米を大坂などの蔵屋敷で売却・換金して財源とした。

本百姓は，年貢米を生産する者たちで，建前上は，米は食わず，麦や粟などの雑穀を主食とした。米を主食とする者は，都市に居住する武士や町人であった。そのため，米価の高騰は，江戸の下層町人の生活を直撃したのであった。

参考文(4)

1842年，町奉行は，江戸の町方人口56万人のうち，28万人余りは日々の暮らしをその日に稼いだわずかな収入でまかなう「その日稼ぎの者」であると述べた。

ここからは，1842年，町奉行が，江戸の町方の人口56万人のうち28万人余りが「その日稼ぎの者」と述べていることを読み取る。その上で，1833～36年を中心に発生した，長雨・洪水・冷害などを要因とする天保の飢饉により，江戸へ大量の貧民が流入したことを想起する。そして，天保の改革の時期には，江戸の町方人口の半数が，その日に稼いだわずかな収入で生きている下層民衆で構成されるようになっており，米価の高騰は下層民衆の生活を直撃して打ちこわしの要因となるので，このような時に，下層町人の娯楽や雇用の機会を奪うことを，江戸の治安を預かる町奉行が懸念したことを考察することが要求されている。

参考文(5)

1844年，新任の町奉行は，(2)とほぼ同様の趣旨を述べて，寄席に対する統制の緩和を主張した。軒数の制限が撤廃されると，その数は急増し，700カ所に達したと噂された。

ここからは，1844年，新任の町奉行が寄席に対する統制の緩和を主張したこと，制限が撤廃されると寄席の数は急増し，700箇所に達したと噂されたことを読み取る。

その上で，老中水野忠邦の失脚により，風俗統制などを推進した天保の改革が終焉を迎えると，打ちこわしを懸念して，下層町人の不満緩和や雇用確保のために寄席を擁護した町奉行の主張が通り，下層民衆の望む寄席が急増したことを考察することが求められている。

解法をまとめると，

設問Aは，

①参考文(1)から，日中に興行し，入場料が高額な歌舞伎と，夜間も興行し，入場料も歌舞伎の100分の１ほどである寄席の性格を読み取り，寄席が，日中に労働し，貧しい下層町人の娯楽となっていたことを考察する。

②参考文(2)から，町奉行が，寄席は，「歌舞伎などに行けない職人や日雇い稼ぎの者などのささやかな娯楽の場」と述べていることを読み取り，寄席が下層町人の娯楽となっていたことを再確認する。

③参考文(4)から，1842年，町奉行が，江戸の町方人口56万人のうち，28万人あまりが「その日稼ぎの者」と述べたことを読み取り，1833～36年を中心とする天保の飢饉により，大量の貧民が江戸に流入したことを考察する。

④以上から，設問が，「留意しながら」と指示する，「歌舞伎と対比される寄席の特徴」としては，入場料が高く，日中に興行し，上層町人(富裕層)の娯楽化した「歌舞伎の特徴」と対比し，入場料が安く，夜も興行し，下層町人の娯楽となっている「寄席の特徴」を確認する。その上で，問題の要求する「江戸で寄席が急増」した「理由」が，天保の飢饉などで，江戸に大量の貧民が流入し，寄席を娯楽として愛好する下層町人が増加したことを考察する。

設問Bは，

①参考文(2)から，町奉行が，寄席の全廃は，下層町人の娯楽や雇用の機会を奪うと反対したことを読み取り，町奉行が，下層町人の不満が高まることにより，打ちこわしが発生することを懸念していることを考察する。

②参考文(3)から，町奉行が，江戸の米価の高騰，消費の減退，仕事口の減少を問題視していることを読み取り，町奉行が，下層町人の不満が高まることにより，打ちこわしが発生することを懸念していることを考察する。

③参考文(4)から，江戸の町方人口の半数が「その日稼ぎの者」であることを読み取り，町奉行が，打ちこわしの主体となる下層町人の増加を懸念していることを考察する。

④問題が言及することを要求している「江戸に関する幕府の政策」が，天保の改革であることを想起し，寄席の廃止などの風俗統制や，人返しの法などの政策が実施さ

れたという基本知識を確認する。

⑤参考文(5)から，天保の改革の後，寄席が700カ所に急増したと噂されたことを読み取り，寄席が，下層町人の重要な娯楽であることを確認するとともに，町奉行が，寄席の存続により下層町人の不満を解消することが一揆の防止となると判断したことを考察する。

⑥問題が言及することを要求している「幕府がこれ以前に直面したできごと」が，天保の飢饉に際しての，打ちこわし・一揆の続発や，大塩平八郎の乱や生田万の乱の発生であるという基本知識を確認する。

⑦以上のことから，「町奉行が寄席を擁護した理由」が，寄席の存続による，下層町人の不満の緩和や，雇用の機会の確保にあったことを考察する。

上記の内容を踏まえ，解答の骨子を示してみよう。

設問Aは，歌舞伎と異なり，入場料の安い寄席が下層町人の娯楽となったことを述べればよい。

設問Bは，天保の改革では風俗が統制されたものの，天保の飢饉の際の経験から打ちこわしを懸念する町奉行が，下層町人の不満緩和や雇用確保のために寄席を擁護したことを述べればよい。

〔問題の要求〕

設問Aは，江戸で寄席が急増した理由を，歌舞伎と対比される寄席の特徴に留意しながら，60字以内で述べることが要求されている。

設問Bは，寄席を擁護した理由となる，町奉行が懸念した事態について，幕府の当時の政策や，幕府がそれ以前に直面した出来事にふれながら，90字以内で述べることが要求されている。

以下の〔ポイント〕は，問題が要求している「論点」を示すとともに，それに対応する「採点基準」における加点要素を示している。また，〔ポイント〕は**解説**で詳述した「解法」のまとめにもなっている。

〔ポイント〕

設問A

＜歌舞伎の特徴＞

①歌舞伎は入場料が高い

②歌舞伎は上層町人(富裕層)の娯楽化

＜寄席の特徴＞

①寄席は入場料が安い

②寄席は夜も興行

③寄席は下層町人の娯楽

＜江戸で寄席が急増した理由＞

①江戸への貧民の流入

②江戸で下層町人が増加

＊町方の半分以上が日雇

設問Ｂ

＜町奉行が懸念した事態＞

①江戸での打ちこわし

＜幕府の当時の政策＞

①天保の改革

②風俗の統制(風俗取締令)

＊具体例(寄席の削減，歌舞伎三座の場末への移転，人情本･合巻の弾圧，奢侈の禁止)

③人返しの法(人返し令)の発令

＜幕府がこれ以前に直面した出来事＞

①天保の飢饉

②打ちこわし

③百姓一揆の続発

④大塩の乱(大塩平八郎の乱)

⑤生田万の乱

＜町奉行が寄席を擁護した理由＞

①寄席は下層町人の不満を緩和する

②寄席の存続は雇用の確保となる

解 答

Ａ歌舞伎は入場料が高騰して上層町人の娯楽化したが，入場料が安
い寄席は，江戸への貧民流入で増加した下層町人の娯楽となった。(30字×２行)

Ｂ天保の飢饉に際し，打ちこわしが続発したが，天保の改革では風
俗を統制し人返しの法を発した。江戸での打ちこわしを懸念した町
奉行は，下層町人の不満緩和や雇用確保のために寄席を擁護した。(30字×３行)

第４問

【解説】 戦後日本の対外関係と政党間対立について考察する問題である。参考文を熟読し，グラフを読み取り，史料を読解し，その内容や示唆するものを読み取って，問題の要求に沿って論じることが要求されている。

東大入試の日本史の第４問において，近代史が出題されず，現代史(戦後史)だけが単独に出題されることは，今年度が初めてである。現代史(戦後史)の対策を怠った受験生は大きな失敗を犯したことになる。

まず，「戦後日本の対外関係と政党間対立」についての考察を要求する本問に取り組むにあたっては，戦後の外交史と政党史を学ぶことが不可欠である。

＜戦後改革と政党の復活＞

1945年８月，日本はポツダム宣言を受諾して無条件降伏した。日本の占領は連合国軍の占領であったが，実態は，米軍による単独占領であった。当初，GHQ(連合国軍最高司令官総司令部)の占領政策は，日本の「非軍事化･民主化」を目的としていた。1945年，連合国軍最高司令官マッカーサーは，幣原喜重郎首相に対して，「婦人解放，労働組合の助長，教育の自由主義化，圧政的諸制度の撤廃，経済機構の民主化」を内容とする五大改革指令を発した。そのような民主化の中で戦後改革は遂行され，政党の再建も始まった。

政党を大きく二分すると，ブルジョア政党と無産政党に分類できる。

ブルジョア政党とは，生産活動に必要な工場・機械・土地などの生産手段を有する資本家・地主の利害を代表する政党で，戦前の日本では，立憲政友会や立憲民政党などをさす。そして，立憲政友会と立憲民政党は，戦後の自由民主党のルーツとなった。

一方，無産政党とは，生産手段を有しない無産階級である労働者･農民の利害を代表する政党で，社会主義的傾向を持つものが多く，戦前の日本では，労働農民党・日本労農党・社会民衆党などをさす。そして，戦前の無産政党は，戦後の日本社会党のルーツとなった。

また，国際共産主義運動の指導部であるコミンテルン(第三インターナショナル)日本支部として結成された日本共産党は，非合法の革命政党であった。

1945年，戦前は非合法革命政党であった日本共産党が合法的議会政党として再建された。また，戦前の無産政党を統合した革新政党として日本社会党が結成された。一方，「昭和戦前の二大ブルジョア政党」を見ると，自由党系で三井財閥を支持基盤としていた立憲政友会の党員であった政治家を中心に日本自由党が結成された。また，立憲改進党・進歩党系で三菱財閥を支持基盤とする立憲民政党の党員であった政治家を中心に日本進歩党が結成された。さらに労資協調を掲げる中道政党として日本協同党も結成された。そして，日本自由党と日本進歩党と日本協同党は，離合集散を繰り返し，1955年に保守合同で自由民主党となった。

1945年に婦人参政権を認めた新選挙法が成立したが，翌年，同法に基づく衆議院総選挙で39名の「婦人代議士」といわれた女性衆議院議員が当選した。この選挙で日本自由党が第１党となり，日本自由党と日本進歩党の連立内閣である第一次吉田茂内閣が成立した。

1947年，日本社会党系の日本労働組合総同盟(総同盟)と日本共産党系の全日本産業別労働組合会議(産別会議)は，官公庁労働者を中心に約600万人の労働者を組織し，２月１日に，吉田茂内閣打倒を掲げて，全国規模の多産業同時ストライキであるゼネラル・ストライキを計画した。しかし，この二・一ゼネストは，スト突入の前日，GHQの指令により，中止させられた。

1947年４月，二・一ゼネスト中止指令の後の衆議院議員総選挙で，日本社会党が第１党となった。しかし，日本社会党は単独過半数を取れなかったので，初の日本社会党首班内閣である片山哲内閣は，芦田均を党首とする民主党，三木武夫を党首とする国民協同党との連立内閣となり，中道連立政権となった。片山哲内閣は連立故の政策調整に苦しみ，結局，日本社会党の左派と右派の対立により，短命に終わった。

1948年３月，民主党・日本社会党・国民協同党の３党連立内閣である芦田均内閣が成立した。しかし，復興金融金庫からの融資に関わる汚職事件である昭和電工疑獄事件で，同年10月総辞職を余儀なくされた。このあと，1948年10月から1954年12月まで，第二次～第五次にわたる吉田茂内閣が続くこととなった。

＜冷戦と占領政策の転換＞

1947年，アメリカ大統領トルーマンは，ソ連を封じ込めるとする，トルーマン=ドクトリンとよばれる「共産主義封じ込め政策」を宣言した。ここに，ソ連と東ヨーロッパを中心とする社会主義諸国で構成される東側陣営と，アメリカと西ヨーロッパを中心とする資本主義諸国で構成される西側陣営の，いわゆる東西対立である冷戦が始まった。そして，冷戦は，1989年のマルタ会談における，アメリカのブッシュ(父)大統領とソ連のゴルバチョフ共産党書記長の「冷戦終結宣言」まで続くことになるのである。

1947年，アメリカは，トルーマン=ドクトリンの具体化として，マーシャル=プランに基づく西ヨーロッパへの共産主義進出防止のための復興援助を開始した。そして，1949年，アメリカと西欧諸国の共同防衛組織である北大西洋条約機構(NATO)が結成された。

一方，1947年，東側陣営も，ソ連と東欧諸国，及び，フランスとイタリアの共産党による情報連絡機関であるコミンフォルムを構築した。そして，1955年には，NATOに対抗し，ソ連と東欧7カ国による共同防衛組織であるワルシャワ条約機構も結成された。

また，東アジアにおいても，冷戦は激化していた。1946年から再び始まった，アメリカが支援する蔣介石を指導者とした中国国民党政権と，毛沢東が率いる中国共産党との国共内戦は，1949年，中国共産党が勝利し，中華人民共和国が成立し，東側陣営に組み込まれた。敗北した蔣介石は台湾に逃亡し，中華民国は台湾国民政府として存続して西側陣営に組み込まれた。

一方，1945年，解放され独立が約束されていた朝鮮においては，北緯38度線を境界として，南部をアメリカ軍が占領し，北部をソ連軍が占領し，自由な建国の動きを抑圧した。そして，1948年，南部のアメリカ軍占領地に李承晩を大統領として大韓民国が成立し，西側陣営に組み込まれた。他方，北部のソ連軍占領地に金日成を首相に朝鮮民主主義人民共和国が成立し，東側陣営に組み込まれた。このような，東アジアの冷戦激化により，アメリカの対日占領方針は，日本の「非軍事化・民主化」から，日本を「反共の防波堤」とする政策へと大きく転換していった。

1950年6月，朝鮮民主主義人民共和国の軍隊が，朝鮮半島の統一を目指して北緯38度線を越えて大韓民国に侵攻し，朝鮮戦争が始まった。ソ連欠席の国連安全保障理事会では，朝鮮民主主義人民共和国の侵略と規定されて，朝鮮民主主義人民共和国への武力制裁が決定された。そして，アメリカ軍を中心とする国連多国籍軍が大韓民国を支援する形で介入し，北緯38度線を越えて，中華人民共和国との国境に迫った。これに対し，中国人民義勇軍が，朝鮮民主主義人民共和国を支援し，日本は国連多国籍軍の後方基地化した。そして，戦闘は，1953年の朝鮮休戦協定の締結まで続き，北緯38度線付近の軍事境界線で南北は分立することになり，現在に至る。朝鮮戦争は現在も終結しておらず，休戦中なのである。

東アジアにおける冷戦激化を背景に，1948年12月23日，極東国際軍事裁判（東京裁判）で死刑の判決を受けた東条英機らA級戦争犯罪人7名が処刑されたが，翌日，岸信介らA級戦犯容疑者19名が釈放された。そして，朝鮮戦争の勃発直前より，「逆コース」とよばれる，アメリカの占領政策の転換を背景とした戦前への復帰が進んでいった。

1950年，GHQは，軍国主義者の公職追放解除を開始し，追放していた軍国主義者を，政界・教育界・官界・言論界・財界などの公職に復帰させていった。一方，GHQは，レッド=パージを進め，政界などの公職のみならず，産業界からも「共産主義者」，及び，その「同調者」と見做した者を追放していった。

1950年，朝鮮戦争に際してアメリカは，ポツダム政令である警察予備隊令により，在日米軍の補完と日本の革命的騒乱の発生への対処のために，第三次吉田茂内閣に，警察予備隊を創設させた。ここに，日本はアメリカの要請によって再軍備を開始したのである。

＜占領の終結と主権の回復＞

朝鮮戦争が勃発すると，アメリカは，ソ連を含めた連合国で日本の占領を行うより，対日講和を促進して日本の占領を終結させ，独立回復した日本を中立にさせず，西側陣営に組み込む方が有利と判断した。しかし，占領を終結すると，占領軍であるアメリカ軍は撤退しなければならなくなるので，アメリカは，サンフランシスコ平和条約と，講和後もアメリカ軍の駐留を内容とする日米安全保障条約を同時に締結することを図った。

1951年のサンフランシスコ平和条約を巡って，第三次吉田茂内閣は，西側48カ国とのみの単独講和の形で条約を締結することを推進していた。これに対し，革新政党・労働組合・知識人などは，アメリカの要求に応じ，社会主義国を排除して西側陣営との講和を図る単独講和に反対し，全ての交戦国との講和を主張する全面講和を唱えた。

1951年のサンフランシスコ講和会議には55カ国が招請されたが，インド・ビルマ・ユーゴスラヴィアは参加せず，中華人民共和国と中華民国は招請されなかった。

サンフランシスコ平和条約の内容は，占領の終結と日本の主権回復，朝鮮の独立と台湾の放棄，千島列島と南樺太の放棄のほか，沖縄・小笠原諸島は，アメリカを唯一の施政権者とする信託統治制度の下に置くという，アメリカの国際連合への提案に日本が同意すること，及び，提案まではアメリカが施政権を持つことが規定された。しかし，提案時期が明記されていなかったので，実際には，アメリカは提案せずに施政権下に置いた。小笠原諸島が日本に返還されるのは1968年，沖縄が返還されるのは1972年であった。

なお，サンフランシスコ講和会議に出席したソ連・ポーランド・チェコ=スロヴァキアは，内容を不満としてサンフランシスコ平和条約には調印しなかった。

1951年9月8日，第三次吉田茂内閣は，西側48カ国とのみの単独講和の形でサンフランシスコ平和条約を締結した。その結果，ソ連とは，1956年の日ソ共同宣言まで，中華人民共和国とは，1972年の日中共同声明まで戦争状態を継続することになった。

1951年9月8日，サンフランシスコ平和条約と同日，日米安全保障条約が調印された。サンフランシスコ平和条約には，同条約発効後，連合国のすべての占領軍は速やかに日本から撤退しなければならないことが明記されていた。しかし，日本への軍隊の駐留の継続を意図するアメリカは，日米安全保障条約を締結して米軍の日本駐留を合意させた。すなわち，「連合国軍としての米軍」は撤退するが，「ただの米軍」は駐留するというレトリックであった。

日米安全保障条約では，第一条において，米軍を「日本国内及びその付近に配備する権利を日本は許与」することが定められ，日本に駐留する米軍は「極東における国際の平和と安全の維持に寄与」することも位置付けられた。このことは，日本が米軍に基地の貸与を認め，米軍が日本以外の極東地域における戦争・武力紛争に出動しうることを認めたことを意味する。また，米軍は日本の基地を使用するが，米軍の日本防衛義務は明記されず，日米安全保障条約は日本にとって片務的な不平等条約であった。

また，第一条には，「日本国における大規模の内乱及び騒じょうを鎮圧するため，日本国政府の明示の要請に応じて」米軍を使用できることも明記され，この規定は内乱条項と呼ばれている。すなわち，内乱条項とは，日本政府の要請によって，米軍が日本の内乱や騒擾を鎮圧することを規定したもので，自国の軍事力で自国の国民を抑えられなければ，外国軍隊を使用してでも自国の国民を殺害するという，国家権力の本質の一端を示すものと見ることもできる。そのため，占領終結後も，日本の大衆運動に米軍が介入する事が懸念された。

第二条ではアメリカの事前の同意なしに，第三国に基地・駐兵・演習・軍隊の通過の権利を許与しないことが規定された。また，第三条では，米軍の「配備を規律する条件は，両国間の行政協定で決定する」ことが規定され，これに基づき，1952年，日米行政協定が締結された。

1952年に締結された日米行政協定は，日米安全保障条約の細目協定であり，米軍への基地提供や防衛分担金が規定された。また，米軍に，米国の軍人・軍属，及びその家族の裁判権があることが規定された。このことは，米国の軍人・軍属，及びその家族には，日本の裁判権が無く，事実上，治外法権となり，著しい不平等性を有した。

＜55年体制の確立＞

サンフランシスコ平和条約と日米安全保障条約を巡って，日本社会党の左派は「平和条約反対・安保条約反対」を主張し，日本社会党の右派は「平和条約賛成・安保条約反対」を主張したので，1951年から1955年まで，日本社会党は，左派社会党と右派社会党に分裂した。

戦犯釈放・公職追放解除など,「逆コース」を背景とする旧政治家の政界復帰により，保守勢力の中に変動が生じてきた。1952年，鳩山一郎が政界に復帰して自由党に入党したが，吉田茂首相は，鳩山一郎が公職追放を解除されたら首相の座を返す，という約束を反故にした。そのため，鳩山一郎は自由党を脱党し，反吉田勢力を結集して日本民主党を結成し，幹事長を岸信介とした。

1954年，造船疑獄事件を巡り，第五次吉田茂内閣は総辞職し，日本民主党の第一次鳩山一郎内閣が成立し，同内閣は，憲法改正・再軍備を進めた。この策動に対して危機感を持って対抗した左派社会党と右派社会党は，1955年２月の衆議院議員総選挙で両派あわせて憲法改正阻止に必要な３分の１の議席を確保した。そして，10月，日本社会党は，左派と右派の再統一を実現し，鈴木茂三郎を委員長とした。

一方，保守陣営では，財界の強い要望を背景に，1955年11月，鳩山一郎を党首とする日本民主党と，緒方竹虎を党首とする自由党が合流する保守合同によって自由民主党が成立し，初代総裁に鳩山一郎が選出され，自主憲法制定を綱領に掲げた。

ここに，冷戦を背景にして，自由民主党と日本社会党による，55年体制とよばれる，形式的には二大政党制の時代が到来することとなったが，実際には，自由民主党の長期政権下で，日本社会党は常に野党第一党という，保守政党優位の体制となった。そして，55年体制は，1993年，宮沢喜一内閣が，自由民主党の分裂による内閣不信任案の可決により崩壊し，非自民７党１会派の細川護熙連立内閣が成立するまで，38年間継続した。

1956年，第三次鳩山一郎内閣は，再軍備を推進するために国防会議を発足させ，憲法改正を掲げて憲法調査会を設置した。また，教育の民主化と地方分権化を目的に，地域住民による公選制の教育委員会を設置した，1948年の教育委員会法を改正し，1956年，教育の国家統制と中央集権化を図り，地方自治体の首長による任命制による教育委員会を設置する新教育委員会法(地方教育行政法)を制定した。

1955年，ジュネーブ四巨頭会談で米英仏ソ首脳が協議し，「雪どけ」への期待が高まった。また，1956年にスターリン批判を行ったソ連のフルシチョフ共産党第一書記は平和共存政策を推進した。そのような中で，1956年，第三次鳩山一郎内閣は，日ソ共同宣言に調印し，日ソの戦争終結・国交回復を実現した。また，日ソ平和条約締結後の歯舞群島・色丹島返還が規定された。さらに戦争終結により，ソ連が日本の国際連合加盟を支持することも規定されたので，同年12月，日本の国際連合への加盟が認められ，日本は国際社会への復帰を実現させた。

＜岸信介内閣と新安保体制＞

1956年12月，鳩山一郎内閣の後を継いで石橋湛山内閣が成立した。しかし，翌1957年２月，石橋湛山首相の病気により，同内閣は短命に終わった。ついで，岸信介内閣が成立したが，同内閣は，自衛隊の装備近代化を図り，防衛力整備計画(第一次防衛力整備三カ年計画)を立案した。

また，教員集団の分裂・弱体化による日本教職員組合(日教組)の活動抑制を図り，1958年，教員の勤務評定の全国実施を行った。勤務評定とは，学校長により教員の昇給・昇格を判定する制度であり，日本教職員組合は，勤評闘争と呼ばれる激しい反対運動を展開したが敗北した。

さらに，同年，岸信介内閣は，勤評闘争や予想される安保闘争を弾圧するために，職務質問・捜査令状なしの身体検査・逮捕令状なしの留置などを認め，警察官の権限を強化する警察官職務執行法改正案を国会に提出した。しかし，日本社会党・日本労働組合総評議会(総評)を中心に市民レベルで警職法反対闘争が高揚し，「デートもできない警職法」が合言葉になるなど，世論の猛反発を受け同法案は廃案となった。

一方，岸信介内閣は「日米新時代」を唱えて，日米安全保障条約の改定を進め，1960年1月，日米相互協力及び安全保障条約(日米新安保条約)をアメリカで調印した。

1951年の日米安全保障条約は，期限も不明確であり，前述したように，基地は提供するものの，米軍の日本防衛義務は明記されず片務的な不平等条約であった。そのため，同条約の改定交渉が行われ，1960年，第二次岸信介内閣により，日米相互協力及び安全保障条約が調印された。

日米相互協力及び安全保障条約は，第三条において，日米の相互協力による防衛力の発展が定められ，「憲法上の規定に従う」という条件付ではあるが，日本の防衛力増強が義務付けられた。

第四条では，「日本国の安全又は極東における国際の平和及び安全に対する脅威が生じたとき」は「随時協議」することが規定された。

第五条では，「日本の施政権下にある領域における，いずれか一方に対する武力攻撃が，自国の平和及び安全を危うくするものであることを認め，自国の憲法上の規定及び手続きに従って共通の危険に対処するように行動することを宣言する」とし，米軍の日本防衛義務も明記され，条約は双務的となった。また，内乱条項も削除された。

第六条では，「アメリカ合衆国は，その陸軍，空軍及び海軍が日本国において施設及び区域を使用することを許可される」とあるが，その具体的内容は，日米行政協定に代わり，1960年に締結された日米地位協定で規定された。また「核持ち込み」など装備の変更などの駐留米軍の行動に関しては，付属の交換公文において，日米間の事前協議制が定められた。

第十条では，「この条約が十年効力を存続した後は，いずれの締約国も，他方の締約国に対しこの条約を終了させる意思を通告することができ，その場合は，この条約は，そのような通告が行なわれた後一年で終了する」とされた。

なお，日米相互協力及び安全保障条約は，1970年，第三次佐藤栄作内閣(佐藤栄作は岸信介の実弟)により自動延長された。

＜安保闘争と保革対立＞

1960年，岸信介内閣は，衆議院本会議に警察隊を突入させて反対する日本社会党議員などを実力で排除し，日米新安保条約の批准の承認を自由民主党の単独強行採決で通過させた。

これに対して，日本社会党・総評など134団体により，安保改定阻止国民会議が結成され，日本がアメリカの軍事戦略に巻き込まれることへの懸念や議会制民主主義そのものへの危機感から，安保改定に反対する大規模な安保闘争が展開された。特に安保改定を日本帝国主義の復活と捉え，「反帝国主義・岸内閣打倒」を掲げる全学連（全日本学生自治会総連合）は闘争の先頭に立った。その際，岸信介首相は，安保闘争を自衛隊で鎮圧することを図ったが，防衛庁長官が躊躇したので回避された。

6月15日，共産主義者同盟（ブント）系の全学連主流派が国会構内に突入して警官隊と衝突したが，その際，日本史学を専攻する東大生樺美智子が殺害された。そして，6月19日，参議院の議決が無いまま，「衆議院の優越」の規定により新安保条約は自然承認された。しかし，治安の不安からアイゼンハワー米大統領の来日は中止され，岸信介内閣も退陣した。

設問Ａは，占領終結から岸内閣期の日本の対外関係の変化について，国際政治の動向に留意しながら説明することを要求する問題である。

日本の占領は連合国軍による占領であったが，事実上は米軍の単独占領であった。占領期とは，1945年8月の無条件降伏・敗戦から，1952年4月28日，サンフランシスコ平和条約が発効し，日本本土の主権が回復するまでである。なお，奄美諸島は1953年に返還されたが，小笠原諸島は1968年，沖縄は1972年に返還されるまで，アメリカの施政権下に置かれた。

問題の要求する「占領終結から岸内閣期」とは，1952年4月から1960年7月まででである。この間，内閣は吉田茂内閣（三次～五次），鳩山一郎内閣（一次～三次），石橋湛山内閣，岸信介内閣（一次・二次）と変遷した。

また，問題の要求する，この時期の「国際政治の動向」は，「冷戦（1947～1989）下での朝鮮戦争（1950～53）→雪どけ→冷戦」と動いていった。

参考文⑵……………………………………………………………………

1951年9月，サンフランシスコ平和条約が調印され，吉田茂首相は日米安全保障条約に日本側ではただ一人署名した。1952年8月，吉田首相は，初めて憲法第7条により，与野党議員の多くに対して事前に知らせずに，突如，衆議院の解散を断行した。選挙結果における各党の当選者数は次の通りである。

……………………………………………………………………………………

ここからは，1951年９月，サンフランシスコ平和条約が調印され，吉田茂首相が日米安全保障条約に調印したことを読み取る。その上で，「吉田茂内閣の時の国際政治の動向」としては，朝鮮戦争が勃発し，東アジアにおける冷戦が激化しているという基本的知識を想起する。また，この時期の「吉田茂内閣の時の対外関係」としては，サンフランシスコ平和条約を西側陣営48カ国とのみ調印する単独講和を行い西側陣営に組み込まれたこと，同条約と同日，日米安全保障条約も締結し，米軍の駐留などが決定し，対米従属の外交路線が明確化されたことを確認し，併せて，吉田茂内閣が，安全保障をアメリカに依存することにより，再軍備は軽武装で行い，経済発展を重視したことを考察することが要求されている。

当時の情況を概観すると，1950年，朝鮮情勢が緊迫する中で，戦争勃発の直前，GHQ(連合国軍最高司令官総司令部)は，日本共産党中央委員24名全員を公職追放して，レッド=パージを開始したことが分かる。その後，この措置は拡大し，報道機関・政府機関などから共産主義者や，その同調者とみなした人々を追放した。また，これと併行する形で，戦争犯罪人の釈放や軍国主義者の公職追放解除が行なわれたので，戦前の戦争指導者たちが政界などへ復帰する道が開かれた。

一方，同年，GHQは，朝鮮戦争に際して，警察予備隊の創設を指令した。このことは，「憲法第九条」に基づく「戦力を持たない国」として日本を再建する方針をアメリカ政府が転換したことを意味し，ここに，日本の再軍備は開始された。なお，警察予備隊は，1952年，占領終結に際してポツダム政令である警察予備隊令が無効となるので廃止されて保安隊となり，海上警備隊(のち警備隊と改称)も併設された。1954年，MSA協定の締結に際して，防衛庁(2007年に防衛省と改称)が設置され，保安隊が陸上自衛隊，警備隊が海上自衛隊となり，航空自衛隊が新設された。

1951年９月８日，サンフランシスコ平和条約は，日本と西側48カ国との間で調印された。翌1952年４月28日，同条約は発効し，日本の本土の主権は回復したが，小笠原諸島は1968年まで，沖縄は1972年まで，アメリカの施政権下に置かれることとなった。また，ソ連とは，1956年の日ソ共同宣言まで，中華人民共和国とは，1972年の日中共同声明まで戦争状態が継続することとなった。

そして，1951年９月８日，日米安全保障条約は，サンフランシスコ平和条約と同日に調印された。条約の内容は，極東の「平和と安全」への日米軍事協力，アメリカ軍の駐留と第三国の軍隊の駐留禁止などであり，アメリカ軍は日本に駐留するが，アメリカ軍の日本防衛義務は明記されていないという片務的条約であった。さらに，内乱条項が規定され，日本政府の依頼で日本の内乱・騒擾にアメリカ軍を使用することが可能となるので，日本の大衆運動へのアメリカ軍の介入が懸念された。

しかし，第三次吉田茂内閣は，事実上の再軍備はなされたものの，軍事負担を回避して軽武装とし，経済発展するためには，西側陣営とのみ講和する形でサンフランシスコ平和条約を締結して独立を回復し，日米安全保障条約の締結によって米軍に基地を提供する見返りに安全保障をアメリカに依存するという，対米従属の路線を選択した。

参考文(3)……………………………………………………………………………………

1954年12月，吉田内閣が総辞職した後，早期解散を求める左右両社会党の支持を得て鳩山一郎内閣が成立した。鳩山首相は翌年１月に衆議院の解散を決めた。選挙結果は次の通りである。1956年10月，鳩山首相は，モスクワで日ソ共同宣言に調印し，12月に内閣は総辞職した。

……………………………………………………………………………………………

ここからは，鳩山一郎首相が日ソ共同宣言に調印したことを読み取る。その上で，「鳩山一郎内閣の時の国際政治の動向」としては，ジュネーブ４巨頭会談などで「雪どけ」と言われた冷戦緩和の時期であるという基本的知識を想起する。また，この時期の「鳩山一郎内閣の時の対外関係」としては，自主外交の路線をとり，日ソ共同宣言によってソ連と国交を回復して国際連合への加盟を実現させたことを確認し，併せて，鳩山一郎内閣が憲法改正による，重武装の再軍備を目指したことを考察することが要求されている。

参考文(4)……………………………………………………………………………………

鳩山内閣の後に成立した石橋湛山内閣が首相の病気により総辞職し，それを継いで首相となった岸信介は，1958年４月，日本社会党の鈴木茂三郎委員長と会談を行い，衆議院は解散された。選挙結果は次の通りである。1960年６月，岸首相は，新しい日米安全保障条約が発効した日に退陣を表明し，翌月，内閣は総辞職した。

……………………………………………………………………………………………

ここからは，岸信介首相が，日米相互協力及び安全保障条約が発効した日に退陣を表明したことを読み取る。その上で，「岸信介内閣の時の国際政治の動向」としては，アイゼンハワー米大統領と共同声明を発し，「日米新時代」を唱えたという基本的知識を想起する。また，この時期の「岸信介内閣の時の対外関係」としては，安保条約を改定し，「日米新安保条約」といわれる，事実上の軍事同盟である日米相互協力及び安全保障条約を締結したことを確認することが要求されている。

設問Bは，1950年代後半から岸内閣期における政党間対立の変化について，内閣の施策に留意しながら説明することを要求する問題であった。

問題の要求する「1950年代後半から岸内閣期における政党間対立の変化」とは，55年体制の成立から岸信介内閣の安保改定を巡る保革対立・安保闘争のことである。

参考文(2)

1951年9月，サンフランシスコ平和条約が調印され，吉田茂首相は日米安全保障条約に日本側ではただ一人署名した。1952年8月，吉田首相は，初めて憲法第7条により，与野党議員の多くに対して事前に知らせずに，突如，衆議院の解散を断行した。選挙結果における各党の当選者数は次の通りである。

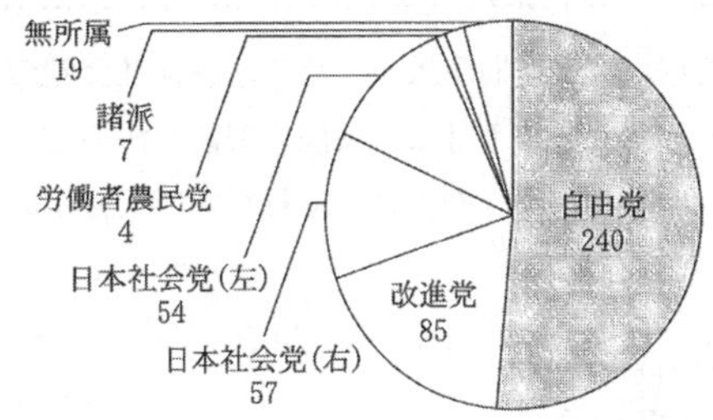

ここからは，1950年代前半の政治情勢として，吉田茂首相が，野党のみならず与党議員の多くにも知らせず，突如，衆議院の解散を断行したことを読み取り，グラフから，衆議院議員総選挙の結果，与党の自由党が過半数を占めていることを確認する。その上で，自由党の内部で，吉田派と鳩山派が対立していたことを想起し，それが，1954年の自由党鳩山派を中心とする日本民主党の結成につながっていくことを考察することが要求されている。

戦犯釈放・公職追放解除など,「逆コース」を背景とする旧政治家の政界復帰により，保守勢力の中に変動が生じてきた。1952年，鳩山一郎が政界に復帰して自由党に入党したが，吉田茂首相が，鳩山一郎の公職追放が解除されたら首相の座を返す，という約束を反故にしたため，自由党内で吉田派と鳩山派が対立した。1952年の衆議院議員総選挙の結果，自由党は240の議席を確保したが，内訳は，吉田派72名，鳩山派68名，中間派100名であった。1954年，鳩山一郎は自由党を脱党し，反吉田勢力を結集して日本民主党を結成し，幹事長を岸信介とした。

参考文(1)

この憲法の改正は，各議院の総議員の三分の二以上の賛成で，国会が，これを発議し，国民に提案してその承認を経なければならない。この承認には，特別の国民投票又は国会の定める選挙の際行はれる投票において，その過半数の賛成を必要とする。（以下略）

（日本国憲法第96条）

この「日本国憲法第96条」から，日本国憲法の改正は，衆議院と参議院の総議員の三分の二以上の賛成で国会が発議することを確認する。

参考文(3)

1954年12月，吉田内閣が総辞職した後，早期解散を求める左右両社会党の支持を得て鳩山一郎内閣が成立した。鳩山首相は翌年１月に衆議院の解散を決めた。選挙結果は次の通りである。1956年10月，鳩山首相は，モスクワで日ソ共同宣言に調印し，12月に内閣は総辞職した。

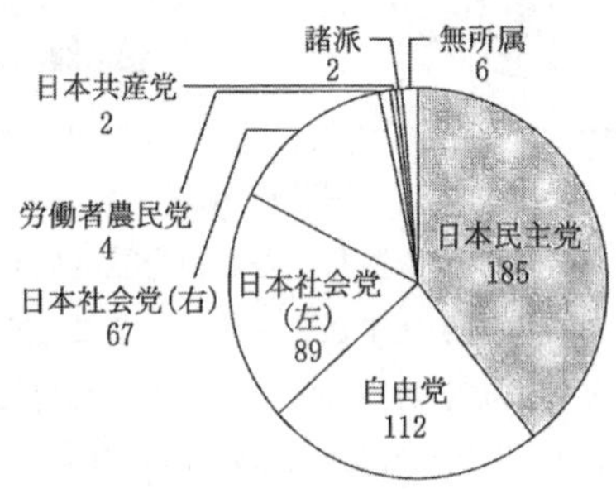

（総議席数 467）

ここからは，1954年に日本民主党の鳩山一郎内閣が成立したことを読み取り，グラフから，衆議院議員総選挙の結果，左派社会党と右派社会党が憲法改正を阻止できる三分の一の議席を確保したことを確認する。その上で，憲法改正・再軍備を推進する鳩山一郎内閣に対抗して，1955年，日本社会党左右再統一が実現したこと，及び，この動きに危機感を持った財界の要望で日本民主党と自由党が合同して自由民主党が結成されたことを想起し，ここに，55年体制が成立したことを考察することが要求されている。

参考文(4)……………………………………………………………………………………

鳩山内閣の後に成立した石橋湛山内閣が首相の病気により総辞職し，それを継いで首相となった岸信介は，1958年４月，日本社会党の鈴木茂三郎委員長と会談を行い，衆議院は解散された。選挙結果は次の通りである。1960年６月，岸首相は，新しい日米安全保障条約が発効した日に退陣を表明し，翌月，内閣は総辞職した。

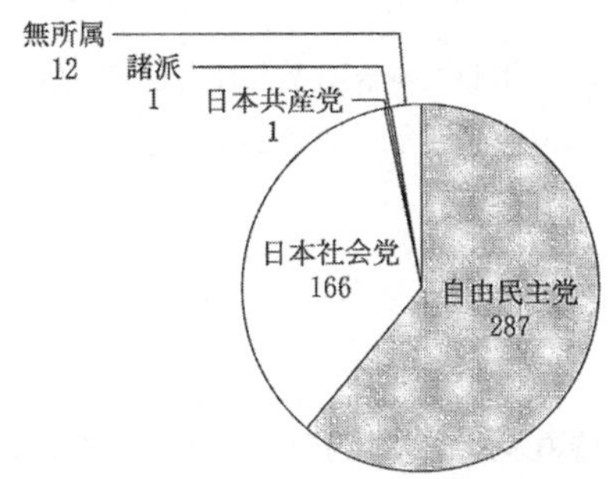

（総議席数 467）

……………………………………………………………………………………………

ここからは，鳩山一郎内閣の後を継いだ石橋湛山内閣が首相の病気で短命に終わったこと，そのあと，岸信介内閣が成立したことを読み取り，グラフから，衆議院議員総選挙の結果，保守政党の自由民主党287議席，革新政党の日本社会党・日本共産党167議席と，保革の対立が明確になっていることを確認する。その上で，Ａ級戦争犯罪人容疑者として逮捕・収監されていた岸信介を首班とする内閣が，安保改定を強行する策動に対し，革新勢力が安保闘争を組織して激しく抵抗したことを考察することが要求されている。

なお，安倍晋三の祖父としても知られる岸信介とは，東京帝国大学時代，吉野作造教授の民本主義や美濃部達吉教授の天皇機関説など大正デモクラシーの風潮に反発し，神である天皇は絶対万能で憲法を超越するとする天皇主権説を唱える上杉慎吉教授に私淑した人物であった。そして，吉野作造門下の東大新人会などと敵対して右翼の学生運動に参加し，卒業後は農商務省に入った。

1936年，岸信介は満州国に官吏として派遣され，1937年より満州産業開発五ヵ年計画を推進して，満州国における総力戦体制と統制経済を構築し，日本国内の総力戦体制の雛形を作った。また，満州時代には，東条英機・星野直樹・松岡洋右・鮎川義介とともに岸信介は，満州国を動かす「２キ３スケ」といわれた。

1939年に帰国した岸信介は，商工省次官となり，総力戦体制を担う革新官僚として名を挙げ，同年５月，８万5000人の朝鮮人労働者を日本に強制連行･強制労働させる計画を厚生省次官と連名で公表し，朝鮮人強制連行を主導した。1941年10月，東条英機内閣に商工大臣として入閣し，アジア・太平洋戦争の開戦に関わった。そして，1942年,翼賛選挙で当選して,翌1943年,軍需省新設で国務大臣兼軍需省次官となった。

戦後，A級戦争犯罪人として逮捕・収監されたが，冷戦によるアメリカの占領政策の転換もあって起訴を免れ，1948年，東条英機らA級戦争犯罪人７名が処刑された翌日に釈放された。そして，その後，軍国主義者の公職追放が解除されたことにより政界に復帰した。

1954年，公職追放を解除され政界に復帰したが吉田茂と対立していた鳩山一郎を担いで日本民主党を結成して幹事長となり，1955年，保守合同で自由民主党が結成されると幹事長になった。

解法をまとめると，

設問Aは，

①参考文(2)から，「吉田茂内閣の時の国際政治の動向」が東アジアにおける冷戦の激化であること，「吉田茂内閣の時の対外関係」が，単独講和を行い西側陣営に組み込まれたこと，及び，日米安全保障条約を締結し，対米従属の外交路線が明確化されたことを考察する。

②参考文(3)から，「鳩山一郎内閣の時の国際政治の動向」が「雪どけ」であったこと,「鳩山一郎内閣の時の対外関係」が，自主外交の路線をとり，日ソ共同宣言によってソ連と国交を回復したことを考察する。

③参考文(4)から，「岸信介内閣の時の国際政治の動向」としては，アイゼンハワー米大統領と共同声明を発し，「日米新時代」を唱えたこと，「岸信介内閣の時の対外関係」としては，安保条約を改定し，事実上の軍事同盟である日米相互協力及び安全保障条約を締結したことを考察する。

設問Bは，

①参考文(2)とグラフから，自由党の内部で，吉田派と鳩山派が対立していたこと，それが，自由党鳩山派を中心とする日本民主党の結成につながっていくことを考察する。

②参考文(1)から，日本国憲法の改正は，衆議院と参議院の総議員の三分の二以上の賛成で国会が発議することを確認する。

③参考文(3)とグラフから，憲法改正を阻止できる三分の一の議席を確保した左派社会党と右派社会党が，憲法改正・再軍備を推進する鳩山一郎内閣に対抗し，日本社会党左右再統一が実現したこと，これに危機感を抱いた財界の要望もあって保守合同により自由民主党が結成されたこと，及び，このことにより，55年体制が成立したこと

を考察する。

④参考文(4)とグラフから，第二次岸信介内閣が，安保改定を強行する策動に対し，保革が伯仲する中で，革新勢力が安保闘争を組織して激しく抵抗したことを考察する。

上記の内容を踏まえ，解答の骨子を示してみよう。

設問Aは，冷戦下，吉田内閣が西側陣営と講和して米軍駐留も決定したこと，雪どけを背景に鳩山内閣がソ連と国交回復したこと，日米新時代を唱えた岸内閣が安保改定を行ったことなどを述べればよい。

設問Bは，左右社会党の再統一と保守合同による自由民主党の結成により55年体制が成立したこと，岸内閣に対し，革新勢力が安保闘争を組織したことなどを述べればよい。

〔問題の要求〕

設問Aは，占領終結から岸内閣期の日本の対外関係の変化について，国際政治の動向に留意しながら，90字以内で述べることが要求されている。

設問Bは，1950年代後半から岸内閣期における政党間対立の変化について，内閣の施策に留意しながら，90字以内で述べることが要求されている。

以下の〔ポイント〕は，問題が要求している「論点」を示すとともに，それに対応する「採点基準」における加点要素を示している。また，〔ポイント〕は**解説**で詳述した「解法」のまとめにもなっている。

〔ポイント〕

設問A

＜吉田茂内閣の時の国際政治の動向＞

①冷戦の発生

＊東アジアにおける冷戦激化

＊朝鮮戦争の勃発

＜吉田茂内閣の時の対外関係＞

①サンフランシスコ平和条約の締結

＊西側陣営と講和(単独講和)

＊社会主義国(ソ連・中国)とは戦争状態を継続

②日米安全保障条約の締結

＊米軍の日本駐留の決定

＊対米従属

③軽武装

＊日本の安全保障をアメリカに依存

＜鳩山一郎内閣の時の国際政治の動向＞

①雪どけ

＊冷戦の緩和

＊平和共存

＜鳩山一郎内閣の時の対外関係＞

①自主外交

＊日ソ共同宣言によるソ連と国交回復

＊国際連合への加盟

②重武装

＊憲法改正による再軍備

＜岸信介内閣の時の国際政治の動向＞

①「日米新時代」を唱える

＊アイゼンハワー米大統領との共同声明

＜岸信介内閣の時の対外関係＞

①日米相互協力及び安全保障条約（日米新安保条約）の締結

＊安保条約の改定

＊対米従属からの脱却

＊日米の対等な関係を目指す

＊事実上の日米軍事同盟の構築

設問Ｂ

＜鳩山一郎内閣の施策と政党対立＞

①鳩山一郎内閣

＊日本民主党内閣

＊憲法改正を掲げる

＊再軍備を掲げる

②左派社会党・右派社会党

＊改憲阻止の議席を確保

＊憲法擁護を掲げる

＊非武装中立を掲げる

＜55年体制の成立＞

①55年体制の成立

②日本社会党左右再統一

③保守合同

　＊日本民主党と自由党の合体

　＊自由民主党の結成

＜岸信介内閣の施策と政党対立＞

①保革対立の激化

②保守勢力

　＊自由民主党

　＊安保改定を推進

　＊憲法改正を図る

③革新勢力

　＊日本社会党・日本共産党

　＊安保闘争を組織

　＊改定阻止を図る

　＊憲法擁護を主張

解 答

Ａ冷戦下，吉田内閣は西側陣営と講和して米軍駐留も決定，雪どけを背景に自主外交を掲げた鳩山内閣はソ連と国交を回復，日米新時代を唱えた岸内閣は安保改定による対米従属からの脱却を図った。(30字×３行)

Ｂ日本民主党の鳩山内閣に対し，左右社会党が改憲阻止の議席を確保して再統一すると，保守合同により自由民主党が結成され，55年体制が成立した。岸内閣に対し，革新勢力は安保闘争を組織した。(30字×３行)

2022年

第１問

解説 律令制下の命令の伝達について考察する問題である。参考文を熟読し，その内容や示唆するものを読み取って，問題の要求に沿って論じることが要求されている。

設問Ａは，都から個別に使者を派遣する場合以外の，中央政府から諸国に命令を伝えるときの方法について問う問題である。

設問Ｂは，諸国において，どのように命令が民衆に周知されたと考えられるか，具体的な伝達方法に注意しつつ問う問題である。

律令制の下では，全国は畿内と七道とよばれる行政区にわけられた。畿内の本来の意味は，古代中国における，王城から500里以内の特別行政区のことである。倭国(日本)においては，大王(天皇)の宮城の周辺地域の大和国・山背(のち山城)国・摂津国・河内国・和泉国の５国を意味し，五畿とよばれた。646年の改新の詔で畿内が定められ，律令制の成立に伴い，大和国・山背国・摂津国・河内国の４国が畿内とされたが，757年，河内国から和泉国が分置され五畿となった。

七道とは，東海道・東山道・北陸道・山陽道・山陰道・南海道・西海道の総称で，地方の行政区であり，五畿以外の国は，七道のいずれかに所属した。また，七道は行政区であると同時に，都を起点に，都と地方の国府(国衙，または国衙の所在地)を直線的に結ぶ，駅路とよばれる主要幹線道路の名称でもあった。

都のある中央と地方の国府を結ぶ七道では，駅制が敷かれ，約16kmごとに駅家を設置し，駅馬を配備し，駅鈴を持った官吏が公用に利用した。また，郡家(郡衙)と郡家を結び，国司や郡司が管理する，伝路とよばれる地方道も網目状に整備されていった。

参考文(1)

律令制のもと，中央政府から諸国への連絡には文書が用いられた。その際，たとえば改元のように，全国一律に同じ内容を伝える場合には，各国宛てに１通ずつ作成されるのではなく，あわせて８通の文書が作成され，中央政府から畿内や七道の諸国に伝達された。受けとった国司はそれを写しとり，国内で施行したものとみられる。

ここからは，律令制の下では，中央政府から諸国への連絡には文書が用いられたこと，全国一律に通告する場合は，８通作成され，畿内や七道に伝達されたこと，国司は受け取った文書を写して国内で施行したことを読み取る。

その上，全国一律に伝える命令は，畿内に１通，七道には各道にそれぞれ１通送られ，そこから官道(駅路)を用いて諸国に伝達され，その政府の命令を国司が国内で施行したことを考察することが求められている。

参考文(2)……………………………………………………………………………………

734年に出雲国が中央政府や他国との間でやりとりした文書の目録によれば，３月23日に中央政府が出雲国に宛てて発給した文書が，４月８日に伯耆国を通過し，４月10日に出雲国に到着したことが知られる。また出雲国を経由して，隠岐国や石見国に文書が伝達されることもあった。

……………………………………………………………………………………………

ここからは，中央政府が出雲国に発給した文書が，伯耆国を通過して出雲国に到達したこと，文書が出雲国を経由して，隠岐国や石見国に伝達されていたことを読み取る。

その上で，伯耆国・隠岐国・石見国が出雲国の隣国であることを想起し，中央からの命令が，官道(駅路)を通り，隣接する国々を経由して伝達されることを考察することが求められている。

参考文(3)……………………………………………………………………………………

石川県で発掘された木札には，849年の郡司の命令が記されていた。そのなかで郡司は，国司からの命令を引用した上で，管轄下の役人に対し，その内容を道路沿いに掲示し，村人たちに諭し聞かせるようにと指示している。この木札には，一定期間，屋外に掲示されていた痕跡が残っている。

……………………………………………………………………………………………

ここからは，石川県で発見された郡司の命令を記す木札によって，郡司が，①国司からの命令を引用して木札に書かせたこと，②管轄の役人に指示して，一定期間，木札を道路沿いに掲示させていたこと，③管轄の役人に対して，木札に書かれた命令の内容を村人に諭し聞かせるように指示していること，などが判明したことを読み取る。

その上で，中央政府からの命令が，「国司→郡司→郡司管轄下の役人(里長)→民衆」と伝達され，民衆にまで周知されたこと，及び，郡司が管轄下の役人(里長)に対し，字の読めない民衆に木札(木簡)に書かれた内容を口頭で伝えるよう指示し，命令を周知させていたことを考察することが求められている。

参考文(4)…………………………………………………………………………………………

奈良時代の村落における農耕祭祀の様子を伝える史料によれば，祭りの日には酒や食事が用意され，村の成人男女が集合すると「国家の法」が告知され，その後に宴会がおこなわれたという。

……

ここからは，奈良時代の村落の農耕儀礼の日に，酒や食事が用意され，そこで集まる成人男女に「国家の法」が告知されたことを読み取る。

その上で，律令などの「国家の法」は，祈年祭などの農耕儀礼に際して民衆に周知されたことを考察することが求められている。

解法をまとめると，

設問Aは，

①参考文(1)から，全国一律の命令は畿内と七道に伝達され，国司が施行したことを読み取る。

②その際，官道(駅路)を用いたことを考察する。

③参考文(2)から，伯耆国・隠岐国・石見国が出雲国の隣国であることを想起する。

④その上で，命令が，隣接する国々を経由して諸国に伝達されたことを読み取る。

設問Bは，

①参考文(1)から，政府の命令を国司が国内で施行したことを読み取る。

②参考文(3)から，政府の命令は，国司の命令として発令されたことを考察する。

③国司の命令は，郡司が管轄下の役人(里長)に命じて民衆に周知させたことを読み取る。

④その際，国司の命令は，木札(木簡)で掲示されたことを確認する。

⑤「村人たちに諭し聞かせる」ことから，字の読めない村人に対しては，役人が口頭で説明する形式で伝達したことを考察する。

⑥参考文(4)から，「国家の法」は，祈年祭などの農耕儀礼に際して民衆に周知されたことを読み取る。

上記の内容を踏まえ，解答の骨子を示してみよう。

設問Aは，中央政府からの命令は，畿内と七道に伝達され，官道を用い，他国を経由して伝えられたことを述べればよい。

設問Bは，郡司が，国司の命令を管轄下の役人に命じて民衆に周知させたこと，及び，この伝達の方法を具体的に述べればよい。

〔問題の要求〕

設問Aでは，中央政府から諸国への命令の伝達方法について，60字以内で述べることが要求されている。

設問Bでは，諸国における，命令の民衆への周知について，120字以内で述べることが要求されている。

以下の〔ポイント〕は，問題が要求している「論点」を示すとともに，それに対応する「採点基準」における加点要素を示している。また，〔ポイント〕は**解説**で詳述した「解法」のまとめにもなっている。

〔ポイント〕

設問A

＜中央政府から諸国へ命令―全国一律の場合＞

①中央政府から畿内に伝達

　*畿内に１通を伝達

②中央政府から七道に伝達

　*七道にはそれぞれ１通を伝達

③国司が命令を写して国内で施行

＜中央政府から諸国へ命令を伝える方法―全国一律・特定の国＞

①官道(駅路)を用いる

②国々を経由して命令を伝達

設問B

＜命令の民衆への周知＞

①国司の命令を郡司が伝える

②郡司管轄下の役人(里長)が民衆に伝える

＜具体的な伝達方法＞

①命令は木札(木簡)で掲示

②役人が(字の読めない)村人に口頭で説明

③農耕儀礼(祈年祭)の際に通知

　*酒食を用意して告知

　*国家の法(律令)を告知

解 答

A全国一律の命令は，中央政府から畿内と七道に伝達され，官道を
用いて，国々を経由して諸国に伝えられ，国司が写して施行した。(30字×２行)

Ｂ国司の命令は，郡司が管轄下の役人に命じて民衆に周知させた。命令は木札で掲示されるとともに，字の読めない村人に対しては，役人が口頭で説明する形式で伝達された。また，祈年祭などの農耕儀礼に際し，酒食を用意して集めた人々に国家の法が告知された。(30字×４行)

第２問

解説　朝廷の経済基盤の変化と室町幕府の対応を考察する問題である。３代にわたり天皇が譲位できなかった理由を，鎌倉時代以来の朝廷の経済基盤を巡る状況の変化と，それに関する室町幕府の対応に触れながら述べることが求められている。その際，参考文を熟読し，その内容や示唆するものを読み取って，問題の要求に沿って論じることが要求されている。

参考文(1)

後嵯峨天皇の死後，皇統が分かれて両統迭立がおこなわれると，皇位経験者が増加し，1301年から1304年にかけては上皇が５人も存在した。上皇たちの生活は，持明院統では長講堂領，大覚寺統では八条院領という荘園群に支えられていた。

ここからは，両統迭立が行われると上皇が増加したこと，上皇たちの生活は，持明院統では長講堂領，大覚寺統では八条院領という荘園群に支えられていたことを読み取る。

その上で，上皇の増加によって，朝廷の経済負担が増加したこと，及び，鎌倉時代以降の朝廷の主要な経済基盤は，長講堂領・八条院領などの天皇家領荘園であったことを考察することが要求されている。

1272年，後嵯峨上皇が院政の後継者を指名することなく死去した。その後，天皇家は，後深草天皇系の持明院統と，亀山天皇系の大覚寺統との間で，皇位継承や，長講堂領・八条院領などの天皇家領荘園の相続を巡る争いを繰り返していった。

1221年の承久の乱の後，後鳥羽上皇側の処分に際して，鎌倉幕府は，後鳥羽上皇の孫で順徳天皇の子である仲恭天皇を廃し，後堀河天皇を擁立した。これ以降，鎌倉幕府は皇位継承に干渉するようになった。そのため，持明院統と大覚寺統の双方とも，皇位継承に大きな発言力をもち，実質的決定権を持っている鎌倉幕府に働きかけ，有利な立場の獲得に努めた。その結果，幕府は，皇位継承を巡る対立に際して調停にあたる立場となり，幕府の調停により，持明院統と大覚寺統が交代で皇位につく両統迭立の方式がとられるようになっていった。

参考文にもあるように，両統迭立が行われると，生前退位による皇位経験者が増加したが，そのような上皇たちの生活は，長講堂領や八条院領などの天皇家領荘園に支えられていた。後白河上皇が仙洞御所に営んだ持仏堂である長講堂に寄進した荘園群は，長講堂領とよばれ，持明院統に継承され，その経済基盤となった。一方，鳥羽上皇が皇女八条院暲子に伝えた荘園群は，八条院領とよばれ，大覚寺統に継承され，その経済基盤となった。

なお，天皇が生前退位をできなくなったのは，1889年に制定された皇室典範の規定によるものであり，近代天皇制における制度である。皇室典範には，「第十條　天皇崩スルトキハ皇嗣卽チ踐祚シ祖宗ノ神器ヲ承ク」とあり，1947年に改正されて法律となった現在の皇室典範においても，「第四条　天皇が崩じたときは，皇嗣が，直ちに即位する」と定められている。

参考文(2)…………………………………………………………………………

室町幕府が出した半済令には，諸国の守護や武士による荘園公領への侵略がすすむなか，荘園領主の権益を半分は保全するという目的もあった。さらに1368年には，天皇や院，摂関家などの所領については全面的に半済を禁止した。

……………………………………………………………………………………

ここからは，守護や武士の荘園・公領への侵略が進む中，室町幕府が半済令を発令して荘園領主の権益半分を保全し，1368年には，天皇家や摂関家の荘園の半済を禁止したことを読み取る。

その上で，諸国の守護や武士による荘園侵略が進む中，室町幕府が，1352年の観応の半済令において，荘園・公領の年貢半分は守護が徴収して地方武士に分給することを認めたが，一方，残り半分は荘園や公領の年貢として保全したことを確認する。そして，室町幕府が，1368年の応安の半済令において，荘園の土地分割を認めたが，一方，天皇家領荘園・摂関家領・寺社一円領を除外した，という知識を確認する。さらに，参考文から，天皇家領荘園・摂関家領・寺社一円領の半済を禁止したことを読み取り，室町幕府が，朝廷の経済基盤を維持していたことを考察することが求められている。

1352年，室町幕府から，観応の擾乱の恩賞として，観応の半済令が発令された。そこでは，守護に対して，半済宛行(あてがい)といわれる，荘園・公領の年貢半分を兵粮米として徴発して武士に分与する権限が供与された。地域は近江・美濃・尾張の３か国に限定，期間は１年に限定，対象も年貢の半分の徴発と規定された。

しかし，しだいに地域は全国化，期間は恒常化し，1368年の応安の半済令では，天皇家領荘園・摂関家領荘園・寺社領荘園を除き，荘園領主と守護側の武士による土地分割が認められ，その結果，荘園制の解体が促進された。

一方，室町幕府は，天皇家領荘園・摂関家領荘園・寺社領荘園の半済を停止し，大荘園領主は保護した。このことは，室町幕府が，朝廷の経済基盤の維持を図っていたことを意味した。

参考文(3)

内裏の造営や即位にともなう大嘗祭などの経費は，平安時代後期から各国内の荘園公領に一律に賦課する一国平均役によってまかなわれており，室町時代には幕府が段銭や棟別銭として守護に徴収させた。

ここからは，平安後期以降，内裏の造営や即位に伴う大嘗祭などの経費は，荘園・公領に一律に課税する一国平均役で賄われていたが，室町時代には，幕府が段銭や棟別銭として守護に徴収させたことを読み取る。

その上で，荘園・公領が侵略され，朝廷の経済基盤が縮小する中，室町幕府は，幕府の重要な財源である段銭・棟別銭を守護に徴収させて，内裏の造営や大嘗祭の経費に充当し，朝廷の経費を負担していたことを考察することが求められている。

なお，大嘗祭とは，天皇が即位した後，初めて行う新嘗祭のことである。その年の新穀を天照大神と天神地祇に献じ，天皇自らもそれを食する祭りで，天皇一世一度の大祭である。

参考文(4)

1464年，後花園天皇は譲位して院政を始めるにあたり，上皇のための所領を設定するよう足利義政に求めた。位を譲られた後土御門天皇は，２年後に幕府の経費負担で大嘗祭をおこなったが，これが室町時代最後の大嘗祭になった。

ここからは，1464年，後花園天皇が譲位して院政を始めるにあたって，上皇のための所領を８代将軍足利義政に求めたこと，譲位された後土御門天皇が，1466年，幕府の負担で大嘗祭を行ったこと，これが室町時代最後の大嘗祭になったことを読み取る。

その上で，室町幕府が天皇の譲位の費用や，天皇の即位に際しての大嘗祭の経費を賄っていたこと，及び，1466年の大嘗祭が，室町時代最後の大嘗祭になった事例から，1467年の応仁の乱以降，幕府権力が衰退し，幕府が朝廷を経済的に援助できなくなってきたことを考察することが要求されている。

天皇が生前に退位して次の天皇に譲位するためには，莫大な費用が必要であった。

譲国の儀とよばれる譲位の儀式にかかる経費のほか，譲位後の上皇の住居である仙洞御所の造営には莫大な費用がかかり，朝廷がそれを負担できなければ譲位は行えなかった。

室町時代には，幕府の経済的援助によって，朝廷は譲位の儀式を実現しており，1464年，後花園天皇は，後土御門天皇に譲位し，院政を開始した。

大嘗祭は，10世紀に，醍醐天皇の命で藤原時平・藤原忠平らが編纂した延喜式により式次第が定められた。それ以降，応仁の乱が始まる前年の1466年，後土御門天皇が，室町幕府の経費負担により，室町時代最後となる大嘗祭を行うまで継続して行われてきた。

しかし，応仁の乱以降，戦国時代になると，室町幕府の権力は衰退し，幕府による，朝廷に対する大嘗祭の費用の援助も滞り，以後，約200年，大嘗祭は中断を余儀なくされた。1687年，江戸幕府の５代将軍徳川綱吉が，朝幕協調関係の構築のため，東山天皇の即位後の大嘗祭を復活させた。

参考文(5)……………………………………………………………………

1573年，織田信長から譲位を取りはからうとの意思を示された正親町天皇は，後土御門天皇から３代のあいだ望みながらも果たせなかった譲位を実現できることは朝廷の復興につながるとして大いに喜んだ。

……………………………………………………………………

ここからは，正親町天皇が，織田信長の援助により，３代果たせなかった譲位を実現できることは朝廷の復興につながると考え，喜んだことを読み取る。

その上で，1573年に室町幕府を滅亡させた織田信長政権が，朝廷への援助の意思を示したことを，正親町天皇が朝廷の復興につながると認識した事例を確認し，そこから，応仁の乱以降，戦国時代になると，室町幕府が衰退したことにより，幕府の朝廷への経済援助が縮小・消滅していったことを考察することが要求されている。

1464年，室町幕府の援助により，後花園天皇は後土御門天皇に譲位した。しかし，応仁の乱以降，戦国時代になると，室町幕府の権力は衰退し，幕府の経済的援助を受けられなくなった朝廷は，莫大な費用の掛かる生前退位による，次の天皇への譲位が不可能となっていった。そのため，後土御門天皇，後柏原天皇，後奈良天皇の３代は，希望していたにもかかわらず譲位ができず，死去するまで天皇の地位についていなければならなかった。

解法をまとめると，

①「鎌倉時代以来の朝廷の経済基盤」については，参考文(1)から，鎌倉時代以降の朝廷の主要な経済基盤の中心は，長講堂領・八条院領などの天皇家領荘園であったことを考察する。また，参考文(3)から，内裏の造営や大嘗祭の経費も，荘園・公領からの一国平均役で賄っていたことを確認する。

②「朝廷の経済基盤をめぐる状況の変化」については，参考文(2)から，南北朝時代，諸国の守護や武士による荘園・公領の侵略が進み，朝廷の経済基盤が縮小していたことを考察する。

③「室町幕府の対応」については，参考文(2)から，室町幕府が，観応の半済令で荘園・公領の年貢半分を保全し，応安の半済令で天皇家領荘園の半済を禁止して，朝廷の経済基盤の維持を図っていたことを考察する。また，参考文(3)から内裏の造営や大嘗祭の経費は，室町幕府が，段銭や棟別銭を用いて負担していたことを確認する。

④「３代の天皇が譲位を果たせなかった理由」については，参考文(4)から，1466年の大嘗祭が，室町時代最後の大嘗祭になった事例から，1467年の応仁の乱以降，戦国時代になると，幕府権力が衰退し，幕府が朝廷を経済的に援助できなくなってきたことを考察する。あわせて，戦国時代になると，荘園制が解体していくという基本的な知識を想起し，朝廷の経済基盤が喪失していくことを考察する。

⑤「３代の天皇が譲位を果たせなかった理由」については，参考文(5)から，1573年，織田信長が，室町幕府を滅亡させて戦国時代を終焉に向かわせたことを想起する。そして，正親町天皇が，織田信長の援助により，３代果たせなかった譲位を実現できることは朝廷の復興につながると考え，喜んだことを読み取る。これらのことから，戦国時代，室町幕府の衰退で朝廷への経済援助が縮小・消滅していったので，３代にわたり譲位が不可能となったことを考察する。

上記の内容を踏まえ，解答の骨子を示してみよう。

武士が朝廷の経済基盤である荘園を侵略する中，室町幕府が朝廷の経済を援助したこと，及び，戦国時代になり，幕府からの援助が縮小し，荘園制の解体も進み，天皇の譲位が不可となったことを述べればよい。

〔問題の要求〕

３代の天皇が譲位できなかった理由を，朝廷の経済基盤の変化と，室町幕府の対応に触れながら，150字以内で述べることが要求されている。

以下の〔ポイント〕は，問題が要求している「論点」を示すとともに，それに対応する「採点基準」における加点要素を示している。また，〔ポイント〕は**解説**で詳述した「解法」のまとめにもなっている。

〔ポイント〕

<鎌倉時代の朝廷の経済基盤>

①天皇家(皇室)領荘園

<室町時代の朝廷の経済基盤―武士の侵略>

①南北朝時代(期)

②守護(武士)の荘園侵略

＊朝廷の経済基盤の縮小

<室町時代の朝廷の経済基盤―室町幕府の保護>

①室町幕府が朝廷の経済基盤を維持(朝廷の経費を負担)

②観応の半済令で荘園(荘園公領)の年貢半分の保全

③応安の半済令で天皇家領荘園の半済の禁止

④室町幕府が大嘗祭の経費(内裏の造営)を負担

＊段銭(棟別銭)を用いて負担

⑤室町幕府が譲位の費用(仙洞御所の造営費)を負担

<３代の天皇が譲位を果たせなかった理由>

①戦国時代(応仁の乱以降)

②室町幕府の衰退

＊朝廷への経済援助の縮小

③荘園制の解体

④譲位が不可能(譲位の費用が朝廷にない)

解答

朝廷は天皇家領荘園を経済基盤としていたが，武士の荘園侵略が進む中，室町幕府は，観応の半済令で荘園公領の年貢半分を保全し，応安の半済令で天皇家領荘園の半済を禁止した。また，大嘗祭の経費や，譲位の費用も負担した。戦国時代になると，衰退した幕府からの援助は縮小し，荘園制の解体も進み，譲位が不可能となった。(30字×５行)

第３問

解説　近世の鉄砲に対する政策と死人・病人への対応の変化の背景について考察する問題である。参考文を熟読し，その内容や示唆するものを読み取って，問題の要求に沿って論じることが要求されている。

設問Aは，豊臣秀吉が刀狩令を出した目的と対比して，江戸幕府が認めた鉄砲所持の用途について問う問題である。

設問Bは，参考文(2)(3)をふまえ，参考文(4)のような手厚い対応をとるようになった背景を問う問題である。

参考文(1)……………………………………………………………………………………

1588年，豊臣秀吉は諸国の百姓から刀・鉄砲など武具の類を没収し，百姓は農具さえ持って耕作に専念すれば子孫まで末長く繁栄すると述べた。

……………………………………………………………………………………………………

ここからは，豊臣秀吉が，諸国の百姓から刀・鉄砲などの武具を没収し，百姓は農具を持って耕作さえしていれば繁栄すると述べていることを読み取る。

その上で，1588年の豊臣政権の刀狩令の目的が，一揆の防止，百姓の農業への専念，身分制の固定化，兵農分離の推進にあったことを考察することが求められている。

豊臣秀吉によって実施された太閤検地により，重層的な職の体系に基づく中世の複雑な土地領有関係が整理され，一地一作人の原則に基づき農民の耕作権が保障されたことにより，名主層などの作合(加地子徴収による中間搾取)も否定された。そして，中間搾取を廃して，領主層が農民の剰余生産物を搾取する体系が構築されていったのである。

太閤検地によって，豊臣秀吉が成立させた統一政権は，石高制という統一基準によって全国の生産力を掌握することが可能となった。その結果，石高を基準に百姓から年貢を収奪する，江戸時代の本百姓体制の基礎が構築された。

また，秀吉(江戸時代は将軍)が，石高を基準に御恩として大名に領地を知行給与し，知行高(知行地の石高)を基準に軍役などを奉公として大名に負担させる，大名知行制とよばれる体制の基礎も確立された。

太閤検地によって推進された兵農分離は，刀狩や人掃令などの諸政策によって完成し，近世的身分秩序の基礎ができた。そして，兵農分離により，武士は農村から引き離されて城下町に集住させられ，在地性を剥奪され生産活動から遊離することになった。

すなわち，江戸時代の将軍や大名は，農民から収奪した年貢米を売却・換金して，幕府や藩の財源とした。また，将軍の家臣の旗本・御家人や，大名の家臣の藩士たちは，御恩として知行給与された俸禄米(蔵米)を売却・換金して，都市で消費生活を送る存在となっていったのである。

一方，農民は耕作権を保障されたが，土地に緊縛されて農村に定住し，生産活動に従事して年貢を収奪される存在となった。このように，太閤検地により，近世社会の基礎が構築されたのであった。

中世は兵農未分離の状態であり，荘園制下の農民は，刀や鉄砲など武装していた。室町幕府は，土一揆に際し，武装した民衆に悩まされたし，織田信長などの戦国大名も，一向一揆の武装した農民などの民衆の軍事力に苦戦を強いられた。

そのため，豊臣秀吉は，1588年，「諸国百姓，刀，脇指，弓，やり，てつはう其外武具のたぐひ所持候事，堅く御停止候。其子細は，入らざる道具をあひたくはへ，年貢・所当を難渋せしめ，自然，一揆を企て，給人にたいし非儀の動をなすやから，勿論御成敗あるべし。」，「百姓は農具さへもち，耕作専に仕り候へハ，子々孫々まで長久に候。」とする刀狩令を発令した。刀狩令は，一揆の防止，百姓の農業への専念，身分制の固定化を目的とした兵農分離を推進する政策であった。

参考文(2)……………………………………………………………………………………

1675年12月，ある大名の江戸藩邸の門外に，むしろに包んだものが置かれていた。役人が，江戸の事情に詳しい商人に聞くと「それはきっと死んだ乞食を捨てたのでしょう。江戸ではそういうことが時々あるので，捨てさせればよいでしょう」と言ったので，他所へ捨てさせた。

……………………………………………………………………………………………………

ここからは，1675年，ある大名の江戸藩邸の門外に乞食の死体が置かれていたこと，江戸ではそういうことが時々あること，そして，その死体は他所に捨てられたことを読み取る。

その上で，４代将軍徳川家綱の治世の時期には，死者に対する冷淡な扱いが一般的に行われていたことを確認し，５代将軍徳川綱吉の治世との比較を考察することが求められている。

17世紀前半，初代将軍徳川家康，２代将軍徳川秀忠，３代将軍徳川家光の時代は，武断政治の時代といわれることがある。武家諸法度などの違反に対しては，改易・減封・転封などの処分を行い，厳しく大名統制を行った時代であった。

1651年に由井正雪の乱とよばれる牢人たちによる幕府転覆未遂事件が起きるが，これを機に，４代将軍徳川家綱の治世においては，牢人の発生・増加を防止するため，「御家断絶」の要因となっていた末期養子の禁の緩和を行うなど大名統制を緩和した。

４代将軍徳川家綱，５代将軍徳川綱吉，６代将軍徳川家宣，７代将軍徳川家継の時代は，儒教道徳の教化や法制・行政制度の整備などにより社会秩序の安定を図ろうとしたので，文治政治の時代とよばれることがある。

特に，徳川綱吉の治世では，生類憐みの令と総称される，生類の殺生や虐待を禁じた法令が多数出された。生類とは人間もその対象であり，捨て病人・捨て子の禁止や行き倒れ人の保護なども命じられた。

参考文(3)……………………………………………………………………………………

1687年，江戸幕府は全国の村々で，条件をつけて鉄砲の所持や使用を認め，それ以外の鉄砲をすべて領主や代官に取りあげさせた。1689年，諸藩の役人を呼んで，作毛を荒らされるか，人間や家畜の命に関わるような場合には鉄砲を使ってよい，と補足説明した。

……………………………………………………………………………………………………

ここからは，1687年，江戸幕府が，条件を付けて鉄砲の所持・使用を認め，それ以外の鉄砲を没収させたこと，1689年，作毛を荒らされるか，人間や家畜の生命にかかわる場合は鉄砲の使用を許可したことを読み取る。

その上で，５代将軍徳川綱吉の治世における鉄砲の規制の内容を，豊臣政権の刀狩令と比較するとともに，鉄砲の所持・使用の制限が，生類憐みの令の一環であることを考察することが要求されている。

諸国鉄砲改めなど鉄砲への規制策に関する研究としては，塚本学『生類をめぐる政治—元禄のフォークロア』(平凡社，1983年)がある。1687年，５代将軍徳川綱吉の治世において，諸国鉄砲改めが発令され，全国規模の鉄砲に対する規制が実施された。

武士以外で所持が認められた鉄砲は，①「物騒の地に許す」とされた，護身用の「用心鉄砲」。②「鹿・猪が多く作物を荒らして困る地で許す」とされた，鳥獣害対策のために空砲発射で威嚇して農作物を荒らす鹿・猪などを追い払うための「威し鉄砲」，③「山間地の猟師にのみ認める」とされた，猟師の身分を特定して実弾発射を許可した「猟師鉄砲」の３種類であった。そして，これら以外の鉄砲を没収した。

鳥獣害対策としても空砲発射での威嚇しか認めず，猟師以外の鳥獣の殺生は許さないという諸国鉄砲改めの背景には，生類憐みの令が存在した。しかし同時に，江戸幕府が，諸藩に対し，諸国鉄砲改めに基づき，所持・使用を許可した以外の鉄砲を没収させ，鉄砲の数を幕府に報告させるという政策は，諸藩の領内の鉄砲をも幕府の統制下に置くという側面も有していた。

ところが，空砲発射では鳥獣害対策としての効果が少なかったので，1689年には，猟師以外の者にも，被害が激しい時は実弾の使用を認めた。しかし，その際にも，「生類憐みの志」という趣旨が冒頭に掲げられた。

諸国鉄砲改めは，「用心鉄砲」・「威し鉄砲」・「猟師鉄砲」以外の鉄砲の没収であるので，

「生類憐みの志」を掲げた，江戸幕府による人民武装解除策でもあった。また，「生類憐みの志」の理念のもとに，諸大名に対し，鉄砲没収という政策を強要するものであり，それは，諸大名の将軍への臣従化を徹底させる政策でもあった。

参考文⑷ ………………………………………………………………………………

1696年６月，⑵と同じ藩邸の堀に老女が落ちたのを番人が見つけて，すぐに引きあげた。医師に容体を診察させたところ無事だったので，着替えさせ食事を与え，幕府に報告した。幕府の役人の指示で，その者をできるだけ介抱し，翌日，藩邸の者17人で町奉行所へ出向いて引き渡した。

………………………………………………………………………………………

ここからは，1696年に，⑵と同じ藩邸の堀に老女が落ちた時は，医師に診察させ，介抱して奉行所に出向いて引き渡すなど，同じ藩の対応が，⑵の場合のような冷淡な処理と異なる，人道的なものへと変化をしていたことを読み取る。

その上で，５代将軍徳川綱吉の治世において，生類憐みの令が出され，病人の保護や捨て病人･捨て子の禁止などが命じられ，命を大切にする風潮が広まっていたこと，及び，服忌令が出され，死を忌み嫌う風潮が広がり，藩邸の門前で老女が死ねば藩邸が穢れると判断したことが，人道的な処置を行った背景にあったことを考察することが要求されている。

生類憐みの令とは，５代将軍徳川綱吉の治世において，1685年頃から出された，生類の殺生を禁じ，生類の保護に関する法令の総称である。その背景には，仏教の放生の思想が存在するが，放生とは，捕らえた動物や魚などの生類を解き放つことであり，殺生や肉食を戒める慈悲の行為のことである。生類憐みの令が対象とする生類とは，犬や牛馬だけではなく，捨て病人･捨て子の禁止など，弱い立場の人間にも向けられた。徳川綱吉の治世は，「生類憐みの志」の理念が政策の基礎をなし，慈悲の政治が図られた。

また，徳川綱吉の治世において，1684年，服忌令が出された。服忌とは，喪に服す服喪と，穢れを忌む忌引のことで，服忌令とは，近親者が死んだときには穢れが生じるとして服喪や忌引の日数を規定した法令であった。服忌令は，武家のみならず百姓や町人にまで徹底されていき，死や血を穢れとして忌み嫌う風潮を社会に浸透させた。

生類憐みの令や服忌令の影響は，殺生を禁じ，慈悲の精神を重んじるとともに，戦場において敵を殺害して手柄とする武士の価値観をも否定した。1675年，４代将軍徳川家綱の治世の時期，ある大名の江戸藩邸の門外に置かれた乞食の死体は他所に捨てられた。しかし，生類憐みの令や服忌令が発令された後の５代将軍徳川綱吉の治世において，同じ藩邸の堀に老女が落ちた時は，医師に診察させ，介抱するなど手厚い対応をとった。

その手厚い対応の背景には，生類憐みの令における，病人の保護や捨て病人の禁止の規定，及び，慈悲の精神が存在した。また，服忌令によって死を穢れとする風潮が広まっていたので，門前で老女が死ぬことによって藩邸が汚れてしまうことを回避したいという発想も存在したのであった。

解法をまとめると，

設問Aは，

①「(1)で鉄砲が没収された理由」は，参考文(1)が豊臣秀吉の刀狩令について書かれていることを確認した上で，刀狩令の目的が，一揆の防止，百姓の農業への専念，身分制の固定化，兵農分離の推進にあったことを考察する。

②参考文(3)から，「1687年」が５代将軍徳川綱吉の治世であることを想起し，例外的に所持・使用を認めた鉄砲を除き，それ以外の全ての鉄砲を没収した政策が，生類憐みの令の一環であることを考察する。

③「(3)で江戸幕府が所持と使用を認めた用途」は，参考文(3)から，農作物や家畜に対する鳥獣害の防止や，犯罪からの護身の場合などであったことを読み取る。

設問Bは，

①「(2)(3)をふまえる」とあるが，参考文(3)にある「1687年」・「1689年」の政策が，生類憐みの令の一環であることを確認した上で，参考文(2)から，「1675年」が，生類憐みの令や服忌令が発令される以前であることを想起し，そのような時期には，藩邸の門外に置かれた乞食の死体を他所に捨てさせた事例もあることを確認する。

②「(4)のような手厚い対応をとるようになった背景」としては，参考文(2)の門外の死体を捨てさせる処理と異なり，参考文(4)の「1696年」の手厚い対応は，参考文(3)の生類憐みの令と総称される法令が発令された後での，徳川綱吉の文治政治の下での事例であることを想起し，生類憐みの令が，病人の保護や捨て病人の禁止を命じていたことを確認する。

③「(4)のような手厚い対応をとるようになった背景」には，生類憐みの令と同時期に出された服忌令により，死を忌み嫌う風潮が広がり，藩邸の門前で老女が死ねば藩邸が穢れると判断したことが，人道的な処置を行った背景にあったことを考察する。

上記の内容を踏まえ，解答の骨子を示してみよう。

設問Aは，豊臣秀吉が一揆防止などを目的に刀狩令を出したことと，江戸幕府が鳥獣害対策などのために鉄砲の所持や使用を認めたことを述べればよい。

設問Bは，生類憐みの令の精神や服忌令により広まった死を忌み嫌う風潮が，手厚い対応の背景にあったことを述べればよい。

〔問題の要求〕

設問Aでは，豊臣秀吉と江戸幕府の鉄砲に対する政策の相違を，90字以内で述べることが要求されている。

設問Bでは，死人・病人への対応の変化の背景について，60字以内で述べることが要求されている。

以下の〔ポイント〕は，問題が要求している「論点」を示すとともに，それに対応する「採点基準」における加点要素を示している。また，〔ポイント〕は**解説**で詳述した「解法」のまとめにもなっている。

〔ポイント〕

設問A

<⑴で鉄砲が没収された理由>

①豊臣政権(豊臣秀吉の政策)

②刀狩令

*一揆防止が目的

*百姓の農業への専念(身分制の固定化)が目的

*兵農分離の推進が目的

<⑶で鉄砲の所持・使用を認めた際に想定された用途>

①江戸幕府(徳川綱吉の政策)

②想定された用途

*鳥獣害対策(害獣の駆除)

*耕地拡大による鳥獣害被害の増加が背景

*護身

*飢饉による犯罪の増加が背景

設問B

⑵の確認→徳川家綱の治世→藩邸の門外に捨てられた死体を他所へ捨てる

⑶の確認→徳川綱吉の治世→鳥獣害対策や護身以外の鉄砲使用禁止

→生類憐みの令が背景

⑷の確認→徳川綱吉の治世→藩邸の堀に落ちた老女を保護

→生類憐みの令や服忌令が背景

<⑷の手厚い対応の背景>

①徳川綱吉の文治政治(儒教的徳治)

②生類憐みの令

＊病人の保護

＊捨て病人・捨て子・生類殺生の禁止

＊命を大切にする風潮

③服忌令

＊死を忌み嫌う風潮の広がり

＊門前で老女が死ねば藩邸が汚れる

解答

A豊臣秀吉は，刀狩令を出し，一揆の防止・百姓の農業への専念・
兵農分離を目的に鉄砲を没収した。江戸幕府は，農作物への鳥獣害
の防止や犯罪からの護身などに限り，鉄砲の所持や使用を認めた。(30字×３行)

B徳川綱吉の文治政治の下，生類憐みの令が出され，病人の保護が
命じられた。また，服忌令によって死を忌み嫌う風潮も広まった。(30字×２行)

第４問

解説　近代における労働生産性の上昇の要因について考察する問題である。グラフを読み取り，史料を読解し，その内容や示唆するものを読み取って，問題の要求に沿って論じることが要求されている。

設問Aは，1880年代半ばから1890年代における労働生産性の上昇をもたらした要因について問う問題である。

設問Bは，第一次世界大戦期以後における労働生産性の上昇の加速の要因について問う問題である。

「労働生産性」とはなにか。本問のリード文では，「労働生産性は，働き手１人が一定の時間に生み出す付加価値額(生産額から原材料費や燃料費を差し引いた額)によって計られる」と説明されているが，端的に言えば，単位時間における労働者一人当たりの生産量の比率のことである。すなわち，「労働生産性」は「労働投入量１単位当たりの産出量・産出額」と定義され，産出量・産出額(生産量・生産額)を労働投入量で割って表示される。

「労働投入量」とは，生産に費やした労働者数や労働時間のことである。また，「労働生産性の上昇」とは，同じ労働投入量でより多くの成果(生産量・生産額)を創出す

ること，あるいは，少ない労働投入量でより多くの成果(生産量・生産額)を創出することを意味する。

リード文では，労働生産性の上昇は，「機械など，働き手１人当たり資本設備の増加による部分と，その他の要因による部分とに分けられる」とある。そして，「その他の要因による部分」については，「教育による労働の質の向上，技術の進歩，財産権を保護する法などの制度が含まれる」と書かれている。

近代経済史は資本主義発達史と言える。また,「近代」を社会経済史的視点で見ると，資本主義の社会，すなわち，近代資本制社会と捉えることができる。日本の資本主義が確立した時期は,1900年頃と見ることが一般的である。しかし,どの教科書も「近代」の章のはじまりを1900年頃にはしていない。また，明治維新にもしていない。どの教科書も,「近代」の章のはじまり,すなわち,「近代」の起点を幕末･開港期にしている。

なぜならば，この時期，日本は強烈な「ウェスタン・インパクト」を受けて開国と自由貿易を強いられ，欧米帝国主義の作った世界資本主義のシステムに組み込まれたからである。そして，このことにより，国内矛盾が露出し，江戸幕府は十数年で崩壊することになった。

明治維新を経た1870年代，地租改正によって，重層的な土地領有関係である封建的土地領有制が解体され，現在の土地制度となる，一元的な土地私有制である近代的土地所有制度が確立された。

1880年代，農民を犠牲にして，財政を再建して，資本主義の基礎を確立した松方財政といわれる松方正義のデフレ政策が実施された。松方デフレにより，自作農が大量に没落する一方，一部の地主が土地を集積して寄生地主制が進展した。このように，農民層分解が進む過程で，寄生地主は富を集積し，没落した農民の中には貧民として都市に流入する者が出た。そのため，資本主義発展の基礎となる，資本と労働力が創出され，資本の原始的蓄積が進行した。

1890年代，蒸気機関による動力の利用と機械技術を用いる産業革命が始まった。日本の産業革命は，綿花から綿糸を生産する紡績業を中心とし，綿糸の輸出量が輸入量を超えた1897年は，紡績業における「産業革命の年」といわれた。

そして，1900年頃，日本の資本主義は確立されたと評価されている。

＜図(グラフ)の読み取り＞

近代経済に関するグラフや表を読むとき，日本の資本主義発達史を段階的に捉える視点が必要となる。幕末・開港期から敗戦時までの日本の近代経済史を概観すると以下のようになる。

①(幕末・開港期)日本は世界資本主義のシステムに組み込まれる。

②(1870年代)地租改正により封建的土地領有制が解体されて近代的土地所有制度が確立する。

③(1880年代)松方財政により資本と労働力が創出されて資本主義発展の基礎ができる。

④(1890年代)紡績業を中核とする産業革命が進展する。

⑤(1900年頃)日本の資本主義が確立する。

⑥(1900年代)海外市場を求めて他国を侵略・植民地化する帝国主義が形成される。

⑦(1910年代)第一次世界大戦の軍需と列強が後退した中国市場への進出により大戦景気がもたらされる。

⑧(1920年代)戦後恐慌―震災恐慌―金融恐慌と続く「恐慌の時代」をむかえる。

⑨(1930年代)昭和恐慌を脱出した後の高橋財政の軍事インフレ政策や日中戦争を背景とする総力戦体制により重化学工業が急速に発達する。

⑩(1940年代)アジア・太平洋戦争と敗戦により日本経済は破綻する。

＜史料の読み取り＞

福沢諭吉『学問のすゝめ』初編

ここでは，国民皆学と実学の奨励による，「一身独立，一国独立」が唱えられていることを確認する。その上で，このことが，労働生産性の上昇の要因となる「教育による労働の質の向上」の背景となることを考察する。

福沢諭吉『学問のすゝめ』六編

ここでは，立憲体制が確立することにより，国民は政府の法を守るが，政府は法によって国民を保護することが述べられていることを確認する。その上で，このことが，労働生産性の上昇の要因となる「財産権を保護する法などの制度」とかかわることを考察する。

解法をまとめると，

設問Ａは，

①「1880年代半ばから1890年代における労働生産性の上昇をもたらした要因」のうち，「働き手１人当たり資本設備の増加による部分」を考察する際は，日本の資本主義発達史を概観し，基本的知識を確認する。

②1880年代前半は，松方財政といわれた松方正義の主導するデフレ政策の時期であることを想起する。そして，松方財政により，資本主義発展の基礎となる，資本と労働力が創出され，資本の原始的蓄積が進行したことを確認する。また，この時期に官

業払下げが進み，資本設備が増加していったことを考察する。

③1880年代後半は，貿易も輸出超過に転じ，銀本位制が確立し，金利が低下して景気が好転したことを確認する。そして，この時期，企業勃興とよばれた株式会社設立ブームが起きたことを考察する。

④1897年，貨幣価値の安定や貿易の振興を目的に金本位制が確立されたことを確認する。また，同年，綿糸の輸出量が輸入量を超え，「産業革命の年」といわれたことを想起し，1890年代は，紡績業を中核とする産業革命期となったことを考察する。

⑤「1880年代半ばから1890年代における労働生産性の上昇をもたらした要因」のうち，「その他の要因による部分」を考察する際，「教育による労働の質の向上」については，近代的教育制度の整備の基本知識を確認し，義務教育の普及が労働生産性の上昇に貢献したことを分析する。

⑥史料の福沢諭吉『学問のすゝめ』初編において，国民皆学と実学の奨励による，「一身独立，一国独立」が唱えられていることを読み取る。その上で，1872年の学制では，国民皆学の精神がうたわれ，現実に役に立つ実学を重んじる功利主義的教育観が主唱されていたことを確認する。

⑦近代教育制度の知識として，1879年にアメリカの地方自治的教育制度を採用した教育令(自由教育令)は，就学義務を16カ月と緩和したが，自由主義的な教育方針が就学率を低下させたと批判されたこと，及び，そのため，翌1880年，教育令は改正され，政府による教育統制が強化されて，中央集権的な教育制度へと改編されたことを想起する。

⑧労働生産性の上昇の要因となる義務教育に関する知識として，1886年，初代文部大臣となった森有礼の下で，学校令(帝国大学令・師範学校令・中学校令・小学校令の総称)が公布されたこと，及び，1890年の小学校令改正で，尋常小学校３～４年の義務教育年限が明記され，1892年の就学率は，男性70％，女性36％となり，1902年には90％を超えたことに見られるように，義務教育の就学率が上昇していったことを考察する。

⑨「1880年代半ばから1890年代における労働生産性の上昇をもたらした要因」のうち，「その他の要因による部分」を考察する際，「技術の進歩」については，紡績業においては，渋沢栄一らが設立した大阪紡績会社が開業したことに伴い，手紡やガラ紡を圧迫して機械制生産が急増したことを確認する。製糸業においては，座繰製糸から器械製糸への転換が進んだことを確認する。

⑩「1880年代半ばから1890年代における労働生産性の上昇をもたらした要因」のうち，「その他の要因による部分」を考察する際，「財産権を保護する法などの制度」に

ついては，大日本帝国憲法の第27条に，「日本臣民ハ其ノ所有権ヲ侵サルヽコトナシ」と，臣民の所有権の不可侵が明記されたことを想起する。

設問Bは，

①「第一次世界大戦期以後における労働生産性の上昇の加速の要因」のうち，「働き手1人当たり資本設備の増加による部分」を考察する際は，日本の資本主義発達史を概観し，基本的知識を確認する。

②寄生地主制の農村の貧困は，低賃金労働力を生み出したので，国民の購買力は小さく，日本の国内市場は狭かった。そのため，1900年頃，日本の資本主義は確立したが，すぐに，海外市場を求めて他国を侵略・植民地化する資本主義の最終的段階である帝国主義が形成されていったことを考察する。

③第一次世界大戦における交戦国からの軍需，ヨーロッパ列強の後退した中国市場などアジア市場への進出，戦争需要で好景気となったアメリカへの輸出増大が，1915～18年，日本経済に，大戦景気とよばれる空前の好景気をもたらしたことを想起する。

④第一次世界大戦に際し，貿易は大幅な輸出超過になり，1914年に約11億円の債務国であった日本は，1920年には27億円以上の債権国となったこと，1914～19年で工業生産額は5倍となり，1919年には工業生産額が農業生産額を上回ったことを想起する。

⑤第一次世界大戦の軍需により，造船業や鉄鋼業など重工業が発達し，敵国ドイツからの輸入が途絶したので，化学工業が発達したことなどを想起する。

⑥「第一次世界大戦期以後における労働生産性の上昇の加速の要因」のうち，「その他の要因による部分」を考察する際，「教育による労働の質の向上」については，近代的教育制度の整備の基本知識を確認し，その上で，資本主義の発達を背景に，1918年，原敬内閣によって大学令が制定され，帝国大学以外に，公立大学・私立大学・単科大学の設立が認められ，高等教育が拡充されていったことを考察する。

⑦高等教育の拡充や，商業など第三次産業の発展に伴い，企業や官公庁に働くサラリーマン(俸給生活者)など新中間層が登場して都市も発展し，新中間層が大正デモクラシーの主要な担い手となったことを考察する。

⑧「第一次世界大戦期以後における労働生産性の上昇の加速の要因」のうち，「その他の要因による部分」を考察する際，「技術の進歩」については，1915年，猪苗代水力発電所が完成して東京への長距離送電が実現し，1917年，工業用原動力として，電力が蒸気力を抜いたことを想起する。

⑨「第一次世界大戦期以後における労働生産性の上昇の加速の要因」のうち，「その他の要因による部分」を考察する際，「財産権を保護する法などの制度」については，1911年に第二次桂太郎内閣により公布されたものの資本家の反対で施行が延期されて

いた工場法が，1916年に第二次大隈重信内閣の時に施行されたことを想起する。その上で，工場法においては，16歳未満の少年・女性の労働時間の限度を12時間とすること，少年・女性の深夜労働の禁止，12歳未満の児童の雇用禁止などが規定されたことを確認する。

上記の内容を踏まえ，解答の骨子を示してみよう。

設問Aは，労働生産性の上昇をもたらした要因の「１人当たり資本設備の増加による部分」としては，資本主義の確立などについて，「その他の要因による部分」としては，義務教育の普及などについて言及すればよい。

設問Bは，労働生産性の上昇をもたらした要因の「１人当たり資本設備の増加による部分」としては，大戦景気による軍需などについて，「その他の要因による部分」としては，高等教育の拡充などについて言及すればよい。

〔問題の要求〕

設問Aでは，1880年代半ばから1890年代における労働生産性の上昇をもたらした要因について，90字以内で述べることが要求されている。

設問Bでは，第一次世界大戦期以後における労働生産性の上昇の加速の要因について，90字以内で述べることが要求されている。

以下の〔ポイント〕は，問題が要求している「論点」を示すとともに，それに対応する「採点基準」における加点要素を示している。また，〔ポイント〕は**解説**で詳述した「解法」のまとめにもなっている。

〔ポイント〕

設問A

＜労働生産性上昇の要因―１人当たり資本設備の増加＞

①松方財政下

＊官業払下げ推進

＊資本・労働力の創出（資本の原始的蓄積）

②産業革命の進展

＊機械制生産の増大

③資本主義の確立過程

④日清戦後経営

＊軍備拡張・産業振興策

⑤貨幣価値の安定と貿易の振興を図り金本位制を採用

<労働生産性上昇の要因—その他の要因>

①義務教育の普及

＊実学の奨励

②紡績業

＊手紡やガラ紡を圧迫して機械制生産が急増

＊大阪紡績会社の設立

③製糸業

＊座繰製糸から器械製糸への転換

④大日本帝国憲法(明治憲法)

＊所有権の不可侵の規定

設問B

<労働生産性上昇の要因—1人当たり資本設備の増加>

①大戦景気

②中国(アジア)市場への進出

＊輸出超過

③第一次世界大戦の軍需

＊重工業の発達

＊鉄鋼業(造船業·化学工業)

④帝国主義の確立

<労働生産性上昇の要因—その他の要因>

①大学令

＊高等教育の拡充

＊新中間層(サラリーマン·俸給生活者)の増加

②工業原動力の水蒸気から電力への転換(電力の普及)

③工場法の施行

解答

A松方財政下の官業払下げの推進と資本・労働力の創出，産業革命の進展による機械制生産の増大と資本主義の確立，及び，義務教育の普及，明治憲法における所有権の不可侵の規定が背景となった。(30字×３行)

B大戦景気による中国市場進出と輸出超過，軍需による重工業の発達，及び，大学令による高等教育の拡充，新中間層の増加，工業原動力の水蒸気から電気への転換，工場法施行などが背景となった。(30字×３行)

2021年

第1問

解説 9世紀後半の体制安定の背景について考察する問題であった。参考文を熟読し，その内容や示唆するものを読み取って，問題の要求に沿って，150字以内で論じることが要求されている。

参考文(1)

842年嵯峨上皇が没すると，仁明天皇を廃して淳和天皇の子である皇太子恒貞親王を奉じようとする謀反が発覚し，恒貞親王は廃され，仁明天皇の長男道康親王(文徳天皇)が皇太子に立てられた。以後皇位は，直系で継承されていく。

ここからは，嵯峨太上天皇(上皇)の死に際し，淳和天皇(嵯峨天皇の弟)の子である皇太子恒貞親王が廃され，仁明天皇(嵯峨天皇の子)の長男である道康親王(のちの文徳天皇)が皇太子に立てられた事件が，承和の変であると確認すること。及び，承和の変の後，上皇が政務に関与しなくなり，皇位も，仁明天皇―文徳天皇―清和天皇―陽成天皇と，しばらく，嵯峨天皇から続く直系で継承されたことを想起し，天皇権力が安定してきたことを考察することが求められている。

設問文にあるように，奈良時代以来，皇位継承を巡るクーデターや争いが繰り返されたが，その背景の一つとなる，上皇と天皇の対立は，すでに奈良時代にも存在した。

叔母の光明皇太后と結んだ南家の藤原仲麻呂は，橘諸兄を引退に追い込み，757年には，橘奈良麻呂の変に際し，大伴氏や佐伯氏の一部など，対立する貴族たちを粛正した。そして，姻戚関係(藤原仲麻呂の長男の未亡人の夫)にある淳仁天皇を即位させ，天皇から恵美押勝の名を与えられ，大師(太政大臣)にまで昇進して専権を振るった。

しかし，藤原仲麻呂の権勢は，光明皇太后が死去すると陰りを見せ，自らが擁立した淳仁天皇と，道鏡を寵愛する孝謙上皇との対立も深まっていった。764年，このような情況に危機感を持った藤原仲麻呂は挙兵したが敗死し(恵美押勝の乱)，その後，淳仁天皇は廃され，孝謙上皇が重祚して称徳天皇となった。

平安時代初期には，桓武天皇の子である，弟の嵯峨天皇と，平城京に再遷都しようとする兄の平城上皇との間に対立が生じ，「二所朝廷」とよばれる混乱する状態を呈した。810年，平城上皇の寵愛を受けた，式家の藤原薬子が，兄の仲成と共に平城上皇の重祚を図った。しかし，巨勢野足や北家の藤原冬嗣を蔵人頭に任命して迅速に対処した嵯峨天皇によって鎮圧され，平城上皇は出家し，藤原薬子は自殺して，藤原仲成は射殺された。この薬子の変(平城太上天皇の変)は，式家没落，北家隆盛の契機となった。

このように，天皇と上皇の対立が政治の混乱を招いた経緯もあり，嵯峨天皇は，退位の際，宮城から出て，天皇の有する権限を放棄し，政務に関与しないことを示し，以後，この建前が通例となっていった。

とはいえ，退位した後も嵯峨上皇の存在は大きかった。嵯峨天皇は，自らの皇子の正良親王ではなく，弟の淳和天皇に譲位した。しかし，皇太子には，嵯峨上皇の皇子の正良親王(のちの仁明天皇)が立てられた。その後，淳和天皇は，自らの皇子の恒貞親王ではなく，兄である嵯峨上皇の皇子の仁明天皇に譲位した。しかし，皇太子には，淳和上皇の皇子の恒貞親王が立てられた。つまり，皇位は「嵯峨天皇→嵯峨の弟の淳和天皇→嵯峨の子の仁明天皇」と継承され，次が「淳和の子の恒貞親王」となり，「嵯峨→淳和→嵯峨系→淳和系」となるはずであった。このことが承和の変の要因となるのである。

また，そこには，皇位継承を巡る抗争の歴史を踏まえた，桓武天皇の遺志が背景にあるとする見方もある。それは，桓武天皇系の天皇が，皇位継承に際して途絶えることの無いように，天皇は即位後に，兄弟や兄弟の系統の者を皇太子として決定し，桓武天皇系の兄と弟の両統で支えていくというものであった。

この時期は，嵯峨上皇と弟の淳和上皇という，二人の上皇が同時に存在し，皇位の継承は，前述したように，嵯峨上皇と淳和上皇の両統が交代するという不安定な状態であった。嵯峨上皇は子の仁明天皇を後見して政治的な関与を図り，一方，淳和上皇も子の皇太子である恒貞親王を後見していた。しかし，淳和上皇が死去すると，嵯峨上皇が恒貞親王を後見していた。

840年，淳和上皇が死去し，ついで，842年に嵯峨上皇も死去した。大きな力を有していた嵯峨上皇の死に際して生じた政治的混乱の中，承和の変が発生した。すなわち，恒貞親王の側近の伴健岑と橘逸勢が，恒貞親王を奉じて謀叛を企てたとして配流され，恒貞親王も皇太子を廃されたのである。そして，その後，藤原冬嗣の外孫であり藤原良房の甥である，仁明天皇の皇子の道康親王(のちの文徳天皇)が皇太子になった。このように，藤原良房が伴健岑と橘逸勢を排斥した承和の変が，969年の安和の変まで続く，藤原北家の他氏排斥の嚆矢となった。

また，この後，兄の嵯峨天皇系と弟の淳和天皇系の両統迭立の状態が解消し，皇位も「仁明天皇―文徳天皇―清和天皇―陽成天皇」と，しばらく，嵯峨天皇の直系で継承され，天皇権力も安定してきた。858年，天皇の歴史で初めての幼少の天皇である，

９歳の清和天皇が即位すると，外祖父である藤原良房が実質的な摂政となり，天皇の政務を代行した。

そして，866年，応天門事件が起こった。大納言伴善男が，平安宮の朝堂院正門である応天門に放火して，政敵であった左大臣源信を犯人として訴えたが無罪となり，その後，真相が発覚して，逆に伴善男が真犯人として配流されたという事件である。このような，律令国家の政府(最高行政機関)である太政官の内部の抗争により，太政官が機能しなくなったので，清和天皇から藤原良房に対し，正式に摂政に任じる勅が出された。

応天門事件に際し，伴善男や紀豊城・紀夏井らが配流されたので，藤原良房は，伴氏や紀氏を没落させることに成功した。なお，大伴親王が淳和天皇として即位すると，ヤマト政権以来の中央の有力豪族であった大伴氏は「伴氏」と改称した。また，応天門事件を題材にして描かれた絵巻物が，院政期文化の『伴大納言絵巻』である。

参考文(2)……………………………………………………………………………………

嵯峨・淳和天皇は学者など有能な文人官僚を公卿に取り立てていくが，承和の変の背景には，淳和天皇と恒貞親王に仕える官人の排斥があった。これ以後，文人官僚はその勢力を失っていき，太政官の中枢は嵯峨源氏と藤原北家で占められるようになった。

……………………………………………………………………………………………………

ここからは，嵯峨天皇や弟の淳和天皇が，学者など有能な文人官僚を公卿として取り立てたことを確認するとともに，承和の変において，淳和天皇と子の恒貞親王に仕える文人官僚が排斥され，天皇と血縁関係がある嵯峨源氏や藤原北家が公卿として太政官の中枢を占めたことを確認することが求められている。

文人官僚というと，887年の阿衡の紛議に際し，藤原基経に責任を追及された橘広相や，901年の昌泰の変で，藤原時平によって大宰権帥に左遷された菅原道真が有名であるが，嵯峨天皇や淳和天皇なども，文学や学問に長じた有能な文人官僚を公卿として登用していた。

承和の変は，藤原良房が伴健岑と橘逸勢を排斥した，藤原北家の他氏排斥の嚆矢となる事件であったが，その際，藤原氏も含め，大量の官人が処分され，淳和天皇と，その皇子である恒貞親王に仕える文人官僚たちも排斥された。そして，嵯峨天皇の子の仁明天皇以降，皇位は嵯峨天皇系の直系で継承されるようになった。その結果，文人官僚は勢力を失っていき，嵯峨天皇の皇子たちが臣籍降下することにより始まった賜姓皇族である嵯峨源氏や，天皇の外戚となった藤原北家が，太政官の公卿などの要職を占めていくようになった。

参考文(3)

文徳天皇は，仁寿年間以降(851～)，内裏の中心である紫宸殿に出御して政治をみることがなかったという。官僚機構の整備によって天皇がその場に臨まなくても支障のない体制になったためだと考えられる。藤原氏の勧学院，在原氏や源氏の奨学院など，有力氏族は子弟のための教育施設を設けた。

ここからは，文徳天皇が紫宸殿に出御して政治を見ることがなかったということを確認して，官僚機構が整備され，機能していたので，天皇個人の能力と関係なく政務が機能するようになったことを考察することが要求されている。また，官僚機構の整備に伴い，貴族の諸家が大学別曹を設置し，一族の子弟の官僚としての能力や教養を養成したことを読み取ることが求められている。

藤原冬嗣の外孫であり藤原良房の甥である文徳天皇は，850年に即位したが，病弱で政務を見ることがほとんどなかった。そのため，外戚の藤原良房が権勢をふるい，文徳天皇の寵愛する第１皇子の惟喬親王を越えて，第４皇子である良房の外孫の惟仁親王(のちの清和天皇)を皇太子に擁立した。

律令国家は，二官八省の国家機構が，法に基づく，官位相当制の官僚機構，及び，戸籍・計帳による人民支配により支えられ，その成立基盤をなしている。そして，平安時代初期になると，官僚機構の整備も進んでいった。

律令国家は，八省の一つの式部省の管轄下に大学(大学寮)を設置している。大学は官僚の養成機関であり，貴族の子弟や史部の子弟などが学んだ。大学の教科は，儒教の経典を学ぶ明経道，律令など法律を学ぶ明法道のほか，中国語の発音を学ぶ音道，書を学ぶ書道，算術を学ぶ算道などの諸道があった。また，平安初期には，中国史や中国文学を学ぶ紀伝道が重視された。文章博士が教官となったので，俗に「文章道」とよばれることがあるが，この表記は明治以降の誤伝である。

平安初期になると，各貴族は，官僚となるために大学で学ぶ一族の子弟のために，大学別曹を設けた。大学別曹は，大学で学ぶ学生(がくしょう)のための寄宿舎で，和気氏の弘文院，藤原氏の勧学院，在原氏や皇族の奨学院，橘氏の学館院などが設置された。このように，貴族たちは，一族の子弟の官僚としての養成に励んだので，藤原氏などの中からも優秀な官僚が輩出され，官僚機構も整備されていった。そのため，天皇個人の能力にかかわらず，政務が機能するようになっていった。

参考文(4)……………………………………………………………………………………

858年清和天皇はわずか9歳で即位した。このとき外祖父で太政大臣の藤原良房が実質的に摂政となったと考えられる。876年に陽成天皇に譲位する時に，清和天皇は藤原基経を摂政に任じ，良房が自分を補佐したように陽成天皇に仕えよと述べている。

…………………………………………………………………………………………………

ここからは，藤原良房が，外孫である幼少の清和天皇の摂政として政務を代行したことや，藤原基経が，陽成天皇の摂政となったことを確認し，藤原北家が，天皇の外戚となることや，摂政として天皇の政務を代行することにより権力を掌握していったことを考察することが求められている。

前述したが，858年，外孫の清和天皇が，天皇の継承史上初めて，わずか9歳という幼少で即位すると，外祖父の藤原良房が，事実上の摂政となって，政務を代行した。そして，866年の応天門の変に際し，藤原良房は，皇族以外で初めて正式に摂政に任じられた。

876年，清和天皇は，藤原基経の妹との間に生まれた第1皇子である，9歳の陽成天皇に譲位した。その際の宣命で，「幼主を保輔し，天子の政を摂行すること，忠仁公(藤原良房)の故事の如し」と表明した。このことは，清和天皇が，藤原良房が自らの摂政として政務を代行したことを前例にして，陽成天皇の外戚である藤原基経を摂政として任じたことを示している。

参考文(5)……………………………………………………………………………………

清和天皇の貞観年間(859～876)には，『貞観格』『貞観式』が撰定されたほか，唐の儀礼書を手本に『儀式』が編纂されてさまざまな儀礼を規定するなど，法典編纂が進められた。

…………………………………………………………………………………………………

ここからは，清和天皇の治世においては，『貞観格』『貞観式』の撰定や，唐の儀礼書を手本として『儀式』が編纂されたことを読み取り，格式の編纂などの法制の整備や，儀礼の唐風化が進められることによって，朝廷や天皇を支えていた神話力が喪失していったことを考察することが求められている。

嵯峨天皇や清和天皇の頃を中心とする平安初期の文化を，弘仁・貞観文化という。この時期は，唐の文化の影響を強く受け，唐から導入された，文芸を中心として国家の隆盛を図る文章経国思想が広まっていった。814年には，嵯峨天皇の命で，初の勅撰漢詩集である『凌雲集』が編纂され，ついで，818年，同じく嵯峨天皇の命で『文華秀麗集』，827年，淳和天皇の命で『経国集』という勅撰漢詩集も編纂された。漢文学が隆盛し，漢詩文が教養として重視されたので，貴族たちも漢詩文に熟達していった。すなわち，この時期になると，日本の貴族たちも漢字文化に習熟し，漢字文化を借りものではなく使いこなせるようになり，ようやく受け売りではなく，唐文化を消化した段階まで達したといえるようになったのである。

そのような中で，弘仁・貞観文化の時期は，宮中の儀式や年中行事などを定めるために，嵯峨天皇により『内裏式』が，清和天皇により『貞観儀式』が編纂され，儀礼の唐風化が進められた。また，嵯峨天皇の命で弘仁格式，清和天皇の命で貞観格式が編纂され，法制の整備が図られ，のちに醍醐天皇の命で編纂された延喜格式と合わせて，三代格式と総称された。このように，官僚機構の整備や儀礼の唐風化や法令の編纂により，天皇権力は安定化する一方，天皇や朝廷を支えていた神話力が喪失していった。

上記の内容を踏まえ，解答の骨子を示してみよう。

嵯峨系で継承される天皇権力が安定し，官僚機構や法制の整備，儀礼の唐風化が進み，天皇の外戚である藤原北家が摂政として政務を代行するようになると，体制が安定化してきたことを述べればよい。

〔問題の要求〕

9世紀後半の体制安定の背景となる変化について，150字以内で述べることが要求されている。

以下の〔ポイント〕は，問題が要求している「論点」を示すとともに，それに対応する「採点基準」における加点要素を示している。また，〔ポイント〕は**解説**で詳述した「解法」のまとめにもなっている。

〔ポイント〕

＜安定した体制の背景―天皇＞

①天皇権力の確立

＊太上天皇は政務に関与しなくなる

＊(嵯峨天皇の)直系による皇位継承の継続化

＜安定した体制の背景―官僚機構＞

①官僚機構の整備

＊大学別曹の設置

＊貴族は官僚としての能力・教養を養成

＊有能な(文学や学問に長じた)文人官僚の登用

＊天皇個人の能力と関係なく政務が機能するようになる

<安定した体制の背景―法制・儀礼>

①法制の整備

＊格式の編纂

②儀礼の唐風化

＊天皇の神話力の喪失

<安定した体制の背景―藤原北家>

①藤原北家の他氏排斥

＊文人官僚の排斥

＊天皇と血縁関係にある貴族(嵯峨源氏・藤原北家)の進出

②藤原北家による太政官の公卿の独占化

③天皇の外戚となり摂政に就任

＊幼少の天皇の政務を代行

④藤原北家を中心に体制は安定化

⑤律令国家は貴族社会へと再編される

解答

上皇は政務に関与せず，嵯峨系で継承される天皇権力が安定する一方，大学別曹の設置，文人官僚の登用で，天皇の力と関係なく官僚機構は機能した。法制の整備，儀礼の唐風化により天皇の神話力は喪失したが，藤原北家が他氏を排斥し，幼少の天皇の外戚として摂政となり政務を代行すると，藤原北家を中心に体制は安定化した。(30字×５行)

第２問

解説　荘園領主の検注と地頭の荘園支配について考察する問題である。参考文を熟読し，その内容や示唆するものを読み取って，問題の要求に沿って論じることが要求されている。

設問Ａでは，荘園領主が検注を実施しようとした理由を，60字以内で説明することが要求されている。

設問Ｂでは，地頭請は地頭の荘園支配にどのような役割を果たしたか，検注や開発との関係に触れながら，90字以内で説明することが要求されている。

荘園領主と守護と地頭との関係について確認する必要がある。

守護と地頭に関して，曖昧な認識の受験生が多い。守護は，鎌倉幕府と室町幕府に置かれた職制で，原則として各国に一人ずつ置かれ，軍事や地方行政を担った。鎌倉時代の守護は，東国出身の有力御家人が任命され，大犯三カ条といわれる，大番催促・謀叛人の逮捕・殺害人の逮捕が，平時における主な職務であった。また，東国では，国衙(国司の役所)の職員である在庁官人を支配し，律令政府の派遣する国司の職掌である行政事務を引き継ぎ，事実上，国衙の機能を吸収し，地方行政官としての役割を果たした。

しかし，守護は，それらの職務に対する収益を，鎌倉幕府から与えられてはいなかった。つまり，守護は地頭であったので，守護は地頭としての職務から収益を，将軍よりの「御恩」として得ていたのである。まず，「守護は地頭であるが，地頭は必ずしも守護ではない」ということを，ここで確認する必要がある。

将軍に見参して名簿を提出し，「御恩」と「奉公」の主従関係を結んだ，将軍の直臣の武士を御家人という。職とは，職務に伴う土地からの収益権のことだが，「御恩」は主に地頭職補任の形をとる。つまり，地頭職補任とは，土地そのものを与えるのではなく，将軍が御家人を地頭に任命し，地頭職という，地頭としての権利を与えることである。

すなわち，源頼朝は，御家人として家臣化した，開発領主の子孫，あるいは元開発領主であった荘官の持つ，私的で不安定な荘官職を，公的で安定した地頭職として補任するという形をとって，武士たちと主従関係を結んだのである。これが典型的な「御恩」である本領安堵を意味する。また，戦功などにより新たな所領や所職が与えられることを新恩給与という。

一方，御家人の「奉公」としては，内裏などの警固役である京都大番役，鎌倉幕府の警固役である鎌倉番役などの番役，緊急事態の「いざ鎌倉」など戦時に出陣・参戦する軍役，修造役である関東御公事がある。

日本は66か国あるが，鎌倉幕府は，国ごとに有力御家人を守護として任命した。原則は，各国一人だが，実際は，複数の国の守護を兼任する者もいたので，守護となる有力御家人の人数は数十人であった。

将軍は，御家人を地頭に任命した。地頭は，荘園・公領(国衙領)に置かれたが，当初は謀叛人跡に設置され，承久の乱後に全国的に拡大し，その数は数千人に達していたと考えられる。地頭の職務としては，荘園に置かれた地頭は，年貢を徴収して荘園領主に納入し，公領に置かれた地頭は国司に納入することが，主なものであったが，荘園・公領の管理や，治安維持などにも従事した。やがて，公的な地頭職を得て地位が安定した地頭は，地頭請や下地中分により荘園を侵略し，在地領主(封建的小領主)化していった。

つまり，数千人の地頭に任命された御家人のうち，数十人の有力御家人が守護という収益の無い，いわば「名誉職」的な職についたのである。そして，守護は地頭であるので，「御恩」として将軍から与えられた地頭職からの収益を得ていたのである。

参考文(1)……………………………………………………………………………………

安芸国沼田(ぬた)荘の地頭小早川氏は，鎌倉時代半ば以降，荘内の低湿地を干拓し，田地にしていった。このように各地の地頭は積極的に荒野の開発を進め，田地を拡大していた。

……………………………………………………………………………………………………

ここからは，安芸国沼田荘では，地頭の小早川氏が低湿地を開拓したように，各地で地頭が荒野を開発して田地を拡大していったことを読み取り，このような地頭の行動を，荘園領主が警戒していたことを想起することが求められている。

参考文(2)……………………………………………………………………………………

若狭国太良(たら)荘の荘園領主は現地に使者を派遣し，検注とよばれる土地の調査を行った。検注では荘内の田地の面積などが調べられ，荘園領主に納める年貢の額が決定された。

……………………………………………………………………………………………………

ここからは，若狭国太良荘の荘園領主が，検注とよばれる土地調査を行い，年貢の額を決定していたことを読み取り，荘園領主が，地頭の新開発地を含めて，確実に年貢を徴収しようと意図していたことを考察することが求められている。

検注とは，荘園領主や国司が，荘園や公領から収奪する，年貢・公事・夫役などの租税の基準を定め，荘園や公領を支配するために行った土地の調査のことである。そのため，荘園や公領の東西南北の四至に，牓示とよばれる標識を立て，領域を確定した。また，土地の面積を計測し，課税対象とする土地や，名主・作人などを調査し，年貢率などを定めた。

さらに，その際，地頭が開発した新開発地を含む調査を行い，新開発地を含めて，確実に年貢を徴収できるように努めた。

参考文(3)……………………………………………………………………………………

検注は，荘園領主がかわった時などに実施されるのが慣例であった。下総国匝瑳南条(そうさなんじょう)西方(にしかた)でも新たな領主による検注が予定されていたが，それ以前に開発された田地の検注を地頭が拒否して，鎌倉幕府の法廷で裁判となった。

……………………………………………………………………………………………………

ここからは，荘園領主がかわったときに検注が行われることを確認し，検注に際し，荘園領主が，荘園の東西南北に牓示(四至牓示)を施し，領域を確定したことを想起すること，及び，下総国匝瑳南条西方では，検注を行おうとした新荘園領主と，自らが開発した土地の検注を拒否した地頭との間で紛争が生じ，鎌倉幕府で裁判となった事例を確認することが要求されている。

その上で，検注により地頭の新開発地からも確実に年貢を徴収しようとする荘園領主と，自らが開発した新開発地からの徴税を拒否しようとする地頭との間で，紛争が多発していたことを考察することが求められている。

参考文(4)……………………………………………………………………………

越後国奥山(おくやま)荘の荘園領主は検注の実施を主張して，検注を拒否する地頭を鎌倉幕府に訴えたが，奥山荘は地頭請所であったため，検注の停止が命じられた。

……………………………………………………………………………………

ここからは，地頭請所であった越後国奥山荘の荘園領主が検注の実施を主張して，拒否する地頭を訴えたが，鎌倉幕府から検注の停止を命じられた事例を確認する。

その上で，荘園領主が地頭に一定(定額)の年貢を請負わせ，地頭に荘園管理を一任する地頭請により，荘園領主から土地と人の支配を委ねられるようになった地頭が，荘園の支配を進めていったことを考察することが要求されている。

1221年の承久の乱の後，約3000か所の後鳥羽上皇方の所領を没収した鎌倉幕府は，新補率法に基づく新補地頭など，大量の地頭を，畿内や西国に設置した。そのことにより，東国武士が大量に西国に進出し，西遷御家人が増加した。

元来，地頭は年貢徴収権を持ち，名田ごとに年貢を徴収して荘園領主に納入する職務に従事し，その職務に対する報酬として，年貢の一部を地頭の得分とした。この得分が将軍から「御恩」として補任された地頭職である。

承久の乱後に，畿内・西国に大量に地頭が置かれたことに伴い，荘園領主に年貢を納入しない地頭や，年貢を押領する地頭も現れ，荘園領主と地頭との紛争が増加した。鎌倉幕府の基本法である御成敗式目(貞永式目)では，その第５条において，「徴収した年貢を荘園領主に納入しない地頭の処分について」の規定がある。そこでは，年貢を荘園領主に納入しない地頭は，荘園領主の要求があれば，即座にその要求に従うこと。不足分があれば，すぐに補うこと。不足分が大量で返還し切れない場合は，３年のうちに荘園領主に返還すること。この規定に従わない場合は地頭を解任すること，が明記されていた。

そのため，荘園領主は，年貢を納入しない地頭や年貢を押領した地頭を，鎌倉幕府に提訴したので，裁判が増加した。幕府の裁判の判決や，和与とよばれる話し合いの結果，地頭請が行われることがあった。荘園領主は，現地で実際に支配している地頭の行動を抑えきれないので，地頭に荘園の管理の全てを一任し，請料と言われる定額の年貢納入を請負わせる地頭請の契約を結ぶことを余儀なくされた。

その結果，荘園領主から土地と人の支配を委ねられた地頭は，荘園領主の検注を拒否し，地頭が新たに開発した土地の課税を回避して，荘園の支配を進展させた。

上記の内容を踏まえ，解答の骨子を示してみよう。

設問Aは，荘園領主が，新開発地を含めた土地調査を行い，確実に年貢を徴収するために検注を行ったことを述べればよい。

設問Bは，地頭請により，土地と人の支配を委ねられた地頭が，検注による新開発地の課税を回避し，荘園支配を進めたことを述べればよい。

〔問題の要求〕

設問Aでは，荘園領主が検注を実施しようとした理由を，60字以内で述べることが要求されている。

設問Bでは，地頭請が地頭の荘園支配に果たした役割について，検注や開発との関係に触れながら，90字以内で述べることが要求されている。

以下の〔ポイント〕は，問題が要求している「論点」を示すとともに，それに対応する「採点基準」における加点要素を示している。また，〔ポイント〕は**解説**で詳述した「解法」のまとめにもなっている。

〔ポイント〕

設問A

＜荘園領主が検注を実施しようとした理由＞

①荘園の支配が目的

②牓示を示す

＊領域の確定

③土地の面積の調査

＊地頭が開発した新開発地を含む調査を行う

④ 新開発地を含めて確実に年貢を徴収

設問B

＜地頭請の内容＞

①地頭請

＊紛争解決が目的

②荘園領主

＊地頭に一定(定額)の年貢を請負わせる

＊地頭に荘園管理を一任する

＜地頭請の役割＞

①地頭

＊荘園領主から土地と人の支配を委ねられる

＊検注を拒否

＊新開発地の課税を回避

＊荘園支配の進展

解答

A牓示を示して領域を確定するとともに，新開発地を含めた土地の
面積の調査などを行い，確実に年貢を徴収するため検注を行った。(30字×２行)

B荘園領主は紛争解決のため地頭に荘園管理を一任し，一定の年貢
を請負わせる地頭請の契約を結んだ。土地と人の支配を委ねられた
地頭は，検注による新開発地の課税も回避し，荘園支配を進めた。(30字×３行)

第３問

解説　富士山の大噴火と被災地の救済について考察する問題である。参考文を熟読し，その内容や示唆するものを読み取って，問題の要求に沿って論じることが要求されている。

設問Aでは，全国の村々から徴収した「諸国高役金」の大半が被災地救済に使用されなかった背景となる，17世紀後半以降の江戸幕府の財政上の問題について，60字以内で述べることが要求されている。

設問Bでは，江戸幕府の被災地救済の方針と問題点について，上流と下流への対応の相違の理由に注意して，90字以内で述べることが要求されている。

1707年10月４日，関東地方から九州地方にかけて，マグニチュード8.6という大規模な地震が発生した。南海トラフ沿いに起きたプレート境界地震で，地震に伴い，津波が発生し，その被害は，九州西部から東海地方にまで広範囲に及んだ。1707年は，宝永四年であったので，この地震は，宝永大地震とよばれた。また，この時期は５代将軍徳川綱吉(在職1680～1709)の治世の時期にあたる。

宝永大地震の翌日には，富士山麓でマグニチュード6.5程度の大規模な余震が起きている。そして，宝永大地震の49日後の11月23日の午前10時頃，富士山が噴火した。宝永の富士山大噴火という。

宝永の富士山大噴火で，最大の被害を受けたのは小田原藩であった。特に小田原藩は，1703年に相模トラフ付近で発生したプレート境界地震である，元禄関東大地震で，大規模な津波の被害を受けていた。そして，富士山の噴火により，10万石の小田原藩の約６割が火山灰に埋まったと言われている。

小田原藩の藩主は，老中の大久保忠増であったこともあり，江戸幕府は，小田原藩に対して，１万５千両の拝借金を許した。しかし，小田原藩は，藩内の巡見は行ったが，火山灰の被害の多かった村々には，自力復興を促すのみであった。

参考文(1)……………………………………………………………………………………

1707年に富士山が大噴火して広範囲に砂(火山灰)が降り，砂はさらに川に流れ込んで大きな被害をもたらした。幕府は，砂除川浚（すなよけかわざらい）奉行を任命するとともに，「近年出費がかさんでおり，砂が積もった村々の御救も必要」として，全国の村々から「諸国高役金」を徴収した。

……………………………………………………………………………………………………

ここからは，富士山大噴火の被害に対し，幕府が砂除川浚奉行を任命し，「諸国高役金」を徴収したことを読み取り，幕府が，被災地の救済に「公儀」として直接に乗り出したこと，及び，幕府財政が逼迫しているので，救済のための費用としては，全国の村々から「諸国高役金」を取り立て，復興費の一部にしようとしたことを考察することが求められている。

江戸幕府は，関東郡代の伊奈忠順を，「砂除川浚奉行」という復興の責任者に任命した。伊奈忠順の方針は，火山灰に埋もれた耕地の復興は村の自力で行わせる一方，「公儀」，すなわち幕府は，治水などの大規模工事を行うというものであった。

５代将軍徳川綱吉の治世の時期，幕府財政は破綻に瀕していた。まず，幕府の収入の減少の側面を見ると，金山・銀山など幕府直轄の鉱山が枯渇してきて，金銀の産出量が急激に減少してきた。また，長崎貿易における貿易赤字が拡大してきたため，1685年，幕府は，金銀の海外への流出防止を目的として定高貿易仕法を制定し，貿易額の上限を，清国船は年間で銀6000貫，オランダ船は年間で金５万両(銀3400貫)に限定して長崎貿易を制限した。さらに，幕府の基本的，かつ，主要な財源である年貢収入も停滞していた。

一方，幕府の支出は増大していた。４代将軍徳川家綱の治世の時期に起きた，1657

年の明暦の大火によって生じた，江戸城と江戸市街の再建費用などの復興費が，５代将軍徳川綱吉の時期の財政を圧迫していた。また，徳川綱吉の生母である桂昌院の発願による護国寺の建立，徳川氏の菩提寺で，歴代将軍の墓所となっている，上野の寛永寺と芝の増上寺の修築，東大寺大仏殿の再興などの寺院の造営に多額な費用を要し，朝廷儀式の再興費や，徳川綱吉の奢侈な生活の費用など消費支出の増大も相俟って，収入の減少と支出の増大により，幕府財政は，まさに破綻に瀕していた。

そのような中で，富士山大噴火が起きたので，幕府は，その復興費用に充てるため，全国の幕領と私領の村々に対し，石高100石について金２両を徴収する，諸国国役金(高役金)を賦課した。その結果，約49万両の国役金が幕府に上納された。

参考文(2)……………………………………………………………………………………………

豊かな足柄平野を潤す酒匂(さかわ)川では，上流から砂が流れ込んで堆積し，氾濫の危険性が高まっていた。幕府は他地域の大名にも費用を分担させ，最も危険な箇所を補強する工事を緊急に行ったが，砂の除去が不十分で堤が切れ，下流域で洪水が繰り返された。

………

ここからは，酒匂川の下流の足柄平野は，肥沃で生産性が高く，石高が多い重要な地域であったことを確認し，上流からの火山灰が堆積し，酒匂川の氾濫の危機が高まると，幕府は大名たちに御手伝を課し，優先的に緊急の補強工事など治水にあたったこと，及び，火山灰の除去が不十分で，洪水が繰り返されたことを考察することが求められている。

被災地救済にあたっての幕府の方針は，酒匂川の下流の足柄平野のような，肥沃で生産性が高く，石高が多い，年貢収入が期待される地域は，幕府が，優先的に救済にあたるというものであった。また，そのような下流域における河川の氾濫に危機感を持った幕府は，直接，川浚えや堤防の修築などの治水にあたった。

その際，幕府は諸大名に対して，河川修復のための工事を，御手伝(御手伝普請)として課した。江戸時代の大名知行制とは，将軍が大名に対し，「御恩」として，石高を基準に領地を知行給与し，かつ，「奉公」として，知行高(知行地の石高)を基準として軍役や御手伝(御手伝普請)を課すものであった。すなわち，御手伝(御手伝普請)とは，「平時の軍役」といわれる，将軍の「御恩」に対する，大名の「奉公」のことであったのである。

参考文(3)……

砂が最も深く積もったのは，酒匂川上流の冷涼な富士山麓の村々であった。砂除には莫大な費用が見込まれたが，幕府からの手当はわずかであり，一部の田畑を潰して砂を捨てていた。後には砂を流す水路の開削費用が支給されるようになったものの，捨てた砂は酒匂川に流れ込み，下流部に堆積してしまった。

……

ここからは，酒匂川の上流は，冷涼な山麓地なので，生産性が低く，石高が少ない，年貢収入が少ない地域であったことを想起する。その上で，「幕府の手当」という箇所から，幕府の上流の被災地への救済方針が，村に対しては自力で復興を促したこと，及び，村の人々が田畑に火山灰を廃棄したことが，下流の洪水の要因となったことを考察することが求められている。

被災地救済にあたっての幕府の方針は，上流の山麓地帯のような，冷涼で生産性が低く，石高が少ない，年貢収入が期待されない地域は，火山灰の被害が甚大であっても，幕府は村に対し，自力で火山灰を除去させるなど，自力での復興を促すものであった。その際，村に対し，砂除金・補助金・扶持米・救済米などの手当は支給したものの，それらは，復興費用としては極めて少ないものであった。

幕府からの手当が少ないため，村の人々は，田畑を潰して火山灰を廃棄することを余儀なくされた。その結果，農業生産に障害をもたらすのみならず，田畑に廃棄した火山灰が下流に流れ込んだ。そのため，下流域に火山灰が堆積していき，洪水や河川の氾濫の要因となってしまった。

参考文(4)……

幕府に上納された約49万両の「諸国高役金」のうち，被災地の救済に使われたことがはっきりしているのは６万両余にすぎなかった。その６万両の大半は酒匂川の工事にあてられた。

……

ここからは，約49万両の「諸国高役金」のうち，被災地救済に使用されたのは約６万両であったこと，その６万両の大半も酒匂川の工事にあてられたことを確認し，「諸国高役金」の大半が，破綻に瀕していた幕府財政の補填にあてられたこと，救済費も，生産性の高い下流の治水にあてられていたことを考察することが求められている。

上記の内容を踏まえ，解答の骨子を示してみよう。

2021年　解答・解説

設問Aは，鉱山の枯渇などによる収入減少，明暦の大火の復興費などによる支出増大で，幕府財政が破綻していたことを述べればよい。

設問Bは，幕府は，下流では治水にあたったが，上流では村に自力復興させたので，上流で田畑に捨てた砂が下流の洪水の要因となったことを述べればよい。

〔問題の要求〕

設問Aでは，全国の村々から徴収した「諸国高役金」の大半が被災地救済に使用されなかった背景となる，17世紀後半以降の江戸幕府の財政上の問題について，60字以内で述べることが要求されている。

設問Bでは，江戸幕府の被災地救済の方針と問題点について，上流と下流への対応の相違の理由に注意して，90字以内で述べることが要求されている。

以下の〔ポイント〕は，問題が要求している「論点」を示すとともに，それに対応する「採点基準」における加点要素を示している。また，〔ポイント〕は**解説**で詳述した「解法」のまとめにもなっている。

〔ポイント〕

設問A

＜17世紀後半以降の幕府財政上の問題―財政の破綻＞

①幕府財政は破綻に瀕す

＜17世紀後半以降の幕府財政上の問題―収入＞

①収入の減少

②鉱山の枯渇

＊金銀産出量の減少

＊鉱山収入の減収

③年貢収入の停滞

④貿易収入の停滞

＊貿易赤字の拡大

＊定高貿易仕法による貿易制限

＜17世紀後半以降の幕府財政上の問題―支出＞

①支出の増大

②明暦の大火の復興費

③寺院の造営

＊護国寺の造営

　＊寛永寺の修築

　＊増上寺の修築

　＊東大寺大仏殿の再興

④朝廷儀式の再興費

⑤消費支出の増大

　＊徳川綱吉の奢侈な生活の費用など

設問B

＜被災地救済にあたっての幕府の方針—下流＞

①下流

　＊肥沃な地域

　＊生産性が高い

　＊石高が多い

　＊年貢収入が多い

②下流の被災地への救済方針

　＊氾濫の危険

　＊幕府が治水(川浚え·堤防の修築)にあたる

　＊幕府は大名に御手伝を課す

　＊優先的に救済する

＜被災地救済にあたっての幕府の方針—上流＞

①上流

　＊冷涼な山麓地

　＊生産性が低い

　＊石高が少ない

　＊年貢収入が少ない

②上流の被災地への救済方針

　＊火山灰の被害が甚大

　＊幕府は村に自力復興を促す

　＊村の自力で火山灰を除去させる

　＊幕府は村に手当(砂除金・補助金・扶持米・救済米)を支給

　＊幕府の手当の不足

＜被災地救済策の問題点—上流＞

①上流の問題点

　＊田畑に火山灰を廃棄したので農業生産に障害

＊田畑に廃棄した火山灰が下流に流れ込む

<被災地救済策の問題点―下流>

①下流の問題点

＊火山灰が堆積

＊洪水(氾濫)の要因

解 答

Ａ金銀産出量の減少などにより収入は減少し，明暦の大火の復興費や寺社造営費などで支出が増大したので幕府財政は破綻に瀕した。(30字×２行)

Ｂ幕府は，肥沃な下流では大名に御手伝を課して治水にあたり，生産性の低い上流では村に自力復興を促したが，上流で田畑に捨てた砂は生産に障害を与えた上に下流に堆積し，洪水の要因となった。(30字×３行)

第４問

解説 華族令制定の意図と第二次護憲運動について考察する問題である。史料を熟読し，その内容や示唆するものを読み取って，問題の要求に沿って論じることが要求されている。

設問Ａでは，華族令の制定による華族の構成の変化とその意図について，90字以内で述べることが要求されている。

設問Ｂでは，子爵であった高橋是清が，隠居して貴族院議員を辞職した上で衆議院議員総選挙に立候補した理由について，この時期の国内政治の状況にふれながら，90字以内で述べることが要求されている。

設問Ａ

1869年６月17日，版籍奉還の直後，太政官より「公卿諸侯ノ称ヲ廃シ華族ト改ム」との達(たっし)が出された。これにより，従来の身分制度の公卿･諸侯の称が廃され，公卿，及び，藩主である諸侯の家は華族となることが定められた。その後，明治天皇の勅旨で華族に列せられた家もあった。

1884年，強大な君主権と大きな権力を持つ政府による立憲国家を構築しようとする政府は，華族令を制定した。この華族令によって，「維新の功臣」と称される藩閥官僚らが華族に加わり，「新華族」とも称された。なお，1947年５月３日の日本国憲法の施行に伴い，華族制度は廃止された。

1884年の華族令に基づき，従来の華族は区分され，公爵・侯爵・伯爵・子爵・男爵の五爵の制が整備され，華族は「皇室の藩屛」と位置付けられた。旧公家の華族は家格により，旧藩主の華族はかつての石高に基づき，爵位を授与された。また，「維新の功臣」と称される，「国家に勲功ある者」も新たに華族に列し，勲功に応じた爵位が授与された。

立憲体制(立憲政体)とは，政府のみならず憲法や国会を持った政治体制のことである。立憲体制の国家を立憲国家といい，立憲体制の政治を立憲政治という。なお，立憲主義(近代立憲主義)とは，憲法によって国家権力を制約することにより個人の人権を守ることである。

戦前の日本は，1889年の大日本帝国憲法の制定と1890年の帝国議会の開設により立憲体制は確立したが，立憲主義は確立していない。一方，戦後の日本は，立憲体制が確立し，かつ立憲主義に基づく国家である。

当時の日本における議論でいうと，一院制とは，国会を開設する際，下院，すなわち，国民が選挙で選んだ代表者により組織される民撰議院のみで国会を構成する制度であり，二院制とは，皇族・華族などで構成される上院を置いて，公選の議員からなる下院を制約する制度である。

華族令を制定した背景には，上院を設置して下院の立法権の制約を図る，政府の二院制の構想が存在した。国会を開設した場合，公選議員からなる下院には，自由民権運動を担った，自由党や立憲改進党のような政党が，多くの議席を獲得し，政府(内閣)と対立することが予想された。そのため，政府は，皇族・華族などで構成される上院を設置し，下院を制約する二院制を構想した。

しかし，政府は，国会を開設した際，従来の皇族・華族では，自由民権運動を闘ってきた活動家たちが議員となった下院には対抗し切れないと危惧した。そのため，1884年に華族令を制定し，同法において「国家に偉勲のある者」と規定された，「維新の功臣」と称される藩閥官僚らを，新たに華族に加えた。このように，華族令の制定に際し，新たに華族に加えられた，薩摩藩や長州藩など出身の藩閥官僚らは，「新華族」とよばれた。なお，国会の開設の構想においては，急進的な自由主義・民主主義を掲げる自由党は一院制を主張し，穏健な議会政治の成立を目指す立憲改進党は二院制を主張していた。

1889年，大日本帝国憲法が，神格化された天皇が強大な大権を持つ欽定憲法として制定された。翌1890年，大日本帝国憲法に基づく立法機関(国会)として，帝国議会が開設された。

帝国議会は，上院である貴族院と下院である衆議院によって構成された。貴族院は，皇族・華族・勅任議員からなり，勅任議員は，「国家ニ勲労アリ又ハ学識アル満30歳以上ノ男子」から選ばれる勅選議員と，各府県ごとに多額の直接国税を納める満30歳以上の男子の中から互選される多額納税者議員によって構成された。

設問B

子爵であった高橋是清が，隠居して貴族院議員を辞職した上で衆議院議員総選挙に立候補した理由について，この時期の国内政治の状況にふれながら，述べることが要求されているが，まず，「この時期の国内政治の状況」について見ていく必要がある。

1923年，関東大震災に際し，軍隊や警察，及び，一般の日本の民衆の手によって，数千人の朝鮮人と数百人の中国人が虐殺された。また，憲兵大尉甘粕正彦らによる，アナーキスト大杉栄とその妻で女性解放運動家の伊藤野枝の虐殺や，軍隊により，平沢計七ら10名の労働運動の活動家が虐殺された亀戸事件が引き起こされた。

このような権力によるテロに対する報復を図ったアナーキストの難波大助は，虎の門で帝国議会に向かう摂政裕仁(のちの昭和天皇)を狙撃した。この虎の門事件は，支配層へ大きな衝撃を与えた。その結果，同事件の責任をとり，第二次山本権兵衛内閣は総辞職した。

1924年，元老の松方正義と西園寺公望は，政党との関わりの薄い人物を首相として組閣することを意図し，枢密院議長であった貴族院議員の清浦奎吾を，首相として大正天皇に推挙した。ここに，陸軍大臣・海軍大臣・外務大臣以外の閣僚を貴族院議員とする超然内閣である清浦奎吾内閣が成立した。

清浦奎吾内閣の成立に対し，同内閣を超然内閣と見做して反発する政党勢力は，加藤高明を党首とする憲政会，高橋是清を党首とする立憲政友会，犬養毅を党首とする革新倶楽部により，護憲三派を結成した。ここに，護憲三派を中心に，「普選断行・貴族院改革」を唱え，清浦奎吾内閣の倒閣を掲げる第二次護憲運動が発生した。しかし，政党勢力も一枚岩ではなかった。護憲三派の結成に反発し，総裁の高橋是清を批判する，立憲政友会の内部の清浦奎吾内閣支持派は，同党を脱党し，床次竹二郎を中心に政友本党を結成した。

1924年，清浦奎吾内閣は，政友本党の支持を取り付け，衆議院を解散して，第15回総選挙にのぞんだ。しかし，結果は，護憲三派の圧勝に終わった。その際，憲政会が衆議院の第1党となり，ここに加藤高明護憲三派内閣とよばれる連立内閣が成立した。

1924年の衆議院議員総選挙に際し，立憲政友会総裁で，子爵であった高橋是清は，隠居して，貴族院議員を辞職した上で，衆議院議員総選挙に立候補した。

このような，高橋是清の行動の意図について問われている。まず，高橋是清の目的が，立憲政友会の総裁として衆議院議員総選挙を戦うことにあったことを確認する必要がある。

設問には，史料(4)として，「第12条　華族の戸主は選挙権及被選挙権を有せず　(「改正衆議院議員選挙法」1900年)」が挙げられているが，華族として爵位を有する者は，華族の家の家督を有する戸主である男子と規定されていた。そのため，子爵であった高橋是清が隠居して戸主の地位を長男に譲った意図は，華族の戸主は被選挙権がないので，衆議院議員になれないからであった。

また，設問には，史料(3)として，「第36条　何人も同時に両議院の議員たることを得ず　(「大日本帝国憲法」1889年)」が挙げられているが，高橋是清が貴族院議員を辞職した意図は，両議院の議員は兼任できないと規定されているので，貴族院議員を辞職しなければ，衆議院議員になれなかったからである。

さらに，高橋是清が，隠居した上に貴族院議員を辞職した理由については，華族の戸主や貴族院議員のままでは，清浦奎吾内閣に対し，「貴族院議員を中心とした超然内閣」との批判ができない，という事情もあったのである。

上記の内容を踏まえ，解答の骨子を示してみよう。

設問Aは，華族令を制定して藩閥官僚を華族に加え，衆議院の立法権を制約する貴族院の設立を準備したことを述べればよい。

設問Bは，第二次護憲運動を起こした高橋是清が，華族や貴族院議員のままでは衆議院議員になれない上，貴族院を背景とする清浦奎吾内閣を批判できないと考えたことを述べればよい。

〔問題の要求〕

設問Aでは，華族令の制定による華族の構成の変化とその意図について，90字以内で述べることが要求されている。

設問Bでは，子爵であった高橋是清が，隠居して貴族院議員を辞職した上で衆議院議員総選挙に立候補した理由について，90字以内で述べることが要求されている。

以下の〔ポイント〕は，問題が要求している「論点」を示すとともに，それに対応する「採点基準」における加点要素を示している。また，〔ポイント〕は**解説**で詳述した「解法」のまとめにもなっている。

〔ポイント〕

設問A

＜華族の構成―華族令以前＞

①公卿(上層公家)

②諸侯（大名・藩主）

＜華族の構成—華族令による華族＞

①新華族

＊国家に勲功のある者（維新の功臣）を華族に加える

＊藩閥官僚を華族に加える

＜華族令の意図＞

①上院である貴族院の設立を準備

＊華族を貴族院議員の選出母体とする

②下院である衆議院を制約

＊貴族院に衆議院の立法権を制約させる

＊衆議院を基盤とする民権派に対抗

設問Ｂ

＜国内の状況—内閣＞

①清浦奎吾内閣の成立

＊貴族院を背景とする内閣（貴族院議員を中心とする内閣）

＜国内の状況—政党＞

①護憲三派の成立

＊憲政会・立憲政友会・革新倶楽部

②第二次護憲運動の高揚

＊護憲三派は清浦奎吾内閣の打倒を掲げる

＊清浦奎吾内閣を超然内閣と批判

＊普選断行・貴族院改革を掲げる

＜高橋是清の行動の意図＞

①高橋是清の目的

＊立憲政友会の総裁として衆議院議員総選挙を戦う

②子爵であった高橋是清が隠居した意図

＊華族の戸主は被選挙権がないので衆議院議員になれない

③高橋是清が貴族院議員を辞職した意図

＊両議院の議員は兼任できない

＊貴族院議員は衆議院議員になれない

④華族の戸主や貴族院議員のままでは清浦奎吾内閣を批判できない

解答

A華族令を制定し，公卿や諸侯などに加え，維新の功臣と称される藩閥官僚らを国家に勲功のあった者として華族に列し，下院である衆議院の立法権を制約する，上院である貴族院の設立を準備した。(30字×3行)

B貴族院を背景とする清浦奎吾内閣に対して，護憲三派は第二次護憲運動を展開していた。華族の戸主や貴族院議員のままでは衆議院議員になれない上，清浦内閣を批判できないと高橋是清は考えた。(30字×3行)

2020年

第1問

解説 奈良時代から平安初期の文字や書の利用と定着について考察する問題であった。参考文を熟読し，その内容や示唆するものを読み取って，問題の要求に沿って論じることが要求されている。

設問Aでは，中央の都城や地方の官衙から出土する８世紀の木簡に,『千字文』や『論語』の文章の一部が多く見られる理由について，60字以内で述べることが要求されている。

設問Bでは，中国大陸から毛筆による書が日本列島に伝えられ，定着していく過程において，唐を中心とした東アジアの中で，律令国家や天皇家が果たした役割について，120字以内で述べることが要求されている。

参考文(1)

『千字文』は６世紀前半に，初学の教科書として，書聖と称された王羲之（おうぎし）の筆跡を集め，千字の漢字を四字句に綴ったものと言われる。習字の手本としても利用され,『古事記』によれば，百済から『論語』とともに倭国に伝えられたという。

ここからは，初学の教科書や習字の手本としても利用された『千字文』が，儒教の経典である『論語』とともに百済から倭国へ伝えられたことを確認し，律令国家では文書行政が行われていたことを想起するとともに，官人が識字能力や儒教の教養を必要としていたことを考察することが求められている。

『千字文』は，中国の六朝(呉・東晋・宋・斉・梁・陳の６王朝の総称)の時代，梁の武帝(在位502～549)の命により，周興嗣が撰した四言古詩である。すべて異なる1000字の漢字を用い，４字１句の詩，250句で編纂されている。東晋の王羲之の筆跡から字を選んだといわれており，６世紀から20世紀初頭まで，漢字の教科書や習字の手本として用いられた。『古事記』の記述においては，応神天皇の時に，王仁により,『論語』とともに百済から倭国に伝えられたとある。

『論語』は，孔子の書とされる儒教の経典であり，四書五経の一つである。孔子とその弟子たちの問答・言行の形式をとる。人間の最高の理想的道徳としての「仁」の意義を説き,「仁」に至る道を，理想秩序としての「礼」を学ぶことに求める。南宋の朱熹が『論語集註』を著してから，四書の筆頭となり，儒学の入門書として推賞された。

なお，四書とは，儒教の枢要の書である『大学』『中庸』『論語』『孟子』の総称で，朱子学の聖典とされる。また，五経とは『易経』『書経』『詩経』『礼記』『春秋』の五つで，儒教で尊重される５種の経典のことである。

また，ここからは，法に基づく官僚機構で成り立っている律令国家では，文書行政，すなわち，規則と手続きに従い，一定の書式で記録を残していく文書主義に基づく執務が行われていたこと，それ故，律令国家の官人(官僚)たちには，識字能力，書類作成能力が不可欠であったこと，そのため，官人を養成する，式部省の管轄の大学寮(大学)では，儒教を中心に書の教育も行われたこと，などを想起する必要があった。

720年には，律令国家が編纂した，日本最初の官撰の歴史書である『日本書紀』が完成した。『日本書紀』は，舎人親王が中心となり編纂されたが，中国の歴史書に倣い，漢文の編年体で著述された。

東京大学名誉教授で，『詳説日本史』(山川出版社)の著者としても知られる佐藤信は，『千字文』と『論語』の伝来については，「『古事記』や『日本書紀』によると，応神天皇の代に百済から書首ら(文筆をもって王権に仕えた氏族)の祖である王仁が『論語』『千字文』を将来したという伝承が記されており，これは本格的な漢字文化の伝来を反映した記事ととらえられている。」と「漢字文化の伝来」の意味を強調している。

また，漢字・儒教の受容と律令国家の形成との関連については，「『口頭の世界』から『文字の世界』への変化の画期的な時期は，七世紀後半の急速な律令制度の整備の時期におくことができよう。地方を掌握し支配するために文書行政を基盤とした膨大な律令国家機構が整えられるなかで，従来の渡来系の氏族の史部らの範囲を大きくこえて文書による事務処理や官人としての儒教的理念が必要となった。」との認識を示した。その上で，「読み書きをはじめとする文字能力と基礎的な教養を習得した大量の実務官人(下級官人)が律令国家には不可欠であったのである」と結論付けた。

さらに東アジア文化圏の形成については，「日本が中国における支配の仕組としての律令制を導入して新しい国家体制を確立しようとした動向は，同時に，東アジアにおける漢字文化圏の形成の一過程としてもとらえることができるのである。」(佐藤信『日本古代の宮都と木簡』吉川弘文館，1997年)との歴史的な評価を示している。

このように，唐から導入した律令に基づく日本の支配機構においてのみならず，文化の受容に際しても，漢字や書の習熟，及び，儒教の教養の修得が求められたので，そのことが，漢字や儒教を共有する，唐を中心とした東アジア文化圏の形成に寄与しているという側面を持ったことまで考察することが望まれる。

参考文(2)

唐の皇帝太宗は，王羲之の書を好み，模本(複製)をたくさん作らせた。遣唐使はそれらを下賜され，持ち帰ったと推測される。

ここからは，唐の皇帝太宗が，王羲之の書を好み，その模本(複製)を下賜された遣唐使が倭国･日本に持ち帰ったという推測から,唐から伝えられた毛筆の書の習熟が,律令国家の文書行政による支配，官人の教養，仏教文化などに影響を及ぼしたことを想起することが求められている。

王羲之は，東晋の書家で，楷書・行書・草書の三体を芸術的に完成させたといわれる。日本においては，『扶桑略記』の754年の記事が，鑑真の渡来とともに王羲之の書法の伝来を記している。

王羲之の書法は，平安時代初期の弘仁・貞観文化における，三筆と称された，唐様とよばれる唐風書道の書家である嵯峨天皇・空海・橘逸勢に大きな影響を与えた。また，平安時代中期の藤原文化における，三蹟と称された和様とよばれる日本風の書体の書家である小野道風・藤原佐理・藤原行成の書道にも影響を与えた。

倭国・日本は，唐に遣唐使を派遣した。倭国・日本は，正式には唐の冊封を受けなかったものの，遣唐使の派遣は，事実上，唐に臣従する朝貢であった。このことは，唐を中心とする東アジアの国際秩序である冊封体制を補完する役割を持つ側面があったことを意味した。

遣唐使や随行する使者たちは，元旦の朝賀に参列し，唐の皇帝を祝賀した。使者たちは，皇帝から下賜された王羲之の模本など，唐から様々な物品を持ち帰り，遣唐使に随行した留学生や学問僧は,儒教や仏教の経典,律令の知識など,国際的な文化や,法的に整備された官僚機構など先端の政治制度を倭国・日本にもたらした。

そして，唐から様々な知識・情報・文物をもたらした留学生の吉備真備や，学問僧の玄昉は，聖武天皇に重用され，橘諸兄政権の政治顧問として活躍し，奈良時代の律令国家の発展に貢献した。

これらの冊封体制の補完や唐からの文物の導入は，律令国家の発展の基盤を形成するのみならず，同時に，律令国家が，漢字・仏教・儒教を共有する，唐を中心とした東アジア文化圏の形成に寄与する側面を持ったと見ることもできる。

参考文(3)

大宝令では,中央に大学,地方に国学が置かれ,『論語』が共通の教科書とされていた。大学寮には書博士が置かれ，書学生もいた。長屋王家にも「書法模人」という書の手本を模写する人が存在したらしい。天平年間には国家事業としての写経所が設立され，多くの写経生が仏典の書写に従事していた。

ここからは，中央に大学，地方に国学が置かれ，『論語』が共通の教科書とされたという指摘に基づき，中央・地方の官人が識字能力や儒教の教養を身につけていたことを確認し，中央の都城や地方の官衙から出土する木簡に，『千字文』や『論語』の文章の一部が多く見られる理由を考察することが求められている。また，大学寮における書博士による書法の教授や，長屋王家の「書法模人」の存在から，律令国家や天皇家における書の受容と定着を想起することが要求されている。さらに，天平年間の国家事業としての写経所の設立という指摘から，聖武天皇の時代に典型的な，鎮護国家の思想に基づく政治や国家仏教の在り方を想起するとともに，書の定着を背景に，律令国家により，写経事業が盛んに行われたことを考察することが求められている。

律令国家においては，大宝令・養老令に基づき，太政官の下の八省の一つである式部省に属する官僚の養成機関として大学寮(大学)が置かれ，貴族の子弟や史部の子弟などが学んだ。大学の教科は，儒教の経典を学ぶ明経道，律令など法律を学ぶ明法道のほか，中国語の発音を学ぶ音道，書を学ぶ書道，算術を学ぶ算道などの諸道があった。教官として，明経の博士一人，助教二人，算博士・書博士各二人ずつ，および全学生に漢字の発音を教える音博士二人と，事務官として頭・助・大少允・大少属以下の職員がいた。

一方，国学は，官僚の養成を目的として各国に設置された地方教育機関である。各国の国府に1校の併設が義務付けられ，主に郡司の子弟に対して教育を施した。教育内容は，大学寮に準じるものと考えられている。大学・国学における教育を見ると，律令国家が，官僚として有すべき能力として，儒教の教養と共に書の習熟を求めていたことがわかる。

737年，天然痘が流行し，律令国家の中枢を担っていた，南家の藤原武智麻呂，北家の房前，式家の宇合，京家の麻呂の，藤原不比等の4子が死去した。また，740年には，宇合の子の広嗣が大宰府で挙兵して鎮圧される，藤原広嗣の乱が起こった。

このような事態に衝撃を受けた聖武天皇は，山背国の恭仁京，摂津国の難波宮，近江国の紫香楽宮と遷都を繰り返した。そして，仏教によって国家を鎮定し，守護しようとする鎮護国家の思想に基づき，741年，恭仁京において国分寺建立の詔，743年，紫香楽宮において大仏造立の詔を発した。国家権力と結び，国家の保護と支配の下に置かれた仏教の隆盛する中，国家事業として仏典を書写する写経所も設置された。

このような，大学・国学での官僚養成の在り方や，鎮護国家の思想に基づく国家仏教の実態からも，律令国家が，漢字・仏教・儒教を共有する，唐を中心とした東アジア文化圏の形成に寄与した側面を指摘することができる。

参考文(4)……………………………………………………………………………

律令国家は6年に1回，戸籍を国府で3通作成した。また地方から貢納される調は，郡家で郡司らが計帳などと照合し，貢進者・品名・量などを墨書した木簡がくくり付けられて，都に送られた。

……………………………………………………………………………………

ここからは，国府で戸籍が作成されたこと，地方から貢納される調が，郡司により計帳と照合され，貢納者などを墨書した木簡の荷札を施して都に送られたことを確認することにより，地方における書や識字の普及，地方行政における文書支配を想起し，地方の官衙から出土する木簡に，『千字文』や『論語』の文章の一部が多く見られる理由を考察することが求められている。

木簡とは，文字を墨書した短冊状の木の札のことである。単なる紙の代用品ではなく，木の特質を生かしながら，官僚の文書や都への貢進物の荷札のみならず，習書にも用いられた。木は紙と比べて堅牢であり，情報の内容や分量にあわせて形状や大きさを加工できるし，表面を削ることで再利用も可能であるという利点もあった。

中央や地方において，文書主義に基づき日常の執務にあたる律令国家の官僚たちは，中央の大学や，国ごとに設置された国学で，『千字文』で識字を学び，書を習い，『論語』で儒教の教養を身につけた人々であった。そのことが，中央の都城や地方の官衙から出土する8世紀の木簡に，『千字文』や『論語』の文章の一部が多く見られる理由であった。

参考文(5)……………………………………………………………………………

756年に聖武天皇の遺愛の品を東大寺大仏に奉献した宝物目録には，王羲之の真筆や手本があったと記されている。光明皇后が王羲之の書を模写したという「楽毅論（がっきろん）」も正倉院に伝来している。平安時代の初めに留学した空海・橘逸勢も唐代の書を通して王羲之の書法を学んだという。

……………………………………………………………………………………

ここからは，聖武天皇の宝物目録に王羲之の真筆や手本があったこと，光明皇后が王羲之の書を模写したという「楽毅論」が正倉院に伝来しているという事例から，奈良時代に，天皇家が毛筆の書を受容していたことを確認する。また，平安初期に唐に留学した空海や橘逸勢が唐代の書を通して王羲之の書法を学んだという指摘から，弘仁・貞観文化における，文章経国思想の流入，勅撰漢詩集の編纂，三筆の存在に象徴される唐風書道の広まりを考察することが求められている。

桓武天皇や嵯峨天皇の律令国家再建期を中心に，794年の平安京遷都から，9世紀末頃までの平安時代初期の文化を，嵯峨天皇・清和天皇の治世の時期の元号を冠し，弘仁・貞観文化とよぶ。

この時期，漢詩文などの文芸が栄えることが国家の安定をもたらすと捉え，文芸を中心に国家の隆盛を図る文章経国思想が，唐から流入し，広まっていった。そのため，貴族は漢詩文をつくることが重視され，漢字文化に習熟し，漢文を自らのものとすることが不可欠となった。嵯峨天皇は，唐風を重んじ，宮廷の儀式も唐風の儀礼を導入して整備し，漢文学の教養や，儒教などの学問に優れた，小野篁や都良香のような文人貴族を重用し，宇多天皇や醍醐天皇は，学者政治家である菅原道真を政権の中枢に据え，国家の運営にあたらせた。

桓武天皇は，唐から帰国して天台宗を開いた最澄を援助し，嵯峨天皇は，唐から帰国して真言宗を開いた空海を援助し，空海に東寺(教王護国寺)を与えた。天台宗は，円仁や円珍が密教を導入し，天台宗の密教は台密といわれた。一方，空海は唐で密教を学んで帰国し，日本にもたらしたが，真言宗の密教は東密と言われた。

9世紀には，唐文化の影響を受け，勅撰漢詩集も編まれるようになり，嵯峨天皇の命で『凌雲集』・『文華秀麗集』，淳和天皇の命で『経国集』が編纂された。書道においても唐風の書が広まり，前述したように，唐様の能筆家の嵯峨天皇・空海・橘逸勢は三筆とよばれた。史書の編纂では，平安初期には，奈良時代の『日本書紀』に続き，797年に『続日本紀』，840年に『日本後紀』，869年に『続日本後紀』，879年に『日本文徳天皇実録』，901年に『日本三代実録』が成立し，これら，漢文・編年体の律令国家の正史は六国史と総称されたが，ここには高度の漢文の水準を見ることができる。

これらのことから，律令国家のみならず天皇家も，漢字・仏教・儒教を共有する，唐を中心とした東アジア文化圏の形成に寄与する役割を果たしたと見ることができる。

上記の内容を踏まえ，解答の骨子を示してみよう。

設問Ａは，律令国家は文書行政を行ったので，官僚は識字能力や儒教の教養を要し，木簡は習書や荷札に用いられたことを述べればよい。

設問Ｂは，唐に朝貢する律令国家である日本では，書や儒教の教育や写経事業が行われ，天皇は勅撰漢詩文集を編纂させ，唐風の書も広まったので，律令国家や天皇家も，漢字・仏教・儒教を共有する東アジア文化圏の形成に寄与する役割を果たしたことを述べればよい。

2020年　　解答・解説

〔問題の要求〕

設問Ａでは，中央の都城や地方の官衙から出土する８世紀の木簡には，『千字文』や『論語』の文章の一部が多く見られる理由について，60字以内で述べることが要求されている。

設問Ｂでは，中国から毛筆の書が日本列島に伝えられ，定着していく過程において，唐を中心とした東アジアの中で，律令国家や天皇家が果たした役割について，120字以内で述べることが要求されている。

以下の〔ポイント〕は，問題が要求している「論点」を示すとともに，それに対応する「採点基準」における加点要素を示している。また，〔ポイント〕は**解説**で詳述した「解法」のまとめにもなっている。

〔ポイント〕

設問Ａ

＜中央の都城から出土する木簡に『千字文』や『論語』が多用された理由＞

①背景

＊唐から書が下賜

＊百済から『千字文』（漢字）が伝来

＊百済から『論語』（儒教）が伝来

②律令国家の文書行政

＊文書支配（文書主義）による行政

＊戸籍・計帳の作成

③律令国家の官僚機構

＊官僚（官人）は識字能力（文書作成能力）を必要とする

＊官僚（官人）は『千字文』で習書する

＊官僚（官人）は儒教の教養を必要とする

＊官僚（官人）は『論語』で儒教を学ぶ

④木簡

＊木簡は習書に用いられる

＜地方の官衙から出土する木簡に『千字文』や『論語』が多用された理由＞

①地方行政における文書行政

＊国府で戸籍を作成

＊郡司が調を計帳で照合

②地方における儒教・識字の波及

＊郡司の子弟は国学で儒教・識字を学ぶ

③木簡

＊木簡は調庸の荷札に用いられる

設問Ｂ

<書の定着において律令国家が果たした役割>

①背景

＊王羲之の書を唐の皇帝太宗が下賜

②写経事業

＊律令国家は仏教を重んじる

＊鎮護国家思想に基づく政治

③史書の編纂

＊『日本書紀』，六国史，『古事記』

④大学の設置

＊儒教(明経道・『論語』)を教授

＊書を教授

⑤中央・地方行政における文書行政

＊大学・国学での教育

<書の定着において天皇家が果たした役割>

①天皇家の書の受容

＊聖武天皇の遺品に王羲之の真筆や手本

＊光明皇后が王羲之の書を模写

②勅撰漢詩文集の編纂

＊嵯峨天皇の命で『凌雲集』の編纂

＊嵯峨天皇の命で『文華秀麗集』の編纂

＊淳和天皇の命で『経国集』の編纂

③文章経国思想

＊文芸を中心に国家の隆盛をめざす

＊漢詩が貴族の教養として不可欠

④唐風書道(唐様)の広まり

＊三筆(嵯峨天皇・空海・橘逸勢)

<唐を中心とした東アジアの中での日本の役割>

①遣唐使を派遣

＊冊封は受けなかったが朝貢

＊冊封体制を補完

②東アジア文化圏の形成に寄与

＊唐を中心とする文化圏

＊漢字･仏教・儒教を共有する文化圏

解 答

Ａ律令国家は戸籍を作成し，文書行政を行ったので，官僚は識字能力や儒教の教養を要し，木簡は習書や調庸の荷札にも用いられた。(30字×２行)

Ｂ日本は遣唐使を派遣して朝貢し，冊封体制を補完した。律令国家は写経事業を行い，書や儒教を学ばせた。天皇は勅撰漢詩文集を編纂させ，文章経国思想や唐風の書も広まったので，漢字・仏教・儒教を共有する，唐を中心とした東アジア文化圏の形成に寄与した。(30字×４行)

第２問

山鉾の運営と町の自治を考察する問題である。参考文を熟読し，その内容や示唆するものを読み取って，16世紀における山鉾の運営と，町の自治のあり方への影響について，150字以内で述べることが要求されている。

参考文(1)

1533年，祇園祭を延期するよう室町幕府が命じると，下京の六十六町の月行事たちは，山鉾の巡行は行いたいと主張した。

ここからは，祇園祭の延期を求める室町幕府に対し，町の自治を担う下京六十六町の月行事たちが，山鉾の巡行を行いたいと主張したことを確認し，下京六十六町が祇園祭を運営し，山鉾の巡行を行っていたことを読み取ることが要求されている。また，商工業の発達や，それに伴う，町衆とよばれる富裕な商工業者の出現が，下京六十六町の自治の背景であることを考察することが求められている。

京都のような都市では，土倉や酒屋などの富裕な商工業者など町衆とよばれる人々を中心に，町という都市の民衆による自治的団体が形成された。町は，単なる地域単位ではなく，町式目・町掟などとよばれる町法を定め，町入用という会計を行い，町の人々の生活や営業活動を自治的に守った。また，町が集まって町組が作られたが，さらに京都では，複数の町組が結集して，上京・下京という惣町といわれる巨大な都市組織を形成していた。そして，町や町組は，町衆から選出された月行事を中心に，自治的に運営された。

応仁の乱によって荒廃した京都の町は，このような町衆によって復興され，応仁の乱で中断された祇園社(八坂神社)の御霊会である祇園祭も，町衆の手によって再興され，山鉾の巡行も町衆の祭りとして町を母体に運営された。

また，この時期，日蓮宗が町衆に浸透し，法華一揆が形成された。1532年，細川晴元と結んだ法華一揆の勢力は，対立する一向一揆と抗争し，山科本願寺を焼打ちしたが，その後，町政を掌握して自治的に運営し，山鉾の巡行にも貢献した。しかし，1536年，法華一揆が延暦寺と対立すると，延暦寺の僧徒は，京都の日蓮宗の21の寺院を焼打ちした。この天文法華の乱によって，京都の法華一揆は壊滅した。

参考文(2)……………………………………………………………………………………

下京の各町では，祇園祭の山鉾を確実に用意するため，他町の者へ土地を売却することを禁じるよう幕府に求めたり，町の住人に賦課された「祇園会出銭」から「山の綱引き賃」を支出したりした。

……………………………………………………………………………………………………

ここからは，下京の各町では，祇園祭の山鉾の運営の為に，他所の者への土地売却の禁止を幕府に求めたこと，町の住人に賦課した「祇園会出銭」から「山の綱引き賃」を支出したことを確認し，山鉾の運営が，町の自治によって行われていたこと，山鉾巡行が町衆の祭礼となっていたことを考察することが求められている。

京都の下京では，道路の両側の商工業者が結びついて両側町が形成されると，町ごとに趣向を凝らした山鉾を作って巡行させるようになった。山鉾の運営は自治的に行われ，町衆に賦課した金銭は，祇園会の出費といっても，山鉾の製作費用などであって，祇園社(八坂神社)に納めるものではなかった。このことは，山鉾巡行そのものが祇園社と切り離され，町衆の祭礼と化していたことを示していた。また，他所の者への土地の売却は，山鉾製作費用の減少をもたらし，山鉾の運営に支障をきたすため，他の町の者への土地売却の禁止を幕府に求めた。(川嶋将生『中世京都文化の周縁』思文閣出版，1992年，などを参照)

参考文(3)……………………………………………………………………………………

上杉本『洛中洛外図屏風』に描かれている山鉾巡行の場面をみると(図１)，人々に綱で引かれて長刀鉾(なぎなたぼこ)が右方向へと進み，蟷螂(とうろう)(かまきり)山(やま)，傘鉾(かさぼこ)があとに続いている。

……………………………………………………………………………………………………

ここからは，上杉本『洛中洛外図屏風』(図１)の長刀鉾，蟷螂山，傘鉾などの山鉾巡行の場面を注視するとともに，現代の京都市街図(図２)に，長刀鉾町，蟷螂山町，傘鉾町という，山鉾の名を冠した町名が現存することを確認し，町が山鉾を自治的に維持・運営してきたことを想起することが求められている。

このような山鉾の名を冠した町の成立は，山鉾の運営主体が，座や宮廷官人から，町という自治的な生活共同体へ移行したことを示している。

参考文(4)……………………………………………………………………………………

現代の京都市街図をみると(図２)，通りをはさむように町名が連なっている。そのなかには，16世紀にさかのぼる町名もみえる。

……………………………………………………………………………………………

ここからは，現代の京都市街図(図２)と，通りを挟むように町名が連なっているとの指摘に基づき，通りを挟んだ両側の商工業者が結びつき，両側の町家で構成される，自治・自警の機能を持った両側町が形成されていることを確認するとともに，山鉾の名を冠した町名が多数現存することを再確認し，町が山鉾を自治的に維持・運営してきたことを想起することが求められている。

通りの両側には，傘鉾町，蟷螂山町，月鉾町，鶏鉾町，菊水鉾町，函谷鉾町，長刀鉾町などがみられる。このことより，下京における自治機能や自警組織を持った両側町の成立と，山鉾町の形成との関わりが考察できる。山鉾は町を母体に製作され，山鉾の巡行は，自治的に運営されて町衆の祭りとなっていった。そして，町ごとに山鉾を出したため，山鉾の名前が町名となっていった。このことは，山鉾の運営が，町の自治をさらに推進したことを示している。

上記の内容を踏まえ，解答の骨子を示してみよう。

両側町が形成され，自治を行う町衆が祇園祭を再興して山鉾巡行を行ったので，町ごとに出す山鉾の運営が町の自治を推進したことを述べればよい。

〔問題の要求〕

16世紀における山鉾の運営と，町の自治のあり方への影響について，150字以内で述べることが要求されている。

以下の〔ポイント〕は，問題が要求している「論点」を示すとともに，それに対応する「採点基準」における加点要素を示している。また，〔ポイント〕は**解説**で詳述した「解法」のまとめにもなっている。

2020年　解答・解説

〔ポイント〕

<町の自治の在り方>

①商工業の発達が背景

＊町衆とよばれる富裕な商工業者の出現

②両側町の形成

＊下京で形成

③町組の組織化

＊惣町(巨大な都市組織，上京・下京)の形成

④町衆による自治

＊月行事を中心に自治的に運営

＊町法(町式目)の制定

＊生活(営業)を守る

＊法華一揆の形成(日蓮宗の浸透)

<山鉾の運営の在り方>

①町衆による祇園祭の復興(再興)

＊祇園祭は応仁の乱で中断

＊町衆による費用負担

＊町衆の経済力が背景

＊他の町の者への土地の売却の禁止

<山鉾の運営の自治への影響>

①山鉾の運営

＊町を母体に運営

＊祇園祭を町衆の祭とする

②山鉾の運営が町の自治を推進

＊町ごとに山鉾を出す

＊山鉾の名前が町名となる

解答

商工業の発達を背景に下京では道路を挟み両側町が形成され，町組が組織されて惣町も形成された。町衆は町法を制定し，月行事を中心に自治を行い，日蓮宗の浸透により法華一揆も形成された。また，町衆は費用を負担し，応仁の乱で中断された祇園祭を，町を母体に再興したので，町ごとに出す山鉾の運営が町の自治を推進した。(30字×5行)

第3問

江戸時代の改暦について考察する問題である。参考文を熟読し，その内容や示唆するものを読み取って，問題の要求に沿って論じることが要求されている。

設問Aでは，江戸時代の改暦に際しての幕府と朝廷の果たした役割について，60字以内で述べることが要求されている。

設問Bでは，江戸時代の改暦の際に依拠した知識の推移を，幕府の学問に対する政策とその影響に留意して，90字以内で述べることが要求されている。

参考文(1)……………………………………………………………………………………………

日本では古代国家が採用した唐の暦が長く用いられていた。渋川春海(しぶかわはるみ)は元(げん)の暦をもとに，明で作られた世界地図もみて，中国と日本(京都)の経度の違いを検討し，新たな暦を考えた。江戸幕府はこれを採用し，天体観測や暦作りを行う天文方を設置して，渋川春海を初代に任じた。

………

ここからは，日本では古代国家が採用していた唐の暦を長く用いていたこと，渋川春海が新たな暦を作ったこと，江戸幕府がこの暦を採用し，天文方を設置して，初代天文方に渋川春海を任じたことを読み取る。次に，江戸幕府が，元の授時暦をもとに渋川春海が作成した貞享暦を採用し，渋川春海を天文方に任じたという基本的な知識を確認する。その上で，江戸時代前期，幕府が中国の暦学に依拠して改暦を行っていたことを考察することが求められている。

参考文(2)……………………………………………………………………………………………

朝廷は幕府の申し入れをうけて，1684年に暦を改める儀式を行い，渋川春海の新たな暦を貞享暦と命名した。幕府は翌1685年から貞享暦を全国で施行した。この手順は江戸時代を通じて変わらなかった。

………

ここからは，幕府の申し入れを受けた朝廷が，暦を改める儀式を行い，渋川春海が作成した新たな暦を貞享暦と命名したこと，幕府が貞享暦を全国に施行したこと，この手順は江戸時代を通じて変わらなかったことを確認する。その上で，改暦に際して，幕府は，暦を作成して施行するという，改暦の実務を掌握したこと，一方，朝廷は，改暦の儀式を行い，暦を命名するという，改暦の権限を有していたことを考察することが求められている。

参考文(1)と参考文(2)については合わせて解説を行うことにする。江戸前期の天文暦学者として知られる渋川春海(1639～1715)は，幕府の碁所家元であった安井算哲の子として生まれた。父の死により安井算哲の名を継承し，1702年に渋川に改姓した。父の後を継いで囲碁をもって幕府に仕えつつ，岡田章意らに天文暦学を学んだ。自ら天体観測を行い，平安時代初期に導入されて以来，使用され続けていた唐の宣明暦に誤りが多いことを確認した。そのため，元の授時暦を，中国と日本の経度の差を考慮して改良し，京都を基準とする大和暦を作成した。

従来，編暦・改暦の作業は朝廷の陰陽寮の所轄であり，土御門家が担っていたが，唐の宣明暦の日食と月食の推算に誤りが生じたことから，朝廷は，明の大統暦を採用する詔勅を出した。これに対し，渋川春海は，中国と日本の経度の差の存在を指摘し，中国の暦をそのまま採用したとしても日本には適合しないと批判した。そして，朝廷の暦道の最高責任者でもあった土御門泰福を説得し，大和暦の採用に同意させた。1684年，３度目の朝廷への改暦の上表によって大和暦は採用され，朝廷より貞享暦と命名された。この改暦を機に，幕府は天文方を設置し，初代天文方に渋川春海を任じた。なお，天文方は機関の名称であるとともに役職の名称でもある。

これ以後，天文方が暦を編纂し，賀茂家(幸徳井家)が暦注をつけ天文方が確認，幸徳井家から大経師に送られて彫版印刷，天文方の校閲を経て地方の奉行や京都所司代などを介して諸国の暦師に配布，暦師は版行できしだい天文方に送って校合，という幕府の天文方を中心とした新たな編暦体制が確立した。

すなわち，朝廷は改暦の詔を出し，暦の命名を行う権威を維持したが，実際の暦の作成と全国への施行という改暦・編暦の実務は，幕府が掌握するようになったということである。

参考文(3)……………………………………………………………………………………

西洋天文学の基礎を記した清の書物『天経或問(てんけいわくもん)』は，「禁書であったが内容は有益である」と幕府が判断して，1730年に刊行が許可され，広く読まれるようになった。

……………………………………………………………………………………………

ここからは，幕府が，西洋天文学の基礎を記した清の『天経或問』を「有益」と判断して，1730年に刊行を許可したので，広範に読まれるようになったことを読み取る。そこから，1720年，享保の改革の施策の一つとして，８代将軍徳川吉宗が実施した，キリスト教関係以外の漢文に翻訳された西洋の書籍の輸入を認める，漢訳洋書輸入の緩和を想起し，江戸時代中期には，改暦に西洋学術の導入を図ったこと，及び，幕府の政策として，蘭学(洋学)が実学として奨励されたことを考察することが求められている。

1716～45年，８代将軍徳川吉宗は，享保の改革といわれる幕政改革を行った。その政策の一環として，1630年に３代将軍徳川家光が発令した寛永の禁書令の修正を図った。そのため，1719年，吉宗は，天文学者の西川如見を長崎から召喚して意見を聞いた。そして，翌1720年，漢訳洋書の輸入制限を緩和し，天文学の書など，キリスト教と関係のない漢文に翻訳された西洋の書籍の輸入を認め，青木昆陽や野呂元丈にオランダ語を学ばせた。このように，幕府が西洋学術を実学として奨励したので，以後，蘭学が興隆していく基礎が構築されていくことになった。

また，徳川吉宗は西洋天文学に深い関心を寄せ，算学家の建部賢弘や，その弟子の中根元圭に天文暦学の研究を行わせた。さらに，中根元圭に対し，西洋天文学の知識を取り入れた清の梅文鼎の『暦算全書』の訳述を命じた。やがて，吉宗は，西洋天文学を取り入れた暦法を採用しての改暦を志向するようになり，西川如見の子の西川正休や，天文方の渋川則休らに改暦の準備を始めさせた。しかし，吉宗の急死と幕府の天文方の政治力の欠如により，改暦の主導権は，朝廷の陰陽頭である土御門泰邦に奪われてしまった。

参考文(4)……………………………………………………………………………………

1755年から幕府が施行した宝暦暦は，公家の土御門泰邦(つちみかどやすくに)が幕府に働きかけて作成を主導したが，1763年の日食の予測に失敗した。大坂の麻田剛立(あさだごうりゅう)ら各地の天文学者が事前に警告した通りで，幕府は天文方に人員を補充して暦の修正に当たらせ，以後天文方の学術面での強化を進めていった。

……………………………………………………………………………………………………

ここからは，幕府が施行した宝暦暦は，公家の土御門泰邦が幕府に働きかけて作成を主導したが，日食の予測に失敗したので，幕府は，天文方の人員を強化して暦を修正し，以後，天文方の強化を進めていったことを読み取る。そこから，江戸時代，改暦の作成と施行は幕府の役割であったが，作成に公家(朝廷)が介入しようとして失敗し，改暦の実務は，幕府が完全に掌握したことを考察することが求められている。

天文方の渋川則休と，若い則休を支えるために新たに天文方に加わった西川正休は，徳川吉宗の命を受けて改暦の準備を進めた。しかし，1750年に渋川則休が急死し，翌1751年に，西洋天文学を導入した改暦を進めていた将軍の徳川吉宗が死去した。

このような情況の中で，朝廷の陰陽頭である土御門泰邦と対立した西川正休が失脚させられ，改暦の主導権は朝廷が掌握した。そして，泰邦が主導して作成した暦は，1755年，朝廷から宝暦暦と命名されて施行された。

しかし，土御門泰邦が強行して指導権を奪って作成した宝暦暦は，実際には，貞享暦よりも劣っており，1763年の日食の予測に失敗した。さらに，この日食は大坂の麻田剛立を始め，多くの民間の天文家が予測していたことであり，この失敗により，宝暦暦の欠陥が暴露されてしまう結果となった。このため，1764年，幕府は，佐々木文次郎に補暦御用を命じ，1771年からは，幕府の天文方が改良した「修正宝暦暦」が用いられるようになった。

参考文(5)

麻田剛立の弟子高橋至時(たかはしよしとき)は幕府天文方に登用され，清で編まれた西洋天文学の書物をもとに，1797年に寛政暦を作った。天文方を継いだ高橋至時の子渋川景佑(しぶかわかげすけ)は，オランダ語の天文学書の翻訳を完成し，これを活かして1842年に天保暦を作った。

ここからは，1797年，高橋至時が，清で編まれた西洋天文学の書物をもとに寛政暦を作り，1842年，高橋至時の子の渋川景佑が，オランダ語の天文学書を翻訳し，それを活かして天保暦を作ったことを読み取る。そこから，寛政の改暦には，漢訳洋書による西洋天文学の知識が用いられたが，江戸後期になると，天文方がオランダ語の天文学書を翻訳して天保の改暦を行ったこと，及び，このような幕府の施策が，洋学の発展に寄与したことを考察することが求められている。

宝暦暦が不備であったため，幕府は，麻田剛立の弟子の高橋至時を天文方に登用し，同じく麻田剛立の弟子である間重富とともに改暦の作業にあたらせた。高橋至時らは，西洋天文学の書物の漢文訳である『暦象考成後編』をもとにして改暦作業を行い，1797年に寛政暦を完成した。『暦象考成後編』は，イエズス会のドイツ人宣教師ケーグラー（中国名　戴進賢）らが編纂した，地動説をとる清の天文暦学書である。

1811年，幕府は，高橋至時の子で天文方の高橋景保の提唱により，蘭書を主な対象とした翻訳機関である蛮書和解御用（蛮書和解御用掛）を天文方の内部に設置して翻訳作業にあたらせた。

1844年，高橋景保の弟の渋川景佑らが作成した，日本最後の太陰太陽暦である天保暦が施行された。天保暦は，1872年に明治政府が太陽暦を採用するまで29年間使用された。

渋川景佑は，父高橋至時の遺業を継承して，『ラランデ暦書』の一部を翻訳し，自らの見解を添えて『ラランデ暦書管見』としてまとめた。『ラランデ暦書』とは，フランスの天文学者ジェローム=ラランドが著した天文学書のオランダ語訳版の日本での呼称である。

1836年，天文方の渋川景佑と部下の足立信頭は，『ラランデ暦書』をもとに，『新巧暦書』全40巻を完成させ，幕府に献上した。なお，『新巧暦書』は『ラランデ暦書』の完全な翻訳本ではなく，『ラランデ暦書』をもとにしながらも，太陽や月，惑星の位置などの計算方法については，過去の書物と同様な伝統的な形式でまとめられた書物である。

1841年，幕府は，渋川景佑と足立信頭に対し，この『新巧暦書』を元にした改暦を命じた。1842年，渋川景佑らが完成した暦は天保暦と命名され，1844年，全国に施行された。

上記の内容を踏まえ，解答の骨子を示してみよう。

設問Aは，幕府が暦を作成・施行する改暦の実務を掌握し，改暦の権限を持つ朝廷が暦を命名したことを述べればよい。

設問Bは，中国の暦学に依拠した改暦に，漢訳洋書の知識が導入され，蘭学も実学として奨励されたこと，その後，天文方が洋書を翻訳して改暦し，洋学の発展が促されたことを述べればよい。

〔問題の要求〕

設問Aでは，江戸時代の改暦に際して，幕府と朝廷の果たした役割を対比させて，60字以内で述べることが要求されている。

設問Bでは，江戸時代の改暦に際して依拠した知識の推移を，幕府の学問に対する政策とその影響に留意して，90字以内で述べることが要求されている。

以下の〔ポイント〕は，問題が要求している「論点」を示すとともに，それに対応する「採点基準」における加点要素を示している。また，〔ポイント〕は**解説**で詳述した「解法」のまとめにもなっている。

〔ポイント〕

設問A

＜改暦に際しての幕府の役割＞

①幕府は天文方を設置

　＊暦を作成

　＊暦を施行

②江戸時代は幕府が改暦の実務を掌握

＜改暦に際しての朝廷の役割＞

①古代より朝廷が改暦の権限を持つ

＊改暦の儀式を行う

＊暦を命名

設問Ｂ

＜改暦の際に依拠した知識と幕府の政策―江戸前期＞

①中国の暦学の知識に依拠

②貞享暦の作成

＊渋川春海が元の授時暦をもとに貞享暦を作成

③幕府は渋川春海を天文方に採用

＜改暦の際に依拠した知識と幕府の政策―江戸中期＞

①幕府は漢訳洋書輸入の緩和

②漢訳した(清を介した)西洋学術の導入・利用

③蘭学(洋学)を実学として奨励

④蘭学(洋学)興隆の基礎の構築

＜改暦の際に依拠した知識と幕府の政策―江戸後期＞

①幕府は天文方に蛮書和解御用を設置

＊天文方で洋書を翻訳

②オランダ語を翻訳して西洋学術を導入・利用

③洋学の発展に寄与

解 答

Ａ幕府は，天文方を設けて暦を作成・施行し，改暦の実務を掌握した。従来，改暦の権限を持つ朝廷は，儀式を行い，暦を命名した。(30字×２行)

Ｂ改暦は中国の暦学に依拠したが，やがて，幕府は漢訳洋書輸入を緩和して西洋学術を用い，実学として奨励した。その後，天文方に蛮書和解御用を設け，洋書を翻訳して用い，洋学の発展を促した。(30字×３行)

第４問

軍人の道徳と軍人勅諭について考察する問題である。史料を熟読し，その内容や示唆するものを読み取って，問題の要求に沿って論じることが要求されている。

設問Ａでは，西周「兵家徳行」の主張の背景にある，当時の政府の方針と社会の情勢について，90字以内で述べることが要求されている。

設問Ｂでは，「軍人勅諭」で示した規律を掲げた政府の意図と，国内の政治状況について，90字以内で述べることが要求されている。

設問Ａ

史料(1)からは，1878年５月に行われた，西周の陸軍将校に対する講演記録である「兵家徳行」の主張の背景にある政府の方針を読み取るとともに，その主張の背景にある社会情勢について考察することが求められている。

まず，政府の方針としては，一方では，憲法や議会を持った政治体制である立憲体制の樹立を漸進させるものであったこと，他方では，徴兵令を発令し，国民皆兵制・徴兵制の近代的軍隊を創設するとともに，秩禄処分の断行や，廃刀令の発令により，士族の特権を剥奪するものであったことを読み取ることが要求されている。

つぎに，「兵家徳行」の主張の背景にある社会の情勢としては，1876年の神風連の乱・秋月の乱・萩の乱や，1877年の西南戦争のような不平士族の反乱が発生していたこと，及び，国会開設を掲げる自由民権運動が，士族に加え，豪農・豪商も参加するようになり，高揚していたことを想起することが要求されている。

史料(1)は，1878年５月に行われた，西周の陸軍将校に対する講演記録である「兵家徳行」である。

西周（1829～1897）は，石見国津和野藩の藩医の子として生まれる。脱藩して洋学を学び，1857年，幕府の洋学研究機関である蕃書調所の教授並手伝となり，1862年，幕命で津田真道・榎本武揚らとともにオランダに留学し，法学・哲学・経済学を学んだ。1865年に帰国し，開成所の教授に就任した。大政奉還前後の時期，徳川慶喜の政治顧問となったが，1870年，乞われて明治政府に出仕した。以後，明治政府では，軍人訓誡や軍人勅諭の起草に関わった。一方，1873年に森有礼や福沢諭吉らが結成した，啓蒙思想団体である明六社にも参加した。

1877年の西南戦争とその終結という事態を受けて，翌1878年２月から始まった「兵家徳行」と題する，西周の陸軍将校に対する講演は，以下のような情況の中で行なわれた。

「２月15日，鹿児島私学校派を中心とする九州の士族が，西郷隆盛を擁して西南戦争を起こす。９月24日に，鹿児島の城山に立てこもった西郷軍に総攻撃がかけられて戦いは終結したが，この事態を受けて明治11年２月から行われたのが，西周の講演『兵家徳行』だったのである。新たな軍隊組織の中で，かつての身分階層とは異なる階級原理から命令服従が要請され，将校がそれに反発したのは，社会的観点からみれば無理からぬところもある。だからこそ西周は講演で，聴衆の多くを占めていた武士出身の将校に対し，武士としての名誉と誇りをもって軍隊を統率するよう求めたと考えられる。」（谷口眞子「西周の軍事思想—服従と忠誠をめぐって—」，『WASEDA RILAS JOURNAL NO.5』）

この西周の主張の背景にある当時の政府の方針を，「1878年」という時期の，日本の政治・経済・社会の在り方から想起し，多面的に考察することが要求されている。

第一に，史料(1)の「いま政府はかつての幕府に見られた専権圧制の体制を脱し，人民の自治・自由の精神を鼓舞しようとしており」という箇所から，明治政府も，国会開設を求める自由民権運動の高揚に対抗して，徐々にではあるが，憲法や国会を持った近代的な政治制度である立憲体制に移行すべきである，とする方針を持っていたことを想起する必要があった。

1873年の明治六年の政変以後の政府内の混乱や，自由民権運動の発生，1874年の台湾出兵に抗議しての木戸孝允の下野などに危機感を持った大久保利通は，1875年，大阪に赴き，下野していた板垣退助・木戸孝允との三者会談を企画した。この大阪会議の合意に基づき，同年，明治天皇より漸次立憲政体樹立の詔が出された。

漸次立憲政体樹立の詔に，「朕，今誓文の意を拡充し，茲に元老院を設け以て立法の源を広め，大審院を置き以て審判の権を鞏くし，又地方官を召集し以て民情を通し公益を図り，漸次に国家立憲の政体を立て，汝衆庶と倶に其慶に頼んと欲す」と掲げられたように，大阪会議では，左院を廃止して立法機関である元老院を設置すること，最高裁判所にあたる司法機関である大審院を設置すること，地方の民情を知るために府知事・県令を召集した地方官会議を設置することが合意され実施された。

第二に，明治政府が近代的軍隊の創設の方針を持っていたことを想起する必要がある。1871年，明治政府は，藩制を全廃する廃藩置県に際し，諸藩を威圧し，抵抗を抑えるために，薩摩・長州・土佐の３藩から，１万人の兵力を結集して御親兵を組織した。そして，翌1872年，御親兵を，天皇の護衛兵である近衛兵とした。

当時，欧米列強に倣った国民皆兵の理念に基づく徴兵制の導入が急がれていた。1872年11月28日，明治天皇から全国徴兵の詔が発せられ，同日，近代的軍隊の創設を目指ざす明治政府からは，国民皆兵の理念に基づき，国防を国民の義務とすることを掲げる徴兵告諭が発せられた。そして，翌1873年１月10日，政府より徴兵令が布告されたのである。

徴兵令により，満20歳に達した男性には兵役の義務が課され，国民皆兵制に基づく近代的軍隊が創設された。しかし，封建的な家制度を守るために戸主や嗣子である長男，その他，官吏，官立学校生徒，代人料270円の納入者などの兵役を免除する広範な免役条項が存在していたので，当初は８割以上が免役となった。

第三に，明治政府が士族の特権を剥奪し，近代化の推進と財政支出の削減を図る方針を持っていたことを想起する必要がある。近代的軍隊の整備が進む一方，秩禄処分や廃刀令によって士族の特権は奪われていった。

秩禄処分とは，華族・士族に金禄公債証書を与えて秩禄を全廃する，明治初期の政府の重要な政策であった。その目的は，武士の封建的特権を有償で解消し，財政支出の削減を図ることにあった。金禄公債証書とは，華族・士族の秩禄を廃止した代償として支給した公債証書のことである。

秩禄は，いわば，かつての武士である華族・士族に対して支給される封建的な特権であった。そして，その支出は国の総支出の約30%にも及び，財政を圧迫していた。そのため，1873年，明治政府は，秩禄奉還の法を発令して，秩禄の支給停止を希望する者には，一時金と秩禄公債を交付したが，希望者は約３分の１であった。1875年，秩禄の米による支給を廃止して現金による支給にかえ，翌1876年，金禄公債証書発行条例を発令し，華族・士族に対して金禄公債を交付して秩禄を全廃した。この秩禄処分により，明治政府は，武士の封建的特権の有償解消を行った。

公債額は，従来，明治政府が華族・士族に与えていた年間支給額の５～14年分であった。しかし，華族一人に対する平均支給額は約６万4000円であったが，士族一人に対する平均支給額は約500円であり，旧大名である華族の100分の１以下であった。

1876年の秩禄処分，及び，1871年の脱刀令に続く，1876年の廃刀令により，士族はすべての特権を喪失し，転業を余儀なくされた。華族や上級士族は，金禄公債を事業に投資して経済的な安定を確保していった。しかし，下級士族の多くは，金禄公債を現金にかえ，農・工・商業に転業していったものの，慣れない商売に手を出して失敗した士族は没落し，転業の失敗は「士族の商法」といわれた。政府は，失業した士族を救済するために事業資金の貸付けを行ったり，北海道開拓政策として困窮士族を屯田兵に導入したりする，士族授産とよばれる就業奨励策を講じたが，救済は不十分で，不平士族の反乱の一因となった。

次に西周の主張の背景にある当時の社会情勢について見ていこう。

第一に，「維新以後の世の風潮の一つに『民権家風』がある」という箇所から，日本における民主主義革命運動，明治期のデモクラシー運動と評される自由民権運動を想起し，1878年段階の民権運動の情況を確認する必要がある。

自由民権運動の背景には，西洋から流入した，ルソーなどフランスの自由主義思想の影響があった。「人間は生まれながらに自由・平等であり，人権は権力により制限されない」という自然権の思想は，「天賦人権論(説)」と訳され，流布していった。

1873年の明治六年の政変で下野していた，土佐藩出身の元参議である板垣退助・後藤象二郎，肥前藩出身の元参議である江藤新平・副島種臣ら，愛国公党を結成した８名は，1874年，民撰議院設立の建白書を，政府の立法諮問機関である左院に提出した。このことが，自由民権運動の発端となった。

同年，愛国公党は，江藤新平らが蜂起して鎮圧された佐賀の乱によって，事実上消滅したものの，板垣退助・片岡健吉・植木枝盛らは，土佐の高知で，立志社と命名した政社(民権運動の政治結社)を結成した。そして，翌1875年，大阪において，立志社を中心とする政社の全国的連絡組織として，愛国社を結成した。

しかし，前述した大阪会議における合意によって板垣退助が参議に復帰したことにより，愛国社は事実上，活動停止の状態に陥った。このように，政府は大阪会議で懐柔を図る一方，同年，新聞紙条例・讒謗律を制定し，言論・出版を規制して民権運動を弾圧した。

1877年，西南戦争が勃発すると，民権派も動揺した。立志社は，そのような動きを抑制する意図もあり，片岡健吉を代表として国会開設を求める意見書(立志社建白)を天皇に上奏しようとした。立志社建白の提出は政府により却下されたものの，立志社は，この建白書を印刷して全国の政社に配布し，民権運動の活性化を図った。その結果，翌1878年，愛国社再興大会が，大阪で開催され，豪農・豪商の参加が促進され，民権運動は拡大していった。

第二に，不平士族の反乱を想起する必要がある。秩禄処分や廃刀令による士族の特権の剥奪が，不平士族の反乱の原因となったことは前述した。1871年の脱刀令では，脱刀を許可して旧弊を打破しようとしたが，その後も帯刀する士族は多かった。そのため，1876年，廃刀令を制定し，警官・軍人以外の帯刀を禁止した。廃刀令への反発を機に，太田黒伴雄らが復古的攘夷主義を掲げて熊本鎮台を襲撃したが鎮圧された神風連の乱(敬神党の乱)，神風連の乱に呼応して福岡県下で宮崎車之助らが挙兵して鎮圧された秋月の乱，同様に神風連の乱に呼応して山口県下で前参議前原一誠らが挙兵して鎮圧された萩の乱，とよばれる士族の反乱が連続して発生した。

1877年，鹿児島県の士族らが西郷隆盛を擁して挙兵し，西南戦争が勃発した。しかし，徴兵制による政府軍が，西郷軍を熊本城(鎮台司令官谷干城)で阻止し，西郷軍は半年で鎮圧され，ここに武力反抗は終結した。

設問Ｂ

史料(2)からは，1882年に「軍人勅諭」が発布された当時の国内政治の状況を考察し，それに即して，「軍人勅諭」において，軍人への規律を掲げた政府の意図を読み取ることが求められている。

まず，「軍人勅諭」発布当時の国内政治の状況としては，「軍人勅諭」発布の契機となった，1878年に天皇の護衛兵である近衛兵が反乱を起こして鎮圧された竹橋事件を想起する。その上で，自由民権運動が高揚する中，1880年には，国会期成同盟が成立し，民権派は優秀な私擬憲法を作成していたこと，これに対し，1881年，政府は，明治十四年の政変により，政府内で即時国会開設を主張していた大隈派・肥前閥を放逐する一方，10年後の国会開設を公約し，政府主導の欽定憲法の制定と，君主権の強い立憲体制の確立を進めつつ，自由民権運動を弾圧したことを考察することが要求されている。

つぎに，「軍人勅諭」で規律を掲げた政府の意図としては，民権思想の軍人への波及を危惧した政府が，軍人の政治関与を禁止したこと，及び，内閣から独立する統帥権を有する，天皇の軍隊の形成を図ったことを考察することが要求されている。

軍人勅諭とは，1882年1月4日，明治天皇が陸海軍人に下賜した勅諭で，正式名称は「陸海軍軍人に賜はりたる勅諭」である。山県有朋の命で西周が起草にあたった。軍人勅諭が出される直接の契機は，竹橋事件への明治政府の衝撃であった。

竹橋事件とは，1878年，皇居の竹橋門に在営する天皇の護衛兵である近衛兵が，西南戦争の恩賞への不満などを理由に蜂起し，皇居襲撃や大臣の逮捕を図った事件である。赤坂仮皇居前まで進撃したが鎮圧され，53名が銃殺された。この蜂起の背景には自由民権運動の影響もあったと考えられているが，事件が隠蔽されていたこともあり詳細は不明である。

軍人勅諭は，「朕は汝等軍人の大元帥なるそ」とあるように，平仮名交じりの平易な和文調で書かれた，2700字に及ぶ長文である。内容は，天皇が軍の最高統率者であることを強調し，「統帥権の独立」に根拠を与えた。忠節を第一の軍人の徳目とし，軍人が政治に関与すべきではないとしている。そこには，西南戦争，竹橋事件，自由民権運動などの当時の社会情勢に対して，軍隊の動揺を防止しようとする意図が明らかにされている。

軍人勅諭は，日本国憲法の精神に完璧に反する。それ故，1948年，国権の最高機関である国会は，衆議院と参議院の両院において，軍人勅諭を，教育勅語や戊申詔書とともに，排除し，失効することを決議した。

設問の要求に即して，まず，軍人勅諭における史料(2)の主張の背景となる，当時の国内政治の状況について考えよう。

1882年，明治天皇が，陸軍と海軍の軍人に対して軍人勅諭を下賜することの直接の契機となった事件が，1878年の竹橋事件であったことは前述した。

また，この時期，自由民権運動は高揚し，国会の開設を政府に厳しく要求していた。1880年，愛国社が中心になって国会期成同盟が結成され，片岡健吉・河野広中が代表となり国会開設請願書を提出したが，政府は受理せず，集会条例を制定して政治集会を規制した。しかし，国会期成同盟は，各政社に対して憲法草案の起草を呼び掛けた。

その結果，法律学的に見ても，大日本帝国憲法より水準の高い私擬憲法がいくつも作成された。

代表的な私擬憲法としては，イギリス流の議会制度・政党内閣制・二院制を掲げた交詢社(福沢諭吉門下の慶應義塾出身者中心の社交団体)の「私擬憲法案」，国民主権・下院のみの一院制を掲げた立志社の「日本憲法見込案」，国民主権・一院制・基本的人権・連邦制・死刑廃止・抵抗権・革命権などを掲げた植木枝盛の「東洋大日本国国憲按」，千葉卓三郎ら五日市学芸講談会に集まる住民の研究と討論を基礎に起草され，国民の権利・自由を細かく規定した「五日市憲法」などがある。

一方，政府の内部でも，肥前藩出身の参議である大隈重信が，早期の国会開設やイギリス流の政党内閣制度の導入を主張して，右大臣の岩倉具視や長州藩出身の伊藤博文と激しく対立していた。

そのような中で，1881年，開拓使官有物払下げ事件が起きた。この事件は，1882年の開拓使の廃庁にあたり，開拓長官の黒田清隆が，同じ薩摩藩出身の政商である五代友厚の関係する関西貿易社に対し，1400万円以上の税金を投じた，工場や鉱山などの北海道開発事業を，わずか約39万円・無利子・30年賦で払い下げようとした事件であった。政府は世論の激しい攻撃を受け，払下げは中止された。

しかし，政府は，即時国会開設を主張して参議伊藤博文と対立していた参議大隈重信とその同調者を，世論の動きと関係ありとして罷免する一方，明治天皇の国会開設の勅諭を示し，10年後の1890年に国会を開設すると公約した。この明治十四年の政変により，肥前閥を中心とする大隈派が一掃され，伊藤博文を中心とする薩長藩閥政権が確立した。

漸進的に君主権の強い立憲体制を確立することを構想する伊藤博文には，即時国会開設と政党内閣制の導入を主張する大隈重信を政府から放逐する必要があった。民権派は高度な水準を持つ私擬憲法を作成しており，政府内部の大隈派が民権派と合流することを恐れたからである。そのため，大隈重信を政府から放逐した伊藤博文は，10年を掛けての，政府主導の欽定憲法の制定，及び，弾圧と懐柔による自由民権運動の壊滅に着手した。

なお，大日本帝国憲法のような欽定憲法とは，「君主(天皇)が制定して国民(臣民)に服従させる憲法」のことであり，その本質を端的に表現すれば，「国家から国民への命令」であった。

一方，日本国憲法のような民定憲法とは，「国民が制定して権力者(公権力を担う者)に遵守させる憲法」のことであり，その本質を端的に表現すれば，「国民から国家への命令」であった。それ故，日本国憲法の第九九条の「憲法尊重擁護の義務」においては，「天皇又は摂政及び国務大臣，国会議員，裁判官その他の公務員は，この憲法を尊重し擁護する義務を負ふ。」と明記されている。「憲法尊重擁護の義務」は国民に課せられているのではない。主権者である国民が制定した憲法を尊重して擁護する義務は，公権力を担う者たちに課せられているのである。

また，立憲体制(立憲政体)とは，政府のみならず，憲法や国会を持った政治体制である。一方，(近代)立憲主義とは，憲法によって国家権力を制約して国民の人権を守る政治原則のことである。戦前の日本は，立憲体制は確立したが，立憲主義とは言えない。大日本帝国憲法を立憲主義に近づけて解釈しようと試みた，美濃部達吉の天皇機関説も，1935年，岡田啓介内閣の国体明徴声明によって，日本政府として公的に否定された。しかし，戦後の日本は，立憲体制であり，かつ，立憲主義である。

話を戻すと，明治十四年の政変に前後する時期，自由民権運動は高揚し，政党結成の動きが強まった。1881年，国会期成同盟を中心に，板垣退助を総理として自由党が結成された。公選された国民の代表者で構成される下院のみの一院制を主張し，地方農村を基盤とした。主要な党員には，後藤象二郎・植木枝盛・大井憲太郎・岸田俊子・景山英子らがいる。

1882年，明治十四年の政変で政府を放逐された大隈重信を総理として立憲改進党が結成された。イギリス流の立憲君主制による議会政治の実現を揚げ，上院と下院の二院制を主張し，都市の実業家や慶應義塾出身の知識人らを基盤とした。主要な党員には，東京専門学校を創立した小野梓や，慶應義塾出身の矢野文雄(龍溪)・尾崎行雄・犬養毅らがいる。

次に史料(2)にあるような「政府の意図」について，前述したような「国内政治の状況」に即して述べることが求められている。

自由民権運動が高揚する中，下士官の中に自由民権運動に参加する者が出てきたこと，民権派が軍人を「憂国の士」として扇動しようとしていたこと，将校の中にも平民出身者が多くなってきたこと，などから，山県有朋ら軍の指導層は，民権思想の軍隊への波及を憂慮した。そのため，軍人には，「政治に関わらず」，天皇への「忠節を尽くす」ことが求められた。

明治十四年の政変以後，政府は自由民権運動を弾圧する一方，神聖不可侵の天皇が元首として統治権を総攬する欽定憲法を構想し，君主権の強い立憲体制の確立を図っていた。立憲体制が確立するということは，憲法が制定され，議会(国会)が開設されることを意味した。そのような国内政治の状況の中で，天皇の君主権を強化させるために，陸海軍の作戦・用兵権である統帥権を，議会(国会)のみならず，内閣(政府)からも独立させ，天皇に直属させる，天皇の軍隊の形成が図られた。そのような中で，軍人の政治への不関与と天皇への忠節は，不可欠のものとなっていた。

このように，天皇が統帥権を有し，天皇の統帥権には，議会(国会)のみならず内閣(政府)も関与できない天皇の軍隊の在り方を，「統帥権の独立」という。大日本帝国憲法のもとでの「統帥権の独立」について，戦前の日本を考察する際に極めて重要な事項であるので，解説を施しておく。

軍制には，軍を編成して軍を維持・管理する軍政，軍を一つの意志に基づき指揮・統率する軍令，軍の秩序を維持する軍事司法がある。これらのうち，軍令の権，すなわち，軍の指揮・統率権，作戦・用兵権のことを統帥権という。

統帥権は，通常の国家では一般の国政の一つとして扱われ，内閣制度のある国家では，内閣，すなわち，最高行政機関である政府がその権限を持っている。しかし，大日本帝国憲法の制定に際して模範としたドイツは，統帥権を政府から独立させ，首相は統帥権に関与しないという慣行を確立していた。ドイツを模範に創設した日本陸軍は，「統帥権の独立」を図り，1878年，太政官(養老律令に基づく当時の日本政府)の一部であり，軍政を担う陸軍省から，軍令を輔弼する参謀本部を独立させ，参謀本部を天皇直隷の組織として，太政大臣や陸軍卿の関与から切り離した。

また，1885年に太政官制が廃止され，内閣制度が成立した際に制定された内閣職権では，軍機(軍事上の機密)に関しては，参謀本部の長が独自に天皇に上奏し，事後，陸軍大臣から政府の長である内閣総理大臣に報告しさえすればよいということが法制化された。すなわち，大日本帝国憲法の制定以前から，「統帥権の独立」は明文化され，慣行となっていたのである。

大日本帝国憲法の第11条には，「天皇ハ陸海軍ヲ統帥ス」とあるが，この憲法の文言だけからは，天皇の統帥権が政府から独立していることは読み取れない。しかし，大日本帝国憲法の制定以前から，「統帥権の独立」は実現されており，大日本帝国憲法の起草者の伊藤博文を著者として刊行した，大日本帝国憲法の逐条解説書である『憲法義解』でも，「統帥権の独立」の意図が示されていた。

そのため，戦前の憲法学説では，第11条の「天皇ハ陸海軍ヲ統帥ス」という文言について，統帥権は，政府(内閣)の関与できない独立したものとの「解釈」がとられていた。しかし，このことは，法律の解釈とは，明文化された条文を解釈することであり，「慣例」や「起草者の意図」のようなものによって解釈すべきではない，という近代的な法解釈の常識を全く無視するものであった。

上記の内容を踏まえ，解答の骨子を示してみよう。

設問Ａは，漸進的な立憲体制樹立と近代的軍隊の創設を図る政府の方針と，不平士族の反乱の発生や民権運動が高揚する社会の情勢について述べればよい。

設問Ｂは，欽定憲法制定と立憲体制確立を図る一方，民権運動を弾圧する政府が，内閣から独立する統帥権を持つ軍隊の形成を図ったことを述べればよい。

〔問題の要求〕

設問Ａでは，西周「兵家徳行」の主張の背景にある，当時の政府の方針と社会の情勢について，90字以内で述べることが要求されている。

設問Ｂでは，「軍人勅諭」で示した規律を掲げた政府の意図と，国内の政治状況について，90字以内で述べることが要求されている。

以下の〔ポイント〕は，問題が要求している「論点」を示すとともに，それに対応する「採点基準」における加点要素を示している。また，〔ポイント〕は**解説**で詳述した「解法」のまとめにもなっている。

〔ポイント〕

設問Ａ

＜「兵家徳行」の主張の背景にある政府の方針＞

①立憲体制樹立を漸進
　＊漸次立憲政体樹立の詔
②徴兵令
　＊国民皆兵制の近代的軍隊の創設
　＊徴兵制の近代的軍隊の創設
③不平士族の反乱の鎮圧

＜「兵家徳行」の主張の背景にある社会の情勢＞

①不平士族の反乱
　＊神風連の乱
　＊秋月の乱
　＊萩の乱
②西南戦争
③自由民権運動の高揚
　＊国会開設を掲げる
　＊豪農･豪商の運動への参加

設問Ｂ

＜「軍人勅諭」発布当時の国内政治の状況─反政府の動向＞

①竹橋事件が「軍人勅諭」発布の契機

＊近衛兵の反乱

②自由民権運動の高揚

＊国会期成同盟の成立

＊私擬憲法の作成

③政党の結成

＊自由党

＊立憲改進党

<「軍人勅諭」発布当時の国内政治の状況―政府の動向>

①明治十四年の政変

＊大隈重信の罷免

＊肥前閥の放逐

＊薩長政権の確立

②国会開設の公約

＊国会開設の勅諭

③欽定憲法の制定

＊政府主導による憲法制定

④立憲体制の確立

＊君主権の強い立憲体制

⑤自由民権運動の弾圧

<「軍人勅諭」で規律を掲げた政府の意図>

①民権思想の軍人への波及危惧

＊軍人の政治関与の禁止

②天皇の軍隊の形成

＊統帥権の独立

＊内閣から独立する統帥権(内閣は統帥権に関与できない)

③天皇への忠節

解答

A政府は立憲体制樹立を漸進させる一方，徴兵令を発して近代的軍隊を創設し，秩禄処分や廃刀令で士族の特権を奪ったので，不平士族の反乱が起こった。また，国会開設を掲げ民権運動も高揚した。(30字×３行)

B竹橋事件が起こり，民権運動も高揚する中，政府は国会開設を公約し，欽定憲法制定・立憲体制確立を図る一方，民権運動を弾圧した。また，内閣から独立する統帥権を持つ天皇の軍隊を形成した。(30字×３行)

2019年

第1問

解説 摂関政治期の上級貴族の能力と日記について考察する問題であった。参考文を熟読し，その内容や示唆するものを読み取って，問題の要求に沿って論じることが要求されている。

設問Aでは，10世紀から11世紀前半の上級貴族に求められた能力を，30字以内で述べることが要求されている。

設問Bでは，10世紀から11世紀前半に，藤原道長や藤原実資のような上級貴族が，『御堂関白記』や『小右記』のような日記を書く目的を，120字以内で述べることが要求されている。

東大は「出題の意図」として，「第1問は，摂関時代における朝廷行事運営の特徴，そしてその特徴とこの時期から貴族の日記が数多く伝えられることの具体的な相関を問うものです。なお，説明文(4)で極官が太政大臣である藤原実頼の官名を左大臣としたのは，設問の意図に鑑みたものです。」と述べている。

約400年間の平安時代を概観すると，９世紀前半は桓武天皇や嵯峨天皇の律令国家の再建期にあたり，842年の承和の変から，969年の安和の変までが，藤原北家の他氏排斥の過程となった。この期間は，藤原良房が摂政となったり，藤原基経が関白になったりしてはいるが，10世紀前半には，延喜の治，天暦の治といわれる摂政・関白を置かない醍醐天皇と村上天皇の親政の時期もあり，いわば，摂関政治の確立過程といえる時期であった。

安和の変により，藤原北家の他氏排斥は完成し，これ以後，ほぼ摂政・関白が常置される体制となったので，摂関政治は確立したとされる。摂関政治は，藤原北家による他氏排斥と外戚政策を基盤とし，11世紀前半の藤原道長・頼通父子の治世が，摂関政治の全盛期となった。道長は４人の娘を天皇に入内させ，３人の外孫が皇位についた。そして，頼通は，この道長の外孫である後一条・後朱雀・後冷泉の３天皇の52年間，摂政・関白として政権を掌握したが，娘に皇子ができず，外戚関係のない後三条天皇の即位により政界からの引退を余儀なくされた。一般に，969年の安和の変から，1068年の後三条天皇の親政の開始までを摂関政治という。

この後三条天皇親政を経て，1086年，堀河天皇に譲位した白河上皇により院政が開始された。院政を行う太上天皇(上皇)は，「治天の君」とよばれたが，白河・鳥羽・後白河上皇ら３人の「治天の君」は，私的傾向の強い専制を行った。

やがて，天皇家の内紛と摂関家内の確執を武士の軍事力を用いて決着させた，1156年の保元の乱，院の近臣の権力闘争と源平の棟梁の対立を要因とする，1159年の平治の乱を経て，慈円の著した『愚管抄』にあるように「武者の世」になっていき，初の武家政権である平氏政権が成立することになった。

参考文(1)……………………………………………………………………………………

９世紀後半以降，朝廷で行われる神事・仏事や政務が「年中行事」として整えられた。それが繰り返されるにともない，あらゆる政務や儀式について，執り行う手順や作法に関する先例が蓄積されていき，それは細かな動作にまで及んだ。

……………………………………………………………………………………………………

ここからは，９世紀後半以降，朝廷で行われる神事・仏事や政務が「年中行事」として整備されたこと，政務や儀式の手順や作法が先例として蓄積されてきたことを読み取り，貴族には政務や儀式を執り行う能力が重視されていたことを考察することが求められている。

887～897年，宇多天皇が在位した時期であるが，この時期頃より，儀礼や政務が「年中行事」として整備されていった。そして，藤原氏の氏神である春日神社の祭礼である春日祭のような神事や，大内裏の大極殿などで諸宗の僧侶に護国経典である金光明最勝王経を講じさせて国家安康・五穀豊穣を祈る御斎会といわれる仏会が，滞りなく行われることが重視された。

摂関政治の時代に入ると，政治の儀礼化が一層進み，「儀式そのものが政治」といわれるような様相を呈してきた。この時期，太政官の公卿の合議は，内裏の官人の詰め所である左近衛陣で行われたので，陣定といわれた。本来，政務は，律令国家の最高行政機関である太政官の政庁で行われるものであったが，政務自体が儀礼化し，事実上，行われなくなっていったので，国政上の問題を解決するために，陣定が開かれるようになっていった。

なお，律令国家においては，位階に相当する官職に任命する官位相当制に基づく官僚機構が整備されていた。位階とは，個人に授与され，能力により昇進が可能な，朝廷内での序列を示す正一位から少初位下までの30階の等級のことである。また，官職とは，太政大臣や大納言などの役職や政治的ポストのことである。

五位以上の位階を持つ者は貴族と呼ばれ，公家と通称された。また，位階では三位以上，官職では太政大臣・左大臣・右大臣と大納言・中納言及び参議の者は，公卿と称された。

参考文(2)……………………………………………………………………………………

そうした朝廷の諸行事は,「上卿」と呼ばれる責任者の主導で執り行われた。「上卿」をつとめることができるのは大臣・大納言などであり,また地位によって担当できる行事が異なっていた。

……………………………………………………………………………………………………

ここからは,朝廷の諸行事を執り行う責任者は「上卿」と呼ばれたこと,「上卿」は大臣や大納言などの上級貴族がつとめ,地位によって担当する行事が異なることを確認することが求められている。

陣定では,左大臣・右大臣や大納言など,中納言以上の官職に任じられた上級貴族である「上卿」が,当番の形で議長となった。合議にあたっては,末座の公卿から順に意見を述べ,最後に発言者ごとの意見を取りまとめて列記した定文が作成された。そして,天皇に上奏した上で,宣旨や太政官符の形式で発令された。議題は,外交や地方行政や即位・大嘗祭など天皇に関わる儀礼などであったが,陣定もしだいに儀式化していった。

このように儀式が重視された貴族社会においては,上級貴族には,滞りなく儀式を執行する能力が求められた。そのためには,貴族は,四書五経のような経書とよばれた儒学の経典や史書などの漢学の素養が不可欠となった。また,先人の日記などを読んで,朝廷の様々な儀式や政務の先例を学ぶ必要もあったのである。

参考文(3)……………………………………………………………………………………

藤原顕光は名門に生まれ,左大臣にまで上ったため,重要行事の「上卿」をつとめたが,手順や作法を誤ることが多かった。他の貴族たちはそれを「前例に違う」などと評し,顕光を「至愚(たいへん愚か)」と嘲笑した。

……………………………………………………………………………………………………

ここからは,重要行事の手順や作法を誤った「上卿」が,「前例に違う」と嘲笑されたという事例に基づき,貴族には政務や儀式を執り行う能力が重視されたことを再確認するとともに,先例が重視されたことを考察することが求められている。

藤原顕光は,左大臣まで昇進した貴族であったが,1016年正月に行われた,鈴鹿・不破・逢坂の三関を閉鎖する固関・警固の儀に際し,大失態を演じた。そのため,他の貴族たちから「至愚のまた至愚なり」と嘲笑された。貴族にとって,儀式を滞りなく執り行う能力は不可欠であり,失敗は昇進にもかかわった。

参考文(4) ……………………………………………………………………

右大臣藤原実資(さねすけ)は，祖父左大臣藤原実頼(さねより)の日記を受け継ぎ，また自らも長年日記を記していたので，様々な儀式や政務の先例に通じていた。実資は，重要行事の「上卿」をしばしば任されるなど朝廷で重んじられ，後世，「賢人右府(右大臣)」と称された。

……………………………………………………………………

ここからは，右大臣藤原実資が，祖父の日記を継承し，自らも日記を記して先例に通じていたので朝廷で重視されたという事例に基づき，貴族の日記には儀式や政務に関する事項が記載されていたことを考察することが求められている。

前述してきたような，摂関政治期の貴族社会の事情を背景に記された，「上卿」など上級貴族の日記は，宮廷女性の日記とは異なり，私的な感情を表出するためのものではなかったのである。

参考文(5) ……………………………………………………………………

藤原道長の祖父である右大臣藤原師輔(もろすけ)は，子孫に対して，朝起きたら前日のことを日記につけること，重要な朝廷の行事と天皇や父親に関することは，後々の参考のため，特に記録しておくことを遺訓した。

……………………………………………………………………

ここからは，藤原師輔が，子孫に対して，朝廷の行事などを日記につけることを遺訓とした事例に基づき，貴族の日記には儀式や政務に関する事項が記載されていたことを再確認するとともに，それらを先例として子孫に伝えるために貴族が日記を記したことを考察することが求められている。

すなわち，当時の貴族の日記は，自分が参加した儀式や，伝聞した儀式について，詳細に記録し，自分自身や子孫が同様な儀式に参加する時の参考とすることを目的に書かれたものであったのである。

上記の内容を踏まえ，解答の骨子を示してみよう。

設問Aは，上級貴族には，漢学の素養や朝廷の儀式を執り行う能力が求められたことを述べればよい。

設問Bは，朝廷では，儀式の執行に際する行動規範が求められたので，儀式の先例を子孫に伝えることを目的に，貴族が日記を書いたことを述べればよい。

〔問題の要求〕

設問Aでは，10世紀から11世紀前半の上級貴族に求められた能力を，30字以内で述べることが要求されている。

設問Bでは，10世紀から11世紀前半に，貴族が日記を書く目的を，120字以内で述べることが要求されている。

以下の〔ポイント〕は，問題が要求している「論点」を示すとともに，それに対応する「採点基準」における加点要素を示している。また，〔ポイント〕は解説で詳述した「解法」のまとめにもなっている。

〔ポイント〕

設問A

＜上級貴族が求められた能力＞

①朝廷の儀式(政務・儀礼・年中行事)を執り行う能力

＊先例に従う

②漢学(経書・史書)の素養

設問B

＜貴族の日記が書かれた背景＞

①朝廷では年中行事が重視された

＊年中行事とは仏会・政務・儀礼・宮廷行事など

＊朝廷では年中行事の整備が進む

②年中行事を先例に従って滞りなく行う者が朝廷で上卿として重んじられる

＊年中行事の執行・参加に際して行動規範が求められる

＜貴族の日記を書く目的＞

①毎日の政務・儀式を記録

②政務・儀式の先例を子孫に伝える

解答

A経書や史書など漢学の素養を持ち，朝廷の儀式を執り行う能力。(30字×１行)

B朝廷では仏会・政務儀礼などの年中行事が滞りなく行われること
が重視された。宮廷行事の整備が進むと，儀式の執行・参加に際し
て具体的な行動規範が求められたので，貴族は儀式の先例を子孫に
伝えることを目的に，日記を記して毎日の政務や儀式を記録した。(30字×４行)

第２問

解説　承久の乱後の朝幕関係について考察する問題である。参考文を熟読し，その内容や示唆するものを読み取って，問題の要求に沿って論じることが要求されている。

設問Aでは，後鳥羽上皇が隠岐に流される原因となった事件が承久の乱であることを示した上で，承久の乱の内容，及び，承久の乱が朝廷と幕府の関係に与えた影響について，60字以内で述べることが要求されている。

設問Bでは，持明院統と大覚寺統の双方が，鎌倉に使者を派遣した理由について，朝廷側の事情や承久の乱後の朝幕関係に留意して，90字以内で述べることが要求されている。

東大は「出題の意図」として，「第２問は，鎌倉時代の二つの政治権力，朝廷と鎌倉幕府との関係，およびその変化について問うものです。まず承久の乱をきっかけとする両者の関係の変化をおさえることが求められます。さらに，後嵯峨上皇の没後，天皇家が二つに分かれて皇位をめぐって対立するようになった時に，鎌倉幕府がどのような役割を果たすようになったかを考えてもらうことを意図しています。」と述べている。

参考文(1)

1235年，隠岐に流されていた後鳥羽上皇の帰京を望む声が朝廷で高まったことをうけ，当時の朝廷を主導していた九条道家は鎌倉幕府に後鳥羽上皇の帰京を提案したが，幕府は拒否した。

ここからは，鎌倉幕府が後鳥羽上皇の帰京を拒否したということから，後鳥羽上皇が隠岐に流される原因となった事件が，承久の乱であることを読み取ることが要求されている。

鎌倉幕府の勢力拡大に対し，京都の朝廷では，後鳥羽上皇が朝廷の権威の回復を図り，政務の刷新を行うとともに，北面の武士に加え，西面の武士を設置し，幕府に対抗するための軍事力の増強を進めた。

1219年，後鳥羽上皇との連携を図っていた３代将軍源実朝が，右大臣拝賀の儀式の際，鎌倉の鶴岡八幡宮において，２代将軍源頼家の子で甥の公暁に暗殺された。その後，公暁も，有力御家人の三浦義村を頼ったが殺され，源氏の正統は，ここに断絶した。

そのため，２代執権北条義時らは，皇族将軍の下向を後鳥羽上皇に要求した。しかし，後鳥羽上皇は幕府の要求を拒否し，さらに，摂津国の長江荘と倉橋荘の地頭の罷免を幕府に要求したため，朝幕関係は緊迫していった。

一方，同年，幕府は，摂関家の出身で源頼朝の妹の曽孫にあたる藤原(九条)頼経を鎌倉に下向させ，将来の将軍として迎えた。1226年，藤原頼経は，４代将軍に就任した。

1221年，後鳥羽上皇は，鎌倉幕府の打倒を図り，西国武士や僧兵，及び，北条氏に反発する東国武士などを糾合して，北条義時追討の兵を挙げた。しかし，東国武士の大多数は，幼少の藤原頼経を擁し，「尼将軍」とよばれていた源頼朝の妻であった北条政子の呼び掛けに応じ，２代執権北条義時の下に結集した。北条義時は，子の泰時と弟の時房の率いる大軍を京都に送り，後鳥羽上皇方を制圧して，鎌倉幕府が圧勝した。この戦いを承久の乱という。

承久の乱によって朝廷は軍事力を喪失したが，鎌倉幕府は，乱後の処置として，後鳥羽上皇を隠岐に，後鳥羽上皇の子の順徳上皇を佐渡に配流した。同じく後鳥羽上皇の子の土御門上皇は，積極的に関与しなかったので幕府は追及しなかったものの，自ら望んで土佐に赴いた。また，幕府は，後鳥羽上皇の血統を排除するため，皇位継承に介入し，後鳥羽上皇の孫で順徳上皇の子の仲恭天皇を廃位し，後堀河天皇を擁立した。

さらに，幕府は，京都守護を発展的に解消させて六波羅探題を設置し，朝廷の監視・京都の警備・尾張(のち三河)以西の御家人の統制を行わせた。そして，六波羅探題の初代長官には，義時の子の北条泰時と弟の北条時房を任命した。

一方，幕府は，主に西日本に集中する後鳥羽上皇方の所領3000余所を没収し，承久の乱の御恩の新恩給与として，東国御家人を地頭に任命し，没収した荘園などの地頭職を与えた。その際，前任者である荘官などの収入が少ない場合などのために，1223年，幕府は，新たに任じられた地頭に適用される得分の規定として，新補率法を制定した。新補率法は，11町に１町の免田(給田)，１段につき５升の加徴米，山野河海からの収益の領家との折半などを内容とした。また，新補率法の適用を受けた地頭を新補地頭といい，その他を本補地頭とよんだ。

承久の乱の結果がもたらした影響としては，鎌倉幕府の内部では，評定衆を中心とする御家人合議体制と，御成敗式目の制定による法治主義に基づく執権政治の確立の契機となったことがあげられる。また，没収した西国の所領の地頭職を戦功のあった御家人に与えたことより，大伴氏や島津氏のような東国から西国に移住した西遷御家人が大幅に増加した。それに伴い，畿内や西国の荘園・公領への東国武士の勢力の浸透が進んだので，幕府の西国支配は強化され，ここに，鎌倉幕府による全国支配が達成された。

承久の乱以前，東国は幕府が支配していたが，西国は朝廷の勢力が強く，諸国には，幕府が任命した守護と朝廷が派遣した国司が並立され，公武二元支配といわれる状態を呈していた。しかし，承久の乱後，公武二元支配は終焉し，政治的には，幕府優位の公武協調の体制が作られていった。

参考文(2)……………………………………………………………………………………

後嵯峨上皇は，後深草上皇と亀山天皇のどちらが次に院政を行うか決めなかった。そのため，後嵯峨上皇の没後，天皇家は持明院統と大覚寺統に分かれた。

……………………………………………………………………………………………

ここからは，後嵯峨上皇が院政の後継者を決めることなく死去したことにより，後深草上皇の流れをくむ持明院統と，亀山天皇の流れをくむ大覚寺統に皇統が分裂したことを読み取ることが要求されている。

後嵯峨上皇の死後，長講堂領を伝領する後深草上皇の皇統である持明院統と，八条院領を伝領する亀山天皇の皇統である大覚寺統に皇統は分裂した。以後，両統は，皇位継承や院政を行う権利の継承，及び，天皇家領荘園の相続などを巡り対立を続けた。

参考文(3)……………………………………………………………………………………

持明院統と大覚寺統からはしばしば鎌倉に使者が派遣され，その様子は「競馬のごとし」と言われた。

……………………………………………………………………………………………

ここからは，持明院統と大覚寺統の双方が，鎌倉幕府に頻繁に使者を派遣していたという事例を確認するとともに，系図を参考に，皇位継承にまで介入する鎌倉幕府に対し，両統が，それぞれ働きかけることによって，自らを優位な立場に置こうとしていた実態を考察することが要求されている。

承久の乱後の朝幕関係は，前述したように，仲恭天皇を廃位し，後堀河天皇を擁立するなど，鎌倉幕府は皇位継承にまで介入するようになっていった。また，幕府は，朝廷に政治の刷新や制度の改革を要求し，後嵯峨上皇の院政の下に評定衆を設置させるなど，朝廷の政治に対しても，大きな影響力を持つようになっていた。

そのため，持明院統と大覚寺統の双方が，鎌倉幕府に働きかけて優位な地位や有利な立場を得ようと図り，頻繁に幕府に使者を派遣していた。

上記の内容を踏まえ，解答の骨子を示してみよう。

設問Aは，承久の乱において，後鳥羽上皇の挙兵を制圧した鎌倉幕府が，六波羅探題を設置し，没収した所領の地頭職を御家人に与え，西国にも支配を拡大したことを述べればよい。

設問Bは，皇位継承などを巡り対立する持明院統と大覚寺統の双方が，皇位継承にまで介入する鎌倉幕府に働きかけ，優位な地位を得ようとしたことを述べればよい。

〔問題の要求〕

設問Aでは，承久の乱とその影響について，60字以内で述べることが要求されている。

設問Bでは，持明院統と大覚寺統の双方が，鎌倉に使者を派遣した理由について，90字以内で述べることが要求されている。

以下の〔ポイント〕は，問題が要求している「論点」を示すとともに，それに対応する「採点基準」における加点要素を示している。また，〔ポイント〕は**解説**で詳述した「解法」のまとめにもなっている。

〔ポイント〕

設問A

＜事件の名称＞

①承久の乱

＜事件の経緯＞

①後鳥羽上皇の挙兵

＊北条義時追討を掲げる

＊西国武士や僧兵や北条氏に反発する東国武士などを糾合

②鎌倉幕府が後鳥羽上皇方を制圧して勝利

＜事件の結果と朝幕関係への影響＞

①３上皇の配流

②六波羅探題の設置

＊鎌倉幕府による朝廷の監視

③鎌倉幕府は皇位継承に干渉

④鎌倉幕府は朝廷の政務に干渉

⑤朝廷の軍事力の喪失

⑥後鳥羽上皇方の所領を没収

＊御恩である新恩給与として地頭職を御家人に与える

＊御家人を新補地頭などに任命

⑦鎌倉幕府は西国をも支配

＊鎌倉幕府による全国支配

⑧幕府優位の公武協調

＊朝廷に対する幕府の優位

＊幕府による公武二元支配の克服

設問B

<朝廷の側の事情>

①大覚寺統と持明院統の対立

＊皇位の継承を巡る対立

＊院政を行う権利を巡る対立

＊荘園(八条院領・長講堂領)の相続を巡る対立

<承久の乱後の朝幕関係>

①鎌倉幕府は皇位継承に介入

＊後鳥羽上皇の血統の排除

＊仲恭天皇の廃位

＊後堀河天皇の擁立

②朝廷に政治刷新(制度改革)を要求

＊後嵯峨院政の下に評定衆を設置

＊鎌倉幕府は朝廷に影響力を持つ

<使者が派遣された理由>

①持明院統と大覚寺統の双方が鎌倉幕府に働きかける

＊優位な地位(有利な立場)を得ようとする

解答

A幕府は，後鳥羽上皇の挙兵を制圧した承久の乱後，六波羅探題を設置し，没収した所領の地頭職を御家人に与え，西国も支配した。(30字×２行)

B持明院統と大覚寺統は皇位継承，院政を行う権利，荘園の相続などで対立していたので，政治刷新を求め，皇位継承に介入するなど朝廷に影響力を持つ幕府に働きかけ，優位な地位を得ようとした。(30字×３行)

第3問

解説　江戸時代の貿易と産業と消費生活について考察する問題である。参考文を熟読し，その内容や示唆するものを読み取って，問題の要求に沿って論じることが要求されている。

設問Aでは，江戸幕府が，長崎貿易の制限，日本産生糸の使用と養蚕・製糸の奨励，朝鮮人参・サトウキビの栽培などの政策をとった背景と意図について，貿易との関連で考察し，60字以内で述べることが要求されている。

設問Bでは，江戸幕府が，長崎貿易の制限，日本産生糸の使用と養蚕・製糸の奨励，朝鮮人参・サトウキビの栽培などの政策をとった背景となる，国内の消費生活の動向について，生糸・砂糖・朝鮮人参の用途に留意しつつ，90字以内で述べることが要求されている。

東大は「出題の意図」として，「第３問は，説明文を読み取って，近世中期における貿易や産業に関する政策，貨幣とその素材になる金属の国外流出，国内消費の動向などが相互に連関していたことを，どの程度理解したか問うものです。また，当時の社会における諸産物の具体的な用途を考えて，人々の生活や経済の変化をとらえられるかどうかもみています。」と述べている。

参考文(1)……………………………………………………………………………

17世紀を通じて，日本の最大の輸入品は中国産の生糸であった。ほかに，東南アジア産の砂糖や，朝鮮人参(にんじん)などの薬種も多く輸入された。それらの対価として，初めは銀が，やがて金や銅が支払われた。

……………………………………………………………………………………

ここからは，17世紀を通じ，最大の輸入品が中国産の生糸であったこと，東南アジア産の砂糖や，朝鮮人参などの薬種も多く輸入されていたこと，及び，それらの対価として銀や金や銅が支払われていたことを確認すること。その上で，江戸幕府が，金銀流出防止を目的に長崎貿易を制限したという基本事項を想起するとともに，直轄の金山や銀山の枯渇により幕府財政が悪化していた事実を考察することが求められている。

江戸時代前期にあたる17世紀の日本の貿易について考える前提として，室町時代の東アジアの交易を概観してみよう。

明が冊封体制の下で，原則的には朝貢貿易しか認めない海禁政策をとっていたため，明から冊封を受けた琉球王国は，明との朝貢貿易を認められたので，明と，朝鮮・日本などの東アジア諸国や東南アジア諸国との間で中継貿易を行うことができた。そのため，琉球王府のある首里の外港である那覇は，東アジア交易圏の拠点として繁栄し，尚真の治世の時期には，琉球王国の支配領域は，北は奄美諸島から南は八重山諸島まで拡大した。しかし，明が中国商人の海外渡航を認めるようになり，さらに，ポルトガルが東アジアに進出して，明と日本などアジア諸国との間の中継貿易を行うようになると，琉球王国の通商上の地位は低下していった。

江戸時代になっても，ポルトガルは，マカオを拠点に，海禁政策をとる明とアジア諸国との間で中継貿易を継続していた。日本とポルトガルとの南蛮貿易も，事実上は，ポルトガルの行う日明間の中継貿易が中心で，日本の主要な輸入品は，明産の高級生糸である白糸であった。ポルトガルは，長崎に白糸を持ち込んだが，その際，日本人同士が競争して価格を競り上げてしまうので巨利を得ることができた。

そのため，1604年，江戸幕府は，直轄都市である京都・堺・長崎の特定の商人に糸割符仲間を作らせて価格決定権を与え，輸入生糸を一括購入させ，仲間構成員に分配させる糸割符制度を定めた。いわば，糸割符仲間による輸入生糸の「窓口一本化」を行ったので，事実上，価格決定権をポルトガルから奪い，ポルトガルの利益独占を排除した。また，1631年には，同様に直轄都市である江戸・大坂の商人が糸割符仲間に加わり，五カ所商人と呼ばれた。

1639年のポルトガル船の来航禁止から，1854年の日米和親条約に基づく開国までを「鎖国」体制と呼ぶことがあるが，一種の海禁政策であって，江戸時代の日本が実際に「鎖国」をしていたわけではない。1801年，ニュートンの力学・天文学などを紹介した『暦象新書』の著者でも知られる洋学者の志筑忠雄が，オランダ商館のドイツ人医師ケンペルの『日本誌』の一部を『鎖国論』と題して翻訳した。そこから，「鎖国」の語が用いられるようになったので誤解が生じたのである。

江戸幕府は，キリスト教の禁教政策や貿易統制のために，日本人の海外渡航・帰国を禁じ，特定の国家や民族以外との国交や貿易を閉ざす海禁政策をとった。江戸幕府と国交を持った国は，後に通信国と位置付けられた。通信国は，朝鮮と琉球で，両国は中国に朝貢して冊封を受けていたが，朝鮮からは，将軍代替わりごとに通信使が派遣され，琉球からは将軍代替わりごとに慶賀使，琉球国王即位ごとに謝恩使が派遣された。

江戸幕府は，明・清に対して国交を求めたが拒否された。そのため，中国とオランダは国交を持たず交易だけを行う国として，後に通商国と位置付けられた。1689年，幕府は，長崎郊外に清人居住区として唐人屋敷を設けた。一方，1641年，オランダ商館を長崎の出島に設置したが，オランダ商館は，バタヴィア(現在のジャカルタ)を拠点とするオランダ東インド会社の日本支店であった。

オランダ船は，中国産の生糸・絹織物，及び，薬品・砂糖などを日本にもたらした。日本は，その支払いのために，銀を輸出していたが，ヨーロッパで金の価値が高騰すると，17世紀後半以降は，金貨である小判が輸出されるようになった。

参考文(2)……………………………………………………

江戸幕府は1685年に，長崎における生糸などの輸入額を制限した。1712年には京都の織屋に日本産の生糸も使用するよう命じ，翌年には諸国に養蚕や製糸を奨励する触れを出した。

……………………………………………………

ここからは，江戸幕府が，長崎における生糸の輸入額を制限した上で，絹織物業における日本産の生糸の使用や養蚕・製糸の奨励を命じたことを確認し，生糸の国産が奨励されたことを考察することが求められている。

中国では，1644年，農民反乱の指導者であった李自成により北京が攻略され，明が滅亡した。一方，1616年，満州民族(女真人)のヌルハチにより建国された後金は，1636年，国号を清と改めた。明清交替の動乱がおさまると長崎での貿易額が増加していった。

1655年に糸割符制度は廃止され，競争入札による相対自由貿易となっていた。しかし，中国情勢の安定化に伴い，長崎での貿易額が増加してくると，1685年，５代将軍徳川綱吉は，輸入増加による銀の流出をおさえるため，定高貿易仕法を制定し，年間の貿易額を銀換算で，オランダ船は3000貫，清船は6000貫に制限した。

また，６代将軍徳川家宣・７代将軍徳川家継の侍講であった新井白石は，長崎貿易による金銀流出防止を目的に，1715年，海舶互市新例を発して，清船は年間30隻，銀高にして6000貫，オランダ船は２隻，銀高3000貫に定め，長崎貿易を制限した。

長崎貿易の制限の背景としては，５代将軍徳川綱吉の頃から顕著になってきた幕府財政の悪化があった。幕府直轄の金山や銀山などからの金銀の産出量が減少し，幕府の収入減をもたらした。他方，４代将軍徳川家綱の時に起こった明暦の大火の復興費や，仏教を厚く信仰した綱吉による，護国寺の造営費や，徳川家の菩提寺である上野の寛永寺と芝の増上寺の修築費，綱吉の奢侈な生活の費用などが，幕府の支出増を招いた。そのため，幕府は，長崎における生糸の輸入を制限し，生糸の国産を奨励することによって，海外への金銀流出の防止を図ったのであった。

つぎに，幕府財政の悪化の要因を，幕藩体制の仕組みから考えてみる必要がある。幕府は，本百姓から収奪した年貢米を売却・換金して財源の中心としていた。そのような中で，米価は下落するが諸物価は上昇する，「米価下直・諸色高直」という状態が生じ，幕府財政を圧迫していた。

江戸時代の武士は，御恩として知行給与された俸禄米を，城下町で商人を介して売却・換金して消費生活を営む存在であった。また，富裕化した町人も，購買力を高めて消費を拡大させていった。そのため，都市が発達して武士や町人など都市人口が増加すると，商品経済が進展し，需要が供給を上回り物価が上昇していった。すなわち，都市での商品需要の拡大が諸物価の上昇を招いたのであった。一方，武士は俸禄米を売却せざるを得ないので，米の場合，市場において，供給が需要を上回る傾向を持ち，米価は下落していった。このような，「米価下直・諸色高直」の経済状況は，年貢米を売却・換金して財政基盤とする幕府や藩の財政を，一層悪化させていったのである。

とはいえ，都市の発達や商品経済の進展は，武士や富裕化した町人の中に，奢侈品(高級品)の需要を拡大させていった。それに伴い，西陣織のような高級な絹織物の消費も拡大していった。そのため，幕府は，長崎貿易における生糸の輸入を制限するとともに，「1712年には京都の織屋に日本産の生糸も使用するよう命じ」，さらに翌1713年には，「諸国に養蚕や製糸を奨励する触れを出し」，生糸の国産を奨励したのであった。

参考文(3)……………………………………………………………………………………

1720年には，対馬藩に朝鮮人参を取り寄せるよう命じ，栽培を試みた。その後，試作に成功すると，1738年には「江戸の御用達(ごようたし)町人に人参の種を販売させるので，誰でも希望する者は買うように」という触れを出した。

……………………………………………………………………………………………………

ここからは，江戸幕府が，対馬藩に取り寄せさせた朝鮮人参を栽培し，御用達商人に販売させたことを確認し，朝鮮からの知識をもとに新しい産業を奨励したことや，都市の発達や商品経済の進展に伴い，武士や富裕な町人の中に，朝鮮人参を用いた薬品などの奢侈品への需要が高まっていたことを考察することが求められている。

江戸時代の異国や異民族との交流･交易の窓口は「四つの口」とよばれる。「薩摩口」は琉球との窓口で薩摩藩・島津氏が管轄した。「長崎口」は中国・オランダとの窓口で幕府が直轄して長崎奉行が管轄した。「対馬口」は朝鮮との窓口で対馬藩・宗氏が管轄した。「松前口」はアイヌ民族との窓口で松前藩・松前氏が管轄した。

前述したように，都市の発達や商品経済の進展は，武士や富裕化した町人の中に，奢侈品(高級品)の需要を拡大させていったので，「対馬口」を通して取り入れた朝鮮からの知識をもとに栽培した朝鮮人参を用いた薬品の消費も拡大した。

参考文(4)……………………………………………………………………………………

1727年に幕府は，薩摩藩士を呼び出し，その教えに従って，サトウキビの栽培を試みた。その後も引き続き，製糖の方法を調査・研究した。

……………………………………………………………………………………………………

ここからは，江戸幕府が，薩摩藩士に学んでサトウキビの栽培を試みたり，精糖の方法を調査・研究したりしたことを確認し，琉球からの知識をもとに新しい産業を奨励したことや，都市の発達や商品経済の進展に伴い，武士や富裕な町人の中に，砂糖を使用した菓子などの奢侈品への需要が高まっていたことを考察することが求められている。

繰り返しになるが，都市の発達や商品経済の進展は，武士や富裕化した町人の中に，奢侈品(高級品)の需要を拡大させていったので,「薩摩口」を通して取り入れた琉球からの知識をもとに栽培したサトウキビを原料とする砂糖を使用した菓子などの消費も拡大した。

また,生糸の国産の奨励,朝鮮人参やサトウキビの栽培など新産業の奨励による殖産興業策は,幕府の財政再建策の一環でもあり,特に,殖産興業策は,８代将軍徳川吉宗の享保の改革の中で推進された。また,国産の奨励や殖産興業策は,百姓の生活の安定にも寄与し,百姓の年貢負担能力の向上による幕府財政の好転化が図られた。

一方,西陣織のような高級絹織物や,朝鮮人参やサトウキビのような商品作物,及び,朝鮮人参を用いた薬品や砂糖を使用した菓子などの奢侈品(高級品)は,納屋物とよばれる民間ルートの物資として流通していった。

なお,18世紀の後半になると,10代将軍徳川家治の側用人から老中になった田沼意次は,従来の政策を転換して,長崎貿易を奨励し,俵物や銅を輸出して貿易を黒字にし,金銀の流入を図り,大量の銀の流入に成功した。そして,蝦夷地を産地とする俵物は,中華料理の食材として通商国である清への輸出品となった。イリコ・ホシアワビ・フカノヒレなどに代表される俵物の輸出の拡大は,漁業・水産業の発達も促した。

上記の内容を踏まえ,解答の骨子を示してみよう。

設問Ａは,江戸幕府が,長崎貿易の制限により金銀流出を防止し,生糸の国産や,朝鮮人参・サトウキビ栽培などの新産業を奨励したことを述べればよい。

設問Ｂは,都市や商品経済の発達に伴い,生糸・朝鮮人参・砂糖などを用いた奢侈品への需要が高まり,消費も拡大したことを述べればよい。

〔問題の要求〕

設問Ａでは,江戸幕府が,長崎貿易の制限,日本産生糸の使用と養蚕・製糸の奨励,朝鮮人参・サトウキビの栽培などの政策をとった背景と意図について,貿易との関連で考察し,60字以内で述べることが要求されている。

設問Ｂでは,江戸幕府が,長崎貿易の制限,日本産生糸の使用と養蚕・製糸の奨励,朝鮮人参・サトウキビの栽培などの政策をとった背景となる,国内の消費生活の動向について,生糸・砂糖・朝鮮人参の用途に留意しつつ,90字以内で述べることが要求されている。

以下の〔ポイント〕は,問題が要求している「論点」を示すとともに,それに対応する「採点基準」における加点要素を示している。また,〔ポイント〕は**解説**で詳述した「解法」のまとめにもなっている。

〔ポイント〕

設問A

<江戸幕府の(2)〜(4)の政策の背景>

①幕府財政の悪化

＊物価上昇・米価下落

＊金山・銀山など直轄鉱山の枯渇

<江戸幕府の(2)〜(4)の政策と貿易との関連>

①長崎貿易の制限

＊生糸輸入の制限

＊金銀流出防止を目的

②対馬藩を通して朝鮮と貿易

＊朝鮮からの新知識の流入

③薩摩藩を通して琉球と貿易

＊琉球からの新知識の流入

<江戸幕府の(2)〜(4)の政策の意図>

①財政再建策

②生糸の国産の奨励

③新産業の奨励による殖産興業策

＊朝鮮人参の栽培

＊サトウキビの栽培

④百姓の年貢負担能力の向上

＊百姓の生活の安定

設問B

<江戸幕府の政策の背景としての国内の消費生活>

①都市の発達

＊俸禄米を売却して換金する武士が都市で消費生活

＊富裕化した町人が都市で消費生活

②商品経済の進展

＊奢侈品(高級品)の需要の拡大

＊奢侈品(高級品)の消費の拡大

③財政悪化の拡大

＊需要が供給を上回り物価が上昇

＊武士の俸禄米の売却により供給が需要を上回り米価が下落

<産物の用途>

①生糸を原料とする絹織物業

＊京都の西陣織

＊桐生・足利など関東の絹織物業

②サトウキビを原料とする砂糖

＊砂糖を使用した菓子

③朝鮮人参を用いた薬品

④商品作物として栽培

＊納屋物として取引

解答

A幕府は鉱山が枯渇したので長崎貿易を制限して金銀流出を防止し，生糸の国産や朝鮮・琉球からの知識を用いた新産業を奨励した。(30字×２行)

B都市の発達や商品経済の進展に伴い，武士や町人の中に，生糸を原料とする西陣織などの高級絹織物，砂糖を使用した菓子，朝鮮人参を用いた薬品などの奢侈品への需要が高まり，消費も拡大した。(30字×３行)

第４問

解説　第一次世界大戦期と朝鮮戦争期の機械工業の活況について考察する問題である。史料を用いた参考文を熟読し，その内容や示唆するものを読み取って，問題の要求に沿って論じることが要求されている。

設問Ａでは，第一次世界大戦期の機械工業の活況の理由について，90字以内で述べることが要求されている。

設問Ｂでは，サンフランシスコ平和条約が発効した時期の機械工業の活況の理由について，90字以内で述べることが要求されている。

東大は「出題の意図」として，「第４問は，第一次世界大戦期と戦後復興期の工業発展の要因を問うものです。戦争の影響，貿易の状況，国内の需要とその背景，政策や国際的な環境，技術の発達とその担い手，労働者の状況など多面的に思いを巡らして論述することを期待しています。重点の置き方によってはＢで朝鮮戦争に論及しないような解答も考えられます。」と述べている。

参考文(1)

このたびのヨーロッパの大戦は我が国の工業界にかつてない好影響をもたらし，各種の機械工業はにわかに活況を呈した。特に兵器，船舶，その他の機械類の製作業はその発展が最も顕著で，非常な好況になった。

（農商務省工務局『主要工業概覧』1922年による）

ここからは，第一次世界大戦が大戦景気とよばれる好景気をもたらしたという基本事項を確認し，大戦景気が機械工業の活況をもたらした諸要因を考察することが要求されている。

1914年，第一次世界大戦が勃発すると，第二次大隈重信内閣(外相加藤高明)は，日英同盟の「情誼」を口実に，中国での権益拡大を狙って対独参戦した。第一次世界大戦は，交戦国からの軍需と，ヨーロッパ列強の後退した中国市場などアジア市場に進出したことと，戦争需要で好景気となったアメリカへの輸出の増大により，日本経済に空前の好景気をもたらした。この1915～18年を中心とした好景気を大戦景気と呼ぶ。

貿易は，大幅な輸出超過になり，1914年に約11億円の債務国であった日本は，1920年には27億円以上の債権国となった。1914～19年で工業生産額は5倍となり，1919年には工業生産額が農業生産額を上回った。

紡績業(綿花から綿糸を生産する産業)・綿織物業(綿糸から綿布を生産する産業)は，アジア市場を独占するとともに中国へ資本輸出を進め，在華紡と総称される中国に設立された紡績工場では，中国人労働者を搾取して綿糸を生産し，中国民族資本を圧迫していった。

製糸業(繭から生糸を生産する産業)は，アメリカの大戦景気により対米生糸輸出を拡大させた。鉄鋼業では，八幡製鉄所が大拡張し，南満州鉄道株式会社(満鉄)が鞍山製鉄所を設立した。造船業・海運業は，大きく発展し，世界的な船舶不足により，日本はイギリス・アメリカに次ぐ世界第3位の海運国となり，内田汽船の内田信也などの船成金が発生した。化学工業は，敵国ドイツからの輸入が途絶して薬品・染料・肥料などの国産化を迫られて発展した。電力では，1915年に猪苗代水力発電所が完成して東京への長距離送電が実現し，1917年には電力が蒸気力を抜いた。

参考文(1)は，1922年に農商務省工務局が発行した『主要興業概覧』の「第三部機械工業」に基づいている。そこには，「欧州ノ大戦ハ本邦ノ工業界ニ未曽有ノ好影響ヲ齎シ」とあり，機械工業については，「就中兵器船舶機械類ノ製作業ハ其ノ発展ノ程度最顕著ニシテ非常ナル好況ヲ呈スルニ至レリ」と述べられている。

このような，大戦景気がもたらした，第一次世界大戦期の機械工業の活況の諸要因をみていくと，上記の史料にあるように，第一次世界大戦の軍需が特筆できる。代表的な軍需としては，交戦中の連合国への兵器・軍用機・軍用自動車などの軍需品の輸出があげられる。また，第一次世界大戦による国際的な船舶の不足は，1896年に制定された造船奨励法と航海奨励法によって支えられてきた，日本の造船業や海運業の急速な発達を促した。造船業の発展は，鉄鋼船の建造に伴う鉄鋼業の発達のみならず，船舶に関連する諸機械の製造を増進させ，機械工業の発展を促進させた。

1960年に通商産業省工業局が発行した『日本の機械工業―その成長と構造―』には，「第１次世界大戦が勃発するや，わが国の経済については機械工業の環境は全く様相を一変するに至った」とある。そして，その要因として，「先進諸国が戦争に追われ，わが国に資材器物を輸出する余裕がなくなったばかりでなく，比較的戦争の中心から外れていたわが国は連合国側の補給廠の役を引受けること」となったことをあげた。その上で，「機械工業のおかれた環境はきわめて単純である。すなわち，あらゆる産業は活況を呈し，国内で生産しうるものはほとんどが国産に切替えられていった」と述べている。すなわち，第一次世界大戦による，交戦中の先進国からの輸入減少が，機械の国産化を一挙に推進させたのであった。

また，第一次世界大戦による列強の後退の隙をついて，日本は，アジア市場，特に中国市場へ進出していった。紡績業においては，綿糸の輸出は急増したが，綿糸の生産は輸入紡績機械に依存せざるを得なかった。一方，綿織物業においては，1916年に豊田佐吉が自動織機の特許をとり，1917年に綿織物（綿布）の輸出額が綿糸を抜くなど，活況を呈し，織機の国産化も進んだ。

つぎに工業原動力を見ると，1915年に猪苗代水力発電所が建設され，猪苗代湖から東京への約200キロメートルの，当時，世界第３位の長距離送電が行われた。その結果，1917年には，工業原動力においては，電力が蒸気力を抜いた。また，農村部への電灯の普及が進み，電気機械の国産化も推進された。

大戦景気の結果，重化学工業が発展し，男性労働者が増加したものの，重化学工業の生産額が軽工業を抜くのは1930年代後半であった。一方，物価上昇率が賃金上昇率を上回ったので，実質賃金の低下により労働者の生活は圧迫され，農産物価格は上昇したが生活必需品価格も上昇したので，貧農・小作農の生活も困窮した。そして，このような事態が米騒動の要因のひとつとなった。

商業など第三次産業の発展や，企業や官公庁に働くサラリーマン（俸給生活者）など新中間層の登場によって都市が発展し，新中間層は大正デモクラシーの主要な担い手となった。また，資本の独占・集中が進み，財閥の形成と発展が促進された。一方，米価高騰と投機で大きな利益をあげた寄生地主は，さらに土地を集積したので，大戦景気の時期，寄生地主制は発展の頂点をむかえ小作農への収奪も進んだ。

参考文(2)……………………………………………………………………………………

近来特に伸びの著しい機種は，電源開発に関連した機械類や小型自動車及びスクーター，蛍光灯などの新しい機種である。輸出額では船舶(大型タンカー)が40%近くを占めて機械輸出の主力をなし，繊維機械，ミシン，自転車，エンジン，カメラ，双眼鏡など比較的軽機械に類するものが好調である。

(通商産業省工業局『機械器具工業の概況と施策』1953年による)

……………………………………………………………………………………………

ここからは，朝鮮戦争が特需景気とよばれる好景気をもたらしたという基本事項を確認し，特需景気が機械工業の活況をもたらした諸要因を考察することが要求されている。

特需景気を考察する前提として，1945年の敗戦から，1950年の朝鮮戦争の勃発に至るまでの，戦後経済史を概観してみよう。

日本の占領は，連合国による占領であったが，事実上は米軍による単独占領であった。1945年に，連合国軍最高司令官マッカーサーが幣原喜重郎首相に対して発した五大改革指令においても経済機構の民主化が掲げられ，これに基づき財閥解体と農地改革が着手された。占領政策の転換により，財閥解体は不徹底に終わったが，農地改革により，「軍国主義の温床」といわれた寄生地主制は解体した。

敗戦後の日本経済は激しいインフレーションに見舞われていた。これに対し，幣原喜重郎内閣は，金融緊急措置令を発して新円切換えを行い，その際，貨幣流通量を減少させて対応したが，インフレ抑制効果は一時的であった。

そのため，第一次吉田茂内閣は，生産体制回復によるインフレの克服を目的に，資金と資材を石炭・鉄鋼など重要な基礎産業に集中する傾斜生産方式を立案し，片山哲・芦田均中道連立政権が継承・実施した。

1947年，トルーマン=ドクトリンと呼ばれる，アメリカ大統領トルーマンによる共産主義封じ込め政策が発せられ，冷戦が始まった。冷戦とは，東西対立，すなわち，ソ連と東ヨーロッパを中心とする社会主義体制である東側陣営と，アメリカと西ヨーロッパを中心とする資本主義体制である西側陣営の対立であった。

東アジアにおける冷戦が激化すると，アメリカの占領政策は，日本の「非軍事化・民主化」から，日本を「反共の防波堤」にする方向へと大きく転換していった。そのような情況を背景に，経済政策も転換し，1948年12月，ＧＨＱは，第二次吉田茂内閣に対して，予算の均衡や徴税の強化などを内容とする，強烈なデフレ政策である経済安定九原則の実行を指令した。

経済安定九原則を具体化し，翌1949年より実施された政策が，40万人以上の公務員・公共企業体職員の解雇などを内容とするドッジ=ラインと，所得税を中心とする徴税強化を行うシャウプ勧告に基づく税制大改革であった。同政策によりインフレは収束したものの安定恐慌と呼ばれる激しい不況がもたらされ，失業者があふれた。

本問では，サンフランシスコ平和条約発効直後の機械工業の活況の要因となる諸事情について問うている。サンフランシスコ平和条約の調印は，1951年９月８日，発効は，翌1952年４月28日である。

1945年より朝鮮半島は米軍とソ連軍に分割占領されていたが，1948年，米軍占領下の朝鮮南部に大韓民国，ソ連軍占領下の朝鮮北部に朝鮮民主主義人民共和国が建国された。そして，1950年６月25日，朝鮮戦争が勃発した。

朝鮮戦争のさなか，日本国内では，サンフランシスコ平和条約を巡って国論が二分していた。第三次吉田茂内閣は，西側48カ国とのみの単独講和の形で条約を締結することを推進し，保守政党や財界が支持していた。これに対し，革新政党・労働組合・知識人などは，アメリカの要求に応じ，社会主義国を排除して西側陣営との講和を図る単独講和に反対し，全ての交戦国との講和を主張する全面講和を唱えた。

1951年のサンフランシスコ講和会議には55カ国が招請されたが，インド・ビルマ・ユーゴスラヴィアは参加せず，中華人民共和国と中華民国は招請されなかった。

サンフランシスコ平和条約の内容は，占領の終結と日本の主権回復，朝鮮の独立と台湾の放棄，千島列島と南樺太の放棄のほか，沖縄・小笠原諸島は，アメリカを唯一の施政権者とする信託統治制度の下に置くという，アメリカの国際連合への提案に日本が同意すること，及び，提案まではアメリカが施政権を持つことが規定された。しかし，提案時期が明記されていなかったので，実際には，アメリカは提案せずに施政権下に置いた。小笠原諸島が日本に返還されるのは1968年，沖縄が返還されるのは1972年であった。

なお，サンフランシスコ講和会議に出席したソ連・ポーランド・チェコ=スロヴァキアは，内容を不満としてサンフランシスコ平和条約には調印しなかった。

1951年９月８日，第三次吉田茂内閣は，西側48カ国とのみの単独講和の形でサンフランシスコ平和条約を締結した。そして，翌1952年４月28日，サンフランシスコ平和条約は発効し，日本本土の占領は終結し，主権は回復したが，沖縄と小笠原諸島はアメリカの施政権下に置かれた。サンフランシスコ平和条約に調印した結果，日本は，ソ連とは，1956年の日ソ共同宣言まで，中華人民共和国とは，1972年の日中共同声明まで戦争状態を継続することになった。

1950年，朝鮮戦争が勃発すると，特需景気(朝鮮特需)と称された軍需によって，安定恐慌から脱出し，1951年には，鉱工業生産額は戦前水準を突破して日本経済は復興したといえる状態となった。特需景気は，朝鮮休戦協定が締結される，1953年まで続いた。

「特需」とは「軍需」であることを曖昧にしようと誤魔化した表記である。特需景気は，朝鮮戦争の軍需による好景気であり，米軍の武器・弾薬の製造や，米軍の機械や自動車の修理などで，経済は好転化し，機械工業は活況を呈した。この軍需に伴い，繊維工業や金属工業の生産も拡大したので，「糸へん・金へん景気」ともよばれた。

特需景気の中で，政府の産業振興策が推進された。1950年には，輸出振興を目的とした日本輸出銀行が設立され，1952年には日本輸出入銀行と改称し，輸入金融業務も行うようになった。また，1951年，復興金融金庫を継承して，経済の再建，産業の開発を促進することを目的に，長期にわたる開発設備資金を貸与する日本開発銀行が設立された。さらに，1952年，企業合理化促進法が制定され，設備投資への税制優遇措置がとられるなど，政府による産業合理化政策も展開された。

一方，朝鮮戦争が始まると，アメリカの日本に対する占領政策の転換は加速化されていった。1953年に独占禁止法が改正され，公正取引委員会の許可があれば，不況カルテルや合理化カルテルが認められるなど，独占禁止政策の緩和が行われた。

その他，1952年のサンフランシスコ平和条約発効直後の機械工業の活況の背景となる諸事情としては，1939年に電力の戦時統制を目的とした国策会社として設立された日本発送電株式会社の体制を改め，発電から配電まで一貫経営を行う，民有民営の地域別９電力体制へ転換した，1951年の電力再編成，及び，1952年のＩＭＦ(国際通貨基金)とＩＢＲＤ(世界銀行)への加盟，対米輸出の増加，造船業の発達などがあげられる。

上記の内容を踏まえ，解答の骨子を示してみよう。

設問Ａは，第一次世界大戦が大戦景気をもたらし，連合国への武器輸出などの軍需が，機械工業活況の要因となったことを述べればよい。

設問Ｂは，朝鮮戦争が特需景気をもたらし，米軍の武器の製造などの軍需が，機械工業活況の要因となったことを述べればよい。

〔問題の要求〕

設問Ａでは，第一次世界大戦期の機械工業の活況の理由について，90字以内で述べることが要求されている。

設問Bでは，サンフランシスコ平和条約が発効した時期の機械工業の活況の理由について，90字以内で述べることが要求されている。

以下の〔ポイント〕は，問題が要求している「論点」を示すとともに，それに対応する「採点基準」における加点要素を示している。また，〔ポイント〕は解説で詳述した「解法」のまとめにもなっている。

〔ポイント〕

設問A

＜第一次世界大戦期の機械工業の活況＞

①大戦景気

＜第一次世界大戦期の機械工業の活況の要因＞

①第一次世界大戦の軍需

＊連合国への軍需品(兵器・軍用機・軍用自動車)の輸出

＊造船業の発展

②第一次世界大戦による輸入減少

＊機械の国産化の推進

③第一次世界大戦による列強の後退

＊アジア(中国)市場への進出

＊綿布輸出の拡大による力織機の国産化の推進

＊アメリカへの生糸輸出の拡大

④電気機械の国産化

＊電灯の農村部への普及

＊工業原動力の電力への転換

＊猪苗代水力発電所の建設

⑤工場労働者の増加

＊実質賃金の低下

＊都市の発達

設問B

＜サンフランシスコ平和条約発効直後の機械工業の活況＞

①特需景気(朝鮮特需・特需)

＜サンフランシスコ平和条約発効直後の機械工業の活況の要因＞

①朝鮮戦争の軍需

＊米軍の武器・弾薬の製造

＊米軍の機械や自動車の修理

②繊維･金属の生産拡大

＊「糸へん・金へん景気」

③安定恐慌からの脱出

④政府の産業振興策

＊産業資金の供給

＊日本輸出銀行・日本開発銀行の設立

⑤産業合理化政策の展開

＊企業合理化促進法の制定

＊設備投資への税制優遇措置

⑥占領政策の転換

＊独占禁止政策の緩和

＊独占禁止法の改正

⑦その他の要因

＊電力再編成

＊対米輸出の増加

＊ＩＭＦ･ＩＢＲＤへの加盟

＊造船業の発達

解答

A大戦の軍需と列強が後退したアジア市場への進出は大戦景気をもたらした。連合国への武器輸出や輸入減少により機械の国産化が進んだ。また，工業原動力が電力に転換し，電灯も農村へ普及した。(30字×３行)

B朝鮮戦争が勃発すると，米軍の武器の製造や自動車・機械の修理などの軍需が特需景気をもたらした。また，資金供給など政府が産業振興策を行い，占領政策転換に伴い独占禁止政策が緩和された。(30字×３行)

2018年

第1問

解説 藤原京の歴史的意義について考察する問題であった。その際，従来の大王宮と比較した藤原京のあり方を，律令制の確立過程における歴史的意義にふれながら，180字以内で述べることが要求されている。リード文の内容や示唆するものを読み取って，問題の要求に沿って論じることが要求されている。

古代の政治史を考察するにあたって，ヤマト政権の氏姓制度と，律令国家の律令制度との根本的相違を確認することが必要である。

氏とは血縁を中心に構成された同族集団であり，姓とは大王が氏にあたえた称号である。氏姓制度は，いわば，血統に基づく支配であり，大王から姓を与えられた氏による支配機構と言える。そのため，権力の移譲は世襲を常とする。

臣は地名を氏の名とした葛城・平群・蘇我など近畿の有力豪族へ授与され，連は特定の職掌を氏の名とした大伴(軍事)・物部(軍事)などの豪族へ授与された。また，君は有力地方豪族に，直は一般の地方豪族へ与えられた。

ヤマト政権の首長は，大王とよばれたが，7世紀末，天武天皇の頃から「天皇」の称号が使用されたと考えられる(一部に推古天皇の時期とする説もある)。大臣と大連が国政の中枢を担い，重要事項は，有力氏族の代表からなる大夫(まえつきみ)が参加して合議をもって処理にあたった。

大臣や大連は，姓ではなく，ヤマト政権の最高執政者の官職名であり，臣や連の姓を持つ最有力氏族の氏上(氏の首長・統率者)が任命された。大臣の蘇我馬子や大連の物部守屋がその一例である。

伴造は，大臣や大連の下で，朝廷の軍事･政務･祭祀などの職務を分担した。また，国造や県主とよばれるヤマト政権の地方官は，地方豪族から任命され，大王家の直轄地である屯倉や朝廷の直轄民である名代・子代を管理した。屯倉は田部が耕作し，豪族の支配地である田荘は，豪族の支配民である部曲が耕作した。

645年の乙巳の変から孝徳朝の諸改革を大化改新というが，その背景は，7世紀の東アジアの激動にあった。618年に隋が滅亡して唐が成立し，朝鮮半島では，新羅が唐と連合して勢力を拡大していった。

このような中，630年，舒明天皇の下で第1回遣唐使として犬上御田鍬が派遣され，また，632年に旻，640年に南淵請安・高向玄理が帰国するなど，遣隋使と共に中国に渡った学問僧や留学生が戻って強大化した唐の様子や新知識を伝えた。

大化改新は，中大兄皇子・中臣鎌足らが蘇我入鹿を殺害し，その父の蘇我蝦夷も自殺に追い込んで蘇我氏の本宗家を滅亡させた，乙巳の変というクーデタと一連の改革であったが，これは，いわば，律令国家の建設に向かう改革であった。そして，その後の７世紀後半の天智朝や，天武・持統朝の時期は，律令国家の建設期ということができる。

律令国家の律令制度は，ヤマト政権の血統に基づく氏姓制度による支配機構とは異なり，法に基づく官僚機構と，戸籍・計帳に基づく人民支配を根幹とした。律令の律とは現在の刑法に相当し，令とは現在の民法・行政法などに相当した。

律令の制定過程を整理すると，668年，天智天皇の下で，中臣鎌足が近江令といわれる令22巻を編纂したといわれるが，『日本書紀』に制定の記述が無く，その完成は疑問視されている。681年，天武天皇の下で，飛鳥浄御原令といわれる令22巻の編纂が開始され，689年，天武天皇の死後，持統天皇が施行した。また，701年，文武天皇の下で，刑部親王が総裁となり，藤原不比等らが大宝律令といわれる律６巻・令11巻を編纂した。そして，718年，元正天皇の下で，藤原不比等が養老律令といわれる律10巻・令10巻を編纂した。

すでにヤマト政権においても，推古朝の時期，蘇我馬子政権の下で，603年，厩戸王が冠位十二階の制定をして改革を図っていた。冠位は，「徳・仁・礼・信・義・智」を大小に分けて12階とし，血統に関わらず，個人の勲功・才能により１代に限り授与し，昇進も可能であった。このことは，実務官僚レベルに冠位を与える形で官僚制を一部導入し，氏姓制度の世襲制の打破を試みるものと考えられている。

一方，律令国家の建設期である天武・持統朝においては，豪族領有民が廃止され，豪族の官僚化が推進された。また，位階や昇進の制度が定められ，官僚制の形成が進展していった。

のちの養老律令において，位階に相当する官職に任命する官位相当制が確立されたが，位階とは，個人に授与され，能力に応じて昇進も可能な官人の朝廷内での序列を示す等級で，正一位から少初位下までの30階が設定された。また，官職とは，太政大臣や大納言など役職や政治的ポストであった。

従来の大王宮は，一代ごとのものであった。すなわち，新しい大王が即位すると新しい王宮へ移転し，時には，一代の大王の期間であっても，他の王宮に移転することさえあった。そのため，大王の呼称にも，「○○宮に天の下治めたまひしスメラミコト」のように王宮の名称が用いられた。

当初は，大王宮を中心に有力な王族や中央豪族の邸宅が集中していた。しかし，６世紀末以降になると，飛鳥の地には，大王ごとに王宮が建設されていき，周辺に統治機構に関連する施設も構築されていったので，飛鳥は，しだいに都としての様相を呈するようになっていった。

一方，この時期には，有力な王族や中央豪族たちは，大王宮とは別に自分たちの皇子宮や邸宅を営んだ。厩戸王は推古天皇の飛鳥の大王宮から離れて斑鳩に居を構え，蘇我氏は甘樫丘に邸宅を営んだ。

律令国家の建設を推進する持統天皇は，694年，畝傍山・耳成山・天香久山の大和三山に囲まれた地，藤原京に遷都した。天武天皇が藤原京の造営に着手したが，完成したのは持統天皇の時であった。中国の都城に倣った藤原京は，従来の一代限りの大王宮とは異なり，天皇の権威を掲げる律令国家を象徴する首都にふさわしい，永続する都を想定して建設され，結果，持統天皇・文武天皇・元明天皇の都となった。

藤原京の形状は，宮(宮城)を京の中央北端に設置した平城京や平安京と異なり，京の中心部に宮を設置した都城として造営された。すなわち，藤原京は，宮城である藤原宮の周囲に，碁盤目状に道で区画した条坊制を持つ京が設けられる，約5.3キロメートル四方の規模を持つ都城であった。

方形の羅城に取り囲まれ，東西・南北の大規模な道路によって碁盤目状に区画された京の中心に宮を設置する都城が，中国の儒教の古典である『周礼』考工記が記す理念に基づいた都城であるが，実際には中国でも実現していない。しかし，藤原京は，羅城こそ無いものの，儒教の首都理念の都城に類似していた。

京の中心に位置する藤原宮には，天皇の居所である内裏と，大嘗祭や元旦朝賀などの儀礼の場である大極殿，重要政務を行う朝堂院などが設けられた。大極殿や朝堂院には，礎石の上に柱を立てて屋根に瓦を葺いた中国風の最新の建築技法が採用された。また，大宝令の施行に伴い，二官八省の官制が整備されると，藤原宮には，太政官などの官庁が置かれていった。

律令国家の確立過程における官僚制の整備の進展に伴い，官僚化した豪族を政務につかせる都城の整備の必要性も生じてきた。そのため，藤原京では，豪族を本拠地から切り離して藤原京に集住させた。また，藤原京には，大官大寺・本薬師寺・川原寺・飛鳥寺などの官寺をはじめ，氏族たちの氏寺も立てられ，一般民衆の宅地も配された。

すなわち，律令国家の確立に伴う官僚制の成立と，天皇の下に官僚が集住して政務を担う都城の整備は不可分の関係にあったのである。

上記の内容を踏まえ，解答の骨子を示してみよう。

天武・持統朝において官僚制が形成されたが，律令国家の首都として建設された藤原京は，一代限りの大王宮と異なり，宮の周囲に条坊制をもつ都城であり，京には官僚となった豪族が集住して政務を担ったことを述べればよい。

〔問題の要求〕

従来の大王宮と比較した藤原京のあり方を，律令制の確立過程における歴史的意義にふれながら，180字以内で述べることが要求されている。

以下の〔ポイント〕は，問題が要求している「論点」を示すとともに，それに対応する「採点基準」における加点要素を示している。また，〔ポイント〕は**解説**で詳述した「解法」のまとめにもなっている。

〔ポイント〕

<律令国家の確立過程>

①天武･持統朝(天武天皇･持統天皇)

＊豪族領有民の廃止

＊飛鳥浄御原令の制定・施行

＊律令国家の建設

②官僚制の形成

＊律令に基づく

＊位階の整備

＊豪族の官僚化

＊都城の整備の必要性

<従来の大王の王宮のあり方>

①一代ごとの大王宮

＊大王宮とは別に中央豪族(王族)の別邸

＊大王宮の周辺に王権の諸施設が整備

<藤原京のあり方>

①三代の天皇の都

＊持統･文武･元明天皇

<藤原京の特色―都城>

①宮の周囲に京を設置

＊京の中央に宮を設置した都城

<藤原京の特色―京>

①碁盤目状に道で区画した条坊制を持つ

②豪族を官僚化して藤原京に集住させる

＊豪族を本拠地から切り離す

＊官僚として藤原京で政務を担わせる

③王族も藤原京に居住

④一般民衆も藤原京に居住

<藤原京の特色―宮>

①藤原宮に朝堂院を設置

＊朝堂院は宮城内の中心的施設

＊朝堂院では重要な政務を行う

②藤原宮に大極殿を設置

＊大極殿では重要な儀式を行う

＊大極殿では大嘗祭･元旦朝賀を行う

<藤原京の歴史的意義>

①律令国家(中央集権国家･天皇権威)を象徴する首都として建設

解 答

天武・持統朝において，豪族領有民は廃止され，位階も整備されて官僚制が形成された。従来の一代限りの大王宮と異なり，三代の天皇の都となった藤原京は，宮の周囲に碁盤目状の道で区画された条坊制を持つ京が設けられた都城であり，律令国家を象徴する首都として建設された。宮には重要政務を行う朝堂院や大嘗祭などを行う大極殿を設け，京に官僚化した豪族を集住させて政務を担わせた。(30字×６行)

第２問

解説　室町幕府の財政と徳政令について考察する問題である。参考文を熟読し，その内容や示唆するものを読み取って，問題の要求に沿って論じることが要求されている。

設問Ａでは，室町幕府の財政の特徴を，所在地との関係に着目して，60字以内で述べることが要求されている。

設問Ｂでは，徳政令の発布が，室町幕府に財政難をもたらした理由と，それに対する幕府の打開策を，90字以内で述べることが要求されている。

参考文(1)

『建武式目』第６条は，治安の悪化による土倉の荒廃を問題視し，人々が安心して暮らせるようにするためには，それらの再興が急務であるとうたっている。

ここからは，『建武式目』第６条に掲げられていることに示されるように，室町幕府が土倉の存在を重要視していることを読み取ることが要求されている。

1335年，最後の得宗であった北条高時の子の北条時行が信濃で挙兵して鎌倉を占拠する中先代の乱が発生した。その際，足利直義は護良親王を殺害して鎌倉から敗走した。これを機に，幕府の再建を目指していた足利尊氏は，後醍醐天皇の許可を得ずに鎌倉に下向して中先代の乱を鎮圧した。そして，尊氏・直義は，後醍醐天皇の新政権に叛旗を翻して挙兵し，京都へ向かって進撃した。

しかし，足利尊氏は，いったんは北畠顕家の軍に敗北して九州へ敗走したものの，九州では再挙兵に成功して京都へ向かい，1336年，摂津の湊川の戦いで楠木正成を討ち，光厳上皇を擁して京都を制圧した。そして同年，京都を支配した足利尊氏は，光厳上皇の弟で持明院統の光明天皇を擁立した。一方，京都を脱した後醍醐天皇は，大和国の吉野へ脱出して皇統の正統を主張したので，ここに京都の北朝(持明院統)と吉野の南朝(大覚寺統)が分立し，南北朝の内乱が始まった。

同1336年，足利尊氏の諮問に中原是円が答申する形式をとった，建武式目とよばれる17カ条の施政方針を表明した。その第６条には，「無尽銭･土倉は興行せらるべき事」とあるが，ここには，講による相互金融である無尽銭や，質物をとって金融を行う土倉などを保護し，京都市中の経済活動の円滑化を図る幕府の意向が示されている。

なお，建武式目は室町幕府の基本法ではない。室町幕府は，鎌倉幕府の制定した御成敗式目を基本法とし，必要に応じて御成敗式目の追加法である式目追加を制定し，建武以来追加として編纂した。

参考文(2)

室町幕府は，南北朝合体の翌年である1393年に土倉役・酒屋役の恒常的な課税を開始した。土倉役は質物数を，酒屋役は酒壺数を基準に賦課され，幕府の年中行事費用のうち年間6000貫文がここから支出された。

ここからは，土倉や酒屋に課した土倉役や酒屋役が，室町幕府の重要な財源となっていることを確認し，直轄領である御料所からの収入が少ない室町幕府が，貨幣経済に依存せざるを得なかったことを考察することが要求されている。

室町幕府の直轄領である御料所は，全国に散在し，幕府の直轄軍である奉公衆が管理したが小規模であった。そのため，御料所からの収入が少なかったので，室町幕府の財政は，貨幣経済に依存せざるを得なかった。

しかし，侍所の所司が検非違使の権限を奪い，幕府所在地の京都の市政権を掌握するなど，室町幕府は朝廷の権限を吸収していき，土倉役や酒屋役の徴収権も朝廷より奪取した。そのほか，室町幕府の財源としては，守護の分担金，地頭・御家人に対する賦課金，京都五山からの献金や五山僧への課税，田畑１段(反)ごとに課される臨時税である段銭，家屋１棟ごとに課される臨時税である棟別銭，関銭や津料などの通行税，勘合船の経営者が課す輸入税である抽分銭や，朝貢貿易であるので関税もなく滞在費も明が負担する日明貿易の利益などであった。

参考文(3)

正長・嘉吉の土一揆は，土倉に預けた質物を奪い返したり，借用証書を焼くなどの実力行使におよんだ。嘉吉の土一揆は，それに加え，室町幕府に対して徳政令の発布も求めた。

ここからは，正長の土一揆では広範に私徳政が行われたこと，嘉吉の土一揆に際しては，室町幕府が初めて徳政令を発布した事実を確認し，徳政令の発布が，室町幕府の財政を支えた土倉や酒屋に大きな打撃を与えたことを想起することが要求されている。

1428年，足利義持の死を契機に，延暦寺の門前町で琵琶湖交通の要地である近江坂本の運送業者である馬借が蜂起し，「代始の徳政」を要求する一揆は山城から畿内一帯に波及した。この正長の土一揆(徳政一揆)が畿内で大規模かつ広範囲に発生したことの外的要因は，貨幣経済が農村にまで浸透し，農民などが土倉や酒屋など高利貸資本からの債務に苦しんでいたことにある。また，内的要因は，農民の自治的結合である惣が形成され，惣村の農民は荘園・郷の枠をこえて広く連合し，惣が一揆の母体となったからである。

農民たちは，土倉・酒屋や，祠堂銭を用いて金融を行っていた寺院などを襲って貸借証文を破棄し，私徳政を実現した。大和国の守護である興福寺が大和一国に徳政を許可したが，幕府は徳政令を発布していない。

1441年，播磨守護の赤松満祐が，６代将軍足利義教を謀殺した嘉吉の乱が起きた。その際，土一揆の勢力は，「代始の徳政」を要求し，土倉や酒屋などを襲撃して京都を包囲した。この時，室町幕府は，一揆の要求を受け入れて初めて徳政令を発布し，土倉や酒屋の債務を破棄したので，土倉や酒屋は大きな打撃を受けた。

参考文(4)

室町幕府は，1441年，嘉吉の土一揆の要求をうけて徳政令を発布したが，この徳政令は幕府に深刻な財政難をもたらした。

ここからは，嘉吉の土一揆の要求を受けて室町幕府が発布した徳政令が，幕府に深刻な財政難をもたらした事実を確認し，徳政令の発布が，幕府の重要な財源である土倉役や酒屋役の徴収を困難にする事態をもたらしていることを考察することが要求されている。

嘉吉の土一揆の後も，室町幕府は，土一揆の要求によって徳政令をたびたび発布した。このことは，土倉･酒屋を衰退させ，幕府の重要な財源である土倉役･酒屋役の徴収が困難となり，幕府の収入の減少を促した。

参考文(5)

室町幕府は，1455年の賀茂祭の費用を「去年冬徳政十分の一，諸人進上分」によってまかなった。

ここからは，賀茂祭の費用が分一銭で賄われたことを確認し，分一徳政令が，幕府の深刻な財政難に対する，新たな打開策となっていたことを考察することが要求されている。

徳政令の度重なる発令は，酒屋役･土倉役の徴収を困難にし，室町幕府に深刻な財政難をもたらした。そのため，幕府は，債権者である土倉・酒屋が，債権額の十分の一ないし五分の一の手数料である分一銭を納入すれば，徳政を免除して債権を保護，一方，債務者である土一揆の勢力が，債務額の十分の一ないし五分の一の手数料である分一銭を納入すれば，債務を破棄する分一徳政令を発布した。なお，前者は分一徳政禁令(分一徳政禁制)ともいう。

やがて，幕府は，分一銭を重要な財源のひとつとするようになり，財政難の打開策としたので，分一徳政令は乱発され，慣例化されていった。

上記の内容を踏まえ，解答の骨子を示してみよう。

設問Aは，貨幣経済に依存する室町幕府は，京都の商工業者から徴収する酒屋役や土倉役などを財源としたことを述べればよい。

設問Bは，徳政令の発布が，酒屋や土倉を衰退させて減収を招いたので，室町幕府は分一徳政令による増収を図ったことを述べればよい。

2018年　解答・解説

〔問題の要求〕

設問Aでは，室町幕府の財政の特徴を，所在地との関係に着目して，60字以内で述べることが要求されている。

設問Bでは，徳政令の発布が，室町幕府に財政難をもたらした理由と，それに対する幕府の打開策を，90字以内で述べることが要求されている。

以下の〔ポイント〕は，問題が要求している「論点」を示すとともに，それに対応する「採点基準」における加点要素を示している。また，〔ポイント〕は解説で詳述した「解法」のまとめにもなっている。

〔ポイント〕

設問A

＜室町幕府の財政の特徴＞

①直轄領である御料所からの収入が少ない

②室町幕府は貨幣経済に依存

＜室町幕府の財政と所在地との関係＞

①室町幕府の所在地は京都である

②(京都)五山からの献金を財源とする

*五山僧に課税

③京都は貨幣経済(商品経済·商工業)の中心

*京都の商工業者を支配下に置く

*京都の商工業者に保護を与える

*京都の商工業者から徴税する

④酒屋役·土倉役を財源とする

設問B

＜徳政令の発布＞

①正長の土一揆の発生

*私徳政が行われる

②嘉吉の土一揆の発生

*室町幕府は始めて徳政令を発布

*土倉·酒屋の債務を破棄

＜幕府の深刻な財政難＞

①土倉役·酒屋役は重要な室町幕府の財源

②徳政令の発布による土倉·酒屋の衰退

＊土倉役·酒屋役の徴収が困難

③室町幕府の収入の減少

<幕府の打開策>

①分一徳政令の発布

②分一銭を室町幕府に納入させる

＊債務者の債務を破棄

＊債権者の債権を保護(徳政免除)

③室町幕府は分一銭を財源とする

＊室町幕府は分一徳政令を財政難の打開策とした。

＊室町幕府は分一徳政令を乱発

＊室町幕府は分一徳政令の発布を慣例化

解 答

A幕府は御料所からの収入が少なく貨幣経済に依存し，五山の献金や京都の商工業者から徴収する酒屋役や土倉役などを財源とした。(30字×２行)

B一揆の発生に伴う徳政令の発布は，酒屋や土倉の衰退を促し，幕府の減収を招いた。そのため幕府は，債務者や債権者が分一銭を納めれば債務破棄・債権保護を行う分一徳政令を出して財源とした。(30字×３行)

第３問

解説　江戸幕府が発令した異国船打払令について考察する問題である。

設問Aでは，異国船打払令の発令にもかかわらず，沿岸警備を強化しなかった幕府の姿勢を，異国船に対する認識から考察して，60字以内で述べることが要求されている。

設問Bでは，異国船と民衆との接触を厳禁する江戸幕府の意図について，90字以内で述べることが要求されている。

まず，列強の接近による対外関係の緊迫について，基本事項を整理しておこう。1792年，ロシア使節のラクスマンが根室に来航し，漂流民の大黒屋光太夫らを送還し，通商を要求するが，江戸幕府は通商要求を拒否し，長崎への入港の許可状である信牌を与えて帰国させた。このような事態に対処するため，1802年，幕府は東蝦夷地を直轄して箱館奉行を設置した。

1804年，通商を要求するロシア使節のレザノフが長崎に来航して漂流民の津太夫を送還したが，幕府はロシアの通商の要求を拒絶した。この処置に対する報復として，1806年と1807年，ロシア軍艦が樺太や択捉島などを攻撃する文化の露寇事件が起きた。そのため，1807年，幕府は西蝦夷地を直轄することにより，全蝦夷地を直轄して松前奉行を設置して対処した。また，この時期，幕府は近藤重蔵を択捉島，間宮林蔵を樺太に派遣して探検させている。

このような，ロシアの接近に対し，1806(文化３)年，幕府は，文化の撫恤令(薪水給与令)を発令して外国船に薪水を給与し，上陸させずに帰帆させるという穏便な措置をとった。そのような中で，1811年，国後島に上陸したロシア軍艦の艦長ゴローウニンが，日本の警備兵によって捕縛される事件が発生した。これに対し，ロシアは択捉航路を開拓した淡路の海運業者である高田屋嘉兵衛を抑留した。しかし，高田屋嘉兵衛の尽力で，幕府はゴローウニンを釈放したので，1813年に事件は解決を見た。このゴローウニン事件を機に日露関係が改善に向かったこともあり，1821年，幕府は全蝦夷地を松前藩に還付した。なお，ゴローウニンはこの体験を『日本幽囚記』として著した。

1808年，イギリスの軍艦がオランダ船の拿捕を目的に長崎に侵入するというフェートン号事件が発生した。この時，長崎奉行の松平康英は責任をとり自害している。この事件を機に，1810年，幕府は白河藩と会津藩に江戸湾の防備を命じた。

1824年，イギリスの捕鯨船の船員が，常陸の大津浜と薩摩の宝島に上陸する事件が起きた。そのため，1825(文政８)年，幕府は，フェートン号事件と前年の事件を根拠に，文政の異国船打払令(無二念打払令)を発布し，外国船の打払いを命令した。通商国の清や通信国の朝鮮・琉球の船は対象外であったが，通商国のオランダの船は，長崎以外の場所では打ち払うことにした。

1837年，文政の異国船打払令に基づき，日本人漂流民を送還して交易を図ろうとしたアメリカの商船を砲撃したモリソン号事件が発生した。この事件に対し，翌年，渡辺崋山が『慎機論』，高野長英が『戊戌夢物語』を著して批判したので，1839年，渡辺崋山や高野長英ら，対外政策を批判した尚歯会の蘭学(洋学)者らを，幕府が弾圧する蛮社の獄が発生した。

本問は，東京大学名誉教授の藤田覚の学説を，高校までの学習の成果を元に再構成させる問題であった。藤田は，「一九世紀前半の日本―国民国家形成の前提」(『岩波講座　日本通史　第一五巻　近世５』岩波書店，1995年)，「異国船打払い令をめぐる評議について」(『国史談話会雑誌』四三号，2002年)，「異国船打払令と海外情勢認識」(『史学会シンポジウム叢書　近世法の再検討―歴史学と法史学の対話』山川出版社，2005年)，「近世後期の異国船取扱法」・「文政異国船打払令の立法過程」(『近世後期政治史と対外関係』東京大学出版会，2005年)などにおいて，文政の異国船打払令について分析している。

そして，それらの論文では，以下のことが究明されている。

①幕府は，異国船の接近による貿易(密貿易)・略奪行為や，西洋人によるキリスト教の布教を警戒していたこと。

②異国船への警戒にもかかわらず，幕府は，沿岸防備(海防)の強化に消極的であったこと。

③沿岸防備(海防)の強化に消極的であった理由は，沿岸防備(海防)の強化は諸藩の疲弊を招き，諸藩の疲弊は領民の収奪を招き，領民の収奪は一揆や打ちこわしの発生など政治的動揺を招き，政治的動揺は幕府の威信を低下させ，外患が内憂を激化させると考えていたこと。

④幕府が文政の異国船打払令を出した意図は，異国船の接近による西洋人と日本の民衆との接触を遮断し，海禁政策を維持し，禁教政策を徹底化させること。

⑤幕府は，異国船を侵略の意思を持たない，捕鯨船(商船)などであると認識していたので，諸藩を疲弊させる厳重な警戒態勢は必要でなく，大砲での打払いや，村役人層を軸に沿岸住民を組織・編成して動員する軽微な海防策で打払いは可能と考えていたこと。

⑥文政の異国船打払令が出された結果，寛政期以来の海防強化令が事実上撤回され，強硬な打払い策と軽微な海防という，一見すると矛盾する体制が全国的に取られるに至ったこと。

⑦文政の異国船打払令は，貿易やキリスト教布教の阻止と，海防負担による諸大名と領民の疲弊の回避策として採用された法であり，軍事力を持って日本を植民地化しようとする西洋諸国を，軍事力をもって撃攘しようとする攘夷策でなかったこと。

⑧文政の異国船打払令は，水戸学の会沢安や藤田幽谷が歓迎したような攘夷令ではなかったこと。

⑨モリソン号事件が，文政の異国船打払令の危険性，及び，表向き強硬な攘夷策と内実の貧弱な海防体制という政策上の矛盾を一挙に露呈させたこと。

参考文(1)…………………………………………………………………………

1823年，水戸藩領の漁師らは，太平洋岸の沖合でイギリスの捕鯨船に遭遇した。彼らは，その際に密かに交易をおこなったとの嫌疑を受け，水戸藩の役人により処罰された。

……………………………………………………………………………………

ここからは，水戸藩領の漁師がイギリスの捕鯨船と密貿易を行った嫌疑を受けて処罰された事実を確認し，異国船の接近により，西洋人と日本の民衆が貿易を行うことを，幕府が警戒していることを考察することが要求されている。

1818年，イギリス人ゴルドンが浦賀に渡来して貿易を要求し，1822年，イギリス船が浦賀に来航して食糧・薪水を求めた。そして，1823年には，イギリス船が常陸那珂湊に接近している。

参考文(2)………………………………………………………………………………………

1824年，イギリス捕鯨船の乗組員が，常陸の大津浜に上陸した。幕府および水戸藩は，この事件への対応に追われた。

…………………………………………………………………………………………………

ここからは，1824年にイギリスの捕鯨船の乗組員が常陸の大津浜に上陸した事実を確認し，同年，薩摩の宝島にも上陸した事実も想起し，これらの事件が，翌1825年の文政の異国船打払令の発令の背景となったことを考察することが要求されている。

1824年５月には，常陸大津浜に上陸したイギリスの捕鯨船員12人を水戸藩が捕らえ，捕鯨船と交易を繰り返していた漁民300人を逮捕する事件が起きた。また，同年８月には，イギリスの捕鯨船員が薩摩藩領の宝島に上陸して略奪を行う事件も起きた。

これらの事件を契機に，翌1825年，幕府は，文政の異国船打払令を発令し，「異国船渡来の節取計方，前々より数度仰出されこれ有り，おろしや船の儀に付いては，文化の度改めて相触れ候次第も候処，いきりすの船，先年長崎において狼籍に及び，近年は所々へ小船にて乗寄せ，薪水食糧を乞ひ，去年に至り候ては猥りに上陸致し，或いは廻船の米穀島方の野牛等奪取候段，追々横行の振舞，其上邪宗門に勧入れ候致方も相聞え，旁捨置れ難き事に候。一体いきりすに限らず，南蛮・西洋の儀は御制禁邪教の国に候間，以来何れの浦方におゐても異国船乗寄候を見請候はゞ，其所に有合候人夫を以て有無に及ばず一図に打払い，迯延候はゞ追船等差出に及ばず，其侭に差置き，若し押して上陸致し候はば，搦捕又は打留候ても苦しからず候。」と命じた。

参考文(3)………………………………………………………………………………………

この異国船打払令を将軍が裁可するにあたり，幕府老中は，近海に出没する異国の漁船については，格別の防備は不要であるとの見解を，将軍に説明していた。

…………………………………………………………………………………………………

ここからは，老中が，将軍に対して，異国の漁船については格別の防備が不要であるとの見解を説明していることを確認し，幕府が，接近する異国船を捕鯨船などと認識していること，それ故，列強は侵略の意思を持っていないと判断していることを考察することが要求されている。

幕府の官僚たちは，異国船を侵略の意思を持った軍艦ではなく，捕鯨船や商船などであると認識していた。それ故，捕鯨船や商船ならば，大砲での打払いや，沿岸住民による軽微な海防策で打払いは可能と考えた。そのため，老中は，将軍に対し，諸藩を疲弊させる厳重な警戒態勢は必要でないとの見解を説明した。

参考文(4)……………………………………………………………………………………

異国船打払令と同時に，幕府は関連する法令も出した。それは，海上で廻船や漁船が異国の船と「親しみ候」事態について，あらためて厳禁する趣旨のものであった。

……………………………………………………………………………………………

ここからは，幕府が，西洋人と日本の民衆との接触を遮断しようとしていることを読み取り，キリスト教の布教や貿易を警戒し，禁教の徹底化や海禁政策の維持を図っていることを考察することが要求されている。

幕府は，異国船の接近による貿易(密貿易)や異国船の船員による略奪行為，及び，異国船の西洋人による，日本の民衆に対するキリスト教の布教を非常に警戒していた。しかし，水戸藩の領民である漁民たちは，異国船との貿易を繰り返していた。また，常陸大津浜で捕らえられた捕鯨船の船員や，国後島で捕縛されたロシア軍艦の艦長ゴローウニンの世話をしていた日本人は，離別に際し，「別れを惜しみ，中には落涙に及候者も有之由」という状態で，西洋人を恐れるどころか，親愛の情を示していた。

このような実情の中で，幕府が文政の異国船打払令を出した意図の一つは，異国船の接近による西洋人と日本の民衆との接触を遮断し，海禁政策を維持し，禁教政策を徹底化させることにあった。

参考文(5)……………………………………………………………………………………

1810年から会津藩に課されていた江戸湾の防備は1820年に免除され，同じく白河藩による防備は1823年に免除された。以後，江戸湾の防備は，浦賀奉行および房総代官配下の役人が担当する体制に縮小され，1825年以後になっても拡充されることがなかった。

……………………………………………………………………………………………

ここからは，幕府が，諸藩に課した江戸湾の防備を免除し，幕府の役人が担当する体制に縮小していること，文政の異国船打払令の発令後も拡充されることが無かったことを確認し，沿岸防備の強化が，諸藩の疲弊，それによる領民の収奪，政治的動揺の発生などをもたらすと，幕府が警戒していることを考察することが要求されている。

沿岸防備(海防)の強化は諸藩の疲弊を招く。また，諸藩の疲弊は領民の収奪を招き，領民の収奪は一揆や打ちこわしの発生など政治的動揺を招く。そして，政治的動揺は幕府の威信を低下させ，天皇や朝廷の権威を高め，処士横議の発生を招く。そして，民間からも幕府批判の声が上がり始める。すなわち，幕府は外患が内憂を激化させると考えていたので，沿岸防備(海防)の強化に消極的であった。

上記の内容を踏まえ，解答の骨子を示してみよう。

設問Aは，異国船は侵略の意志がない捕鯨船などと認識していたので，幕府は，諸藩を疲弊させる沿岸警備に消極的であったことを述べればよい。

設問Bは，異国船の接近がもたらす密貿易やキリスト教の布教を警戒する幕府が，西洋人と日本の民衆との接触の遮断を図ったことを述べればよい。

〔問題の要求〕

設問Aでは，異国船打払令の発令にもかかわらず，沿岸警備を強化しなかった幕府の姿勢を，異国船に対する認識から考察して，60字以内で述べることが要求されている。

設問Bでは，異国船と民衆との接触を厳禁する幕府の意図について，90字以内で述べることが要求されている。

以下の〔ポイント〕は，問題が要求している「論点」を示すとともに，それに対応する「採点基準」における加点要素を示している。また，〔ポイント〕は**解説**で詳述した「解法」のまとめにもなっている。

〔ポイント〕

設問A

＜異国船に対する幕府の認識＞

①異国船を捕鯨船(商船)などであると認識

＊軍艦ではないと認識

②列強は侵略の意思を持たないと認識

＜沿岸防備を強化しなかった理由＞

①沿岸防備(海防)の強化は諸藩の疲弊を招く

＊諸藩の収奪は領民の疲弊を招く

＊領民の疲弊は政治的動揺を招く

＊一揆や打ちこわしの発生の要因となる

②政治的動揺は幕府の威信を低下させる

＊天皇権威の高揚を招く

＊処士横議の発生を招く

③幕府は沿岸防備(海防)の強化に消極的

設問B

<(4)の法令を出した背景>

①異国船の接近による貿易(密貿易)を警戒

②異国船の接近による略奪行為を警戒

③異国船の接近によるキリスト教の布教を警戒

<(4)の法令を出した幕府の意図>

①西洋人と日本の民衆との接触を危惧

＊民衆の海禁政策への疑問の発生を危惧

②海禁政策の維持

＊貿易の統制

③禁教政策の徹底化

④西洋人と日本の民衆との接触を遮断

解答

A異国船は，侵略の意志のない捕鯨船などと認識していたので，海
防に伴う諸藩と領民の疲弊を避けるため沿岸防備に消極的だった。(30字×2行)

B幕府は，異国船の接近がもたらす密貿易や略奪行為やキリスト教
の布教を警戒するとともに，民衆が海禁政策に疑問を持つことを危
惧した。そのため，西洋人と日本の民衆との接触の遮断を図った。(30字×3行)

第4問

解説　新教育勅語起草の試みと教育勅語の排除・失効について考察する問題であった。

設問Aでは，西園寺公望の新しい教育勅語の草稿の作成の背景となる日清戦争後の状況と，それへの対処について，90字以内で述べることが要求されている。

設問Bでは，国会で教育勅語の排除・失効の決議がなされた理由について，日本国憲法との関係から考察して，90字以内で述べることが要求されている。

設問A

西園寺公望(1849～1940)は公卿出身の政治家であった。立憲政友会2代総裁の首相として，陸軍長州閥の桂太郎と交互に組閣した「桂園時代」を現出した。また，首相は，慣例として元老が推挙した人物を，天皇大権のひとつである文官武官の任免権を

持つ天皇が任命したが，「最後の元老」となった西園寺公望は，政党の党首を首相として天皇に推挙したので，1924～32年，「憲政の常道」とよばれる政党内閣の慣行が現実化した。五・一五事件による「憲政の常道」期の終焉の後も，政党内閣の復活を図ったが成功せず，1940年，ファシズムの台頭を憂慮しつつ92年の長い生涯を終えたことでも知られている。

西園寺公望の思想を考察する時，彼のフランス留学とパリでの体験が重要な意味を持つ。1871年３月18日～５月28日の72日間，パリの労働者・市民は，パリ＝コミューンとよばれる革命的自治政権を樹立し，かつ持続した。1871年１月，フランス留学のために日本を発った西園寺公望は，労働者・市民と政府軍との攻防の中のパリに到着したのである。

パリでは，在野の法学者エミール・アコラースの思想的影響を受け，自由主義思想を身に付けた。そして，のちに「東洋のルソー」といわれる思想家の中江兆民や，自由党・立憲政友会の政治家として活動して衆議院議長になる松田正久らの留学生と親交を深めた。1880年に帰国し，翌1881年，中江兆民らと『東洋自由新聞』を創刊して社長となり，自由民権運動の一翼を担ったが，明治天皇の勅命により退職した。本問を解くにあたり，この西園寺の思想的傾向への理解が重要な意味を持つ。

西園寺公望は，1894年10月３日から1896年９月28日までの約２年間，第二次伊藤博文内閣の文部大臣に就任している。その後，西園寺は，1898年１月12日から同年４月30日までの約３か月半，再び文部大臣として第三次伊藤博文内閣に入閣している。

史料(1)は，近年発見された，日清戦争後に西園寺公望が記した，いわゆる「第二の教育勅語」の草案(立命館大学西園寺公望伝編纂委員会編『西園寺公望伝　別巻二』岩波書店，1997年に所収)の抜粋・大意である。

「第二の教育勅語」は，第二次伊藤博文内閣の時に，西園寺が，その必要性を明治天皇に訴えて承諾を得て，第三次伊藤博文内閣の時に成案が完成したと考えられている。

設問は，この史料を読み，西園寺が，日清戦争後の「どのような状況を危惧」していたのかということと，「それにどう対処しようとしたのか」の二点を問うている。

前者について見ると，すでに1880年代には，82年に壬午軍乱，84年に甲申政変が発生し，このような，朝鮮を巡る日清の対立の中で，ナショナリズムが高揚し，排外主義，国家主義的な言動が高まっていった。

1894年，朝鮮の支配を巡り日清戦争が勃発したが，翌1895年，勝利した日本は，清に講和条約である下関条約の締結を強いた。同条約は，全権の伊藤博文・陸奥宗光と李鴻章により調印された。

同条約の内容は，清は朝鮮が独立国であることを承認する，すなわち，清自身による朝鮮に対する宗主権の否定，台湾・澎湖諸島・遼東半島の割譲，沙市・重慶・蘇州・杭州の開市・開港，賠償金２億両(日本円で約３億1000万円)，などであった。これにより，日本は清から台湾を奪い，初の植民地とした。なお，遼東半島は，三国干渉によって清に返還している。

このような中で西園寺は，「今日迄日本は余りに世界に注意を惹かざりしも日清戦争の結果は世界に文明富強の日本国あるを紹介したると同時に列国の耳目は一に我国に集まり，日本はこのような列国と対等に向き合ってゆかなければならない」(「西園寺文部大臣の教育談を読む」，『教育報知』第484号，1895年８月10日)と述べている。ここでは，日清戦争の勝利によって日本の国際的地位は向上したものの，欧米列強は厳しい視線をもって日本に注目し，そのような欧米列強と対等に向き合っていかなければならない現実を提示した。

一方，西園寺は，1894年12月15日付の井上馨への書簡で，「我国民の自負心ハ驀然暴騰非常之高点にいたり前途如何可有之と杞憂仕候」(立命館大学西園寺公望伝編纂委員会編『西園寺公望伝　別巻一』岩波書店，1996年に所収)と述べ，国民の中に異様に高揚している自負心を杞憂し，警戒していた。

また，1895年２月８日付の井上馨への書簡でも，「吾国前途実ニ憂慮ニ不堪候。文明之思想ハ却て退歩之形にて和魂とか敵愾心とか計口に唱へ，裏面ハ嘘の吹き合ひ利慾の貪り合にて，実ニあきれ果てたるものニ有之候。・・・国民の不幸以外にも戦勝より生すると云事なしとも不被申と存候」(前掲『西園寺公望伝　別巻一』に所収)と述べ，表で国家主義や排外主義を唱え，裏で利権を争っている日清戦争後の状況を，文明の思想の後退と捉え，国民の不幸は戦勝により生じると現状を憂慮している。

一方，朝鮮を巡る日清戦争の開戦の数日前，不平等条約の改正に冷淡であったイギリスが，突如，条約の一部改正に応じた。すなわち，1894年７月16日，第二次伊藤博文内閣は，日本が内地雑居を承認することを条件に，イギリス人に対する領事裁判権の撤廃，関税自主権の一部回復，最恵国待遇の相互化などを内容とする，日英通商航海条約の締結に成功した。そして，同条約の発行は５年後の1899年とされた。

また，他の列強も同条約と類似する条約を締結し，イギリスに倣った。内地雑居の承認とは，日本が外国人に対し，居住・旅行・営業の自由を与えて内地を開放することであった。そのため，国内の国家主義や排外主義の高揚は，極めて由々しき問題であった。

では，次に，西園寺は，危惧する日清戦争後の状況に対して，「どう対処しようとしたのか」。西園寺は，国家主義や排外主義の跋扈は，国家主義的教育にあると捉え，まず，教育勅語の精神を批判した。

教育勅語は，1890年10月30日に発布された明治天皇の勅語で，戦前の教育の根本理念を示す基本となった。起草者は，高級官僚の井上毅と明治天皇の侍講である儒学者の元田永孚であった。1879年の「教学聖旨」の起草や，1882年の「幼学綱要」の頒布など，自由民権運動や文部省の欧化政策や実学教育に反発していた天皇側近グループの伝統主義的・儒教主義的な徳育強化運動が，教育勅語の発布の背景にあった。

教育勅語は，教育の根本を皇祖皇宗の遺訓に求め，忠孝の儒教道徳を国民教育の中心に据えた。天皇制家族国家観に基づき，忠君愛国を掲げ，天皇制イデオロギーと封建的儒教道徳を国民に注入するものであった。

西園寺は，1895年4月28日の「高等師範学校での訓示」において，「今ヤ国光ヲ宣揚シ，文明ヲ誇称スルノ時ナリ，而シテ世間・或ハ尚東洋ノ陋習ニ恋々シテ之ヲ改ムルニ憚ルノ徒往々之アリ，偏局・卑屈ノ見解ヲ以テ，忠孝ヲ説キ，或ハ古人奇僻ノ行ヲ慕ヒテ人生ノ模範ト為サント欲スル者アリ・此等ハ文明ノ進歩ニ障碍ヲ与フル少カラス」と，公然と，封建的儒教道徳である「忠孝」を掲げた教育勅語の精神を批判した。「東洋ノ陋習」，「偏局・卑屈ノ見解ヲ以テ，忠孝ヲ説キ」，「古人奇僻ノ行」など，激しい言葉を用いて，封建的な教育を推進する者を非難している。

その上で，「固陋ノ僻見ヲ打破シ，世界ノ文明ニ伴ヒテ教育ノ精神ヲ進メ，以テ其ノ学ヒ得タル所ヲ実地ニ活用」（渡辺幾治郎『明治天皇　下巻』明治天皇頌徳会，1958年）すべきと主張した。そして，翌1896年3月31日の高等師範学校卒業証書授与式において，演説原稿を秘書に朗読させ，「国民の気象」は「慷慨悲壮ナルヘカラス」と訓示し，「衰世逆境ノ人ヲ模範トシテ，今日ノ青年子弟ニ憑式セシメント欲スル者アリ」（立命館大学西園寺公望伝編纂委員会編『西園寺公望伝　別巻二』岩波書店，1997年に所収）とし，批判を繰り返している。

さらに西園寺は，「長く東洋の狭隘なる思想を墨守し，唯我独尊の気象によりて，他の国民を凌蔑し，又は世界文明と共に発達することを忘るヽときは，必ず国家に不幸なる結果を来すことあるべし」（「西園寺文部の談話」，『教育時論』第370号，1895年7月25日）と語った。

すなわち，西園寺は，教育勅語の精神である封建的儒教道徳に基づく教育や，過剰な国民の自負心，ナショナリズムに基づく国家主義や排外主義を否定し，文明化を目指す教育，西洋化を進める教育を強く主張した。当時のジャーナリズムは，この西園寺の教育思想を，「国家主義」に対抗する「世界主義」と評した。

そのような中で，西園寺は，「第二の教育勅語」の起草の必要性に迫られていった。そして，自ら「わたしが文部大臣になった時(明治27年9月第二次伊藤内閣)第二の勅語を下すことの必要は感じた。実はわたしもまだ成案はなかったが，あの教育勅語一本だけでは物足らない。もっとリベラルの方へ向けて教育の方針を立つべきものだと思った」と語り，「第二の教育勅語」の目的が，国家主義的教育から「リベラル」な教育への転換であったことを示した。

しかし，「第二の教育勅語」は草案にとどまり，実現には至らなかったが，その経緯について西園寺は，「そのことはあらかじめ申し上げてお許しを得ていたが，まだ成案という程までには行っていなかった。成案と思ううちに内閣が辞職したから実現するに至らなかった。」と語っている。

西園寺が文部大臣の時，勅任参事官兼文部大臣秘書であった竹越与三郎は，『陶庵公』と題する西園寺公望の伝記を著している。陶庵とは西園寺の号である。そこには，西園寺が「第二の教育勅語」を起草することを決意した理由が述べられている。

或る人が公(西園寺のこと)に対してこれから，大に学制を改める必要があると説いたことがあったが，公は今日の弊は学制の組立が悪いばかりではなく，学風が悪いのであるから，先ず第一に学風を興さねばならぬと答へた。公の意は従来の道徳は，社会が上下の両階級より組織せられたる時代の産物であるので，仰いで見るの心得と伏して見るの心得のみから成立つている。然るに今や社会の状態一変して，上下，左右の社会となりて，社会の横幅が広くなって来た。道徳の本旨は古今によって変りはないが，道徳の形式は時代によりて変化せねばならぬから，新社会に処すべき新道徳を起こせねばならぬ。殊に産業が盛んになって，社会が一大工場，若くは市場ともいふべきものとなったとき，上下道徳ばかりでゆくものでないから，人民がすべて，平等の関係において，自他互に尊敬し，自ら生存すると共に，他人を生存ぜしむることを教へねばならぬと言ふのであった。(竹越与三郎『陶庵公』叢文閣，1930年)

ここからは，西園寺が，従来の教育勅語は，「社会が上下の両階級より組織せられたる時代」，すなわち封建社会の遺物の道徳とみなしていることが分かる。しかし，日本の社会は大きく変化し，資本主義の発達過程の中で，「上下，左右の社会」となったので，封建的な「上下道徳」だけでは成り立たない。そのため，西園寺は「人民がすべて，平等の関係」の新時代に見合う，「自他互に尊敬し，自ら生存すると共に，他人を生存ぜしむること」を教える「左右道徳」を起こすためにも，「第二の教育勅語」の起草が必要だと主張していることが分かる。

本問では，西園寺の「第二の教育勅語」の抜粋・大意が史料として出されている。「第二の教育勅語」の全文を見ると，勅語の体裁を繕うため，教育勅語や五箇条の誓文などの詔勅の文言が引用されているものの，その特徴は，教育勅語の基本理念となる「忠君愛国」や「忠孝」などの語句が全くないことである。

そして，五箇条の誓文にあるように，「旧来ノ陋習ヲ破リ，知識ヲ世界ニ求メ」てきた結果，「開国ノ国是」も確立してきたので，「朕曩キニ勅語ヲ降タシテ教育ノ大義ヲ定ト雖モ，民間往々生徒ヲ誘掖シ後進ヲ化導スル」と述べている。ここでは，開国路線も確立したので，明治天皇が教育勅語を発布したものの，それに基づいた民間の教育現場では，往々にして国家主義的教育が行われ，生徒を復古的な方向へ導いているという現状を批判的に指摘している。その上で，今すぐにこの状態を矯正しなければ，「外ヲ卑ミ内ニ誇ル陋習」を助長することになるとし，差別・排外主義と国民の過剰な自負心に基づく国家主義的傾向への危惧を明確に示した。

また，「条約改定ノ結果トシテ与国ノ臣民ガ来テ生ヲ朕ガ統治ノ下ニ托セントスルノ期モ亦目下ニ迫レリ」と，1899年に内地雑居が実施されるようになる状況を示し，その際，「朕ガ臣民」，すなわち，日本人は，諸外国の人々に，「丁寧親切」にし，「大国寛容ノ気象」を発揮するようにと，大国としての寛容な気風を持った国民の育成を掲げた。そして，「文明列国ノ間ニ伍シ，列国ノ臣民ガ欣仰愛慕スルノ国民タラシメント欲スル」と述べ，列国の人々に敬愛され，文明国として外国人と対等に向き合える国民の育成を望んだ。

また，特筆すべきことは，「学術技芸ヲ練磨」して「富強ノ根柢」を培うのみではなく，「女子ノ教育ヲ盛ニシテ其地位ヲ嵩メ」とし，女性に対する教育を盛んにし，女性の地位向上を図ることによって，文明国に列することを掲げたのである。

現在，1948年に，国権の最高機関である国会(衆参両院)で排除・失効を決議された教育勅語を称賛する復古的な傾向が広範に生じている。そのような中で，1890年に発布された教育勅語に対し，早くも日清戦争後，西園寺公望によって「第二の教育勅語」が起草された歴史的事実を確認することは意味があることである。西園寺は，教育勅語の下で行われている国家主義的教育の弊害を指摘し，実現しなかったとはいえ，新たな教育勅語を起草したことは，その後，絶対視が進んで行く教育勅語も，本来は不可侵の規範でなかったことを示している。

設問B

「国会で教育勅語の排除・失効の決議がなされた理由」について，「日本国憲法との関係」から考察することが要求されている。

1948年６月19日，衆議院と参議院の両院において，教育勅語，及び，軍人勅諭と戊申詔書の排除・失効の決議が行われた。軍人勅諭は，1882年に明治天皇が陸軍と海軍の軍人に下賜した勅諭で，天皇が軍隊を統率することが明記された。また，戊申詔書は，1908年，第二次桂太郎内閣の要請を受けて明治天皇が出した詔書で，天皇権威による国民教化と地方社会の共同体的秩序の再編を図るものであった。節約と勤勉による国力の増強の重要性を強調し，地方改良運動のよりどころとされた。

1948年6月19日，衆議院は，教育勅語・軍人勅諭・戊申詔書について，以下のように決議した。

これらの詔勅の根本的理念が主権在君並びに神話的国体観に基いている事実は，明かに基本的人権を損い，且つ国際信義に対して疑点を残すものとなる。よって憲法第98条の本旨に従い，ここに衆議院は院議を以て，これらの詔勅を排除し，その指導原理的性格を認めないことを宣言する。政府は直ちにこれらの謄本を回収し，排除の措置を完了すべきである。

なお，日本国憲法第98条には，「この憲法は，国の最高法規であつて，その条規に反する法律，命令，詔勅及び国務に関するその他の行為の全部又は一部は，その効力を有しない。」と明記されている。

また，同日，参議院は，以下のように決議した。

われらは，さきに日本国憲法の人類普遍の原理に則り，教育基本法を制定して，わが国家及びわが民族を中心とする教育の誤りを徹底的に払拭し，真理と平和とを希求する人間を育成する民主主義的教育理念をおごそかに宣明した。その結果として，教育勅語は，軍人に賜はりたる勅諭，戊申詔書，青少年学徒に賜はりたる勅語その他の諸詔勅とともに，既に廃止せられその効力を失つている。

上記の内容を踏まえ，解答の骨子を示してみよう。

設問Aは，日清戦争勝利による排他的国粋主義を危惧する西園寺公望が，国家主義的教育の転換などを図ったことを述べればよい。

設問Bは，日本国憲法が，条規に反する詔勅を認めていないことを指摘し，忠君愛国を説く教育勅語は，日本国憲法が保障する基本的人権を損ない，教育基本法の理念にも反することを述べればよい。

〔問題の要求〕

設問Aでは，西園寺公望の新しい教育勅語の草稿の作成の背景となる日清戦争後の状況と，それへの対処について，90字以内で述べることが要求されている。

設問Bでは，国会で教育勅語の排除・失効の決議がなされた理由について，日本国憲法との関係から考察して，90字以内で述べることが要求されている。

以下の〔ポイント〕は，問題が要求している「論点」を示すとともに，それに対応する「採点基準」における加点要素を示している。また，〔ポイント〕は**解説**で詳述した「解法」のまとめにもなっている。

〔ポイント〕

設問A

<西園寺公望の危惧した状況>

①日清戦争の勝利

*国民の過剰な自信(自負心)

*排他的国粋主義(排外主義·国粋主義)の風潮

*排他的国粋主義(排外主義·国粋主義)を教育が煽る

②条約改正

*日英通商航海条約などの締結

*不平等条約の一部改正

*領事裁判権の撤廃(関税自主権の一部回復·最恵国待遇の相互化)

*内地雑居が迫る

<西園寺公望の対処>

①国家主義的教育を転換

*世界主義的教育の方針

*リベラルな教育の方針

*教育勅語の絶対化への歯止め

*文明化の教育政策

②文明国(大国)に列す

*外国人と対等に向き合える国民の育成

*寛容な気風を持つ国民の育成

設問B

<教育勅語>

①戦前の日本の教育理念

②主権在君(天皇主権･忠君愛国)に基づく

③神話的国体観に基づく

④天皇制家族国家観に基づく

⑤天皇制イデオロギーと封建的儒教道徳を注入

<国会において教育勅語の排除・失効が決議された理由>

①日本国憲法の第98条

＊憲法の条規に反する法律や詔勅を認めない

②教育勅語は日本国憲法に抵触する

＊基本的人権を損なう

＊人類普遍の原理に反する

＊国民主権に反する

＊象徴天皇制に反する

③教育基本法の精神に反する

＊教育基本法は日本国憲法の精神に則る

＊教育基本法は民主的教育理念を掲げる

＊教育基本法は真理と平和を希求する人間の育成を期する

解答

Ａ西園寺は，日清戦争勝利による国民の過剰な自信や排他的国粋主義を危惧した。それ故，内地雑居が迫る中，国家主義的教育を転換し，文明国として外国人と対等に向き合える国民の育成を図った。(30字×３行)

Ｂ日本国憲法は条規に反する法律や詔勅を認めていない。忠君愛国を説き主権在君に基づく教育勅語は，日本国憲法が保障する基本的人権を損なう上に，民主的教育理念を掲げる教育基本法に反した。(30字×３行)

2017年

第1問

解説 律令国家の東北政策について考察する問題であった。参考文を熟読し，その内容や示唆するものを読み取って，問題の要求に沿って論じることが要求されている。

設問Aでは，律令国家にとっての東北支配の持つ意味を，60字以内で述べることが要求されている。

設問Bでは，律令国家の東北地方に関する諸政策が，国家と社会に与えた影響を，120字以内で述べることが要求されている。

参考文(1)

東アジアの国際関係の変動の中で，日本列島では律令国家による国土の拡張が進められた。東北地方への進出では，7世紀に渟足柵・磐舟柵，ついで太平洋側にも城柵を設置し，8世紀には出羽国を建て，多賀城を置いて支配を広げた。

ここには，東アジアの国際関係の変動の中で，律令国家の国土拡張が進められたこと。東北地方への進出では，7世紀半ば，律令国家の形成の契機となる大化改新を遂行する政権が，日本海側の渟足柵・磐舟柵を設置したこと。8世紀，奈良時代になると，律令国家が，出羽国を建て，多賀城を設置して東北への支配を広げたことが書かれている。

蝦夷とは，ヤマト政権や律令国家が，自らの支配外にある，東北地方を中心に居住する異民族・異種族と見なした人々に対して用いた呼称である。周辺の諸民族を蔑視する華夷思想に基づいた呼称ともいえる。蝦夷とアイヌ民族との関係は深いと考えられているが，諸説あり定説に至っていない。

645年の乙巳の変と言われるクーデタと律令国家の形成に向けた一連の改革は，大化改新とよばれている。また，大化改新の背景には，唐の成立・発展を中心とする，7世紀の東アジアの激動があった。この事を考える前提として，ヤマト政権の氏姓制度と，律令国家の律令制度の根本的な相違を確認しておこう。氏姓制度は，大王が，氏とよばれる同族集団に対し，家柄や地位を示す，姓とよばれる政治的称号を与えて成立する政治・社会制度で，血統に基づく支配がその根底に存在する。そのため，権力の移譲は，世襲が一般的となる。一方，唐の制度を導入して模した日本の律令制度は，法に基づく支配を根幹とし，律令に基づき形成される，官位相当制の官僚機構や二官八省の統治機構，及び，籍帳支配とよばれる戸籍・計帳に基づく人民支配や租庸調の税制を基礎とする。

国土を拡張して，中国に範をとった中央集権的な支配機構を構築しようとしたものの，倭国，のちに日本と呼称する国家は，中国の周辺諸国の一つにしかにすぎない。それにもかかわらず，倭国・日本の指導者たちは，唐から，自らも「ミニ中華帝国」のような国家であると承認されることを主観的に願望していた。そして，そのような承認を受けるためには，国土の拡張のみならず，大王・天皇の徳を慕って朝貢する夷狄の存在が必要であった。この事が，蝦夷征討との関わりを持つと考えられている。

大化改新期の政権は，日本海側，現在の新潟県に，647年に渟足柵，翌648年に磐舟柵を設置した。律令国家が完成する奈良時代になると，712年，出羽国が建てられた。また，724年，大野東人によって，東北経営の政庁として，現在の宮城県多賀城市に多賀城が設置され，多賀城には，行政機関である陸奥国府と軍事機関である鎮守府が置かれた。平安初期になると，802年，桓武天皇が派遣した征夷大将軍の坂上田村麻呂が，阿弖流為を降伏させ，現在の岩手県奥州市に胆沢城を設置し，鎮守府を多賀城から移転させた。また，翌803年，胆沢城の北方に志波城を設置した。811年，嵯峨天皇が，文室綿麻呂を派遣して蝦夷征討を完了させ，以後，東北経営は民政を中心とするようになった。

ここからは，東アジアの国際関係の変動の中で，律令国家が国土の拡張を進めたことを読み取り，律令国家にとって，東北地方は領土拡張の対象であったことを考察することが求められている。また，律令国家にとって，蝦夷を征討して東北支配を進めることが，「蕃夷」を服属させる帝国であることを内外に示す意味を持ったとする見方があることも想起することが要求されている。

参考文(2)……………………………………………………………………

律令国家が東北支配の諸政策を進める中，東国は度重なる軍事動員や農民の東北への移住などで大きな影響を受け続けた。他の諸国にも大量の武具製作や帰順した蝦夷の移住受入れなどが課され，東北政策の社会的影響は全国に及んだ。

……………………………………………………………………………

ここには，律令国家が，東北経営を行うために，蝦夷征討の軍事動員を繰り返したこと。そのため，東国は，民衆が蝦夷征討に駆り出され，度重なる軍事動員により民衆が疲弊していたことや，柵戸(農民)の東北への移住で，東北経営の影響を受け続けたことが書かれている。また，他の諸国も，大量の武器製作や，帰順した蝦夷である俘囚の移住の受け入れなどで，東北政策の社会的影響が全国に及んだことが書かれている。

律令国家の軍事体制は，徴兵制に基づく軍団・兵士制であった。養老令では，正丁３人に一人を兵士として徴集することが規定されていたが，のち，律令国家は，正丁３人ないし４人に一人に緩和している。徴兵された兵士は，諸国の軍団に所属させられ，訓練を受けた。また，軍団兵士からは，衛士が選抜され，任期１年で，宮城などの警備に当たらされた。さらに，軍団兵士からは，防人も選抜され，任期３年で，九州の沿岸警備に当たらされた。防人の多くは，強兵であった東国兵士が当てられたことにも示されるように，ヤマト政権・律令国家にとって，東国は軍事力の供給源となっていた。蝦夷征討においても，東国の兵士が多く動員されたことは，単に地理的な問題だけにとどまらないことも類推できる。

また，東北への柵戸とよばれる農民の移住は東国に影響を与え，東北から帰順した蝦夷である俘囚を移住させる影響は，全国的に影響を及ぼした。

ここからは，蝦夷征討のための軍事動員が，律令国家の財政負担を拡大させるとともに，民衆の負担を増大させたことを読み取る。また，東北支配に伴う，東北への柵戸(農民)の移住や東北からの俘囚の移住が，東国などに影響を与えたことを考察することが要求されている。

参考文(3)

律令制支配が東北に伸長した結果，８世紀後期から９世紀初期の30数年間，政府と蝦夷勢力との武力衝突が相次いだ。支配がさらに北へ広がる一方，桓武天皇は負担が国力の限界に達したとして，蝦夷の軍事的征討の停止に政策を転じた。

ここには，律令国家が，東北地方に国土を拡張する政策を遂行していった結果，奈良時代後期の８世紀後期から，平安初期の９世紀初期にかけて，蝦夷の抵抗を受け，武力衝突が繰り返されたこと，東北地方への支配は北方に拡大していったが，度重なる蝦夷征討により国力が限界に達したと判断した桓武天皇が，蝦夷征討を停止する政策に転じたことが書かれている。

律令国家の東北地方への国土拡張政策は，当然，蝦夷の抵抗を発生させることとなる。780年，伊治呰麻呂が，陸奥按察使の紀広純を殺害し，多賀城を攻撃した。また，789年，紀古佐美が胆沢地方の蝦夷を征討しようとして，阿弖流為に撃退された。797年，桓武天皇は，坂上田村麻呂を征夷大将軍に任命し，蝦夷征討に当たらせていたが，802年，坂上田村麻呂は阿弖流為を降伏させ，胆沢城を設置して，鎮守府を多賀城から移転させた。

805年，律令国家の内部では，「軍事」といわれた繰り返される蝦夷征討と，「造作」といわれた継続される平安京の造営事業を巡る，菅野真道と藤原緒嗣の間での徳政論争(徳政相論)とよばれる論争が起きた。東北での蝦夷との戦闘と平安京の造営事業の二大事業は，国家財政の大きな負担となり，兵士として徴集される民衆を疲弊させていた。そのため，桓武天皇は，二大事業を続行しようとする菅野真道の意見を退け，藤原緒嗣の主張する「天下の民が苦しむところは軍事と造作である」との意見を取り入れ，平安京の造営と共に蝦夷征討を停止した。

ここからは，東北支配の進展が蝦夷の抵抗を招き，軍事動員の負担により国力が限界に達したことを読み取り，徳政論争において，桓武天皇が蝦夷征討停止の判断を示したことを想起することが要求されている。

参考文(4)…………………………………………………………………………………

金(砂金)や，昆布等の海産物，優秀な馬といった東北地方の物産に対する貴族らの関心は高かった。また，陸奥国と本州の太平洋に面した諸国の人々の間には，海上交通で結ばれた往来・交流も存在した。

……………………………………………………………………………………………

ここには，金や海産物や馬など東北地方の物産に対する貴族らの関心が高かったこと，陸奥国と本州の太平洋岸の諸国の人々との間では，海上交通で結ばれた往来や交流が存在したことが書かれている。

律令国家は，貴族を国司として諸国に派遣していたが，東北地方に派遣された地方官は，通常の職務とは別に，律令国家の力を蝦夷の生活圏である東北地方に浸透させるという任務を有していた。律令国家の東北支配は，国土拡張に伴う蝦夷との戦闘のみではなく，蝦夷の人々に対し，不足する物資を提供する代りに，東北地方の特産品を入手するという交易の側面を有していたのである。律令国家にとっては，東北地方の物資が必要であり，東北地方は交易対象としての意味も持っていたのである。

交易は，当然，交流や往来の活発化を伴い，交通の発達を促進する。東北地方との交易は，陸上のみならず，海上交通の発達も促した。

ここからは，律令国家にとって，東北地方が交易の対象であったことを読み取り，東北地方との交易が，海上交通の発達を促したことを考察することが要求されている。

参考文(5)……………………………………………………………………………………

鎮守府の将軍など，東北を鎮めるための軍事的官職は，平安時代を通じて存続し，社会的な意味を持ち続けた。平貞盛，藤原秀郷，源頼信・義家らは，本人や近親がそうした官職に就くことで，武士団の棟梁としての力を築いた。

……………………………………………………………………………………………

ここには，蝦夷征討のために，多賀城に設置され，のち胆沢城に移転された鎮守府の将軍など，東北の鎮定に当たる軍事的官職は，平安時代も社会的な意味を持ち続けたこと，有力な武士は，本人や近親が鎮守府将軍などの軍事的官職に就任することにより，武士団の棟梁としての力を築いたことが書かれている。

鎮守府とは，奈良時代・平安時代に，蝦夷征討のために陸奥国に設置された軍事機関である。当初，多賀城に，行政機関である陸奥国府と共に置かれたが，802年，胆沢城に移転された。

平貞盛は，平将門を追討した功により鎮守府将軍・陸奥守に就任している。下野押領使であった藤原秀郷は，平貞盛と共に平将門を追討し，その功によって下野守に就任したが，その子孫は武士として東国に勢力を拡大した。

1051～62年，陸奥守と鎮守府将軍を兼任した源頼義は，子の義家と共に，前九年合戦で，出羽の俘囚の長である清原武則の援助を得て，陸奥の俘囚の長である安倍頼時一族を滅ぼした。この長期の戦いの中で，清和源氏は，東国武士と主従関係を形成し，清和源氏が東国に勢力を築く端緒とした。

前九年合戦の後，東北地方は，安倍氏にかわり，鎮守府将軍となった清原武則が支配した。しかし，武則の死後，清原氏に内紛が発生したので，1083～87年，陸奥守となった源義家が，藤原(清原)清衡を支援する形で清原氏の内紛に介入し，清原氏を滅ぼした。この後三年合戦の後，東北の支配は，清原氏から，清衡・基衡・秀衡と続く奥州藤原氏に移っていった。一方，白河院政の下にある朝廷は，後三年合戦を私闘と見なし，恩賞を与えなかった。そのため，源義家は，私財をもって武士をねぎらったので，以後，清和源氏と東国武士との主従関係は強化され，清和源氏の棟梁の地位は安定していった。

ここからは，源頼義や源義家が，陸奥守や鎮守府将軍などの官職に就任し，前九年合戦や後三年合戦などの東北の戦乱を鎮圧したことを想起し，清和源氏は，東北の戦乱の鎮圧を通して東国武士と主従関係を深め，武家の棟梁の地位を構築したことを考察することが要求されている。

2017年　解答・解説

〔問題の要求〕

設問Aでは，律令国家にとっての東北支配の持つ意味を，60字以内で述べることが要求されている。

設問Bでは，律令国家の東北地方に関する諸政策が，国家と社会に与えた影響を，120字以内で述べることが要求されている。

以下の〔ポイント〕は，問題が要求している「論点」を示すとともに，それに対応する「採点基準」における加点要素を示している。また，〔ポイント〕は**解説**で詳述した「解法」のまとめにもなっている。

〔ポイント〕

設問A

<律令国家にとっての東北支配の意味>

①蝦夷とは律令国家の支配外の人々のこと

②律令国家にとって東北地方は交易の対象

③律令国家にとって東北地方は領土拡張の対象

④律令国家は蝦夷征討を通して蕃夷を服属させる帝国であることを内外に示す

設問B

<7世紀後半～9世紀の東北に関する諸政策の国家に与えた影響>

①東北への支配の拡大

* 渟足柵・磐舟柵の設置
* 出羽国の設置
* 秋田城の設置
* 多賀城の設置
* 陸奥国府・鎮守府の設置
* 胆沢城・志波城の設置

②東北への軍事動員(蝦夷征討)

* 紀古佐美の派遣
* 坂上田村麻呂の派遣
* 文室綿麻呂の派遣

③蝦夷の抵抗

* 伊治呰麻呂の乱
* 阿弖流為の抵抗

④東北地方への軍事動員による律令国家の財政負担の拡大

＊桓武天皇は徳政論争において蝦夷征討停止の判断を示す

<７世紀後半～９世紀の東北に関する諸政策の社会に与えた影響>

①東北地方への軍事動員による民衆の負担の拡大

②東国などへの影響

＊東北への柵戸(農民)の移住

＊東北からの俘囚(帰順した蝦夷)の移住

③東北地方との交易による海上交通の発達

<その後の平安時代の展開>

①源頼義・源義家などの軍事貴族が陸奥守や鎮守府将軍に就任する

＊東北の戦乱(前九年合戦・後三年合戦)を鎮圧

②(清和)源氏は東国武士と主従関係を深める

＊武家(武士団)の棟梁としての力を築く

解答

A律令国家にとって，東北地方は交易と領土拡張の対象であり，蝦夷の支配は蕃夷を服属させる帝国であることを示す側面も持った。(30字×２行)

B律令国家は東北への支配を拡大したが，蝦夷の抵抗を受け，軍事動員は財政や民衆の負担となり，東北への柵戸の移住や，東北からの俘囚の移住で東国なども影響を受けた。平安後期，前九年合戦・後三年合戦などを通して，源氏は東国武士との主従関係を深めた。(30字×４行)

第２問

解説　鎌倉時代の裁判について考察する問題である。参考文を熟読し，その内容や示唆するものを読み取って，問題の要求に沿って論じることが要求されている。

設問Aでは，鎌倉幕府が京都で裁判を行うようになった経緯を，60字以内で述べることが要求されている。

設問Bでは，博多で下した判決を，幕府の最終的な判断とする措置がとられた理由を，90字以内で述べることが要求されている。

参考文(1)……………………………………………………………………………………

鎌倉幕府には，各地の御家人を当事者とする紛争を適正に裁決することが求められるようになった。そのため，京都・博多にも北条氏一門を派遣して統治機関を設け，鎌倉・京都・博多の各地で訴訟を受け付け，判決を下していた。

……………………………………………………………………………………………………

ここには，鎌倉幕府が，京都や博多にも北条一門を派遣して統治機関を設置し，鎌倉のみならず，京都や博多で訴訟を受け付け，判決を下していたことが書かれている。

1180年に，御家人を統率する機関として侍所を設置した源頼朝は，1184年に一般政務と財務を司る公文所(のちの政所)と共に，裁判事務を司る問注所を設置し，長官である執事には京下りの貴族である三善康信を任命した。

東国の武士たちは，自分たちの先祖伝来の土地の権利を保障する，律令国家とは別の武家政権を望んだが，同時に，自分たちの土地に関する紛争などを公平に裁く武家政権を望んだ。そのため，東国の武士たちは，平治の乱に敗北して小国である伊豆国に配流されていた源頼朝を擁立し，東国に武家政権を構築しようとしていた。頼朝は，その要求によく応えて統治し，かつ訴訟に際しては，親裁(自ら判決を下すこと)を行った。

承久の乱の後，1225年，３代執権北条泰時は，有力御家人を中心に11名の評定衆を任命した。将軍を補佐する執権と，執権を補佐する連署と，11名の評定衆により構成される評定会議は，鎌倉幕府の最高政務の処理や重要な裁判を行った。1232年，泰時は，公平な裁判の基準を作るために，最初の武家法である御成敗式目(貞永式目)51カ条を制定した。御成敗式目は，頼朝以来の先例，すなわち，頼朝が行った親裁の判例と，武家社会の慣習・道徳である道理を基準とした。適用範囲は幕府の勢力範囲・武家社会に限定され，律令・格式のような公家法や，荘園の本所である貴族や寺院が定めた本所法とは並立するもので，これらの法とは抵触しないとされた。

1249年，５代執権北条時頼は，引付を設置し，評定衆の下に引付衆を置いて，所領に関する裁判の公正・迅速化を図った。訴訟制度の仕組みは，御家人などから幕府に訴えがあると，問注所で訴状が受理され，引付に回される。一方，訴えられた者には，陳状の提出が命じられる。そして，「三問三答」とよばれる３回を限度とする書面による応酬が行われ，決着しない時は，引付会議の場において，当事者同士が直接対決した。引付会議で審理が行われたのち，評定会議で判決が下され，判決文にあたる将軍からの下知状が，裁判に勝訴した者のみに与えられた。また，京都では六波羅探題が，博多では鎮西探題が裁判を行った。

ここからは，鎌倉幕府が，京都と博多に北条一門を派遣して統治機関を設置したこと，及び，その統治機関では裁判も行っていたことを確認することが要求されている。

参考文(2)

京都に設けられた統治機関の最初の長官を務めたのは，北条泰時・時房の二人であった。博多に統治機関が設けられたのはそれよりも遅く，モンゴル襲来後のことであった。

ここには，京都に設けられた統治機関の最初の長官が，北条泰時と時房であったこと，モンゴルの襲来後に博多にも統治機関が設置されたことが書かれている。

まず，解答においては，「京都に設けられた統治機関」が六波羅探題であることを明記しなければならない。1221年の承久の乱の後，２代執権北条義時が主導する鎌倉幕府は，朝廷の監視，京都の警備，西国(尾張のち三河以西)の御家人の統制などを目的に，京都守護にかえて六波羅探題を設置した。初代長官には，義時の子の泰時と，弟の時房を任命した。六波羅探題の下には，幕府に準じた組織・役職が置かれ，御家人の裁判も行われた。

また，参考文には，「博多に統治機関が設けられた」とあるが，解答においては，この統治機関が鎮西探題であることを明記することが求められている。

モンゴル帝国の５代皇帝フビライが建国した元との緊張が高まる中，1271年，８代執権北条時宗が主導する鎌倉幕府は，西国に所領を持つ御家人を西下させ，沿岸の警備に当たらせた。ここに異国警固番役は始まるが，1274年の文永の役の後，異国警固番役は，さらに強化･整備され，御家人には，石塁を構築する石築地役も課せられた。1281年の弘安の役においては，暴風により元軍は壊滅的な打撃を受けたが，元は，その後も日本征服を計画していたので，1293年，幕府は，博多に鎮西探題を設置し，北条一門を任命した。鎮西探題は，九州の御家人の統括と，最終裁断権を持つ裁判機関を持った強力な統治機関であった。

ここからは，北条泰時・時房を最初の長官として京都に設けられた統治機関が六波羅探題であることと，モンゴル襲来後に博多に設けられた統治機関が鎮西探題であることを読み取り，鎌倉幕府が，これらの統治機関を設置した背景を考察する。

参考文(3)……………………………………………………………………………

京都で下された判決に不服なものは，さらに鎌倉に訴え出ることもできた。それに対して，博多で下された判決は幕府の最終的な判断とする措置がとられ，九州の御家人が鎌倉に訴え出ることは原則として禁じられた。

……………………………………………………………………………………

ここには，京都の六波羅探題で下された判決に不服な者は，鎌倉幕府に訴え出ることができるが，博多の鎮西探題で下された判決は，幕府の最終判断とされ，九州の御家人が鎌倉幕府に訴え出ることは，原則的に禁止されているということが書かれている。

鎌倉幕府は，当初，九州の統治機関として鎮西奉行を置き，天野遠景を任じたが，遠景が解任された後は，統治機関が消滅し，九州各国の守護に統治は委ねられた。しかし，承久の乱後は，六波羅探題が，九州の御家人の統率や裁判を管轄するようになった。

弘安の役後も，元の襲来が予測された。そのため，鎌倉幕府は，九州の御家人や異国警固のために下向させた東国の御家人を警固に専念させる必要があったので，鎌倉幕府や六波羅探題において訴訟を起こすことを禁止した。しかし，その代替措置が必要とされたため，1293年，博多に鎮西探題を設置して，最終裁断権を持つ裁判機関とした。そこには，緊迫した情勢の中で，御家人を異国警固番役に専念させようとする鎌倉幕府の意図があったのである。

ここからは，六波羅探題で下された判決の場合は鎌倉に訴え出ることができたが，鎮西探題で下された判決は幕府の最終的な判断とする措置がとられたことの意味を，弘安の役後の情況を踏まえて考察することが要求されている。

〔問題の要求〕

設問Aでは，鎌倉幕府が京都で裁判を行うようになった経緯を，60字以内で述べることが要求されている。

設問Bでは，博多で下した判決を，幕府の最終的な判断とする措置がとられた理由を，90字以内で述べることが要求されている。

以下の〔ポイント〕は，問題が要求している「論点」を示すとともに，それに対応する「採点基準」における加点要素を示している。また，〔ポイント〕は**解説**で詳述した「解法」のまとめにもなっている。

〔ポイント〕

設問A

＜鎌倉幕府が京都で裁判を行うようになった経緯＞

①承久の乱

　＊後鳥羽上皇方の所領を没収

　＊西国を中心に3000余カ所

②没収した所領には主に東国御家人を地頭として派遣

　＊御恩としての新恩給与

　＊給与が少ない土地に派遣された地頭には新補率法を定めて新補地頭の給与を保障

③承久の乱後は地頭と荘園領主の紛争が増加

④六波羅探題を設置して西国の裁判を行う

設問B

<当時の軍事情勢>

①弘安の役後も元は日本征服を計画

②幕府は蒙古襲来に備える

③弘安の役後も異国警固番役を継続

<博多の判決を幕府の最終判断とした理由>

①鎮西探題の設置

*九州の支配を強化する

*北条一門を派遣する

②鎮西探題の判決を幕府最終の判断とする

*御家人を異国警固に専念させる

解答

A承久の乱後，没収した所領に東国御家人を地頭として送り，荘園領主との紛争が増加したので，六波羅探題が西国の裁判を担った。(30字×２行)

B異国警固番役は，弘安の役の後も更なる蒙古襲来に備えて継続された。幕府は，九州の支配強化を図って鎮西探題を設置し，その判決を幕府の最終判断として，御家人を異国警固番役に専念させた。(30字×３行)

第３問

解説　江戸時代の村における相続の在り方と女性の地位について考察する問題である。参考文を熟読し，その内容や示唆するものを読み取って，問題の要求に沿って論じることが要求されている。

設問Aでは，農村における家の相続者について，60字以内で述べることが要求されている。

設問Bでは，村と家における女性の位置づけを，当主の名前の書かれ方の男女の相違から考察して，90字以内で述べることが要求されている。

参考文(1)

17世紀後半頃には，農村においても夫婦とその親・子世代を中心とする「家」が広く成立し，家業と財産を代々継承することが重視されるようになる。当主は家を代表して年貢や諸役をつとめ，村の運営に参加した。

ここには，17世紀後半ごろには，農村においても「家」が成立し，当主は家を代表して年貢を納め，諸役をつとめたことが書かれている。

問題に解答する前提として，近世の村について，まずは，中世の惣村と比較して基本的事項を確認しておこう。中世の惣村は，領主の政治的領域を越えて結合することもある自然村であったが，近世の村は，太閤検地の際の村切りによって形成された行政村である。中世の惣村は兵農未分離であり武装していることが一般的であったが，近世の村は，太閤検地に伴う豊臣政権の刀狩令によって武装解除されている。中世の惣村では，惣が年貢を請負う百姓請(地下請)が行われることがあった。惣が自ら徴税業務を行い，年貢の納入に関しては，惣が責任をもって請け負うが，そのことにより，領主による惣の自治への介入を防止するという意味を持った。近世の村では，村請制の下で幕藩領主の支配を受けた。年貢などの貢租は，一人一人の本百姓から個別に徴収するのではなく，名主(庄屋・肝煎)が，村の貢租をまとめて納入した。幕藩領主は村の自治機能を利用して支配したのである。

東大入試の論述問題の合格答案を作成するには，参考文を正確に読解する必要があり，そのためにも，センター試験で９割の得点ができる位の知識が必要となる。それらの基礎知識を確認するために，近世の村について詳細に見ていこう。近世の村は，百姓の家屋敷から構成される集落と田畑・山野を含む共同体で構成されており，中世以来の自治的機能を継承し，自ら入会地・用水などの共同管理・利用を行っていた。村落を運営するための自治費用である村入用を村民が共同で負担し，田植・稲刈り・屋根葺きなどに際しては，結・もやいという共同労働を行った。村掟(村法)を制定し，それに背いた者には，村八分といわれる交際を断つ制裁を行った。

村の運営は，村役人(村方三役)を中心とする本百姓により運営された。村役人(村方三役)は，貢租納入・秩序維持・租税割当の責任者である名主(庄屋・肝煎)，地域の代表として名主を補佐する組頭，村民の代表として名主・組頭による村政運営を監視するために，後から設置された百姓代で構成された。

村民の階層を見ていくと，本百姓は，検地帳に石高を登録され，耕作権を保障された地主・自作農などの高持百姓であり，年貢・諸役を負担する一方，村政に参加することができた。また，水呑百姓は，検地帳に登録されるべき田畑を持たない無高の百姓などで，村政には参加できなかった。

村請制とは，村高(村の総石高)を基準に課せられた年貢及び夫役などの諸役を，村役人が村を単位に納入・負担する制度であり，幕府や藩は，村落組織の自治的機能を利用するかたちで支配を行った。また，近隣の５戸を一組に本百姓を組織した治安・行政の連帯責任制度である五人組制度も整備し，この制度を用いて，キリシタン禁制・犯罪防止・年貢納入に関し，百姓に対して連帯責任を負わせた。

百姓に課された貢租について見ると，本途物成(本年貢)は，検地帳に登録されている田畑・屋敷地である高請地に対し，石高を基準に賦課された。本百姓は，本途物成(本年貢)として，耕作権を持った土地の石高の40％(四公六民)〜50％(五公五民)を収奪された。その他，小物成は，山野河海などからの収益や農業以外の副業に賦課され，高掛物は，付加税として村高に応じて課せられ，国役は，治水工事などの夫役や朝鮮通信使の応接費などにあてるため，１国単位に賦課された。伝馬役は，幕府・大名などの公用交通のために宿駅の負担した人馬役や助郷役の総称であるが，助郷役とは，街道周辺の村に人馬を提供させる労役で，人馬の負担が増える参勤交代期が農繁期にあたるため，農村の大きな負担となった。

ここからは，江戸時代の農村に成立した「家」においては，家業と財産の継承が重視され，「家」の当主は，年貢を負担して諸役を務める義務を有するとともに，村政に参加する権利を持っていたことを確認することが要求されている。

参考文(2)……………………………………………………………………………………

江戸近郊のＳ村では，1839年から1869年の間に，81件の相続が行われた。相続者は，前当主の長男が46件と過半を占めたが，次男(４件)，弟(３件)，母(４件)，妻(後家(ごけ))(６件)，養子(８件)などが相続する例もあった。

……………………………………………………………………………………………………

ここには，江戸近郊のＳ村の事例をとり，相続者は，前当主の長男であることが過半を占めたことが書かれている。また，長男以外が相続者となる事例について具体的な数値をあげて示されている。

Ｓ村とは，武州(武蔵国)荏原郡下丸子村のことである。江戸の南方四里に位置し，多摩川下流の北岸に沿った村高228石の小さな村で，幕府の直轄領にある江戸近郊の農村の一つであった。現在の下丸子は，東京都大田区にある東急多摩川線沿線の町である。

第３問は，大口勇次郎の論文「近世農村における女性相続人―武州下丸子村の事例―」(『お茶の水大学女性文化資料館報』，1979年)及び，同氏の著作『女性のいる近世』(勁草書房，1995年)に基づいて作成されている。また，下丸子村の事例と分析は，上記の論文・著作とほぼ同じ内容だが，『大田区史　中巻』(大田区史編さん委員会，1992年)にも詳しく記述されている。

江戸時代の農村の家の相続は，長子単独相続が一般的で，長子に相続できる条件が欠落した場合には，女性が相続することもあったが，それは，相続すべき男性が現れるまでの「中継相続人」の性格を持つと考えられていた。大口勇次郎の論文・著作は，その通説に対し，下丸子村などの宗門人別改帳の分析を通し，第３問にある，「平左衛門後家ひさ」の事例などから，新たな見解を提示している。それは，天保末年以降の，農業を嫌い，大酒を飲み，博打にふけるような「心得違い」や「身持不埒」な若者が増加するという村落事情の中で，単なる過渡的中継的な女性相続人だけではなく，自立的な性格を持つ女性相続人が登場してきたとの見解であった。さらに，江戸後期に村落内部で存在を承認された自立的な女性相続人が，定着することなく消滅した理由を，明治政府が統一的な戸籍政策を行ったためであると考察した。

東大日本史の入試の典型的パターンの一つとして，受験生の基礎的な知識や，基本的な理解を前提に，史料や，参考文などを提示して，受験生の「知らない」，歴史の「見方」＝「学説」を再構成させる問題がある。もちろん，受験生に，「学説」そのものへの知識や理解を要求している訳ではないので，その点は余計な心配をする必要は無い。受験生はその「学説」を知らなくてかまわないし，出題者の側も，受験生が「知らないこと」を「期待」して問題を作成しているのである。何故ならば，このような問題は，受験生の歴史的思考力を問うために工夫を凝らして作成されているからである。しかし，第３問は，このようなタイプの問題ではあるが，完成度が低いと言わざるを得ない。

ここからは，江戸近郊のＳ村（下丸子村）の相続形態の事例を見て，過半は長男が相続しているものの，長男以下の男性・女性・養子が相続することもあることを確認するとともに，江戸時代の農村では，原則的には長男が相続することが通例であったことを想起することが要求されている。

参考文(3)……………………………………………………………………………………

上の例では，家族内に男性がいないときには女性が相続し，その後，婿(むこ)や養子などの男性に家督を譲っていた。男子がいても，若年だった場合，問題を起こした場合，村を出て行った場合などには，女性の相続がみられた。

……………………………………………………………………………………………………

ここには，Ｓ村の事例において，家族内に男性がいない場合，女性が相続するが，その後，婿や養子などの男性に家督を譲ったことが書かれている。また，男子がいても，若年，問題行動，村を出ていくなど，家督を継ぐのに不適格な人物の場合は，女性の相続が認められたことが述べられている。

前述したように，通常は長子単独相続が一般的な村の家の相続形態において，Ｓ村の事例を見ても，適当な男性に家督を譲る間の，「中継的女性相続」が行われることが確認できる。しかし，Ｓ村では，男子がいても，問題行動を起こす人物であったりしたなど，家督を継ぐべき適任者が家にいない時は，女性の相続が認められていた。

ここからは，女性の相続は，家族内に男性がいない場合における，婿や養子に譲るまでの期間の「中継的」相続が一般的であったことを読み取るとともに，男子がいても若年である場合や，問題を起こした時などは女性の相続が認められた事例を確認し，自立的な性格を持つ女性相続人が登場してきたとの見方もできることを想起する。

参考文(4)…………………………………………………………………………………………

S村では，男性当主は家名として代々同じ名前を継ぐことが多かった。平左衛門(へいざえもん)が死亡し，妻のひさが相続した例では，家ごとの構成員を示す宗門人別改帳には，「百姓平左衛門後家ひさ」と亡夫の名前を肩書きに付けて記された。一方，村の取決めや年貢などの書類には「平左衛門」の名前のみが書かれた。

……

ここには，S村の事例においては，家ごとの構成員を示す宗門人別改帳では，夫の「平左衛門」の死後，妻の「ひさ」が相続した場合，「百姓平左衛門後家ひさ」と「ひさ」の名前が併記されたが，一方，村の書類では，家名として代々継承されていた当主の名前である「平左衛門」とのみ記されたことが書かれている。

下丸子村では，相続の際に，当主の名前を襲名して家名とする，いわゆる「通り名」の慣行があった。大口勇次郎の研究においては，平左衛門の死去に伴う相続の際，家督を継ぐべき長男の平次郎は，農業をきらい，大酒を飲み，金を浪費して親類中に迷惑をかけ，改心の見込みがないとして勘当され，ついには家族により，宗門人別改帳からの「帳外れ」の願いが出されたような人物であったこと，その結果，平次郎は宗門人別改帳から除籍されたので，家督は，平左衛門の未亡人で，平次郎の母親であるひさが継いだこと，その後，ひさは，長男平次郎が勘当された時，19歳の弟の定吉がいるのにもかかわらず，61歳で死去するまで８年間，家督を維持し続けたこと，などが明らかにされている。そして，大口は，このケースに関しては，いわゆる「中継的女性相続」の事例とは言い難いと結論付けている。

ひさのケースを見ると，宗門人別改帳に，亡夫「平左衛門」と共に「後家ひさ」の名前が併記される形で記載されている。このことから，家におけるひさの位置づけは，家督の相続人と見なされていることが分かり，「中継的女性相続」から脱却した，自立した女性相続人が登場してきたことを示す事例と見ることも出来る。

一方，江戸時代の村において，家の当主は，年貢を納め，諸役をつとめる義務を持つと共に，村政に参加する権利も有した存在であった。村の書類には，家名としての「平左衛門」の名前のみが記された。このことから，ひさは，家督として家業と財産を相続したにもかかわらず，村では，当主として位置付けられてはいないという側面を見ることが出来る。

ここからは，村の書類には家名である男性当主の名前のみ記載され，家の構成員を示す宗門人別改帳には亡夫と共に妻の名前が記載されている事例を確認し，村と家における女性の位置づけを考察することが要求されている。

〔問題の要求〕

設問Aでは，農村における家の相続者について，60字以内で述べることが要求されている。

設問Bでは，村と家における女性の位置づけを，当主の名前の書かれ方の男女の相違から考察して，90字以内で述べることが要求されている。

以下の〔ポイント〕は，問題が要求している「論点」を示すとともに，それに対応する「採点基準」における加点要素を示している。また，〔ポイント〕は**解説**で詳述した「解法」のまとめにもなっている。

〔ポイント〕

設問A

＜Ｓ村での家の相続者の決定＞

①原則は長男が相続

＊次男以下も相続する場合もある

②女性の相続

＊家族内に男性がいない場合

＊婿や養子に譲るまでの期間の「中継的」な女性相続

＊男子がいても不適格(若年･問題行動･村から出奔)な場合の女性相続の承認

設問B

＜村の書類での当主の名前の書かれ方＞

①村の書類には家名である男性当主の名前のみ記載

＜村における女性の位置づけ＞

①家の当主の在り方

＊年貢を納める

＊諸役をつとめる

＊村政に参加

②村での女性の位置づけ

＊家督(家業と財産)を相続することはある

＊村では当主として位置付けられない

<家の書類での当主の名前の書かれ方>

①宗門人別改帳には亡夫と共に名前を記載

<家における女性の位置づけ>

①家での女性の位置づけ

＊家の相続人と見なされた

＊「中継的」女性相続からの脱却の傾向

＊自立した女性相続人の登場の傾向

解答

A原則は長男が相続したが，婿や養子に家督を譲るまでの中継的相続や，男子がいても不適格な場合には，女性の相続も認められた。(30字×2行)

B女性は，村の書類に家名のみが記載され，家督を相続しても，年貢を納め村政に参加する当主として位置づけられない。一方，宗門人別改帳には，亡夫と共に名前を記載され，家の相続人とされた。(30字×3行)

第4問

解説　政党政治と軍部との関係について考察する問題である。リード文や年表の内容や示唆するものを読み取って，問題の要求に沿って論じることが要求されている。

設問Aでは，2個師団増設を巡る問題が政党政治に与えた影響を，90字以内で述べることが要求されている。

設問Bでは，ロンドン海軍軍縮条約成立の背景と，条約調印に対する国内の反応について，90字以内で述べることが要求されている。

設問A

1912年7月30日，明治天皇が死去して，大正天皇が即位し，明治45年は，大正元年となった。そして，この年の12月に，陸軍二個師団増設問題(増師問題)が発生したのである。すでに，1907年の帝国国防方針において，陸軍においては，17個師団から25個師団への増強の方針が示されていた。また，海軍においても，日本海軍の外洋作戦担当の中核部隊である連合艦隊を，戦艦8隻と巡洋艦8隻で形成するという，いわゆる八・八艦隊の建造の方針が決定されていたが，いまだ実現されていないという状態であった。

また，この時期，日本を巡る東アジアの情勢も大きく変動していた。1910年，日本は大韓帝国に対し，韓国併合条約の締結を強いて，朝鮮を植民地化した。一方，中国では，1911年10月の武昌蜂起を機に辛亥革命が起こり，翌1912年１月１日，孫文を臨時大総統とするアジアで初めての共和国である中華民国が成立した。そして，２月，宣統帝・愛新覚羅溥儀が退位して清朝は滅亡した。

明治政府は，近代日本の軍隊を「神である天皇」の軍隊として構築した。そして，その軍隊は，事実上，「神である」明治天皇の軍隊であった。しかし，当然，明治天皇は人間なので死ぬが，明治天皇の軍隊は，その死に大きく動揺していた。

そのような中で，陸軍長州閥の元老山県有朋や陸軍は，辛亥革命・中華民国の成立という東アジア情勢に対応する必要から，新しい植民地である朝鮮に二個師団を配属するための増師を，第二次西園寺公望内閣に対して強く要求した。しかし，陸軍の要求に対し，海軍の拡張を優先する第二次西園寺内閣は，行政整理・財政整理を理由に拒否したのであった。これに対し，陸軍大臣上原勇作は天皇に帷幄上奏して辞職し，その後，陸軍は後任陸相を推薦しなかったので，第二次西園寺内閣は総辞職を強いられた。この事件を陸軍二個師団増設問題という。

陸軍は，陸軍二個師団増設問題に際して，初めて軍部大臣現役武官制を用いて倒閣を行ったのである。軍部大臣現役武官制について基本的知識を確認しておこう。軍部大臣現役武官制は，軍に対する政党の影響や，1898年の隈板内閣成立に見られる政党内閣成立への軍の危機感を背景に，1900年に第二次山県有朋内閣が成立させた，軍部大臣(陸軍大臣と海軍大臣)を現役の大将・中将に限定する制度である。現役の軍人とは，軍服を着て，実際に軍の任務を遂行している軍人のことである。一方，予備役とは，現役を終え市民生活を送っている軍人が有事の際の召集に備える兵役であり，戦争勃発などの必要に応じて招集されて現役に復帰する。後備役は予備役を終えた軍人に課す兵役である。

統帥権とは，軍隊の作戦・用兵権である。統帥権以外の天皇大権は，帝国議会は関与できないが，内閣が輔弼した。しかし，「天皇の軍隊」の統帥権は，帝国議会のみならず，内閣，すなわち，日本政府も一切関与することができなかった。すなわち，大日本帝国憲法の下の戦前の日本には，近代軍隊の原則である文民統制(シビリアン・コントロール)が全くなかったということである。さらに，天皇の統帥権は，統帥機関である陸軍の参謀本部と海軍の軍令部が輔弼するので，統帥権に関わる現役武官の行動・人事には，内閣は一切介入できかった。それ故，内閣成立には事実上，軍の合意が必要となり，さらには，軍部大臣を辞職させて後任の推挙を拒否すれば，軍は合法的に倒閣することも可能となった。すなわち，軍部大臣現役武官制は，軍部専制の武器となる制度であったのである。

1912年12月，陸軍が軍部大臣現役武官制を用いて第二次西園寺公望内閣を倒した後，内大臣兼侍従長であった，陸軍長州閥の桂太郎が，官僚・軍部を基礎に３度目の組閣を行なった。第三次桂太郎内閣の成立である。宮中で常時天皇を輔弼する官職である内大臣の桂太郎が，府中(内閣)の長である総理大臣となって組閣することは，「宮中・府中の別」の原則を乱すと批判された。このことは，陸軍二個師団増設問題と相俟って，国民の大きな反発を招き，第一次護憲運動の要因となった。

第一次護憲運動の背景には，国民の政治への期待と関心の高まり，明治天皇の死去と大正天皇の即位という新しい情勢，美濃部達吉が『憲法講話』で政党内閣論を展開したことなどが挙げられるが，直接の要因は，第三次桂太郎内閣に対する国民の反発であった。

立憲政友会の尾崎行雄と立憲国民党総裁の犬養毅が先頭に立って倒閣運動を展開した。尾崎行雄・犬養毅はともに慶應義塾の出身で立憲改進党の結成メンバーであった。そして，慶應義塾出身者の社交団体である交詢社に属する実業家・新聞記者らが，世論に訴えて運動を支援した。詔勅を用いて政敵を攻撃する桂首相に対し，「閥族打破・憲政擁護」をスローガンに運動は高揚していった。

これに対し，桂首相は，加藤高明・若槻礼次郎ら桂派の官僚と，河野広中・島田三郎ら立憲国民党反総裁派(反犬養派)を中心とする立憲同志会の結成宣言を発表して御用政党の結成を策動した。しかし，1913年２月，立憲政友会と立憲国民党が，内閣不信任案を帝国議会に提出すると，それを支持する多数の民衆が議会包囲するとともに，民衆が交番や政府系新聞を襲撃し始めたので，第三次桂太郎内閣は，わずか53日で退陣を強いられた。まさに，大正デモクラシーを象徴する事件であった。

しかし，桂首相は，山県有朋直系の陸軍長州閥の軍人政治家でありながら，前述したように，藩閥官僚の後継となる新世代の帝国大学(東京大学)出身の高級官僚や，立憲国民党の一部を切り崩して非立憲政友会系の新党の結成を図った。この事には，従来の元老政治からの脱却を図る意図も存在した。

第一次護憲運動・大正政変によって，元老が成立させた第三次桂太郎内閣が崩壊し，元老の勢力が衰退して行く中で，1913年２月，海軍薩摩閥の山本権兵衛内閣が，立憲政友会を与党とする準政党内閣的性格を持つ内閣として成立した。内務大臣は立憲政友会の原敬で，この時に大蔵大臣の高橋是清も立憲政友会に入党した。

1899年，第二次山県有朋内閣は，政党の官界への進出を阻むために文官任用令の改正を行ったが，1913年，山本権兵衛内閣は，文官任用令を再改正し，自由任用拡大により政党員の官界進出(各省の次官など)を可能にした。また，軍部大臣現役武官制を改正して，軍部大臣の現役規定廃止により予備役・後備役にまで任用規定を拡大し，再び，軍の合意がなくても組閣できるようにするとともに，軍部大臣辞職による軍の倒閣策動を不可能とするなど，第二次山県有朋内閣の政策を改変する新政策を打ち出した。

なお，軍部専制の武器となる軍部大臣現役武官制は，大正デモクラシー期や，政党内閣が連続する「憲政の常道」期には存在しなかったが，1936年，二・二六事件の後，陸軍統制派の強い影響下で成立した広田弘毅内閣の時のファシズム期に復活し，1937年の陸軍大将の宇垣一成内閣の流産や，1940年の海軍大将の米内光政内閣の倒閣に用いられた。

1914年，軍需品購入をめぐるドイツのジーメンス社と海軍高官の汚職と，軍艦金剛の建造をめぐるイギリスのヴィッカース社と海軍高官の汚職が露見した。このジーメンス事件に対する都市の民衆の抗議行動の中で山本内閣は退陣した。

1914年４月，加藤高明を総裁とする立憲同志会を与党として，第二次大隈重信内閣が成立した。山県有朋らの元老や陸軍は，民衆の支持の高い大隈重信に組閣させて藩閥への民衆の反発を抑えるとともに，立憲同志会を与党として立憲政友会への打撃を図った。そして，同内閣によって，陸軍二個師団増設も実現させた。

桂太郎が組閣を図った非立憲政友会系の立憲同志会は，その後，1916年に憲政会と改称し，1927年に政友本党と合体して立憲民政党となった。ここに立憲政友会と立憲民政党という，昭和戦前期の二大ブルジョア政党の時代が始まることとなった。すなわち，陸軍二個師団増設問題は，二大政党時代の基礎を形成する側面を持ったとも言えるのである。

なお，ブルジョア政党とは，資本家と地主の利害を代表する政党であり，立憲政友会は自由党系で三井財閥と密接な関係を有し，立憲民政党は立憲改進党・進歩党系で三菱財閥と密接な関係を有した。1940年，両党は，大政翼賛会が成立すると解散して合流したが，敗戦後の1945年，旧立憲政友会系の政治家は日本自由党を結成し，旧立憲民政党系の政治家は日本進歩党を形成した。両党は，その後，離合集散を繰り返し，1955年，保守合同で自由民主党の結成に至った。

一方，無産政党とは，労働者と農民の利害を代表する政党であり，1945年，戦前の無産政党各派が糾合して日本社会党が結成された。その後，1951年，サンフランシスコ平和条約と日米安全保障条約の締結を巡って，両条約に反対する左派と，サンフランシスコ平和条約に賛成するが日米安全保障条約には反対の姿勢をとる右派に分裂した。1955年，憲法改正・再軍備の動きを進める鳩山一郎内閣に対抗し，日本社会党が左右再統一を達成すると，この動きに対して保守合同が行われ，自由民主党と日本社会党の二大政党による55年体制が成立した。そして，55年体制は，1993年に自由民主党の宮沢喜一内閣に対する内閣不信任案が成立して同内閣が総辞職し，細川護熙連立内閣が成立するまでの38年間，冷戦を背景として継続したのであった。

設問B

ロンドン海軍軍縮条約の締結に至る情勢を理解するために，1920年代の外交を中心に概観していく。

1926年，日本が支援かつ利用している張作霖などの北方の軍閥(中国の軍事的・封建的地方政権)を打倒して，中国国民党による全国統一を目指す民族運動である北伐が開始された。これに対し，憲政会の若槻礼次郎内閣は，外務大臣幣原喜重郎の協調外交の路線を堅持し，北伐に対する軍事的不干渉の姿勢を貫いた。

協調外交とは，ワシントン体制との協調，すなわち，欧米帝国主義と九カ国条約の範囲で協調しつつ，中国への権益拡大を図る外交路線のことである。なお，九カ国条約とは，1922年，ワシントン会議において，中華民国と列強８か国によって締結された条約で，米国務長官であったジョン=ヘイの提唱した，いわゆる「ジョン=ヘイの三原則」に基づき，中華民国に対する「領土保全・門戸開放・機会均等」を約したものであった。

しかし，幣原外交は，上海や青島などに資本輸出した在華紡，在華紡に深い利権を有する三井財閥，三井財閥と密接な関係を持つ野党の立憲政友会，及び，北伐の満州への波及を警戒して軍事介入を図る軍部から厳しく批判された。

震災手形とは関東大震災・震災恐慌で不良債権化した銀行の所有する手形で，震災手形割引損失補償令で救済の対象となった手形であるが，1927年，震災手形の処理を巡る金融不安が高まる中での帝国議会における大蔵大臣片岡直温の失言から，取付け騒ぎが起こり，中小銀行は休業・倒産して金融恐慌が発生した。さらに，三井物産・三菱商事と並ぶ総合商社である鈴木商店が倒産すると，鈴木商店に対する不良債権を抱えた，植民地台湾の中央発券銀行である台湾銀行が危機に陥った。

この事態に対し，若槻礼次郎内閣は，天皇大権である緊急勅令を用いて台湾銀行の救済を図った。ただし，緊急勅令には，天皇の最高諮問機関である枢密院の合意が必要とされた。ところが，対中国強硬派であり，幣原外交を批判してきた，枢密顧問官の伊東巳代治を中心とする枢密院は，台湾銀行救済緊急勅令案を否決した。枢密院の行為は，金融恐慌の中で起きた，この一連の事態を利用して若槻礼次郎内閣の政治責任を追及し，同内閣を倒閣に追い込み，外務大臣幣原喜重郎の協調外交を破綻させ，中国への軍事介入への道を開くためであった。

枢密院の台湾銀行救済緊急勅令案の否決により，若槻礼次郎内閣は，総辞職に追い込まれ，1927年４月，陸軍長州閥の陸軍大将田中義一を首班とする立憲政友会内閣が成立した。同内閣は田中義一が首相と外相を兼任し，強硬外交(積極外交)を推進した。そして，同1927年，在華紡など中国における日本の権益の軍事的確保と張作霖政権の擁護を目的として，北伐阻止のために，山東出兵を開始した。

1927年，第一次山東出兵の後，中国に関係する政治家・外交官・軍人らを招集して外務省で東方会議が開催された。そこで，満蒙分離(満州と内蒙古を中国本土から切り離して日本の勢力下に置く方針)の表明や，中国における日本の権益の確保，特に満蒙の特殊権益が侵された時は軍事行動をとることなどを内容とする，対支政策綱領と呼ばれる，対中国強硬方針が決定された。

また，1928年，第二次山東出兵の際，日本軍は，北伐軍(中国国民党の軍隊である国民革命軍が北伐を推進している際の通称)と山東省の済南で軍事衝突した。この済南事件に際して，国民革命軍の総司令である蔣介石は，後続の北伐軍に対し，済南を迂回して北京に向かい北上することを命じたので，日中の全面衝突は回避された。しかし，日本軍は済南を占領し，さらに第三次山東出兵を行った。一方，国民革命軍は北京を占領し，張作霖は自らの根拠地である奉天に敗走し，北伐は完了した。

1928年，関東軍(関東州と満鉄を警備する日本陸軍部隊)の参謀河本大作大佐は，張作霖を奉天で爆殺し，国民革命軍の仕業に見せかけ，混乱を起こし，それに乗じて関東軍が満州を占領するという，杜撰な謀略を計画した。そして，関東軍は，奉天郊外の京奉線と満鉄線のクロス地点で張作霖を爆殺した。しかし，張作霖の長男の張学良が，混乱を抑えたので，関東軍の行動は不発に終わり，謀略は失敗した。

この張作霖爆殺事件は，国民に真相を知らすこともなく，満州某重大事件と呼ばれていた。陸軍長州閥の陸軍大将でもある，立憲政友会の田中義一首相は，当初は真相の公表と首謀者の厳重処分を行う意思のあることを昭和天皇に上奏した。しかし，その後，閣僚や陸軍の反対にあい，田中首相は，「日本陸軍に犯人はいない」と称して，首謀者の河本大作を軍法会議にかけることもなく，「警備上の手落ち」ということにして行政処分で済まし，停職処分にするに留めた。この措置は，真相を知る昭和天皇の不興を買い，1929年，田中義一内閣は総辞職した。

田中義一内閣の崩壊を受け，1929年７月，立憲民政党の浜口雄幸内閣が成立した。２年前の1927年，憲政会と政友本党が合同し，浜口雄幸を総裁に立憲民政党が結成されていた。浜口雄幸内閣は大蔵大臣を井上準之助とするとともに，外務大臣に幣原喜重郎を起用したので，ここに協調外交が復活した。

1930年，浜口雄幸内閣は，全権として若槻礼次郎と海軍大臣財部彪(たからべたけし)を派遣してロンドン海軍軍縮会議に参加した。同内閣には，外相幣原喜重郎の下で，協調外交を再開して軍縮を実現し，軍縮による緊縮財政により，蔵相井上準之助の主導で金解禁を断行しようとする意図があった。

次に，ロンドン海軍軍縮条約と統帥権干犯問題について考察していこう。1930年に調印されたロンドン海軍軍縮条約では，1922年のワシントン海軍軍縮条約において規定された，主力艦(戦艦)の10年間の建造禁止を，さらに５年延長することが約された。また，補助艦(巡洋艦・駆逐艦・潜水艦)の保有量も取り決められた。補助艦の総トン数の比率では，米：英：日＝10：10：6.975となり，海軍の要求する「対米７割」をわずかに切ることになったが，日本政府の要求は，ほぼ通ったことになる。ただ，大型巡洋艦に限定してみると，米：英：日＝10：8.01：6.02となり，大型巡洋艦に関しても「対米７割」を主張していた海軍内部では，海軍軍令部を中心に条約に対する不満の声が上がった。

1930年４月，浜口雄幸内閣は，ロンドン海軍軍縮条約の調印に踏み切った。これに対し，海軍軍令部や右翼のみならず，野党の立憲政友会までも，天皇の統帥権を輔弼する海軍軍令部の反対を押し切って調印したことは，天皇の統帥権を干犯する行為だとして攻撃を始めた。

軍制には，軍を編成して軍を維持・管理する軍政，軍を一つの意志に基づき指揮・統率する軍令，軍の秩序を維持する軍事司法がある。これらのうち，軍令の権，すなわち，軍の指揮・統率権，作戦・用兵権のことを統帥権という。

統帥権は，通常の国家では一般の国政の一つとして扱われ，内閣制度のある国家では，内閣，すなわち，最高行政機関である政府がその権限を持っている。しかし，大日本帝国憲法の制定に際して模範としたドイツは，統帥権を政府から独立させ，首相は統帥権に関与しないという慣行を確立していた。ドイツを模範に創設した日本陸軍は，統帥権の独立を図り，1878年，太政官(養老律令に基づく当時の日本政府)の一部であり，軍政を担う陸軍省から，軍令を輔弼する参謀本部を独立させ，参謀本部を天皇直隷の組織として，太政大臣や陸軍卿の関与から切り離した。

また，1885年に太政官制が廃止され，内閣制度が成立した際に制定された内閣職権では，軍機(軍事上の機密)に関しては，参謀本部の長が独自に天皇に上奏し，事後，陸軍大臣から政府の長である内閣総理大臣に報告しさえすればよいということが法制化された。すなわち，大日本帝国憲法の制定以前から，統帥権の独立は明文化され，慣行となっていたのである。

大日本帝国憲法の第11条には，「天皇ハ陸海軍ヲ統帥ス」とあるが，この憲法の文言だけからは，天皇の統帥権が政府から独立していることは読み取れない。しかし，大日本帝国憲法の制定以前から，統帥権の独立は，実現されており，大日本帝国憲法の起草者の伊藤博文を著者として刊行した，大日本帝国憲法の逐条解説書である『憲法義解』でも，統帥権の独立の意図が示されていた。そのため，戦前の憲法学説では，第11条の「天皇ハ陸海軍ヲ統帥ス」という文言について，統帥権は，政府(内閣)の関与できない独立したものとの「解釈」がとられていた。しかし，このことは，法律の解釈とは，明文化された条文を解釈することであり，「慣例」や「起草者の意図」のようなものによって解釈すべきではないという，近代的な法解釈の常識を全く無視するものであった。

大日本帝国憲法の第11条に「天皇ハ陸海軍ヲ統帥ス」とあるが，統帥権は，前述したように，内閣の関与が許されない天皇の権限と「解釈」されていた。しかし，統帥権以外の天皇大権は，議会(帝国議会)は関与できないが内閣(政府)が輔弼する。つまり，統帥権だけは，議会(帝国議会)のみならず内閣(政府)も関与できず，統帥機関(軍令機関)である，陸軍の参謀本部と海軍の軍令部が輔弼したのであった。

一方，大日本帝国憲法の第12条に「天皇ハ陸海軍ノ編制及常備兵額ヲ定ム」とある。この編制大権は，内閣の輔弼事項と解釈されていた。そして，陸軍さえもこの通説には従っていたのである。それにもかかわらず，軍令部長の加藤寛治は，海軍の統帥機関である軍令部の反対するロンドン海軍軍縮条約の調印は，統帥権干犯に当たると拡大解釈して激しく攻撃した。また，陸軍ですら従っていた，編制大権は内閣の輔弼事項とする通説に反対した勢力は，海軍軍令部のみならず，天皇の最高諮問機関である枢密院の一部，及び，野党の立憲政友会であり，民間の右翼は，この動きに乗じた。

倒閣を図る野党の立憲政友会の総裁犬養毅は，第58帝国議会で，海軍軍令部が反対する兵力量では国民が安心できないとし，海軍軍令部の反対する条約の締結は，統帥権干犯に当たると浜口雄幸内閣を攻撃した。この党利党略のための愚行は，自らの政党政治の基盤の崩壊を促進させる，政党にとっては自殺行為に等しいものであった。

一方，海軍の内部でも，ロンドン海軍軍縮条約の締結を巡り，対立が生じていた。すなわち，浜口雄幸内閣の条約締結を支持する海軍省を中心とする条約派は，補助艦の軍縮を利用して，航空兵力の増強など，海軍の近代化を図った。そのため，大艦巨砲主義の幻想を捨てない軍令部長の加藤寛治らの艦隊派との間に，確執が生じていたのであった。

浜口雄幸内閣は，美濃部達吉の憲法解釈に基づき，元老西園寺公望の支持や世論の支援を背景に，枢密院の合意も取り付け，批准に成功し，ロンドン海軍軍縮条約を成立させた。

しかし，1930年11月14日，浜口雄幸首相は，東京駅で右翼の青年に狙撃され，重傷を負った。翌1931年３月，傷が癒えぬまま帝国議会に登院したが，このことが病状を悪化させ，翌４月に浜口雄幸内閣は総辞職した。次の内閣は，立憲民政党の第二次若槻礼次郎内閣が継承し，幣原外交・井上財政も継続したが，同年８月，浜口雄幸はテロの傷がもとで死去した。

〔問題の要求〕

設問Ａでは，２個師団増設を巡る問題が政党政治に与えた影響を，90字以内で述べることが要求されている。

設問Ｂでは，ロンドン海軍軍縮条約成立の背景と，条約調印に対する国内の反応について，90字以内で述べることが要求されている。

以下の〔ポイント〕は，問題が要求している「論点」を示すとともに，それに対応する「採点基準」における加点要素を示している。また，〔ポイント〕は**解説**で詳述した「解法」のまとめにもなっている。

〔ポイント〕

設問Ａ

＜２個師団増設をめぐる問題＞

①増師問題(陸軍二個師団増設問題)
　＊軍部大臣現役武官制を用いて倒閣
　＊内大臣の桂太郎が組閣
　＊「宮中・府中の別」を乱すとの批判
②第一次護憲運動
　＊大正政変
　＊第三次桂太郎内閣は退陣

＜２個師団増設問題の政党政治への影響＞

①桂太郎首相は立憲同志会の結成を図る
　＊元老政治からの脱却を掲げる
②大正政変の後に山本権兵衛内閣の成立
　＊立憲政友会が与党となる
　＊軍部大臣現役武官制の改正
③二大政党時代の基礎ができる

設問Ｂ

＜浜口内閣がロンドン海軍軍縮条約の成立を推進した背景＞

①浜口雄幸内閣は協調外交を行う

＊外相幣原喜重郎(幣原外交)

＊ワシントン体制との協調

＊欧米帝国主義と協調しながら中国への権益拡大を図る

②浜口雄幸内閣は緊縮財政を行う

＊金解禁を目的とする

＊井上財政

＊デフレ政策

＜国内の反応＞

①ロンドン海軍軍縮条約に調印

＊軍令部の反対する兵力量決定(条約調印)

②統帥権干犯と攻撃(統帥権干犯問題の発生)

＊野党の立憲政友会からの攻撃

＊海軍軍令部からの攻撃

＊右翼からの攻撃

③元老西園寺公望の支持

＊内大臣牧野伸顕･宮中側近･世論の支持

④美濃部達吉の憲法解釈

＊第11条の統帥権は内閣が関与できない

＊第12条の編制大権は内閣の輔弼事項

＊編制大権と統帥権とは別

＊浜口雄幸内閣のロンドン海軍軍縮条約の調印は合憲

⑤ロンドン海軍軍縮条約の批准に成功

＊枢密院の合意を取付ける

⑥右翼による浜口雄幸首相の狙撃

解 答

Ａ増師問題を巡り第一次護憲運動が起きると，桂首相は，立憲同志
会の結成を図り対抗したが大正政変で退陣した。その後，立憲政友
会を与党とする山本内閣が成立し，二大政党時代の基礎ができた。(30字×３行)

Ｂ欧米との協調外交と緊縮財政を進める浜口内閣は，ロンドン海軍
軍縮条約に調印したが，軍令部の反対する兵力量決定は統帥権干犯
との攻撃を受けた。政府は批准に成功したが，首相は狙撃された。(30字×３行)

2016年

第1問

解説 郡司の性格や国司と郡司の関係について考察する問題である。参考文を熟読し，その内容や示唆するものを読み取って，問題の要求に沿って論じることが要求されている。

設問Aでは，郡司が，律令制の中で特異な性格を持つ官職といわれることとなった歴史的背景ついて，60字以内で説明することが要求されている。

設問Bでは，8世紀初頭の国司と郡司の関係，及び，9世紀にかけての国司と郡司の関係の変化について，120字以内で述べることが要求されている。

参考文(1)

『日本書紀』には，東国に派遣された「国司」が，646年に国造など現地の豪族を伴って都へ帰ったことを記す。評の役人となる候補者を連れて帰り，政府の審査を経て任命されたと考えられる。

ここには，東国に派遣された「国司」が，646年に国造などの豪族を伴って都に帰ってきたという『日本書紀』の記事から，「国司」が連れて帰った国造などの地方豪族が，政府の審査を経て，地方行政組織である評の役人に任命されたと推測されると書かれている。

646年正月，大化改新の結果として即位した孝徳天皇により発せられた「改新の詔」は，『日本書紀』の中に記載されている史料である。奈良時代(710～794)の前期，720年に完成した『日本書紀』は，舎人親王らを編者として律令国家が作成した日本最古の官撰国史である。現在の研究においては，『日本書紀』に記載されている「改新の詔」の文言の一部には，701年に制定された大宝令の文章によって修飾されている部分があることが判明しており，646年段階の戸籍の制定や班田収授法の施行も疑問視されている。

646年の「改新の詔」には，「国司・郡司」を設置するとの記事が見られるが，藤原宮から出土した木簡などから，地方行政組織としての「郡」の表記は，701年の大宝令の施行以前には存在せず，646年の段階では，地方行政組織として「評」の文字が使用されていることが判明している。また，『常陸国風土記』にも，地方豪族の申請により「評」が設置された経緯が記されている。参考文中の，「評の役人」とは，のちの郡司の事であることも見落としてはいけない。

さらに,「改新の詔」には,「国司」が設置されたと記されているが,令制に基づく全国的な国司制度が整備される時期は,参考文(1)にある孝徳朝の頃ではなく,天武朝の頃であると考えられている。参考文(1)の文中にある国司の文字に「　」が施されているのは,このためである。

ここからは,律令国家において,郡司には,伝統的な支配力を持つ,元国造の地方豪族などが任命されたという,基本的事項を確認することが求められている。

参考文(2)

律令の規定によれば,郡司は任期の定めのない終身の官職であり,官位相当制の対象ではなかったが,支給される職分田(職田)の額は国司に比べて多かった。

ここには,律令の規定では,郡司は,任期のない終身の官職で,律令制の官僚機構の原則である官位相当制の対象外であること,国司より多くの職分田(職田)が支給されていたことが書かれている。

律令制について考える際には,まず,ヤマト政権における氏族制に基づく氏姓制度と,律令国家における律令制度の根本的相違を確認する必要がある。ヤマト政権の氏姓制度は,大王が同族組織である氏に対して姓を授与する,血統に基づく支配を根幹とし,政治権力の移譲には世襲を伴う。一方,律令国家の律令制度は,個人に授与される位階と,それに相当する官職の任命により構成される,法に基づく官僚機構,及び,戸籍・計帳に基づく人民支配を根幹としている。

645年の乙巳の変といわれるクーデターと,その後の一連の改革を大化改新とよぶが,大化改新は,いわば,律令国家建設に向かう政治・制度上の改革を意味する。そして,7世紀後半が,律令国家の建設期にあたり,この時期に,天智朝の近江令(現在では,編纂された法典ではなく,律令制につながる個別の法令と考えられている)・庚午年籍,及び,天武・持統朝の飛鳥浄御原令・庚寅年籍など,律令の編纂と戸籍の作成が行われたのである。

律令国家の官僚機構を確認すると,位階とは,官人の朝廷内の序列を示す等級で,正一位から少初位下までの30階があり,個人に授与され,能力に応じて昇進する。官職とは,太政大臣・左大臣・右大臣・大納言など律令国家の役職・政治的ポストである。また,律令国家においては,「位階が正三位の官人は,大納言という官職に就任する」というように,位階に相当する官職に任命する官位相当制が原則となっていた。なお,五位以上の位階を持つ官人を貴族といい,位階では三位以上の上級貴族,官職では太政官を構成する摂政・関白・太政大臣・左大臣・右大臣・内大臣・大納言・中納言・参議を公卿といった。

律令国家の地方組織は，畿内(大和・山背・摂津・河内・和泉)と七道(東海道・東山道・北陸道・山陽道・山陰道・南海道・西海道)の行政区に区分され，国・郡・里が設置され，国司・郡司・里長が任命された。

国司は，主に中級貴族・下級貴族が中央から任国に派遣され，その任期は，初期は6年であったが，後に4年に短縮された。国司の四等官は，守・介・掾・目と表記され，その職務は，軍事・警察，戸籍・計帳の作成，班田収授の実施などであった。また，政務・儀式・饗宴の場となる国司の政庁を国衙(国庁)といい，国衙の所在地である国府は，地方都市の容貌を持った。

郡司は，豊かな財力を持ち，地方で民衆を支配している，元国造などの伝統的な地方豪族が任命され，官位相当制の適用外であり，任期の定めがない終身官で，その地位は世襲された。すなわち，郡司は，律令に規定された官職であったものの，ヤマト政権以来の氏族制的性格が残存し，かつ，その性格を認められていたという特異性を持った官職であったのである。

郡司の四等官は，大領・少領・主政・主帳と表記され，その職務は，郡内の民政一般を担う強大なものであった。そのため，国司は，郡司の伝統的支配力に依存して，任国の民衆を支配した。それ故，律令国家の地方支配は，郡司の持つ伝統的支配力を媒介として可能となったと見ることもできるのである。また，郡司の政庁を郡衙(郡家・郡庁)といった。

ここからは，郡司は，豊かな財力を持つ，元国造の地方豪族などが任命される律令国家の官職だが，官位相当制の対象とはならず，終身制で世襲され，氏族制的性格も残存し，かつ，認められていたという，「律令制のなかでの特異な性格」を持っていた官職であることを読み取らなければならない。そして，郡司が伝統的な地方支配力を有し，国司は，郡司の強大な支配力に依存して任国を支配したという基本事項を想起できなければならない。

参考文(3)

国府の中心にある国庁では，元日に，国司・郡司が誰もいない正殿に向かって拝礼したのち，国司長官が次官以下と郡司から祝賀をうけた。郡司は，国司と道で会ったときは，位階の上下にかかわらず馬を下りる礼をとった。

ここには，国衙(国庁)では，元日，国司と郡司は正殿に向かって拝礼し，国司の長官である守は，次官である介以下の国司や郡司から祝福を受けたこと，及び，郡司は，国司と道で会った時，下馬して礼をしたことが記されている。

国衙(国庁)は，政庁としての機能を持つだけではなく，儀式･儀礼の場でもあった。養老令の篇目である儀制令には，元日，国司の長官である守が，次官以下の国司(介･掾･目)や郡司たちを従え，国庁の正殿に向かい天皇に対する朝拝の儀式を行うこと，天皇から派遣された国司の長官が，次官以下の国司や郡司たちから賀礼を受けること，国司や郡司など参加者全員で，国家的な財源による饗宴を行うことが規定されている。この元日の儀礼は，地方豪族である郡司に対し，国家に対する服属関係を認識させ，天皇に仕え，共に民衆を支配する官僚としての意識を再確認させる意味を持った。

また，郡司は，道で国司と会った時，馬から下りる礼をとったとあることは，経済的には，国司より多くの職分田を支給され，豊富な財力を持っていたとしても，政治的には，郡司は国司に従属する存在であったことを示している。

ここからは，郡司は，国司に従属し，儀礼を通して官僚として掌握されたことを読み取ることが要求されている。

参考文(4)……………………………………………………………………………

郡家には，田租や出挙稲を蓄える正倉がおかれた。そのなかに郡司が管轄する郡稲もあったが，ほかのいくつかの稲穀とともに，734年に統合され，国司の単独財源である正税が成立した。

……………………………………………………………………………………

ここには，郡家には正倉が置かれ，郡司が管轄する郡稲もあったが，734年に統合され国司の単独財源である正税が成立したことが書かれている。

郡衙(郡家)は，国府と同様に郡庁・郡司の居館などの施設を有した。また，国家的な倉庫である正倉が立ち並ぶ，正倉院とよばれる倉庫群も存在し，郡司が管轄する郡稲もあった。しかし，734年の官稲統合で，様々な官稲が正税に一本化された。

８世紀後半以降，神罰による「神火」と見なされた正倉や官衙などの不審火が相次いだ。763年に最初の正倉神火事件が発生しているが，『続日本紀』に，この事件に関する淳仁天皇の勅が採録されている。そこでは，神火の発生の原因は，国司や郡司が地方の神々に恭しく仕えないためであり，国司や郡司が人民を苦しめているからだとし，今後は，そのような国司や郡司を解任すべきとしている。しかし，その後も正倉の神火は頻発しており，その背景には，郡司の地位を巡る政争や，国司・郡司らによる不正の隠蔽などがあった。また，神火の発生は，蝦夷征討による軍事的・経済的負担を強いられた東国に集中しているが，その不満も神火の背景と推定されている。やがて，正倉神火事件は減少していくが，その要因としては，国司の権力が強化され，郡司の力が衰退していくことがあったと考えられている。

ここからは，郡司は，正倉を持ち，郡衙を拠点に民衆を支配していたが，やがて，国司の権力が強化されていき，国司が正倉を管理するようになると，郡司の力や郡衙が衰退していったことを読み取ることが要求されている。

参考文(5)…………………………………………………………………………………

郡司には，中央で式部省が候補者を試問した上で任命したが，812年に国司が推薦する候補者をそのまま任ずることとなり，新興の豪族が多く任命されるようになった。

…………………………………………………………………………………………………

ここには，郡司は，本来，太政官の八省の一つで，文官人事や大学などを管轄する式部省で試問されて任命されていたこと。しかし，812年より，国司が推薦する候補者をそのまま任命するようになり，新興の豪族が多く郡司に任命されるようになったことが書かれている。

ここからは，国司の権力が強化される中で，国司は独自に郡司の候補者である擬任郡司を任命するようになり，812年には，事実上，郡司の任免権は国司に移管され，政府はそれを追認するだけになっていったこと，及び，国司が，従来のように，地方豪族を郡司に推挙するのではなく，新興の豪族を郡司に任命するようになったことを読み取り，郡司の伝統的な支配力が喪失し，郡衙が衰退していったことを考察する。

上記の内容を踏まえ，解答の骨子を示してみよう。

設問Aは，郡司は，元国造などが任命される律令制の官職だが，終身制・世襲など氏族的性格が認められたことを述べればよい。

設問Bは，郡司は，国司に従属し，官僚として掌握されたこと，国司は，郡司の伝統的支配力を利用して任国の統治を行ったこと，やがて国司の権力が強化されるようになると，郡衙が衰退したことなどを述べればよい。

以下の〔ポイント〕は，問題が要求している「論点」を示すとともに，それに対応する「採点基準」における加点要素を示している。また，〔ポイント〕は【解説】で詳述した「解法」のまとめにもなっている。

〔ポイント〕

設問A

＜郡司の歴史的背景＞

①郡司は地方豪族から任命

②郡司は元国造

③郡司は在地で民衆を支配

＜律令制の中での特異な性格＞

①律令制の官職(律令に規定)

②特異な性格

＊終身官(任期がない)

＊世襲

＊官位相当制の官職ではない(職事官ではない)

＊豊かな財力を持つ(職分田が国司より多い)

＊氏族(制)的性格も認められた(残存した)

設問Ｂ

＜８世紀の国司と郡司＞

①郡司は国司に従属

②郡司は儀礼を通して官僚として掌握される

③郡司は郡衙を拠点に民衆支配

④郡司は郡衙に正倉を持つ(正倉を管理)

⑤国司は郡司の伝統的な支配力に依拠して民衆支配

⑥国司と郡司の二重構造による統治

＜９世紀にかけての国司と郡司の関係の変化＞

①(受領)国司は正倉を管理

②(受領)国司は新興の豪族などを擬任郡司に任命

③(受領)国司は郡司と郎党を率いて徴税

④(受領)国司の権力の強大化

⑤郡司は国司に駆使される存在

⑥郡衙(郡家･郡司の力)の衰退

解答

Ａ郡司は，元国造の地方豪族などが任命される律令制の官職だが，
終身制で世襲され，豊かな財力を持ち，氏族的性格も認められた。(30字×２行)

Ｂ郡司は国司に従属し，儀礼を通し官僚として掌握されたが，正倉
を持ち，郡衙を拠点に民衆を支配したので，国司は郡司の伝統的支
配力を利用して統治した。やがて，国司が正倉を管理し，新興豪族
を擬任郡司に任命するようになると，郡司の力や郡衙は衰退した。(30字×４行)

第２問

解説 惣村の自治と惣荘・惣郷の共同行動について考察する問題である。参考文を熟読し，その内容や示唆するものを読み取って，問題の要求に沿って，150字以内で論じることが要求されている。

本問で扱われる京都郊外の桂川流域は，東寺を荘園領主とする上久世荘（かみくぜのしょう）など，領主を異にする多くの荘園が分布し，それぞれが，一つの惣村としてまとまっていたことが，リード文に書かれている。

久世荘は，山城国乙訓郡の荘園で，現在の京都市南区の桂川右岸の地域にあたる。平安時代から鎌倉時代にかけて荘園が細分化され，上久世荘・下久世荘・東久世荘（築山荘）・本久世荘（大藪荘）の各荘園が成立したものと考えられる。このうち上久世荘と下久世荘は，鎌倉時代には得宗領の荘園であったが，1336年，足利尊氏が東寺に寄進した。

参考文(1)

15世紀，桂川両岸には多くの灌漑用水の取入れ口があったが，主要な用水路は，十一カ郷用水，五カ荘用水などと呼ばれており，各荘園はそこから荘内に水を引き入れていた。

ここには，桂川流域の両岸に多くの灌漑用水の取入れ口が設置され，各荘園は，そこから荘園の内部に水を引き入れていたことが書かれているが，そこから，桂川流域では，荘園領主の異なる，いくつかの惣村が協力して灌漑用水を管理し，番水制によって水を配分していたことが推定できる。また，このように河川流域一帯の灌漑用水の管理を可能とするためには，一つの惣村では不可能なので，複数の惣村が荘園や郷を中心にまとまって惣荘・惣郷を結成し，さらには荘園・郷の枠をも越えて，領主の異なる惣村の連合が広範囲に形成されていることが不可欠であった。

ここからは，荘園の領域を越える番水制が敷かれ，同じ一つの水系の灌漑用水を管理し，水を配分していたことを読み取り，そこから，惣荘・惣郷が結成され，領主を越えて惣村どうしが連合していった様相を考察することが要求されている。

参考文(2)

荘内の用水路が洪水で埋まってしまったとき，上久世荘の百姓らは「近隣ではすでに耕作を始めようとしているのに，当荘ではその準備もできない。用水路修復の費用を援助してほしい」と，東寺に要求することがあった。

ここには，洪水で用水路が埋まってしまった際，上久世荘の百姓らが，東寺に対し，用水路修復の費用の援助を求めていることが書かれているが，それは，惣を形成した久世荘の百姓らが，荘園領主である東寺に対して愁訴していることを示している。

まず，解答する前提として，惣・惣村について知識・理解を再確認してみよう。鎌倉後期以降，農業生産力の上昇により，小農民が成長してくる。それに伴い，灌漑用水の管理や，入会地の使用のために共同で行動する必要性が高まってくる。また，領主への対抗や，戦乱に対する自衛の体制の構築も迫られる。そのような中で，農民たちの自立が進み，荘や郷の中に，惣とよばれる自治的な結合が形成された。また，惣による自治的機能を有した村落は惣村とよばれる。

村の鎮守の神社の祭礼や年中行事などを取り仕切る，一部の氏子による祭祀集団である宮座が惣村の自治的結合の中核となり，宮座を構成する有力な名主や地侍などの上層農民が惣村の自治を指導した。惣村を構成する惣百姓の会議である寄合で合議が行われ，乙名(おとな・大人)・沙汰人などとよばれる指導者の下，惣村は自治的に運営された。惣村は，田畑の耕作や入会地・灌漑用水の管理など，自らが守るべき生活に関わる諸問題について，惣掟(地下掟)を制定した。そして，惣村は，自検断(地下検断)とよばれる警察権や裁判権を行使し，秩序を維持して自治を守った。また，惣村が領主に納める年貢・公事などを請負う百姓請(地下請)も行うようになり，惣村が徴税業務を引き受けることにより自治への介入を阻んだ。

ここからは，惣村の百姓らは，荘園領主の東寺に対し，用水路修復の費用の援助を求めていることを読み取り，自治的村落である惣村は，乙名・沙汰人を指導者に寄合で合議し，惣掟を定めて自検断を行い，一揆の母体となることもあり，愁訴・強訴・逃散など共同行動を行ったという基本事項を確認する。

参考文(3)……………………………………………………………………………

旱魃(かんばつ)に見舞われた1494年，五カ荘用水を利用する上久世荘など５つの荘園(五カ荘)の沙汰人らは，桂川の用水取入れ口の位置をめぐって，石清水八幡宮領西荘と争い，室町幕府に裁定を求めた。

……………………………………………………………………………………………

ここには，旱魃に際し，桂川の用水取入れ口の位置を巡り，東寺領を中心とする五カ荘の沙汰人らが，石清水八幡宮領の西荘と争い，室町幕府に裁定を求めたことが書かれている。

桂川右岸の東寺を荘園領主とする五カ荘(上久世荘・下久世・大藪・牛瀬・徳大寺荘)と，桂川左岸の石清水八幡宮を荘園領主とする西荘との間で，桂川本流の分水を巡って紛争が起こった。

紛争の原因は，五カ荘も西荘も，桂川から自らの荘園内に水を引き入れ，農業経営を行っていたが，旱魃に際し，双方とも，多くの水を導入しようと，水の取入口をより上流へ設置しようとしたことにあった。紛争が長期化したため，五カ荘の沙汰人らは，室町幕府に裁定を求めた。

ここからは，異なる荘園領主を持った惣荘・惣郷の広範囲の連合が形成されて共同行動をとり，他の惣荘・惣郷の連合と紛争を起こしたこと，その際，幕府に裁定を求めたことを読み取る。

参考文(4)……………………………………………………………………………………

幕府が西荘の主張を認める判決を下したため，西荘は近隣惣村に協力を要請して五カ荘の用水取入れ口を破壊しようとしたが，五カ荘側もまた近隣惣村の協力を得てそれを阻止したため，合戦となり，決着はつかなかった。

……………………………………………………………………………………………………

ここには，室町幕府の裁定において，有利な判決を得た西荘側が，近隣惣村の協力を得て五カ荘の用水取入れ口を破壊しようとすると，五カ荘側も，近隣惣村の協力を得て阻止したので合戦になったことが書かれている。

この参考文を読み取る前提として，中世の惣村と近世の村との相違を確認しておこう。中世の惣村は，自然村であり，兵農未分離の状態で武装することもあったが，一方，近世の村は，太閤検地の際の村切りによって形成された行政村であり，兵農分離の状態となっており，刀狩により武装解除されていた。

ここからは，惣荘・惣郷の連合が共同行動をとり，他の惣荘・惣郷の連合と合戦まで行ったことを読み取り，兵農未分離の中世において，惣村は武装し，地侍などが沙汰人となって惣村を指導していたことを想起する。

参考文(5)……………………………………………………………………………………

1495年，五カ荘では西荘に対して再び用水裁判を始め，沙汰人らがみずから幕府の法廷で争った結果，五カ荘側にも用水を引くことが認められた。しかし，その後も争いは継続し，最終的には1503年になって，近隣惣村の沙汰人らの仲裁で決着した。

……………………………………………………………………………………………………

ここには，訴訟合戦となり，幕府の裁定は下されたものの，五カ荘側と西荘側の紛争は継続し，結局は，近隣惣村の沙汰人らの仲介で決着したことが書かれている。

東寺百合文書にある「幕府奉行人奉書」には，1503年，石原庄の土豪石原雅楽助の周旋により最終的に妥協が成立したと記されている。

ここからは，惣荘･惣郷間の紛争が，近隣惣村の沙汰人らが仲介することによって，自検断で自治的に決着したことを読み取る。

上記の内容を踏まえ，解答の骨子を示してみよう。

惣村の自治のあり方を踏まえ，領主を越えて連合する惣荘・惣郷の共同行動について，灌漑用水の利用を巡る，管理のあり方・紛争・決着などに触れながら，参考文を利用しつつ，具体的に論じればよい。

以下の〔ポイント〕は，問題が要求している「論点」を示すとともに，それに対応する「採点基準」における加点要素を示している。また，〔ポイント〕は**解説**で詳述した「解法」のまとめにもなっている。

〔ポイント〕

＜惣村＞

①惣村は自治的村落(自治組織を持つ村落)

＊乙名・沙汰人を指導者とする

＊宮座(神社の祭祀集団)が惣の結合の中心

＊寄合で合議する

＊惣掟(地下掟)を制定して自検断(地下検断)を行う

＊百姓請(地下請)を行うこともある

＊一揆の母体となって愁訴・強訴・逃散を行うこともある

＜近隣村落との関係＞

①惣荘・惣郷

＊複数の惣村が荘園・郷を中心に結合して形成される

＊惣村(惣荘・惣郷)が荘園・郷の領主を越えて連合する

＊共同行動を行う

＜惣村の行動＞

①灌漑用水の管理

＊荘園の領域を越えて管理

＊一つの水系を管理して水を配分(番水制)

②用水路修復費用の援助を荘園領主に要求

③他の惣荘・惣郷と紛争

＊幕府に裁定を求める

＊惣村は武装(兵農未分離・地侍の出現)

＊裁定に不満で合戦

＊自治的に(自検断で)決着

解答

自治的村落である惣村は，乙名・沙汰人らを指導者に寄合で合議し，惣掟を定めて自検断を行い，一揆の母体ともなった。領主を越えて惣荘・惣郷が連合し，荘園の領域を越える番水制で灌漑用水を管理した。紛争が起きると共同で行動し，幕府に裁定を求めたり，裁定に不満で合戦をすることもあったが，自治的な解決も図られた。(30字×５行)

第３問

解説　江戸幕府の大船禁止令の発令と廃止について考察する問題である。参考文を熟読し，その内容や示唆するものを読み取って，問題の要求に沿って論じることが要求されている。

設問Ａでは，徳川家康が大船禁止令を発令した理由について，当時の政治情勢を踏まえて，60字以内で述べることが要求されている。

設問Ｂでは，従来の大船禁止令の目的と，幕末における大船禁止令の理解の相違を説明し，大船禁止令改定の意図について，90字以内で考察することが要求されている。

参考文(1)……………………………………………………………………………

1609年，徳川家康は，大坂以西の有力な大名から五百石積み以上の大船をすべて没収し，その所持を禁止した。想定されていたのは，国内での戦争やそのための輸送に用いる和船であり，外洋を航海する船ではなかった。

……………………………………………………………………………………………

ここには，1609年，徳川家康が，西国大名の所持する500石以上の大船を没収し，所持を禁じたこと，対象は国内の戦争や兵站に用いる和船であったことが書かれている。

1600年に関ヶ原の戦いに勝利した徳川家康は，1603年，後陽成天皇から征夷大将軍の宣下を受け，江戸幕府を開いた。1605年，家康は，将軍職を２代徳川秀忠に譲り，江戸幕府の将軍は徳川氏が世襲するものであることを示し，自らは駿府に移ったものの，大御所として実権を掌握し続けた。

一方，関ヶ原の戦いで敗北した豊臣秀頼は，摂津・河内・和泉60万石の一大名になったとはいえ，秀吉の子として独自の権威を持っていたので，江戸幕府が，石高を基準とした将軍と大名の主従関係，すなわち，大名知行制の確立を進める際の妨げとなっていた。また，豊臣秀頼の大坂城は，石山戦争で織田信長と足掛け11年も戦って陥落しなかった石山本願寺の跡地に構築された堅固な城郭であったので，豊臣氏の存在は，幕藩体制確立の障害になっていた。

そのため，1609年，徳川家康は，「大坂以西の有力な大名」，すなわち，豊臣氏と関係の深い西国大名の武力削減を目的に，戦闘や兵站に用いることのできる，500石以上の大船の建造を禁止する，大船禁止令を発した。

なお，1603年から1867年の江戸時代を時代区分して概観すると，徳川家康から３代将軍家光の治世は，改易・減封・転封などにより厳しい大名統制が行われた武断政治の時代で，幕藩体制の確立期でもあり，寛永文化の時期でもあった。４代将軍家綱から７代将軍家継の治世は，1651年の由井正雪の乱を経て，大名統制を緩和し，法律や制度の整備を進め，儒教的徳治主義に基づき政策を遂行する文治政治の時代で，幕藩体制の安定期でもあり，元禄文化の時期でもあった。８代将軍吉宗から12代将軍家慶の治世は，享保の改革・田沼時代・寛政の改革・大御所時代・天保の改革と続く幕政改革の時代で，幕藩体制の動揺期でもあり，宝暦・天明期の文化や化政文化の時期でもあった。13代将軍家定から15代将軍慶喜の治世は，ペリー来航を経て，欧米から開国と自由貿易を強いられ，世界資本主義のシステムに強引に組み込まれた幕末・開港の時代で，幕藩体制の崩壊期でもあり，この時期からは近代に時代区分される。

ここからは，江戸幕府の開幕当初は，豊臣氏の存在が幕藩体制確立の障害となっていたという基本的知識を確認し，そのような政治情勢の下で，徳川家康が，豊臣氏と関係の深い西国大名の武力を削減することを意図して，大船禁止令を発令したことを考察する。

参考文(2)…………………………………………………………………………

この大船禁止令は，徳川家光の時の武家諸法度に加えられ，その後，原則として継承された。

……………………………………………………………………………………

ここには，３代将軍徳川家光の時に制定された，寛永の武家諸法度に大船禁止令が追加され，その原則は以後も継承されたことが書かれている。

解答を論述する前提として，江戸時代初期の対外政策について整理しておこう。

1600年，オランダ船リーフデ号が豊後に漂着した。徳川家康は，リーフデ号の航海士であったオランダ人のヤン=ヨーステン（耶揚子）と，水先案内人であったイギリス人のウィリアム=アダムズ（三浦按針）を外交顧問とした。1609年，オランダは，ヤン=

ヨーステンの尽力で平戸に商館を設置し，1613年，イギリスも，ウィリアム=アダムズの尽力で平戸に商館を設置した。

また，徳川家康は，貿易を奨励し，日本船の海外渡航を保護したため，将軍の渡航許可証である朱印状を持参した朱印船といわれる貿易船が，安南(現在のヴェトナム)，カンボジア，シャム(現在のタイ)，ルソン(現在のフィリピンのルソン島)に渡航した。朱印船は，島津家久や有馬晴信などの大名や，長崎の末次平蔵，摂津の末吉孫左衛門，京都の角倉了以・茶屋四郎次郎らの商人により派遣された。輸入品は，東南アジアの港などで明の商人と行った出会貿易で入手した中国産生糸や，砂糖・鮫皮・鹿皮などのアジア産の物資，及び，ヨーロッパ産の毛織物の一種であるラシャなどで，輸出品は，主に銀であった。なお，当時の日本の銀輸出額は，世界の銀産出額の３分の１であった。また，朱印船貿易の進展に伴い，海外に移住する日本人も増加し，東南アジア各地に日本町が形成された。

1609年，スペインのルソン前総督ドン=ロドリゴが上総に漂着したので，翌1610年，帰国する際，徳川家康は，スペイン領ノビスパン(現在のメキシコ)との通商を求めて，京都の商人田中勝介を同行させた。田中勝介は，アメリカ大陸に渡った最初の日本人とされる。一方，1613年，仙台藩主の伊達政宗は，ノビスパンとの貿易を開くため，藩士の支倉常長をノビスパン・スペイン・イタリアに派遣した。しかし，この慶長遣欧使節は，目的を果たせずに帰国した。

江戸幕府は，キリスト教の布教がポルトガルやスペインの侵略を招く恐れがあること，当時，キリシタン(切支丹)と呼ばれたキリスト教徒の宗教的団結が幕府の統一を阻害することを警戒した。そのため，２代将軍徳川秀忠は，1612年，幕領に禁教令を発令し，翌1613年，全国に禁教令を拡大して信者に改宗を強制した。また，1614年には，高山右近をマニラに追放するなど，約300人のキリスト教徒をマニラやマカオに追放した。さらに，1622年，長崎で宣教師や信者55名を処刑する，元和の大殉教と呼ばれるキリスト教徒に対する弾圧を行った。

一方，1616年，江戸幕府は，ヨーロッパ船の寄港地を平戸と長崎に制限し，1624年にはスペイン船の来航禁止を命じた。また，1631年には，海外渡航船は，将軍が発行する朱印状の他に，老中が発行した渡航許可証である老中奉書を必要とする奉書船制度が定められた。

そして，1633年，奉書船以外の海外渡航禁止が定められ，1635年，日本人の海外渡航と帰国禁止が命じられ，朱印船貿易は断絶した。

島原城主の松倉氏や天草領主の寺沢氏の圧政やキリシタンへの弾圧に対し，1637年，肥前の島原・天草地方のキリシタンの土豪や農民らが島原・天草一揆(島原の乱)と呼ばれる蜂起を起こした。約３万人の一揆勢は，益田(天草四郎)時貞を首領にして原城址に籠って抵抗したが，翌1638年，幕府は老中松平信綱を派遣し，約12万人の兵力を動員して鎮圧した。

島原・天草一揆の鎮圧後，1639年，幕府は，ポルトガル船の来航禁止を命じた。また，1641年，オランダ商館を平戸から長崎の出島に移転させ，長崎奉行の監視下に置き，のちに「鎖国」と呼ばれる海禁政策をとることになった。

1639年のポルトガル船の来航禁止，1641年のオランダ商館の出島移転から，1854年の日米和親条約に基づく開国までを「鎖国」体制と呼ぶことがあるが，一種の海禁政策であって，江戸時代の日本が，実際に「鎖国」を政策として実施していたわけではない。1801年，ニュートンの力学・天文学などを紹介した『暦象新書』の著者でも知られる洋学者の志筑忠雄が，オランダ商館のドイツ人医師ケンペルの『日本誌』の一部を『鎖国論』と題して翻訳した。そこから，「鎖国」の語が用いられるようになったので誤解が生じたのである。

江戸幕府は，キリスト教の禁教政策や貿易統制のために，日本人の海外渡航・帰国を禁じ,特定の国家や民族以外との国交や貿易を閉ざす海禁政策をとった。国交を持った通信国は，朝鮮と琉球で，両国は中国(明のち清)に朝貢して冊封を受けていたが，朝鮮からは，将軍代替わりごとに通信使が派遣され，琉球からは将軍代替わりごとに慶賀使，琉球国王即位ごとに謝恩使が派遣された。

海禁政策をとる明・清には，国交を求めたが拒否されたので，中国とオランダは国交を持たず交易だけを行う通商国と位置付けられた。1688年，幕府は，長崎郊外に清人居住区として唐人屋敷を設けた。

一方，1641年，幕府は，オランダ商館を，平戸から長崎の出島に移転させたが，オランダ商館は公的な外交施設ではなく，オランダの東インド会社日本支店であった。また，カピタン(甲比丹)と呼ばれたオランダ商館長は，東インド会社日本支店長であり，毎年，江戸に参府して将軍に拝謁することが義務付けられた。また，オランダ船が長崎に入港するたびに，オランダ商館長は，幕府に対し，オランダ風説書と呼ばれる海外事情報告書を提出した。

以上，見てきたように徳川家康の治世では，外交面・貿易面において積極的な対外政策が展開されたが，３代将軍徳川家光の治世になると，日本人の海外渡航や貿易に制限が加えられるようになった。

江戸幕府は，キリスト教の布教の拡大が，ポルトガルやスペインの侵略を招来させる恐れがあり，かつ，キリスト教徒の宗教的団結が幕府の統一に障害をもたらすと認識したので，禁教政策を徹底させるようになっていった。しかし，徳川家光は，キリスト教禁教政策としてのみではなく，西国大名が貿易によって富強化することを阻止し，幕府が貿易を独占することを目的として，日本人の海外渡航や貿易の制限を行い，海禁政策を推進した。

そして，このような情勢の中，1635年，３代将軍徳川家光は，寛永の武家諸法度の条文に，第17条「五百石以上の船，停止の事」として，家康の時に発した500石以上の大船建造禁止を追加した。しかし，この時は軍船以外に荷船も含めていたが，1683年，５代将軍徳川綱吉の治世において，荷船は除外され，軍船のみの制限となった。

ここからは，３代将軍徳川家光が，キリスト教の禁教，幕府による貿易独占，貿易による西国大名の富強化阻止などを目的に，海禁政策を進め，日本人の海外渡航・帰国を禁止したという基本事項を確認し，寛永の武家諸法度では，500石以上の大船建造禁止が追加され，大名の武力削減も図られたことを想起することが求められている。

参考文(3)

1853年，ペリー来航の直後，幕府は，全国の海防のために，外洋航海が可能な洋式軍艦の建造を推進することとし，大船禁止令の改定に着手した。

ここには，1853年，ペリー来航の直後，幕府が洋式軍艦の建造を推進するために，従来の方針を転換して大船禁止令の改定に着手したことが書かれている。

ここでは，まず，参考文中に「大船禁止令の改定」とあるが，この「改定」が大船禁止令の廃止，すなわち，大船建造の解禁を意味することを確認しなければならない。

ペリー来航と大船建造の解禁の関係を考察するため，幕末の対外情勢と外交政策を確認してみよう。1853年４月，アメリカ東インド艦隊司令長官ペリーは，軍艦(黒船)４隻を率いて浦賀に来航し，大統領フィルモアの国書を提出し，開国を強硬に要求した。この時，幕府は，国交を持つ通信国である朝鮮と琉球以外の国の国書は受理しないという，従来の方針を破って，正式に国書を受理し，翌年に回答すると約束してペリーを去らせた。しかし，同年７月にはロシアの使節プチャーチンが長崎に来航して，開国と国境の画定を要求した。

このような対外情勢の緊迫の中，老中首座の阿部正弘は，譜代大名から選任される老中・若年寄らを中心とした，従来の幕府独裁の方針を転換して，朝廷に報告するとともに，諸大名のみならず幕臣にまで諮問した。そのため，朝廷の権威は高揚し，幕政への諸大名の発言力は増大したので，結果，幕府の威信は低下していったが，この方針転換の背景には，ペリー来航を国難ととらえる阿部正弘の認識があった。

一方，阿部正弘は，1838年に『戊戌封事』を12代将軍徳川家慶に提出して幕政改革を要求したこともある前水戸藩主の徳川斉昭を幕政に参加させ，越前藩主松平慶永・薩摩藩主島津斉彬・宇和島藩主伊達宗城ら開明的な大名の協力を得た。また，永井尚志・岩瀬忠震・川路聖謨・井上清直ら有能な幕臣を登用して対外交渉などにあたらせた。このような，いわば，挙国一致の雄藩連合を志向する人々が結集し，幕府内の改革派，すなわち，雄藩連合派を形成していったのである。

この間，阿部正弘は，安政の改革といわれる一連の軍制改革と近代化政策を推進していった。1853年，阿部正弘は，1635年の寛永の武家諸法度で禁止していた500石以上の大船建造禁止を解除した。そして，欧米に対抗できる洋式軍艦の建造を進めるとともに，長崎造船所の建設にも着手し，さらには，大名の大船建造を許可し，諸藩にも洋式軍艦の建造を奨励したのである。

一方，幕府は，江戸に洋学研究機関としての洋学所(のち蕃書調所・開成所などと改称)や，幕臣の軍事教育機関である講武所，長崎にオランダ海軍士官が指導する海軍伝習所を設置した。さらに国防の充実のために，江川英竜に命じて江戸湾の品川沖に台場(砲台)，伊豆韮山に大砲を製造するための反射炉を建設させた。

1854年，ペリーは軍艦７隻を率いて再来して条約締結を迫ったので，幕府は圧力に屈して，神奈川で日米和親条約を締結した。同条約の内要は，下田・箱館の開港，領事の駐在，片務的最恵国待遇の承認などであった。開国は強いられたが，この段階では自由貿易・通商は回避し得た。また，ロシア・イギリス・オランダとも和親条約を結んだ。

ここからは，ペリー来航に際し，この事態を国難と認識し，挙国一致の雄藩連合を構想する阿部正弘が，安政の改革を推進していたという基本事項を確認する必要がある。そして，阿部正弘が，安政の改革の一環として実施した大船禁止令の改定には，国防充実のために大船建造を解禁し，西欧と対抗できるような洋式軍艦の建造を推進する意図があったことを読み取り，さらには，諸藩にも軍艦建造を奨励して，海軍の創設が構想されていたことを想起する。

参考文(4)……………………………………………………………………

その改定の担当者は，「寛永年中」の大船禁止令を，当時の対外政策にもとづいた家光の「御深慮」だったと考え，大船を解禁すると，大名が「外国へ罷(まか)り越(こ)し，又海上の互市等」を行うのではないかと危惧した。

……………………………………………………………………………………

ここには，３代将軍徳川家光が，当時の対外政策に基づいて，寛永の武家諸法度に500石以上の大船建造禁止の条文を追加したことを，大船禁止令の改定の担当者が家光の「御深慮」と考えたこと，及び，大船建造を解禁すると，大名が，海外に渡航して外国と貿易などを行うのではないかと危惧したことが書かれている。

まず，参考文中の「改定の担当者」が阿部正弘であることを確認し，同じく参考文中の「当時の対外政策」が，３代将軍徳川家光による，日本人の海外渡航・帰国禁止などの海禁政策の推進であったことを考察する必要がある。

前述したように，徳川家光は，キリスト教禁教政策の推進のみならず，幕府が貿易を独占することにより，外国との貿易によって西国大名が富強化することを阻止するために海禁政策を進めた。また，1635年には，大名の武力削減を目的する大船禁止令を寛永の武家諸法度に付け加えた。

そのため，ペリー来航に際して安政の改革を進める阿部正弘は，徳川家光の治世における大船禁止令の目的に関しては，大名の武力削減には触れず，大名の貿易統制にあるとの「理解」をあえて示した。そして，大船禁止令を廃止して大船建造を解禁し，欧米列強に対抗するため，洋式軍艦の建造による国防の充実を図った。また，幕府自身のみならず，諸藩にも軍艦建造を奨励し，海軍の創設も構想した。

ここからは，海禁政策を推進して幕府の貿易独占や大名の貿易による富強化阻止を進める徳川家光が，大名の武力削減を目的とする大船禁止令を寛永の武家諸法度に追加したので，幕末期の阿部正弘は，大船禁止令の目的は，大名の貿易統制にあると「理解」し，大船禁止令を廃止し，軍艦建造による国防充実を進めたことを想起しなくてはならない。

上記の内容を踏まえ，解答の骨子を示してみよう。

設問Ａは，徳川家康が大船禁止令を発令して，幕藩体制確立の障害となっていた豊臣氏と関係の深い西国大名の武力削減を図ったことを述べればよい。

設問Ｂは，徳川家光が，海禁政策を推進して貿易独占を図ると共に，大名の武力削減を目的とした大船禁止令を武家諸法度に追加したので，阿部正弘は，大船禁止令の目的は大名の貿易統制と「理解」して大船禁止令を廃止し，軍艦建造による国防充実を進めたことを述べればよい。

以下の〔ポイント〕は，問題が要求している「論点」を示すとともに，それに対応する「採点基準」における加点要素を示している。また，〔ポイント〕は**解説**で詳述した「解法」のまとめにもなっている。

2016年　解答・解説

〔ポイント〕

設問A

＜徳川家康の時期の政治情勢＞

①開幕当初(江戸幕府が成立して間もない時期)

②豊臣氏の存在が幕藩体制確立に障害

＜徳川家康が大船禁止令を発令した理由＞

①西国大名は豊臣氏との関係が深い

②大船禁止令による西国大名の武力削減を意図した

設問B

＜徳川家光の時期に大船禁止令＞

①海禁政策の推進

＊日本人の海外渡航･帰国の禁止

＊禁教が目的(キリスト教禁教政策の一環)

＊幕府の貿易利益独占が目的

＊貿易による西国大名の富強化の阻止が目的

②(500石以上の)大船禁止を武家諸法度に追加

＊大名の武力削減(軍船保持を禁止)が目的

＜幕末の情勢＞

①ペリー来航

＊国難の到来と認識

＊海禁政策(祖法)維持を超える事態

②阿部正弘

＊安政の改革を推進

＊挙国一致の雄藩連合を構想

＊将軍を中心とする大名連合政権(公議政体論)を構想

＊大船禁止令の目的を大名の貿易統制と理解

＜大船禁止令の改定＞

①大船禁止令の廃止

＊国防の充実を図る

＊西欧海軍に対抗できる(洋式)軍艦建造を図る

＊諸藩にも軍艦建造を推奨

＊海軍創設の必要性

＊長崎造船所の建設

解答

A開幕当初，豊臣氏は幕藩体制確立の障害となっていたので，大船禁止令を発して豊臣氏と関係の深い西国大名の武力削減を図った。(30字×２行)

B徳川家光は，海禁や貿易独占を図ると共に，大名の武力削減を目的に大船を禁じたので，阿部正弘は，大船禁止令の目的は大名の貿易統制と理解して同法を廃し，軍艦建造による国防充実を進めた。(30字×３行)

第４問

解説　戦前・戦後の経済発展と工業労働者の賃金について考察する問題である。グラフと資料の内容や示唆するものを読み取って，問題の要求に沿って論じることが要求されている。

設問Ａでは，1885～1899年の女性工業労働者の賃金上昇の要因と，その社会的影響について，30字以内で考察することが要求されている。

（図１）

『長期経済統計８　物価』(1967)により作成。

（図１）は，1885～1899年の女性工業労働者の実質賃金のグラフであるが，まず，女性工業労働者は，製糸業・絹織物業・紡績業・綿織物業などの軽工業に従事したという基本的事項を確認する。

解答を論述する前提として，日本における資本主義の確立過程を概観しよう。以下で述べるような基本的認識を展開できることが，東大入試の日本史を解答するために必要・不可欠となる。

1853年にペリー来航による開国要求を受け，翌1854年，日米和親条約を締結し，その後，イギリス・ロシア・オランダとも和親条約を締結して，日本は開国した。

また，1856年に，日米和親条約に基づき下田に着任したアメリカ総領事ハリスが，アロー戦争を背景に通商条約の締結を迫り，1858年，大老井伊直弼の主導する江戸幕府は，日米修好通商条約を締結し，自由貿易を開始することになった。さらに続いて，オランダ・ロシア・イギリス・フランスとも同様の条約を結んだので，これらの条約は安政の五カ国条約と総称された。このように欧米諸国から開国と自由貿易を強いられた日本は，まさに世界資本主義のシステムに組み込まれることとなった。

社会経済史的観点から見ると，近代とは資本主義の社会，近代資本制社会のことである。そのため，開国と自由貿易を強いられ，世界資本主義のシステムに組み込まれることとなった幕末・開港期を日本の資本主義への起点と捉え，ここより近代として時代区分する見方が主流である。

明治維新を経た1870年代，地租改正によって，重層的な土地領有関係である封建的土地領有制が解体され，現在の土地制度となる，一元的な土地私有制である近代的土地所有制度が確立された。

1880年代，農民を犠牲にして，財政を再建して，資本主義の基礎を確立した松方財政といわれる松方正義のデフレ政策が実施された。松方デフレにより，自作農が大量に没落する一方，一部の地主が土地を集積して寄生地主制が進展した。このように，農民層分解が進む過程で，寄生地主は富を集積し，没落した農民の中には貧民として都市に流入する者が出た。そのため，資本主義発展の基礎となる，資本と労働力が創出され，資本の原始的蓄積が進行した。

1890年代，蒸気機関による動力の利用と機械技術を用いる産業革命が始まった。日本の産業革命は，綿花から綿糸を生産する紡績業を中心とし，綿糸の輸出量が輸入量を超えた1897年は，紡績業における「産業革命の年」といわれた。

そして，1900年頃，日本の資本主義は確立されたと評価されている。

(図１)のグラフから，女性工業労働者の実質賃金上昇の背景として，松方財政後の景気回復，企業勃興(株式会社設立ブーム)を経て，軍備拡張と産業振興策を基軸とする日清戦後経営により産業革命が推進されたこと，それに伴って，製糸業・紡績業など繊維産業が発展したが，その大半が女性工業労働者により担われていたことを考察することが求められている。なお，資本主義の確立期である1900年，工場労働者は約39万人であったが，その約６割にあたる24万人が繊維産業に従事しており，うち約88％が女性であった。

また，初期の資本主義においては，寄生地主制の農村の貧困を背景に供給される，出稼ぎの女工たちを徹底的に搾取した。そのため，労働問題が生じ，1886年，日本初の女工のストライキである甲府の雨宮製糸ストが発生し，1889年と1894年には，大阪で，日本最初の本格的な女工のストライキである天満紡績ストが起きた。この時期になると，産業の発展に伴い，女工のストライキが多発したが，このことも，女性工業労働者の賃金上昇の要因となった。

(史料)は，1899年に刊行された，横山源之助の『日本之下層社会』である。明治中期の労働者・小作農・東京の貧民の生活を調査し，その惨状を明らかにした。

本問に引用された部分からは，女性工業労働者の実質賃金上昇の背景として，労働力の不足があったことを読み取ることができる。また，工業の進歩が，それを担っていた女性の地位向上に寄与したことが示されている。

設問Ｂでは，1930年代における男性工業労働者の実質賃金下降の要因と，1960年代における実質賃金急上昇の要因について，考察することが要求されている。

(図２)

『長期経済統計８　物価』(1967)，『日本長期統計総覧』第４巻(1988)，『新版　日本長期統計総覧』第４巻(2006)により作成。1944～1946年の値は欠落している。

(図２)は，1920～2003年の男性工業労働者の実質賃金のグラフであるが，まず，男性工業労働者は，主に重工業に従事したという基本的事項を確認する。

その上で，このグラフから，1930年代の男性工業労働者の実質賃金下降の背景として，金解禁と世界恐慌を要因とする昭和恐慌に伴う産業合理化による賃金引下げが存在したことを確認し,その他,軍事インフレによる物価上昇に賃金上昇が下回る情況,労働運動への弾圧の強化，産業報国会の結成による統制など諸要因が複合したことを想起する。

まず，1930年代の男性工業労働者の実質賃金下降の要因となる，昭和恐慌に伴う産業合理化による賃金引下げについて整理していこう。

1929年に成立した，立憲民政党の浜口雄幸内閣は，大蔵大臣に日本銀行総裁であった井上準之助を起用し,金解禁を準備した。蔵相井上準之助は,金解禁の準備として,先ず，緊縮財政による物価の引き下げを図った(緊縮財政→貨幣量減少→貨幣価値上昇→物価下落)。輸出入には，「円高・円安」と国内の「物価上昇・物価下落」の要素が左右するが，この措置には，国内物価を下落させることにより日本商品の価格引き下げを促し，輸出に有利な要因を作る意図があった。しかし，緊縮財政は農産物価格下落による農民の犠牲を伴うものでもあった。

また，井上準之助は，現在のリストラを意味する産業合理化を促進して，企業利潤の増大と国際競争力の強化を図った。しかし，この措置は，賃金引下げや解雇など，労働者の犠牲を伴うものでもあり，男性工業労働者の実質賃金低下の要因となった。

1930年１月，浜口雄幸内閣は金解禁を断行し，国際金本位体制に復帰した。その際，蔵相井上準之助は，国際信用を重視して100円＝約50ドルの旧平価(1897～1917年の法定平価)による金解禁を選択した。解禁直前の外国為替相場は，100円＝約46ドルであったので，この措置は，約10パーセントの円切上げを意味し，日本商品はアメリカ市場で約10パーセント割高になるので，輸出に不利な要因を作るものであった。しかし，井上準之助は，輸出の不利よりも国際信用を重視して旧平価での金解禁に踏み切ったのである。

ところが，1929年10月，ニューヨークのウォール街の株式市場の大暴落により世界恐慌が始まっていたので，その影響は日本に波及し，貿易額は縮小し，特に対米生糸輸出は激減した(当時，総輸出の約４割が生糸で，うち約９割がアメリカ向け)。金本位制では「金＝円」であり，国際金本位体制の下では，国際収支の赤字は最終的には金で決済するので，日本から金が大量に流出した。金解禁による不況と世界恐慌の二重の影響(ダブルパンチ)を受け，1930～31年，日本経済は昭和恐慌と呼ばれる深刻な恐慌に陥った。

このような中で，財閥などは，産業合理化の推進により企業利潤の確保を図ったので，労働者の賃金引下げ，労働者の解雇が促進された。

次に軍事インフレによる実質賃金の低下について考察していこう。1931年12月に成立した立憲政友会の犬養毅内閣は，大蔵大臣に高橋是清を起用し，同月，金輸出再禁止を断行して国際金本位体制から離脱した。また，日本銀行での円の金兌換を停止し，日本経済は，この時をもって金本位制から離れて管理通貨制度に移行した。管理通貨制度とは，政府・日銀が不換紙幣を管理・統制する制度であり，この制度への移行により，政府は政策的に不換紙幣を発行できるようになった。

蔵相高橋是清は，満州事変による軍需の増大を背景に軍事インフレ政策を推進した。日銀引受赤字国債を発行して，軍事費を中心とする財政膨張を行った。このことにより，軍需産業を活性化させ，そこに昭和恐慌期の失業者を吸収し，雇用の創出を図った。失業を脱して雇用された労働者は消費行動を起こすので，ここに購買力は高まり，消費や再生産を生み出す有効需要が創出されるようになった。

一方，金輸出再禁止により，昭和恐慌期の日本経済の実態に見合って大幅に円は下落した。昭和恐慌の下で産業合理化を進めていた企業は，この円安を利用して飛躍的に輸出を伸張させ，1933年には，日本の綿布輸出は，イギリスを抜いて世界第1位となった。こうして，日本経済は軍事インフレと低為替政策による輸出の増大により，1933年，列強より先に，世界恐慌以前(1929年)の水準を回復し，恐慌を脱出した。しかし，景気回復に伴う物価上昇に対し，賃金の上昇が下回ったので実質賃金は低下した。

また，労働運動への弾圧の強化，産業報国会の結成による統制なども，男性工業労働者の実質賃金下降の背景となった。

1925年，加藤高明護憲三派内閣が制定した治安維持法は，1928年，立憲政友会の田中義一内閣の下で改正され，国体(天皇制)の変革を目的とする結社の組織者・役員・指導者に対する最高刑が死刑となり，さらに目的遂行罪も導入されたので，警察権力は，結社の所属に関わりなく広範囲に弾圧を行うことが可能となった。また，同年，田中義一内閣の下で，1911年に第二次桂太郎内閣が警視庁に設置した特別高等警察が，全国の道府県に設置されることとなり，弾圧体制は強化された。このような中で，労働運動への抑圧や労働争議への弾圧が激化し，労働者の賃金上昇を抑制した。

日中戦争が長期化していく様相を見せる中で，総力戦体制の構築が図られ，経済の統制が強化されていった。1937年，第一次近衛文麿内閣は，国民精神総動員運動を展開し，総力戦遂行のため，労資対立と労働争議をなくし，労働者を全面的に戦争に動員することを目的として，1938年より，警察官の指導で，各職場・工場ごとに労資一体の産業報国会を結成させていった。そして，1940年，産業報国会の全国組織として大日本産業報国会が結成され，すべての労働組合が解散させられた。すなわち，1940～45年の日本では，労働組合が消滅することになったのである。国策として結成を促進された産業報国会には，労働者にとって「アメとムチ」の両側面が存在したものの，労働者の賃金抑制の要因の一つになったことは否めない。

1960年代の男性工業労働者の実質賃金の急上昇の背景として，1955年の神武景気から，1973年の第一次石油危機まで続く，長期の高度経済成長があったという，基本事項を確認できなければならない。

高度経済成長の過程で，主に男性工業労働者が従事した重化学工業が発展したこと，池田勇人内閣により国民所得倍増計画が推進されたこと，技術革新の進展，生産性の向上，貿易黒字，終身雇用・年功賃金・労資協調を特徴とする日本型経営の確立などの諸要因が，高度経済成長期における，男性工業労働者の実質賃金の急上昇の背景に存在した。

また，工業の急成長に対し，若年層を中心とする労働力が不足したこと，及び，1955年より，日本社会党系の総評(日本労働組合総評議会)の指導により，春期に全国の各産業の労働組合が一斉に賃上げを要求する春闘が開始されるなど，戦後の労働運動が発展・高揚したことが，賃金の上昇を促進する要因であったことを考察できなければならない。

東大入試の日本史において，戦後史の出題が少ないことは，戦後史の知識と理解が，現在の政治・経済・外交・社会・文化などを考察する前提となるので憂慮すべきことであったが，本年度は1960年代までの戦後経済史が出題された。戦後史の出題が少ないからと言って，戦後史の学習をおろそかにすることは，極めて愚かなことである。

ここでは，本問の解説と今後の入試対策を合わせて，戦後経済史を概観するので，熟読して，理解に努めること。

日本の占領は，連合国による占領であったが，事実上は米軍による単独占領であった。1945年に，連合国軍最高司令官マッカーサーが幣原喜重郎首相に対して発した五大改革指令においても経済機構の民主化が掲げられ，これに基づき財閥解体と農地改革が着手された。

敗戦後の日本経済は激しいインフレーションに見舞われていた。これに対し，幣原喜重郎内閣は，金融緊急措置令を発して新円切換えを行い，その際，貨幣流通量を減少させて対応したが，インフレ抑制効果は一時的であった。

そのため，第一次吉田茂内閣は，生産体制回復によるインフレの克服を目的に，資金と資材を石炭・鉄鋼など重要な基礎産業に集中する傾斜生産方式を立案し，片山哲・芦田均中道連立政権が継承・実施した。

東アジアにおける冷戦が激化すると，アメリカの占領政策は，日本の「非軍事化・民主化」から，日本を「反共の防波堤」にする方向へと大きく転換していった。そのような情況を背景に，経済政策も転換し，1948年12月，GHQは，第二次吉田茂内閣に対して，予算の均衡や徴税の強化などを内容とする，強烈なデフレ政策である経済安定九原則の実行を指令した。この指令を具体化した政策が，40万人以上の公務員・公共企業体職員の解雇などを内容とするドッジ=ラインと，所得税を中心とする徴税強化を行うシャウプ税制改革であった。同政策によりインフレは収束したものの安定恐慌と呼ばれる激しい不況がもたらされ，失業者があふれた。

1950年，朝鮮戦争が勃発すると，朝鮮特需と称された軍需によって日本経済は復興した。1953年，朝鮮休戦協定の締結により戦闘が終結すると，一時期，景気は冷え込んだが，1955～57年より，朝鮮復興資材の需要などにより神武景気と呼ばれる好景気が始まり，同年は，高度経済成長の起点とされる。そして，1955年，一人当たりのGNP(国民総生産)が戦前最高水準を突破し，翌1956年，経済企画庁の発行する『経済白書』は「もはや戦後ではない」と謳った。

1960年，池田勇人内閣は，10年間にGNPを２倍にするという国民所得倍増計画を掲げ，高度経済成長政策を推進した。1964年に開催された東京オリンピックが閉会すると，1963～64年を中心とするオリンピック景気も終わり，1965年，昭和40年不況に陥った。そのため，佐藤栄作内閣の下で，戦後初めての赤字国債(国家予算の不足を補うための国債)の発行が認められた。

1965年，ベトナム戦争が本格化すると，広範なベトナム特需がもたらされ，1966～70年にかけて，いざなぎ景気と呼ばれる長期の好景気がもたらされた。そして，そのような好景気の中で，1968年，西ドイツを抜き，アメリカに次いで，日本のGNP(国民総生産)は資本主義世界第2位となった。

一方，ベトナム戦争の長期化は，アメリカ経済を疲弊させてドル危機をもたらしたので，1971年，ニクソン米大統領は，金・ドル交換停止を断行するとともに，日本などに外国為替相場(為替レート)の引き上げを要求した。このドル=ショックの結果，日本は，1949年のドッジ=ラインより継続させた，1ドル＝360円の外国為替相場を，1ドル＝308円に切上げることを強いられた。しかし，1973年には，このスミソニアン体制も崩壊し，外国為替相場は変動相場制へ移行した。

1973年，第四次中東戦争が起こると，アラブ諸国はイスラエルを支援する欧米と日本に対し石油供給制限を行う石油戦略によって対抗した。そのため，第一次石油危機は日本経済を直撃し，「狂乱物価」と呼ばれる物価高騰を招いた。これに対し，田中角栄内閣は総需要抑制政策をとり，インフレーションに対処しようとしたが，その結果，不景気なのに物価が上昇するというスタグフレーションが生じ，1974年には，戦後初のマイナス成長となって，1955年の神武景気以来継続した高度経済成長の時代は終焉した。

また，1979年にはイラン革命を機に第二次石油危機が起こったが，企業は「減量経営」によるコスト削減などにより対応した。

1980年代，円高は進行したが，1985年のG5(先進5カ国蔵相・中央銀行総裁会議)でのプラザ合意以降は，円高が急速に加速し，輸出産業を中心に不況が進行した。この円高不況対策として，中曽根康弘内閣は，超低金利政策と法人税減税を行ったので，金融機関や企業に余剰資金が生じるようになった。そのため，金融機関や企業が，この余剰資金を用いて土地や株式を投機的に買いあさったため，実態とはなれた泡(バブル)のような地価・株価の急騰が起こったのである。この1986～91年頃を中心とする実態のない経済の膨張は，バブル経済と呼ばれている。

1990年，日本銀行は高金利政策に転じ，また同年，海部俊樹内閣は土地取引の総量規制を行い，地価抑制政策を実施した。このような中で，1991年，証券不祥事が起こり，これらが相俟って地価・株価が急落し，バブル経済は破綻していった。そして，以後，「失われた20年」と呼ばれる長期の不況が継続していくのであった。

戦後日本経済史を概観すれば，戦後日本は，かつての日本の植民地や占領地においてアメリカが遂行した戦争に協力することを通して発展してきたことが見て取れる。すなわち，戦後日本は，朝鮮特需で経済を復興させ，朝鮮復興資材の輸出を中心とする神武景気を高度経済成長の起点とした。そして，ベトナム特需でもたらされたいざなぎ景気の中で，「世界第二の経済大国」となった。そして，同時に，イスラエルを利用したアメリカの中東政策の下で，欧米の巨大石油資本(オイル=メジャーズ)がアラブ諸国から入手した「水より安い」といわれた安価な原油を輸入し続け，太平洋ベルト地帯といわれる重化学工業地帯が作られていった。このように1955～73年の長期にわたる高度経済成長は支えられた。

しかし，歴史的現実を直視すれば，そこには，日本の国土の約0.6パーセントの面積しかない沖縄に，在日米軍基地の約75パーセントを一極集中させて極東最大の軍事基地とし，さらには，民衆の中にデモクラシーが成熟している隣国の韓国に，1980年代まで，民主化運動を抑圧して親米軍事政権を維持させたという，冷戦下のアメリカのアジア戦略が厳然と存在する。実は，戦後日本の「平和」と「繁栄」は，その戦略の一環の中に組み込まれたが故に担保され現出した「幸運」にすぎないと見ることもできるのである。

上記の内容を踏まえ，解答の骨子を示してみよう。

設問Aは，製糸業・紡績業の発展，労働力不足・ストライキの発生などが賃金上昇の要因となり，女性の地位も向上させたことを述べればよい。

設問Bは，1930年代，昭和恐慌下での産業合理化や軍事インフレなどで実質賃金が下降したこと，1960年代，高度経済成長下で所得倍増計画が推進されたこと，及び，技術革新・日本型経営の確立などや，春闘などの労働運動・労働力不足を要因に賃金が上昇したことを述べればよい。

以下の〔ポイント〕は，問題が要求している「論点」を示すとともに，それに対応する「採点基準」における加点要素を示している。また，〔ポイント〕は**解説**で詳述した「解法」のまとめにもなっている。

〔ポイント〕

設問A

＜1885～1899年の女性工業労働者の賃金上昇の要因＞

①1886～89年の松方財政後の景気回復

＊企業勃興・株式会社設立ブーム

②1890年代の産業革命の進展(資本主義の確立過程)

＊軍備拡張と産業振興策を基軸とする日清戦後経営

③製糸業の発展

＊座繰製糸から器械製糸

＊製糸業は外貨獲得産業となる

④紡績業の発展

＊機械制生産の発展

＊大阪紡績会社の設立

⑤綿織物業の発展

＊国産力織機の開発

⑥労働力の不足

⑦ストライキの発生

＊賃金引上げを要求

＜社会的影響＞

①女性の地位向上

設問Ｂ

＜1930年代における男性工業労働者の賃金下降の原因＞

①昭和恐慌

＊金解禁と世界恐慌が要因

＊産業合理化による賃金引下げ

②軍事インフレによる物価上昇に賃金上昇が下回る

③労働運動への弾圧

④産業報国会の結成による統制

＜1960年代における男性工業労働者の賃金上昇の原因＞

①高度経済成長

＊国民所得倍増計画の推進

＊技術革新の進展

＊生産性の向上

＊貿易黒字

＊年功賃金・終身雇用・労資協調を内容とする日本型経営の確立

②春闘など労働運動の展開

③労働力の不足

解答

Ａ日清戦後経営を背景とする，製糸業・紡績業の発展や，労働力不足・ストライキ発生が賃金を上昇させ，女性の地位も向上させた。(30字×２行)

Ｂ1930年代，金解禁と世界恐慌を要因とする昭和恐慌下での産業合理化や軍事インフレなどで実質賃金は下降した。1960年代，高度経済成長下で所得倍増計画が推進され，技術革新・生産性向上・貿易黒字や，春闘などの労働運動と労働力不足が賃金上昇を促進した。(30字×４行)

2015年

第1問

解説 神仏共存の理由と神仏習合の展開について考察する問題である。参考文を熟読し，その内容や示唆するものを読み取って，問題の要求に沿って論じることが要求されている。

設問Aでは，在来の神々への信仰と伝来した仏教との共存が可能になった理由について，60字以内で説明することが要求されている。

設問Bでは，奈良時代から平安時代前期にかけて，神々への信仰が仏教の影響を受けてどのように展開したのかを，120字以内で述べることが要求されている。

本問は，2014年11月に実施された，駿台全国入試模試センターの第2回東大入試実戦模試(東大実戦)の第1問と同様である神仏習合をテーマとしていた。本問の解答も，東大実戦模試の解答と，ほぼ同一であったので，模試を復習した受験生は，完璧な解答も可能であった。

＜第2回東大実戦　第1問＞

次の(1)〜(5)の，古代の神祇信仰に関わる文章を読んで，以下の設問に答えなさい。解答は，解答用紙(イ)の欄に記入しなさい。

(1) 古来のアニミズムなど自然崇拝に始まる神祇信仰は，奈良時代以前においては，地域の共同体である村や氏の安寧を祈る，土着の信仰が中心であったと考えられている。このような神祇信仰が，神道として体系化されるのは，後世のことである。

(2) 養老令(大宝令)の中には，戸令・田令・賦役令などとともに，僧尼令や神祇令が存在する。僧尼令などには，僧尼の宗教活動の規制，刑罰の軽減，課役免除などが詳細に規定されているが，神祇令には，神官や神職に関し，同様の規定はない。

(3) 奈良時代の半ば，疫病の流行や反乱の勃発などにより，社会不安や政治的動揺が拡大した。これに対し，聖武天皇は，国分寺建立の詔や大仏造立の詔を発して，仏教の力により律令国家の安定を図っていった。

(4)　豊前国の宇佐八幡宮は，大仏造営を支持する神託を都にもたらして東大寺に接近し，その隣接地に，東大寺を守る社として手向山八幡宮が造営された。また，宇佐八幡宮の境内には，不動寺と呼ばれる寺院も建立された。

(5)　平安時代の初期，最澄が天台宗，空海が真言宗を開いたが，両宗派とも神祇信仰に対する解釈に着手し，それらは，天台宗系の山王神道，真言宗系の両部神道として，後世になり，体系化されていった。また，仏と日本固有の神々との関わりの理論化も進み，密教と神祇信仰の一形態である山岳信仰との結びつきも拡大していった。

設　問

奈良時代から平安時代にかけての神祇信仰の発展について，仏教や国家との関係にも触れながら，６行以内で説明しなさい。

解　答

律令制度では，仏教と対照的に，日本古来の神祇信仰への統制・保護の規定はなかった。奈良時代，鎮護国家思想を背景に国家仏教が盛行すると，仏教と結び国家の保護を求める神社も現れた。また，神仏習合も始まり，神宮寺が創建されて神前読経も行われるようになった。平安時代に入ると，神像彫刻の作成も始まり，神は仏の化身として現れたとする本地垂迹説が説かれ，修験道も形成された。(180字)

上記の「東大実戦」の問題をよく吟味した上で，それと比較・検討しながら，以下の東大の第１問の「解説」を熟読してほしい。

参考文(1)

大和国の大神神社では，神体である三輪山が祭りの対象となり，のちに山麓に建てられた社殿は礼拝のための施設と考えられている。

大神神社は，奈良県桜井市にある神社で，日本最古の神社とされている。祭神は，大物主大神・大己貴神・少彦名神。神体(いわゆる「御神体」)は三輪山で，三輪山に対する原始信仰を起源としている。神体を安置する本殿は設置せず，直接，三輪山を参拝するという，神社の社殿が成立する以前の，原初の神祭りの様相を伝え，神社の最も古い形態を残している。

ここからは，問題文にある「在来の神々への信仰」が，後世に体系化された神道のような段階ではなく，山などの自然物を神聖視して信仰対象とする，自然崇拝のような原初的な信仰形態であったことが読み取れる。

一方,「東大実戦」の参考文(1)でも，神祇信仰は，古来のアニミズムなどの自然崇拝によって始まったものであり，奈良時代以前は，村や氏の安寧を祈る信仰で，神道としての体系化は後世のことであることが書かれている。

アニミズムとは,1871年に,イギリスの文化人類学者タイラーが,『原始文化』によって用いた概念で，無生物も含め，自然界のあらゆる事物は霊魂(アニマ)を持っているという原初的な信仰形態のことである。タイラーは，宗教の発展段階を考察し，原始宗教は，持ち運びできるような物体に対する呪物崇拝(フェティシズム)から精霊信仰を経て，多神教，さらには一神教へと発展していくとした。しかし，最近の研究においては，アニミズムは主に農耕民族の信仰として存在しているが，多くの狩猟・採集民族には，原初より人格観念から発展した一神教が存在することが明らかにされている。

「東大実戦」の参考文(1)からは，東大入試の問題文にある「在来の神々への信仰」と同義で使われている「神祇信仰」が，アニミズムなどの自然崇拝を起源としていること，及び，奈良時代以前の「神祇信仰」が，村の人々が，自分たちの共同体の安寧を祈願したり，氏と呼ばれる豪族などが，祖先神である氏神を祭って繁栄を祈念したりする，土着の信仰であったことを読み取ることができる。

問題を解くにあたっては,東大入試の参考文(1)も,「東大実戦」の参考文(1)と同様に,「在来の神々への信仰」が，後世に体系化された神道のようなものではなく，アニミズムのような原初的な信仰形態であったことを確認するためにある，ということを読み取ることができなくてはならない。

参考文(2)

飛鳥寺の塔の下には,勾玉や武具など,古墳の副葬品と同様の品々が埋納されていた。

ここからは，まず，飛鳥寺，すなわち法興寺が，蘇我氏の氏寺であるという基本知識を確認することが不可欠。氏寺は，豪族などの氏族一門が，先祖の冥福を祈り，氏族の発展を祈るために建立した仏教寺院である。一方,「神々の信仰」に関わる氏神とは，氏族一門が共同で祀る祖先神である。従来，氏の首長である氏上(うじのかみ)は，氏人を率いて氏神の祭祀を司っていた。

ここでは，在来の神祇信仰を支え，氏神を祭った，蘇我氏のような豪族などの氏族が，仏教寺院である氏寺を建立したことから，神仏が共存しているあり方を確認することが求められている。

さらに，参考文(2)にあるように，氏寺である飛鳥寺の塔の心礎に，古墳の副葬品と同種の品々が埋葬されていたことから，「在来の神々への信仰」と習合する形で仏教が受容されたことを読み取ることも要求されている。

つまり，古墳で権威を示し，祖先神である氏神を祭っていた，神々を信仰する豪族は，やがて，仏教寺院の氏寺で権威を示すようになり，氏寺で祖先の冥福を祈るようになっていったのである。これらのことから，豪族が，仏教を呪術の一種として信仰していったことも考察できるのである。

前述した様々な事例を見れば，当時の日本列島では，基層信仰である神祇信仰(在来の神々への信仰)を持った人々が，本来は，呪術性を排除し，個人の内面の苦悩に応えようとする普遍宗教であったはずの仏教を，「氏神を祭っていた豪族が，氏寺を建てた」ことに象徴されるような形態で，受容・導入していった様相が見て取れるのである。

次に，律令国家と神仏共存のあり方を考察する必要がある。645年の乙巳の変を契機とする一連の政治改革を大化改新と呼ぶが，大化改新以降の7世紀後半は，いわば，法に基づく官僚機構と戸籍・計帳に基づく人民支配を根幹とする，律令国家の建設期であった。飛鳥浄御原令の編纂や庚寅年籍の作成を行い，律令国家の建設を推進した天武天皇・持統天皇は，国家仏教を目指し，大官大寺・薬師寺などの官寺(官立の寺院)を建立し，金光明経などの護国経典を重んじた。

しかし一方，天武天皇は，天皇の祖先神である天照大神を祭る伊勢神宮を中心に神祇制度を整備し，天皇の即位後，初めて行う新嘗祭(神穀を天照大神や神々に供える儀式)を大嘗祭として整備した。

また，鎮護国家の思想を背景に国家仏教を推進する律令国家は，太政官と並ぶ中央機関として，全国の神祇の祭祀を司る神祇官を設置した。

このように，仏教を保護・統制する朝廷や律令国家も，神々への信仰を重視し，神祇の祭祀を整備・管理していったので，両者の共存は促進された。

参考文(3)……………………………………………………………

藤原氏は，平城遷都にともない，奈良の地に氏寺である興福寺を建立するとともに，氏神である春日神を祭った。

……………………………………………………………………

ここからは，まず，奈良時代，鎮護国家の思想を背景に，国家仏教を推進する律令国家の中枢で政治を担った藤原氏が，氏寺である興福寺とともに，氏神である春日神社を建てたことを確認する。そして，有力貴族や国家と結び，その保護を受けようとする神社が出現するようになったことを読み取る必要がある。

参考文(4)……………………………………………………………………………

奈良時代前期には，神社の境内に寺が営まれたり，神前で経巻を読む法会が行われたりするようになった。

……………………………………………………………………………………

ここでは，まず，仏事で神社の祭神のために奉仕する，「神社の境内に営まれた寺」が神宮寺であるという基本知識を解答で示さなければならない。その上で，神宮寺が各地の神社に建立されたこと，及び，神宮寺では，神前読経も行われるようになったことを確認し，奈良時代に神祇信仰と仏教を折衷して調和させる神仏習合が始まったことを考察する。

参考文(5)……………………………………………………………………………

平安時代前期になると，僧の姿をした八幡神の神像彫刻がつくられるようになった。

……………………………………………………………………………………

ここからは，仏像彫刻の影響を受けて，僧形八幡神像のような神像彫刻も制作されるようになったことを確認すればよい。

参考文(6)……………………………………………………………………………

日本の神々は，仏が人々を救うためにこの世に仮に姿を現したものとする考えが，平安時代中期になると広まっていった。

……………………………………………………………………………………

ここからは，「日本の神々は，仏が人々を救うためにこの世に仮の姿を現したもの」という考え方，すなわち，神は仏の化身であり，仏は人々を救うために日本の神々に姿を変えた権現として地上に現れるという思想が，本地垂迹説であることを考察し，明記しなければならない。そして，平安時代中期以降に広まる本地垂迹説は，奈良時代に始まる神仏習合の理論化であることを押さえる必要がある。

上記の内容を踏まえ，解答の骨子を示してみよう。

設問Ａは，神仏が共存した理由として，氏神を祭る豪族が氏寺を造り，朝廷が，神祇制度を整備して大嘗祭を行い，国家仏教を目指す律令国家が神祇官を設けたことを述べればよい。

設問Ｂは，仏教の影響を受けた神祇信仰の展開として，国家や有力貴族と結ぶ神社の出現，神宮寺・神前読経などに見られる神仏習合の始まり，本地垂迹説による神仏習合の理論化などについて述べればよい。

〔問題の要求〕

設問Aでは，在来の神々への信仰と伝来した仏教との共存が可能になった理由について，60字以内で説明することが要求されている。

設問Bでは，奈良時代から平安時代前期にかけて，神々への信仰が仏教の影響を受けてどのように展開したのかを，120字以内で述べることが要求されている。

以下の〔ポイント〕は，問題が要求している「論点」を示すとともに，それに対応する「採点基準」における加点要素を示している。また，〔ポイント〕は**解説**で詳述した「解法」のまとめにもなっている。

〔ポイント〕

設問A

＜在来の神々と仏教の共存が可能となった理由 ― 豪族＞

①神祇信仰(基層信仰)を持った人々が仏教(普遍宗教)を導入

②豪族は氏神を祭る(神祇信仰を支える，古墳で権威を示す)

③豪族は氏寺を建てる(氏寺で権威を示す)

＜在来の神々と仏教の共存が可能となった理由 ― 朝廷・律令国家＞

①朝廷(ヤマト政権)は神祇制度を整備(祖先神の伊勢神宮を祭る)

②律令国家は国家仏教を目指す

③律令国家は神祇官を設置

設問B

＜神々への信仰への仏教の影響 ― 奈良時代＞

①国家仏教

　＊鎮護国家の思想が背景

②国家(有力貴族)と結ぶ神社の出現

③神仏習合

　＊神宮寺

　＊神前読経

＜神々への信仰への仏教の影響 ― 平安時代前期＞

①神像彫刻(僧形八幡神像)の作成

②本地垂迹説

＊神仏習合の理論化

③修験道の形成

解答

Ａ氏神を祭る豪族が氏寺を造り，朝廷は神祇制度を整備して即位時に大嘗祭を行った。国家仏教を目指す律令国家も神祇官を設けた。(30字×２行)

Ｂ奈良時代，鎮護国家思想を背景に国家仏教が盛行すると，国家や有力貴族と結ぶ神社も現れた。また，神仏習合も始まり，神宮寺が創建されて神前読経も行われた。平安時代に入ると，神像彫刻の作成も始まり，本地垂迹説が説かれ，神仏習合の理論化が図られた。(30字×４行)

第２問

解説　御家人所領の分布と御家人による所領経営の方法について考察する問題である。参考文を熟読し，その内容や示唆するものを読み取って，問題の要求に沿って論じることが要求されている。

設問Ａでは，御家人所領の分布の理由について，鎌倉幕府の成立・発展期の具体的なできごとに触れながら，60字以内で述べることが要求されている。

設問Ｂでは，御家人の所領経営の方法と，その経営方法が御家人所領に与えた影響について，120字以内で述べることが要求されている。

本問のＢも，前述の第２回東大入試実戦模試の第２問のＢとほぼ同様のテーマであったので，模試を復習した受験生は，高得点が期待できる。

＜第２回東大実戦　第２問＞

次の(1)～(6)の文章を読んで，下記の設問Ａ・Ｂに答えなさい。解答は，解答用紙(ロ)の欄に，設問ごとに改行し，設問の記号を付して記入しなさい。

(1)　三浦義澄は，一族を率いて源頼朝の挙兵に貢献した三浦義明の子で，相模国の守護に補任された。義澄の子の義村の代には，三浦氏一族は，河内・紀伊・讃岐・土佐など各国の守護に補任されるとともに，多くの荘園の地頭にも任命された。

(2)　1246年，５代執権に北条時頼が就任すると，不満を持った北条氏一族の名越光時が，前将軍である藤原頼経を擁して，自らの執権への就任を画策した。そのため，時頼は，名越光時を配流し，藤原頼経を京都に送還した。この一連の事件は，宮騒動といわれている。

⑶ 三浦光村は，前将軍である藤原頼経と密接な関係にあった。そのため，宮騒動以後，三浦氏は反北条氏の勢力と見なされるようになっていった。さらに，三浦氏と対立する安達景盛が三浦氏打倒を画策したので，鎌倉には緊迫した情況が訪れた。

⑷ 9代執権北条貞時の治政において発せられた，永仁の徳政令の条文中には，御家人が他の御家人に売却した土地は，売却後20年未満の場合，売却した御家人に無償で返却される，とする規定が存在した。

⑸ 13世紀末以降，東大寺領である伊賀国の黒田荘では，大江氏一族の惣領で，荘官でもある大江清定が中心となり，荘園領主の東大寺に反抗していた。ところが，同じ大江氏一族の中にも，清定の弟である大江観俊らのように，東大寺の側に立ち，兄の清定と争う者も現れた。

⑹ 14世紀初頭，播磨国の矢野庄は，領家より東寺に再寄進された。それ以降，本家となった東寺と荘官の寺田法念との間には，対立が生じるようになっていった。そのため，寺田法念は，寺田氏一族の者のみならず，隣接する荘園の地頭である有力武士達をも糾合し，本家の東寺に反抗した。

設　問

A　北条氏の惣領による専制が確立するのは，13世紀後半と考えられている。しかし，北条氏及びその惣領の権力が拡大する契機は，北条時頼の治政にあった。その契機となる北条時頼の行動について，2行以内で述べなさい。

B　鎌倉中期以降，武士の社会的結合にも変化が生じ始めた。その変化の要因・内容・影響について，5行以内で述べなさい。

2015年　解答・解説

解　答

A北条時頼は，対立する庶子を排して得宗の地位を固め，宝治合戦で三浦泰村一族を滅ぼし，幕府内で北条氏の軍事的優位を築いた。(60字)
B分割相続による所領の細分化，元寇の戦費負担と恩賞不足，貨幣経済の浸透がもたらす武士の窮乏による所領の売却は，嫡子単独相続への移行，惣領制解体を促した。その結果，惣領家に家臣化・従属化する庶子が現れる一方，惣領家から独立した庶子が一揆や党を形成したので，武家社会は血縁的結合から地縁的結合へ移行した。(150字)

上記の「東大実戦」の問題をよく吟味した上で，それと比較・検討しながら，以下の東大の第2問の「解説」を熟読してほしい。

本問を解答するにあたって，鎌倉時代の守護と地頭に関して，知識を整理していく必要がある。

果たして受験生諸君は，鎌倉時代の守護は，守護としての職務からの収益がないこと，「守護は地頭であるが，地頭は必ずしも守護ではない」ということ，守護は，地頭としての職務から収益を得ているということ，などが解っているだろうか。

鎌倉時代，将軍に見参(けざん)して名簿(みょうぶ)を提出し，将軍と御恩と奉公の主従関係を結んだ武士は御家人と呼ばれた。職(しき)とは，「職務に伴う土地からの収益権」のことだが，御恩は主に地頭職補任の形をとる。すなわち，地頭職補任とは，土地そのものを与えるのではなく，将軍が御家人を地頭に任命し，地頭職という，地頭としての権利を与えることである。その意味では，鎌倉時代前期は，土地そのものの授受は行われておらず，まだ封建制度は未成熟であるといえる。

源頼朝は，御家人として家臣化した，開発領主の子孫である荘官，あるいは所領を領家に寄進して荘官となった元開発領主である東国武士の持つ，私的で不安定な荘官職を，公的で安定した地頭職として補任するという形をとって主従関係を結んだ。これが典型的な御恩である本領安堵を意味する。また，戦功などにより新たな地頭職が与えられることを新恩給与という。

一方，御家人の奉公としては，内裏などの警固役である京都大番役，鎌倉幕府の警固役である鎌倉番役などの番役，緊急事態の「いざ鎌倉」などのような戦時に出陣・参戦する軍役，修造役である関東御公事がある。

日本は66か国あるが，鎌倉幕府は，国ごとに有力御家人を守護として任命した。複数の国の守護を兼任する者もいたので，守護となる有力御家人の人数は数十人であった。職務は，御家人を指導し，国内の治安維持にあたるほか，「大番催促と謀叛人・殺害人の逮捕」を内容とする大犯三カ条にほぼ限定された。また，国内の荘園・公領の田地支配は禁止され，守護としての職務に対する収益はなかったので，収入は地頭としての収益に依拠していた。

将軍は，御家人を地頭に任命した。地頭は，荘園・公領(国衙領)に置かれたが，当初は謀叛人跡に設置され，承久の乱後に全国的に拡大し，その数は数千人に達していたと考えられる。地頭の職務は，年貢の徴収・納入や，土地の管理，治安維持などであったが，公的な地頭職を得て地位が安定した地頭は，地頭請や下地中分により荘園を侵略し，在地領主化(封建的小領主)していった。

つまり，数千人の地頭に任命された御家人のうち，数十人の有力御家人が守護という収益の無い，いわば「名誉職」的な役職についたのである。そして，守護は地頭であるので，御恩として将軍から与えられた地頭職からの収益を得ていたのである。

参考文(1)……………………………………………………………………………………

相模国三浦半島を本拠とした御家人三浦氏は，13世紀なかばまでには，陸奥国名取(なとり)郡・好島西(よしまにし)荘，河内国東条中村(とうじょうなかむら)，紀伊国石手(いわで)荘・弘田(ひろた)荘，肥前国神埼(かんざき)荘など全国各地に所領を有するようになっていた。

……………………………………………………………………………………………………

三浦氏は，相模国の三浦郡を本拠とする桓武平氏の豪族で，坂東八平氏の一つ。坂東八平氏とは，関東に土着した桓武平氏の末流の武士団で，千葉・上総・三浦・土肥・秩父・大庭・梶原・長尾の総称で，その多くは鎌倉幕府の有力御家人となった。1180年，源頼朝の挙兵に際し，三浦義明が軍勢を送って頼朝を助け，自らは討死にしたが，嫡子の義澄が相模守に任じられ，以後，三浦氏は有力御家人として幕府内で重要な地位を占めた。義澄の嫡子の義村の代になると，1221年の承久の乱の後には，一族で数か国の守護を兼任し，一族は全国各地に所領を有するようになった。幕府内では，北条氏と並ぶ勢力を維持したが，1247年の宝治合戦で，５代執権北条時頼により，三浦泰村一族が滅ぼされ衰退した。

参考文(1)からは，将軍は，御家人に対する御恩として，地頭職補任という形で，本領安堵や新恩給与を行ったことを，まず確認する。

その上で，御家人所領が各地に分布した原因としては，三浦氏の例を通して，鎌倉幕府成立期においては，奥州平定の御恩として陸奥に新恩給与が行われたことを読み取る。次に，鎌倉幕府発展期においては，承久の乱の御恩として，3000余箇所の没収した，西国を中心とする後鳥羽上皇方所領に，御家人に対する新恩給与が行われたことを読み取る。

なお，承久の乱後に任命された大半の地頭は，11町につき１町の免田(給田)，１段につき５升の加徴米などを内容とする，新補率法に基づく地頭職を補任された新補地頭であった。

また，三浦氏の所領が全国各地に分布している例から，鎌倉幕府の成立・発展期においては，惣領制の下，惣領から庶子に対して，所領の分割相続が行われていたことを考察する必要がある。

参考文(2)……………………………………………………………………………

1223年，御家人大友能直（おおともよしなお）は，相模・豊後国内の所領を子供たちに譲った際，幕府への奉公は惣領の指示に従うことを義務づけていた。しかし，のちに庶子のなかには直接に幕府へ奉公しようとする者もあらわれ，惣領との間で紛争が起こった。

……………………………………………………………………………………

ここからは，「幕府への奉公は惣領の指示に従うことを義務づけていた」という部分を確認し，「1223年」という，承久の乱後の鎌倉幕府の発展期においては，惣領制の下，将軍は，惣領を通して軍事動員を行っていた，という基本事項を想起する必要がある。また，「所領を子供たちに譲った」という部分から，鎌倉前･中期頃までは，惣領から庶子に対して，所領の分割相続が行われていたことも再確認することが求められている。

次に，直接に幕府に奉公しようとして，惣領と紛争を起こした庶子の例に着目する必要がある。元寇後は，惣領制の解体が進み，分割相続から，過渡的形態である，庶子や女子への一期分の形での相続を経て，嫡子への単独相続に転換していったという基本的知識を確認する。

その上で，嫡子単独相続により，多くの庶子が惣領家に家臣化・従属化する一方，一部の有力な庶子が惣領家から独立化する傾向を示し，一揆・党を結成したことを考察する。そして，このような惣領制の解体に伴い，惣領の下での一門・一家の血縁的結合は崩壊し，地縁的結合へ転換していったことが，惣領と庶子との対立を生み出していく要因となったことも，あわせて推察することが求められている。

参考文(3)……………………………………………………………………………

1239年の鎌倉幕府の法令からは，金融業を営む者が各地の御家人の所領において代官として起用され，年貢の徴収などにあたっていたことがうかがわれる。

……………………………………………………………………………………

『吾妻鏡』の1239年9月の記事には，「諸國の地頭等山僧并びに商人借上の輩を以て代官に補す事，一切停止被る」とあり，地頭が，祠堂銭を用いて高利貸を行っている比叡山の僧侶や,鎌倉時代の高利貸である借上を,代官に任じることを禁止している。

このことから，窮乏した御家人の中には，借上からの債務の返済が不可能となった者が生じたこと，そのため，地頭である御家人の中には，借上を代官として派遣し，年貢徴収などにあたらせ，そこから債務の返済にあてていた者が現れたことが想起できる。

参考文(4)……………………………………………………………………………………

1297年，鎌倉幕府は，御家人が所領を質入れ･売却することを禁じ，すでに質入れ･売却されていた所領は取り戻すように命じた。ただし，翌年にはこの禁止令は解除された。

……………………………………………………………………………………………

ここからは，この禁止令が，９代執権北条貞時の治世において，1297年，鎌倉幕府が発令した，永仁の徳政令であるという基本事項を確認する必要がある。

永仁の徳政令の内容は,①越訴(再審)の禁止。②御家人所領の質入れ･売却の禁止。③御家人が，御家人に売却した土地は，売却後20年未満なら無償返却。(「20年未満なら無償返却」の意味は，不当な所領支配でも20年以上継続して支配すれば合法化するという年紀法が存在したため。年紀法は，武家社会の道理であり，御成敗式目で法制化された，一種の時効の規定）④御家人が，非御家人の武士や凡下(借上などの庶民)に売却した土地は，期間を限らず御家人に無償返却。⑤金銭貸借訴訟は受理しない。というものであった。しかし，効果は一時的であり，御家人の金融の途を閉ざすことにもなり，翌年，廃止された。

永仁の徳政令の背景には，分割相続による所領の細分化と所領経営の零細化，元寇の戦費負担と恩賞の不足，貨幣経済の浸透などにより，御家人が窮乏化し，所領の売却を余儀なくされたことがあった。

上記の内容を踏まえ，解答の骨子を示してみよう。

設問Ａは，御家人所領の全国各地への分布の理由として，将軍が本領安堵したことの他に，奥州平定や承久の乱の後，御家人を各地に地頭として任じたことを述べればよい。

設問Ｂは，御家人の所領経営の方法と，その経営法が所領に与えた影響について，分割相続された所領では，地頭が赴任せずに借上を代官とすることがあったことや，武士の窮乏による所領の売却が惣領制解体を促し，独立した庶子が，惣領と対立することもあったことを述べればよい。

2015年　解答・解説

〔問題の要求〕

設問Ａでは，御家人所領の分布の理由について，鎌倉幕府の成立・発展期の具体的なできごとに触れながら，60字以内で述べることが要求されている。

設問Ｂでは，御家人の所領経営の方法と，その経営方法が御家人所領に与えた影響について，120字以内で述べることが要求されている。

以下の〔ポイント〕は，問題が要求している「論点」を示すとともに，それに対応する「採点基準」における加点要素を示している。また，〔ポイント〕は**解説**で詳述した「解法」のまとめにもなっている。

〔ポイント〕

設問Ａ

＜御家人所領＞

①将軍は御家人に地頭職補任(御家人を地頭に任命)

②将軍は御家人に本領安堵

③将軍は御家人に新恩給与

＜御家人所領が各地に分散した原因 ― 鎌倉幕府成立期＞

①奥州平定後に陸奥の所領の地頭職を新恩給与

＜御家人所領が各地に分散した原因 ― 鎌倉幕府発展期＞

①承久の乱後に西国の所領(後鳥羽上皇方所領)の地頭職を新恩給与

＊主に新補地頭

設問Ｂ

＜御家人の所領経営の方法＞

①惣領から庶子への分割相続

②地頭が赴任しないことがある

③借上を代官とする事がある

＜所領経営の方法が御家人の所領に与えた影響 ― 分割相続＞

①所領の細分化(所領経営の零細化)

②貨幣経済の浸透

③武士の窮乏

④所領の売却

＜所領経営の方法が御家人の所領に与えた影響 ― 惣領制の解体＞

①嫡子への単独相続

②惣領制の解体

③血縁的結合から地縁的結合

＊庶子が惣領家に家臣化(従属化)

＊庶子が惣領家から独立化

＊独立化した庶子が一揆・党を結成

＊独立化した庶子が惣領と対立

解答

A将軍は御家人に本領安堵したが，新恩給与としても，奥州平定後に陸奥の地頭職を与え，承久の乱後に西国等の新補地頭に任じた。(30字×２行)

B惣領から庶子に分割相続された所領では，地頭が赴任せず，借上を代官とする事もあった。その後，武士の窮乏による所領の売却は，嫡子単独相続・惣領制解体を促し，武家社会は血縁的結合から地縁的結合へ移行し，独立した庶子が惣領と対立することもあった。(30字×４行)

第３問

解説　江戸時代の商品の生産と流通について考察する問題である。参考文や表を熟読・読解し，その内容や示唆するものを読み取って，問題の要求に沿って論じることが要求されている。

設問Aでは，大坂から江戸に送られる商品の中で，繰綿・木綿・油・醤油・酒が大量に送られている事情について，生産・加工と運輸・流通に留意して，90字以内で述べることが要求されている。

設問Bでは，大坂から江戸に少量しか送られない品目の中で，炭・薪・魚油・味噌と米を区別し，少量しか送られていない理由について，60字以内で述べることが要求されている。

まず，江戸時代の幕藩体制と流通機構の形成についての基本認識を確認する必要がある。

幕藩体制とは，本百姓を中心とする農業生産の基盤の上に構築された，将軍と大名(幕府と藩)の強大な領主権による土地と人民の統治体制といえよう。すなわち，将軍と大名(幕府と藩)が本百姓を土地に緊縛して剰余生産物を搾取する社会体制である本百姓体制を土台として，その上に，将軍と大名の土地を媒介とした御恩と奉公の主従関係である大名知行制のシステムが構築されていると言い換えてもよい。

17世紀半ばになると，多くの藩では，大名(藩主)が家臣である藩士に御恩として知行地を給与する地方知行制から，藩(大名領)の直轄領からの年貢米を御恩の俸禄米(蔵米)として藩士に支給する俸禄制度(蔵米知行制)に転換していた。大名(藩主)は，国元での出費のほかに，参勤交代が義務付けられていたので，江戸に藩邸を構える必要があり，それらの費用を賄うために大量の貨幣を獲得する必要があった。そのため，大名(藩主)は藩内の本百姓から収奪した年貢米を藩士に俸禄米(蔵米)として支給する一方,蔵物と呼ばれる年貢米や藩内特産品を販売するため,大坂などに蔵屋敷を設けた。

全国の大名(藩主)たちは，大坂などの蔵屋敷で蔵物を売却・換金して大量の貨幣を獲得して藩財政の基盤とした。蔵屋敷には蔵役人を置き，蔵屋敷の物品を管理・販売し，蔵物の取引に携わる商人である蔵元や，蔵屋敷の公金を管理し，蔵物の販売代金の保管や藩への送金を担当する商人である掛屋を，蔵役人に指揮させた。このように大坂は，諸藩にとっては，蔵物を販売して幕府発行の貨幣を獲得するとともに，藩内で購入できない物資を入手したり,豪商から融資を受けたりする場所になっていった。

農業生産力が上昇してくると，年貢として納入しても，まだ徴収を免れ余剰となった米が生じる場合があった。また，商品作物などの生産も増加していった。それらの余剰米や商品作物は，地方市場に出され，商人の手を介して中央市場である大坂に送付され，取引されるようになった。このような民間ルートの物資を納屋物といい，18世紀にはいると，流通量は蔵物を凌駕するようになった。こうして大坂は，全国の物資の集散地，すなわち，全国市場(中央市場)として流通機構の中核となり，「天下の台所」と呼ばれた。

このような，大坂を全国市場(中央市場)とする幕藩体制下の流通機構は，元禄期までに形成された。大名(藩主)は，本百姓から収奪した年貢米などの蔵物を大坂の蔵屋敷に送り，そこで蔵元が蔵物を販売した。蔵物は，問屋→仲買→市場→小売という流通経路を経て消費者の元に届く。一方，販売代金である貨幣は，逆に消費者→小売→市場→仲買→問屋と経て，掛屋が管理し，藩に送付された。また，余剰米や商品作物などの納屋物は，地方市場を経て，各地の商人の手により大坂などの全国市場(中央市場)に送られていった。

全国から大坂に集まった物資は，各地へ，そして，特にその多くは南海路を通って江戸へ運ばれ売却されていった。そのため，大坂・江戸間の荷物運送の安全と流通の独占を目指して問屋仲間の連合組織の株仲間が生れ，大坂には二十四組問屋といわれる荷積問屋の株仲間，江戸には十組問屋といわれる荷受問屋の株仲間が結成された。

大坂と江戸を結ぶ南海路には，17世紀前半より，積荷の落下防止のために船縁(ふなべり)に菱形の垣を設けた菱垣廻船が，江戸十組問屋と提携して運行していた。しかし，18世紀前半，十組問屋から酒店組が分離し，樽廻船を運行させるようになった。樽廻船は小型で船足が速かったので小早と呼ばれ，次第に菱垣廻船を圧倒していった。

なお，1670年，幕府は，河村瑞賢(軒)に航路の開発を命じ，日本海沿岸の出羽の酒田を起点に，東に向かい，津軽海峡を通って太平洋沿岸を南下して江戸に至る東廻り航路，及び，酒田を起点に西に向かい，日本海沿岸から下関海峡を通って瀬戸内海に入り大坂に至る（さらに江戸に至るまでを意味することもある）西廻り航路を整備していた。

江戸では，勘定奉行の管轄下にある幕府の民政官である代官によって収奪された幕領の年貢米が，東廻り航路などを通って，幕領から浅草にある幕府の米蔵に集められた。そして，大坂と同様に，問屋→仲買→市場→小売という流通経路を経て消費者の元に届けられた。このような流通機構の下，商人の手を介して売却された幕領の年貢米が，幕府の財政基盤となっていたのである。

また，幕府の米蔵に集められた幕領の年貢米は，蔵米取りの旗本（上級旗本は知行取り）や御家人に対する御恩の俸禄米（蔵米）として支給された。江戸には，旗本・御家人の代理として俸禄米（蔵米）を受け取り，売却・換金して旗本・御家人に渡して手数料をとる，札差（蔵宿）と呼ばれる商人がいたが，やがて札差（蔵宿）は，旗本・御家人への金融を行うようになった。

一方，19世紀になると，関東農村に，江戸の生活必需品などを供給する商品作物栽培や農村工業が発達するようになった。それに伴い，在郷商人（農村の新興商人となった本百姓）が成長し，一部にはマニュファクチュア（工場制手工業）による経営も行われるようになり，地廻り物の品質も向上した。この様に江戸地廻り経済圏が形成され，江戸も全国市場となると，次第に全国市場（中央市場）としての大坂の地位は低下していった。

参考文(1)

江戸幕府は，1724年以降，主要な商品について，大坂の町人が江戸へ送った量を調査した。次の表は，1730年まで７年間の調査結果を，年平均にして示したものである。

繰綿（くりわた）	95,737 本	炭	447 俵
木綿（綿布）	13,110 箇	薪（たきぎ）	0
油	62,619 樽	魚油	60 樽
醤油	136,526 樽	味噌	0
酒	219,752 樽	米	19,218 俵

『大阪市史』（第一）のデータによって作成。

参考文(1)では，1724～30年に大坂の町人が江戸へ送った主要な商品の量が表で示され，繰綿・木綿・油・醤油・酒の５品目が大量に江戸へ送られていること，炭・薪・魚油・味噌・米の５品目は少量しか送られていないことがわかる。

ここからは，大坂から江戸へ大量に送られる商品の品目のうち，醤油や酒などを生産する西日本の醸造業においては，すでに，マニュファクチュア経営による生産が行われていたことを想起することができる。

一方，大坂から江戸へ少量しか送られない商品の品目のうち，炭・薪・魚油・味噌の４品目は，江戸周辺で生産され，江戸へ出荷される地廻り物であることがわかる。また，米は，幕領の年貢米を想起すればよい。年貢米は，東廻り航路で江戸に輸送され，江戸で売却・換金され，幕府の財政基盤となること，及び，御恩として，蔵米取りの旗本や御家人に知行給与される俸禄米は，札差などの手を介して売却・換金され，旗本や御家人の生活基盤となることが考察できなくてはならない。

参考文(2)………………………………………………………………………………

江戸時代には，綿(わた)や油菜(菜種)が温暖な西日本で盛んに栽培され，衣類や灯油の原料となった。

………………………………………………………………………………………………

ここからは，綿や油が西日本で商品作物として栽培・生産され，綿花は繰綿や木綿(綿布)に加工され，菜種は油(灯油)に加工されたことが読み取れる。

参考文(3)………………………………………………………………………………

綿から摘まれた綿花には種子(綿実)が入っていたが，それを繰屋(くりや)が器具で取り除き，繰綿として流通した。繰綿や木綿は，綿の栽培されない東北地方へも江戸などの問屋や商人を介して送られた。

………………………………………………………………………………………………

ここからは，大坂から江戸へ大量に送られる商品は，株仲間を構成する大坂の問屋や商人が集荷し，大坂で二十四組問屋が荷積し，菱垣廻船や樽廻船により，南海路で輸送される下り物(下り荷)として江戸に運ばれ，十組問屋が荷受したという，江戸時代の流通機構のあり方を想起する必要がある。また，繰綿や木綿は，江戸の問屋や商人が東北地方にも輸送したことが見て取れる。

参考文(4)

当時，菜種や綿実を絞って灯火用の油をとったが，摂津の灘目(なだめ)には水車で大規模に絞油を行う業者も出現した。上総の九十九里浜などでは，漁獲した鰯を釜で煮て魚油をとり，これも灯火に用いられたが，質が劣るものだった。

ここからは，西日本の加工技術が発展していたこと，及び，当時の地廻り物の品質が劣ることを確認する必要がある。その上で，関東でも地廻り物の油は生産されていたが，良質の油は，下り物として，大坂から江戸に送られていたことを考察する。

上記の内容を踏まえ，解答の骨子を示してみよう。

設問Aは，大坂から江戸に送られる物資量の差を品目別に考察することが要求されているのだから，加工された商品作物などは，大坂の問屋で集荷され，樽廻船などで南海路を通って江戸に運ばれたことを述べればよい。

設問Bは，大坂から江戸に少量しか送られない品目について，炭などと米を区別して考察することが要求されているのだから，炭などは地廻り物として江戸に出荷される一方，東廻り航路で江戸に送られる幕領の年貢米は，江戸で売却され，幕府の財政基盤となったことを述べればよい。

〔問題の要求〕

設問Aでは，大坂から江戸に送られる商品の中で，繰綿・木綿・油・醤油・酒が大量に送られている事情について，生産・加工と運輸・流通に留意して，90字以内で述べることが要求されている。

設問Bでは，大坂から江戸に少量しか送られない品目の中で，炭・薪・魚油・味噌と米を区別し，少量しか送られていない理由について，60字以内で述べることが要求されている。

以下の〔ポイント〕は，問題が要求している「論点」を示すとともに，それに対応する「採点基準」における加点要素を示している。また，〔ポイント〕は**解説**で詳述した「解法」のまとめにもなっている。

〔ポイント〕

設問A

<大坂から江戸へ大量に送られる商品 — 生産・加工>

①商品作物

＊綿花は木綿・繰綿に加工

＊菜種は油(灯油)に加工

②酒や醤油など醸造業の製品

＊マニュファクチュア経営で生産

<大坂から江戸へ大量に送られる商品 — 運輸・流通>

①大坂の問屋(株仲間)が集荷

＊下り物(下り荷)

②二十四組問屋が荷積

＊菱垣廻船(樽廻船)で輸送

＊南海路で江戸へ輸送

③十組問屋が荷受

④江戸の問屋(商人)が東北地方に輸送

設問B

<大坂から江戸へ少量しか送られない商品 — 炭など4品目>

①江戸周辺で生産

＊地廻り物

②関東(江戸地廻り)から江戸へ出荷

<大坂から江戸へ少量しか送られない商品 — 米>

①幕領の年貢米

＊幕府の財政基盤

②旗本・御家人の俸禄米

＊旗本・御家人の生活基盤

③東廻り航路で江戸へ輸送

④米は江戸で売却

解答

A木綿・油に加工した商品作物やマニュファクチュア経営で生産した酒を，大坂の問屋が集荷し，二十四組問屋が荷積して樽廻船などが南海路で江戸に運び，十組問屋が荷受し，東北へも一部送った。(30字×3行)

B炭などは地廻り物として江戸に出荷され，東廻り航路などで送られる幕領の年貢米は，江戸で売却され，幕府の財政基盤となった。(30字×2行)

第4問

解説　大正期の社会の変化がもたらした政治の仕組みの変化と共産主義運動について考察する問題である。リード文を熟読し，その内容や示唆するものを読み取って，問題の要求に沿って論じることが要求されている。

リード文には，大正期の社会の変化として，「第一次世界大戦中から，日本では都市化とマス＝メディアの発展が顕著になり，海外からの情報と思想の流入も，大量で急速になった」とある。

大正期とは，1912年から1926年までの大正天皇の在位期間を指すが，その時期を中心としたデモクラシーの風潮を，大正デモクラシーと呼ぶ。時期については諸説あるが，長く見れば，1905年の日比谷焼打ち事件から，1931年の満州事変，または，1932年の憲政の常道の崩壊あたりまで，短く見れば，1912年の第一次護憲運動から，1925年の男子普通選挙制の成立までを考えればよい。

「閥族打破・憲政擁護」を掲げた，1912～13年の第一次護憲運動によって第三次桂太郎内閣を打倒した大正政変は，大正デモクラシーを象徴する事件でもあった。1914～18年の第一次世界大戦を契機とする世界的なデモクラシーの風潮は，日本にも影響を与えた。

また，1917年のロシア革命と，1918年の米騒動は，1910年の大逆事件以来の「冬の時代」を終焉させ，社会運動は活性化した。1921年に，労働組合の全国組織として日本労働総同盟が結成され，友愛会以来の労資協調主義から階級闘争主義に転換した。1922年には，コミンテルンの日本支部として日本共産党が結成された。また，日本最初の全国的農民組織として，賀川豊彦・杉山元治郎らによって日本農民組合が結成され，小作争議を指導した。さらに，被差別部落の民衆が，自らを誇りとして自らの力で部落解放を勝ち取るために全国水平社が結成された。

一方，大正期になると，義務教育の徹底化は進み，1918年の大学令の成立に見られるように，高等教育も拡充していった。インテリゲンチアと呼ばれる知識階層も増加し，女性の社会進出も始まり，タイピストや電話交換手などの職業婦人も現れた。また，資本主義の成長や第三次産業の発展により，都市化も進み，会社員・銀行員・公務員などのサラリーマンと呼ばれる俸給生活者が生まれ，このようなホワイトカラーの労働者は新中間層と呼ばれ，大正デモクラシーの主要な担い手となった。

教育が普及する中でのマス＝メディアの発達は，新聞や雑誌などのジャーナリズムを活性化させ，国民は世論を形成するようになった。しかし，大日本帝国憲法に基づき，帝国議会が開かれ，議会制度は成立し，立憲体制は確立してはいるものの，厳しい財産制限を伴う制限選挙であったので，普通選挙の実現を求める声は高まり，普選運動は高揚した。

このような風潮の中で，吉野作造の民本主義は，大正デモクラシーの指導理念となり，美濃部達吉の天皇機関説は学界の定説となった。

設問Aでは，上記のような，大正期の社会の変化が，どのように政治の仕組みを変えたかについて，90字以内で述べることが要求されている。

「政治の仕組み」を変えることを促進した「社会の変化」としては，特にリード文において，「都市化」「マス＝メディアの発展」「海外からの情報と思想の流入」があげられている。

まず，「都市化」が「政治の仕組み」を変えることを促進する背景となることを考察することが要求されている。1900年頃に確立した日本の資本主義は，大正期になると大戦景気を一要因として発達していった。第二次産業の発達のみならず，商社・銀行・百貨店などが増加し，第三次産業も発達し始めた。それに伴い，都市の企業や官庁に働く，サラリーマンと呼ばれる高学歴のホワイトカラーの労働者も増加し，新中間層を形成した。新中間層は，社会的地位や将来への期待から，行動面では保守的傾向を示すこともあるが，高い学歴や広い教養から，近代的･合理的な政治意識を持ち，大正デモクラシーの主要な担い手となった。

つぎに，「マス＝メディアの発展」が「政治の仕組み」を変えることを促進する背景となることを考察することが要求されている。明治末期には，義務教育の普及は，ほぼ100パーセントに達していたが，高等教育を担う大学は，1886年の帝国大学令に基づく，「国家ノ須要ニ応ズル」人材の育成という，国家主義的理念を明確に掲げた東京帝国大学や京都帝国大学などの帝国大学に限定されていた。しかし，資本主義の発達を背景に，1918年，立憲政友会の政党内閣である原敬内閣が，大学令を成立させ，同法に基づき，帝国大学以外の，私立大学・公立大学・単科大学を認めたので，高等教育は拡充していった。

教育が普及する中でのマス＝メディアの発展は，新聞や雑誌などのジャーナリズムの発達を促進させる。教育を受けた民衆に対して，ジャーナリズムにより，政治や経済の情報が提供されれば，国民の世論形成が促される。そのような中で，普通選挙や政党内閣を求める声が高まっていった。

さらに，「海外からの情報と思想の流入」が「政治の仕組み」を変えることを促進する背景となることを考察することが要求されている。第一次世界大戦は，軍隊だけでなく，国家の経済力・技術力・労働力などを戦争指導に結合させ，全国民を戦争に動員する総力戦として戦われた。それに伴い，ヨーロッパ諸国では，労働者の権利を求める声も高まり，デモクラシーの風潮も広まっていった。世界的なデモクラシーの風潮は日本にも波及したが，1917年のロシア革命や，1918年の米騒動も相俟って，社会運動も活性化し，1910年の大逆事件以後続いた「冬の時代」も終焉を迎えることになった。

以上のような「社会の変化」は，普通選挙の実現や政党内閣の樹立を求める動きを促進した。

その結果，1925年に男子普通選挙制が成立し，1928年に第１回普通選挙が実現した。また，1924年の第二次護憲運動により成立した加藤高明護憲三派内閣から，1932年の五・一五事件で立憲政友会の犬養毅内閣が崩壊するまで，「憲政の常道」といわれる政党内閣の慣行が続いた。

このような結果に至る推移を考察する前提として，まず，選挙制度の変遷から整理してみる必要がある。

1889年の大日本帝国憲法に基づき，1890年より帝国議会は開催されていた。しかし，1889年，黒田清隆内閣の下で成立した衆議院議員選挙法では，選挙人資格は，満25歳以上の男性で，直接国税15円以上の納入者に限られたので，有権者は，約45万人で，全人口の1.1パーセントしかないという状態であった。1900年，第二次山県有朋内閣の下で，衆議院議員選挙法が改正されたが，この時も，選挙人資格は，満25歳以上の男性で，直接国税10円以上の納入者に限られたので，有権者は，約98万人で，全人口の2.2パーセントにすぎなかった。1919年，初の本格的政党内閣である，立憲政友会の原敬内閣の下で，衆議院議員選挙法が再改正されたが，普選運動の高まりをよそに，この時も，選挙人資格は，満25歳以上の男性で，直接国税３円以上の納入者に留められたので，有権者は，約306万人で，全人口の5.5パーセントにしか至らなかった。

次に，普選運動の動きを概観すると，中村太八郎らを中心に結成された普通選挙期成同盟会は，1900年，普通選挙同盟会と改称し，中村太八郎のほか，大井憲太郎・片山潜・幸徳秋水ら自由主義者や社会主義者が参加した。しかし，1911年，第二次桂太郎内閣の弾圧で解体させられた。

大正期になると，普選運動は高揚していったが，運動の主体は労働者や知識人が中心であった。

1916年，吉野作造は，『中央公論』誌上に，「憲政の本義を説いて其有終の美を済すの途を論ず」と題する論文を発表して民本主義を提唱した。民本主義はデモクラシーの訳語であったが，あえて，「民主主義」とは訳さなかった。なぜならば，人民主権を基本理念とする「民主主義」は，天皇主権の大日本帝国憲法に抵触するからであった。

そのため，吉野作造は，戦略的に主権の所在を論じず，天皇主権の下でも人民主権の下でも，主権の所在に関わらず，遍く通用する理論として民本主義を提唱した。その上で，政治の目的は，民衆の利益・幸福にあるとし，政策の決定は，民衆の意向によるべきものとした。

そして，藩閥官僚・元老・軍部の政治運営を批判し，普通選挙と政党内閣の実現を主張した。つまり，吉野作造は，大日本帝国憲法の下でのデモクラシー実現の現実的展望を示したのであった。

大正期に入り，普選運動は高揚期を迎えた。1919年に，友愛会を改称した大日本労働総同盟友愛会が，普選運動の先頭に立ち，初の本格的な政党内閣である原敬内閣に普通選挙の実現を要求した。しかし，資本家と地主の利害を代表するブルジョア政党の立憲政友会の原敬首相は，労働者・農民が選挙権を持つことになる普通選挙に対し，「時期尚早」として冷淡であった。

1919年の原敬内閣による衆議院議員選挙法の改正は，小選挙区制を導入した上に，前述したように，選挙人資格を，直接国税３円以上に引き下げたに過ぎなかった。そのため，翌1920年，普選運動は高揚し，数万人が参加する大デモンストレーションが行われ，野党の憲政会も男子普通選挙法案を提出した。これに対し，原敬内閣は，普通選挙を拒否し，衆議院を解散して対抗し，第一党が有利な小選挙区制により，立憲政友会を圧勝させた。

普選運動の高揚に対し，政府の側でも，加藤友三郎内閣の頃より検討を始め，第二次山本権兵衛内閣は，男子普通選挙の導入の方針を固めていた。しかし，1923年，アナーキストの難波大助が摂政裕仁を狙撃する虎の門事件により，同内閣は総辞職して，実現することはなかった。

1924年，貴族院議員を中心とする超然内閣である清浦奎吾内閣が成立すると，立憲政友会・憲政会・革新倶楽部は護憲三派を結成し，「普選断行・貴族院改革」を掲げ，第二次護憲運動といわれる倒閣運動を起こした。これに対し，清浦奎吾内閣は，衆議院を解散して総選挙に臨んだが，護憲三派が圧勝して，第一党となった憲政会の加藤高明を首班とする護憲三派内閣といわれる政党内閣が成立した。そして，翌1925年，加藤高明内閣は，衆議院議員選挙法を改正し，いわゆる普通選挙法を成立させ，男子普通選挙制を確立した。

また，「社会の変化」は，「憲政の常道」といわれる，８年間の政党内閣の慣行を実現させることの背景となった。政党内閣とは，①衆議院の多数党を基礎とする内閣，②多数党の党首を首相とする内閣，③閣僚の大半が多数党の党員である内閣，のことである。日本国憲法の下では，首相は，国会で国会議員の中から指名されるので，政党内閣は制度化されており，このような制度を議院内閣制という。一方，大日本帝国憲法の下では，首相は，元老(のち，重臣)が推挙して天皇が任命するので，政党内閣は制度化されていなかった。

設問Bでは，都市化とマス＝メディアの発展や海外からの情報・思想の流入が生み出した，国際的な性格を持った社会運動の内容と，この動きに対する当時の政権の政策について，90字以内で述べることが要求されている。

「国際的な性格を持った社会運動」とは，日本共産党のことである。1919年，レーニンは，各国の共産党を支部とする国際共産主義運動の指導機関として，コミンテルン(第三インターナショナル，共産主義インターナショナル)を結成した。

共産主義とは，私有財産制度の廃止によって搾取や階級対立の無い社会を実現しようとする思想で，ドイツの社会主義者マルクスは，社会主義の高度な段階を共産主義と規定した。そこでは，「各人は能力に応じて働き，各人は必要に応じて分配される」ことを原則とする。マルクスは，国家が死滅し，自由と平等が完全に実現される人類史上最高の段階を，共産主義と規定した。しかし，マルクスの規定した意味での共産主義は，地球上で実現してはいない。そのため，狭義には，コミンテルンの支部である各国の共産党と，それを支持する思想を，他の社会主義・共産主義の思想と区別して，「共産主義」と表現している場合がある。

1922年，日本共産党が，コミンテルンの日本支部として，堺利彦・山川均らを中心に，非合法のうちに結成された。この動きに対する，「当時の政権の対応」を見ていこう。

1924年に成立した加藤高明護憲三派内閣は，翌1925年，「革命の安全弁」といわれた革命防止策として普通選挙法を成立させ，男子普通選挙制を確立した。しかし，普通選挙の実現により，労働者・農民の利害を代表する無産政党が議会に進出すること，及び，1925年に締結された日ソ基本条約により，ソ連と国交が樹立されることが，共産主義を台頭させると危惧した。

そのため，1925年，加藤高明護憲三派内閣は，共産主義の弾圧を掲げ，治安維持法を制定した。治安維持法は，国体の変革と私有財産制度の否認を目的とした結社の組織者と加入者に対し，10年以下の懲役または禁錮という厳罰を科す内容であった。なお，「国体」とは天皇制，「私有財産制度」とは資本主義を意味した。政府は，共産主義の弾圧を口頭では掲げたものの条文にはなく，法律の曖昧な規定と拡大解釈により，自由主義者や宗教家など広範囲の弾圧が行われた。

1928年，陸軍長州閥の田中義一を首相とする立憲政友会内閣の下で，第1回普通選挙が行われた。田中義一内閣は，激しい選挙干渉を行ったが，無産政党から合計8名が衆議院議員として当選した。右派の社会民衆党から4名，左派の労働農民党から2

名，中間派の日本労農党から１名，地方無産政党の九州民憲党から１名であった。また，第１回普通選挙に際し，非合法の日本共産党が，影響下の労働農民党を通して活動を公然化させた。

そのため，田中義一内閣は，第一に，1928年，野党の反対で帝国議会で成立しなかったため，天皇大権である緊急勅令を用いて，治安維持法を改正し，国体の変革を目的とする結社の組織者・役員・指導者に対する最高刑を死刑とした。また，目的遂行罪を設け，結社の所属を問うことなく広範囲の弾圧を可能とした。第二に，同年，大逆事件の後の1911年に第二次桂太郎内閣が警視庁に設置した特別高等警察を，全国の道府県に設置した。第三に，同年，労働農民党や日本労働組合評議会などの左翼団体を解散させた。第四に，同年の三・一五事件，翌1929年の四・一六事件といわれる左翼勢力の大検挙を行った。

上記の内容を踏まえ，解答の骨子を示してみよう。

設問Ａは，大正期の社会の変化が，政治の仕組みをどのように変えていったかを考察することが要求されているので，ジャーナリズムの発展などが，世論形成を促して，普選実現の要求も高まり，政党内閣が成立して，男子普通選挙を実現したことを述べればよい。

設問Ｂは，大正期の社会の変化が生んだ，国際的な性格を持つ社会運動の内容と，政府の対策を，考察することが要求されているので，コミンテルンの日本支部として，日本共産党が結成されたこと，加藤高明内閣が普通選挙による無産政党の議会進出と日ソ国交樹立が，共産主義を台頭させると危惧して治安維持法を制定したことを述べればよい。

〔問題の要求〕

設問Ａでは，大正期の社会の変化が，どのように政治の仕組みを変えたかについて，90字以内で述べることが要求されている。

設問Ｂでは，都市化とマス＝メディアの発展や海外からの情報・思想の流入が生み出した，国際的な性格を持った社会運動の内容と，この動きに対する当時の政権の政策について，90字以内で述べることが要求されている。

以下の〔ポイント〕は，問題が要求している「論点」を示すとともに，それに対応する「採点基準」における加点要素を示している。また，〔ポイント〕は**解説**で詳述した「解法」のまとめにもなっている。

2015年　解答・解説

〔ポイント〕

設問Ａ

<社会の変化>

①マス＝メディアの発展

＊教育の普及の中での発展

＊ジャーナリズムの発達を促進

＊国民の世論の形成に寄与

②都市化

＊新中間層の成長

③海外からの情報・思想の流入

＊大正デモクラシーの進展（世界的なデモクラシーの風潮）

＊ロシア革命の影響

＊「冬の時代」の終焉

＊社会運動の活性化

<政治の仕組みの変化>

①普通選挙の実現

＊知識人や労働組合（労働者）を中心とする普選運動

＊吉野作造の普通選挙実現の主張

②政党内閣の実現

＊第二次護憲運動

＊「憲政の常道」の始まり

＊政党内閣による男子による普通選挙の実現

設問Ｂ

<国際的な性格を持った社会運動の内容>

①日本共産党の結成

＊コミンテルン（第三インターナショナル）の日本支部

＊非合法（非公然・秘密裡）に結成

<当時の政権の政策 — 加藤高明内閣>

①共産主義の台頭を危惧

②革命防止策としての普通選挙法

＊無産政党の議会進出

③日ソ基本条約の締結

＊日ソ国交樹立

④治安維持法の制定

＊共産主義の弾圧を目的

＊国体の変革を目的とした結社の弾圧

＊私有財産制の否認を目的とした結社の弾圧

＜当時の政権の政策 ― 田中義一内閣＞

①第１回普通選挙

＊無産政党から８名当選

＊日本共産党の公然化

②治安維持法の改正

＊最高刑死刑

③三・一五事件と四・一六事件による左翼大検挙

④特別高等警察の全国化

⑤左翼団体の解散

解答

Ａ教育の普及・ジャーナリズムの発展は世論形成を促し，新中間層は大正デモクラシーを担った。吉野作造や労働組合は普選実現を主張し，護憲運動で成立した政党内閣は，男子普通選挙を実現した。(30字×３行)

Ｂコミンテルンの日本支部として日本共産党が非合法に結成された。加藤高明内閣は，普通選挙による無産政党の議会進出と日ソ国交樹立が，共産主義を台頭させると危惧し，治安維持法を制定した。(30字×３行)

2014年

2014

第1問

解説 律令制下と摂関期における国政の審議について考察する問題である。参考文を熟読し，その内容や示唆するものを読み取って，問題の要求に沿って論じることが要求されている。

設問Aでは，律令制の下において，国政がどのように審議されたのかを，その構成員に注目して説明することが要求されている。

設問Bでは，摂関政治の時期に，国政の審議がどのように行われていたのかを，太政官や公卿の関与のあり方に注目して述べることが要求されている。

参考文(1)……………………………………………………………………………………

ヤマト政権では，大王が，臣姓・連姓の豪族の中から最も有力なものを大臣・大連に任命し，国政の重要事項の審議には，有力氏族の氏上も大夫(マエツキミ)として加わった。律令制の国政の運営には，こうした伝統を引き継いだ部分もあった。

……………………………………………………………………………………………………

ここでは，大王が，臣姓の最有力者を大臣，連姓の最有力者を大連に任命して最高政務を担当させ，重要審議には，大臣･大連のみではなく，有力氏族の氏上も大夫(マエツキミ)として参加していたという，ヤマト政権における国政の審議のあり方について書かれている。また，律令制の国政の運営は，未だ，ヤマト政権における国政の重要事項の審議のあり方を継承した部分があったことも指摘されている。

この参考文を読み取るためには，先ず，律令制下の国政の審議のあり方は，天皇の下，太政官において公卿が審議するという基本知識を確認することが要求される。

その上で，ここからは，法に基づく官僚機構である律令制が成立したといえども，律令制の成立当初，すなわち，奈良前・中期頃までは，太政官の公卿も，ヤマト政権以来の有力氏族の代表で構成されていたという過渡的要素が存在していたことを読み取る。

2006年度の東大入試の第1問でも，本問と同様に，律令国家においても，奈良前･中期頃までは，重要な国策を審議する太政官の公卿は，畿内の有力氏族の代表者によって構成されるという慣行が継承されていた事実を指摘する参考文が提示されていた。もっとも，2006年度は，吉田孝氏が，『体系日本の歴史③—古代国家の歩み—』（小学館）や『日本の誕生』（岩波新書）などで繰り返し展開している学説，すなわち，日本の律令国家の特質を，中国的な律令制とヤマト王権に由来する氏族制が重層化する，いわば「律令制と氏族制の二重構造」と捉える視点を再構成させる出題であった。

東大の第１問の古代史は，律令国家の理解が中心となる。まず，基本的な知識を再確認しよう。大化改新は，645年の乙巳の変とその後の一連の政治改革であり，７世紀後半は，律令の編纂と戸籍の作成を進める，いわば，律令国家の建設期であった。668年，天智天皇の時に近江令が編纂されたとの記載は，９世紀の『弘仁格式』の序文などに見られるが，現在では疑問視されている。また，670年には，天智天皇の下で最初の全国的戸籍である庚午年籍が作成された。681年に天武天皇が編纂に着手した飛鳥浄御原令は，天武天皇の死後，689年，持統天皇により施行された。そして，翌690年，飛鳥浄御原令に基づく戸籍として庚寅年籍が作成され，以後，６年ごとに戸籍が作成され，それに基づき，６年ごとに班田収授が実施される制度が確立した。701年，文武天皇の時に，刑部親王や藤原不比等らによって編纂された大宝律令が制定され，ここに律令制度に基づく国家の仕組みが整備された。

大宝律令は，唐の永徽律令を範にとって編纂されている。律は，現在の刑法に相当する。令は，現在の民法や行政法などに相当し，中央・地方の行政機構，官吏の服務規定，租税･労役，民衆統治の機構などが定められていた。大宝律は，唐の律をほぼ写したものだが，大宝令は，日本の実情に合わせて大きく改変されていた。また，718年，元正天皇の時に藤原不比等によって編纂され，757年，孝謙天皇の時，不比等の孫の藤原仲麻呂によって施行された養老律令は，大宝律令を大きく改変したものではないと考えられている。

養老律令は，律令制が衰退する平安中期には，ほぼ実効性を喪失するが，形式的には，朝廷内などでは残存し続けた。そして，王政復古による天皇親政を掲げた明治政府は，養老律令に基づく太政官制を採用し，太政大臣には三条実美，左大臣には島津久光，右大臣には岩倉具視が任じられ，西郷隆盛，大久保利通，板垣退助，大隈重信らも太政官の参議に列した。そして，1885年になり，ようやく太政官制は廃止され，最高行政機関である政府は，近代的な内閣制度となった。

大宝律令・養老律令に基づく律令国家の中央組織には，神祇の祭祀を司る神祇官と最高行政機関である太政官がおかれた。そして，国政の運営は，太政官の公卿の合議によって行われた。

官吏には，朝廷内の序列を示す等級である位階が与えられた。位階は，正一位から少初位下までの30階があり，官吏には位階に応じた官職が与えられ，官位相当制といわれた。五位(厳密には従五位下)以上の位階を持つ者を貴族という。また，太政官を構成する，原則として三位(厳密には従三位)以上の上級貴族を公卿というが，正確には，太政大臣・摂政・関白・左大臣・右大臣・内大臣を「公」，大納言・中納言・参議・従三位以上の位階を授与された者を「卿」と言い，両者を合わせて公卿と称された。ただし，参議は太政官の公卿会議に参加する要職なので，四位の者でも「卿」となり，公卿に含まれた。

参考文(2)

810年，嵯峨天皇は，藤原薬子の変(平城太上天皇の変)に際して太政官組織との連携を重視し，天皇の命令をすみやかに伝えるために，蔵人頭を設けた。蔵人頭や蔵人は，天皇と太政官とをつなぐ重要な役割を果たすことになった。

ここでは，810年の藤原薬子の変(平城太上天皇の変)に際し，嵯峨天皇が，太政官組織との連携を重視して，天皇の命令を速やかに伝えるために，蔵人頭を設けたこと。蔵人頭や蔵人が，天皇と太政官とをつなぐ重要な役割を果たすことになったことが書かれている。

ここからは，平安初期の桓武天皇・嵯峨天皇の律令国家再建期のような，天皇権力が強化された時期であっても，天皇が，国政を審議する太政官との連携を重視していたことを読み取る。

770年，称徳天皇が死去すると，北家の藤原永手と式家の藤原百川らは，道鏡を下野薬師寺に左遷し，天智天皇の孫の光仁天皇を擁立して，皇統を壬申の乱以降続いた天武系から天智系に変えた。百済系の渡来氏族の出身である高野新笠を母に持つ，光仁天皇の子の桓武天皇は，794年に平安京に遷都したが，その目的は，仏教勢力の政治介入を排除するとともに，天智系の新王朝による政治の刷新と律令国家の再建を図ることにあった。

桓武天皇の子の嵯峨天皇は，兄の平城上皇と対立し，「二所朝廷」とよばれる政治的混乱を呈していた。810年に藤原薬子の変(平城太上天皇の変)に際し，嵯峨天皇は，天皇の命令を速やかに太政官組織に伝えるために，北家の藤原冬嗣らを蔵人頭に任命して迅速に対処して勝利した。蔵人は，天皇の秘書官として機密文書を扱う令外官であったが，次第に天皇の側近として権限を拡大し，天皇と太政官をつなぐ宮廷内での重要な役割を果たすことになっていった。

参考文(3)

太政大臣藤原基経は，884年，問題のある素行を繰り返す陽成天皇を退位させ，年長で温和な人柄の光孝天皇を擁立した。基経の処置は，多くの貴族層の支持を得ていたと考えられる。

ここでは，884年，太政大臣の藤原基経が，問題のある素行を繰り返す陽成天皇を退位させ，年長で温和な人柄の光孝天皇を擁立したこと，このような，基経の処置が，多くの貴族層の支持を得ていたことが書かれている。

ここからは，藤原北家の他氏排斥の時期，すなわち，摂関政治の確立過程の時期になると，天皇個人の力ではなく，藤原氏のような貴族による官僚機構が機能するようになったことを読み取る。

842年の承和の変から，969年の安和の変までが，いわゆる藤原北家の他氏排斥の過程であり，摂関政治の確立過程であった。この時期には，藤原良房が，幼少の外孫である清和天皇の政務を代行するため，臣下で初めて実質的に摂政に就任し，866年の応天門の変に際して正式に就任している。また，太政大臣の藤原基経が，乱行の絶えなかった陽成天皇を廃して自ら擁立した光孝天皇から，天皇が成人の時に政務を後見・補佐する関白に実質的に任じられた。さらに，基経を関白に任ずる，という宇多天皇からの勅書の中の「阿衡」という文言を問題にした基経は，勅書を撤回させ，起草者の橘広相を処分させた。この阿衡の紛議を機に，関白の政治的地位は確立した。そして，969年には，醍醐天皇の子で左大臣の源高明を，大宰権帥に左遷して排斥した安和の変が起きるが，この事件により，藤原北家の他氏排斥は完了し，以後，ほぼ摂政・関白は常置されるようになり，摂関政治は確立した。

前述したように，９世紀前半の桓武天皇や嵯峨天皇の律令国家再建期は，中国風の専制君主を目指した天皇の権力が強化され，天皇の権威も高まった。しかし，藤原北家の他氏排斥が進展する時期になると，９歳で即位した幼少の清和天皇に象徴されるように，天皇の幼帝化も進み，しだいに，天皇個人の力量ではなく，藤原北家を中心とする官僚機構の機能により，政務が行われるようになっていった。そして，実際の権力は，摂政・関白をはじめとする公卿を中心とした，藤原北家のような官僚化した貴族が掌握するようになったのである。

参考文(4)

10世紀後半以降の摂関期には，摂政・関白が大きな権限を持っていたが，位階の授与や任官の儀式は，天皇・摂関のもとで公卿も参加して行われた。また，任地に赴いた受領は，任期終了後に受領功過定（こうかさだめ）という公卿会議による審査を受けた。

ここでは，10世紀後半以降の摂関期には，天皇が幼少の時に政務を代行する摂政や，天皇が成人の時に政務を後見・補佐する関白が大きな権限を持っていたが，位階の授与や任官の儀式は，天皇・摂政・関白の下で，太政官を構成する三位以上の上級貴族である公卿も参加して行われたことが書かれている。また，任地に赴いた受領は，任期終了後に受領功過定という公卿会議による審査を受けたことが書かれている。

ここからは，主要政務や一般政務は，太政官で公卿により審議が行われるが，外交や地方行政などの重要事項は，内裏で開催される陣定で，公卿が各自の意見を表明し，天皇や摂政・関白が裁可する形で審議されたことについて言及することが求められている。

補足するために少し詳細に述べると，摂関期の政治運営は，公卿の合議を経た後，天皇もしくは摂政・関白が，太政官を通じて官吏を指揮し，中央と地方を統一的に支配する形式をとっていた。通常の政務の場合は，太政官での公卿の審議の後，天皇もしくは摂政・関白の裁可を経て，宣旨や太政官符などの文書によって，中央・地方の役所や官吏に命令・通達された。

一方，外交･財政･地方行政などの重要事項は，陣定とよばれる会議で審議された。陣定とは，太政官ではなく，内裏の左近衛府の陣で行われる公卿の合議のことである。中納言以上の公卿である上卿(しょうけい)が，天皇の勅を受けて陣定の開催を通知する。当日は，上卿が天皇からの議題を伝え，公卿の身分の低い者から順に意見を述べていき，最後に最上位の大臣である一上(いちのかみ)と呼ばれる左大臣が意見を述べる。全員意見を述べ終わると読み上げて確認し，定文を作成する。そして，各公卿の意見を列挙した定文を奏上して，天皇や摂政・関白・左大臣の決定に委ねた。

設問Aでは，律令制の下において，国政がどのように審議されたのかを，その構成員に注目して説明することが要求されている。

ここで気を付けなければいけないことは，**設問B**において，参考文(4)の摂関期について問われている問題文の意味を誤解してしまい，**設問A**では参考文(1)，(2)，(3)，一方，**設問B**では参考文(4)を用いて論述しなければならないと判断を誤って，分離して解答しようとしてしまうことである。これでは，設問の趣旨を読み違えることとなってしまう。

設問Aでは，摂関期を含め，大宝律令・養老律令に基づいて政治運営がなされていた律令制の下での国政の審議のあり方と，その構成員の名称，構成員の担い手とその変質についての正確な理解が求められている。

第一の論点は，「律令制下の国政の審議のあり方とはどのようなものであったのか」ということなので，天皇の下で審議された，太政官で審議された，公卿により審議された，という３点を述べればよい。

第二の論点は，「国政を審議する構成員はどのような人々であったのか」ということなので，律令国家の確立当初，奈良時代の前・中期頃までは有力氏族の代表，平安時代になると官僚化した藤原氏などの貴族，であったことを述べればよい。

設問Ｂでは，摂関政治の時期に，国政の審議がどのように行われていたのかを，太政官や公卿の関与のあり方に注目して述べることが要求されている。

ここでは，参考文(2)，(3)，(4)，特に参考文(4)を用いて論じればよい。つまり，「平安初期」，「摂関政治の確立過程」，「摂関期」と時期区分し，背景となる「平安初期」，「摂関政治の確立過程」の歴史的経緯を踏まえて，「摂関期」の国政の審議のあり方を具体的に述べればよいのである。

〔問題の要求〕

設問Ａでは，律令制の下において，国政がどのように審議されたのかを，その構成員に注目して説明することが要求されている。

設問Ｂでは，摂関政治の時期に，国政の審議がどのように行われていたのかを，太政官や公卿の関与のあり方に注目して述べることが要求されている。

〔ポイント〕

設問Ａ

＜律令制下の国政の審議のあり方＞

①天皇の下で審議

②太政官で審議

③公卿が審議

＜国政を審議する構成員＞

①当初(奈良時代)は有力氏族の代表

②平安期(平安前期)は官僚化した藤原氏などの貴族

設問Ｂ

＜平安初期＞

①平安初期(律令国家再建期)は天皇権力が強化される

②蔵人の設置

＊天皇は太政官との連携を重視

＜摂関政治の確立過程＞

①藤原北家の台頭

＊藤原北家は貴族層の支持を得る

②貴族による官僚制が機能するようになる

＜摂関期の国政の審議のあり方＞

①摂政・関白が太政官を指導

＊摂政・関白が太政官の上に立って実権を掌握

②主要政務(一般政務)の審議

＊太政官で審議

＊公卿による審議

③重要事項(地方行政・外交)の審議

＊陣定での審議

＊内裏で開催

＊公卿が各自の意見を表明する形式で審議

＊天皇や摂政・関白が裁可

解答

A律令制では，天皇の下，太政官で公卿が国政を審議した。当初は
有力氏族の代表，平安期は官僚化した藤原氏などが公卿となった。(30字×２行)

B平安初期，天皇権力は強化されたが，太政官との連携は重視され
た。やがて，貴族層の支持を背景に藤原北家が台頭し，摂関期には
，主要政務は太政官で公卿が審議し，地方行政など重要事項は内裏
での陣定で，公卿の意見に基づき，天皇が裁可するようになった。(30字×４行)

第２問

解説　室町文化の地方への伝播と武士の役割について考察する問題である。

応仁の乱は，中央の文化が地方に伝播する契機となったが，その中での武士の果たした役割について，応仁の乱の前後における武士と都市との関わりの変化に留意しながら述べることが要求されている。参考文を熟読し，その内容や示唆するものを読み取って，問題の要求に沿って論じなければならない。

まず，室町時代の文化に関する基本知識を確認する必要がある。室町時代前半の文化は北山文化とよばれているが，北山文化の前に南北朝期文化を分けて区分する場合もある。一方，室町時代後半の文化は東山文化とよばれているが，東山文化の後に戦国期文化を分けて区分する場合もある。

北山文化は，３代将軍足利義満の将軍権力全盛期を中心とした文化である。義満が京都北山に山荘(北山殿)を営んだことにちなんだ呼称である。公家文化と武家文化の融合，禅宗など中国文化の影響を基本特色とする。北山山荘は，義満の死後，鹿苑寺となったが，そこに築かれた三層の建築である金閣は，初層が貴族の住宅建築である寝殿造風の阿弥陀堂，二層が和様の観音堂風，三層が禅宗様の仏堂となっており，こ

の時代の文化の特徴を象徴している。

東山文化は，８代将軍足利義政の将軍権力衰退期を中心とした文化である。義政が京都東山に山荘を営み遁世し，銀閣を築いたことにちなんだ呼称である。禅の精神に基づく簡素・枯淡と伝統的な幽玄・侘びを基調としていた。東山山荘は，義政の死後，慈照寺となったが，そこに築かれた二層の建築である銀閣は，下層が近代和風住宅建築の原型となる書院造，上層が禅宗様の仏堂になっている。

応仁の乱に際して，京都に在住して文化を享受・保護してきた守護などの武士は下国し，荒廃した京都を逃れた公家や僧侶などの文化人を，城下町を形成した戦国大名が保護し，文化の受容に努めた。このことが，各地を遍歴し，地方武士などに連歌を指導してきた連歌師の活動と相俟って，文化の地方への伝播を促進する役割を果たした。このことも，東山文化において特筆すべきことの一つである。

参考文(1)……………………………………………………………………………………

応仁の乱以前，遠国を除き，守護は原則として在京し，複数国の守護を兼ねる家では，守護代も在京することが多かった。乱以後には，ほぼ恒常的に在京した守護は細川氏だけであった。

……………………………………………………………………………………………………

ここでは，応仁の乱以前は，多くの守護は京都に在住し，複数国の守護を兼ねる家では，守護代も在京することが多かったこと，応仁の乱後は，恒常的に在京した守護は細川氏だけであったことが書かれている。

ここからは，北山文化と，その主要な担い手となった在京の武士の役割についての，基本知識を確認することが要求されている。将軍や在京した守護などの武士が，公家との交流の中で，公家文化と武家文化を融合した文化を形成したこと，禅宗など中国文化の影響を受けた文化を形成したこと，将軍足利義満が，観阿弥・世阿弥の猿楽能のような民衆文化を保護したことが想起されればよい。

参考文(2)……………………………………………………………………………………

1463年に没したある武士は，京都に居住し，五山の禅僧や中下級の公家と日常的に交流するとともに，立花の名手池坊専慶に庇護を加えていた。

……………………………………………………………………………………………………

ここでは，1463年に没したある武士が，京都に居住し，五山の禅僧や，中下級公家と日常的に交流し，立花の池坊専慶を庇護していたことが書かれている。

ここからは，京都に在住した武士は，禅僧や公家との交流を通して，禅宗や，和歌などの公家文化の影響を受けたことを再確認するとともに，文化の保護者にもなっていたことを読み取る。

「1463年に没したある武士」とは，能登国の守護で，和歌の名手，文化人としても名高い畠山義忠のことである。在京の守護であった義忠は，東福寺の正徹のような五山の禅僧の歌人とも交流を持った。正徹は，藤原定家を尊崇し，新古今調の妖艶で夢幻的な歌風で知られ，宗砌（そうぜい）などの連歌にも影響を与えた室町時代を代表する歌人の一人である。また，義忠は，歌人として名高い飛鳥井雅世や冷泉為之らの公家とも深い交流があった。

参考文(3)……………………………………………………………………………………

応仁の乱以前に京都で活躍し，七賢と称された連歌の名手には，山名氏の家臣など３人の武士が含まれていた。

……………………………………………………………………………………………

ここでは，応仁の乱以前の京都で活躍した「七賢」と称された連歌の名手は，７人のうち３人までが，山名氏の家臣である宗砌のような武士であったことが書かれている。

ここからは，知的遊戯であった連歌が，二条良基らが編纂した『菟玖波集』が準勅撰となるなど，権威付けられて文学的地位を高め，やがて，武士の教養となっていったことを想起し，応仁の乱以前は，在京の武士が連歌の主要な担い手となっていたことを読み取る。

連歌の「七賢」と呼ばれた名手とは，宗砌，宗伊，心敬，行助，専順，智蘊，能阿のことである。その中には，山名氏の家臣であった宗砌と行助，足利義政の近習であった宗伊のような武士が含まれていた。

参考文(4)……………………………………………………………………………………

応仁の乱以後，宗祇は，朝倉氏の越前一乗谷，上杉氏の越後府中，大内氏の周防山口などを訪れ，連歌の指導や古典の講義を行った。

……………………………………………………………………………………………

ここでは，宗祇が，朝倉氏の一乗谷，上杉氏の越後府中，大内氏の周防山口など戦国大名の城下町を訪れ，連歌の指導や古典の講義を行ったことが書かれている。

ここからは，文化の地方伝播の要因として，京都で文化を享受した守護やその家臣らの武士たちが下国したこと，応仁の乱によって京都が荒廃して，文化を担った公家や僧侶らが地方へ逃れたこと，城下町を形成した戦国大名たちが公家や僧侶らを保護して文化を受容したこと，連歌師が各地を遍歴して地方武士などに連歌を指導したことなどを挙げることが求められている。

〔問題の要求〕

応仁の乱は，中央の文化が地方に伝播する契機となったが，その中での武士の果たした役割について，応仁の乱の前後における武士と都市との関わりの変化に留意しながら述べることが要求されている。

〔ポイント〕

<応仁の乱以前の武士と文化>

①将軍や在京した守護などの武士が北山文化の担い手となる

＊武士が文化を保護

＊独自の文化を形成

②公家文化の影響を受ける

＊公家文化と武家文化の融合

＊寄合の文芸の発達

③禅宗の影響を受ける

＊中国(宋・元・明)文化の影響を受ける

④足利義満は猿楽能を保護

＊観阿弥・世阿弥を保護

＊民衆文化を保護

<応仁の乱の影響>

①在京の守護の下国

②京都の荒廃

＊公家(僧侶・文化人)が地方へ逃れる

<応仁の乱後の文化の地方への伝播と武士>

①文化の地方への伝播

②戦国大名は城下町を形成

＊地方へ逃れた公家や僧侶を保護

＊文化を受容して保護する

③連歌師の活動

＊各地を遍歴

＊地方武士などに連歌を指導

解 答

守護など在京した武士は，公家文化や禅宗文化の影響を受け，将軍足利義満も猿楽能など民衆文化を保護し，北山文化と呼ばれる独自の文化を形成した。応仁の乱により守護は下国し，城下町を形成した戦国大名は，荒廃した京都を逃れた公家や僧侶を保護して文化を受容したので，連歌師の活動と相俟って文化の地方普及を促した。(30字×５行)

第３問

解説　長州征討の動員と民衆について考察する問題である。参考文を熟読し，その内容や示唆するものを読み取って，問題の要求に沿って論じることが要求されている。

設問Ａでは，長州征討に際し，どのような人々が，どのように動員されたのかを述べることが要求されている。参考文(1)と参考文(2)を用いて，論述すればよい。

参考文(1)

1864年，禁門の変で敗れた長州藩を朝敵として追討することが決まると，幕府は征討軍の編成に着手し，従軍する諸大名・旗本に対して，定めの通り，各自の知行高に応じた数の人馬や兵器を用意することを命じた。

ここでは，長州征討に際して，江戸幕府が，従軍する諸大名や旗本に対して，各自の知行高に応じた数の人馬や兵器を用意するように命じたことが書かれている。

この参考文を読み取るためには，幕府の武士に対する軍事動員や，百姓に対する徴発は，石高を統一基準として行われるという基本知識を確認する必要がある。

その上で，ここからは，諸大名に対しては，大名知行制の下，将軍より御恩として知行給与された領地の石高，すなわち知行高を基準に，奉公として軍役が課されたことを読み取る。また，知行取りの旗本に対しては，地方知行制の下，将軍より御恩として知行給与された領地の石高，蔵米取りの旗本に対しては，俸禄制(蔵米知行制)の下，将軍より御恩として知行給与された俸禄米(蔵米)の石高を基準に，奉公として軍役が課されたことを読み取る。

参考文(2)

幕府や諸藩は，武器・弾薬や兵糧などを運搬するため，領内の村々に，村高に応じた数の人夫を出すことを命じた。こうした人夫の徴発は村々の負担となった。

ここでは，江戸幕府や諸藩が，武器・弾薬や兵糧などを運搬するために村高に応じた人夫を出すことを命じたが，このことが村々の負担となっていたことが書かれている。

ここからは，長州征討に際し，幕府や藩は，村々に対し，村の総石高，すなわち村高を基準に科す付加税である高掛物の一つとして，百姓を人夫として徴発したことを読み取る。

東大入試の第３問は，近世史からの出題であるが，石高制や大名知行制などの概念規定をしっかりと述べさせた上で，論述を行わせる設問が多い。ここで「近世とは何か」ということについて，社会経済史的側面を中心に再確認しておこう。

前期封建社会を中世と言い，鎌倉時代と室町時代がそれにあたる。それに対し，後期封建社会を近世と言い，安土桃山時代と江戸時代がそれにあたる。

封建制度とは，政治史的に見れば，「主君と従者の土地を媒介とした御恩と奉公の主従関係」と捉えることができる。しかし，ここで語られることは，支配階級内部の秩序関係に限定した議論に過ぎず，封建社会そのものへの言及はない。

では，社会経済史的に見れば，封建社会とは，「封建領主が農民を土地に緊縛して剰余生産物を搾取する社会体制」と捉えることができる。しかし，これが全国的な統一システムとして整備されるのは太閤検地によるものであった。

すなわち，太閤検地により，荘園や名田は名実ともに消滅させられ，荘園制下の重層的な職の体系も名実ともに消滅したので，その中での作合といわれる中間搾取も否定された。そして，一地一作人の原則の下，農民は耕作者として検地帳に登録され，石高を設定した土地の耕作権を与えられたが，一方，土地に緊縛され，剰余生産物を年貢として収奪された。つまり，耕作権という「権利」を与えられる代わりに，耕作者である農民には，年貢という「義務」が課せられることになったのである。

また，太閤検地が全国的に実施されたことによって，兵農分離が推進された。武士は農村から引き離されて城下町に集住し，生産から遊離し，都市で消費生活を送る存在となっていった。将軍や大名(藩主)など幕藩領主は，本百姓から年貢米を収奪し，一方は，旗本・御家人や藩士などの家臣に対し，奉公への御恩の俸禄米(蔵米)として知行給与し，他方は，大坂などの蔵屋敷で蔵物として売却・換金して財政基盤とした。また，旗本・御家人や藩士は，俸禄米(蔵米)を城下町で売却・換金して現金を入手し，消費生活を行った。すなわち，近世の武士は，「米を売る立場」の存在であったのである。

「主君と従者の土地を媒介とした御恩と奉公の主従関係」という政治史的に見た封建制度は，すでに中世において成立している。しかし，さらにそれに加えて，「封建領主が農民を土地に緊縛して剰余生産物を搾取する社会体制」という，社会経済史的に見た封建社会が，全国的な統一システムとして整備されていくのは，安土桃山時代の太閤検地の実施以降のことである。この時期以降を後期封建社会，すなわち近世と捉えることができる。

東大入試の近世史においては，幕藩体制についての正確な理解が問われる。そして，大名知行制について論じることが要求されている。

その要求に応えるためには，まず，幕藩体制の前提となる，太閤検地によって確立した石高制について確認する必要がある。「石」とは体積の単位であることを落としていないだろうか。1石=10斗＝100升＝1000合となり，1石＝約180リットルである。また，米の量は枡を用いて体積の単位で計る。石高制とは「土地の生産力を米の量で表示する制度」である。

近世の封建領主は，検地により，自らの支配する領地の生産力を，石高という統一基準により，数量化して掌握することに努めた。なぜならば，家臣に対する御恩としての領地や俸禄米(蔵米)の知行給与の基準，及び，農民からの年貢収奪の基準として，自らの領地の生産力の掌握が不可欠であったからである。

封建制度を政治史的に見れば，「主君と従者の土地を媒介とした御恩と奉公の主従関係」と捉えることができると前述したが，同様に後期封建社会の幕藩体制を政治史的観点から見ると，「将軍と大名の土地を媒介とした御恩と奉公の主従関係」，すなわち，大名知行制と捉えることができる。

江戸時代の大名とは，将軍の直臣で，かつ将軍から1万石以上の領地を御恩として知行給与された者である。将軍は大名に対し，御恩として石高を基準に領地を知行給与し，奉公として知行高(知行地の石高)を基準に軍役や普請役や参勤交代などを課した。

また，封建社会を社会経済史的に見れば，「封建領主が農民を土地に緊縛して剰余生産物を搾取する社会体制」と捉えることができると前述したが，幕藩体制を社会経済史的観点から見ると，「将軍や大名が本百姓を土地に緊縛して剰余生産物を搾取する社会体制」，すなわち，本百姓体制と捉えることができる。

将軍や大名など幕藩領主は，高持百姓として本百姓を検地帳に登録して耕作権を与えるが，土地に緊縛して剰余生産物を年貢として収奪した。そして，幕藩領主は，個々の本百姓に課せられた年貢や高掛物などの諸役を，村高(村の総石高)を基準として，村役人を通じて，村を単位に納入させた。すなわち，幕藩領主は，村請制の下，村の自治機能を利用する形で，村の支配と百姓からの収奪を行ったのである。

また，東大入試では，地方知行制と俸禄制(蔵米知行制)を正確に論じることも要求される。

将軍と主従関係を結び，将軍から御恩として１万石以上の領地を知行給与された者を大名(藩主)，１万石未満の領地または俸禄米(蔵米)を知行給与された者を直参といった。

江戸初期，大名(藩主)は，御恩として，上級藩士に領地を知行給与し，領民支配を認める地方知行制をとる場合が多かった。しかし，17世紀後半以降，大名は，しだいに領内一円支配を進め，藩士に知行地を与えず，家臣団に編成して城下町に集住させるようになった。そして，藩の直轄地からの年貢を，俸禄米(蔵米)として藩士に知行給与する俸禄制(蔵米知行制)を採用することが一般的となった。とはいえ，薩摩藩や仙台藩など，西南地方や東北地方を中心に，20万石以上の大きな藩では，地方知行制が維持されることもあった。

直参のうち，将軍との御目見得(おめみえ)を許された者を旗本，許されない者を御家人といった。上級旗本は，地方知行制の下にある知行取りであったが，下級旗本は，俸禄制(蔵米知行制)の下にある蔵米取りであった。また，御家人は蔵米取りであった。

設問Ａの第一の論点は，「長州征討に動員された人々はどのような人々か」ということなので，大名(藩主)とその家臣(藩士)，旗本とその家臣，御家人などの武士と，幕領や大名領の百姓であったことを述べればよい。

また，第二の論点は，「動員のあり方」なので，武士に関しては，大名は大名知行制の下，旗本は地方知行制や俸禄制(蔵米知行制)の下，御家人は俸禄制(蔵米知行制)の下，知行高(知行地の石高)を基準に，奉公としての軍役を課せられたことを述べればよい。一方，百姓に関しては，本百姓体制の下，村請制に基づき，高掛物などの形で，村高(村の総石高)を基準として徴発されたことを述べればよい。

設問Ｂでは，再度の長州征討に際し，多くの藩が出兵に消極的になった理由を，諸藩と民衆との関係に注目して述べることが要求されている。

参考文(3)……………………………………………………………………………………

幕府や諸藩は，長州征討に派遣する軍勢のため，大量の兵糧米を集めた。さらに，商人による米の買い占めなどもあって，米価が高騰した。

……………………………………………………………………………………………………

ここでは，江戸幕府や諸藩が，長州征討に際して，大量の兵糧(粮)米を集めたことや，商人の米の買占めなどにより，米価が高騰したことが書かれている。

ここからは，幕藩領主による兵糧米の徴収や，商人による米の買占めが，米価の高騰をもたらしていたという，参考文にある事態のみならず，当時は凶作に見舞われていたこと，開国と自由貿易によって日本が世界資本主義のシステムに組み込まれたこと，それによって国内市場が世界市場に編入されたこと，開国当初の輸出急増による国内品不足，金貨流出防止を目的とした貨幣改鋳による悪貨である万延小判の発行，長州藩の下関閉鎖による西廻り航路の機能低下など，諸要因が相俟って，激しいインフレをもたらしていたことを想起する必要がある。

ここでは，多くの藩が出兵に消極的になった理由の背景となる，当時の社会情況を考察することが求められているので，前述したことを，より詳細に解説することにする。

1854年の日米和親条約により，日本は開国を強いられ，「鎖国」体制とよばれた海禁政策は終焉を迎えた。1858年，日米修好通商条約など，不平等条約である，いわゆる安政の五カ国条約によって，日本は欧米列強との自由貿易を強いられた。また，これらの条約によって，日本は，日本で犯罪を行った欧米人の領事裁判権を承認させられ，欧米との協定関税制を承認させられることにより関税自主権が奪取された。

このような形で，開国と自由貿易を強いられることによって，日本は欧米列強の構築した世界資本主義のシステムに組み込まれた。そのため，国内市場が世界市場に編入され，経済は混乱を招き，幕藩体制は根底から動揺していくことになった。

1859年から自由貿易が開始されるが，開国当初の数年間は，生糸などを中心に大幅な輸出超過・貿易黒字であった。1865年，列強は，兵庫沖に艦隊を派遣して軍事的圧力をかけ，孝明天皇に条約勅許を認めさせた。さらに翌1866年，列強は，兵庫開港が認められなかったことの代償と称し，自らが有利に交易することを目的に，国内産業を保護するために外国製品に掛けられた，日本の輸入関税の引下げを迫った。そして，一般品目（大半の品目）に課された20％の輸入関税を５％に引下げることを内容とする改税約書の締結を，関税自主権を奪われた日本に対して強いたのであった。

1866年の改税約書の締結以後，日本は大幅な輸入超過・貿易赤字となったが，1859年から66年までは大幅な輸出超過・貿易黒字であった。その結果，輸出による国内品不足を招き，物価騰貴をもたらした。

開国に伴い，外国と日本の金銀比価の相違と，安政の五カ国条約の貨幣の同種同量交換の規定を要因として，日本から大量の天保小判などの金貨が流出した。幕末の金の流出は，重要な論述問題のテーマなので，ここでしっかりと理解しておくこと。

当時の金銀比価（交換比率）は，日本では，金：銀＝１：５であったが，外国では，金：銀＝１：15であり，日本では外国より銀が３倍割高であった。また，貨幣の同種同量交換の規定により，日本の金貨と外国の金貨の交換，日本の銀貨と外国の銀貨の交換，日本の金貨・銀貨の海外への持ち出しの自由，の３点を承認させられていた。そして，１ドル銀貨100枚が，一分銀311枚と銀の含有量が同量となるとの「評価」がなされ，１ドル銀貨１枚と一分銀３枚の交換を，同種同量交換と「見なす」という取り決めがなされた。こうして，外国人は，日本の一分銀を入手することが可能となったのである。

また，一分銀は秤量貨幣ではなく，田沼意次の命で鋳造した南鐐弐(二)朱銀と同様の,「金の単位の銀の計数貨幣」であった。そして,金の単位は，1両＝4分＝16朱であった。それ故，外国人は，入手した一分銀4枚を，日本の両替商で金貨である天保小判などの一両小判1枚と交換することができた。そして，それを海外に持ち出して売却すれば，大きな利益を獲得することができたのである。

例えてみよう。外国人は，1ドル銀貨1枚と一分銀3枚の交換が可能なので，1ドル銀貨4枚で一分銀12枚を入手することができる。日本では1両＝4分なので，それを日本の両替商で一両小判3枚と交換する，そして，外国では一両小判は，地金として4ドルで売却できるので，海外に持ち出した一両小判3枚を12ドルで売却することができる。つまり，4枚の1ドル銀貨が12枚に増えることになるので，この交換だけで外国人は3倍の利益を上げることができた。その結果，日本の金は，金貨＝小判という形で，10万両も海外に流出してしまった。

この事態に対応するため，幕府は，金の含有量が天保小判の3分の1しかない悪貨の万延小判という一両小判を鋳造した。その結果，金貨＝小判の海外流出は防止できたものの，悪貨の発行によって貨幣価値が下落して国内の物価を上昇させた。このことが,前述した,開国当初の輸出超過による国内品不足が招いた物価騰貴と相俟って，激しいインフレーションを引き起こした。

また，長州征討に際し，長州藩は下関の交通を遮断したが，この措置により，日本海側の諸藩の蔵物や民間の納屋物，蝦夷地の産物などを全国市場(中央市場)である大坂に運送するための航路である西廻り航路の機能を大きく低下させた。このことは，諸藩の財政のみならず，民衆の生活も圧迫していった。

参考文(4) ……………………………………………………………………

長州藩は，いったん屈伏したが，藩論を転換して再び幕府に抵抗した。このため幕府は，1865年，長州藩を再度征討することを決定した。しかし，長州藩と結んだ薩摩藩が幕府の命令に従わなかっただけでなく，他の藩の多くも出兵には消極的となっていた。

……………………………………………………………………………………

ここでは，第二次長州征討に際し，幕府の出兵命令に対し，長州藩と結んだ薩摩藩が従わなかっただけではなく，他の藩の多くも出兵には消極的であったことが書かれている。

ここからは，第二次長州征討に際し，多くの藩が出兵に消極的となった背景として，激しいインフレの中で，諸藩が，大量の御用金の賦課の負担を民衆に転嫁したことや，百姓を人夫として徴発したことに対し，民衆が激しく抵抗したので，諸藩の民衆支配が動揺していたことを想起することが求められている。

すなわち，江戸や大坂などの都市で打ちこわしが発生したこと，平田篤胤の国学・復古神道が農村に浸透して草莽の志士の活動が活発化したこと，民衆の社会変革の要求が高まり，各地で世直し一揆が高揚していたこと。このような社会情況が，幕藩領主の民衆支配を動揺させ，諸藩が出兵に消極的とならざるを得ない要因となっていたことを考察することが求められている。

上記の事項に詳細な説明を加え，必要とされる知識を確認する。前述したように，開国・自由貿易の開始による経済的変動がインフレーションをもたらしていたが，そのような中で，長州征討に際して兵糧米の徴収が行われ，凶作にもかかわらず，第二次長州征討を見込んでの商人の米の買占めも行われたので，米価は暴騰した。この激しいインフレーションは，都市で消費生活を送る下級武士や民衆を直撃し，彼らの生活を困窮させた。このような社会不安の増大が，下級武士への尊王攘夷運動の拡大や，江戸や大坂などの都市で発生した民衆による打ちこわしの要因となった。

また，幕府から諸藩への大量の御用金の賦課は，結局は，諸藩の民衆に転嫁された。また，長州征討に際しての，村高を基準に行われた人夫の徴発も民衆の負担を増大させた。

そのような中で，儒教・仏教などの外来思想を排し，天皇が統治する国体を重視する，国学者の平田篤胤が大成した復古神道は，尊王攘夷運動の思想的基盤の一つを形成していった。平田派国学は，「草莽の国学」として農村にも浸透し，郷士・豪農などにも影響を与えた。草莽とは草むらの意味だが，転じて，在野を意味し，尊王攘夷運動の底辺を支える草莽の志士と呼ばれる尊王攘夷派が民間から輩出された。

また，幕末の社会経済の激変は，農民層分解を促進して，地主などの豪農層と小作農などの貧農層の利害対立を激化させた。そのような中で，幕末の政治的激動と対応し，農村でも「世直し」や「世均し」などを掲げ，社会変革を求めて小作農など貧農層が，地主など豪農や特権商人などに対して打ちこわしなどの実力行動を行う世直し一揆が続発した。

このような中で，幕藩領主の民衆支配は動揺していったので，抵抗する民衆への対応という側面からも，諸藩が出兵に消極的にならざるをえない要因は増大していった。

〔問題の要求〕

設問Ａでは，長州征討に際し，どのような人々が，どのように動員されたのかを述べることが要求されている。

設問Bでは，再度の長州征討に際し，多くの藩が出兵に消極的になった理由を，諸藩と民衆との関係に注目して述べることが要求されている。

〔ポイント〕

設問A

<長州征討に動員された人々>

①武士

＊大名(藩主)とその家臣(藩士)

＊旗本とその家臣

＊御家人

②百姓(民衆･農民)

<動員のあり方>

①武士は知行高(知行地の石高)を基準に奉公としての軍役

＊大名は大名知行制に基づく

＊旗本は地方知行制や俸禄制(蔵米知行制)に基づく

②百姓は村高(村の総石高)を基準として徴発

＊本百姓体制(村請制)に基づく

＊高掛物(付加税)

設問B

<第二次長州征討の時期の社会情勢>

①物価騰貴(インフレーション)

＊第二次長州征討を見込んだ米の買占め

＊兵糧米の徴収

＊凶作

＊国内市場が世界市場に編入される(世界資本主義のシステムに組み込まれる)

＊輸出急増による国内品不足

＊金貨流出防止を目的とした貨幣改鋳(悪貨である万延小判の発行)

＊長州藩の下関閉鎖による西廻り航路の機能低下

<諸藩と民衆との関係>

①大量の御用金の賦課や人夫の徴発

＊諸藩は民衆に負担を転嫁

②民衆支配の動揺

＊江戸や大坂などの打ちこわし

＊国学(復古神道)の農村浸透
＊草莽の志士の活動
＊世直し一揆の高揚
＊民衆の社会変革の要求

解答

A諸大名は大名知行制，旗本は地方知行制・俸禄制の下，知行高を
基準に奉公として軍役が課され，百姓は村高を基準に徴発された。(30字×2行)

B第二次長州征討を見込んだ米の買占め，凶作，輸出急増，貨幣改
鋳を要因とする物価騰貴は，大坂・江戸での打ちこわし，農村での
世直し一揆の高揚を招き，幕藩領主の民衆支配を動揺させていた。(30字×3行)

第4問

解説 大日本帝国憲法の発布と民権派の動向について考察する問題である。リード文を熟読し，その内容や示唆するものを読み取って，問題の要求に沿って論じることが要求されている。

リード文では，1889年2月11日に大日本帝国憲法が発布されたことを受けて，土佐の民権派の植木枝盛らが執筆した『土陽新聞』の論説が引用されている。

『土陽新聞』とは，1877年に発刊された『海南新誌』『土陽雑誌』を，翌1878年に合併して発行した立志社の機関紙である。鋭い自由民権の主張を展開したので，同年，廃刊に追い込まれた。

1880年に『高知新聞』(それ以前にも同名の新聞があるが連続性はない)が，日刊新聞として創刊された。社長は片岡健吉。植木枝盛も主幹として編集に携わり，高知における民権派の機関紙の役割を果たした。そのため，『高知新聞』はしばしば発行停止処分を受けたので，発行停止期間中の「身代わり紙」として，同年12月14日，『土陽新聞』(第二次)が発行された。同紙もしばしば発行停止処分を受けたが，発行禁止にはならず，1899年7月19日には5000号に達した。

1878年の1年間のみ発行された，立志社の機関紙である『土陽新聞』(第一次)ならば，復刻され，『海南新誌・土陽雑誌・土陽新聞　全』(弘隆社，1983年)が出版されているので書籍として読むことができる。しかし，本問で扱われた，1889年2月と7月の論説は，復刻されていない。とはいえ，1880年以降の『土陽新聞』(第二次)が国立国会図書館に所蔵されているので，マイクロフイルムで閲覧は可能である。もちろん，本問はこれらの史料を見ることを要求しているわけではない。ここで主張された民権派の思想を，日本史の学習で学んできた知識をもとにして考察することを求めて

いるのである。

設問Aでは，大日本帝国憲法が，その内容に関して公開の場で議論することのない欽定憲法という形式で制定されたにもかかわらず，民権派が憲法の発布を祝った理由について説明することが要求されている。

1889年２月15日の『土陽新聞』には，大日本帝国憲法の発布当日である２月11日に，植木枝盛が和歌山で執筆した論説が掲載されている。また，リード文で引用されている論説は，２月17日に掲載された，「欽定憲法の発布」と題する無記名論説の末尾の部分である。

まず，基本知識を確認すると，欽定憲法とは，君主の単独意思によって制定された憲法であるから，欽定憲法である大日本帝国憲法は，「天皇が制定して臣民に服従させる憲法」ということができる。すなわち，欽定憲法とは，「国家から国民への命令」である。

一方，日本国憲法のような民定憲法は，「国民が制定して権力者に遵守させる憲法」であり，「国民から国家への命令」である。

日本国憲法の第99条には，憲法の尊重・擁護の義務について，「天皇又は摂政及び国務大臣，国会議員，裁判官その他の公務員は，この憲法を尊重し擁護する義務を負ふ」と明記されている。国民が制定した憲法を，尊重・擁護して遵守することを義務づけられているのは国民ではない。天皇・大臣・公務員など公権力を行使する者達であるので間違えてはならない。つまり，民定憲法とは，国民に服従させるものではなく，国家を縛る物なのである。

すなわち，立憲主義とは，「憲法によって国家権力を制約することによって個人の人権を守ること」である。戦後の日本の政治運営は，日本国憲法の下，民主主義の基本概念の一つである立憲主義に基づいて行われている。

また，立憲主義と立憲体制は，全く異なる概念なので混同してはならない。立憲体制は，立憲政体・立憲政治・立憲国家とほぼ同じ概念で，憲法・議会を持った政治体制のことである。すなわち，大日本帝国憲法の下にあった戦前の日本は，立憲体制・立憲国家であっても，立憲主義ではなかった。このことは，天皇の統治権も憲法の制約を受けると解釈した，学界の定説でもあった美濃部達吉の天皇機関説が，1935年，岡田啓介内閣，すなわち日本政府による国体明徴声明によって公的に否定されたこと。それ以後，天皇は神であり，憲法を超越して絶対万能であるとする，上杉慎吉の天皇主権説のような神権的解釈のみが官許となったことを見れば明確であろう。

1889年２月15日の論説で，植木枝盛は，大日本帝国憲法に対し，欧米諸国のように「人民の委員其憲法を起草制定し，国家の議院其憲法を討論決議し，然る後にて其国の帝王之を允可して之を布告したるものとは其成立を同じうするものにあらず」と，民定憲法ではなかったことの限界を指摘しながらも，「兎も角も憲法と名づけられたるもの誕生」したと，一定の評価を下している。

そして，評価の理由として，日本が世界の中で「立憲国の籍」に入ったと述べ，立憲政体が確立して立憲国家の一員となったことを挙げている。また，「明年を以て我が国の代議士が日本の法律と経済とを帝国議会」で討論することは疑いないとし，「代議政体の懐妊を感じた」と述べて，憲法の制定によって，法律審議権や予算審議権を持つ帝国議会が開催されることになったことを喜んでいる。

2月17日の「欽定憲法の発布」と題する無記名の論説においては，大日本帝国憲法において，「臣民の権利」，「帝国議会」が明記されていることを挙げて評価している。一方，「上院議員」や「下院議員」の選任方法が，憲法に規定されずに貴族院令や衆議員議員選挙法で定められたことや，天皇の継嗣が，憲法ではなく皇室典範で規定されたことなどを批判し，憲法が「代議政体の本旨を得たるもの」なのかなど，いくつかの疑問も列挙している。とはいえ，同時に，「憲法は我国人の久しく望みし所のものにして最も久しく熱望し所のもの」と，民権派が主張し続けてきた憲法の制定そのものは喜んでいる。その上で，「英国の憲法も成長し来たりたるものなり，米国の憲法も成長し来たりたるものなり」とし，大日本帝国憲法も「己の好む所の方に成長せしめ，己の希(こひねが)ふ所の方に養育し行かん」と述べ，自分たちの力で，憲法は成長させることが出来るものと考え，その制定を喜んでいた。

解答にあたっては，自由民権運動の思想と基本的主張をよく確認し，その上で，民権派が大日本帝国憲法の限界をどのように捉えたか，また，限界を認識しつつ，大日本帝国憲法の評価すべき内容をどう考えたかを洞察する必要がある。

もちろん，前述したように，史料に関する知識を求めているわけではない。自由民権運動と大日本帝国憲法に関する基本知識をもって考察すればよいのである。

民権派が憲法の発布を祝った理由は，第一に，たとえ民権派が主張し続けてきた民定憲法ではなく，天皇が制定した欽定憲法ではあっても，兎に角，憲法が制定されたという事実そのものを評価したことにあった。なぜならば，民権派は，憲法の制定により，憲法・議会を持った立憲政体が確立し，世界の中で立憲国家としての地位を得たと考えたからであった。また，限界を持った憲法であったといえども，憲法は国民の力で，国民の望むように成長させることができると考えたからであった。

第二の理由は，大日本帝国憲法の制定によって，帝国議会，すなわち，民権派が主張し続けた国会の開設が実現することになったからである。帝国議会は，立志社などが望んだ，下院すなわち民撰議院だけの一院制ではなく，皇族・華族・勅任議員などで構成される上院である貴族院が，公選で選ばれた議員で構成する下院である衆議院の立法権を制約する二院制であったという限界を持っていた。とはいえ，代議制の立法機関である帝国議会が開設され，帝国議会は予算審議権や法律審議権を有したことを評価した。

第三の理由は，「法律の範囲内」という限界を持ちながらも，「言論，著作，印行，集会及び結社の自由」などの臣民の権利が規定されたことにあった。また，天皇主権の下であり，多くの限界を有しながらも，行政権・立法権・司法権の三権分立の体制が形成されたことにあった。

設問Bでは，新聞紙条例，出版条例，集会条例を改正し，保安条例を廃止するべきであるとする民権派の主張が，どのような根拠に基づいてなされたと考えられるかを述べることが要求されている。

大日本帝国憲法には，この論説で取り上げられる以下の条文があるので，あらかじめ確認しておこう。

第29条　日本臣民ハ、法律ノ範囲内ニオイテ、言論、著作、印行、集会及ヒ結社ノ自由ヲ有スル

第22条　日本臣民ハ法律ノ範囲内ニ於テ居住及移転ノ自由ヲ有ス

第76条　法律規則命令又ハ何等ノ名称ヲ用ヰタルニ拘ラス此ノ憲法ニ矛盾セサル現行ノ法令ハ総テ遵由ノ効力ヲ有ス

1889年７月18日から20日にかけて，『土陽新聞』では，「帝国憲法と言論集会の自由」と題する論説を連載し，新聞紙条例，出版条例，集会条例を改正し，保安条例を廃止するべきであるとする論戦を張っている。

７月18日の論説では，筆者は，かつて，新聞紙条例や集会条例に対し，「思索の自由，人身の自由を検束」するものと断じ，「専制政体には或は適す可しと雖も立憲政体とは終に相容れざるなり」，「帝国議会開催の趣旨と背戻する」との論拠で批判したが，政府は受け入れなかったと，数年前の情況を述懐している。その上で，大日本帝国憲法が発布されたことにより，時勢は変化していると現状を分析した。

そして，新聞紙条例，出版条例，集会条例の改正を主張する新たな論拠として，大日本帝国憲法の第29条の「日本臣民ハ、法律ノ範囲内ニオイテ、言論、著作、印行、集会及ヒ結社ノ自由ヲ有スル」を示した。その上で，「法律の範囲内」とは，自由を法律で制限できるものではない，「只国家の風俗，安寧を保護する上に於て制限を要する場合は之を制限するの主旨」で，極めて限定された場合のものと解釈した。そして，憲法の「主たる精神は言論，著作，印行，集会及び結社の自由を制限せざるにある」と主張した。

７月19日の論説では，「身体の自由，思索の自由は人の自然に受る處なりとす，何ぞ人為法を以て漫(みだ)りに之を拑束する可んや」と，天賦人権論，自然権の思想，すなわち，基本的人権は法律でも侵すことのできない永久の権利という思想に基づいて，第29条を解釈している。

さらに，新聞紙条例，出版条例，集会条例は憲法に違反すると断じ，その上で，第76条の「法律規則命令又ハ何等ノ名称ヲ用ヰタルニ拘ラス此ノ憲法ニ矛盾セサル現行ノ法令ハ総テ遵由ノ効力ヲ有ス」を示し，「此の憲法に矛盾せる法律規則命令は無論之を廃止若しくは改定せざる可からざるに非ずや」と，新聞紙条例，出版条例，集会条例の廃止・改定を主張した。

７月20日の論説では，1887年に制定された保安条例の廃止が主張されている。その前に，保安条例の制定を巡る経緯を再確認しよう。第一次伊藤博文内閣の外務大臣井上馨の条約改正交渉は，外国人判事任用や外国人の内地雑居承認などの屈辱的内容が，鹿鳴館時代といわれた極端な欧化政策への批判と相俟って，政府内外から激しい反発を受けて頓挫した。このような中で，立志社の片岡健吉らは，「地租の軽減・言論集会の自由・外交失策の挽回」を内容とする三大事件建白書を元老院に提出した。これを機に，大同団結運動と連動する形で，三大事件建白運動が高揚したが，伊藤内閣は，保安条例を制定・施行して弾圧した。

保安条例の第４条には，「皇居又ハ行在所ヲ距ル三里以内ノ地ニ住居又ハ寄宿スル者ニシテ、内乱ヲ陰謀シ、又ハ教唆シ又ハ治安ヲ妨害スルノ虞アリト認ムルトキハ、警視総監又ハ地方長官ハ、内務大臣ノ認可ヲ経，期日又ハ時間ヲ限リ退去ヲ命シ、三年以内同一ノ距離内ニ出入寄宿又ハ住居ヲ禁スルコトヲ得」とあった。この法令に基づき，内務大臣山県有朋や警視総監三島通庸を中心に弾圧が行われ，星亨・片岡健吉・中江兆民ら数百人の民権派が東京からの退去を命じられ，拒否した者は逮捕させられた。

論説では，大日本帝国憲法の第22条の「日本臣民ハ法律ノ範囲内ニ於テ居住及移転ノ自由ヲ有ス」を示し，保安条例は，居住・移転の自由を認める憲法に違反するとし，重ねて，前述した第76条の「法律規則命令又ハ何等ノ名称ヲ用ヰタルニ拘ラス此ノ憲法ニ矛盾セサル現行ノ法令ハ総テ遵由ノ効力ヲ有ス」を根拠に，保安条例の廃止を主張した。

すなわち，『土陽新聞』の筆者は，まず，大日本帝国憲法は，憲法に矛盾する法律は無効と規定していることを示した。その上で，大日本帝国憲法は，言論・著作・印行・集会・結社の自由を規定しているので，憲法違反となる新聞紙条例・出版条例・集会条例の改正を主張した。また，大日本帝国憲法は居住・移転の自由を規定しているので，憲法違反となる保安条例の廃止も合わせて主張したのである。

〔問題の要求〕

設問Aでは，大日本帝国憲法が，その内容に関して公開の場で議論することのない欽定憲法という形式で制定されたにもかかわらず，民権派が憲法の発布を祝った理由について説明することが要求されている。

設問Bでは，新聞紙条例，出版条例，集会条例を改正し，保安条例を廃止するべきであるとする民権派の主張が，どのような根拠に基づいてなされたと考えられるかを述べることが要求されている。

〔ポイント〕

設問A

＜民権派が憲法の発布を祝った理由―大日本帝国憲法の制定＞

①民定憲法ではない(欽定憲法である)ものの憲法が制定されたこと

②立憲国家となったこと

③憲法は成長させることが出来ると考えたこと

＜民権派が憲法の発布を祝った理由―帝国議会の開設＞

①貴族院が衆議院の立法権を制約するという限界を持つものの帝国議会が開設されたこと

②帝国議会は予算審議権や法律審議権を有したこと

＜民権派が憲法の発布を祝った理由―臣民の権利義務の規定･三権分立＞

①法律の範囲ながら臣民の権利が規定されたこと

②天皇主権の下であるものの三権分立の体制が形成されたこと

設問B

＜新聞紙条例･出版条例・集会条例の改正を主張した根拠となる規定＞

①大日本帝国憲法は言論(著作･印行･集会･結社)の自由を規定

＜保安条例の廃止を主張した根拠となる規定＞

①大日本帝国憲法は居住・移転の自由を規定

＜憲法違反の法律が無効であるとの規定＞

①大日本帝国憲法は憲法に矛盾する法律は無効と規定

②新聞紙条例・出版条例・集会条例や保安条例は憲法違反

③「法律の範囲内」の限定は風俗安寧の上で止むを得ない場合のみと解釈

④言論・集会の自由は自然権(基本的人権)

解 答

Ａ民定憲法ではないが憲法制定により立憲国家となり，貴族院が衆
議院の立法権を制約するものの，法律や予算の審議権を持つ帝国議
会の設置が規定され，法律の範囲内だが臣民の権利も認められた。（30字×３行）

Ｂ憲法では，言論・集会・結社や移転の自由を規定しているので，
憲法違反となる保安条例などの治安立法は廃止すべきと主張した。（30字×２行）

2013年

第1問

解説 ワカタケル大王の時代と古代国家の成立過程について考察する問題である。ワカタケル大王の時代が，ヤマト政権の形成期において大きな画期となったと捉える視点からの出題。出題者と想定される東大教員が，自ら執筆した教科書の記述を，あたかも，そのまま，まとめることを要求したような問題である。

本問では，ワカタケル大王の時代が古代国家成立の過程で持つ意味について，宋の皇帝に官職を求める国際的な立場と，「治天下大王」という国内での称号の相違に留意しながら，説明することが要求されている。

参考文(1)

『宋書』には，478年に倭王武が宋に遣使し，周辺の国を征服したことを述べ，「使持節都督倭・新羅・任那・加羅・秦韓・慕韓六国諸軍事安東大将軍倭王」に任じられたと記す。こののち推古朝の遣隋使まで中国への遣使は見られない。

ここからは，倭王武が，中国に朝貢し，皇帝の冊封を受けることによって，高句麗に対抗して，朝鮮南部における，倭の外交的・軍事的・政治的立場を有利にしようとしたという，基本的知識を受験生は引き出せればよい。また，倭王武が遣使を行って以降，推古朝まで中国に遣使をしていない，とあることから，倭王武，すなわち，ワカタケル大王＝雄略天皇の時代には，中国権威から独立した秩序の形成が図られていた，とする「見方」があるということを想起するように，参考文が示唆していることに気付けばよい。

東大日本史の入試の形式の一つとして，受験生の基礎的な知識や，基本的な理解を前提に，史料や，参考文などを提示して，受験生の「知らない」歴史の「見方」=「学説」を再構成させる問題がある。もちろん，受験生に，「学説」そのものへの知識や理解を要求している訳ではないので，受験生はその「学説」を知らなくてかまわないし，出題者の側も，受験生が「知らないこと」を「期待」して問題を作成しているのである。何故ならば，このような形式の問題は，本来は，受験生の歴史的思考力を問うことを意図し，そのために工夫を凝らして作成されているからである。

しかし，本問の場合は，出題者と想定される大津透氏も執筆している教科書である『新日本史』（山川出版社）には，大津透氏の自説に沿った記述が明記されている。ところが，同じ山川出版社の教科書である『詳説日本史』など他の教科書には，同様の記載がないので，出題のあり方に検討が望まれる。

『新日本史』には，「倭は朝鮮半島南部をめぐる外交・軍事上の立場を有利にするため，百済や新羅などと同じように中国の南朝に使いを送り，朝貢した。『宋書』倭国伝には，５世紀初めから約１世紀間，讃・珍・済・興・武の５人の倭王(倭の五王)があいついで宋に朝貢したことが記されている」(27頁)と書かれている。

その上で，設問文にある「宋の皇帝に官職を求める国際的な立場」に関し，同書では，対外的には，「倭王は，中国の南朝に遣使して皇帝の臣下となり，官爵を授けられて(冊封という)，朝鮮半島での影響力を南朝に認めてもらうことをめざした」(27頁)と説明されている。また，この「立場」の倭国内における効果については，「倭王は，みずからの臣下への官爵も求めており，ヤマト政権内部での秩序づけにも役立てたと考えられる」(27頁)との推測が記されている。

参考文(2)

埼玉県の稲荷山古墳から出土した鉄剣の銘文には，オワケの臣が先祖以来大王に奉仕し，ワカタケル大王が「天下を治める」のをたすけたと記す。熊本県の江田船山古墳出土の鉄刀銘にも「治天下ワカタケル大王」が見える。前者の銘文は471年に記されたとする説が有力である。

ここからは，関東や九州中部の豪族が，ヤマト政権の組織に組み込まれていることが確認できる。また，この文章では，宋皇帝の天下とは別に，倭の大王中心の「天下」が独自に作られていることが示唆されているので，そこから，大王のもとで中国から独立した秩序の形成が図られていた，とする「見方」=「学説」があることを推察・想定することが求められている。さらに，この時期には，大王に先祖以来奉仕する氏のあり方が成立しつつあることも指摘できる。

ここでも，埼玉県稲荷山古墳出土の鉄剣の銘文にある「天下を治むるを左く」や，熊本県江田船山古墳出土の鉄刀の銘文にある「治天下……大王」から読み取れる，「治天下大王」という国内での称号の持つ意味に関し，『新日本史』は，「臣下となっている宋皇帝中心の天下とは別に，倭の大王中心の「天下」(あめのした)が独自に形づくられ，大王のもとに中国の権威から独立した秩序がつくられていることもわかった」(28頁)と記している。

さらに，教科書である『新日本史』にこそ書いてはいないが，大津透氏は，自著の『天皇の歴史01巻　神話から歴史へ』(講談社)では，「武王は四七八年以後は中国に遣使して官位を求めなくなった，つまり中国中心の冊封体制から離脱したということである」(89頁)という自説を展開している。

参考文(3)……………………………………………………………………………

『日本書紀』には，雄略天皇を「大泊瀬幼武天皇(おおはつせわかたける)」と記している。「記紀」は，雄略天皇をきわめて残忍な人物として描き，中央の葛城氏や地方の吉備氏を攻略した伝承を記している。

……………………………………………………………………………………

ここでは，雄略天皇が，大伴氏や物部氏のような豪族を，大王に直属する軍事力として用い，中央の葛城氏や地方の吉備氏のような有力豪族を討伐するとともに，地方支配も進め，支配領域を拡大させていったことを読み取ればよい。

参考文(4)……………………………………………………………………………

475年に百済は高句麗に攻められ，王が戦死していったん滅び，そののち都を南に移した。この戦乱で多くの王族とともに百済の人々が倭に渡来した。さまざまな技術が渡来人によって伝えられ，ヤマト政権は彼らを部に組織した。

……………………………………………………………………………………

ここからは，ヤマト政権が渡来人を部に組織し，百済を起源とする官僚機構の整備に着手していったことに言及すればよい。なお，『新日本史』には，「部の制度は百済の制度に起源をもち，渡来人の組織化をきっかけに，官僚組織がつくられていった」(28頁)とある。

百済とは，馬韓の伯済国が発展してできた国で，漢城に都を置いた。しかし，475年，高句麗によって漢城が攻め落とされ，王族たちが殺害され，都を南方の熊津(後には扶余)に遷した。このような混乱の中で，今来漢人(いまきのあやひと)と呼ばれる大量の百済系の渡来人が，倭にやって来た。

『日本書紀』には，雄略天皇が大伴氏に命じ，渡来人である阿知使主を祖とする東漢氏(やまとのあやうじ)に，陶作部・鞍作部・画部・錦織部などを飛鳥に移させたとの記載がある。また，雄略天皇は，東漢氏を伴造に任じ，「直」という姓を与え，様々な技術を持った渡来人を集めさせたとある。すなわち，雄略天皇は，渡来人を陶作部・鞍作部・画部・錦織部などの部(品部)に組織し，東漢氏に統轄させたのである。なお，『新日本史』には，「倭王は渡来人を陶作部(すえつくりべ)，錦織部(にしごりべ)，鞍作部(くらつくりべ)，画部(えかきべ)などの部(べ)に組織し，東漢氏(やまとのあやうじ)に管理させた」(28頁)とある。

2013年　　解答・解説

〔問題の要求〕

ワカタケル大王の時代が古代国家成立の過程で持つ意味について，宋の皇帝に官職を求める国際的な立場と,「治天下大王」という国内での称号の相違に留意しながら，考察することが要求されている。

解法としては，要求されている論点に対し，以下の内容を踏まえて，字数のバランスに配慮してまとめればよい。

〔ポイント〕

<宋の皇帝に官職を求める国際的立場>

①中国に朝貢

②冊封を受ける

*中国皇帝の臣下となる

*倭王に任じられる

③高句麗に対抗して朝鮮南部における倭の政治･外交･軍事的立場を有利にする

④配下の豪族にも官爵を求める

*中国の官僚制的な秩序を利用

*ヤマト政権の秩序形成に利用

*国内支配に利用

<「治天下大王」という国内での称号>

①倭の大王中心の天下

②中国権威から独立した秩序の形成

*冊封体制からの離脱

<ワカタケル大王の時代の持つ意味 — ヤマト政権の支配>

①葛城氏・吉備氏の攻略

*大伴氏や物部氏を大王直属の軍事力として整備

*中央･地方の有力豪族を討伐

②支配領域を拡大

*地方を服属

*関東から九州(中部)まで

<ワカタケル大王の時代の持つ意味 — 諸豪族の組織化>

①ヤマト政権の変質

*従来は大豪族中心のゆるやかな連合

*諸豪族が大王に奉仕する体制への転換

②氏姓制度の成立

2013年　解答・解説

<ワカタケル大王の時代の持つ意味 — 渡来人の利用>

①渡来人の組織化

＊部(品部)に組織

＊陶作部･錦織部･鞍作部･画部などに組織

＊伴造が部を率いる

＊東漢氏が管理

＊史部が文書を作成

②官僚組織の整備

＊百済に倣う

＊百済に起源を持つ

解答

ワカタケル大王は，朝鮮南部における倭の政治的立場を有利にする
ため宋に朝貢し，冊封を受けて倭王に任じられた。一方，「治天下
大王」と称して中国権威から独立した秩序の形成を図り，中央・地
方の有力豪族を討伐して権力を強化するとともに，支配領域を関東
から九州中部まで拡大して諸豪族が大王に奉仕する体制を構築した
。また，渡来人を部に組織し，百済に倣った官僚組織も整備した。(30字×6行)

本問と同様のテーマは，駿台全国入試模試センターが実施した，2010年度の第1回東大入試実戦模試の第1問で出題されている。参考のため掲載しておく。

次の(1)〜(4)の文章を読んで，下記の設問に答えなさい。

(1)『日本書紀』によると，雄略天皇は，大王位につくにあたって，兄や従兄弟など多くの親族や，有力豪族であった葛城氏などを殺害した。また，雄略天皇は，大伴氏や物部氏を大連に任命して軍事を担当させて，吉備氏など地方の有力豪族を次々に討伐させ，ヤマト政権の優越性を確実にした。雄略天皇の時代には，政敵や反乱者などに対する処刑・討伐記事が実に多い。

(2)『宋書』倭国伝に載せられた倭王武の上表文には，倭王が多くの国々を征服したことが誇らしげに記されている。その記載に対応するように，稲荷山古墳出土鉄剣銘や江田船山古墳出土鉄刀銘には，ワカタケル大王が天下を支配したことが記されている。

(3) 倭の五王が中国南朝に朝貢したことは，よく知られている。その際，倭王らは，自らが倭国王に冊封され，将軍号を授与されることだけを要求したのではなく，さらに配下の有力豪族らに対しても，自らのものより低い将軍号や郡太守(郡の長官)号が授与されることを求めていた。また，倭王に対し，中国皇帝より将軍号などが授与されたことに伴って，倭王は，豪族に対し，将軍府(幕府)の官僚である府官(幕僚)の官号

を与えていた。

(4) 『日本書紀』によると，雄略天皇には3人の皇子がいたが，その死後に大王位継承をめぐる争いが生じ，勝ち残った清寧天皇に子どもがいなかったため，雄略天皇の子孫は絶えることになった。その結果，雄略天皇に滅ぼされた市辺押磐皇子(いちのへのおしはのみこ)の子どもであった顕宗天皇・仁賢天皇が大王位を継ぐことになった。しかし，仁賢天皇の子の武烈天皇にも子どもが無かったので，継体天皇を，北陸より大王として迎えることとなった。

設　問

雄略天皇(ワカタケル大王)の時代について，大王権力が強大化した理由を，その実態を踏まえて説明するとともに，その後もたらされた影響についても触れながら，6行以内で述べなさい。

解答例

雄略天皇は，大伴氏や物部氏を大連に任命して大王直属の軍事力を整備し，中央・地方の有力豪族を討滅し，関東から九州中部まで支配領域を拡大した。また，倭王は中国皇帝から倭国王に冊封されるのみならず，配下の豪族にも称号の授与を求め，中国の官僚制的な秩序を利用して上下関係を明確化し，大王権力の強大化を図った。しかし，大王位継承争いが激化し，王統断絶の危機をもたらした。(180字)

第2問

解説　奥州藤原氏政権と東国武家政権について考察する問題である。参考文を熟読し，その内容や示唆するものを読み取って，問題の要求に沿って論じることが要求されている。

本問では，12世紀末の日本では，西国を基盤とする平氏，東国を基盤とする源頼朝，奥羽を基盤とする奥州藤原氏の3つの武家政権が分立する状態であったことが前提となっている。

参考文(1)

1126年，藤原清衡は，平泉に「鎮護国家の大伽藍」中尊寺が落成した際の願文において，前半では自己を奥羽の蝦夷や北方の海洋民族を従える頭領と呼び，後半では天皇・上皇・女院らの長寿と五畿七道の官・民の安楽を祈願している。

ここから，奥州藤原氏が，朝廷との通交を行いつつ，京都の文化を移入し，「日本の外」である北方の影響も受けて独自の文化を形成した，自立的な奥羽の武家政権であることを考察することが要求されている。

参考文(2)……………………………………………………………………………

1180年,富士川で平氏軍を破り上洛しようとする頼朝を,東国武士団の族長たちは,「東国の平定が先です」と言って引き止め，頼朝は鎌倉に戻った。

……………………………………………………………………………………

ここから，前九年合戦・後三年合戦以降，源氏は，旧来より東国武士団を基盤としていたことを想起する。また，源頼朝は東国武士と主従関係を結んで御家人とし，東国を基盤とした武家政権を構築したことを読み取る。

参考文(3)……………………………………………………………………………

1185年，頼朝は，弟義経の追討を名目に，御家人を守護・地頭に任じて軍事・行政にあたらせる権限を，朝廷にせまって獲得した。その後義経は，奥州藤原氏のもとへ逃げこんだ。

……………………………………………………………………………………

ここからは，頼朝の承認なく，官職・位階を授けられ，後白河法皇(上皇)との関係を深めた義経が頼朝と対立したことを想起し，その義経が，奥羽を基盤とする武家政権を担う藤原秀衡のもとに逃げ込んだことの意味を考える。また，頼朝が，朝廷に守護・地頭の設置を公的に認めさせたことの意味を確認する。

参考文(4)……………………………………………………………………………

地頭は平氏政権のもとでも存在したが，それは朝廷の認可を経たものではなく，平氏や国司・領家が私の「恩」として平氏の家人を任じたものだった。

……………………………………………………………………………………

ここからは，平氏政権の下での私的な地頭の意味と，朝廷に認可させた地頭職補任により,御家人の所領支配を公的に保障した鎌倉幕府の地頭の意味との相違を確認する。

参考文(5)……………………………………………………………………………

はじめ，奥州の貢物は奥州藤原氏から京都へ直接納められていたが，1186年，頼朝は,それを鎌倉を経由する形に改めさせた。3年後,奥州藤原氏を滅ぼして平泉に入った頼朝は，整った都市景観と豊富な財宝に衝撃を受け，鎌倉の都市建設にあたって平泉を手本とした。

……………………………………………………………………………………

ここからは，奥州藤原氏が貢物を献上して朝廷と直接的に通交していたこと，頼朝が，これを警戒し，奥州藤原氏と朝廷との直接交渉を断絶し，自らの管轄下に置こうとしたことを読み取る。また，奥州藤原氏が，独自の文化を形成し，金や馬の産出，及び，「日本の外」である北方との交易で得た豊富な財力を背景にした武家政権であるという知識を確認し，それが頼朝の脅威となっていたことを想起する。

設問A　奥州藤原氏が，どのような姿勢で政権を維持しようとしたかを，京都の朝廷および「日本の外」との関係にふれながら述べることが要求されている。

平安時代後期，陸奥では俘囚(服属した蝦夷)の長である安倍頼時が，自立した大きな勢力を維持し，国司とも争いを起していた。1051～62年，律令政府より派遣された源頼義・義家父子は，東国武士団を率いて安倍氏と戦い，出羽の俘囚の長である清原武則の援助を得て安倍氏を滅ぼした。この戦いを前九年合戦と呼ぶが，この合戦の後，清原氏が奥羽地方の覇権を握った。

1083～87年，陸奥守となった源義家が，清原氏の内紛に介入し，藤原清衡を援助して清原氏を滅ぼした。この戦いを後三年合戦というが，この合戦以後，約100年間，奥羽地方は，藤原清衡を祖とする奥州藤原氏が，平泉を拠点に，清衡・基衡・秀衡の３代にわたって支配した。

1105年，藤原清衡は中尊寺を建立したが，その供養願文には，「東夷の遠首である自分は，父祖の後を継いで俘囚の長になっているが，奥羽の蝦夷も北方の海洋民族も従えて，やすらかに30余年を経た」と記している。

実際，奥州藤原氏は奥羽を支配し，金や馬などの産出や，当時は「日本の外」であった北海道，さらには，北方の人々との交易によって大きな富を築いた。また，奥羽で産出する金や馬などを摂関家や院などに献上し，朝廷とも通交した。そして，京都の文化を移入し，中尊寺や毛越寺などの寺院を建立し，北方の影響も受けた独自の文化を形成し，自立した武家政権を構築していった。

設問B　頼朝政権が，全国平定の仕上げとして奥州藤原氏政権を滅ぼさなければならなかった理由について，朝廷の動きを含めて述べることが要求されている。

本問では，後白河法皇と関係を深めた源義経が，奥羽を基盤とした武家政権を頼ったことが，源頼朝の脅威となったことを述べればよい。

源頼朝の弟である義経は，兄である頼朝の命で平氏追討の任にあたっていた。その過程の1184年，後白河法皇は，義経に対して，五位の位階と検非違使の官職を授与した。頼朝は，一族や御家人の朝廷との直接的な結びつきを著しく警戒し，自らの承認のない朝廷からの位階・官職の叙位・任官を厳しく戒めていた。それ故，義経のこの行為は，頼朝を激怒させ，義経との対立を生じさせたが，この義経への叙位・任官には，両者の対立を図る後白河法皇の思惑も存在した。頼朝と対立した義経は，いっそう後白河法皇との関係を深めていったので，兄弟対立は拡大していった。

1185年３月24日，義経が率いる軍勢は，壇の浦の戦いで平氏を滅亡させた。しかし，頼朝は，平氏を滅ぼした功労者であるにもかかわらず，義経が鎌倉に入ることを認めなかった。失意のうちに京都に戻った義経は，10月18日，後白河法皇に迫って源頼朝追討の院宣を得た。しかし，挙兵した義経に応じる武士はなく，義経は藤原秀衡のもとに逃げ込んだ。

後白河法皇，すなわち，朝廷と関係の深い義経が，豊富な財力を持ち，独自の文化を形成する奥羽を基盤とする武家政権のもとにあることは，頼朝にとって大きな脅威となった。

設問Ｃ　平氏政権と異なって，頼朝政権が最初の安定した武家政権(幕府)となりえた理由について，地理的要因と武士の編成のあり方からの両面から述べることが要求されている。

本問では，源氏の基盤が東国にあったこと，及び，源頼朝が東国武士と主従関係を結び，朝廷に公的に認可された地頭に任命して所領支配を保障し，軍事動員を可能としたことを述べればよい。

前九年合戦や後三年合戦に際し，源頼義や義家は，東国の武士を率いて戦ったので，この戦いを通して，源氏は東国武士団との主従関係を強め，開発領主として勢力を拡大してきた東国武士団を基盤に，武家の棟梁としての地位を構築していった。

源頼朝は，見参(けざん)し，名簿(みょうぶ)を提出した東国武士と，御恩と奉公の主従関係を結んで御家人とし，鎌倉を拠点に，東国を基盤とした武家政権を構築した。また，東国は京都から遠隔の地にあり，朝廷内の政情や律令制の政治機構からの隔絶が比較的に容易であり，平氏政権のように貴族化することを回避できた。

1185年，後白河法皇が義経に対して源頼朝追討の院宣を発すると，頼朝は，北条時政に率いさせた軍勢を京都に送り，源頼朝追討の院宣を撤回させ，逆に，後白河法皇に，源行家・義経追討の院宣を出させた。そして，その際，源行家・義経追討を名目に，諸国に守護，荘園や公領に地頭を設置する権利，１段あたり５升の兵粮米を徴収する権利，諸国の在庁官人を支配する権利を公的に認可させた。頼朝政権の公的な地頭は，平氏政権の私的な地頭とは大きく異なるものであった。

荘園や公領に置かれた地頭の職務は，荘園・公領からの年貢の徴収と，荘園領主や国衙への年貢の納入，及び，土地の管理や治安維持であった。職とは，職務に伴う土地からの収益権のことだが，鎌倉初期，源頼朝は，見参して名簿を提出した武士と主従関係を結んで御家人とし，御恩として地頭に任命して地頭職補任を行った。すなわち，この時に源頼朝は，御家人として家臣化した，開発領主の子孫，あるいは元開発領主であった荘官の持つ，私的で不安定な荘官職を，公的で安定した地頭職として補任するという形をとって，所領支配を公的に保障し，主従関係を結んだのである。これが典型的な御恩である本領安堵を意味する。

鎌倉初期は，地頭職という土地に対する権利を，御恩として与えたのであって，土地そのものを知行給与できた訳ではない。その意味では，この段階では封建制度は未成熟であったといえる。荘官の職務を継承した地頭の職務は，荘園を構成する名田ごとに年貢を徴収して荘園領主に納入し，年貢の一部を地頭職として地頭の得分(収益)とした。また，戦功などにより，御恩として新たな所領の地頭職などが与えられることを新恩給与といった。

一方，東国武士は，惣領制と呼ばれる一門一家の強固な血縁的結合をなしていた。頼朝は，本家の長である一門の惣領と主従関係を結んで御家人とすることにより，惣領を通しての軍事動員を可能とした。すなわち，惣領は，一門の庶子や家子・郎党を率いて軍役や番役などの奉公を勤めたのである。

設問Ａ

〔問題の要求〕

設問Ａでは，奥州藤原氏が，どのような姿勢で政権を維持しようとしたかを，京都の朝廷および「日本の外」との関係にふれながら，考察することが要求されている。

解法としては，要求されている論点に対し，以下の内容を踏まえて，字数のバランスに配慮してまとめればよい。

〔ポイント〕

＜奥州藤原氏の政権維持と朝廷との関係＞

①金や馬を朝廷に献上

②院や摂関家など朝廷と通交

③京都の文化を移入

＊中尊寺や毛越寺・無量光院などの寺院を建立

＜奥州藤原氏の政権維持と「日本の外」との関係＞

①北方の地と交易

②蝦夷を支配

③独自の文化を形成

＊北方の文化も影響

設問Ｂ

〔問題の要求〕

設問Bでは，頼朝政権が，全国平定の仕上げとして奥州藤原氏政権を滅ぼさなければならなかった理由について，朝廷の動きを含めて，考察することが要求されている。

解法としては，要求されている論点に対し，以下の内容を踏まえて，字数のバランスに配慮してまとめればよい。

〔ポイント〕

<奥州藤原氏を滅ぼさなければならない理由 ― 朝廷の動き>

①後白河法皇と源義経との関係強化

②源頼朝と源義経の対立

③源義経が藤原秀衡を頼る

<奥州藤原氏を滅ぼさなければならない理由 ― 全国平定の仕上げ>

①奥羽を基盤とする武家政権の存在

②奥州藤原氏は朝廷と通交

③源頼朝の奥州藤原氏に対する脅威

設問C

〔問題の要求〕

設問Cでは，平氏政権と異なって，頼朝政権が最初の安定した武家政権(幕府)となりえた理由について，考察することが要求されている。

解法としては，要求されている論点に対し，以下の内容を踏まえて，字数のバランスに配慮してまとめればよい。

〔ポイント〕

<頼朝政権が安定した武家政権となりえた理由 ― 地理的要因>

①源氏は東国武士団を基盤

＊前九年合戦・後三年合戦以降

②東国は都から遠隔

＊独自性を維持しやすい

＊朝廷の政情からの隔絶が容易

<頼朝政権が安定した武家政権となりえた理由 ― 武士の編成のあり方>

①源頼朝は東国武士と主従関係

＊東国武士は見参して名簿を提出

＊東国武士を御家人とする

②朝廷より守護・地頭設置の権利を獲得

③御家人に地頭職補任

④本領安堵

＊御家人の所領支配を公的に保障

＊公的な地頭職として安定化

⑤新恩給与

＊戦功などで新たな地頭職などを御家人に与える

⑥惣領を通して軍事動員

解答

A奥州藤原氏は金や馬を用いて朝廷と通交し，京都文化を移入して中尊寺を建立した。また，北方とも交易して独自の文化を育てた。(30字×２行)

B後白河法皇と関係を深めて対立する源義経が藤原秀衡を頼るなど，朝廷とも通交する奥州藤原氏は，源頼朝の脅威となっていった。(30字×２行)

C源氏は旧来より東国武士団を基盤としていた。源頼朝は東国武士と主従関係を結んで御家人とし，地頭職補任により所領支配を公的に保障する本領安堵を行い，惣領を通した軍事動員を可能とした。(30字×３行)

第３問

解説　幕藩体制下の大名・天皇の役割と文治政治の背景となる社会状況について考察する問題である。参考文を熟読し，その内容や示唆するものを読み取って，問題の要求に沿って論じることが要求されている。

設問A　参考文(1)・(2)の時期，すなわち，江戸初期の幕府が，支配体制の中で天皇と大名に求めた役割について述べることが要求されている。

本問では，幕府が，大名に軍役を賦課して幕藩体制を支える役割を担わせるとともに，天皇の権威を維持し，その権威を利用して全国支配を行ったことを述べればよい。

参考文(1)…………………………………………………………………………

江戸幕府は，1615年の大坂夏の陣で豊臣氏を滅ぼした後，伏見城に諸大名を集めて武家諸法度を読み聞かせた。その第１条は，大名のあるべき姿について，「文武弓馬の道，専ら相嗜(たしな)むべき事」と述べていた。

……………………………………………………………………………………

参考文(1)にある武家諸法度とは，江戸幕府が武家の統制のために制定した基本法であり，主に大名統制を目的としていた。参考文(1)で扱われているのは，1615年に制定された元和の武家諸法度である。同法は，大御所であった徳川家康の命で金地院崇伝が起草し，２代将軍徳川秀忠の名で発せられた最初の武家諸法度である。新規築城の厳禁，居城修理の制限，私的婚姻の禁止など大名の行動を具体的に規制した。

武家諸法度は，原則的には将軍の代替わりごとに発布され，大名たちに読み聞かせた。1635年に３代将軍徳川家光が発布した寛永の武家諸法度では，参勤交代が制度化され，500石以上の大船建造が禁止された。1663年に４代将軍徳川家綱が発布した寛文の武家諸法度では，キリシタン禁止などが付加された。1683年に５代将軍徳川綱吉が発布した天和の武家諸法度では，儒教に基づく忠孝重視の文治主義が掲げられ，末期養子の禁の緩和や殉死の禁止が付加された。1710年に６代将軍徳川家宣が発布し，７代将軍徳川家継が継承した正徳の武家諸法度は，侍講の新井白石が起草し，和文体で書かれた。しかし，８代将軍徳川吉宗は，天和の武家諸法度に戻し，以後の将軍は，代々，天和の武家諸法度を継承した。

武家諸法度の第１条は，天和の武家諸法度で「文武忠孝を励まし，礼儀を正すべき事」と改定されるまで，元和令から寛文令まですべて，「文武弓馬の道，専ら相嗜むべき事」とある。「弓馬」とは武芸のことであるから，幕府は大名に対し，武芸に専念し，軍事力を供給することを求めていることがわかる。

幕藩体制を政治史的観点から見ると，将軍と大名の土地を媒介とした御恩と奉公の主従関係，すなわち，大名知行制と捉えることができる。江戸時代の大名とは，将軍の直臣で，かつ将軍から１万石以上の領地を御恩として知行給与された者である。将軍は大名に対し，御恩として石高を基準に領地を知行給与し，奉公として知行高（知行地の石高）を基準に軍役や普請役や参勤交代などを課した。

すなわち，幕府は大名に対し，将軍を警固して幕政を守るとともに，将軍が御恩として知行供与した領地を治めるための武力，つまり，幕藩体制を支える軍事力を提供する役割を求めていたのである。

参考文⑵……………………………………………………………………………………

ついで幕府は，禁中並公家諸法度を天皇と公家たちに示した。その第１条は，天皇のあるべき姿について，「第一御学問なり」と述べ，皇帝による政治のあり方を説く中国唐代の書物や，平安時代の天皇が後継者に与えた訓戒書に言及している。

……………………………………………………………………………………………………

参考文⑵にあるように，1615年，幕府は，天皇・公家など朝廷統制の基準を示した基本法として禁中並公家諸法度を制定した。同法は，大御所である徳川家康が金地院崇伝に起草させたものであり，天皇の学問専念，朝廷の席次，官位制度，紫衣勅許の条件などが規定された。

禁中並公家諸法度の第１条は，「天子諸芸能の事，第一御学問也」で始まるが，同法の重要な意義は，日本の歴史上で初めて，天皇の行動を法によって規制したところにある。同法の制定以前は，天皇は「法を超える存在」とされ，御成敗式目など武家法のみならず，律令や格式など公家法においても，天皇に関する条文は存在しなかった。すなわち，禁中並公家諸法度によって，天皇は，江戸幕府の法体系に組み込まれ，幕府の制定した法律により行動を規制される存在になったのである。

禁中並公家諸法度の第１条にある，「芸能」とは体得して体現できる学芸・武芸などと，それに用いられる知識や技能のことである。同法の第１条の大半の部分は，鎌倉時代に順徳天皇が著した有職故実の書である『禁秘抄』の抜粋・引用である。「天子諸芸能の事，第一御学問也」の後に続く文言においては，唐の太宗李世民が近臣と行った政治上の問答を集めた書で，帝王学の教科書として中国・日本で広く読まれた『貞観政要』や，群書の中から治世に役立つ項目を集めた唐代の書である『群書治要』，宇多天皇が譲位に際して醍醐天皇に与えた教訓書である『寛平遺戒』などが言及され，「我国の習俗」として和歌を学ぶことが強調されている。

古来より天皇が行ってきた，前述のような学問の習得や和歌の学習を，あえて幕府法で成文化し，天皇の職務と規定したことの意味は，天皇を日本の文化や伝統的権威を体現する存在と法制化することにより，天皇の大政(天下の政)への関与を排除したものと考えられている。また，禁中並公家諸法度は，大御所の徳川家康・将軍の徳川秀忠とともに関白の二条昭実も連署して公家法としての用件も整えており，このことは，同法を制定した江戸幕府への大政委任に法的根拠を与えるものであった。

参考文(2)からは，幕府が，天皇や公家の行動を法で規制したこと，天皇を学問に専念させて伝統的権威の維持を図るとともに，天皇の政治介入を排除したことが確認できる。

幕府は，朝廷を統制し，天皇の政治関与を排除しつつも，その一方で，天皇権威は維持した。そのことの持つ意味は，天皇から将軍宣下され，天皇から大政委任される形で全国を支配したことに見られるように，天皇権威を利用して将軍や幕府の支配の正当化・強化を図ることにあった。

設問Ｂ　1683年に幕府が武家諸法度を改めた背景となる，武士の置かれた社会状況の変化について述べることが要求されている。

本問では，大名統制の緩和や儒学の重要性の高まりなど，文治政治への転換期の武士の置かれた社会状況の変化のあり方を具体的に述べればよい。

参考文(3)

1651年，新将軍のもとで末期養子の禁が緩和され，1663年には殉死が禁止された。これらの項目は1683年の武家諸法度に条文として加えられた。

ここには，４代将軍徳川家綱の下で，末期養子の禁の緩和や殉死の禁止が行われたこと，これらの規定が，５代将軍徳川綱吉の下で発布された天和の武家諸法度の条文に付け加えられたことが書かれている。

徳川家康から３代将軍徳川家光の治世は，改易・減封・転封などにより厳しく大名を統制したので，武断政治の時代といわれた。大名の改易は牢人を激増させ，牢人の江戸への流入は社会不安を増大させていた。

そのような状況を背景に，1651年，幕政に不満を抱く軍学者の由井正雪や丸橋忠弥らの牢人たちは，徳川家光の死を契機に，幕府への反乱を計画した。この由井正雪の乱（慶安事件）は未然に発覚して反乱計画は失敗したが，この事件が，幕政を武断政治から文治政治へ転換させる契機となった。

４代将軍徳川家綱から７代将軍徳川家継の治世は文治政治の時代といわれた。由井正雪の乱の要因が，大名の改易による牢人の増加と考えた幕府は，末期養子の禁を緩和して大名統制の緩和を進めた。

跡継ぎのいない大名が重病や危篤になって急に養子を願い出る末期養子は，ほとんど認められなかったので，改易となる大名が増加していった。そのため，徳川家綱は，50歳以下の末期養子を認め，改易がもたらした牢人増加の防止を図った。

また，徳川家綱は，戦国時代以来の遺風とされた，主君の死後に家臣が後を追って自決する殉死を禁止し，主君の死後も跡を継いだ新しい主君に忠誠を尽くすことを義務付けた。これにより，主君個人ではなく，主家に対して奉公する主従関係を確立させ，下剋上を否定した。

すなわち，参考文(3)では，末期養子の禁の緩和からは大名統制の緩和を，殉死の禁止からは主家に対する主従関係の確立や下剋上の否定を想起することが求められている。そして，そこから，４代将軍徳川家綱の時代になると，幕政が武断政治から文治政治へ転換し，幕藩体制も安定期に入ったことを読み取らなければならない。

参考文(4)……………………………………………………………………………………

1683年の武家諸法度では，第１条は「文武忠孝を励まし，礼儀を正すべき事」と改められた。

……………………………………………………………………………………………………

ここには，1683年に５代将軍徳川綱吉の下で発布された天和の武家諸法度において，第１条が，「文武忠孝を励まし，礼儀を正すべき事」と改定されたことが書かれている。

武断政治から転換して文治政治が行われた，４代将軍徳川家綱から７代将軍徳川家継の治世は，幕藩体制が確立期から安定期に入った時期と重なる。戦乱は終結し，平和が継続して軍事動員も軽減した。

前述のような状況を背景に出された天和の武家諸法度では，元和の武家諸法度から寛文の武家諸法度まで，「文武弓馬の道，専ら相嗜むべき事」と規定されていた第1条が，「文武忠孝を励まし，礼儀を正すべき事」と大きく改定されている。このことは，幕府が，大名などの武士に対して，武芸のみならず，「主君に対する忠・父祖に対する孝」という儒教道徳を遵守することや，礼儀を重んじる態度を大切にすることを求めていたことを示している。

徳川綱吉は，儒教道徳を重んじるとともに，為政者の自覚を形成する学問として儒学を重視して文治政治を行った。そのため，上野忍岡にあった林家の孔子廟を湯島に移し，大成殿を造って孔子を祀った。これが湯島聖堂である。また，林家の私塾である弘文館も湯島に移転し，聖堂学問所とした。そして，林鳳岡（林信篤）を大学頭に任命して聖堂学問所を主宰させた。なお，聖堂学問所は，1797年に幕府直轄の昌平坂学問所となった。

一方，徳川綱吉は，家康が1万石，2代将軍秀忠が1万石を献上して2万石であった禁裏御料を，1万石増加して3万石にするのみならず，大嘗祭のような朝廷儀式の復興を認めるなど，朝廷統制の緩和をすすめた。そして，このような朝廷儀式の整備は，将軍権威の強化に利用された。

すなわち，天和の武家諸法度において，第1条が「文武忠孝を励まし，礼儀を正すべき事」と改められたことの意味は，幕藩体制の安定を背景とした，上述したような文治政治の中で，幕府が，大名などの武士に対して，忠孝の儒教道徳や礼儀を重んずる態度を求めたことにあった。

設問A

〔問題の要求〕

設問Aでは，江戸初期の幕府が，支配体制の中で天皇と大名に求めた役割について，考察することが要求されている。

解法としては，要求されている論点に対し，以下の内容を踏まえて，字数のバランスに配慮してまとめればよい。

〔ポイント〕

＜幕府が求めた大名の役割＞

①大名知行制の確立

＊石高を基準に知行給与

＊知行高を基準に軍役賦課

②大名に軍事力を提供させる

　＊幕藩体制を支えさせる

③法令の遵守

<幕府が求めた天皇の役割>

①朝廷の統制

　＊天皇は学問に専念

　＊天皇の政治関与の排除

②天皇権威の利用

　＊天皇の伝統的権威の維持

　＊天皇からの将軍宣下

　＊天皇からの大政委任

　＊将軍権威の強化

　＊幕府の全国支配の正当化

設問Ｂ

〔問題の要求〕

設問Ｂでは，1683年に幕府が武家諸法度を改めた背景となる，武士の置かれた社会状況の変化について，考察することが要求されている。

解法としては，要求されている論点に対し，以下の内容を踏まえて，字数のバランスに配慮してまとめればよい。

〔ポイント〕

<武家諸法度改正の背景となる武士の置かれた社会状況の変化>

①幕藩体制の安定

　＊戦乱の終結

　＊平和と安定の継続

　＊軍事動員の軽減

②武断政治から文治政治への転換

　＊法や儀礼の重視による幕藩体制の維持

　＊為政者の立場を形成する儒学の重視

③末期養子の禁の緩和

　＊大名統制の緩和

④殉死の禁止

　＊主家に対する主従関係の確立

　＊下剋上の否定

解答

Ａ幕府は，知行給与と軍役賦課により大名に幕藩体制を支えさせ，
将軍宣下・大政委任により，天皇権威を利用して全国を支配した。(30字×２行)

Ｂ幕藩体制の安定に伴う武断政治から文治政治への転換により，法
や儀礼による体制維持が図られ，儒学の重要性も高まった。大名統
制は緩和され，主家への主従関係も確立して下剋上が否定された。(30字×３行)

第４問

解説　橋本左内の公議政体論と明治政府の国家体制について考察する問題である。

参考文を用いた出題形式。橋本左内の「村田氏寿宛」(安政４年11月28日付)の書簡の現代語訳が史料として用いられている。

設問Ａ　橋本左内の公議政体論の構想が，従来の仕組みをどのように変えようとするものであったのかを，国際的背景を含めて説明することが要求されている。

列強の開国・通商要求の中，橋本左内が，幕府独裁を転換し，挙国一致の雄藩連合による幕府中心の国家体制を構想したことを述べればよい。

橋本左内(1834〜59)は，藩医の子として生まれた越前(福井)藩士。幼少より俊英で，15歳の時には『啓発録』を著す。16歳で大坂に出て，緒方洪庵の適塾で蘭学や西洋医学を学んだ。父の死後，家督を継いで，18歳で藩医となったが，1854〜55年，江戸に遊学し，水戸藩の藤田東湖，薩摩藩の西郷隆盛，小浜藩の梅田雲浜，熊本藩の横井小楠らと交流した。その後，越前藩主松平慶永の信任を受け，藩校である明道館(1869年に明新館と改称)の学監となり，学制改革や藩政改革を行った。しかし，1857年，江戸に出て，松平慶永の侍読兼内用掛となり，13代将軍徳川家定の将軍継嗣問題に際しては，松平慶永の意を受け，一橋慶喜の擁立に尽力した。

この間の情勢を概観しよう。1853年６月，アメリカ東インド艦隊司令長官ペリーは，軍艦(黒船)４隻を率いて浦賀に来航し，大統領フィルモアの国書を提出し，開国を強硬に要求した。この時，幕府は，国交を持つ通信国である朝鮮と琉球以外の国の国書は受理しないという，従来の方針を破って，正式に国書を受理し，翌年に回答すると約束してペリーを去らせた。しかし，同年７月には，ロシアの使節プチャーチンが長崎に来航して，開国と国境の画定を要求した。

このような対外情勢の緊迫の中，老中首座の阿部正弘は，譜代大名から選任される老中・若年寄らを中心とした，従来の幕府独裁の方針を転換して，朝廷に報告するとともに，諸大名のみならず幕臣にまで諮問した。そのため，朝廷の権威は高揚し，幕政への諸大名の発言力は増大したので，結果，幕府の威信は低下していったが，この

方針転換の背景には，ペリー来航を国難ととらえる阿部正弘の認識があった。

一方，阿部正弘は，1838年に『戊戌封事』を12代将軍徳川家慶に提出して幕政改革を要求したこともある前水戸藩主の徳川斉昭を幕政に参加させ，越前藩主松平慶永・薩摩藩主島津斉彬・宇和島藩主伊達宗城ら開明的な大名の協力を得た。また，永井尚志・岩瀬忠震・川路聖謨・井上清直ら有能な幕臣を登用して対外交渉などにあたらせた。このような，いわば，挙国一致の雄藩連合を志向する人々が結集し，幕府内の改革派，すなわち，雄藩連合派を形成していったのである。

この間，阿部正弘は，安政の改革といわれる一連の軍制改革と近代化政策を推進していった。1853年には，1635年の寛永の武家諸法度で禁止していた500石以上の大船建造禁止を解除し，大名の大船建造を許可した。また，江戸に洋学研究機関としての洋学所(のち蕃書調所・開成所などと改称)や，幕臣の軍事教育機関である講武所，長崎にオランダ海軍士官が指導する海軍伝習所を設置した。さらに国防の充実のために，江川英竜に命じて江戸湾の品川沖に台場(砲台)，伊豆韮山に大砲を製造するための反射炉を建設させた。

1854年，ペリーは軍艦７隻を率いて再来して条約締結を迫ったので，幕府は圧力に屈して，神奈川で日米和親条約を締結した。同条約の内容は，下田・箱館の開港，領事の駐在，片務的最恵国待遇の承認などであった。開国は強いられたが，自由貿易・通商は回避できた。また，ロシア・イギリス・オランダとも和親条約を結んだ。

1856年に下田に着任したアメリカ総領事のハリスは，アロー戦争というアジア情勢の緊迫を背景に，通商条約の締結を迫った。通商条約の締結は不可避と考えた老中堀田正睦は，朝廷に条約勅許を求めたが，孝明天皇に拒否された。

このような中で，ハリスの通商条約要求や条約勅許問題と共に，病弱で子供のいない13代将軍徳川家定の跡継ぎを巡る将軍継嗣問題が，幕府内の路線対立を巡る政争をはらんで政治問題化していった。

1857年，安政の改革を推進していた阿部正弘は病死した。しかし，前水戸藩主徳川斉昭・越前藩主松平慶永・薩摩藩主島津斉彬ら，幕政における改革派である雄藩連合派は，徳川斉昭の子で，血統は遠くても年長で英明な一橋慶喜を推し，一橋派といわれた。一方，井伊直弼を中心とする譜代大名ら，幕政における保守派である幕府独裁派は，幼少でも血統の近い紀伊藩主の徳川慶福を推し，南紀派と呼ばれ，一橋派と対立した。

このような将軍継嗣をめぐる対立の中で，雄藩連合による統一国家を構想する橋本左内は，藩主松平慶永の意向に従い，一橋慶喜の擁立に奔走した。このような橋本左内の構想をよく表しているのが，本問で取り上げられた，1857(安政４)年11月28日付の「村田氏寿宛」の書簡である。村田氏寿とは，橋本左内の同志の越前藩士で，この書簡には，日露同盟論といわれる積極的な開国論を基盤とした反イギリス・親ロシアの外交政策の主張と，雄藩連合による統一国家の構想が具体的に述べられている。

本問で使われている，現代語訳され要約された部分を，史料の原文にあたってより詳細に見ると，開国政策実現の前提として，国内の政治も古いままのやり方ではすまされないと，まず現状を否定し，その上で，第一に将軍の跡継ぎを立て，第二に越前藩主松平慶永・前水戸藩主徳川斉昭・薩摩藩主島津斉彬を国内事務宰相の専権とし，肥前藩主鍋島斉正(直正)を外国事務宰相の専権とし，それに勘定奉行川路聖謨・海防掛永井尚志・外国掛岩瀬忠震を指し添えることを主張している。

そして，そのほか，「天下有名達識之士」を儒者の名目で藩士や牢人に関わらず登用して，前述の宰相たちに付属させれば，今の情勢でも「随分一芝居」出来ると改革の具体的な構想を述べている。

さらに，ロシアやアメリカなどから技術を持った人々を50人ばかり招いて学術稽古所を開き，物産の道を開き，乞食や雲助(かごかき)にも相当の手当てを与えて，蝦夷地に送り山海の開発の仕事をさせるなどの構想を語っている。

すなわち，橋本左内は，幕府の独裁を転換し，親藩・譜代・外様を問わず有力大名が将軍の下で幕政に参加する，挙国一致の雄藩連合による，幕府中心の統一国家体制を構想し，身分を問わない人材登用を提起したのである。

しかし，1858年４月23日，井伊直弼が大老に就任し，６月19日，日米修好通商条約が調印され，６月25日，紀伊藩主徳川慶福(家茂)を将軍継嗣とすることが決定した(将軍就任は10月25日)。このような中で，９月７日の梅田雲浜の逮捕より安政の大獄が始まり，10月23日，橋本左内は江戸で町奉行所に拘禁された。翌1859年10月７日，軽輩にもかかわらず将軍継嗣問題に介入したことは不届きとされ，橋本左内は処刑された。

設問Ｂ　維新の動乱を経て約30年後に成立した国家体制と橋本構想との主な相違点を述べることが要求されている。

橋本左内の公議政体論は，挙国一致の雄藩連合による幕府中心の統一国家体制を建設する構想であったことは前述した。本問では，この構想とは大きく相違する，王政復古を行い，廃藩置県を実施し，維新の動乱を経て明治政府が確立した，大日本帝国憲法の下での立憲体制について述べればよい。

1867年10月14日，明治天皇から薩摩藩と長州藩に対して討幕の密勅が出されたが，同日，15代将軍徳川慶喜は大政奉還を行い，翌15日，大政奉還は勅許され，25日，慶喜は将軍辞任を申し出た。

なぜ慶喜は，江戸幕府が消滅することになるにも関わらず大政奉還を断行したのか。

討幕派との戦いにおいて，軍事的勝利は望めないと判断した慶喜の意図は，坂本竜馬の公議政体論に基づく諸侯会議(大名連合政権)によって徳川家の勢力温存を図るというところにあった。つまり，江戸幕府という「名」を捨て，徳川家の勢力温存という「実」をとる政策であったのである。

大政奉還の後は，諸侯会議における徳川家の主導権を認める土佐藩などの公議政体論と，それを否定する薩摩藩や長州藩の武力倒幕論が対立する政局となった。1867年12月9日，岩倉具視らの公家と薩摩藩・長州藩は，武力を背景としたクーデターを起し，天皇親政に戻すことを意味する王政復古の大号令を発した。そして，新政権は，幕府や摂政・関白の廃絶を宣言し，天皇のもとに総裁・議定・参与の三職を置いた。

同12月9日夜，朝廷では，徳川氏の処分を論じる小御所会議といわれる第1回の三職会議が開かれた。そこで，土佐藩の反対を押し切り，徳川慶喜に対して内大臣の辞退と領地の一部返上を命じる辞官納地の決定がなされた。これに反発した徳川慶喜は，京都から大坂城に引上げ，新政府と軍事的に対峙した。そして，翌1868年1月の鳥羽・伏見の戦いを機に，1869年の五稜郭の戦いまで続く，新政府と旧幕府の勢力による戊辰戦争が始まった。

1868年3月，戊辰戦争のさなか，五箇条の誓文が公布され，新政府は，天皇親政の下での公議世論の尊重や開国和親を掲げた基本方針を示した。1869年，藩主が土地と人民を天皇に返還する版籍奉還が行われた。しかし，旧藩主を知藩事に任命したので，名目的な中央集権にすぎなかった。

そのため，1871年，廃藩置県を断行し，261藩すべてを廃し，府と県を設置した。そして，知藩事を罷免して東京に集住させるとともに，府には府知事，県には県令として中央から官僚を派遣し，実質的な中央集権体制を構築した。この廃藩置県により，藩主の支配に基づく封建的割拠は最終的に解体され，大名権力も消滅した。

このような政策が進行していく過程で，士農工商の封建的身分制度の解体が進められ，四民平等が実現し，武士も消滅した。また，当初，華族・士族に対する家禄の支給を行っていた明治政府は，1876年，金禄公債証書発行条例を出し，家禄制度を全廃し，武士の封建的特権を有償解消した。この秩禄処分により，士族は経済的特権も喪失した。

天皇親政の下の明治政府とは，養老律令に基づく太政官制であり，太政大臣は三条実美，左大臣は島津久光，右大臣は岩倉具視であった。そして実態は，薩摩藩や長州藩などの出身者が太政官の参議などの要職について政治を担う藩閥政府となっていた。

1874年の板垣退助らによる民撰議院設立の建白書の提出を機に，自由民権運動が始まり，大きな広がりを見せていった。藩閥政府を批判し，国会開設を求める民主主義運動である自由民権運動の高揚に対し，明治政府は弾圧と懐柔をもって臨んだ。

1885年，明治政府は，太政官制を廃止して内閣制度を成立させた。最高行政機関である「政府」は，今までは太政官であったが，これ以後は内閣を意味することとなる。最後の太政大臣が三条実美で，最初の総理大臣が伊藤博文であった。

1889年２月11日，大日本帝国憲法が発布された。明治憲法と通称されるこの憲法は，天皇が制定して臣民に服従させる欽定憲法であった。そして，大日本帝国憲法では，神格化された万世一系の天皇が統治権を総攬することが規定された。とはいえ，大日本帝国憲法には，貴族院と衆議院からなる帝国議会の規定があり，同憲法が発効する翌1890年，日本初の衆議院議員総選挙が実施されて帝国議会が開催され，ここに立憲体制が確立した。

設問Ａ

〔問題の要求〕

設問Ａでは，橋本左内の公議政体論の構想が，従来の仕組みをどのように変えようとするものであったのかを，国際的背景を含めて，考察することが要求されている。

解法としては，要求されている論点に対し，以下の内容を踏まえて，字数のバランスに配慮してまとめればよい。

〔ポイント〕

＜橋本左内の公議政体論の背景となる国際的背景＞

①ペリー来航と開国

②列強の通商条約締結の要求

③世界資本主義のシステムに組み込まれる

＜橋本左内の公議政体論の構想＞

①従来の幕府独裁の転換

②挙国一致の雄藩連合

＊将軍を中心とする政権構想

＊有力大名の幕政参加による諸侯会議

＊親藩・譜代・外様の別を問わない

＊身分を問わず有能な人材を登用

③幕府を中心とした統一国家体制の構想

設問Ｂ

〔問題の要求〕

設問Ｂでは，維新の動乱を経て約30年後に成立した国家体制と橋本構想との主な相違点を，考察することが要求されている。

2013年　解答・解説

解法としては，要求されている論点に対し，以下の内容を踏まえて，字数のバランスに配慮してまとめればよい。

〔ポイント〕

＜維新の動乱＞

①大政奉還による江戸幕府の消滅

②王政復古による天皇親政

＊戊辰戦争による旧幕府勢力の壊滅

③廃藩置県

＊大名権力の消滅

＊集権体制の構築

④身分制の否定による武士の消滅

＊四民平等

＊秩禄処分

＜約30年後の国家体制＞

①内閣制度の成立

②大日本帝国憲法(明治憲法)

＊欽定憲法

＊神格化された万世一系の天皇が統治

③帝国議会の開設

④立憲体制の確立

＊立憲君主制

＊君民共治

解答

Ａペリー来航後の開国以降，列強の通商への要求も高まった。橋本左内は，幕府の独裁を転換し，親藩・譜代・外様を問わず有力大名が将軍の下で幕政に参加する，挙国一致の雄藩連合による，幕府中心の統一国家体制を構想し，身分を問わない人材登用も提起した。(30字×４行)

Ｂ王政復古を行った明治政府は，廃藩置県で大名権力を消滅させて集権体制を構築し，武士も消滅させ，神格化された万世一系の天皇が統治する明治憲法の制定，議会開設により立憲体制を確立した。(30字×３行)

2012年

第1問

解説 8世紀から10世紀前半の軍事力の構成や性格の変化について考察する問題である。昨年と同様に，古代史は軍事力がテーマであった。参考文を熟読し，その内容や示唆するものを読み取って，問題の要求に沿って，180字以内で説明することが要求されている。

律令に基づく軍団制・兵士制が，平安初期に辺境を除き廃止され，健児制が採用されたこと，10世紀になると，武士を軍事力として利用して反乱を鎮圧したことなどを述べれば良い。古代に関する軍事力のあり方の変遷についての基本知識と理解があれば，参考文に書かれた内容を吟味し，問題の要求通りにまとめればよいのであるから，難問とはいえない。

参考文(1)

740年，大宰少弐藤原広嗣が反乱を起こし，豊前・筑前国境の板櫃(いたひつ)河をはさんで，政府軍約6,000人と広嗣軍約10,000人が戦った。両軍の主力は，すでに確立していた軍団制・兵士制のシステムを利用して動員された兵力であった。

740年の藤原広嗣の乱に際し，政府軍・広嗣軍とも，その主力は軍団制・兵士制のシステムを利用して動員された兵力であったことが述べられている。

ここでは，奈良時代には軍団制・兵士制が機能していたことを読み取ればよい。

軍団制・兵士制は，律令(大宝律令・養老律令)に基づくものである。律令の規定に於ては，正丁(21〜60歳の成年男子)3人に1人の割合で兵役を課す，いわば徴兵制であったが，実際には1戸(正丁3〜4人)に1人の割合で兵士を徴発した。そして，諸国の軍団に配置し，訓練を受けさせた。軍団制・兵士制は，律令に規定された籍帳支配(戸籍・計帳による人民支配)を前提としていた。

軍団では，郡司クラスの地方豪族出身の軍毅が指揮官となり，国司の下で国内の治安維持を担った。軍団兵士の中からは，左右衛士府・衛門府に配されて宮城や京中を警備する衛士が選抜され，任期1年で派遣された。また，大宰府に配されて九州沿岸を防衛する防人も軍団から選抜され，3年交代で派遣されたが，防人には主に東国の兵士があてられた。

参考文(2)……………………………………………………………………………………………

780年の伊治呰麻呂による多賀城襲撃の後，30年以上にわたって政府と蝦夷との間で戦争があいついだ。政府は，坂東諸国などから大規模な兵力をしばしば動員し，陸奥・出羽に派遣した。

……

780年の伊治呰麻呂の乱以降の長期にわたる蝦夷との戦闘に於ては，坂東諸国から大規模な兵力が動員されたことが書かれている。

ここでは，東国(坂東)の兵力の編制方式には，ヤマト時代の国造軍のあり方が残存し，税や兵士の徴発など人民の実際の支配は，国造の系譜を引く郡司の力に依存していたことを想起すればよい。

参考文(3)……………………………………………………………………………………………

783年，政府は坂東諸国に対し，有位者の子，郡司の子弟などから国ごとに軍士500～1,000人を選抜して訓練するように命じ，軍事動員に備える体制をとらせた。一方で792年，陸奥・出羽・佐渡と西海道諸国を除いて軍団・兵士を廃止した。

……

792年，律令制や籍帳支配の衰退を背景とした農民の疲弊，それに伴う兵士の質の低下，および，国際関係の緊張の緩和を要因に，陸奥・出羽・佐渡・西海道諸国を除いて軍団制・兵士制が廃止された。ここでは，軍団制・兵士制の廃止により，郡司の子弟を中心に，富裕者・有位者の子弟や有力農民の志願者の中から，弓馬に優れた者を採用する，少数精鋭の募兵制の健児制を設けたことが書かれている。しかし，それ以前に於ても，健児は特定の国に置かれていることも読み取る。

参考文(4)……………………………………………………………………………………………

939年，平将門は常陸・下野・上野の国府を襲撃し，坂東諸国の大半を制圧した。平貞盛・藤原秀郷らは，政府からの命令に応じて自らの兵力を率いて将門と合戦し，これを倒した。

……

平将門の乱に際し，同じ桓武平氏の一族である平貞盛や，下野国の押領使であった藤原秀郷などの東国武士が，政府の命令に応じて，自らの兵力を率いて平将門を討ったことについて書かれている。

このことから，平将門の乱・藤原純友の乱(承平・天慶の乱)を通し，自らの軍事力の低下と，地方武士の実力を認識した朝廷が，武士を軍事力として使用し，武士の反乱や治安維持に利用したことを述べればよい。その際，武士を押領使や追捕使に任命して地方の治安維持にあたらせたこと，国の兵(つわもの)として国衙に組織したこと，滝口の武士として宮中の警護に当たらせるなど侍として奉仕させたことなどの具体例を字数内で挙げればよい。

この問題では，８世紀から10世紀前半の軍事力の構成や性格の変化について，180字以内で説明することが要求されているのであるから，要求されている論点に対し，以下の内容を踏まえて，字数のバランスに配慮してまとめればよい。

＜奈良時代の軍事力の性格＞

①徴兵制

②(養老)律令に基づく

③籍帳支配を前提とする

＜奈良時代の軍事力の構成＞

①正丁から徴兵

＊正丁３人～４人に１人(正丁３人に１人)

②諸国の軍団に配置

＊防人を選抜

＊衛士を選抜

③蝦夷征討

＊東国の郡司(軍毅･豪族)の率いる兵士を動員

＜平安初期の軍事力の性格＞

①軍団(軍団制・兵士制)を廃止

＊辺境(奥羽･九州･佐渡)を除く

②廃止の理由

＊農民の疲弊(兵士の質の低下･国際的緊張の緩和･律令制衰退･籍帳支配崩壊)

③健児制

＊募兵制(志願制)

＜平安初期の軍事力の構成＞

①郡司の子弟や富裕者の子弟(有位者の子弟･有力農民)を採用

＊少数精鋭

＊弓馬に優れた者

＜10世紀前半の軍事力の性格＞

①地方政治の弛緩(律令制の衰退)

②武士の成長(武士団の形成)

③武士を軍事力に使用

＊武士の反乱を鎮圧(治安維持に利用)

<10世紀前半の軍事力の構成>

①押領使(追捕使)に任命

②国の兵(国衙に組織化)

③滝口の武士

＊宮中の警備(侍として奉仕)

解答

奈良時代，律令に基づき正丁３～４人に１人を徴兵して諸国の軍団
に配置し，そこから衛士や防人を選び，蝦夷征討には東国の郡司の
率いる兵士を動員した。平安初期，農民の疲弊を背景に辺境を除き
軍団・兵士を廃し，郡司の子弟などを健児に採用した。10世紀には
，成長してきた武士の押領使・追捕使への任命，国の兵としての国
衙への組織化を行い，その軍事力を用いて武士の反乱を鎮圧した。(30字×６行)

第２問

解説　院政期から鎌倉時代にかけての仏教の動向についての問題である。参考文を熟読し，その内容や示唆するものを読み取って，問題の要求に沿って論じることが要求されている。

設問Ａでは，参考文(1)が天皇家の御願寺についての文書であることを読み取り，参考文(2)が東大寺再建についての文書であることを読み取り，両者の寺院の造営方法の理念上の相違について，60字以内で述べることが要求されている。

設問Ｂでは，法然や親鸞の教えの特徴，および，それに対応した旧仏教側の活動について，120字以内で述べることが要求されている。

設問Ａは，天皇家の私的な御願寺と，東大寺再建の造営の方法における理念の相違を述べることが要求されている。

参考文(1)…………

院政期の天皇家は精力的に造寺・造仏を行った。白河天皇による法勝寺をはじめとして，大規模な寺院が次々と建立された。

…………

白河天皇の法勝寺をはじめとする，天皇家の造寺・造仏について書かれている。院政期には，六勝寺と総称される，白河天皇の法勝寺，堀河天皇の尊勝寺，鳥羽天皇の

最勝寺，鳥羽天皇の中宮待賢門院の円勝寺，崇徳天皇の成勝寺，近衛天皇の延勝寺の六つの御願寺が建てられた。御願寺とは天皇などの発願によって建立された寺院で，建立者の個人的な祈願に応えることに主眼を置く私寺的色彩を持った寺院のことである。

ここでは，法勝寺など六勝寺は，中下級貴族である受領の成功などにより運営され，売位・売官の風潮が盛んとなり，政治の混乱に拍車をかけたことを読み取る。

参考文(2)……………………………………………………………………

平氏の焼き討ちにより奈良の寺々は大きな打撃をこうむった。勧進上人重源は各地をまわって信仰を勧め，寄付や支援を募り，東大寺の再興を成し遂げた。

……………………………………………………………………………………

東大寺の再建，および，その際の勧進上人重源の活動について書かれている。1180年，源平争乱の中，平重衡の南都焼打ちにあい，東大寺は興福寺と共に焼かれた。大寺院は，同時に大荘園領主であり，僧兵を擁し，その権力は世俗化していた。そのような中で，寺院のあり方に批判を持つ人々は，出家しても寺院に属さず，聖(ひじり)・遁世者として活動する者も多く現れた。

ここでは，東大寺再建も，このような聖や遁世者の勧進や布教により達成されたことを読み取る。

設問Ｂは，法然の専修念仏，親鸞の悪人正機説など，易行の教えの特徴を述べればよい。その上で，法然らの弾圧を朝廷に求める一方，戒律重視や社会事業などによる改革も行った旧仏教側の動向を具体的に述べればよい。

参考文(3)……………………………………………………………………

鎌倉幕府の御家人熊谷直実は，法然が「罪の軽重は関係ない。念仏を唱えさえすれば往生できるのだ」と説くのを聞き，「手足を切り，命をも捨てなければ救われないと思っておりましたのに，念仏を唱えるだけで往生できるとはありがたい」と感激して帰依した。

……………………………………………………………………………………

念仏さえ唱えれば，罪の軽重と関係なく往生できるのだと聞き法然に帰依した，鎌倉幕府の御家人熊谷直実の逸話が書かれている。

易行(厳しい修行を必要としない)・選択(念仏・禅・題目などから一つの教えの方法を選ぶ)・専修(ひたすらに打ち込む)という鎌倉新仏教の基本特色，特に法然の専修念仏の易行の教えについて述べればよい。専修念仏とは，他の修行方法を捨て，「南無阿弥陀仏」とひたすら念仏を唱えるだけで極楽往生できるという教えである。

参考文(4)……………………………………………………………………………………

1205年，興福寺は法然の教えを禁じるように求める上奏文を朝廷に提出した。このような攻撃の影響で，1207年に法然は土佐国に流され，弟子の親鸞も越後国に流された。

……………………………………………………………………………………………

旧仏教側の興福寺が，法然の教えを禁じるように朝廷に上奏文を出し，その結果，法然やその弟子の親鸞が配流されたことが書かれている。

親鸞は師の法然の教えを更に進め，救いのすべては阿弥陀仏の力と計らいによるものであり，全く人間の自力によるものではないという絶対他力の信仰を説いた。

親鸞の死後，異説が多いことを嘆き，弟子の唯円が著した親鸞の言行録である『歎異抄』には，悪人正機説など親鸞の思想が伝えられている。悪人正機説は，「善人なをもちて往生をとぐ，いはんや悪人をや」で始まるが，「善人」とは自力で修行する人，造寺・造仏などの自力作善をなす人のことであり，「悪人」とは煩悩を持ったすべての大衆をさす。人は悪を犯してしか生きていけない存在であり，人々は平等に「悪人」でしかありえない。そのことに対する自覚のない「善人」ですら往生できるのだから，「悪人」であることを自覚した他力の信仰者の往生は疑いないということを意味する。人は不可避的にしか生きられない存在である。戦乱の中で悪を犯してしか生きていけない民衆を，ありのままに救済しようと親鸞は苦悩し，このような思想を紡ぎ出した。

また，親鸞の肉食妻帯の実践，非僧非俗のあり方，自己の計らいを捨てて阿弥陀仏に委ねてあるがままに生きる自然法爾（じねんほうに）の思想などに触れてもよい。

参考文(5)……………………………………………………………………………………

1262年，奈良西大寺の叡尊は，北条氏の招きによって鎌倉に下向し，多くの人々に授戒した。彼はまた，京都南郊の宇治橋の修造を発願し，1286年に完成させた。

……………………………………………………………………………………………

叡尊が鎌倉に下向し，多くの人に授戒したことや，宇治橋の修造など社会事業に尽力したことが書かれている。

鎌倉新仏教の発展に直面し，旧仏教の中からも改革の機運が起こった。法相宗の貞慶（解脱）は『興福寺奏状』をもって法然の専修念仏の停止を訴え，華厳宗の高弁（明恵）は『摧邪輪』を著し，法然の『選択本願念仏集』を攻撃し，鎌倉新仏教を理論的に批判した。また，貞慶と高弁は戒律を重視して南都仏教の復興に努めた。

一方，律宗の叡尊（思円）は，５代執権北条時頼に招かれて鎌倉に下向し，広く公武貴賎に戒を授けた。貧者・病人や非人を救済し，殺傷の禁断を進めるなど社会事業に尽力した。また，叡尊の弟子の忍性も，奈良にハンセン病患者の救済施設としては日本最古の北山十八間戸を創設した。さらに北条氏の帰依を受けて鎌倉に下り，極楽寺の開山となり，広く授戒を行うとともに土木工事などの社会事業にも尽力した。

設問Ａでは，天皇家の私的な御願寺と，東大寺再建の造営の方法における理念の相違を述べることが要求されているのであるから，要求されている論点に対し，以下の内容を踏まえて，字数のバランスに配慮してまとめればよい。

＜(1)の寺院の造営上の理念＞

①法勝寺(六勝寺)

＊天皇家(上皇･天皇)の御願寺(自らの祈願のための寺・私寺)

②受領(中下級貴族)の成功により運営

＜(2)の寺院の造営上の理念＞

①東大寺再建

②聖(寺院に属さない僧･遁世者)の勧進(布教)により達成

設問Ｂでは，法然や親鸞の教えの特徴を説明し，その上で，それに対応する旧仏教側の動向を具体的に述べることが要求されているのであるから，要求されている論点に対し，以下の内容を踏まえて，字数のバランスに配慮してまとめればよい。

＜法然･親鸞の教えの特徴＞

①易行・選択・専修

②法然の教え

＊専修念仏(念仏による極楽往生･称名念仏)

③親鸞の教え

＊悪人正機説

＊悪を犯してしか生きていけない庶民も救済(ありのままで救済)

＊他力本願(絶対他力・肉食妻帯・自然法爾)

＜旧仏教側の活動＞

①法然(浄土宗)を攻撃

＊貞慶・『興福寺奏状』

＊高弁・『摧邪輪』

②朝廷に弾圧を求める

③戒律を重視

④社会事業

＊叡尊・忍性・北山十八間戸

解答

Ａ天皇家の私的な御願寺は受領の成功により造営された。東大寺再建は，寺院に属さない聖の民衆などへの布教や勧進で達成された。(30字×２行)

Ｂ法然は易行である専修念仏による極楽往生を説き，親鸞は悪人正機説で，悪を犯してしか生きていけない庶民も日常生活の中で救済されるとした。旧仏教側では，法然らを攻撃して朝廷に弾圧を求める動きや，戒律を重視し，社会事業を行うなどの改革も見られた。(30字×４行)

第３問

解説　江戸時代の村落と農村社会の変化について考察する問題である。休日・若者組という具体例から江戸時代半ば以降の村落を考察することが要求されているので，多少，戸惑った受験生もいたかもしれないが，これは受験生のあまり知らない歴史的事項を媒介として，基本的な歴史認識を問うという東大日本史の典型的パターンなので，過去問を研究してきた受験生にとっては，標準的な問題であった。参考文を熟読し，その内容や示唆するものを読み取って，問題の要求に沿って論じることが要求されている。

設問Ａでは，村ごとに休日を定めた理由について，村の性格や，百姓・若者組のあり方に即して，90字以内で述べることが要求されている。

設問Ｂでは，18世紀末，幕府や藩が村人の「遊び」を危惧した理由について，農村社会の変化を念頭に置いて，60字以内で述べることが要求されている。

参考文(1)

村の定書をみると，「休日(やすみび)」「遊日(あそびび)」と称して，正月・盆・五節句や諸神社の祭礼，田植え，稲刈り明けのほか，多くの休日が定められている。その数は，村や地域によって様々だが，年間30～60日ほどである。

村の掟書には，多くの休日が定められ，その数は，村や地域によって様々なこと，年間30～60日ほどであることが書かれている。

ここにある，休日が村掟や村法によって，村の実態に即して決定されているという一例から，村請制の下，名主(なぬし)(庄屋・肝煎)・組頭・百姓代などの村役人の指導により，本百姓が村を運営する，江戸時代の村の自治のあり方が読み取れる。

参考文(2)……………………………………………………………………………

百姓の日記によれば，村の休日以外にそれぞれの家で休むこともあるが，村で定められた休日はおおむね守っている。休日には，平日よりも贅沢な食事や酒，花火などを楽しんだほか，禁じられている博打(ばくち)に興じる者もいた。

……………………………………………………………………………………………

百姓は村で決定した休日を守っていること，休日には贅沢な食事や酒，花火などを楽しんだこと，禁じられている博打に興じるものもいたことなどが書かれている。

ここからは，農村にも奢侈や娯楽のみならず，博打までが入ってきていること，および，その背景となる，農村への貨幣経済・商品経済の浸透が進んできていることが読み取れる。

参考文(3)……………………………………………………………………………

ある村の名主の日記によると，若者が大勢で頻繁に押しかけてきて，臨時の休日を願い出ている。名主は，村役人の寄合を開き，それを拒んだり認めたりしている。当時の若者は，惣代や世話人を立て，強固な集団を作っており，若者組とよばれた。

……………………………………………………………………………………………

村には若者組という強固な集団が形成されていること，若者組は臨時の休日の願い出を名主に行っていること，若者組の要求に対し，村役人が寄合を開いて拒んだり認めたりしていることが書かれている。

ここから，村には若者組という成年男子による集団が自治的に形成されていること，若者組の要求も，村が自治的に検討しているという，村の自治の実態が読み取れる。

参考文(4)……………………………………………………………………………

若者組の会計帳簿をみると，支出の大半は祭礼関係であり，飲食費のほか，芝居の稽古をつけてくれた隣町の師匠へ謝礼を払ったり，近隣の村々での芝居・相撲興行に際して「花代(はなだい)」(祝い金)を出したりしている。

……………………………………………………………………………………………

若者組の会計帳簿から，支出の大半が祭礼関係であり，隣町の芝居の師匠に謝礼を払ったり，近隣の村々での芝居や相撲の興行に際して，祝い金を出したりしていることが書かれている。

ここから，若者組が祭礼などを担っている実態や，若者組の活動は，祭礼を通して村を越えた交流を生み出していることが読み取れる。

設問Aは，村ごとの休日の設定を通して，江戸時代の村の性格や百姓・若者組のあり方を論じることを要求している。

江戸時代の村は，幕藩領主に対し，個人や家単位ではなく，名主が責任者となり，村単位で，かつ村の責任で年貢・諸役を全額納入する村請制の下に置かれていた。そして，村政は，村役人の指導の下，本百姓により自治的に運営されていた。また，幕藩領主の側も，村請制の下で展開される村の自治機能を利用して支配を行っていた。

百姓たちは，寄合で合議を行い，村法を定め，結(ゆい)やもやいと呼ばれる共同作業を行った。また，若者組は祭礼を担うとともに，治安維持にも貢献した。

このような村政の自治の下では，休日も村法で決定し，若者組の臨時休日の要求も汲み取り，村役人の寄合の合議でその可否を決定した。このように，休日が村の実態に即して決められる様子からも，村政に於ける自治のあり方がうかがわれる。

設問Bは，18世紀末の農村社会の変化を背景に，幕藩領主が，村人の「遊び」を危惧して規制しようとした意図を考察する。

18世紀末になると，商品作物栽培も進展し，貨幣経済・商品経済の農村への浸透が進んでいった。それに伴い，都市と農村を商人は往来し，都市の文化も農村に流入していった。また，貨幣経済・商品経済の農村への浸透は，農民層分解を促進させ，年貢負担者である本百姓の没落を進めた。

このような中で，宗門人別帳からはずされ，定職や住居を持たない無頼の徒である無宿人が増加し，組織・縄張りを持って博打(賭博)を業とする博徒も横行するようになったので，犯罪は増加し，治安は悪化した。

幕藩領主は，奢侈を促す「遊び」が，上記のような農村社会の変化を促進させると危惧した。また，若者組による「遊び」を介した村を越えた交流が，百姓一揆の広域化を促すことも危惧した。そのため，幕藩領主は「遊び」を厳しく規制しようとしたのである。

設問Aでは，村ごとに休日を定めた理由について，村の性格や，百姓・若者組のあり方に即して述べることが要求されているのであるから，要求されている論点に対し，以下の内容を踏まえて，字数のバランスに配慮してまとめればよい。

＜村の性格＞

①村請制の下の自治

　＊村役人の指導

　＊本百姓により運営

②幕藩領主は村の自治を利用して支配

＜百姓のあり方＞

①寄合で合議

②村法の制定

③共同作業(結・もやい)を行う

<若者組のあり方>

①治安維持を担う

②祭礼を担う

<村の休日の設定>

①村法で決定

②若者組の要求

＊寄合の合議で決定

③村の実態に即して決定

設問Bでは，18世紀末，幕府や藩が村人の「遊び」を危惧した理由について，農村社会の変化を念頭に置いて述べることが要求されているのであるから，要求されている論点に対し，以下の内容を踏まえて，字数のバランスに配慮してまとめればよい。

<農村社会の変化>

①貨幣(商品)経済の農村への浸透

＊商人の往来

＊都市文化の流入

②農民層分解の促進

③本百姓(年貢負担者)の没落を促進

④無宿人の増加(博徒の横行)

＊犯罪の増加(治安の悪化)

<幕府や藩が「遊び」を危惧して規制した意図>

①「遊び」は奢侈を促す

②農村社会の変化を促進させることを危惧

③村を超えた交流

＊百姓一揆の広域化を危惧

解 答

A村請制の下，村役人の指導で本百姓により村は運営され，休日も
村法で定められた。休日の設定は，治安維持や祭礼を担う若者組の
要求により寄合で決められることもあり，村の実態に即していた。(30字×3行)

B奢侈を促す「遊び」が農村への貨幣経済浸透による農民層分解・
本百姓没落を促進させ，博徒などの犯罪も増加させると危惧した。(30字×2行)

第4問

解説 占領地・植民地に進出した日本人に関する事項について考察する問題である。日本の敗戦から1976年末までの，中国およびソ連からの日本人の復員・引揚者数をまとめた表を分析するとともに，参考文を熟読し，その内容や示唆するものを読み取って，問題の要求に沿って論じることが要求されている。

設問Aでは，多数の一般邦人が中国に在住するようになっていた理由となる，20世紀初頭以降の歴史的背景について，120字以内で述べることが要求されている。

設問Bでは，ソ連からの日本人の帰還が，1950年に中断し，1956年に完了した理由について，当時の国際社会の状況に着目して，60字以内で説明することが要求されている。

地　域	軍人・軍属	一般邦人
中国東北地方	52,833 人	1,218,646 人
東北地方以外の中国と香港	1,058,745 人	496,016 人
ソ連(旧日本帝国領を除く)	453,787 人	19,155 人

表は，日本の敗戦から1976年末までの，中国およびソ連からの日本人の復員・引揚者の数をまとめたものである。

中国東北地方からの軍人・軍属の復員は52,833人。一般邦人の引揚げは1,218,646人。ここでは，約5万人の軍人・軍属の復員に比して，約120万人の一般邦人の引揚げが顕著であったことがわかる。

中国東北地方，すなわち旧満州に駐留した軍人・軍属とは，その大半が，関東州と満鉄を警備する日本陸軍部隊である関東軍のことである。特に満州事変以降，大量に満州に駐留していた関東軍は，ソ連参戦に際し，満蒙開拓団を含む一般邦人を置き去りにして鉄道などを使って撤退した。それ故，捕虜になった軍人・軍属の数は少ない。

一方，傀儡国家として捏造された満州国には，大量の一般邦人が移り住んでいたのであり，敗戦時にはその多くが取り残された。

東北地方以外の中国と香港からの軍人・軍属の復員は1,058,745人。一般邦人の引揚げは496,016人。ここでは，一般邦人の引揚げが約50万人に対し，軍人・軍属の復員は，その約2倍の約100万人と大量であることがわかる。

1937年7月，盧溝橋事件を機に日中戦争を引き起こした日本は，中国本土(関内)で全面的な侵略戦争を展開した。都市と鉄道のみの「点と線の支配」との側面も持つが，日本軍は中国の大半を占領し，大量の軍人・軍属が送り込まれた。また，1941年，アジア・太平洋戦争の開戦に伴い，日本軍は香港を攻撃して占領し，軍政を敷いた。日本軍の占領地の拡大に伴い，東北地方以外の中国と香港に在住する一般邦人も増加した。敗戦に伴い，中国本土に派遣されていた大量の日本軍は，降伏し，武装解除された。それ故，東北地方以外の中国と香港では，軍人・軍属の復員数の多さが顕著であった。

ソ連(旧日本帝国領を除く)からの軍人・軍属の復員は453,787人。一般邦人の引揚げは19,155人。ここでは約２万人の一般邦人の引揚げに対し，軍人・軍属の復員が約45万人と圧倒的に多いことがわかる。

日本敗戦時，ソ連軍は，満州や朝鮮北部・樺太・千島列島から，日本軍人のみならず，満州国官吏や満鉄のような国策会社の職員などの一般邦人もソ連に抑留し，主にシベリアの収容所に送り強制労働に従事させた。その数は約57万人とされ，その大半は降伏して捕虜となった日本軍人であった。

参考文(1)には，第二次世界大戦の終結ののち，日本の占領地や植民地からの復員や引揚げが始まり，多くの日本人は終戦の翌年までに帰還したが，中国とソ連からの帰還は長期化したことが書かれている。

設問Ａでは，多数の一般邦人が中国に在住するようになっていた理由となる，20世紀初頭以降の歴史的背景について述べることが要求されているので，日露戦争後，中国東北地方(旧満州)や東北地方以外の中国に，多数の一般邦人が在住するようになった歴史的背景を，それぞれ具体的に述べればよい。

1904年，満州・韓国を巡る日本とロシアの帝国主義戦争である日露戦争が勃発した。翌1905年，アメリカ大統領セオドア=ローズベルトの仲介で，日本は勝利的講和を実現し，日露の講和条約であるポーツマス条約に於て，旅順・大連(関東州)の租借権や東清鉄道南満州支線(長春～旅順間)など，満州に於けるロシア権益を継承し，満州に進出した。そして，翌1906年，関東州の統治機関として関東都督府を設置した。関東都督府は軍政であったが，1919年，行政を担う関東庁と，軍事を担う関東軍に分立した。

また，1906年，ロシアから譲渡された東清鉄道南満州支線を経営する南満州鉄道株式会社(満鉄)が設立された。満鉄は，植民地経営を担う半官半民の国策会社で，満鉄付属地の行政権を持った。また，満鉄は鉄道経営のみならず，撫順炭鉱や鞍山製鉄所などを経営し，他産業を傘下に入れたコンツェルンを形成した。満鉄の職員は約40万人で，うち日本人が約14万人であった。

1911年の辛亥革命により中華民国が成立したが，その後，中国は，孫文を中心とする広東政府と軍閥(中国の軍事的封建的地方勢力)が掌握する北京政府に分裂していた。第一次世界大戦中，陸軍長州閥の寺内正毅内閣は，軍閥政権である段祺瑞政権(北京政府)に対し，西原借款と呼ばれる1億4500万円にも上る巨額の借款を与え，中国への権益拡大を図った。これを機に，日本の資本輸出が進み，上海・青島・天津などに日本の紡績工場の進出が進んだ。これら中国で展開した日本資本による紡績業を総称して在華紡と呼んだ。在華紡は，日本での経営方式を持ち込み，中国人労働者を低賃金で搾取し，中国民族資本を圧迫した。1925年，在華紡の工場でのストライキに際し，中国人労働者を射殺して弾圧したことが，上海で起きた大規模な反帝国主義運動である五・三〇事件（五・三〇運動）の発端となった。

1931年，関東軍は謀略事件である柳条湖事件を機に，満州事変を起こし，満州を占領した。そして，翌1932年，満州といわれた東三省（奉天省・吉林省・黒竜江省）に東部内蒙古の熱河省を加えて，清の廃帝である愛新覚羅溥儀を執政（のち皇帝）として，日本の傀儡国家である満州国を捏造した。これ以後，大量の日本人の満州在住が進んだ。

また，昭和恐慌で農村が疲弊し，さらに都市に出て，労働者として働いていた人たちが，産業合理化と称して大量に解雇されて帰村したので，農村人口は増大した。そのため，満州国維持や対ソ戦略などの軍事目的もあいまって，農業移民として，約30万人の満蒙開拓団を入植させた。

1930年代になると，高橋財政の軍事インフレ政策で急成長した新興財閥が植民地に進出した。鮎川義介を総帥とする日産コンツェルンが満州に進出し，満州重工業開発会社を設立して満州の重工業部門を独占的に支配した。

1937年に日中戦争が始まり，全面戦争に発展し，大量の日本軍が派兵された。日本軍の占領地が拡大すると，それに伴い，一般邦人の在住も進んだ。

設問Bでは，ソ連からの日本人の帰還が，参考文(2)のように1950年に中断し，1956年に完了した理由について，当時の国際社会の情況に着目して説明することが要求されている。ここでは，シベリアに抑留された日本人の帰還が，朝鮮戦争など冷戦激化により中断し，日ソ国交回復により完了したことを述べればよい。

参考文(2)には，1950年，ソ連政府は日本人の送還を中断したこと，1953年に再開されたが進展せず，ほとんどの日本人の帰還が実現したのは，1956年のことであることが書かれている。

敗戦後の日本は，当初11カ国，のち13カ国の連合国により占領されたが，事実上は米軍の単独占領であった。本土は連合国による間接統治であったが，沖縄・奄美・小笠原は米軍による直接軍政であった。アメリカの占領政策は，当初は，日本の「非軍事化・民主化」を目的とし，一連の戦後改革が実施されていった。しかし，1947年，アメリカ大統領トルーマンの共産主義「封じ込め政策」であるトルーマン=ドクトリンが示され，ここに，1989年のマルタ会談まで続く冷戦が始まった。

1943年のカイロ宣言で掲げられていたにもかかわらず，1945年，朝鮮の独立は反故にされ，南部朝鮮は米軍が，北部朝鮮はソ連軍が占領した。1948年，米軍占領下の南部朝鮮で大韓民国（李承晩政権），ソ連軍占領下の北部朝鮮で朝鮮民主主義人民共和国

(金日成政権)が成立した。また，中国では，1949年，国共内戦は，民衆の支持を得た毛沢東が率いる中国共産党の勝利に終わり，中華人民共和国が建国された。一方，アメリカの支援する蔣介石の国民政府は敗北して，台湾に逃れ，中華民国を継承した。

このような東アジアに於ける冷戦の激化により，日本の「非軍事化・民主化」を目的としたアメリカの占領政策は，日本を「反共の防波堤」にする政策へと大きく転換した。

そして，1950年，ついに朝鮮戦争が勃発し，日本は米軍の出撃基地となっていった。そのような中でアメリカは，ソ連を含む連合国による日本占領を終結させ，独立を回復した日本を西側陣営に組み込もうとして講和を推進した。1951年，第三次吉田茂内閣は，全交戦国との講和を求める全面講和の動きを抑え，西側48カ国とのみ講和を結び，社会主義国などとは戦争状態を継続させる単独講和の形でサンフランシスコ平和条約を締結した。

1952年4月28日，サンフランシスコ平和条約の発効により，占領は終結した。翌1953年には朝鮮休戦協定が締結されたが，ソ連と戦争を終結して国交を回復するのは，1956年，第三次鳩山一郎内閣の時の日ソ共同宣言，中国と戦争を終結して国交を回復するのは，1972年，田中角栄内閣の時の日中共同声明まで待たなければならなかった。

シベリアに抑留された日本人の帰還は，1950年，朝鮮戦争の勃発など，東アジアに於ける冷戦の激化によって中断した。しかし，「雪どけ」を背景に，1956年，日ソ共同宣言が発せられ，ソ連との国交が回復するに伴い，日本人の帰還も完了した。

設問Aでは，多数の一般邦人が中国に在住するようになっていた理由となる，20世紀初頭以降の歴史的背景について述べることが要求されているのであるから，要求されている論点に対し，以下の内容を踏まえて，字数のバランスに配慮してまとめればよい。

＜一般邦人の中国在住の歴史的背景 ― 日露戦争以降＞

①日露戦争(ポーツマス条約)
②ロシア権益の継承
③満州(中国東北地方)に進出
④関東州(旅順・大連)の租借
⑤南満州鉄道株式会社の設立
　＊満鉄付属地の経営(植民地経営を担う国策会社)

＜一般邦人の中国在住の歴史的背景 ― 第一次世界大戦以降＞

①第一次世界大戦
②中国本土に資本輸出

＊在華紡(在華紡績資本)

<一般邦人の中国在住の歴史的背景 ― 満州事変以降>

①満州事変

②傀儡国家である満州国の捏造

③昭和恐慌で疲弊した農村から満蒙開拓団(移民)を送る

④新興財閥(日産コンツェルン)の満州進出

<一般邦人の中国在住の歴史的背景 ― 日中戦争以降>

①日中戦争

②占領地の拡大

設問Bでは，ソ連からの日本人の帰還が，参考文(2)のように一時は中断し，後に完了した理由について，当時の国際社会の状況に着目して説明することが要求されているのであるから，要求されている論点に対し，以下の内容を踏まえて，字数のバランスに配慮してまとめればよい。

<日本人の帰還が中断した理由>

①シベリアに抑留された日本人(旧日本兵)の帰還

②朝鮮戦争など東アジアに於ける冷戦の激化により中断

<日本人の帰還が完了した理由>

①日ソ共同宣言に基づく日ソ国交回復により完了

解答

Aポーツマス条約でロシア権益を継承し，関東州租借・南満州鉄道
株式会社設立により満州に進出した日本は，満州事変後，満州国を
捏造し，昭和恐慌で疲弊した農村から満蒙開拓団も送った。中国本
土には在華紡が進出，日中戦争期，占領地への邦人在住も進んだ。(30字×4行)

Bシベリアに抑留された日本人の帰還は，朝鮮戦争など冷戦激化に
より中断したが，日ソ共同宣言に基づく国交回復に伴い完了した。(30字×2行)

2011年

第1問

解説 白村江の戦いと律令国家の建設について考察する問題である。

設問Aは，白村江の戦いに派遣された軍勢の構成について，30字以内で述べることが要求されている。

設問Bは，白村江の敗戦後の東アジアの国際情勢に触れながら，白村江での敗戦が，日本古代の律令国家の形成にもたらした影響を考察して150字以内で論じることが要求されている。

参考文を熟読し，その内容や示唆するものを読み取って，問題の要求に沿って論じることが要求されている。

①白村江の戦いに関する基本知識，②7世紀後半の東アジアの激動する情勢，③それに対応して促進される律令国家形成の過程の具体的知識，④この時期の軍事力のあり方，これらに関する，東大受験生として当然求められるレベルの理解があれば，参考文に書かれた内容を吟味し，問題の要求通りにまとめればよいのであるから，難問とはいえない。

参考文(1)にある，亡命した旧百済の貴族である答炑春初を派遣して長門城を，憶礼福留・四比福夫を筑紫国に派遣して大野城と基肄城を築かせたこと。参考文(3)にある，亡命した旧百済の貴族である答炑春初・沙宅紹明らを登用したこと。参考文(4)にある，筑紫国の兵士である大伴部博麻が，唐軍に捕らえられた豪族の筑紫君ら4人を帰国させるために，自らの身を売って奴隷となったエピソード，これらは，全て，吉田孝『大系日本の歴史3　古代国家の歩み』に記載されている。問題作成にあたり，出題者が同書を参考にしたことは間違いないだろう。

設問Aでは，「白村江の戦いに倭から派遣された軍勢の構成について」，30字以内で述べることが要求されている。

ここで問われていることは，「派遣された軍勢の構成」である。「百済救援の戦いに動員された」兵士(参考文(4))や，「百済救援の戦いに赴い」た人々(参考文(5))のみではない。すなわち,「派遣された軍勢の構成」とは,「動員された人々」のみではなく，派遣軍の指揮を命じられた将軍のもとに，動員された地方豪族や，徴発された地方豪族の支配・統率下にある民衆により編成された百済派遣軍の総体についての「軍勢の構成」のことである。前掲『大系日本の歴史3　古代国家の歩み』にも，百済派遣軍の編成については，将軍の安曇比羅夫・阿倍比羅夫らや，百済王子の余豊璋・百済遺

2011

臣の鬼室福信，動員された豪族や徴発された民衆，軍船や武器などが詳述されている。

しかし，受験生に対し，前掲『大系日本の歴史３　古代国家の歩み』のような歴史書を学ぶことが要求されているわけではない。基本的な歴史的認識と教科書レベルの基礎的な歴史的知識を前提に，参考文などで与えられる「情報」を斟酌して，問題の要求通りに論述することが求められるのが，東大入試の日本史の典型的な出題形式である。

先ず，「倭から派遣された軍勢の指揮」については，阿倍比羅夫が倭軍を率いたことは教科書に記載されているレベルの知識である。次に「白村江の戦いに動員された人々」に関しては，参考文(4)には，唐軍に捕らえられた「豪族の筑紫君」，その「筑紫君」ら豪族４人を帰国させるために身を売った「筑紫国の兵士」である「大伴部博麻」，参考文(5)には，百済救援の戦いに赴いて無事帰国した「備後国三谷郡司の先祖」や「伊予国の郡司の先祖」のエピソードが記載されている。そこから，西国の豪族とその支配・統率下にある民衆らが，白村江の戦いに動員されたことを読み取る必要がある。

2008年の第１問で，ヤマト政権下では，東国の国造が，大王を護衛する舎人として自らの子弟を出仕させたり，律令国家の下では，国造を継承する東国の郡司の掌握する民衆が天皇の護衛や防人を担わせたりするなど，東国の豪族とその支配・統率下の民衆が軍事力となっていたことを論じる問題が出題された。過去問を研究した受験生は，「豪族とその支配・統率下の民衆」「軍事力」という観点から類推して，本問に臨むことができたであろう。

設問Ｂでは，白村江の敗戦後の「東アジアの国際情勢」に触れながら，白村江での敗戦が，「日本古代の律令国家の形成にもたらした影響」を考察して論じることが要求されている。

先ず，白村江の敗戦後に国防の強化が行われたことは，東大受験生なら基礎的知識として押さえてなくてはならない。参考文(1)から，防人と烽の設置，水城の築造，朝鮮式山城の築城という基礎知識を再確認した上で，朝鮮式山城は，亡命してきた百済貴族を派遣して築城させたという箇所を用いて論じればよい。また，近江大津宮への遷都にも国防上の要因があり，このことに触れてもよい。

次に，白村江の敗戦後の律令国家の形成については，７世紀後半が律令国家の建設期であるという基本的認識を再確認して考察を始めればよい。氏族制は，血統に基づく支配を根幹としているが，律令制度は，法に基づく官僚機構による支配である。そして，７世紀後半には，律令の編纂と戸籍の作成による人民支配が進められ，律令国家の形成が進展した。

白村江の敗戦後，天智朝の下で，668年に近江令が編纂され，670年に初の全国的戸籍である庚午年籍が作成されたことを述べればよい。また，参考文(3)から，百済貴族を官僚として登用したことを読み取って付記すればよいし，参考文(5)からは，百済の人々から文化が流入したことを読み取り，それに触れてもよい。

白村江の敗戦後の東アジアの国際情勢の変化については，先ず，参考文(4)から，唐や新羅との関係修復を図ったことを読み取る。しかし，同様に参考文(2)の，唐に対しては，「30年ほど遣使は途絶えた」という箇所に注目して，676年に新羅が唐を排除して朝鮮半島を統一してから，唐と新羅の対立が生じたこと。及び，唐と新羅の対立を背景に，倭と新羅の関係が修復されたという重要な事実を述べる必要があった。7世紀後半を通して，倭と新羅との軍事的緊張が続いたわけではない。

また，690年に唐に身を売った倭軍の兵士が，新羅使に送られて帰国したエピソードから，倭と新羅の良好な関係とともに，7世紀末に唐と新羅も関係を修復したこと，それ故，国際的孤立を恐れた日本が，「日本」という新国号の報告もあって，702年に，約30年の中断を経て遣唐使派遣を再開したことが想起できればよい。

最後に，白村江の敗戦後の東アジアの国際情勢の変化と律令国家の形成という論点については，参考文(2)の，唐に対しては，「30年ほど遣使は途絶えた」という箇所から，天武・持統朝が遣唐使を派遣しなかったこと。その間，遣新羅使や新羅使の往来が盛んになり，新羅を通して先進的な唐の文物を摂取したという重要事項を想起する必要がある。そして，そのような中で，天武・持統朝により，飛鳥浄御原令が編纂されるとともに，飛鳥浄御原令に基づく戸籍として，6年ごとの班田収授の台帳となる庚寅年籍が作成され，律令国家の形成が促進されていったことを論じることが要求されていた。

参考文(1)……………………………………………………………………………

664年，対馬島･壱岐島･筑紫国等に防人と烽（とぶひ）を置き，筑紫に水城を築いた。翌年，答㶱春初（とうほんしゅんそ）を派遣して長門国に城を築き，憶礼福留（おくらいふくる）・四比福夫（しひふくふ）を筑紫国に派遣して大野城と基肄（きい）城とを築かせた。

……………………………………………………………………………………

ここでは，白村江の敗戦の後，防人と烽を設置し，水城を築いたことや，百済貴族に朝鮮式山城を築城させたことが述べられている。このことから，白村江の敗戦後に国防を強化したことや，その際に，亡命した百済貴族を用いたことが読み取れる。

参考文(2)……………………………………………………………………………

高句麗が滅んだ668年，新羅からの使者に託して，中臣鎌足は新羅の高官金庾信（きんゆしん）に船1隻を贈り，天智天皇も新羅王に船1隻を贈った。唐に向けては，翌年高句麗制圧を祝う遣唐使を送ったが，その後30年ほど遣使は途絶えた。

ここには，668年に唐と新羅が高句麗を滅ぼした後，中臣鎌足や天智天皇が新羅に船を送ったこと。また，翌669年，唐にも遣唐使を送ったが，その後，30年ほど遣唐使は途絶えたことが述べられている。このことから，676年，唐を排除して新羅が朝鮮半島を統一し，唐と新羅が対立すると，倭と新羅は関係を修復し，天武･持統朝は，遣唐使を派遣せず，新羅を通して唐の文物を摂取したことを想起する。

参考文(3)……………………………………………………………………

671年，倭の朝廷は，百済貴族の余自信（よじしん）・沙宅紹明（さたくじょうみょう）・憶礼福留・答炑春初ら50余人に倭の冠位を与えて，登用した。

ここからは，白村江の敗戦の後，倭の朝廷は，百済貴族に冠位を与えて官僚として登用するなどして，律令国家の形成に着手したことが読み取れる。

参考文(4)……………………………………………………………………

百済救援の戦いに動員された筑紫国の兵士大伴部博麻（おおともべのはかま）は，ともに唐軍に捕らえられた豪族の筑紫君ら4人を帰国させるために自らの身を売った。博麻が新羅使に送られて帰国できたのは，690年のことであった。

ここには，百済救援の戦いに動員された筑紫国の兵士大伴部博麻が，唐軍に捕らえられた豪族の筑紫君ら4人を帰国させるために身を売って奴隷となったエピソードが書かれている。このエピソードから，西国の豪族，及び，その支配・統率下の民衆が百済救援軍に動員されたことが読み取れる。また，690年，新羅使に送られて唐の奴隷となった博麻が帰国できたエピソードから，倭と新羅が良好な関係にあったこととともに，7世紀末になると，再び唐と新羅が関係を修復したことも読み取る必要がある。

参考文(5)……………………………………………………………………

『日本霊異記』によれば，備後国三谷郡司の先祖は，百済救援の戦いに赴いて無事に帰国したのち，連れ帰った百済人僧侶の力を借りて，出征前の誓いどおり，郷里に立派な寺院を建立したという。この寺院は，発掘調査された寺町廃寺である。伊予国の郡司の先祖についても，同様の話が伝わる。

ここに書かれている，備後国の郡司や伊予国の郡司が，百済救援の戦いから帰国したのち，連れて帰った百済僧侶の力を借りて寺院を建立したエピソードから，西国の豪族が百済救援軍に動員されたことや，百済から仏教などの文化が地方へも流入したことが読み取れる。

設問Aは，白村江の戦いに派遣された軍勢の構成について，30字以内で述べることが要求されているのであるから，要求されている論点に対し，以下の内容を踏まえて，字数のバランスに配慮してまとめればよい。

＜白村江の戦いに派遣された軍勢の指揮＞

①阿倍比羅夫(安曇比羅夫・中央豪族)らが率いる

＜白村江の戦いに動員された人々＞

①西国の地方豪族

②地方豪族の支配・統率下の民衆

設問Bは，白村江の敗戦後の東アジアの国際情勢に触れながら，白村江での敗戦が，日本古代の律令国家の形成にもたらした影響を考察して150字以内で論じることが要求されているのであるから，要求されている論点に対し，以下の内容を踏まえて，字数のバランスに配慮してまとめればよい。

＜白村江の敗戦後の国防強化＞

①国防の強化を図る

　＊防人の設置

　＊烽の設置

　＊水城の構築

　＊百済からの亡命者(百済貴族)に朝鮮式山城を築かせる

②近江大津宮への遷都

＜白村江敗戦後の律令国家の形成＞

①近江令の編纂

②庚午年籍の作成

③百済貴族の登用

　＊百済の人々からの文化流入

＜東アジア情勢の変化＞

①新羅の朝鮮半島統一

②唐と新羅の対立

③倭と新羅の関係修復

＜東アジアの情勢の変化と律令国家の形成＞

①天武･持統朝は遣唐使を派遣しない
②新羅を通して唐文化を摂取
③飛鳥浄御原令の編纂
④庚寅年籍の作成
⑤律令国家の形成を促進

解答

A阿倍比羅夫が率いる倭軍は西国豪族とその統率下の民衆が主力。(30字×1行)
B白村江の敗戦後，防人・水城を設け，百済からの亡命者に朝鮮式
山城を築かせ，国防強化を図る一方，近江令・庚午年籍を作成し，
百済貴族も登用した。新羅が朝鮮半島を統一して唐と対立すると，
倭と新羅は関係を改善し，天武・持統朝では遣唐使は派遣せずに新
羅を通して唐文化を摂取し，飛鳥浄御原令・庚寅年籍を作成した。(30字×5行)

第2問

解説　室町時代の守護について考察する問題である。室町幕府の安定期である4代将軍足利義持の時期に於ける，鎌倉府の管轄と九州を除いた守護についてまとめた表を分析し，参考文を熟読し，その内容や示唆するものを読み取って，問題の要求に沿って論じることが要求されている。

設問Aでは，室町幕府の幕政に参画した在京の守護の共通点について，中央に於ける職制上の地位にふれながら，60字以内で述べることが要求されている。

設問Bでは，今川・上杉・大内の各氏が在京を免除された理由を，60字以内で説明することが要求されている。

設問Cでは，足利義満の守護に対する施策の内容を，30字以内で述べることが要求されている。

室町時代の政治史の理解を前提に，表を読解し，参考文を熟読すれば，既存の基本的歴史的知識を用いて容易に解答できる。

設問Aでは,「幕府の運営や重要な政務の決定に参画した守護」の「共通点」について,「中央における職制上の地位」にふれながら述べることが要求されている。

4代将軍足利義持の時代には，細川・斯波・畠山・山名・赤松・一色・京極・今川氏などの有力な守護は，原則として在京を義務づけられ，重臣(宿老)を構成した。そして，この重臣会議の合意により，室町幕府の重要な政策が決定されていた。彼ら有力守護たちは，足利一門や室町幕府の成立に参与した有力武士たちで，主に畿内とその近国に配された。

また，彼らが就任する「中央における職制上の地位」に関しては，将軍を補佐する管領や，京都の警備・刑事裁判を担う侍所の長官である所司(鎌倉幕府では侍所の長官は御家人の統轄にあたり別当とよぶ)を想起すればよい。管領は，足利一門の細川・斯波・畠山の3氏が交代で任命されたので三管領と通称された。一方，侍所の所司は，山名・赤松・一色・京極の4氏から任命されたので四職とよばれた。

設問Bでは，「今川・上杉・大内の各氏が在京を免除された理由」を説明することが要求されている。

室町幕府の地方機関としては，鎌倉府や九州探題などがあったが，関東を重視した足利尊氏は，独立志向の強い東国武士を統轄させるために，子の足利基氏に鎌倉府を開かせ，その首長である鎌倉公方に任じた。

鎌倉府は，当初は関東8カ国と伊豆国と甲斐国，やがて，奥州探題と羽州探題が名目化すると陸奥国と出羽国も支配し，鎌倉公方は，足利基氏の子孫が世襲した。一方，鎌倉公方を補佐する関東管領は，室町幕府から補任され，その職は上杉氏が世襲・独占した。鎌倉府は，幕府と同様の組織を持ち，大きな権限を持っていたので，京都の幕府からの自立志向が強く，両者の関係はしばしば緊張した。また，関東管領は，鎌倉公方を補佐する役職であるものの，幕府から補任され，幕府との関係を重視したので鎌倉公方と対立することもあった。

1416年に鎌倉公方足利持氏と対立した前関東管領上杉禅秀が反乱した上杉禅秀の乱や，6代将軍足利義教が，関東管領上杉憲実を支援して鎌倉公方足利持氏を討伐した，1438～39年の永享の乱を想起すればよい。

このような，幕府と鎌倉府の緊張関係から考察すれば，鎌倉府の管轄する地域と接する駿河国の守護である今川氏や，越後国の守護である上杉氏には，鎌倉府・鎌倉公方の牽制が期待されたことが想定できるだろう。それ故，参考文(1)にあるように，「今川氏や上杉氏が在京を免除されることも多かった」のである。

一方，九州探題は，九州の南朝勢力を駆逐した今川貞世が解任されると，渋川氏が世襲した。しかし，参考文(2)にあるように，4代将軍足利義持の頃は，九州探題渋川氏が弱体化していた。そのため，九州に近接する周防国の守護である大内氏が，「九州の安定に貢献することを期待される存在」となっていった。それ故，参考文(1)にあるように，大内氏は「在京を免除されることも多かった」のである。

設問Cでは，「足利義満の守護に対する施策の内容」を述べることが要求されている。

室町幕府は，事実上，守護大名の連合政権的な性格を有し，将軍は守護大名の協力で全国支配をなし，守護大名は将軍の権威で領国支配をなした。また，室町時代の将軍と守護大名は，いわば「抑制と均衡」の関係にあり，室町幕府最盛期の3代将軍足利義満は，南北朝の内乱を通して強大化した守護を討伐して，その勢力を抑制した。1390年には，美濃･尾張･伊勢国の守護を兼任する土岐康行を討伐し(土岐康行の乱)，1391年には，日本66カ国のうち，11カ国の守護を兼任して「六分の一殿(六分の一衆)」とよばれた山名氏の内紛に介入して，山名氏清を討伐し(明徳の乱)，1399年には6カ国の守護を兼任し，日朝貿易の実権も握った大内義弘を討伐した(応永の乱)。

また，足利義満は，足利氏の家臣や有力な地方武士を中心に，奉公衆とよばれる直轄軍を編成・整備し，守護の動向を牽制した。

氏	国
赤松	播磨，美作，備前
一色	三河，若狭，丹後
今川	駿河
上杉	越後
大内	周防，長門
京極	山城，飛騨，出雲，隠岐
河野	伊予
斯波	尾張，遠江，越前
富樫	加賀
土岐	伊勢，美濃
畠山	河内，能登，越中，紀伊
細川	和泉，摂津，丹波，備中，淡路，阿波，讃岐，土佐
山名	但馬，因幡，伯耆，石見，備後，安芸
六角	近江

上記の表は，室町幕府の安定期である，4代将軍足利義持の時期に於ける，鎌倉府の管轄，及び，九州を除いた諸国の守護について，氏ごとにまとめたものである。

ここからは，幕府運営や重要な政務の決定に参加した守護たち，すなわち，将軍を補佐する管領に交代で就任し，三管領とよばれた足利一門の細川・斯波・畠山氏や，京都の警備・刑事裁判を担う侍所の所司に任命され，四職とよばれた山名・赤松・一色･京極氏などは，畿内，及び，その近国に配された守護であったことが読み取れる。

また，今川氏や上杉氏は鎌倉府の管轄する国に近接する国の守護であり，大内氏は九州探題の管轄する九州に近接する国の守護であったことも見て取れる。

参考文(1)……………………………………………………………

南北朝の動乱がおさまったのち，応仁の乱まで，この表の諸国の守護は，原則として在京を義務づけられ，その一部は，幕府の運営や重要な政務の決定に参画した。一方，今川・上杉・大内の各氏は，在京を免除されることも多かった。

……………………………………………………………………

ここには，幕府の運営や重要な政務の決定に参画する守護たちは，原則として在京を義務づけられたが，鎌倉府や九州探題の管轄地に近接する国の守護である今川・上杉・大内氏は，在京を免除されることもあったことが述べられている。

参考文(2)……………………………………………………………………………………

かつて幕府に反抗したこともあった大内氏は，この表の時期，弱体化していた九州探題渋川氏にかわって，九州の安定に貢献することを幕府から期待される存在になっていた。

……………………………………………………………………………………………………

ここでは，大内氏は，九州の安定に貢献することを期待される存在になっていたことが確認できればよい。

設問Aでは，幕政に参画した在京の守護の共通点について，中央に於ける職制上の地位にふれながら，60字以内で述べることが要求されているのであるから，要求されている論点に対し，以下の内容を踏まえて，字数のバランスに配慮してまとめればよい。

＜幕府の運営や重要な政務の決定に参画した守護＞

①足利一門

②幕府成立に参与した有力武士

③畿内とその近国に配された

＜中央に於ける職制上の地位＞

①三管領

＊細川・斯波・畠山氏

＊交代で管領に就任

②四職

＊山名・赤松・一色・京極氏

＊侍所所司に就任

設問Bでは，今川・上杉・大内の各氏が在京を免除された理由を，60字以内で説明することが要求されているのであるから，要求されている論点に対し，以下の内容を踏まえて，字数のバランスに配慮してまとめればよい。

＜今川氏･上杉氏･大内氏＞

①鎌倉府や九州探題の管轄地に近接する国に配された守護

＊京都から遠国に配された守護

＜今川氏･上杉氏＞

①今川氏と上杉氏は，鎌倉公方(鎌倉府)の牽制を期待された

<大内氏>

①大内氏は，九州の安定への貢献(九州の経営)を期待された

設問Cでは，足利義満の守護に対する施策の内容を，30字以内で述べることが要求されているのであるから，要求されている論点に対し，以下の内容を踏まえて，字数のバランスに配慮してまとめればよい。

<足利義満の守護に対する施策>

①有力守護の討伐

＊明徳の乱(応永の乱)

②直轄軍である奉公衆の整備(設置)

③将軍は守護の勢力を抑制

解 答

A足利氏一門や幕府成立に参与した有力武士で，畿内とその近国に
配され，交替で管領や侍所所司に就き，三管領・四職と呼ばれた。(30字×2行)

B鎌倉府や九州探題の管轄地近国の守護であり，今川・上杉氏は鎌
倉公方の牽制，大内氏は九州の安定に貢献することを期待された。(30字×2行)

C明徳の乱などによる有力守護討伐と直轄軍である奉公衆の整備。(30字×1行)

第3問

解説　江戸時代の城普請役について考察する問題である。参考文を熟読し，その内容や示唆するものを読み取って，問題の要求に沿って論じることが要求されている。

設問Aでは，江戸幕府が藩に課した城普請役が，将軍と大名の関係，及び大名と家臣の関係に与えた影響について，負担の基準に触れながら，90字以内で述べることが要求されている。

設問Bでは，城普請が，17世紀の経済発展にもたらした効果について，60字以内で述べることが要求されている。

「城普請役」という側面からの切込みではあるが，問われている歴史的理解そのものは，大名知行制に関わる東大頻出の基本テーマであるので，参考文を熟読し，その内容や示唆するものを読み取れば，過去問の研究を積んでいる受験生にとっては容易であったはずである。

設問Aでは，「幕府が藩に課した城普請役」が，「将軍と大名の関係，及び大名と家臣の関係に与えた影響」について，「負担の基準」に触れながら述べることが要求されている。

東大では，過去に於ても，参考文などで様々な具体例を提示し，大名知行制などの

理解が，単なる「論理の暗記」になっていないかを問うている。

幕藩体制成立の重要な前提は，石高制の確立にある。石高制とは，土地の生産力を「石（１石＝約180リットル）」という体積の単位で示した米の量で表示する制度であり，石高が「御恩と奉公」，及び，年貢など貢租収奪の基準となるのである。

幕藩体制とは，政治史的に見れば，幕府（将軍）と藩（大名）の土地を媒介とした御恩と奉公の主従関係である。すなわち，将軍は大名に対し，御恩として，石高を基準に１万石以上の土地を知行給与し，大名は将軍に対し，奉公として，知行高（知行地の石高・領知高）を基準に軍役・城普請役などを負担する制度である。このような制度が大名知行制であり，そこに於ける「負担の基準」は石高となる。

また，同様に，地方知行制や蔵米知行制（俸禄制度）も，大名（藩主）が家臣（藩士）に対し，御恩として，石高を基準に領地や蔵米（俸禄米）を知行給与し，家臣（藩士）が大名（藩主）に対し，知行高（知行地や蔵米の石高）を基準とした軍役・城普請役の費用などを負担する制度である。

将軍が大名に課し，それを更に大名が家臣に課す城普請役や城普請費用の負担は，奉公の一つであるので，石高（知行高）を基準に「幕府が藩に課した城普請役」が，「将軍と大名」や「大名と家臣」の間の「御恩と奉公」の主従関係の強化に影響を与えたことになる。

設問Ｂでは，「城普請」が，「17世紀の経済発展にもたらした効果」について述べることが要求されている。参考文(3)では，城の石垣に必要な巨石が，「陸上と水上を運搬」されたことが書かれている。ここからは，城普請役が，水陸交通の整備の促進に効果を持ったことが読み取れ，さらに水陸交通の整備が，年貢米や商品の輸送に寄与し，商業の発展にも効果を及ぼしたことが想起される。

参考文(4)には，「ある藩の家臣が，山から切り出した巨石を，川の水流をたくみに調節しながら浜辺まで運んだ」こと，「他藩の者たちも，皆この技術を取り入れた」こと，「この家臣は，藩内各所の治水等にも成果をあげていた」ことが記載されている。ここから，土木技術の発展，高度な技術の他藩への伝播と共有によって，技術の拡大や，技術の治水等への転用が行われていたことが読み取れる。また，治水技術の発展は，新田開発による耕地面積の拡大にも寄与し，農業の発展にも貢献したことが想起される。

参考文(1)……………………………………………………………………………

城普請においては，それぞれの藩に，石垣や堀の普請が割り当てられた。その担当する面積は，各藩の領知高をもとにして決められた。

……………………………………………………………………………………………

ここでは，幕府が各藩に負担させる城普請役は，奉公の一つであり，各藩の領知高を基準に決められたことを読み取る。そして，城普請役が，大名知行制の確立に寄与したことを想起する。

参考文(2)……………………………………………………………………………………

相次ぐ城普請は重い負担となったが，大名は，城普請役をつとめることが藩の存続にとって不可欠であることを強調して家臣を普請に動員し，その知行高に応じて普請の費用を徴収した。

……………………………………………………………………………………………………

ここでは，大名は，家臣に対し，家臣の知行高を基準に城普請の費用を徴収したが，これも奉公の一つであったことを読み取る。そして，そこから，城普請役が，大名と家臣（藩士）の主従関係の強化を促したことを想起する。

参考文(3)……………………………………………………………………………………

城普請の中心は石垣普請であった。巨大な石が遠隔地で切り出され，陸上と水上を運搬され，綿密な計算に基づいて積み上げられた。これには，石積みの専門家穴太衆（あのう）に加え，多様な技術を持つ人々が動員された。

……………………………………………………………………………………………………

ここには，城普請の中心は石垣普請であったが，巨大な石は遠隔地から陸上と水上で運搬され，多様な技術を持った人々が動員されたとある。このことから，城普請役が土木技術の発展や，水陸の交通の整備に貢献し，商品流通の発展にも寄与したことを読み取る。

参考文(4)……………………………………………………………………………………

城普請に参加したある藩の家臣が，山から切り出した巨石を，川の水流をたくみに調節しながら浜辺まで運んだ。これを見て，他藩の者たちも，皆この技術を取り入れた。この家臣は，藩内各所の治水等にも成果をあげていた。

……………………………………………………………………………………………………

ここからは，土木技術の発展や，その技術が他の藩に伝播して共有されたこと，その技術が治水に転用されたことから，これらの技術が新田開発による耕地面積の拡大に貢献し，農業の発展にも寄与したことが読み取れる。

設問Aでは，幕府が藩に課した城普請役が，将軍と大名の関係，及び大名と家臣の関係に与えた影響について，負担の基準に触れながら，90字以内で述べることが要求されているのであるから，要求されている論点に対し，以下の内容を踏まえて，字数のバランスに配慮してまとめればよい。

＜負担の基準＞

①将軍と大名の関係

＊将軍は大名に対し，御恩として，石高を基準に，１万石以上の土地を知行給与

＊将軍は大名に対し，奉公として，知行高を基準に，城普請役の負担を課す

②大名と家臣の関係

＊大名は家臣に対し，御恩として，石高を基準に，領地や蔵米(俸禄米)を知行給与

＊大名は家臣に対し，奉公として，知行高を基準に，城普請の費用を徴収した

＜城普請役が将軍と大名の関係に与えた影響＞

①大名知行制の確立

②将軍と大名の主従関係の強化

＜城普請役が大名と家臣の関係に与えた影響＞

①大名と家臣の主従関係強化

設問Ｂでは，城普請が，17世紀の経済発展にもたらした効果について，60字以内で述べることが要求されているのであるから，要求されている論点に対し，以下の内容を踏まえて，字数のバランスに配慮してまとめればよい。

＜城普請が17世紀の全国的な経済発展にもたらした効果＞

①水陸交通の整備

＊年貢米の輸送に貢献

＊商品の輸送に貢献

＊商業の発展に寄与

②土木技術の発展

＊土木技術は他の藩に伝播

＊土木技術は他の藩も共有

③土木技術の治水への転用

＊用水の整備に貢献

＊新田開発に貢献

＊耕地面積の拡大に貢献

＊農業の発達に寄与

解答

Ａ将軍は御恩として石高を基準に大名に知行給与し，知行高を基準

に奉公として普請役を負担させ大名知行制を確立した。同様に大名

も普請費用を家臣に負担させ，御恩と奉公の主従関係を強化した。(30字×３行)

Ｂ水陸交通が整備され年貢米や商品輸送に寄与し，土木技術の発展

・共有が治水や用水整備などに転用され，新田開発にも貢献した。(30字×２行)

第４問

解説　工場労働者に於ける男女別人数の変化の要因を考察する問題である。1894～1945年の工場労働者の男女別の人数の変化を示したグラフを用いている。

設問Ａでは，1920年代まで，工場労働者に於ける女性数が男性数を上回っている事情について，当時の産業構造に留意して90字以内で述べることが要求されている。

設問Ｂでは，1910年代と1930年代に，工場労働者に於ける男性数が急激に増加している背景を，90字以内で説明することが要求されている。

「工場労働者に於ける男女別人数の変化の要因」を考察する際，ここでは，1894～1945年の工場労働者の男女別の人数の変化を示したグラフを用いている。求められていることは，このグラフの読み取りを通して，近代経済史の基本かつ頻出テーマの一つとなる重要事項を論じることであったので，近代経済史をしっかりと学習した受験生にとっては容易であったと思われる。

設問Ａでは，「1920年代まで，工場労働者に於ける女性数が男性数を上回っている事情」について，「当時の産業構造に留意して」述べることが要求されている。

1920年代までの日本の産業構造は，繊維産業に代表される軽工業が中心であった。国産の繭から生糸を生産する製糸業は，代表的な外貨獲得産業となり，幕末から昭和恐慌まで，生糸は，常に日本の輸出に於て第一位の品目であった。しかし，養蚕地帯の農村周辺で営まれた製糸業は，中小工場が中心で，繰糸の工程は熟練した女工の手作業で行わざるを得ず，半ば工場制手工業(マニュファクチュア)のレベルであり，女工は十数時間にも及ぶ過酷な長時間労働を強いられた。

一方，紡績業は，インドなどから輸入した綿花を，イギリスなどから輸入した機械で綿糸に加工して，輸入綿糸と対抗しつつ国内に供給し，さらには中国などにも輸出して，イギリス系資本などのインド綿糸と競争した。渋沢栄一の経営する大阪紡績会社などの大工場で機械生産され，紡績業は日本の産業革命の中核となった。そのため，綿糸の輸出が輸入を超えた1897年は，日本に於ける「産業革命の年」といわれた。しかし，電灯を用い，24時間操業する工場で，女工たちは昼夜二交代の12時間労働を強いられた。

このように，初期の日本資本主義は，製糸業や紡績業に従事する女性の労働力により担われていた。そして，その労働力は，寄生地主制の下で，高率現物小作料を過酷

に収奪される農村の貧困を背景に供給された，小作農・貧農の子女の出稼ぎ労働によるものであった。

設問Bでは，「1910年代」と「1930年代」に，「工場労働者に於ける男性数が急激に増加している背景」を説明することが要求されているが，重化学工業の発展が，男性の工場労働者数を増加させることとなる。それ故，「1910年代」と「1930年代」に男性の工場労働者数が急増した背景には，「1910年代」と「1930年代」に重化学工業が急激に発展したことがあるので，それぞれの時期の重化学工業の発展の要因について具体的に述べれば解答となる。

「1910年代」の重化学工業の発展の要因は，大戦景気にある。1914年に第一次世界大戦が勃発すると，第二次大隈重信内閣は，第三次日英同盟協約を口実に対独参戦した。その結果，第一次世界大戦の軍需と，列強が後退した中国市場への進出を主要因として，1915～18年，日本経済は，大戦景気とよばれる好景気を迎え，重工業や化学工業が発展した。

重工業では，戦争を要因とする世界的な船舶不足により造船業が発展した。また，それに伴い鉄鋼業も発展し，この時期，八幡製鉄所が拡張され，植民地経営を担う国策会社でコンツェルンである南満州鉄道株式会社も鞍山製鉄所を設立した。また，薬品・染料・肥料などの分野では，敵国となったドイツからの輸入が途絶したので，このことが，日本に於ける化学工業の勃興の要因となった。

一方，「1930年代」の重化学工業の発展の要因は，高橋財政や総力戦体制の構築にある。立憲政友会の犬養毅内閣の蔵相高橋是清の財政政策は，高橋財政とよばれた。金輸出再禁止による円安を利用した輸出促進(低為替政策)と，満州事変を背景にした軍需(軍事インフレ政策)に代表される高橋財政によって，1933年，日本経済は，列強より先に恐慌から脱出した。

この高橋財政により，軍需産業を中心に重化学工業が発展し，それに伴い，重化学工業を中心とする新興財閥が台頭した。そして，新興財閥は軍と結び，日産コンツェルンは満州に，日窒コンツェルンは朝鮮に進出した。また，製鉄大合同により，国策会社である日本製鉄会社も生まれ，産業構造は，軽工業中心から重化学工業中心に変化していった。そして，それに伴い，工場労働者に於ける男性労働者数が急増した。

また，日中戦争が勃発すると，それを機に，巨額の軍事予算が編成され，戦時統制経済も進んだ。さらに，日中戦争の長期化を背景に，立法機関である議会が，行政機関である政府(内閣)に「白紙委任状」を渡すに等しい委任立法(授権立法)である，国家総動員法が，第一次近衛文麿内閣により制定された。同法により，政府(内閣)は，議会の承認を経ることなく，天皇の勅令を用いて，国防目的のために人的・物的資源を統制・運用することが可能となり，国民徴用令など多くの統制法令が発令された。その際，「経済の参謀本部」とよばれた企画院によって物資動員計画が作成され，総力戦を想定した生産力拡充計画も立てられた。

このように総力戦体制が構築される中で，新興財閥のみでなく，既成財閥も軍需生産に積極的に乗り出したので，軍需産業を中心に重化学工業が急激に発達し，工場労働者に於ける男性労働者数がさらに急増したのである。

設問Ａでは，1920年代まで，工場労働者に於ける女性数が男性数を上回っている事情について，当時の産業構造に留意して90字以内で述べることが要求されているのであるから，要求されている論点に対し，以下の内容を踏まえて，字数のバランスに配慮してまとめればよい。

＜1920年代までの産業構造＞

①軽工業中心

②製糸業

＊外貨獲得産業

③紡績業

＊産業革命の中心

＜工場労働者に於ける女性数が男性数を上回っている事情＞

①寄生地主制

＊農村の貧困

＊地主は小作農から高率現物小作料を収奪

②女工

＊小作農・貧農の子女の出稼ぎ

＊低賃金で搾取される

設問Ｂでは，1910年代と1930年代に，工場労働者に於ける男性数が急激に増加している背景を，90字以内で説明することが要求されているのであるから，要求されている論点に対し，以下の内容を踏まえて，字数のバランスに配慮してまとめればよい。

＜1910年代に男性の工場労働者が急増した背景＞

①大戦景気

＊第一次世界大戦の軍需が要因

＊列強が後退した中国市場への進出が要因

②重工業の発展

＊造船業

＊鉄鋼業

③化学工業の勃興

＊敵国ドイツからの輸入途絶が要因

<1930年代に男性の工場労働者が急増した背景>

①高橋財政

＊満州事変を背景

＊軍事インフレ政策

＊新興財閥の発展

②総力戦体制の構築

＊日中戦争を背景

＊統制経済(戦時統制)

③重化学工業の発達

＊軍需産業中心

解答

A 1920年代までは外貨獲得産業である製糸業や産業革命の中心となる紡績業など軽工業が中心で，寄生地主制下の農村の貧困を背景に供給される，低賃金の出稼ぎの女工の労働力を搾取して発展した。(30字×3行)

B 1910年代は大戦景気のもとで鉄鋼業や造船業など重工業が発展し，1930年代は高橋財政の軍事インフレ政策や総力戦体制構築のため，軍需産業を中心に重化学工業が発展し，男子労働者が急増した。(30字×3行)

2010年

第１問

解説 摂関政治期の中下級貴族と上級貴族との関係について考察する問題である。参考文を熟読し，その内容や示唆するものを読み取って，問題の要求に沿って論じることが要求されている。

奈良時代に，法に基づく官僚機構を整備した律令国家が成立したが，そこで完成した，官位相当制に基づく官僚機構や貴族のあり方を踏まえ，それが，平安時代にどのように変質していくかを考察することが求められているのである。ここでは，摂関政治期に，中下級貴族が上級貴族とどのような関係を持とうとしたのかを論じることを通して，官僚機構や貴族のあり方の変質への理解が問われている。

律令国家の官僚制度への理解や正確な知識が解答の前提となる。そこをよく学習していれば難しくはない。また，10世紀に始まる律令制の衰退と籍帳支配(戸籍・計帳に基づく人民支配)の崩壊，及び，それに伴う国司制度の変容や貴族のあり方の変質などは，過去の東大入試に於ても頻出のテーマである。参考文を熟読することにより解答は，比較的容易であったはずである。

参考文(1)

大宝律令の完成により官僚制が整備され，官人たちは位階や官職に応じて給与を得た。地方には中央から貴族が国司として派遣され，『万葉集』には，上級貴族の家柄である大伴家持が，越中守として任地で詠んだ和歌がみえる。

ここでは，大宝律令の完成により，法に基づく官僚機構が整備された律令国家が成立したこと，律令国家に於ては，官位相当制の下，貴族・官人は位階に応じた官職に就任し，官僚としての職務に対する給与を得ていたことを読み取ればよい。

位階とは，官人の朝廷内の序列を示す等級であり，正一位から少初位下までの30階となっており，能力に応じて昇進することができた。一方，官職とは，太政大臣・左大臣・右大臣・大納言などの政治的ポスト，官僚としての地位・役職・職掌であった。そして，律令国家に於ては，「正一位・従一位は太政大臣」「正三位は大納言」というように，位階に相当する官職に任命する官位相当制の下に官僚機構が整備された。そして，官僚は，位階・官職に応じて，封戸・田地・禄など，職務に対する給与が与えられた。

五位以上の位階を持つ官人は貴族と呼ばれて大きな特権を持ち，六位以下とは大きな差があった。また，摂政・関白・太政大臣・左右大臣・大納言・参議(四位も含む)など，太政官を構成する，主として三位以上の上級貴族は公卿と呼ばれ，太政官の公卿の合議により行政は運営された。

さらに，五位以上の子と三位以上の子・孫は，21歳になると，父や祖父の位階に応じて一定の位階を与えられる蔭位の制があった。しかし，蔭位の制で授与される位階は，一位の嫡子であっても貴族の最下級の位階である従五位下であり，三位の嫡子は従六位上，従五位の嫡子は従八位上であるように，当初は高い位階ではなく，後は，それぞれが能力によって官僚として昇進していったのである。

参考文には，「『万葉集』には，上級貴族の家柄である大伴家持が，越中守として任地で詠んだ和歌がみえる」という箇所がある。ところが，東大を受験した学生の再現答案などを検討すると，この箇所を誤読し，「奈良時代は上級貴族も国司となった」と書いてしまった者も見られた。しかし，上級貴族を輩出するヤマト時代以来の名門の「家柄」出身の大伴家持も，746年に越中守として，国司という官職に就任した時点では，まだ，従五位下の位階の「下級貴族」であったのである。ここでは，律令国家成立期の奈良時代の官位相当制の官僚機構の下では，たとえ名門の「家柄」の出身であっても，位階に対応する官職に就任するシステムであったことを読み取る必要があった。

2006年の東大入試の第１問は，「藤原不比等の長男武智麻呂は，701年に初めての任官で内舎人(うどねり)(天皇に仕える官僚の見習い)となったが，周囲には良家の嫡男として地位が低すぎるという声もあった。彼は学問にも力を注ぎ，右大臣にまで昇った。」という参考文から，律令国家の官僚機構の下では，名門の氏族であっても，それのみでは高い位階を持ち，主要な官職に就任することはできず，官僚としての能力が要求されることを，受験生に読み取らせる問題であった。過去問をよく研究していた受験生は，誤読することはなかったはずである。

参考文(2)……………………………………………………………………

10世紀には，地方支配のあり方や，官人の昇進と給与の仕組みが変質し，中下級貴族は収入の多い地方官になることを望んだ。特定の中央官職で一定の勤続年数に達すると，国司(受領)に任じられる慣例も生まれた。

……………………………………………………………………………

律令の税制は，公民に口分田を班給し，土地税の租を，収穫の約３パーセントと低率にすることにより，公民の最低生活を維持させ，その上で，調・庸など人頭税を過酷に収奪するシステムであった。しかし，人頭税の負担過重は，浮浪・逃亡を招き，班田制は動揺していった。

平安初期になると，浮浪・逃亡や偽籍の増加によって人頭税の徴収が困難になり，律令政府は財政難に苦しんだ。そのため，大宰府管内の公営田や，畿内の官田や，天皇の勅旨による開墾田である勅旨田など，直営田の設置により財政の補填を図るようになった。しかし，この政策は，律令政府自らが，税制の原則を崩すことを意味し，律令制の衰退を促進させる結果を招いた。

10世紀になると，律令制は一層の衰退に向かい，籍帳支配も崩壊していった。そして，902年，延喜の治といわれる醍醐天皇の親政期の班田収授が最後となり，ここに班田制も崩壊した。

籍帳支配・班田制の崩壊に伴い，政府は，国司の権限を強化して国内の政治を委任し，国司に対し，定額租税の納入を請負わせるようになっていった。そのため，従来は中央政府の厳しい勤務評定に基づく監督下に一国の行政を担っていた国司は，しだいに徴税請負人化していった。そして，課税率もある程度自由に決定するようになった国司は，蓄財に励み，その地位も利権化していったのである。

このように，10世紀になると，律令制の衰退に伴い，地方支配や国司制度も変質していったので，中下級貴族は，徴税請負人化して収入の多い国司(受領)となることを望むようになっていった。また，官人の昇進・給与の仕組みも変質し，中央で下級官人の要職を一定期間勤続すると，国司(受領)に順に任命される慣例も生じた。

なお，受領とは，国衙(国司の役所)に赴任する国司(国司の四等官は守・介・掾・目)の最高責任者であり，通常は守である(守が不在の場合は介)。

参考文(3)……………………………………………………………………………

藤原道長の日記には，諸国の受領たちからの贈り物が度々みえるが，彼らは摂関家などに家司(けいし)(家の経営にあたる職員)として仕えた。豊かな国々の受領は，このような家司がほぼ独占的に任じられ，その手元には多くの富が蓄えられた。

……………………………………………………………………………………

摂関家に家司として仕えた中下級貴族は，豊かな国の国司(受領)に任命されて蓄財し，摂関家に贈り物を届けるなど，奉仕・貢納した。

また，国司の再任には厳しい審査があったので，国司の任命や審査など，人事権を持つ摂関家や上級貴族に対し，中下級貴族は私的な奉仕を行った。こうして，中下級貴族は，摂関家や上級貴族に隷属するようになり，昇進も家柄や外戚関係によって決まってしまうようになっていった。

参考文(4)……………………………………………………………………………………

清和源氏の源満仲と子息の頼光・頼信は摂関家に侍として仕え，その警護にあたるとともに，受領にも任じられて物資を提供した。頼信が平忠常の乱を制圧したことなどから，やがて東国に源氏の勢力が広まっていった。

……………………………………………………………………………………………………

中下級貴族のあり方の一つとしては，清和天皇の孫の源経基を祖とする清和源氏のように，武力により乱の鎮圧にあたり，その武芸を継承することにより，兵の家といわれる軍事に特化した家系として認知されるようになったものもあった。そして，その中には，下級の貴族にまで昇進し，受領に任じられる者も出て，軍事貴族が成立した。

源経基は，藤原純友の乱の鎮定に当たり，正四位上に叙された。また，経基の子の源満仲も，安和の変に際し，左大臣源高明を密告して，藤原北家による源高明の排斥に関与し，その功により正五位下に叙された。このように，摂関家に接近した清和源氏は，その侍となって警護に当たり，受領に任じられるなど，軍事貴族として台頭した。

また，清和源氏は，源頼信が平忠常の乱を制圧したことや，源頼義が前九年の役を，源義家が後三年の役を鎮圧したことなどを通し，東国武士と主従関係を結び，東国に勢力を拡大していった。

第１問は，摂関政治期に，中下級貴族が上級貴族とどのような関係を持っていたのかを説明させる問題であり，その際，奈良時代の律令国家の官僚機構の理解と知識を前提に，それが，摂関政治期に，どのように変化していったのかということにも触れつつ，論述することが要求されていた。要求されている論点に対し，以下の内容を踏まえて，字数のバランスに配慮してまとめればよい。

＜奈良時代＞

①律令国家の官僚機構が整備される

②貴族は官位相当制の下で官僚機構の中枢を担う

③貴族は能力に応じて昇進する

④貴族は職務に対して田地(位田・位封・職田・職封)などを給与される

＜10世紀の中下級貴族＞

①律令制の衰退

②籍帳支配の崩壊

＊班田制(公地公民制)の崩壊

＊人頭税から土地税への転換

③国司制度の変質

＊国司が定額租税納入を請け負う

＊国司の徴税請負人化

④中下級貴族は国司(受領)に就任

＊国司(受領)の権限強化

＊国司(受領)の蓄財

＊国司(受領)の地位の利権化

<11世紀の中下級貴族>

①中下級貴族は人事権(官吏任免権)を握る上級貴族(摂関家)に奉仕(貢納・隷属)

②中下級貴族は上級貴族に奉仕(隷属)して受領などの官職を得る

＊昇進は家柄により決定するようになる

③清和源氏は摂関家に軍事力を提供する

④清和源氏は軍事貴族

⑤清和源氏は摂関家と接近して台頭

＊摂関家の侍となる

⑥清和源氏は地方の反乱の鎮圧に当たる

＊地方(東国)で勢力を伸展させる

解答

奈良時代，官位相当制の下で貴族は官僚機構の中枢を担い，田地などを給与された。10世紀，籍帳支配が崩壊すると，定額租税を請負う国司は徴税請負人化して蓄財したので，中下級貴族はその地位を望んだ。摂関政治期，中下級貴族は人事権を握る上級貴族に奉仕して接近することにより，受領などの地位を得た。一方，軍事貴族の清和源氏は摂関家の侍として台頭し，地方での反乱鎮圧も担った。(30字×６行)

第２問

解説　年貢品目や納税法の変化を通して中世の産業や流通のあり方を考察する問題。表・史料・参考文を読み取って解答する形式であった。Ａは，畿内・関東・九州地方の年貢品目の表(1)から，それぞれの年貢品目の地域的特色を述べさせている。Ｂは，若狭国太良荘から荘園領主の東寺に納められた年貢の送り状の史料(2)を読み，納税法の変化を指摘させる。Ｃは，表(1)・史料(2)，及び『兵庫北関入船納帳』に関する参考文(3)を読み，室町時代に大量の商品が発生した理由を説明させている。

設問Ａは，網野善彦『日本中世の百姓と職能民』から作成した年貢品目の表を用いている。そこから，平安末～鎌倉時代における，畿内・関東・九州地方の荘園・公領の年貢品目の地域的特色を読み取ることが求められている。

網野善彦(1928～2004)は，日本中世史を専攻する歴史学者である。歴史学に民俗学の方法を導入する学際的な研究手法を用い，日本が「単一民族国家」であるとする，皇国史観などによって作られた「神話」の迷妄を暴き，それに拘泥する日本人の自己意識のあり方の改変を問いかける歴史観は，「網野史学」とも呼ばれる。網野善彦の研究は，日本史学上の大きな業績のみならず，学問の諸分野に多大な影響を与え，戦後日本思想史上に於ても重要な位置を占めている。

網野善彦は，定住し，水田耕作を行う農耕民以外の，中世の職人や漂泊する芸能民などの世界を描き，水田で農耕を行う人々によって構成される，天皇を頂点とする均質的な国家と見なされていた「日本」像の修正を行った。1997年に公開された宮崎駿の『もののけ姫』は，このような，「網野史学」の世界をファンタジーにした作品として知られている。そして，西国は水田が優位であったが，東国は畑作が優位であったことを明らかにし，日本全体が水田中心で，年貢も米であったと見る偏見を批判した。

年貢品目の表を見ると，先ず，畿内と九州地方は，年貢として納められる物品としては，米が中心となっていることが分かる。特に，九州地方はほとんどが米である。鎌倉時代は，地頭など中心に，耕地の開発が進められ，農業技術も著しい発展を遂げた。畿内や九州地方など西日本では，水車を用いた灌漑技術や水田からの排水技術も進んだことにより，米作に於ては，麦を裏作とする二毛作が普及していった。また，味は落ちるが虫害や干害に強い多収穫米である大唐米(赤米)も輸入され西日本中心に作付けされた。

一方，牛に犂を引かせたり，馬に馬鍬を引かせたりして，深く耕す牛馬耕も広がり，草を刈り取って田に敷き込み腐敗させる刈敷や，草を焼いて灰にして用いる草木灰などの肥料も使用されるようになった。

畿内からの年貢品目には油が多いことも，大きな特色である。鎌倉時代，油は，主に寺院・神社や公家などにより，照明のための灯油として用いられた。そのため，瀬戸内海沿岸や畿内では，灯油の原料となる荏胡麻が，農民の副業として栽培された。

この灯油を製造・販売した組織である油座には，寺院・神社などの本所に灯油を献上して奉仕する代わりに，関銭免除の特権や，原料の仕入れ，油の製造と販売に於ける独占権が与えられた。大和国の符坂油座や山城国の大山崎油座が有名であるが，符坂油座は，春日社白人神人として，大和一円に営業上の優越的な地位を確保していた。一方，石清水八幡宮を本所とする大山崎油座は，諸国の関銭免除の特権をもち，瀬戸内海沿岸などから荏胡麻を大量に仕入れ，京都南西の大山崎の地で加工し，大和を除く畿内やその近国一帯，山陽・四国地方にまで強力な販売独占権を握った。

大山崎の神人たちは，大山崎の離宮八幡宮に所属する一方，本社である石清水八幡宮に灯油を貢納していた神人たちであるとされる。しかし，近年の研究では，離宮八幡宮は室町時代初期の南北朝内乱期頃に成立したとみる説が有力となっている。そのため，それ以前の史料中に「大山崎八幡宮神人」とある場合は，離宮八幡宮神人ではなく，石清水八幡宮神人を意味する可能性が高い。

関東地方の年貢品目としては，絹・麻・綿などが見られる。前述したように，水田が優位であった西日本と異なり，東日本は畑作が主流であった。そのため，東日本では，米の年貢は極めて少なく，年貢品目も絹・麻・綿などの繊維製品・衣料原料が多かった。

論述するに当たっては，以下の諸点をまとめればよい。

＜畿内の年貢品目＞

①米

＊米の二毛作が行われていた

②油

＊荏胡麻の栽培が行われていた

＊油座が成立していた

＜関東の年貢品目＞

①絹・麻・綿

＊衣料原料(繊維製品)

＊東国は畑作が優位

＜九州の年貢品目＞

①米

＊米の二毛作が行われていた

設問Ｂは，若狭国太良荘から荘園領主の東寺に納められた年貢の送り状の史料(2)を読み，納税法の変化を指摘させる問題である。史料(2)から，年貢の納入法の，代銭納への変化を指摘し，その背景を，基本的知識に基づいて30字でまとめればよいので，難しくはなかったはずである。

日本と宋との間には，国交はなかったが，民間貿易(私貿易)は盛んに行われた。平安末に，平清盛が大輪田泊を修築して積極的に交易を行ったことは著名であるが，鎌倉時代になっても日宋貿易は盛んに行われ，多くの宋銭が流入した。農業生産の上昇を背景に，商業も発展し，月に３回の定期市である三斎市が開かれるようになり，一部には常設店舗である見世棚も現れ，行商人の活動も活発になった。

このように貨幣経済が進展する中で，荘園などでは，本来，現物で納入する年貢を銭で納入する代銭納が行われるようになり，鎌倉時代後期になると急速に増加した。

論述するに当たっては，以下の諸点をまとめればよい。

<年貢品目変化の背景>

①宋銭の流入

②貨幣経済の進展

③商業の発展

＊三斎市・行商人・見世棚

<年貢品目の変化>

①年貢の代銭納(銭納)

設問Cは，表(1)・史料(2)，及び『兵庫北関入船納帳』に関する参考文(3)を読み，室町時代に大量の商品が発生した理由を説明させている。

室町時代になると，日明貿易により，永楽通宝など大量の明銭が流入した。また，揚浜塩田(満潮時でも海水が達しない位置に築き，海水を撒いて濃い海水を作る塩田)で生産する塩や，絹織物・陶器など各地に特産品が生まれた。さらに，座の形成も進み，手工業の発展も促進された。

一方，商業に於ても，貨幣経済の発展や産業の発展に伴い，定期市も，月に3回の三斎市から，月に6回開かれる六斎市に発展していき，遠隔地交易も盛んになり，見世棚も増加していった。また，運送業者である問丸も生まれ，廻船や馬借・車借など水陸の運送業も発展し，それらが，大量の商品が発生する前提となっていった。

論述するに当たっては，以下の諸点をまとめればよい。

<大量の商品の発生—貨幣経済>

①明銭の流入

②貨幣経済の進展

<大量の商品の発生—産業>

①特産物の生産

＊塩・絹織物・陶器など

②手工業の発達

＊座の形成

③農業生産力の増大

＊農村加工業

＊商品作物の生産

<大量の商品の発生—商業>

①商業の発達

＊六斎市・見世棚・行商人・遠隔地交易・為替・問屋・問丸

<大量の商品の発生―交通>

①運送業の発達

＊廻船

＊馬借(車借)

解答

A二毛作が普及する畿内・九州は米，座が荏胡麻を仕入れ油を製造する畿内は油，畑作が優位な関東は麻・絹・綿などを年貢とした。(30字×２行)

B宋銭の流入や商業の発展などにより，年貢の代銭納が始まった。(30字×１行)

C明銭流入による貨幣経済進展や，手工業品・特産物の生産が商業の発達を促すとともに，廻船・馬借など水陸の運送業も成長した。(30字×２行)

第3問

解説　設問Aは，山師の出身地と，精錬を行う職人の出身地に生じる特徴の意味を考察する問題であった。鉱山の採掘事業を行う者を山師というが，山師という受験知識を逸脱した事項をあえて用いて，それについて問う問題であった。参考文を読み，考えさせることにより，受験生の既存の知識を前提とした歴史的思考力を問おうと図ったのかもしれない。

参考文(1)

1607年に開かれ，秋田藩の直轄となった院内銀山では，開山して数年で，城下町久保田(現在の秋田市)に並ぶ約１万人の人口をもつ鉱山町が山中に形成された。

院内銀山は，秋田県雄勝町にあった銀山であった。1606年に，４人の山師である浪人によって発見され，翌1607年より，秋田藩は，４人の山師を山先として採掘を開始した。

秋田藩は，銀山奉行を派遣して院内銀山を直轄して支配した。銀の産出量は多く，そこには，たちまち，城下町と並ぶ人口１万人の鉱山町が形成された。院内銀山から産出する銀からの収入のみならず，人口の多い鉱山町は秋田藩が大量の年貢米を売却する市場ともなったので，院内銀山は，秋田藩の大きな財政基盤となった。

1871年の廃藩置県の後，院内銀山は，秋田県の所管を経て，1875年，官営となった。しかし，松方財政の下での官業払下げ推進政策により，1884年，足尾銅山を経営する古河市兵衛に払い下げられ，その後，古河財閥の中核をなす古河鉱業が経営した。

参考文(2)……………………………………………………………………………

鉱山町の住民の出身地をみると，藩に運上を納めて鉱山経営を請け負った山師は，大坂・京都を含む畿内，北陸，中国地方の割合が高く，精錬を行う職人は，石見国など中国地方の出身者が多かった。一方，鉱石の運搬などの単純労働に従事した者は，秋田領内とその近国の割合が高かった。

……………………………………………………………………………………

鉱山町の住人の主な出身地は，山師が畿内・北陸・中国地方，精錬を行う職人が石見国など中国地方，単純労働に従事する者が秋田領内とその近国であったとあるが，研究史上，山師を二つに分類する考え方がある。山師には，山の見立て，すなわち鉱脈を探る探鉱技術が不可欠となるが，山相の鑑定には，長年の経験の蓄積やその継承，また鋭い勘が必要となる。このような技術を持つ者を山先というが，山先山師は鉱山の多い地域の出身となる。一方，鉱山経営能力を持つ商人山師は，大坂・京都などの出身が多い。

参考文をもとにして，これらの事項を推測し，答案を作ることは難解である。しかし，東大を受験した何人かの学生たちの再現答案を見る限り，山師を二つに分類できた者はいなかったが，鉱脈を探る経験や，経営能力から出身地について考察し，答案を作成した者はかなり見られた。

また，精錬技術を持つ者に関しては，灰吹法の導入で有名な石見大森銀山の知識を持っている受験生も多いので，答え易かったようである。

石見大森銀山は，16世紀初頭に博多の商人神谷寿禎の手で再開発され，灰吹法の導入により，世界でも最大級の銀山へと発展した。

灰吹法とは，金鉱石や銀鉱石を鉛に溶け込ませ，そこから金や銀を抽出する方法である。つまり，銀の場合，まず，銀鉱石を砕き，次に，銀鉱石に鉛とマンガンなどの溶剤を加えて溶解し，浮き上がってくる鉄などの不純物を取り除き，貴鉛(銀と鉛の合金)を作り，その後，貴鉛を「灰吹床」で溶解し，銀と鉛を吹き分け，銀を抽出した。

参考文(3)……………………………………………………………………………

鉱山町では，藩が領内の相場より高い価格で独占的に年貢米を販売しており，それによる藩の収入は，山師などが納める運上の額を上回っていた。

……………………………………………………………………………………

鉱山町では，藩は米を高い価格で独占的に売却した。その収入は，山師の納める運上の額を上回ったとある。江戸時代の幕藩体制を政治史的にとらえれば，幕府(将軍)と藩(大名)の土地を媒介とした御恩と奉公の主従関係と規定することができ，これを言い換えれば,大名知行制を意味する。また,幕藩体制を社会経済史的にとらえれば,幕府(将軍)や藩(大名)が本百姓を土地に緊縛して剰余生産物を搾取する社会体制，すなわち，幕藩領主が，農民を検地帳に登録して耕作権を与えるが，農村に定住させ,剰余生産物を年貢として義務付け，徹底的に収奪する本百姓体制を意味する。

このような幕藩体制の下で，藩主(大名)は，本百姓から収奪した年貢米を，一方では，御恩として藩士(家臣)に知行給与した。この制度を，俸禄制度(蔵米知行制)という。また，他方では，収奪した年貢米を，大坂の蔵屋敷に送り，売却・換金することにより藩財政の基盤とした。そのため，城下町と並ぶ１万人の人口を持つ，領内の鉱山町での年貢米の高米価での販売は，藩財政に大きく貢献した。

参考文(4)……………………………………………………………………………………………

当時，藩が上方(かみがた)で年貢米を売り払うためには，輸送に水路と陸路を併用したので,積替えの手間がかかり，費用もかさんだ。

……………………………………………………………………………………………………

秋田藩が，上方で年貢米を売却するためには，輸送費など多額の費用が掛かることになる。しかし，多くの人口を有する領内の鉱山町での年貢米の販売は，大きな経費削減ともなり，この点に於ても藩財政に貢献した。

設問Ａは，山師の出身地と，精錬を行う職人の出身地に生じる特徴の意味を考察することを要求しているので，以下の諸点をまとめればよい。

＜山師の出身地の特徴＞

①鉱脈を探る技術を持つ者は北陸・中国地方出身

＊山先・探鉱技術を持つ者・山の見立てが出来る者・山相の鑑定が出来る者

②経営能力を持つ者(商人山師)は畿内出身

＜精錬を行う職人の出身地の特徴＞

①大森銀山で灰吹法の技術を身に付けた者は石見国(石見国など中国地方)出身

設問Ｂは，秋田藩にとって，鉱山町のような人口の多い都市を領内に持つことの利点について説明することを要求しているので，以下の諸点をまとめればよい。

＜藩財政＞

①藩は年貢米を売却・換金して財政の基盤とする

＜領内に人口の多い都市を持つ利点＞

①藩は高い米価で年貢米を売却することが可能となる

②上方(大坂)へ年貢米を輸送する経費が節減できる

③山師などからの運上が藩の収入となる

解答

A山師の出身地は，鉱脈を探る技術を持つ者が多い北陸・中国地方
と経営能力を有する者がいる畿内であり，精錬を行う職人の出身地
は，大森銀山で灰吹法を身に付けた者が多い石見国などであった。(30字×３行)
B年貢米を売却して財政基盤とする藩にとり，高米価での売却や上
方への輸送経費節減が可能となる領内の町での換金が有利だった。(30字×２行)

第４問

解説 明治期の欧化主義への反発の内容とその背景を多面的に問う問題。リード文と年表を参考に論じることが要求されている。明治政府が幅広い分野で促進した欧化と，それへの反発のあり方を通して，明治期の思想・文化を政治史・外交史などとの関連の中で考察させている。近代史の基本的かつ重要なテーマを問う良問であった。文化史を，政治史・外交史などとの関わりを踏まえて学習していれば，高得点も可能である。

しかし，近代文化史に関する具体的な知識が要求されており，国権論の台頭の対外的背景も論じなければならないので，その点難しかったかもしれない。明治期の思想・言論や美術に関する具体的な知識が要求されていたが，これは文化史としては基本的知識であり，その背景となる，外交史や社会運動史は極めて重要な事項であるので，多面的に熟慮し，論述に取り組めば容易に解答できたはずである。ところが，東大受験生の中には，文化史を後回しにして，結局，最後まで手が付けられず失敗する者も，残念ながら少なからず存在しているのが現状である。

第４問では，1887年頃に政治と文化の両面であらわれた，欧化主義への反発の内容とその背景を論じることが要求されている。

第一次伊藤博文内閣の外務大臣井上馨は，太政官制の下での外務卿の時より，領事裁判権の撤廃に重点を置いて，不平等条約改正のための交渉に当たった。

そのため，イギリス人コンドルが設計した公営の社交場である鹿鳴館では，外国人の外交官などを招き，政治家・高級官僚・華族らによる夜会・舞踏会・仮装会などが連日のように開催された。このような，外国人の歓心を買おうとした卑屈な態度は，井上馨の極端な欧化主義を象徴し，鹿鳴館時代とも呼ばれて，多方面からの反発を受けた。

また，外務大臣井上馨の条約改正交渉は，外国人の領事裁判権撤廃の条件として，外国人判事任用など屈辱的な内容を含んでいたため，政府の内外から反対の声が上がった。

政府の内部では，のちに近代的な民法を起草したことで知られるボアソナードが，日本の法的独立を侵すとして反対した。また，土佐藩出身の農商務大臣谷干城は，国権論的立場から井上馨の条約改正案に反対して大臣の職を辞した。

一方，自由民権運動に於ては，土佐の立志社の片岡健吉らが中心となり，民権派は，「言論集会の自由・地租の軽減・外交失策の挽回」を掲げる三大事件建白運動を起こしたが，1887年の保安条例により弾圧された。

また，思想・言論面に於ては，1887年に民友社を結成して，機関誌『国民之友』を発行した徳富蘇峰が，平民主義を掲げ，井上外交を「貴族的欧化主義」と批判し，地方の豪農層を意味する「田舎紳士」や中等階級による「平民的欧化主義」を主張した。

1880年代は，鹿鳴館時代と呼ばれた明治政府の極端な欧化政策(欧化主義)への反発とともに，朝鮮をめぐる日清の対立を背景に，国権論が台頭した。

1875年の江華島事件を機に，翌1876年，日本は，朝鮮にとって不平等条約である日朝修好条規の締結を強いて朝鮮進出を開始したので，1870年代になると，朝鮮の宗主国である清との対立が始まった。また，1882年に壬午軍乱，1884年に甲申政変が起こり，1880年代は，朝鮮の内紛に介入する形で日清は激しく対立した。

このような内外の情勢を背景として，国権の拡張や国家の充実を人権や個人の尊厳より優先する国権論が台頭した。1888年，三宅雪嶺・杉浦重剛・志賀重昂らは，政教社を結成し，機関誌『日本人』を発行し，政府の欧化主義に反対して日本古来の美風を守ることを主張する国粋保存主義を掲げた。また，陸羯南は，日刊新聞『日本』を発行し，強権的な国家主義や偏狭な排外主義を批判しつつ，外に国家主義・内に国民の統一を説く国民主義を掲げた。

また，美術に於ては，1876年，工部省工学寮内に，画家のフォンタネージや彫刻家のラグーザを招き，日本最初の官立美術学校である工部美術学校が設立された。しかし，国権論の高まりの中，洋画排斥運動が起き，1883年，工部美術学校は閉鎖された。

一方，1887年，岡倉天心やフェノロサを中心に，伝統的な日本美術の保護と復興を掲げて東京美術学校が設立された。

ここでは，1887年頃に政治と文化の両面であらわれた，欧化主義への反発の内容とその背景を論じることが要求されているので，以下の諸点を論述すればよい。

＜欧化主義への反発の背景＞

①井上馨(井上外交)

＊極端な欧化政策(欧化主義)

＊鹿鳴館時代(鹿鳴館外交)

＊外国人判事の任用

＊内地雑居の承認

②朝鮮を巡る日清の対立

＊壬午軍乱

＊甲申政変

＜欧化主義への反発の内容—社会運動＞

①民権派(自由民権運動)

＊三大事件建白運動

＊外交失策挽回(回復)を掲げる

＜欧化主義への反発の内容—思想･言論＞

①民友社(徳富蘇峰・『国民之友』)

＊平民的欧化を主張(平民主義・貴族的欧化を批判)

②国権論の台頭(近代的民族主義の主張)

③政教社(三宅雪嶺・志賀重昂・杉浦重剛・『日本人』)

＊国粋保存主義

④陸羯南(『日本』)

＊国民主義

＜欧化主義への反発の内容—美術＞

①洋画排斥運動

②工部美術学校の閉鎖

③東京美術学校の設立

＊日本美術の保護

＊岡倉天心(フェノロサ)

解答

井上馨の極端な欧化政策や甲申政変など朝鮮を巡る日清の対立は，国権論を台頭させた。その情況下，井上外交を批判する民権派は外交失策挽回を掲げて三大事件建白運動を起こし，民友社は平民的欧化を主張した。一方，政教社は国粋保存主義，陸羯南は国民主義を掲げて欧化主義を批判し，洋画排斥運動が起きると，工部美術学校は閉鎖され，日本美術の保護を掲げる東京美術学校も設立された。(30字×６行)

2009年

第1問

解説 東アジア情勢の変化を踏まえて，遣隋使・遣唐使の役割と意義について考察する問題であった。7・8世紀の東アジア情勢，特に隋の滅亡，唐の成立・発展など中国情勢の変動や，それに伴う朝鮮半島情勢の激動と倭国(日本)との関係に関する基本的な認識が前提となる。

その際，東アジア情勢の変化に対応し，その性格を変える遣隋使・遣唐使の役割や意義を，時期区分しながら述べることが要求されていた。7世紀・8世紀の東アジア情勢に対する理解と基本的な知識があれば論じられるが，参考文の内容や示唆するものが多少読み取りにくかったので，その点は難しくなっていたかもしれない。

参考文(1)……………………………………………………………………………………

607年に小野妹子が遣隋使として「日出づる処の天子」にはじまる国書を提出したが，煬帝は無礼として悦(よろこ)ばなかった。翌年再び隋に向かう妹子に託された国書は「東の天皇，敬(つつし)みて西の皇帝に白(もう)す」に改められた。推古朝に天皇号が考え出されたとする説も有力である。

……………………………………………………………………………………………………

ここでは，607年の遣隋使は，対等外交を主張する国書を提出して煬帝の怒りを買ったこと。及び，翌年の遣隋使の提出する国書には天皇号が用いられたことが書かれている。

かつては，7世紀前半の推古朝の時期に天皇号が成立したという説が有力であった。それは，法隆寺金堂薬師如来像銘や『天寿国繡帳』などの推古朝遺文などに天皇号の使用が見られることや，608年，小野妹子に託された倭から隋への国書に，「東の天皇，敬(つつし)みて西の皇帝に白(もう)す」と，『日本書紀』に書かれていることによるものであった。

しかし，今日では，推古朝説を否定する研究者が多い。それは，推古朝遺文は後世のものである可能性が高く，720年に成立した『日本書紀』にある，「東の天皇，敬(つつし)みて西の皇帝に白(もう)す」の記述も，史料批判が進み，『日本書紀』の編者の手によるものと考える説が強くなったからである。

それ故，現在では，天皇号の初めての使用は天武天皇の時であり，689年，持統天皇により施行された飛鳥浄御原令に於て，皇后号とともに制度化されたとする説が学会の主流である。

この問題の出題者と推定される東京大学教授の大津透氏も，以前は上記のような天武朝説を支持していたが(「古代天皇制論」＜『岩波講座　日本通史　第４巻　古代３』岩波書店＞)，最近は推古朝説に「親近感をもっている」そうだ(「『日本』の成立と天皇の役割」＜『日本の歴史08　古代天皇制を考える』講談社＞)。大津透氏が著者の一人となっている，高校日本史の教科書である『新日本史』(山川出版社)では，「天皇号の成立」として，次のように書かれている。

「大王の称にかわって，天皇が君主号として用いられるようになったのは，律令国家の成立と同じく，神格化が進んだ天武天皇の頃と考える説がある。しかし，中宮寺の『天寿国繡帳』の銘文に天皇号がみえることから，推古天皇の頃に始まるとする説も有力である。608年の遣隋使が『東の天皇，敬みて西の皇帝に白す』で始まる国書を出したことを『日本書紀』は記し，前年の『日出づる処の天子』が隋の不興をかったので，外交上苦心してつくり出したとも考えられる」(『新日本史』山川出版社，34頁)。

また，「日出づる処の天子」の国書に関しても，「倭の五王の時代のように，臣下として官職を得るために派遣したのではなく，隋に対しては対等の立場を主張しようとしている。高句麗から来日して，聖徳太子の仏教の師となった恵慈の関与も考えられ，隋と高句麗との対立関係が倭隋間の使者の往来の背景にあった」(『新日本史』山川出版社，33頁)としている。

出題者が大津透氏と考えるなら，ずいぶんと自説に沿った出題と言わざるを得ない。また，問題文や『新日本史』には，「推古朝に天皇号が考え出されたとする説も有力である」とあるが，学会の動向や研究史の蓄積から見て，「有力」かどうかは極めて疑問である。

参考文(2)

659年に派遣された遣唐使は，唐の政府に「来年に海東の政(軍事行動のこと)がある」と言われ，１年以上帰国が許されなかった。669年に派遣された遣唐使は，唐の記録には高句麗平定を賀するものだったと記されている。

７世紀後半，朝鮮半島では，唐と連合した新羅が強大化していた。参考文には，659年の遣唐使は，唐の軍事行動のため帰国を許されなかったことが書かれているが，ここから，660年，唐・新羅の連合軍が百済を滅ぼしたという基本的知識を想起すればよい。その後，百済の遺臣である鬼室福信は，倭に人質となっていた百済の王子余豊璋の返還と救援を要請した。倭は余豊璋を擁して百済を復興するため，阿倍比羅夫が率いる大軍を派遣して唐・新羅の連合軍と交戦した。しかし，663年，倭の水軍は，錦江下流の白村江で，唐の水軍に惨敗した。

また，参考文には，669年に派遣された遣唐使は，唐の高句麗平定を賀するものであったと唐の記録にあると書かれているが，ここからは，668年に唐・新羅の連合が高句麗を滅ぼしたことを想起し，問題の要求する「東アジア情勢の変化」を論じればよい。

参考文(3)

30年の空白をおいて派遣された702年の遣唐使は，それまでの「倭」に代えて「日本」という新たな国号を唐に認めてもらうことが使命の一つだったらしい。８世紀には遣唐使は20年に１度朝貢する約束を結んでいたと考えられる。

676年，新羅は唐の勢力を排除して朝鮮半島を統一し，唐と新羅の間の緊張が高まった。そのため，新羅は日本(天武朝の時期に「日本」という国号を制定したと考えられる)との外交を積極的に推進し，日本からも遣新羅使が派遣された。参考文には，遣唐使派遣には30年の空白があると書かれているが，天武・持統朝の時期，遣唐使は派遣されなかったものの，多くの先進的な文物は新羅を通してもたらされた。

この間の事情に関し，高校日本史教科書の『詳説　日本史』(山川出版社，45頁)には，「朝鮮半島を統一した新羅とも多くの使節が往来したが，日本は国力を充実させた新羅を従属国として扱おうとしたため，ときには緊張が生じた」とある。

一方，東京大学教授である大津透氏が執筆する高校日本史教科書の『新日本史』(山川出版社，48頁)には，「白村江の戦いののち，朝鮮半島を統一した新羅は，唐を牽制するために日本とのあいだにひんぱんに使節を往来させ，８世紀初めまでは日本に従う形をとった。やがて対等外交を主張したが，朝廷はこれを認めず，藤原仲麻呂は新羅への征討戦争を準備した」とある。

７世紀末には，唐と新羅の関係も修復し，８世紀に入ると，東アジア情勢は安定化した。702年，唐・新羅の関係修復による国際的な孤立の回避を図る日本は，唐へ「日本」という新国号の制定を報告して承認を得ることも目的の一つとして，約30年ぶりに遣唐使を派遣した。

この間の事情に関し，『新日本史』(山川出版社，48頁)には，「８世紀に入ると，日本はほぼ20年に１度の回数で大規模な遣唐使を派遣した。日本は唐の冊封は受けなかったが，実質的には唐に臣従する朝貢であり，使者は正月の朝賀に参列し，皇帝を祝賀した」とあるが，参考文にも，「８世紀には遣唐使は20年に１度朝貢する約束を結んでいたと考えられる」とよく似た文章が書かれている。しかし，参考文には，日本が唐に「朝貢」したことまでしか書かれていないのだから，解答に於ては，「唐の冊封を受けなかった」ことを補って，８世紀の日本と唐の関係を説明する必要があった。

参考文(4)

717年の遣唐使で唐に渡った吉備真備と玄昉は，それぞれ中国滞在中に儒教や音楽などに関する膨大な書籍や当時最新の仏教経典を収集し，次の733年の遣唐使と共に帰国し，日本にもたらした。

参考文には，唐に渡った吉備真備と玄昉が，儒教・音楽など膨大な書籍や最新の仏教経典を日本にもたらしたことが書かれているが，これも，『新日本史』（山川出版社，48頁）の，「唐からは高級織物や銀器・楽器などの工芸品をもち帰ったほか，吉備真備（きびのまきび）や玄昉（げんぼう）らの留学生や学問僧は，儒教や仏教，法律など多くの書物や知識を伝え，律令国家の発展に大きく寄与した」という部分とよく似た文章である。

ここでは，遣唐使や留学生・学問僧が，律令の導入に寄与し，律令国家の構築に貢献したことや，吉備真備・玄昉が橘諸兄政権の政治顧問に就任したことなど，留学生・学問僧が，律令国家完成期の奈良時代の政治に大きな影響力を持った事実を指摘すればよい。

第１問は，東アジア情勢の変化を踏まえて，遣隋使・遣唐使の役割と意義について考察する問題であるので，要求される四つの論点を確認し，字数のバランスをとって，以下の諸点をまとめればよい。

＜遣隋使派遣の背景となる東アジア情勢＞

①隋の成立（隋の南北朝統一・隋の中国統一）

②隋の高句麗進出

＜遣隋使の役割・意義＞

①607年の遣隋使では対等外交を主張

②ヤマト王権の権威高揚を図る

③608年の遣隋使では天皇号を使用

④留学生・学問僧による新知識の伝来

⑤留学生・学問僧が大化改新の原動力となる

⑥仏教文化の摂取

＜遣唐使派遣の背景となる東アジア情勢＞

（７世紀後半）

①唐の成立と発展

②朝鮮情勢の変化

＊唐と新羅の連合

＊唐と連合した新羅の強大化

＊唐・新羅の連合軍による百済の滅亡

＊白村江の戦いに於ける倭の敗北

＊唐・新羅の連合軍による高句麗の滅亡

＊新羅の朝鮮半島統一と唐との関係悪化

（8世紀）

①東アジア情勢の安定

＊大帝国としての唐の繁栄

＊唐と新羅の関係修復

＜遣唐使の役割・意義＞

①唐への定期的な朝貢

②唐からの冊封は受けていない

③唐と新羅の関係修復による日本の国際的孤立の回避

④律令の導入に寄与し，律令国家の構築に貢献

⑤留学生・学問僧の政治的影響力

＊吉備真備・玄昉は橘諸兄政権の政治顧問に就任

⑥唐からの日本国号承認を企図(唐への日本国号制定の報告)

⑦唐文化の導入

＊白鳳文化・天平文化・弘仁貞観文化への唐文化の影響

解答

隋が成立し，高句麗へ進出すると，ヤマト王権は遣隋使を送って対等外交を主張し，権威高揚を図り，留学生も大化改新の原動力となった。唐・新羅の連合が百済・高句麗を滅ぼすなど朝鮮情勢が激動する中，遣唐使を送って朝貢し，律令などの導入を図ったが，冊封は受けなかった。8世紀に東アジア情勢が安定すると，遣唐使は定期的に派遣され，国際色を持つ唐文化は天平文化に影響を与えた。(30字×6行)

第2問

解説　豊臣秀吉の全国統一に伴う，大名に対する統制の原理と方法を考察する問題であった。

設問Aは，戦乱終結・全国統一の過程に於て出された方針の一つが惣無事令である

ことを指摘し，その発令の背景となる戦乱の原因を踏まえて，この惣無事令に体現された，豊臣秀吉の大名統制に関する方針について論じることが要求された。惣無事令についての基本知識を押さえていれば，解答は容易であったはずである。

設問Bは，豊臣秀吉が，惣無事令を正当化するために利用した地位と論理について述べればよい。参考文には，「関白」という用語が挙げられているのだから，そのことに留意して，関白の職掌について明記して，少ない字数に対応して過不足なくまとめればよい。

設問Cは，鎌倉時代以来の武士社会の結合の原理が何であったのかを踏まえ，その上で，豊臣秀吉の大名統制の方法について論じることが求められていた。東大は，今回の「武士社会の結合の原理」というような，極めて基本的な事項に対して，具体的かつ端的に答えることを要求することが多いが，それに対応して的確に表現する訓練を積んでいるかどうかで，得点できるか否かが分岐する。

参考文(1)

1585年，秀吉は九州地方の大名島津氏に，次のような趣旨の文書を送った。「勅命に基づいて書き送る。九州でいまだに戦乱が続いているのは良くないことである。国や郡の境目争いについては，双方の言い分を聴取して，追って決定する。まず敵も味方も戦いをやめよというのが叡慮である。もしこれに応じなければ，直ちに成敗するであろう」

参考文には，豊臣秀吉が，1585年に島津氏に対して勅命に基づいた文書を送り，領国争いは双方の言い分を聞いて裁定するので私戦を停止せよ，従わないときは成敗する，と宣言したことが書かれている。

「無事」とは，和平，和睦を意味し，広義には平和な状態をさす。中世社会では，所領紛争などの解決に於て，自らの主張する権利を，私戦・私闘など自らの実力によって実現する自力救済が常識であった。

しかし，戦国大名も，自らを公権力として分国内の紛争解決権・裁判権を独占することを図り，喧嘩両成敗を分国法に於て規定し，自力救済の慣習を規制した。豊臣秀吉も，この方向を継承し，全国的規模に於て，自力救済をあらゆる階層において否定した。このことは，「正統性」を確保した形での暴力によって政権の独占を図るものであった。豊臣秀吉による，戦国時代の戦乱からの全国統一を，単なる武力征服の結果による成功と捉えることが通説であったが，これに対し，惣無事令への着目は，平和令の展開こそが，秀吉の全国統一を支える論理となったと見る歴史的視点である。

1585年，豊臣秀吉は，天皇を後見する職掌を持つ関白に就任し，天皇から全国の支配権を委ねられた。そして，惣無事令を発し，私戦・私闘のような自力救済により，所領紛争などの解決を図る全国の戦国大名に対し，停戦を命じた。さらに，これ以後，領国の確定は，すべて秀吉の裁定に任せるように戦国大名に強制し，惣無事令に違反する者は成敗すると宣言した。

参考文(2)……………………………………………………………………………………

1586年，島津氏は，「関白殿から戦いをやめるように言われたが，境を接する大友氏から攻撃を受けているので，それなりの防戦をせざるを得ない」と回答した。

……………………………………………………………………………………………………

参考文には，1586年，島津氏は，大友氏からの攻撃には防戦せざるを得ない，と関白秀吉に回答したことが書かれている。このことは，島津氏が惣無事令に従わなかった事実を示している。

参考文(3)……………………………………………………………………………………

1587年，島津氏は秀吉の攻撃を受けたが，まもなく降伏した。一方，中国地方の大名毛利氏は，早くから秀吉に協力した。秀吉は島津氏に薩摩国・大隅国などを，毛利氏に安芸国・備後国・石見国などを，それぞれ領地として与えた。

……………………………………………………………………………………………………

参考文には，1587年，島津氏は豊臣秀吉の攻撃を受けて降伏したが，毛利氏は早くから秀吉に協力したこと，及び，秀吉は，降伏した島津氏に対しては薩摩国・大隅国，協力した毛利氏に対しては安芸国・備後国・石見国を，御恩として知行給与したことが書かれている。

参考文(4)……………………………………………………………………………………

1592年に始まる朝鮮出兵では，島津氏も毛利氏も，与えられた領地に応じた軍勢を出すように命じられた。

……………………………………………………………………………………………………

参考文には，1592年，朝鮮出兵に際し，島津氏も毛利氏も，御恩として知行された領地に応じた軍役を，奉公として賦課させられた様子が書かれている。

設問Ａは，惣無事令の発令の背景となる戦乱の原因を踏まえて，この惣無事令に体現された，豊臣秀吉の大名統制に関する方針について論じることが要求されているのだから，以下の諸点を用いて論じればよい。

＜戦乱の原因＞

①所領紛争に於ける自力救済

＜解決の方針＞

①所領紛争を私戦と捉える

②惣無事令の発令

＊戦国大名(諸大名)に停戦を命令

＊豊臣秀吉が領国の確定を裁定

③惣無事令違反を理由に島津義久・北条氏政を征討

設問Bは，豊臣秀吉が，惣無事令を正当化するために利用した地位と論理について述べることが要求されているのだから，参考文に「関白」という用語が挙げられていることに留意して，以下の諸点を述べればよい。

＜命令正当化のための地位＞

①天皇を後見する関白

＜命令正当化のための論理＞

①天皇から全国支配権を委任

設問Cは，鎌倉時代以来の武士社会の結合の原理が何であったのかを踏まえ，その上で，豊臣秀吉の大名統制の方法について論じることが求められているのだから，以下の諸点を論じればよい。

＜鎌倉幕府以来の武士社会に於ける結合の原理＞

①御恩と奉公による主従関係

＜秀吉の諸大名の統制方法＞

①豊臣秀吉は，諸大名に対し，石高を基準に領地を知行給与し，知行高を基準に軍役を賦課

②大名知行制の基礎を構築

解答

A豊臣秀吉は，所領紛争に於ける自力救済を戦乱の原因ととらえ，
惣無事令を発し，全国の戦国大名に停戦を命じた。秀吉は，自ら領
国の確定を裁定し，惣無事令違反を理由に島津義久らを征討した。(30字×3行)

B天皇を後見する関白となり，天皇から全国支配権を委ねられた。(30字×1行)

C中世以来の御恩と奉公の主従関係に基づき，石高を基準に知行給
与し，知行高を基準に軍役を課す，大名知行制の基礎を構築した。(30字×2行)

第3問

解説　江戸時代の日中関係について，貿易と文化の面から考察する問題であった。

設問Aは，貿易品の変化と国内産業への影響を，時期を踏まえて考察することが要求されていた。やや細かい知識が要求されていたので，その点の対策を怠っていた受験生は書きにくかったかもしれない。

設問Bは，江戸時代の日中関係の基本的あり方を踏まえ，中国文化の流入の特徴について述べることが求められているが，問題の要求が曖昧であったので，参考文の利用方法に戸惑った受験生がいたかもしれない。

参考文(1)……………………………………………………………………………………

幕府は，1639年にポルトガル船の来航を禁止するに際して，主要な輸入品であった中国産品が他のルートによって確保できるかどうか，慎重な検討を重ねていた。

……………………………………………………………………………………………………

南蛮貿易は，主要には日明間の中継貿易であった。1551年の大内氏の滅亡によって勘合貿易は断絶するので，実際は，1547年の勘合船の派遣を最後に日明間の貿易は途絶えた。そのため，ポルトガルは，中国のマカオを拠点に日明間の中継貿易を行い，白糸(中国産高級生糸)を長崎に持ち込んで，日本の銀を購入して巨利を得ていた。

そのため，1604年，江戸幕府は，生糸価格の抑制と貿易の統制を目的として糸割符制度を設け，糸割符仲間が輸入生糸を一括購入し，それを売却して利益分配することとした。これにより，幕府は価格決定権をポルトガル商人から奪い，彼らの利益独占を排除した。糸割符仲間は京・堺・長崎の商人であったが，1631年に，江戸・大坂の商人が加わり，五カ所商人と呼ばれた。

このように，幕府は，ポルトガルを介して中国から白糸を輸入していたが，1639年の，いわゆる，寛永十六年の鎖国令により，ポルトガル船の来航を禁止したので，以後，唐船(中国船のこと，江戸期は明船･清船)の長崎への入港が増加した。この時期，日本は中国から生糸を輸入し，金・銀，特に銀を輸出していた。

参考文(2)……………………………………………………………………………………

幕府は，1685年に長崎での毎年の貿易総額を定め，1715年には，銅の輸出量にも上限を設けた。

……………………………………………………………………………………………………

1685年，幕府は定高貿易仕法(さだめだかぼうえきしほう)を発令し，唐船(この時期は清船)は銀6000貫(１貫は3.75キログラムなので，6000貫は22.5トン)，オランダ船は銀3000貫(金換算で５万両)

と制限し，長崎貿易に於ける，金建て・銀建てにより決済する年間の取引額に一定の上限(定高)を設けた。

また，この時期になると，金山･銀山も枯渇してきた。そのため，1715年，幕府(当時は新井白石が主導する正徳の政治)は，金銀流出防止を目的に，定高貿易仕法を強化する海舶互市新例を発令して貿易額を制限した。これにより，清船は30隻･銀6000貫･銅300万斤，オランダ船は２隻・銀3000貫・銅150万斤に制限された。

また，金・銀の輸出にかわる銅の輸出の増加は，銅の不足を促進したので，それに伴い，海舶互市新例では，銅の輸出量にも，400万斤～450万斤(１斤は160匁で約600グラムなので，400万斤は約2400トン)と上限を設けた。

一方，1685年，幕府は白糸の輸入を制限したので，それと相俟って，生糸(和糸)の国産が進展していった。

また，いりこ・ほしあわび・ふかのひれなどを俵詰めした海産物を俵物というが，俵物は，中華料理の食材として，長崎から清に輸出された。

銅の産出量が減少してくると，1698年，幕府は，代物替(しろものがえ)(品物と品物を交換する)といわれる清とのバーター貿易の決済に，銅にかえて俵物を指定したので，俵物は日本の主要な輸出品となった。そして，幕府は俵物の独占的集荷体制を整備し，各藩に俵物の増産を奨励したので，俵物の産地である蝦夷地などの水産業が発達した。特に，田沼意次が長崎貿易を奨励し，俵物の輸出による銀の流入を図ったことは有名である。それ故，田沼意次は，俵物の産地である蝦夷地開発に関心を深め，最上徳内を蝦夷地探検に派遣した。

参考文(3)

中国書籍は長崎に着くと，キリスト教に関係がないか調査された後，商人たちの手により全国に販売された。

1639年のポルトガル船の来航禁止から，1854年の開国までの江戸幕府の対外政策を，「鎖国」ということがある。しかし，「鎖国」という言葉の初出は，1801年，洋学者の志筑忠雄が，オランダ商館のドイツ人医師ケンペルの『日本誌』を『鎖国論』と題して抄訳した時であり，「鎖国」とは19世紀以降の言葉である。幕府の対外政策は，「異国渡海御制禁」とよばれ，「鎖国」とは認識されていなかった。

すなわち，いわゆる「鎖国」体制とは，一種の海禁政策であり，その実態は，国交を持つ朝鮮と琉球を通信国，国交はないが通商関係を持つ中国とオランダを通商国と規定し，それ以外の国とは通行関係を持たないというものであった。ちなみに，この

「通信国・通商国」という規定は，1792年にロシア使節ラックスマンが来航して通商を要求した際，それを拒否する論理として老中松平定信が用いた概念である。19世紀に作られた「鎖国」という言葉は，独り歩きしてしまい，江戸時代の日本の対外政策のイメージに誤解を生じさせることとなったとも言えよう。

前述したように，通商国の中国とは正式な国交はないが，長崎には唐船が来航し，民間貿易が盛んに行われた。しかし,1685年の定高貿易仕法の発令以後,抜荷(密貿易)が発生した。そのため，1688年，幕府は，貿易額の多かった清船の渡来を年間70隻に制限し，抜荷を防止するため，中国人(清人)の居住施設である唐人屋敷を設け，長崎市街に雑居していた中国人を唐人屋敷に住まわせた。

一方，参考文にあるように，中国書籍は長崎で調査され，キリスト教に関係ないものは，商人により全国に販売された。ここから，西洋の学術は，オランダからのみではなく，中国から輸入される漢訳洋書を通しても日本に伝えられたことを指摘すればよい。

参考文(4)……………………………………………………………………………………

長崎には，黄檗宗を広めた隠元隆琦ばかりでなく，医術・詩文・絵画・書道などに通じた人物が，中国からしばしば来航していた。

……………………………………………………………………………………………………

参考文からは，長崎には，隠元隆琦などの文人が来航し，黄檗宗(おうばくしゅう)のような仏教新宗派が伝来したことや，学問・文学・美術などに通じた文人が来航し，長崎から中国文化が伝わった様子がわかる。ここからは，通商国の中国とは長崎で交易し，中国文化は来航した中国の文人や，中国からの輸入品により，長崎から伝来したという特徴を指摘し，具体性を交えて論ずればよい。

設問Aは，貿易品の変化と国内産業への影響を，時期を踏まえて考察することが要求されているのだから，参考文を踏まえて，以下の諸点を論じればよい。

<(1)の時期の中国との貿易品>

①日明の中継貿易を行うポルトガルを介す白糸の輸入など，中国からは，主に生糸を輸入

②日本からは，金・銀(特に銀)を輸出

<(2)の時期以降の中国との貿易品>

①幕府は白糸(生糸)輸入を制限

②書籍などを輸入

③幕府は，1685年の定高貿易仕法，1715年の海船互市新例の発令により，金銀流出

防止を目的に貿易額を制限

④金銀流出防止を図り，銅を輸出していたが，海舶互市新例に於て，銅の輸出に上限を設定

⑤銅の産出量が減少すると，幕府は俵物を輸出

＊中華料理の食材である俵物を清に輸出し，金銀の流入を企図

＜国内産業への影響＞

①幕府の白糸(生糸)輸入の制限と相俟って，生糸の国産が進展

②金・銀の輸出は，金山・銀山の枯渇の一要因となり，銅の輸出の進展は，銅の不足を促進

③銅の産出量減少による俵物の輸出の進展は，水産業の発展を促進

設問Bは，江戸時代の日中関係の基本的あり方を踏まえ，中国文化の流入の特徴を考察することが求められているので，参考文を用いて，以下の諸点をまとめればよい。

＜江戸時代の日中関係＞

①江戸時代の海禁政策の下で，中国は通商国と位置付けられていた

②海禁政策の下で，唐船貿易は長崎に限定

③日中間の交易が行われた長崎には，唐人屋敷がおかれ，中国文化は長崎から流入

＜中国からの文化の流入＞

①隠元隆琦などの文人が来航

②黄檗宗のような仏教新宗派が明から伝来

③清で発展した考証学が，日本でも隆盛

④キリスト教関係以外の漢訳洋書が輸入され，それを通して西洋の学術が伝来

⑤中国からの文化の流入は，日本の本草学，『貞享暦』の作成など暦学，文人画・写生画など絵画の発展に寄与

解答

A⑴の時期，生糸を輸入し，金銀を輸出した。⑵の時期以降，生糸
は輸入制限と相俟って国産が進んだ。鉱山枯渇により金銀に換え銅
を輸出したが，産出が減り俵物を輸出したので水産業が発展した。(30字×３行)

B通商国中国からは，交易を行った長崎に文人も来航し，仏教新宗
派や考証学のみならず，漢訳洋書により西洋の学術も伝えられた。(30字×２行)

第４問

解説　昭和恐慌が農村に与えた影響を考察する問題。「失業者」「農村人口」「米価」「養蚕」の語を用いて，昭和恐慌がもたらした「農村の危機」の内容と背景を論じる

ことが要求されている。

昭和恐慌は，近代経済史の基本的なテーマなので，学習を積んだ受験生は高得点が期待できる。しかし，今回は戦前・戦後を通した産業別就業者数の統計や，戦後の高度成長期以降の農村の様相について書かれたリード文から，これらの利用方法について戸惑った受験生もいたかもしれない。当初，出題者は，戦前と戦後の農村・農業の比較に関する問題を作問しようと構想していたのかもしれないが，どうも破綻したようだ。統計とリード文は，その構想の「名残り」とも推測できるが，解答を導くものとなっておらず，やや，問題としてはこなれていなかったので，受験生を迷わすことになったのだろう。

しかし，問題の要求は昭和恐慌に関する基本的理解なので，要求の通りに論ずればよい。指定語句の「農村人口」に関して，昭和恐慌期の失業者の帰村による農村人口の一時的増加に関して考察できなかった受験生が見られたようだ。

1930～31年の昭和恐慌は，金解禁と世界恐慌の二重の打撃(ダブルパンチ)を受けた深刻な恐慌であった。このことを理解する前提として，東大入試で頻出の重要テーマである近代日本に於ける貨幣・金融制度について概観してみる必要がある。

1871年，政府は，新貨条例を発し，円・銭・厘の十進法(江戸時代の金貨は両・分・朱の四進法)を単位とする新貨幣を作った。建前は，1円金貨を本位貨幣とする金本位制であったが，実際は，開港場では銀貨(貿易銀)，国内では不換紙幣が使用され，1878年には貿易銀の国内通用も認められたので，金銀複本位制となっていた。1882年，大蔵卿松方正義の下，中央銀行(政府の銀行・銀行の銀行・発券銀行)として日本銀行が設立され，1885年，日本銀行券として銀兌換銀行券が発行された。そして，翌1886年より，いままで不換紙幣であった政府紙幣の銀兌換を開始し，銀本位制が確立された。

1890年代，金に対する銀の下落は進み，金本位制の下にあるドル・ポンドに対し，銀本位制の下にある円は下落していった。円安は輸出には有利であったが，輸入には不利である。そのため，金本位制の欧米に生糸を輸出する製糸業には有利であったが，欧米からの武器や機械の輸入や，イギリスの植民地インドからの綿花(日本の産業革命の中心である紡績業の原料)の輸入には不利であった。そのため，日清戦争の結果，清国から巨額の賠償金を奪取し，軍拡と産業振興策を中心とする戦後経営を推進する政府の中からは，欧米並みの金本位制を望む声が高まった。

1897年，第二次松方正義内閣(蔵相松方正義)は，1円＝金2分＝金0.75グラムとする貨幣法を制定し，金本位制を確立した。また，金解禁(金輸出解禁)を行うことにより，金の国際間の取引が自由化され，日本も国際金本位体制に参加することとなった。ここに，100円＝金75グラム＝約50ドルの法定平価が設定され，事実上の固定相場制となった。

1914年，第一次世界大戦が勃発すると，欧米列強は金の流出を恐れて金輸出禁止措置をとった。そのため，1917年，寺内正毅内閣は，列強に倣って金輸出禁止を断行したので，日本も国際金本位体制から離脱することになり，変動相場制の状態になった。

1920年代になると，欧米は金解禁を断行して国際金本位体制に復帰し，事実上の固定相場制に戻っていた。しかし，1920年に戦後恐慌，1923年に震災恐慌，1927年に金融恐慌と続いた日本は，金解禁の機を失い，金輸出禁止措置の継続を余儀なくされていた。そのため，恐慌下で輸入超過となっていた日本の円は下落(変動相場制の下では，出超は円高，入超は円安となる)し，かつ外国為替相場は不安定に動揺して海外取引に困難を生じさせていた。そのため，財閥など財界からは，欧米に倣って金解禁を断行して国際金本位体制に復帰し，外国為替相場を安定させ，貿易振興を図ることへの要望が高まっていった。

1929年に成立した，立憲民政党の浜口雄幸内閣は，大蔵大臣に日本銀行総裁であった井上準之助を起用し，金解禁を準備した。蔵相井上準之助は，金解禁の準備として，先ず，緊縮財政による物価の引き下げを図った(緊縮財政→貨幣量減少→貨幣価値上昇→物価下落)。輸出・輸入は，「円高・円安」と，国内の「物価上昇・物価下落」の要素により左右される(最も輸出に有利な条件は，「円安」かつ国内の「物価下落」の場合)。この緊縮財政という措置には，国内物価を下落させることにより，輸出に有利な要因を作る意図があったが，それは農産物下落による農民の犠牲を伴うものでもあった。

一方，井上準之助は，産業合理化を促進して，企業利潤の増大と国際競争力の強化を図った。しかし，この強烈なリストラを意味する産業合理化と称する措置は，当然，解雇や賃金カットなど労働者の犠牲を伴うものでもあった。

1931年1月，浜口雄幸内閣は金解禁を断行し，国際金本位体制に復帰した。その際，蔵相井上準之助は，国際信用を重視して100円＝約50ドルの旧平価(1897〜1917年の法定平価)による金解禁を選択した。解禁直前の外国為替相場は，100円＝約46ドルであったので，この措置は，約10パーセントの円切上げを意味し，日本商品はアメリカ市場で約10パーセント割高になるので，輸出に不利な要因を作るものであった。しかし，井上準之助は，輸出の不利よりも国際信用を重視して旧平価での金解禁に踏み切った。

しかし，1929年10月，ニューヨークのウォール街での株式市場の大暴落により世界恐慌が始まっていたので，その影響は日本に波及し，貿易額は縮小し，特に対米生糸輸出は激減した(当時，総輸出の約4割が生糸で，うち約9割がアメリカ向け)。金本位制では「金＝円」であり，国際金本位体制の下では，国際収支の赤字は最終的には金で決済するので，日本から金が大量に流出した。金解禁による不況と世界恐慌の二重の影響(ダブルパンチ)を受け，1930〜31年，日本経済は昭和恐慌と呼ばれる深刻な恐慌に陥った。

このような中で,財閥などは産業合理化の推進により企業利潤の確保を図ったので,労働者の解雇や中小企業の倒産により失業者が増大した。そして,職を失った人々は,帰村を余儀なくされたので，農村人口は一時的に増加した。

一方，農村では，1930年，豊作により米価がさらに下落して「豊作貧乏」ともいわれる豊作飢饉となり，翌1931年には，一転して東北・北海道が大凶作に見舞われたので，娘の身売りや欠食児童が社会問題となるなど，農村は惨状を呈した。娘の身売りとは，公娼制度の下，貧しい親が娘を娼婦として遊郭に売る事実上の人身売買のことである。また，欠食児童とは，学校に弁当が持参できないなど，食事も十分に取れない児童のことである。

この農村人口の増加に対処するため，政府や軍部は，満州は「希望の天地」と宣伝して，昭和恐慌により窮乏した農民を満州に入植させる移民政策を企図し，満蒙開拓団などを満州に送出した。

財閥の要望で断行された金解禁は，労働者・農民の犠牲で準備され，金解禁の政策的失敗によりもたらされた昭和恐慌は，労働者・農民を直撃した。しかし，浜口雄幸内閣は，1931年，重要産業統制法を成立させ，カルテルを助長して財閥の保護を図ったのである。

一方，財閥も，金輸出再禁止による円下落を見込んで，金輸出再禁止が断行される前に，大量のドル買いを行って利益を獲得した(例　100円で50ドルを買う→金輸出禁止措置で100円＝25ドルまで円が下落した時→50ドルで200円を買い戻す)。

このような中で，財閥やそれと結ぶブルジョア政党への国民の非難が高まり，政党や政党内閣への信用は低下した。1932年には，血盟団事件が起こり，井上準之助と三井合名会社(三井財閥の持株会社)理事長団琢磨が，農村青年により暗殺された。

昭和恐慌がもたらした「農村の危機」の内容と背景について,「失業者」「農村人口」「米価」「養蚕」の語を用いて論じることが要求されているのだから，以下の諸点をバランスをとって字数内でまとめればよい。

＜昭和恐慌の際の「農村の危機」の背景＞

①金解禁の準備のための，緊縮財政(デフレ政策)による米価の下落

②金解禁の準備のための，産業合理化による労働者の解雇

③世界恐慌と金解禁の二重の打撃(世界恐慌下で金解禁の断行)は昭和恐慌を招来

＜昭和恐慌の際の「農村の危機」の内容＞

①対米生糸輸出の激減は，養蚕業を打撃
②金流出による金兌換券発行の減少は物価下落を促進し，米価の暴落を招来
③1930年の農作飢饉，31年の東北大飢饉は，農業恐慌に発展
④娘の身売りや欠食児童など，農村は惨状を呈して社会問題化
⑤解雇された労働者は失業者となり，帰村を余儀なくされたので，農村人口は増加
⑥農村人口の増大に対処するため，政府は満蒙開拓団など移民政策を企図

解答

緊縮財政による米価下落，産業合理化による労働者解雇が進展する中，世界恐慌下で行った金解禁は昭和恐慌を招き，生糸輸出激減は養蚕業に打撃を与えた。更に豊作飢饉による米価暴落に東北大飢饉が相俟って，娘の身売りなど農村は惨状を呈した。また，失業者帰村により農村人口は増加し，満蒙開拓団など移民政策も図られた。（30字×５行）

2008年

第1問

解説 古代国家に於ける東国のあり方を，軍事力を中心に考察する問題である。設問Aでは，ヤマト政権や律令国家に於いて，東国が軍事力の供給源として，いかなる役割を果たしていたかを述べることが要求された。設問Bは，参考文を読み取ることにより，古代の内乱の傾向，及び律令国家の内乱への対処を，東国との関わりを踏まえて考察する問題であった。

本問では，律令国家の地方支配，及び律令制度の軍事機構に関する基本的理解を元に，参考文を熟読し，そこで「示唆」される事項を考察することが，先ず求められている。その上で，問題の要求に従って参考文を要約し，それを歴史的表現を用いて再構成すれば解答となる。古代国家に於ける「東国」の役割を「軍事」という側面から考察することが要求されているので，一瞬戸惑った受験生もいたかもしれない。しかし，古代史に関する基本的な認識や正確な知識があれば，参考文の内容や示唆するものを吟味してまとめることにより，解答は容易であったはずである。

参考文(1)

奈良時代の東国の郡司には，金刺舎人（かなさしのとねり）など6世紀の大王宮があった地名を含む姓が見える。これはかつて国造（くにのみやつこ）たちが，その子弟を舎人として，大王宮に仕えさせていたことによると考えられる。

国造の任務は，子弟を舎人として大王家に出仕させて大王や宮殿の護衛や警備の任に就かせること，娘や姉妹を采女として宮廷に仕えさせること，自らの軍団を統率して支配地の治安維持にあたること，外征に際して軍団を率いて従軍すること，などであった。

本問では，奈良時代の律令国家の郡司は，ヤマト政権下の国造を継承している者が多いという基本知識を前提に参考文を読解することが要求されている。

参考文には，奈良時代の東国の郡司に大王宮の地名を含む姓を持つ者が見られるのは，国造が子弟を舎人として大王家に仕えさせていたことに由来するとある。その指摘から，ヤマト政権下の東国の国造は王権に接近して軍事力を提供し，それを律令国家の郡司が継承していることが推定できる。そこから，古代国家に於ける東国は，ヤマト政権下でも律令国家に於いても軍事力の供給源であったとする示唆を読み取ることが必要とされる。

参考文(2)

672年，近江朝廷と対立し，吉野で挙兵した大海人皇子は，伊賀・伊勢を経て，美濃に移って東国の兵を集結し，不破(ふわ)の地を押さえて，近江朝廷に勝利した。

671年，天智天皇は，子の大友皇子を太政大臣として後継者とし，近江朝廷を主催させた。これに危機感を持った天智天皇の弟である大海人皇子は，東国出身の舎人たちとともに吉野に隠遁した。同年末，天智天皇が死去すると，翌672年，両者は衝突し，舎人の地盤である東国の軍事力の結集に成功した大海人皇子が近江朝廷に勝利したのであった。

この参考文からは，壬申の乱に際し，大海人皇子が東国の兵を結集して近江朝廷に勝利した史実を確認し，内乱に於いても，東国の軍事力が重要な意味を持っていたことを読み取ればよい。

参考文(3)

大宰府に配属された防人は，全て東国の諸国から徴発されており，前の時代の国造に率いられた兵力のあり方が残っていたと考えられる。

この参考文では，九州北部に配属されて対外防備にあたる防人が，東国の兵力から選抜された事実を挙げ，そこから，防人の制度にはヤマト政権下の東国の国造軍の遺制が継承されているとの推測が示されている。

参考文(4)

律令制では，美濃国不破・伊勢国鈴鹿(すずか)・越前国愛発(あらち)にそれぞれ関が置かれ，三関(さんげん)とよばれた。奈良時代には，長屋王の変や天皇の死去など国家の大事が発生すると，使者を三関のある国に派遣し，関を閉鎖する固関(こげん)が行われた。

この参考文では，不破・鈴鹿・愛発の三関が置かれ，奈良時代には国家の大事に際して固関が行われたことが述べられている。ここから，律令国家は，内乱や国家の大事に際して固関を行い，首謀者の都からの脱出や東国での兵力結集の動きを阻止して，危機に対処しようとしたことが読み取れる。

参考文(5)……………………………………………………………………………………

聖武天皇の詔（みことのり）には,「額（ひたい）に矢が立つことはあっても，背中に矢が立つことはあるものか」と身辺警護の「東人（あずまびと）」が常に語っていたことが見える。古代の天皇の親衛隊は,東国出身者が中心であったらしい。

……………………………………………………………………………………………

この参考文から，奈良時代の律令国家に於いても，東国の軍事力が天皇の親衛隊として，その警備の任に就いていたことがわかる。また，このことから，ヤマト政権下の東国の国造が大王の護衛に就かせるために出仕させた舎人の遺制が，律令国家に於いても継承されていることが推測される。

参考文(6)……………………………………………………………………………………

764年，反乱を起こした藤原仲麻呂は，平城京から山背・近江を経て，越前に向かおうとしたが，愛発関で阻まれ，近江国高島（たかしま）郡において斬殺された。

……………………………………………………………………………………………

この参考文から，反乱を起こした藤原仲麻呂が，軍事力の結集を図って東国に向かおうとするなど，内乱に際しても，首謀者が東国の軍事力に依存していたことがわかる。また，こうした事態に対処するため，律令国家が，設置した関を閉ざして内乱を阻止した事実が見て取れる。

設問Ａは，参考文から読み取れる，古代国家に於ける東国の役割を論じることを要求しているのだから，参考文をよく吟味して，以下の諸点をまとめればよい。

＜古代国家にとっての東国の役割＞

①東国はヤマト政権下でも律令国家に於いても軍事力の供給源

＜ヤマト政権と東国＞

①東国の国造は王権に接近

②東国の国造が大王家に出仕させた子弟は，舎人として大王の護衛などの任に就く

＜律令国家と東国＞

①律令国家に於ける郡司は，前代の国造を継承している者が多い

②郡司が掌握する東国の人々が，天皇の警護や防人として対外防衛を担う

設問Ｂは，古代の内乱の傾向と，律令国家の内乱への対処を述べることが要求されているのだから，参考文をよく読んで，以下の諸点をまとめればよい。

＜古代の内乱の傾向＞

①内乱の首謀者も東国の軍事力に依存

＜律令国家の内乱への対処＞

①不破・鈴鹿・愛発の三関を設置
②内乱に際しては固関を行う
③固関により，首謀者が東国で兵力を結集することを阻止する

解答

A東国は軍事力の供給源であり，ヤマト政権下，国造は子弟を舎人
として出仕させ王権に接近した。律令国家も国造を継承した郡司が
掌握する東国の人々を天皇の警護や防人として対外防衛にあてた。(30字×3行)

B古代の内乱は東国の軍事力に依存する傾向を持った。そのため，
律令国家は三関を設けて都の防衛を図るとともに，内乱に際し，固
関を行い，首謀者が東国に脱出し兵力を結集することを阻止した。(30字×3行)

第2問

解説 中世の一揆を通して，集団の結成のあり方や「神」との関わりを考察する問題である。設問Aでは，傘連判の署名形式から，中世の一揆の構成員相互の関係を考察することが要求された。設問Bでは，参考文を読み取ることにより，一揆の持つ機能を考察し，一揆の結成により生じた参加者相互の関係の変化を論じることが求められた。設問Cは，参考文をよく吟味し，一揆を結成した中世の人々が，「神」をどのように意識したかを考察する問題であった。

東大日本史の入試の典型的パターンの一つとして，受験生の基礎的な知識や，基礎的な理解の上に，史料や，参考文を提示して，受験生の「知らない」歴史の「見方」=「学説」を再構成させ，受験生の歴史的思考力を問う問題がある。もちろん，受験生はその「学説」を知らなくてかまわないし，出題者の側も，受験生の歴史的思考力を問うために出題しているのだから，受験生がその「学説」を知識として「知らないこと」を「期待」して問題を作成しているともいえる。

本問は，勝俣鎮夫氏が『一揆』(岩波新書)などで展開している，一揆に関する独自の「見方」=「学説」を，参考文で与えた「情報」を元に再構成させる問題であった。しかし，「教科書レベル」とはいえ，中世の一揆に関する深い理解を前提に，参考文を十分に読解して考察しないと，設問文の要求をとらえることが難しかったかもしれない。特に設問Bや設問Cは，単なる「受験知識」のみでは解答は困難である。

参考文(1)……………………………………………………………………………

1373年，九州五島の武士たちが「一味同心」を誓った誓約書に，「このメンバーの中で訴訟が起きたときは，当事者との関係が兄弟・叔父甥・縁者・他人などのいずれ

であるかにかかわりなく，理非の審理を尽くすべきである」と書かれている。

この参考文は，「青方文書」にある松浦党(肥前国松浦地方を中心に独立割拠した中世武士集団)の一揆に関するものである。一揆とは，一味同心という連帯の心性を共有する人々で構成された集団である。中世の人々は，日常性を超えた問題や通常の手段では解決不能な問題を，協力して解決することを目的に，神仏に誓約し，一味同心といわれる一致団結した状態を作り出した。

ここにある九州五島の武士が一味同心を誓った誓約書には，訴訟の際は，血縁などとは関わりなく理非の審理を尽くすべきと書かれていた。このことは，血縁や身分に基づく日常的な諸関係の中での私的な紛争処理を超え，一味同心を誓った一揆の参加者が，公的に紛争を裁定して秩序を維持している様子が読み取れる。

参考文(2)

1428年，室町幕府の首長足利義持は，跡継ぎの男子なく死去した。臨終の際，義持が後継者を指名しなかったため，重臣たちは石清水八幡宮の神前でクジを引いて，当たった義教(義持の弟)を新首長に推戴した。ある貴族は義教のことを「神慮により武家一味して用い申す武将」と評した。

足利義持の死に際して重臣たちが神前でクジを引き，当たった義教を新首長に推戴した事例から，「神慮」により集団の決定を正当化している様が見える。

参考文(3)

1469年，備中国北部にあった荘園で，成年男子がひとり残らず鎮守の八幡神社に寄り合って，境内の大鐘をつき，「京都の東寺以外には領主をもたない」ことを誓い合った。鐘をつく行為は，その場に神を呼び出す意味があったと思われる。

この参考文には，神を呼び出す意味を持つといわれる鐘をつく行為により，備中国北部の荘園の人々が，東寺以外には領主を持たないことを誓い合う姿が描かれている。ここから，儀式を行い，神を媒介にして誓約する一揆のあり方が読み取れる。

参考文(4)

1557年，安芸国の武士12人は，「今後，警告を無視して軍勢の乱暴をやめさせなかったり，無断で戦線を離脱したりする者が出たら，その者は死罪とする」と申し合わせた。その誓約書の末尾には,「八幡大菩薩・厳島大明神がご覧になっているから,決して誓いを破らない」と記され,次の図のように署名がなされた。

この参考文では,八幡大菩薩・厳島大明神が見ているから誓いを破らないと記された安芸国の武士たちの誓約書が示されているが,ここから,神の意思や神罰が一揆の決定を補強していることが推定される。

一方,「図」は一揆が結成される際に作成された傘連判であるが,ここから,一揆の構成員の権利・義務に於ける対等性や平等性が読み取れる。また,このように結成された一揆に於いては,その集団意思の決定は多数決で行われたという「教科書レベルの知識」も再確認する必要がある。

設問Aは,「図」にある傘連判の署名形式から,署名者相互の関係を説明することを要求されているのだから,以下の諸点を簡潔に指摘すればよい。

<傘連判に見る署名者相互の関係性>

①一揆の構成員の権利・義務に於ける対等性や平等性

②一揆の構成員は共同責任を持つ

③指導者を隠蔽する側面を持つことがある

設問Bは,一揆の結成により,参加者相互の関係はどのように変化したかを述べることが要求されているのだから,参考文をよく吟味した上で考察し,以下の諸点について論じる必要がある。

<一揆結成以前の参加者相互の関係>

①血縁や身分に基づく日常的な諸関係

②紛争を私的に処理

③自らの権利を自らの実力で実現する自力救済

<一揆結成以後の参加者相互の関係>

①一味同心の結束(「神」の下での結束)

②日常的諸関係の断絶

③地縁的結合

④衆議(多数決)による意思決定

⑤公的に紛争を裁定して秩序を維持

設問Cは,中世の人々は「神」と「人」との関係をどのようなものと考えていたかを述べることを要求されているのだから,参考文に示された事例から考察していくことが必要である。以下の諸点を述べられればよい。

<「神」と「人」との関係>

①「神」と「人」との一体意識
②「神」と「人」との交流・融合
③一味神水の儀式を行い，「神」を媒介として契約を結ぶ(誓約を行う)
④「神」を媒介に(神慮・神罰を介して)一揆の結束や集団の決定などを補強・正当化

解答

A一揆構成員相互の権利・義務における対等性や共同責任を示す。(30字×１行)
B血縁などに基づく私的な処理を認めず，一味同心を誓った一揆の
参加者は公的に紛争を裁定し，衆議で意思決定するようになった。(30字×２行)
C一味神水を行って神と人との交流・融合を図り，神慮や神罰を媒
介として，人と人との契約や一揆の結束も確実になると意識した。(30字×２行)

第３問

解説　18世紀末の農村の状況と，それへの対処を図る寛政の改革の諸政策について考察する問題である。設問Ａでは，松平定信が認識した18世紀末の農業や食糧についての問題点について述べることが求められた。設問Ｂでは，18世紀末の農村の実態に対処するために実施された，寛政の改革に於ける諸政策について論じることが要求された。

参考文を要約するのではなく，参考文が示唆することを正確に読み取り，問題が要求する事項を歴史的表現を用いて叙述する必要がある。基本的なテーマであったので，解答しやすい標準的な問題といえよう。

1787～93年に実施された寛政の改革は，老中松平定信による幕政改革である。松平定信は白河藩主の譜代大名で，御三卿の田安宗武の子・８代将軍徳川吉宗の孫であった。祖父徳川吉宗の政治を理想とする松平定信は，田沼政治を否定し，文武奨励による「士風退廃」の刷新を図り，商業資本を抑圧するとともに，天明の飢饉で危機に瀕した財政基盤の復旧を試みた。

しかし，厳しい統制や緊縮策に対する不満や，尊号一件の処理を巡る11代将軍徳川家斉との対立により，1793年，松平定信は老中を解任された。

参考文(1)…………………………………………………………………………

昔から,「耕す者が一人減ればそれだけ飢える者が出る」と言うが,去る午年(1786年)の人別帳を見るとその前回の調査人数と比較して140万人も減少している。その140万人は死亡したのではなく，みな離散して人別帳に記載されなくなったのである。

…………………………………………………………………………………………

ここでは，人別帳に記載された調査人数が前回より140万人も減少していること，そして，その減少が死亡ではなく離散に起因していることが述べられている。このことから，農民の離村による農村人口の減少，耕作者・年貢負担者の減少を指摘し，そこから示唆される，食糧の不足や年貢米の収納の減少を読み取ればよい。

このような事態に対して，寛政の改革に於いて，老中松平定信が，出稼ぎの制限や旧里帰農令の発令により農村人口の維持・年貢負担者の確保を図ったことを想起すればよい。

参考文(2)

人々が利益ばかりを追求し，煙草を作ったり，養蚕をしたり，また藍や紅花を作るなどして地力を無駄に費やし，常に少ない労力で金を多く稼ぐことを好むので，米はいよいよ少なくなっている。農家も今は多く米を食べ，酒も濁り酒は好まず，かつ村々に髪結床などもあり，農業以外で生計を立てようとしている。

この参考文から，商品作物栽培により利益を追求する者が増加し，そのために米の生産量が減少したこと，農村への奢侈の風潮の浸透により，農村に於いても農業以外で生計を立てようとしている農家が増加していることなどがわかる。そこから示唆される，商品作物栽培などによる農村への貨幣経済の浸透や農村での奢侈の風潮の拡大が，農民層分解を促進させて本百姓の没落をもたらすことを論じればよい。

また，このような状況に対処するために実施された諸政策に関しては，田沼政治を否定する寛政の改革に於いて，商業資本の抑圧，倹約令による奢侈の戒め，風俗の粛正などが強行されたことを指摘すればよい。

参考文(3)

近年水害なども多く，豊作とよべる年は数えるほどで，傾向として米は年をおって減少している。その減少した上に不時の凶作があれば，どれほど困難な事態が生じるであろうか。恐ろしいことである。

この参考文では，水害が多く，豊作の年が少なく，米の生産が減少している現状で，松平定信が凶作による困難な事態を予測していることが述べられている。そこから，18世紀末の農村では，天明の飢饉などの飢饉や凶作が発生した事実を想起し，それに対処するため，寛政の改革に於いては，天明の飢饉で荒廃した農村の復興が図られたこと，大名に1万石につき50石の囲米を命じたり，民衆に社倉・義倉の設置を命じたりして備荒貯蓄に努めたことを確認すればよい。

設問Aは，18世紀末の農業や食糧の問題に対する松平定信の認識を述べることが要求されているので，参考文から読み取れる以下の諸点をまとめればよい。

<18世紀末の農業問題>

①商品作物栽培などによる農村への貨幣経済の浸透

②農村への奢侈の風潮の浸透

③農民層分解の促進による本百姓の没落

④農民の離村による農村人口の減少

<18世紀末の食糧問題>

①耕作者(年貢負担者)の減少

②年貢米の収納の減少

③天明の飢饉など飢饉や凶作

設問Bは，18世紀末の農業や食糧の問題に対処するために行った松平定信の諸政策について述べることを要求しているので，寛政の改革に関する基本知識を整理し，以下の諸点を挙げながら論じる必要がある。

<寛政の改革>

①田沼政治の否定

<寛政の改革に於ける農業政策>

①天明の飢饉で荒廃した農村の復興

②出稼ぎの制限

③旧里帰農令による農村人口の維持・年貢負担者の確保

④公金貸付による耕地の復興

<寛政の改革に於ける食糧政策>

①備荒貯蓄

②大名に囲米を命じる

③民衆に社倉・義倉の設置を命じる

<寛政の改革に於ける商業・都市政策>

①商業資本の抑圧

②倹約令による奢侈の戒め

③風俗の粛正

④物価引き下げ令の発布

⑤七分金積立による貧民救済・石川島人足寄場設置による無宿人対策など

解答

Ａ商品作物栽培などによる貨幣経済の農村への浸透は，奢侈の風潮
や離村などによる耕作者の減少を促し，年貢米の収納も減少した。(30字×２行)
Ｂ田沼政治を否定した寛政の改革では，天明の飢饉で荒廃した農村
の復興を期し，旧里帰農令により農村人口維持・年貢負担者の確保
を図るとともに，囲米や社倉・義倉設置による備荒貯蓄を命じた。
また，商業資本を抑圧し，倹約令で奢侈を戒め，風俗も粛正した。(30字×４行)

第４問

解説　政党内閣の成立とその背景を戦争との関わりから考察する問題である。設問Ａでは，第一次大隈重信内閣(隈板内閣)の成立事情を日清戦争との関連を踏まえて簡潔にまとめることが要求された。設問Ｂでは，原敬内閣が，のちの「憲政の常道」といわれる政党内閣の慣行につながる，初の本格的な政党内閣となった事情を，第一次世界大戦の影響や当時の社会的背景を踏まえて考察することが要求された。

政党内閣の成立とその背景という，近代史の基本的なテーマであったが，設問Ａは，問題の要求に対して字数設定が少なく，豊富な知識を持っている受験生ほど，解答すべき内容の絞り込みや文章作成面に於いて苦労したかもしれない。設問Ｂは，原敬内閣の成立という，東大受験生なら十分に学び且つ準備しているテーマなので，解答しやすかったはずである。しかし，問題の要求を正確に読み取らず，原敬内閣成立の「事情」についてのみ詳細に述べた受験生は高得点を望めない。

政党内閣は，近代政治史の最重要事項の一つであり，東大入試の頻出事項でもあるので，明確に把握しておく必要がある。政党内閣とは，衆議院(下院)の多数党を基礎とする内閣で，多数党の党首を首相に，閣僚(大臣)の大半を多数党の党員とする内閣である。現在の日本国憲法では，首相は国会議員の中から国会で指名されるので，政党内閣は制度的に保障されている(議院内閣制)。一方，大日本帝国憲法下では，首相は元老(のち重臣)が推挙して天皇が任命するので，政党内閣は制度化されていなかった。

設問Ａ

1889年２月11日，大日本帝国憲法が発布されたが，翌日の２月12日，黒田清隆首相は，地方長官(府県知事)を招集して，鹿鳴館で「超然演説」と呼ばれることになる演説を行った。その演説の主旨として，最高行政機関である政府(内閣)は，国民が選出した議員により構成される立法機関である議会が未成立なときと同様に，議会が成立したのちも，議会内の政党の動向に関わりなく独自に政策を実現することが表明され

た。このように，議会や政党の動向から「超然」とし，かつ政党内閣を否認する藩閥政府の政治姿勢は超然主義と呼ばれた。

1890年，帝国議会が開かれると，民党と呼ばれる立憲自由党(のち自由党と改称)や立憲改進党を中心とする野党勢力が過半数を占め，「経費節減・民力休養」のスローガンを掲げて，超然主義を標榜する藩閥政府や，それを支持する与党である吏党と激しく対決した。このように，帝国議会開設から日清戦争まで，民党と藩閥政府・吏党の激しい対立が続いたが，この時期の議会は特に初期議会と呼ばれた。

日清戦争が終結すると，藩閥政府は戦後経営(軍備拡張と産業振興策)の推進を図ったが，そのためには予算の拡大や増税が不可欠であり，衆議院で過半数を握る民党との提携が不可避となり，超然主義の限界が露呈した。1896年，第二次伊藤博文内閣は自由党と提携し，板垣退助を内務大臣として入閣させ，また，同年，第二次松方正義内閣も進歩党と提携して大隈重信を外務大臣として入閣させて「松隈内閣」と呼ばれるなど，この時期，政党と藩閥政府の提携が進んだ。

しかし，1898年，政党との提携に失敗した第三次伊藤博文内閣は超然主義をとり，地租増徴案を提出したが，これに反対する自由党と進歩党は合同して憲政党を結成し，衆議院の絶対多数を占めた。そのため，議会運営の見通しを失った第三次伊藤博文内閣は退陣し，ここに，初の政党内閣である第一次大隈重信内閣が成立した。同内閣は，首相に大隈重信，内相に板垣退助をすえ，陸軍大臣・海軍大臣を除くすべての閣僚を憲政党員が占め，「隈板内閣」と呼ばれた。

設問Ａは，第一次大隈重信内閣の成立と戦争との関連を説明することが要求されているので，以下の諸点を押さえ，バランスよく字数内で簡潔にまとめることが求められている。

＜戦争との関連＞

①日清戦争

②藩閥政府は戦後経営(軍備拡張と産業振興策)を推進

③戦後経営を推進するためには予算の拡大や増税が不可欠

④藩閥政府は政党との提携を図る(超然主義は限界)

⑤自由党の板垣退助の第二次伊藤博文内閣への入閣

⑥進歩党の大隈重信の第二次松方正義内閣への入閣

＜第一次大隈重信内閣の成立＞

①第三次伊藤博文内閣は地租増徴を図る

②対抗する自由党と進歩党は合同して憲政党を結成

③第三次伊藤博文内閣退陣により憲政党内閣が成立

設問B

第一次世界大戦(1914〜18)を契機とする世界的な民主主義の高まりは日本にも影響を与え，ロシア革命や米騒動は，大逆事件以来の「冬の時代」を終焉させ，社会運動を高揚させるなど，大正デモクラシーといわれる民主主義的・自由主義的傾向が強まっていった。大正デモクラシーは，広義には，1905年の日比谷焼打ち事件から，1932年の「憲政の常道」の崩壊までを指すなど，その時期区分には諸説があるが，大正期(1912〜26)がその中心となったことは共通の見解である。

第一次世界大戦が勃発すると，大戦による軍需，及び列強が後退した中国などアジア市場への進出により，日本経済は大戦景気と呼ばれる好景気を迎えた。急速な産業発展により労働者は増加したが，物価上昇率が賃金上昇率を上回り，大幅に実質賃金が低下したので，労働運動は高揚した。

学問の領域では，吉野作造が民本主義を唱え，美濃部達吉の天皇機関説も学界の定説となっていった。また，義務教育の徹底化・高等教育の拡充により，知識階層や職業婦人が増加し，新聞・雑誌などジャーナリズムも発達して国民が世論を形成するようになると，制限選挙による議会制度に対し，普通選挙を求める声も高まっていった。

このような中で，1918年，シベリア出兵に伴う米の買い占め・売り惜しみにより米価が急騰すると，実質賃金低下による労働者の生活の窮乏，生活必需品価格の上昇による貧農・小作農の生活の窮乏が相俟って，米騒動といわれる全国的な暴動が発生した。

これに対し，陸軍長州閥の寺内正毅内閣は，言論を弾圧するとともに，10万以上の兵力をもって軍隊により鎮圧を図ったが，米騒動は沈静化するどころか，民衆の強い反発も招いた。そのため，米騒動を抑えて治安維持を図るためには，超然内閣では不可能と判断した山県有朋・西園寺公望ら元老は，衆議院の第一党である立憲政友会の総裁原敬を，首相として天皇に推挙した。ここに初の本格的政党内閣である原敬内閣が成立したのである。

1921年に原敬首相が暗殺されたので，後継の立憲政友会総裁高橋是清が組閣する政党内閣が成立したが短命に終わり，その後，加藤友三郎内閣，第二次山本権兵衛内閣，清浦奎吾内閣と非政党内閣が続いた。1924年，第二次護憲運動を背景に，護憲三派(憲政会・立憲政友会・革新倶楽部)が衆議院議員選挙で圧勝し，加藤高明護憲三派内閣が成立したが，これ以降，1932年の五・一五事件で犬養毅内閣が崩壊するまで，「憲政の常道」といわれる政党内閣の慣行が続いた。この時期の政党内閣は，「最後の元老」といわれた西園寺公望が政党の党首を首相に推挙したことにより継続したのであって，政党内閣が制度化したものではなく，五・一五事件以降，1945年の敗戦まで，日本に政党内閣が成立することはなかった。

設問Bは，原敬内閣が「憲政の常道」につながる本格的な政党内閣になった理由とその社会的背景を説明することを要求しているので，原敬内閣成立の直接の契機のみではなく，以下の諸点を繰り込んで，多面的に考察して論じなければならない。

<戦争との関連>

①第一次世界大戦

②世界的なデモクラシーの風潮の日本への波及

③大戦景気

<社会的背景>

①大正デモクラシーの進展

②吉野作造の民本主義の提唱

③美濃部達吉の天皇機関説の学会での定説化

④社会運動の高揚

⑤労働者の増加や実質賃金の低下による労働運動の高揚

⑥ロシア革命の影響による社会主義運動の高揚(「冬の時代」の終焉)

⑦教育・ジャーナリズムの普及による国民世論の形成と普通選挙の要求

<原敬内閣の成立>

①シベリア出兵を機に米騒動が発生

②元老は超然内閣では対処不能(民衆の不満を抑えられない)と判断

③元老は立憲政友会(衆議院第一党)総裁の原敬を首相として推挙

解答

Ａ日清戦後，戦後経営を行う藩閥政府は政党との連携を進めていた
が，地租増徴を図った第３次伊藤内閣は倒れ，憲政党が組閣した。(30字×２行)

Ｂ第一次世界大戦による世界的なデモクラシーの風潮やロシア革命
，大戦景気による実質賃金低下は，労働運動など社会運動を高揚さ
せた。シベリア出兵を機に米騒動が起きると，超然内閣では対処不
可能と判断した元老は，立憲政友会総裁の原敬を首相に推挙した。(30字×４行)

2007年

2007

第1問

解説 古代国家の貨幣政策に関する問題である。8世紀の律令国家の銭貨使用促進政策の実態と変遷，および8世紀末の銭貨政策の転換の理由を考察することが要求されている。

本問は，奈良時代に関する基本的理解をもとに，参考文を熟読し，そこで「示唆」される事項を考察し，その上で，問題の要求に従って参考文を要約し，それを歴史的表現を用いて再構成すれば解答となる問題である。

参考文(1)

711年には，穀6升をもって銭1文に当てることとし，また712年には，諸国からの調庸を銭で納める場合には，布1常を銭5文に換算するとした。

この文章は，古代国家(律令国家)が貨幣(銭貨)を鋳造し，その使用の促進を図ったことを前提として書かれている。

まず，この文章から，当時，穀や布が交換の媒介となっており，すでに貨幣の役割を果たしていた事実を想起する必要がある。その上で，律令政府が，貨幣の役割を果たしている穀や布と，自ら鋳造した銭貨との交換比率を定めたこと。そのことにより，律令政府が貨幣の信用を担保するとともに，銭貨の流通の円滑化を図ったことを読み取ればよい。また，「調庸を銭で納める」という箇所から，律令政府が地方への銭の普及を図ったことも読み取れる。

参考文(2)

711年に，位階や職務に応じて，絹織物・糸のほか銭を役人に支給する法を定めた。また，蓄えた銭の多少にしたがって位階を授けることを定めた。

この文章には，役人の給与を銭で支給したことや，一定額の銭貨を蓄積し，それを政府に納入した者に，位階を授与する蓄銭叙位令(法)を制定したことが書かれており，このような方法により，律令政府が銭貨流通の促進を図ったことが読み取れる。

参考文(3)………………………………………………………………………………

712年に,諸国の役夫と運脚の者に対して,郷里に帰るときの食糧の欠乏を救うため,銭を携行することを命じた。

……………………………………………………………………………………………

この文章から，律令政府が地方に対しても銭貨の普及を図る政策を採ったことが読み取れる。

参考文(4)………………………………………………………………………………

東大寺を造る役所の帳簿には，銭を用いて京内の市で物品を購入したことや，雇っていた人びとに銭を支払ったことが記されている。また，山背(やましろ)国の計帳には，調として銭を納めていたことが記されている。

……………………………………………………………………………………………

この文章から，平城京では，左京の東市や右京の西市に於て，銭を用いて商売が行われていたことが想起されるし,賃金も銭で支払われている様子も読み取れる。また,調とは，絹・布・海産物など，主要には地方の産物を納入する税であるが，山背国では，調として銭が納入されていたことがわかる。ここでは，奈良時代の京・畿内に於て，銭の流通が実現されていたことを指摘すればよい。

参考文(5)………………………………………………………………………………

798年に,「外国(畿内以外の諸国)の役人や人民が銭を多く蓄えてしまうので，京・畿内ではかえって人びとが用いる銭が不足している。これは銭を用いる便利さにそむき，よろしくない。もっている銭はことごとく官に納めさせ，稲をその代価として支給せよ。銭を隠す者を罰し，その銭は没収せよ」という法令を，畿内以外の諸国に向けて出した。

……………………………………………………………………………………………

この文章には，畿内以外の役人や人民が蓄銭している様子が書かれている。そこから，地方の役人・地方豪族・富裕な民衆などが，貨幣流通の利便を理解せず，位階獲得などを目的に銭を蓄えている状態が想起される。また，律令政府が行った地方への銭の普及を図る政策が，逆に，地方に於ける地方豪族などの蓄銭という事態を生じさせ，京・畿内の銭不足という弊害を招いたことがわかる。

そのため，律令政府は，地方への銭の普及を図る政策の転換を余儀なくされ，地方から銭を回収した。このことを読み取り，地方から回収した銭を京・畿内へ充当する方針を採ったことを想起して指摘すればよい。

本問では，「銭貨を発行し，その使用を促進」してきた日本の古代国家の「銭貨についての政策の変遷をふまえ」つつ，「8世紀末に(5)の法令が出されるようになった理由」を説明することが要求されている。

解答に即してみると，以下の論点を押さえ，それに対応する諸要素を字数に配慮しながらバランスよくまとめていけばよい。

<古代国家の銭貨使用促進政策>

①和同開珎などの銭貨を鋳造して発行

②交換の媒介となっていた穀・布と銭貨との交換比率を決定

③官人給与の銭貨での支給

④蓄銭叙位令(法)の制定

⑤調庸の銭納など地方への銭貨普及の促進

<政策の結果と政策転換の理由>

①京・畿内に於ける銭貨の流通実現

②位階獲得などを目的とする地方豪族・有力農民などの蓄銭

③京・畿内に於ける銭貨不足の発生

<政策転換の内容>

①地方からの銭貨の回収

②回収した銭貨の京・畿内への充当

解答

8世紀初頭，律令政府は貨幣鋳造を進め，交換の媒介となっていた
穀・布と銭の交換率を決定し，官人給与の銭での支給や蓄銭叙位令
を定める一方，調庸の銭納や運脚に銭を携行させるなど地方への銭
の普及も図った。その結果，京・畿内では銭の流通が実現されたが
，位階獲得を目的とした地方豪族の蓄銭などにより銭不足が生じた
ため，8世紀末，政府は地方より銭を回収し京・畿内に充当した。(30字×6行)

第2問

解説　中世の仏教と文化に関する問題である。

A　「禅宗が生み出した文化の特徴」を「政治権力との関わりをふまえて」説明することを要求する問題である。

禅とは，本来は静寂・瞑想のことであり，坐禅は禅の具体的実践方法である。禅宗とは，インドの瞑想・坐禅を継承し，中国で成立した仏教の一派のことである。日本に禅宗が伝来したのは奈良時代のことであるが，本格的な伝来は，鎌倉時代に栄西に

よって臨済宗が，道元によって曹洞宗が伝えられた時点と考えてよい。

栄西は二度入宋して，臨済禅を伝え，道元も入宋して曹洞禅を伝えた。曹洞宗は，世俗を離れ，ひたすら坐禅に打ち込む(只管打坐)など厳しい修行を行ったが，一方，臨済宗は鎌倉幕府や室町幕府に接近してその保護を受けた。

中世において，「政治権力との関わり」が深い「禅宗」を考える場合，臨済宗を例にとる必要がある。本問では，参考文の(2)と(3)を用いればよい。

参考文(2)……………………………………………………………………………………

北条時頼は，建長寺を建立して渡来僧蘭渓道隆を住持とし，北条時宗は，無学祖元を南宋から招き，円覚寺を創建した。日本からも多くの禅僧が海を渡った。室町時代になると，外交使節にはおもに五山の禅僧が起用された。

……………………………………………………………………………………………………

この文章から，鎌倉幕府や執権北条氏は臨済宗を保護し，５代執権北条時頼が渡来僧の蘭渓道隆を建長寺の開山に，８代執権北条時宗が渡来僧の無学祖元を円覚寺の開山にしたという文化史の基本知識が確認できる。その上で，多くの禅僧が日中間を往還し，彼らによって中国の新しい文物が伝えられたことを想起すればよい。

また，五山とは，南宋の官寺の制に倣った臨済宗の寺格で，幕府の保護・管理を受ける最上位の寺格を有する五つの寺院のことである。鎌倉時代より幾度かの変遷を経て，室町時代，３代将軍足利義満の時に五山・十刹の制はほぼ確立された。

京都五山は，南禅寺を別格の上位として，天竜寺・相国寺・建仁寺・東福寺・万寿寺。鎌倉五山は，建長寺・円覚寺・寿福寺・浄智寺・浄妙寺である。五山派寺院からの献金は室町幕府の重要な財源となり，五山僧の中から，室町幕府の政治顧問や外交顧問として重用される人物も輩出した。

参考文(3)……………………………………………………………………………………

五山の禅僧は，漢詩文によって宗教活動を表現した。雪舟は，日本で宋・元に由来する絵画技法を学び，遣明船で明に渡って，現地でその技法を深めた。

……………………………………………………………………………………………………

この文章から，五山の禅僧によって創作された五山文学といわれる漢詩文が隆盛したことがわかる。禅の修業にとって言語の習得は前提であり，五山僧は競って漢詩文を学び，義堂周信や絶海中津のような文学僧も現れた。一方，水墨画に於ても，北山文化の時期には，東福寺の明兆，『瓢鮎図』を描いた相国寺の如拙，『寒山拾得図』などで知られる相国寺の周文など著名な画僧が現れた。また，東山文化の時期には，『四季山水図巻』などを描いた雪舟が日本的な水墨画を完成したが，雪舟もまた相国寺で修行した禅僧であった。

このように，禅宗は文学や絵画に於いて，中国文化の強い影響を室町期の文化に与えるのみならず，禅の精神は，枯山水のような作庭や書院造のような建築様式，さらには侘(び)茶などにも影響を与え，それらの発展に大きく寄与した。

解答に即してみれば，以下の諸点を限られた字数内で文章を推敲しながらまとめればよい。

＜鎌倉幕府との関わり＞

①鎌倉幕府は臨済宗を保護

②多くの禅僧が日中間を往来

③渡来僧(蘭渓道隆・無学祖元)を重要寺院(建長寺・円覚寺)の開山とする

＜室町幕府との関わり＞

①室町幕府は臨済宗五山派(五山)を保護

②五山僧を外交(政治)顧問とする

＜禅宗文化＞

①中国文化の影響

②簡素(枯淡)を特色とする文化

③漢詩文・五山版・水墨画・侘び茶・書院造・枯山水などの発展に寄与

B　「鎌倉時代に抑圧された宗派」の「戦国時代までの展開」を論じる問題である。

参考文(1)……………………………………………………………………………

1207年，親鸞は朝廷により越後に流され，1271年，日蓮は鎌倉幕府により佐渡に流された。

……………………………………………………………………………………

この文章から，ここで論じることが要求されている「鎌倉時代に抑圧された宗派」とは，親鸞を開祖とする浄土真宗と日蓮を開祖とする日蓮宗であることがわかる。

参考文(4)……………………………………………………………………………

蓮如は，だれでも極楽往生できると，かなの平易な文章で説いた。加賀では，教えを支持した門徒たちが守護を退け，「百姓の持ちたる国」のようになった。

……………………………………………………………………………………

この文章には，浄土真宗の「中興の祖」といわれる本願寺派の法主である蓮如が，浄土真宗本願寺派を急速に発展させたことが示されている。1471年，蓮如は越前に吉崎道場を構え，北陸に教線を伸ばしていった。浄土真宗本願寺派の僧侶たちは，惣村などに，念仏の同信者集団である講を組織し，蓮如が布教のために門徒に書いた手紙である御文(御文章)が講の寄合で読まれた。こうして一向宗とも呼ばれた浄土真宗本願寺派は農村・惣村に浸透していった。また，本願寺派の寺院を中心に，環濠などを造り，防衛的機能を持つ寺内町が各地に形成され，一向一揆は戦国大名とも対抗した。

1488年，加賀国の守護家の内紛に乗じた一向一揆(浄土真宗本願寺派門徒を中心とする一揆)は，守護富樫政親を打倒して，本願寺・一向一揆による約1世紀の自治を実現した。加賀国は本願寺の領国のようになり，「百姓の持ちたる国」といわれた。

1570年より続いていた，石山本願寺を中心とする一向一揆と織田信長との戦いである石山戦争は，1580年，顕如が織田信長と和睦し，紀伊国の雑賀に撤退するという形で終結した。同年，織田信長の命を受けた柴田勝家が加賀を攻撃し，約1世紀続いた加賀の一向一揆の自治は崩壊した。

参考文の内容を歴史用語に置き換えつつ，以上のことを，限られた字数内で過不足なくまとめることが要求されている。

参考文(5)

日蓮の教えは都市の商工業者にひろまった。16世紀前半の京都では，信者たちが他の宗派を排して町政を運営した。

この文章には，京都の町衆を中心とする日蓮宗の信者の集団である法華一揆が，他宗派を排斥して町の自治を担ったことが書かれている。

日蓮宗の日親は，1437年に上洛し，6代将軍足利義教に自ら著した『立正治国論』を献じようと直訴を企て弾圧された。焼き鍋を頭からかぶせる拷問を受けたという伝承から「鍋かぶり上人」と呼ばれている。日親は京都に本法寺を開き，以後，日蓮宗は京都の商人などに信者を増やし，戦国期には自治拡大を求める京都の町衆を中心に法華一揆が形成された。1532年，一向一揆と対立し，山科本願寺を焼き打ちしたが，1536年，延暦寺の僧兵に京内の日蓮宗寺院21寺を焼き打ちされ(天文法華の乱)，壊滅的打撃を受けた。

参考文の内容を，「都市の商工業者」は町衆，「信者たち」は法華一揆，「他の宗派」は一向一揆のように歴史用語に置き換えつつ，以上の要点を限られた字数内でまとめる必要がある。

解答に即してみると，以下の諸点をバランスよくまとめることが要求されている。

<浄土真宗>

①浄土真宗本願寺派の蓮如が越前に吉崎道場を創建

②農村(惣村)に布教して北陸に教線を伸ばす

③講を組織し，御文を用いて布教

④浄土真宗寺院を中心に各地に寺内町が形成される

⑤一向一揆は戦国大名と対抗

⑥加賀の一向一揆は，守護を打倒し，約１世紀の自治を行う

⑦加賀国は本願寺の領国のようになった

<日蓮宗>

①日蓮宗の日親は京都で布教

②町衆を中心に法華一揆を形成

③法華一揆が町政を自治的に運営

④一向一揆と対立して山科本願寺を焼き打ち

⑤天文法華の乱で延暦寺の僧兵に京内の日蓮宗寺院を焼き打ちされる

解答

Ａ鎌倉期には渡来僧が重要寺院の開山となり，室町期には五山僧が
外交顧問になるなど臨済僧は幕府に重用され，中国文化の影響の下
，禅宗は漢詩文・水墨画や侘び茶・書院造などの発展に寄与した。(30字×３行)

Ｂ浄土真宗本願寺派の蓮如は講と御文により農村に教線を拡大し，
加賀の一向一揆は守護を打倒して１世紀の自治を実現した。日蓮宗
の日親は京の町衆に布教し，法華一揆は一向一揆などと対立した。(30字×３行)

第３問

解説　江戸時代の学問の発展に関する問題である。

「18世紀後半の学問」の発展について，その前提となる「研究の方法に共通する特徴」にふれながら説明することが要求されている。「研究の方法に共通する特徴」についての知識を持っているか，あるいは参考文を熟読することを通して，「共通する特徴」とは何かということに接近できるかが本問を解く重要な「鍵」になっている。

江戸時代の諸学問の基底には，朱子学の合理性や実証的研究の蓄積が存在したといっても過言ではないであろう。朱子学とは南宋の朱熹によって集大成された思想体系であるが，理気二元論をその思想の中心とする。「気」とは，万物を構成する要素，物質的素材を意味し，「理」とは，そこに内在する秩序，事物を構成する法則性，事物の在るべき在り方を示すものを意味する。そして，天地の万物は「理」と「気」に

よって成立し，かつ存在するものとして，宇宙から人間に至る一切の現象を統一的に捉える思想であった。

また，朱子は，人も万物の中の一つであるから，人の身体も「気」によって形成され，そこに人の性である「理」が宿ると考えた。人の「理」は，「人はかくあるべき」であるという理想像や行動規範であるから，人間の本性は善である。しかし，身体的要素である「気」によって，「理」の発現が阻害され，充分な自己を実現できない。朱子は，そのような状態を「宝玉(「理」)が，濁った水(「気」)の底に沈むさまに似ている」と例えた。そして，善である「理」を実現できない悪の根源を，「気」に基づく身体的要素，具体的には情や欲にあるとしたのである。

さらに朱子は，「天理を存し人欲を去る(私欲を棄て，心を理に合致させる)」として，「居敬窮理」を掲げた。「居敬」とは精神を集中させることであり，「窮理」とは物の「理」を窮め知り尽くすことである。このように，朱子学に於ては「窮理」「格物致知」などと呼ばれる事物に宿る「理」を究明する認識論を基礎に，実証的・合理的研究方法が蓄積された。

朱子学は鎌倉時代に日本に伝えられたが，室町時代は五山僧によって学ばれた。江戸時代になると，藤原惺窩の門流である京学や，谷時中が土佐で発展させた南学が隆盛した。江戸初期以来，朱子学は広く浸透していたので，朱子学以外の儒学の諸学派は当然ながら，儒学以外の諸学問に於ても，朱子学の教養はその基礎に存在していた。それゆえ，朱子学の持つ実証的・合理的研究方法の蓄積は，他の諸学問の受容に寄与するとともに，朱子学への批判を通すことも含め，朱子学は他の諸学問の発展の前提となっていたのである。

参考文(1)……………………………………………………………………

平賀源内は，各地の薬草や鉱物を一堂に展示する物産会を催し，展示品360種の解説をあつめた『物類品隲(ぶつるいひんしつ)』を1763年に刊行した。

……………………………………………………………………………

この文章にある，平賀源内の『物類品隲』は，物産会の約2000種の出品物の中から主要なもの360種を選び，産地を示して解説を加えたものである。本草学とは，植物・動物・鉱物などの薬用効果の研究から発展したものであるが，『物類品隲』に於いては，中国の本草学の影響が強く見られるものの，オランダの博物図鑑によって品種を定めて解説した個所などもあり，従来の本草学から西洋博物学に移行する過渡期の著作と評価されている。

参考文(2)

杉田玄白・前野良沢らは，西洋解剖書の原書を直接理解する必要性を感じ，医学・語学の知識を動員して，蘭書『ターヘル・アナトミア』の翻訳をすすめた。そして1774年にその成果を『解体新書』として刊行した。

この文章で述べられている『解体新書』は，ドイツ人クルムスの『解剖図譜』のオランダ語訳『ターヘル・アナトミア』を日本語に訳したもので，日本最初の西洋医学の本格的語訳書である。前野良沢・杉田玄白・中川淳庵・桂川甫周ら７名によって翻訳された。ここでは，18世紀後半に高度な西洋知識の受容を可能とした背景を考察すればよい。また，オランダ語の知識をもとにドイツの医学を受容していることから，蘭学が洋学に発展している様子を指摘してもよい。

参考文(3)

ドイツ人ヒュプネル（ヒュブネル）の世界地理書をオランダ語訳した『ゼオガラヒー』は，18世紀に日本にもたらされ，朽木昌綱（くつきまさつな）の『泰西輿地図説（たいせいよちずせつ）』（1789年刊）など，世界地理に関する著作の主要材料として利用された。

この文章では，オランダ語の知識をもとにドイツの世界地理に関する知識を学び，それらの知識をもとに，西洋地誌の概説書である『泰西輿地図説』が朽木昌綱によって著されたことが書かれている。ここからも，オランダ語を介して，ドイツ・フランス・イギリスなど西洋学術を受容し，蘭学が洋学へ発展していることが読み取れる。

参考文(4)

本居宣長は，日本古来の姿を明らかにしたいと考え，『古事記』の読解に取り組んだ。古語の用例を集めて文章の意味を推定する作業をくり返しつつ，30年以上の年月をかけて注釈書『古事記伝』を1798年に完成させた。

この文章は国学に関するものである。国学とは，儒教や仏教など外来思想を排して，日本古来の民族精神の究明に努めた学問である。元禄期に始まる契沖らの実証的古典研究が国学の源流となった。そして，荷田春満・賀茂真淵を経て，大著『古事記伝』を著した本居宣長により国学は大成された。

解答に即してみれば，18世紀後半の諸学問の発展の背景には，朱子学の発展・普及により蓄積された実証性・合理性という研究方法に於ける共通の特徴が存在したことを確認して以下の諸点をまとめればよい。

<研究方法の共通の特徴>

①朱子学の持つ実証的研究方法の蓄積が諸学問発展の前提

②朱子学の持つ合理性が諸学問発展の共通基盤

<本草学>

①植物・動物・鉱物などの薬用効果の研究が本草学へ発展

②本草学は博物学的性格を強める

<洋学>

①医学・地理学・天文学・化学・物理学など西洋知識を受容

②オランダ語の知識を介して西洋諸国の知識を受容

③蘭学は洋学へ発展

<国学>

①契沖らの実証的古典研究が国学の源流となる

②儒教・仏教など外来思想を排して日本古来の民族精神を究明

③本居宣長が国学を大成

解答

江戸初期以来の朱子学の実証的・合理的研究の蓄積は，18世紀後半の諸学問発展の前提となった。薬草研究などを本草学として発展させ，また，医学・地理学など西洋知識を受容して洋学を隆盛させる素地となった。一方，契沖らの実証的古典研究を前提に，本居宣長は儒仏など外来思想を排して民族精神を究明する国学を大成した。(30字×５行)

第４問

解説　石橋湛山の小日本主義の主張を考察することを通して，それとは逆の道を歩んだ日本帝国主義のあり方を論じる問題である。

石橋湛山(1884～1973)は，戦前，『東洋経済新報』で活躍したリベラルな経済ジャーナリストであり，植民地の放棄を主張する小日本主義を唱え，浜口雄幸内閣の金解禁政策に際しては，蔵相井上準之助の旧平価解禁論を批判して新平価解禁論を主張した。戦後は，第一次吉田茂内閣の蔵相として傾斜生産方式を推進した。1956年，自由民主党政権の首相となったが，わずか65日で病気により退陣した。

1919年，第一次世界大戦の講和会議であるパリ講和会議に於いて，連合国とドイツとの間でヴェルサイユ条約が締結された。ドイツは巨額の賠償金を賦課されるとともに，ドイツの旧植民地は国際連盟の委任統治領(事実上の植民地)となった。戦勝国となった日本は，山東省の旧ドイツ権益の継承を承認されるとともに，赤道以北の旧ドイツ領南洋諸島の委任統治権を獲得した。このように，ヴェルサイユ条約によって規定された，第一次世界大戦後のヨーロッパの国際秩序をヴェルサイユ体制という。

一方，第一次世界大戦後の東アジア情勢は，大戦中に中国に進出した日本と英米との対立の激化，中国ナショナリズムの高揚，ロシア革命による日露提携の崩壊など大きな変化が生じていた。また，国際政治に於けるアメリカの主導権は圧倒的なものとなり，まさに，「パックス=ブリタニカ」から「パックス=アメリカーナ」への転換といわれる情況を呈した。

このような中で，1921～22年にかけて，米大統領ハーディングの提唱で，東アジアに於ける日本の膨張抑制と海軍軍縮を主目的とするワシントン会議が開催された。1921年，英・米・日・仏の４カ国間で，太平洋諸島の領土に関する各国の権利尊重を規定した四カ国条約が締結された。そして，1923年，四カ国条約の発効と同時に，1911年に締結された第三次日英同盟協約は廃棄された。

また，1922年，主力艦の保有制限に関するワシントン海軍軍縮条約が，英・米・日・仏・伊の５カ国間で締結され，主力艦の保有比率は，英米：日：仏伊＝5：3：1.67となった。

さらに同年，中華民国と列強８カ国との間で，アメリカの「ジョン=ヘイの三原則」に基づく，中国の「領土保全・門戸開放・機会均等」を規定した九カ国条約が締結され，翌1923年，九カ国条約の発効により，1917年に日米間で締結した石井=ランシング協定が廃棄された。一方，1922年，九カ国条約の内容合意に基づき，英米の臨席のもと，山東省ドイツ権益返還条約が日中間で締結され，日本は，1915年に対華二十一カ条要求で袁世凱政権から奪い，1919年にヴェルサイユ条約で承認された山東省の旧ドイツ権益を中国に返還した。

問題の史料は，1921年，石橋湛山がワシントン会議を前に発表した「一切を棄つるの覚悟」と題する論説の一節である。ここで，石橋湛山の小日本主義の主張が明確に語られている。

石橋湛山の小日本主義は，日本の帝国主義的膨張を否定するものであり，日本は満州の権益を棄て，台湾・朝鮮の植民地の独立を承認し，中国本土に於ける権益も放棄して，アジアの「弱小国」とともに生きる道を選択すべきだという主張である。そこには，領土の拡大は周辺諸民族・諸国家との敵対関係を生み出し，日本の不利益となるという石橋湛山の認識があった。また，石橋湛山は，列強により侵略・支配された植民地はいずれ独立するようになり，植民地支配の時代は終焉するとの認識も持っていた。それゆえ，日本は列強と同じ道を進むことを拒否し，逆に，列強に対し，奪った植民地を放棄させる政策を採るべきであると主張したのである。

A　日本が満州権益を獲得した事情を含め，「満州を棄てる」ことの意味を問う問題である。1904年，韓国・満州を巡る日露の帝国主義戦争である日露戦争が勃発した。1905年，米大統領セオドア=ローズベルトの斡旋で，ポーツマス条約が締結され，日本は勝利的講和を得た。同条約においては，ロシアからの賠償金は奪取し得なかったものの，日本の韓国指導権，旅順・大連(関東州)租借権，東清鉄道南満州支線(長春〜旅順間)の割譲，北緯50度以南の樺太の割譲，沿海州・カムチャツカの漁業権の獲得などをロシアに承認させた。

また，「満州を棄てる」とは，関東州租借権や南満州鉄道のような満州権益を，台湾・朝鮮の植民地とともに日本は放棄すべきであるという，石橋湛山の小日本主義の主張のことである。

解答に即してみると，限られた字数内で以下の諸点をまとめればよい。

＜満州権益を日本が獲得した事情＞

①日露戦争の講和条約であるポーツマス条約で獲得

②日本は満州に於けるロシア権益を奪取

＜満州権益の具体例＞

①ポーツマス条約で奪取し，二十一カ条要求で99カ年延長した旅順・大連租借権

②南満州鉄道(東清鉄道南満州支線・長春以南の東清鉄道)

③撫順炭鉱

＜「満州を棄てる」ことの意味＞

①石橋湛山の小日本主義の主張

②満州権益や植民地である朝鮮・台湾放棄の主張

B　小日本主義という「唯一の道」を日本が進まなかった理由と歴史的経緯を論じる問題である。

寄生地主制の下で日本の農村は貧困を強いられ，日本の資本は，そこから供給される労働力を徹底的に搾取することによって発展してきた。そのため，農民も労働者も貧しく，国民の購買力が小さいため，日本資本主義は健全な資本主義の発達に不可欠な国内市場が狭隘で，海外市場への依存度が高かった。1900年ころに日本の資本主義は確立されたと評価されているが，海外市場や植民地を求めてアジア侵略を推進する日本は，資本主義を確立するとすぐに帝国主義段階に入った。

しかし，全世界的規模での帝国主義戦争である第一次世界大戦の後，日本は，戦後恐慌による軍縮の必要性，第一次世界大戦後の国際社会におけるアメリカの優位，経済・交易面における英米への依存という情況下で，協調外交を外交の基本路線とする

ことを余儀なくされた。

協調外交とは，ワシントン体制との協調を図る外交路線であるが，具体的には，中国への軍事介入を避け，欧米帝国主義と協調しつつ，九カ国条約の範囲で中国への権益拡大を図る路線であり，あくまでも帝国主義的な外交戦略の一環であった。また，協調外交は，「憲政の常道」といわれた政党内閣が慣行となった時期，立憲政友会(三井財閥と密接な関係)の田中義一・犬養毅内閣を除く，憲政会・立憲民政党(三菱財閥と密接な関係)の全内閣の外相であった幣原喜重郎(三菱財閥・岩崎弥太郎の娘婿)が担ったので，幣原外交が協調外交の代名詞のようになった。

1919年の五・四運動以降，中国民族運動は一層の高揚を見た。そして，1925年，上海の在華紡(中国に資本輸出した日本の紡績会社の総称)でのストライキの弾圧に於いて，中国人労働者殺害に抗議するデモにイギリス警官が発砲した五・三〇事件を契機に，反日本帝国主義・反イギリス帝国主義を掲げる中国民族運動は，全国的な反帝国主義運動へと発展した。

1926年，中国国民党による全国統一を掲げる北伐が開始された。北伐とは，蒋介石を総司令とする国民革命軍(中国国民党の軍隊)による，日本が支援・利用している張作霖など,北方の軍閥(中国に於ける軍事的・封建的地方政権)を打倒する戦いであり，中国民族の統一と独立回復を図る反帝国主義・反封建の戦いである。

北伐に際し，憲政会の第一次若槻礼次郎内閣は，外相幣原喜重郎の協調外交を堅持し，中国に対する軍事干渉は行わなかった。これに対して，在華紡に利権を持つ三井財閥，三井財閥と深い関係を有する野党の立憲政友会，北伐の満州への波及を恐れる軍部，天皇の最高諮問機関で保守派の牙城となっていた枢密院などは，幣原外交を激しく攻撃した。

1927年，震災手形処理法案審議中の蔵相片岡直温の失言をきっかけに，金融不安に駆られた預金者が銀行に預金を引き下ろすために殺到する取付騒ぎが起こり，東京では，中小銀行の休業・倒産が続出し，金融恐慌の発端となった。さらに，大戦景気に際して三井物産・三菱商事と並ぶ総合商社へ発展した鈴木商店が倒産し，その貸し倒れにより，植民地台湾の中央発券銀行である台湾銀行が休業に追い込まれた。そのため，若槻内閣は，天皇大権である緊急勅令を用いて日本銀行から台湾銀行への特別融資を行うことによって，台湾銀行を救済しようと試みた。しかし，幣原外交に不満を持つ枢密院は,台湾銀行救済緊急勅令案を否決し,若槻内閣を総辞職へと追い込んだ。

ついで，陸軍長州閥の田中義一を首班とする立憲政友会内閣が成立した。1927～28年，同内閣は北伐に対し，在留日本人の生命・財産の保護を口実にし，在華紡など中国に於ける権益の軍事的確保と，日本が支援・利用している張作霖政権の保護を目的とする，三次にわたる山東出兵を行い，強硬外交を展開した。

1927年，第一次山東出兵の後，田中内閣は東方会議を開き，中国に於ける日本の権益確保，満蒙分離(満州・内蒙古を中国本土から分離して日本の勢力下に置く方針)の推進，満蒙の特殊権益が侵された場合の軍事行動など，対中国強硬方針を決定した。また，1928年には，日本軍は山東省の済南で国民革命軍(北伐軍)と軍事衝突を起こすに至った(済南事件)。

1928年，国民革命軍は北京を制圧し北伐は完了した。日本が支援・利用していた張作霖は奉天に敗走したが，関東軍参謀河本大作大佐は，利用価値のなくなった張作霖を殺害して国民政府(蔣介石の国民党政権)の仕業に見せかけ，満州に混乱を起こし，その混乱に乗じて関東軍による満州占領を図る謀略を立てた。そして，奉天郊外の京奉線と満鉄線のクロス地点で張作霖の乗る列車を爆破して張作霖を殺害したが，長男の張学良が混乱を抑えたので関東軍の行動は不発に終わった。この張作霖爆殺事件の処理を巡り，田中義一内閣は昭和天皇の不信を買って退陣し，次の立憲民政党の浜口雄幸内閣・第二次若槻礼次郎内閣において幣原外交は復活した。

一方，関東軍に父親を殺害された張学良は，易幟(中国国民党旗である青天白日旗を満州全土に掲げ国民政府への帰属を示す)を断行して国民政府と合体したので，張学良政権下の満州は国民政府の勢力下に入り，ここに，中国国民党は満州を含めて中国統一を達成したのである。

満州とは，東三省とも呼ばれる遼寧(奉天)省・吉林省・黒竜江省の３省で，日本にとっては軍事的には対ソ戦略拠点，経済的には重要資源供給地であり，商品市場であった。

易幟により張学良政権が国民政府と合体すると，日本の特殊権益地帯である満州にも中国民族運動が波及するようになった。また,日本の利権と対抗する張学良政権は,満鉄並行線建設を推進したので，満鉄は減収していった。

このような情況に危機感を持った軍部は,「満州は日本の生命線」であると称し,「満蒙の危機」を煽った。おりしも，財閥と結んだ政党や政党内閣が，昭和恐慌に苦しむ民衆からの信頼を喪失していく中,満蒙権益の確保や恐慌からの脱出を図る関東軍は,1931年９月18日，謀略事件である柳条湖事件を起こし，満州事変を勃発させた。満州事変はワシントン体制を崩壊させ，1945年の日本敗戦まで続く十五年戦争の起点となった。

解答に即してみれば，要求される論点に対し，以下の事項を整理して論述すればよい。

<「唯一の道」を日本が進まなかった理由>

①寄生地主制下の農民の貧困と労働者の低賃金により国内市場は狭隘

②海外市場や植民地を求めてアジアを侵略

<歴史的経緯>

①ワシントン体制下で協調外交を展開

②欧米帝国主義と協調しつつ中国への権益拡大

③北伐の進展など中国民族運動の高揚

④中国・満蒙での権益確保・資源獲得を図る

⑤侵略により恐慌からの脱出を図る

⑥政党や政党内閣の民衆からの信頼の喪失

⑦山東出兵・満州事変・日中戦争など中国侵略

解答

Ａ小日本主義を掲げ，日露戦争後のポーツマス条約で奪った関東州
租借権や南満州鉄道などの権益を他の植民地と共に放棄すること。(30字×２行)

Ｂ国内市場が狭隘なため海外市場を求めた日本帝国主義は，ワシン
トン体制下，欧米帝国主義と協調しつつ中国権益拡大を図る協調外
交を余儀なくされたが，北伐など民族運動が高揚すると，権益確保
や恐慌脱出を図り，山東出兵・満州事変など中国侵略を推進した。(30字×４行)

2006年

第1問

解説 奈良時代の政治と貴族のあり方を考察する問題である。問題文には，まず「奈良時代は，古くからの豪族を代表する「大伴的」なものと新しい「藤原的」なものが対立していたとする見方がある」と書かれている。これは，奈良時代に対するある「見方」，すなわち，奈良時代を前述したような視点で捉える「学説」の存在を示唆している。続いて，「律令制にはそれ以前の氏族制を継承する面と新しい面があることに注目」するように条件を付けているが，この条件も，前述の「見方」の言い換えである。

つまり，氏族制を継承する「大伴的」なものと，新しい「藤原的」なものとの対立という視点＝「見方」から参考文を使い，参考文のリードに従って，「奈良時代の政治と貴族のありかたについて」説明することを要求している問題なのである。

これは，東大日本史の典型的パターンの一つである。受験生の基礎的な知識や基礎的な理解の上に史料や参考文を提示して，受験生の「知らない」歴史の「見方」＝「学説」を再構成させ，受験生の歴史的思考力を問う問題である。もちろん，受験生はその「学説」を知らなくてかまわないし，出題者の側も，受験生の歴史的思考力を問うためには，受験生が「知らないこと」を「期待」して問題を作成している。

かつて，東大のある教員は，日本史の入試に対する受験生へのコメントにおいて，予備校や参考書が「論理まで暗記させている」と語り，苛立ちをあらわにしていた(筆者もこの苛立ちは正当なものだと共感している)。東大日本史の論述対策においてすら，受験生が「論理」の丸覚えや，形式論理学的な「論理」の安易な積み重ねで高得点となると勘違いしている傾向があることは否めない。もし，これで歴史を理解したつもりになったり，「論理」の暗記や積み重ね程度で，歴史など「事足れり」と思い込んでしまったならば，その段階で合格など程遠い。本問には，このような弊害を排除しようとする出題者の意図も感じられる。

本問における「見方」＝「学説」は，吉田孝氏が『体系日本の歴史③—古代国家の歩み—』（小学館)や『日本の誕生』（岩波新書)などで繰り返し展開しているものである。そこでは，日本の律令国家の特質を，中国的な律令制とヤマト王権に由来する氏族制が重層化する，いわば「律令制と氏族制の二重構造」と捉える視点が提示されている。そして，その具体例として，律令国家においても，重要な国策を審議する太政官(律令政府)の議政官(左大臣・右大臣・大納言など)は，畿内の有力な氏族の代表者によって構成されるという慣行が継承されていた事実を指摘している。

2006年　解答・解説

本問は参考文から「示唆」を読み取り，その「リード」に従って論理を構成するように作成されている。

参考文(1)……………………………………………………………………

律令制では，官人は能力に応じて位階が進む仕組みだったが，五位以上は貴族とされて，様々な特権をもち，地方の豪族が五位に昇って中央で活躍することは多くはなかった。

……………………………………………………………………………………

ここからは，律令制は法に基づく官僚機構であること。官僚としての能力が要求されること。五位以上は貴族として様々な特権をもつこと。しかし，地方豪族が貴族となることはまれであり，伝統的なヤマト政権の中央豪族(畿内の有力氏族)が律令制下でも貴族となったことが読み取れる。

参考文(2)……………………………………………………………………

藤原不比等の長男武智麻呂は，701年に初めての任官で内舎人(うどねり)(天皇に仕える官僚の見習い)となったが，周囲には良家の嫡男として地位が低すぎるという声もあった。彼は学問にも力を注ぎ，右大臣にまで昇った。

……………………………………………………………………………………

ここからは，律令制の下では，たとえ名門の氏族であっても，それのみでは高い官職につけないこと。官僚としての能力が要求されることが読み取れる。

参考文(3)……………………………………………………………………

太政官で政治を議する公卿には，同一氏族から一人が出ることが一般的だった。それに対して藤原氏は，武智麻呂・房前など兄弟四人が同時に公卿の地位に昇り，それまでの慣例を破った。

……………………………………………………………………………………

ここからは，重要な国策を審議する太政官の議政官(左大臣・右大臣・大納言などの公卿)は，畿内の有力な氏族の代表者によって構成されるという慣行が継承されていたこと。藤原四兄弟が同時に公卿の地位に昇進して，ヤマト政権以来の慣例を破ったことが読み取れる。

参考文(4)……………………………………………………………………

大伴家持は，749年，大伴氏などの天皇への奉仕をたたえた聖武天皇の詔書に感激

2006

して長歌を詠み，大伴氏の氏人に，先祖以来の軍事氏族としての伝統を受け継いで，結束して天皇の護衛に励もうと呼びかけた。

ここからは，大伴氏が，世襲的な職務である軍事氏族としての伝統を掲げて結束を呼びかけていること。新しい「藤原的」なものに対抗していることが読み取れる。

これらの参考文を利用して，「奈良時代の政治と貴族のありかた」について，律令制における「氏族制を継承する面と新しい面」という視点から説明を求める問題の要求に応えなければならない。

日本の律令国家の特質を「氏族制と律令制の二重構造」と捉えるならば，奈良時代は台頭してくる「藤原的」な新しいものが，氏族制を継承する「大伴的」なものの残滓を払拭する，いわば，氏族制から律令制への過渡期と見ることもできる。このことを，参考文の示唆と基礎知識を駆使して具体的な事実に沿って説明することが求められているのだから，

＜奈良時代の貴族のありかた—氏族制を継承する面＞

＜奈良時代の貴族のありかた—「新しい面」＞

＜奈良時代の政治のありかた—氏族制を継承する面＞

＜奈良時代の政治のありかた—「新しい面」＞

の４つの面から整理する必要がある。

以下に，前述の４つの面に関して論述すべき内容をまとめておいたので，これを参考にして，字数内でバランスをとって論じられるよう研鑽を積んでほしい。

＜奈良時代の貴族のありかた—氏族制を継承する面＞

①氏族制は血統に基づく支配

②官人(貴族)の登用に科挙がない(氏が貴族の出身母体)

③ヤマト政権の中央豪族(畿内の有力氏族)が律令制の貴族となり政権の中枢を担う

＜奈良時代の貴族のありかた—「新しい面」＞

①律令制は法に基づく官僚機構

②官位相当制により高位高官につき，蔭位の制により権力を維持・継承する

③律令制の下で貴族は官僚としての能力を要求される

＜奈良時代の政治のありかた—氏族制を継承する面＞

①律令国家は氏族制と律令制の二重構造(氏族制と律令制とが重層化)

②太政官の公卿も氏族の代表から構成する慣例を継承

③初期は「大伴(氏族制)的」なものと「藤原(律令制)的」なものが均衡

＜奈良時代の政治のありかた—「新しい面」＞

①藤原氏は天皇との姻戚関係を基盤にして台頭
②慣例を破って藤原四兄弟が同時に公卿となる
③大伴氏は氏族制の伝統を掲げて対抗したが勢力は後退した
④奈良時代は氏族制から律令制への過渡期

解答

ヤマト政権の有力氏族は，律令制下でも貴族となり，太政官の公卿を構成して政権の中枢を担い，官位相当制・蔭位の制により権力を維持・継承したが，官僚としての能力も要請された。天皇家との姻戚関係を基盤に，不比等の四子が慣例を破って同時に公卿に就くなど藤原氏が台頭すると，大伴氏も氏族制以来の伝統を掲げて対抗したので，奈良時代は氏族制から律令制への過渡期的様相を呈した。(30字×6行)

第２問

解説　院政期における武士の進出と平氏政権に関する問題である。参考文に沿う形で要求に従ってまとめればよい。

Ａ「中央政界」で「武士の力が必要とされた理由」が問われている。

承平・天慶の乱は，10世紀半ばに関東で起きた平将門の乱と，西国で起きた藤原純友の乱の総称である。平将門の乱は，関東に土着した軍事貴族である平将門が，一族の内紛を契機に反乱を起こし，新皇と称して朝廷からの独立を図った戦いであるが，平将門は，一族の平貞盛や下野の押領使である藤原秀郷らによって制圧された。一方，藤原純友の乱は，伊予の国司であった(前伊予掾)藤原純友が瀬戸内海の海賊を率いて起こした乱であるが，藤原純友は清和源氏の祖である源経基らによって鎮圧された。

承平・天慶の乱は，朝廷の軍事力が低下するなかで，武士の反乱を武士によってしか鎮圧できない現状を露呈させ，朝廷も地方武士の実力を認識せざるを得なかった。そのため，朝廷は，地方武士を任用して滝口の武士として宮中の警護にあたらせたり，押領使や追捕使に任じて地方の治安維持に用いた。また，乱を鎮圧した平貞盛・藤原秀郷や源満仲は，侍として貴族に仕えた。

院政期になると，荘園公領制が形成されるなかで，南都(興福寺)・北嶺(延暦寺)など有力な寺院は，独自の荘園群を領有する大荘園領主となり，下級僧侶や荘民を武装させて僧兵を組織していた。奈良法師といわれた興福寺(藤原氏の氏寺)の僧兵は，春日神社(藤原氏の氏神)の神木の榊をささげて強訴し，山法師といわれた延暦寺の僧兵は，日吉神社の神輿を担いで強訴した。神仏の威を恐れた朝廷・院は，武士を用いて警護や僧兵の鎮圧にあたらせたので，武士の棟梁の中央政界進出への道を拓くことになった。

1156年，皇位継承をめぐる崇徳上皇（兄）と後白河天皇（弟）の確執，摂関家の継承をめぐる左大臣藤原頼長(弟)と関白藤原忠通(兄)の対立は，双方が源平の武士を動員して争う保元の乱となった。また，1159年には，後白河上皇の近臣間の対立が契機となって，源平の棟梁である平清盛と源義朝の決戦に至る平治の乱が起きている。

参考文(1)……………………………………………………………………

院政期には，荘園と公領が確定される動きが進み，大寺社は多くの荘園の所有を認められることになった。

……………………………………………………………………

ここからは，院政期に荘園公領制が形成されるなかで，南都北嶺などの大寺院が，大荘園領主化して強大な勢力を有していたことを確認し，これらの大寺院が軍事力として僧兵を組織していた事実を思い起こせばよい。

参考文(2)……………………………………………………………………

白河上皇は，「私の思い通りにならないものは，賀茂川の水と双六のさいころと比叡山の僧兵だけだ」と言ったと伝えられる。

……………………………………………………………………

『源平盛衰記』には，専制的な権力を掌握していた白河上皇さえ，延暦寺の僧兵(山法師)の強訴への対応には苦慮し，「賀茂川の水，双六の賽，山法師，これぞ朕が心に随わぬ者」と嘆いたことが伝えられている。ここから，神仏の威を借りた僧兵の強訴に対抗するために，朝廷や院が武士の力を必要としたことを想起すればよい。この『源平盛衰記』の記事は，高校の教科書では，三省堂『日本史Ｂ』や実教出版『日本史Ｂ』で引用されているが，山川出版社『詳説日本史Ｂ』には記載されていない。

参考文(3)……………………………………………………………………

慈円は，『愚管抄』のなかで，「1156(保元元)年に鳥羽上皇が亡くなった後，日本国における乱逆ということがおこり，武者の世となった」と述べた。

……………………………………………………………………

ここからは，天皇家や摂関家の内紛など中央政界の権力闘争にも武士の軍事力が不可欠となったことを読み取ればよい。

解答に則してみると，指定された字数が少ないので，以下の要素をできるだけ取り込めるように文章の推敲を重ねて，論じる練習をするとよい。

<中央政界で武士の力が必要とされた理由—僧兵>

①荘園領主化した寺院(南都北嶺)は僧兵を組織

②僧兵は神仏の威を借りて強訴を繰り返した

③僧兵の鎮圧に武士の力を利用

<中央政界で武士の力が必要とされた理由—中央政界の権力闘争>

①天皇家や摂関家の内紛

②貴族社会の権力闘争にも武士の軍事力が不可欠

B 「平氏が権力を掌握する過程」と平氏政権の「経済基盤」について論じることが要求されている。

桓武平氏のうち，関東に土着した武士たちは坂東八平氏といわれ，のちに鎌倉幕府の御家人となる者が多かった。一方，同じ桓武平氏でも，平貞盛の子の平維衡が伊勢守となり，この系統は，伊賀・伊勢に所領を持ち，伊勢平氏といわれた。院政期になると，伊勢平氏の平正盛が白河上皇に重用され，1108年には，源義親の乱を鎮圧した。また，子の平忠盛も鳥羽上皇に重用され，瀬戸内海の海賊を平定した。

平忠盛の子の平清盛は，1156年の保元の乱では，源義朝とともに後白河天皇方で戦い，崇徳上皇方に勝利し，この貢献により中央政界に進出した。また，1159年の平治の乱において源義朝を討ち，武家の棟梁としての地位を確立した。

平治の乱の後，平清盛は後白河上皇を武力で支え，1167年には，武家の棟梁として初めて貴族の最高官職である太政大臣になった。清盛は，在地の武士を家人に組織し，彼らの一部を国司に任じるとともに，荘園・公領の現地支配者であった地頭に任命し，畿内・瀬戸内海・九州に至る西国の武士を組織化した。

一方，平清盛は，娘の徳子(建礼門院)を高倉天皇の中宮に入れ，外孫の安徳天皇が即位すると外戚として権力を振るった。また，1179年，院近臣の平氏打倒計画(鹿ケ谷の陰謀)の発覚を契機に軍事クーデターを起こした清盛は，反対派貴族を一掃し，以後，平氏一門は高位高官を独占した。

武家政権である平氏政権の主要な経済基盤は，『平家物語』でも述べられているが，日本66ヵ国のうち約半数の30数ヵ国といわれる知行国と，約500ヵ所にのぼるといわれる荘園であった。ところが，これら知行国や荘園は，摂関政治や院政の政治権力が有していたものと同様な貴族的経済基盤であった。また，平氏は平忠盛以来，日宋貿易に力を入れ，特に清盛は，摂津国の大輪田泊を修築して瀬戸内海航路の安全を図った。そして，日宋貿易の利潤は平氏政権の重要な財源となった。

つまり，平氏政権は初の武家政権であるが，律令政権に依存した武家政権であり，武家的性格と同時に貴族的性格も併せもつ過渡的政権であったのである。

参考文(3)……………………………………………………………………………………

慈円は，『愚管抄』のなかで，「1156(保元元)年に鳥羽上皇が亡くなった後，日本国における乱逆ということがおこり，武者の世となった」と述べた。

……………………………………………………………………………………………

ここからは，保元の乱や平治の乱を経て，平清盛が武家の棟梁の地位を確立したことを述べればよい。

参考文(4)……………………………………………………………………………………

平氏は，安芸の厳島神社を信仰し，何度も参詣した。また，一門の繁栄を祈願して，『平家納経』と呼ばれる豪華な装飾経を奉納した。

……………………………………………………………………………………………

ここには，平氏が瀬戸内海の海上守護神としての側面をもつ安芸の厳島神社を信仰し，保護していたことが述べられているが，ここから，平氏が瀬戸内海航路を掌握したこと，さらに発展して西国武士を組織化したことを想起するとよい。

参考文(5)……………………………………………………………………………………

平清盛は，摂津の大輪田泊を修築し，外国船も入港できる港として整備した。

……………………………………………………………………………………………

ここから，平清盛が日宋貿易を推進したことを読み取り，平氏政権の経済基盤の一つが日宋貿易の利潤であるということが述べられなければならない。

解答に則してみると，「平氏が権力を掌握する過程」と平氏政権の「経済基盤」について，字数のバランスによく配慮して以下の面からまとめてみるとよい。

＜伊勢平氏の台頭＞

①伊勢平氏は北面の武士・院近臣として台頭

②平正盛が源義親の乱を討伐(平忠盛が瀬戸内海の海賊を平定)など具体例

＜平清盛の権力掌握＞

①保元・平治の乱により実権掌握(貴族から政治の実権を奪取・「武者の世」となる)

②源平の棟梁の決戦に勝利して，武家の棟梁としての地位確立

＜平氏政権の武家的性格＞

①西国の武士を家人として組織

②西国武士を地頭に任命

<平氏政権の貴族的性格>

①律令体制に依存した武家政権

②平清盛は太政大臣

③平氏一門は律令官職(律令の高位高官)を独占

④外戚政策(外孫の安徳天皇を即位させる)

<平氏政権の経済基盤>

①30余国の知行国

②約500ヵ所の荘園

③瀬戸内海航路の掌握を通した日宋貿易からの利潤

解答

Ａ神仏の威を背景に南都北嶺の僧兵が強訴を繰り返し，天皇家や摂関家の内紛も深刻化したので，その解決に武士の力が要請された。(30字×２行)

Ｂ伊勢平氏は北面の武士として台頭し，保元・平治の乱で実権を掌握した清盛は，西国武士を家人化する一方，太政大臣となり，律令官職独占を進め，外孫の安徳天皇も即位させた。また経済基盤は多数の荘園・知行国と瀬戸内海航路掌握を通した日宋貿易であった。(30字×４行)

第３問

解説　中世・近世の琉球王国を巡る東アジアの国際関係を考察する問題である。1846年にフランス海軍総督が琉球王府に対して，通商条約締結を迫った時の往復書簡の要約が使用されている。

Ａ「15世紀に琉球が，海外貿易に積極的に乗り出したのはなぜか。中国との関係をふまえて，２行以内で説明しなさい」という問題である。

ここでは，まず「中国との関係をふまえて」という条件から，15世紀の中国を中心とする東アジアの国際秩序に対する理解，及び，その秩序の下での琉球王国と中国との関係の理解が前提となる。そして，そのことを押さえた上で「15世紀の琉球」のありかたを説明し，さらにその説明を通して，この時期の琉球王国がなぜ「積極的」に「海外貿易」に「乗り出した」のか，という理由を提示することが本問の要求である。

前近代における中国を中心とした東アジアの国際秩序は，冊封体制とよばれている。冊封体制は，前近代の東アジアの中における日本のありかたを考察する上で極めて重要な意味をもち，それ故，東大入試でも，受験生に冊封体制の理解を問う問題が繰り返し出題されている。まず，冊封・冊封体制について確認しておこう。

中国の皇帝は，周辺諸国の王や諸民族の首長に称号(爵位や官号)を下賜して臣下とし，中国皇帝を中心とした身分秩序の中に組入れた。一方，冊封を受け，臣下の礼をとった周辺諸国の王たちは，中国皇帝から彼らの掌握する領域の支配を承認され，その権威によって自らの支配の強化を図ったが，同時に中国皇帝に対する定期的な朝貢や中国の暦を使用することが義務づけられた。これにより，中国と冊封を受けた王たちの国との関係は，宗主国と朝貢国(藩属国)になり，冊封に伴う朝貢と回賜(皇帝の返礼)を基本として行われる通交は，貿易的要素を内包して朝貢貿易となった。

問題に則してみていくと，「中国との関係をふまえて」という条件から，15世紀の中国と琉球王国との関係の前提となる国際関係を考える必要があるが，ここでは，15世紀，明は海禁政策をとり，交易は朝貢貿易に限定していたことを述べればよい。

海禁(海禁政策)とは，倭寇対策の一環として中国人の自由な海外渡航や民間貿易を禁止する措置であった。そして，交易の形態も，冊封を受けた国(国主)との朝貢貿易のみに限定され，民間には認められなかった。すなわち，海禁政策の下では，アジアの多くの国は，明との直接的な交易を行うことが不可能であったということであり，ちなみに日本も，1551年の大内氏滅亡により勘合貿易は断絶していたのである。

次に「15世紀の琉球」について見ると，1429年には，中山王の尚巴志が北山・中山・南山の三山を統一し，琉球王国が成立している。そして，琉球の国王は明の冊封を受け，明の皇帝に臣下の礼をとっているので，琉球王国は朝貢貿易を行うことが可能であった。そのため，海禁政策下の東アジアの海域において，琉球王国の船が自由に中継貿易を行える舞台が準備されていたのであった。

つまり琉球王国は，海禁政策をとる明の代わりにアジア諸国と交易し，明が入手しづらい産物を明に送り込むという役割を担う側面をもっていたので，朝貢貿易によって大量の中国の産物を入手することが可能な琉球王国は，中国皇帝への献上物を獲得するという名目で，これらの産物をアジア諸国で売却することができた。そして，その利益でアジア諸国の産物を購入して中国に赴くという形式の中継貿易を行っていたのである。

こうして琉球王国は，東アジアと東南アジアを結ぶ地理的条件を生かし，中国・日本・朝鮮・安南（ヴェトナム）・シャム（タイ）・ルソン（フィリピン）・ジャワ（インドネシア）・マラッカ（マレーシア）などと盛んに交易を行い繁栄し，那覇はアジアの重要な国際港となった。すなわち，琉球王国は，明の海禁政策の下でのアジアの中継貿易によって王国を発展させていったのである。

解答に則してみていくと,「中国との関係をふまえて」という問題の要求に沿って,「琉球が，海外貿易に積極的に乗り出した」のは「なぜか」という理由を，以下の面から説明できればよい。

<琉球王国と中国との関係の前提>

①明は海禁政策をとっていた

②明との交易は朝貢貿易に限定

<15世紀の琉球王国のありかた>

①琉球王国は明の冊封を受けていた(明の冊封体制に編入されていた)

②(明の冊封国である)琉球王国は朝貢貿易が可能

③(明と交易できないアジア諸国との)中継貿易を琉球が展開できる条件をもつ

④琉球王国は明の入手しづらい産物を明に送る役割を担う

⑤産物が少ない琉球王国は中継貿易によって王国の発展を図った

Ｂ　フランスに対して,「琉球王府が隠そうとした国際関係」は「どのようなものであったか」ということを,「歴史的経緯を含めて」具体的に説明することが要求されている。「琉球王府が隠そうとした国際関係」とは，一言で言えば，いわゆる「日中両属」と称される国際関係である。まず，そのような状態に至る「歴史的経緯」について概観していこう。

琉球王国が，明の海禁政策の下で，アジア諸国と中継貿易を行って繁栄したことはすでに述べた。特に琉球国王尚真(在位1477～1526)の治世の時に，奄美諸島から八重山諸島まで版図を拡大して，琉球王国は全盛期を迎えた。

1567年，明が海禁を緩和した。この措置により，中国船の海外渡航が許可(日本への渡航は禁止)され，中国商人の貿易活動が活性化した。また，ヨーロッパ諸国がアジアに進出し,特にポルトガルが中国とアジア諸国の中継貿易を行うようになった。これらのことが，琉球王国の中継貿易に打撃を与えた。そして，琉球王国が衰退していく要因となっていったのである。

1609年，大御所徳川家康の許可を受けた薩摩藩主島津家久は，琉球出兵を行い琉球王国を征服し，国王尚寧を薩摩藩に連行した。そして，奄美大島から与論島までの５島を琉球王国から奪った。また，薩摩藩は琉球で検地や刀狩を行い，農村支配を確立し，さらに那覇に役人を派遣・常駐させて琉球王国を監視した。

一方，薩摩藩は，琉球王国に独立した王国の姿を維持させたので，従来通り中国(明のち清)の冊封を受けた琉球王国は，朝貢貿易を継続した。しかし，通商交易権を掌握した薩摩藩は，琉球王国が朝貢貿易で得た産物を収奪し，さらに琉球産の黒砂糖などを上納させた。すなわち，琉球王国は，中国の冊封を受けつつ薩摩藩の支配・管理を受け，収奪されるという，いわゆる「日中両属」の状態に置かれることになったのである。

江戸幕府は，いわゆる「鎖国」政策と呼ばれた一種の海禁政策をとっていた。この結果，異国や異民族との交流は，オランダ・中国と貿易のみを行う長崎口，朝鮮との対馬口，琉球との薩摩口，アイヌ民族との松前口の「四つの口」と呼ばれた4カ所となった。また，朝鮮と琉球は，後に幕府から通信国と位置付けられたが，朝鮮からは将軍代替わりごとに通信使が，琉球からは将軍代替わりごとに慶賀使，琉球国王代替わりごとに謝恩使が幕府に派遣された。

解答に則してみると，以下の面からまとめるとよい。

＜歴史的経緯＞

①江戸初期(1609年)に薩摩藩(島津家久)が琉球征服(琉球出兵)を行う

②薩摩藩の琉球征服以後，琉球王国は薩摩藩の支配を受ける

③琉球での刀狩・検地や農村支配，及び黒砂糖の上納などの具体例

＜隠そうとした国際関係＞

①いわゆる「日中両属」の実態

②薩摩藩は琉球に独立の王国の形態を維持させる

③琉球王国は中国の冊封を受けて朝貢貿易を継続する

④薩摩藩は通商交易権を掌握し，琉球王国が朝貢貿易で得た産物を収奪

⑤琉球王国は，江戸幕府より通信国と位置付けられ，慶賀使や謝恩使を幕府に派遣

解答

A琉球は産物が少なかったが明の冊封を受け朝貢貿易を行えたので
，明の海禁政策下のアジアにおいて中継貿易を行うことができた。(30字×2行)

B17世紀初頭，島津家久が琉球王国を侵略し，以後，薩摩藩は琉球
支配を進めた。琉球は明・清の冊封を受けつつ朝貢貿易を継続した
が，通商交易権を掌握した薩摩藩は貿易で得た産物を収奪した。ま
た琉球は通信国として江戸幕府に慶賀使・謝恩使を派遣していた。(30字×4行)

第4問

解説 明治・大正期における鉄道の発達に関する問題である。官設鉄道営業距離・私設鉄道営業距離・官設鉄道建設費のグラフを読み取り，論述することが要求されている。

A 「1904年度と1907年度」の「変化」の「理由」が問われている。1904年度は，私設鉄道営業距離が官設鉄道営業距離を2倍以上も上回っていた。しかし，1907年度は，日本の鉄道営業距離の大半が官設鉄道になるという大きな変化が生じている。この変化は，1906年に第一次西園寺公望内閣が制定した鉄道国有法によるものである。

鉄道の国有化は，以前より，軍事的・経済的理由から官僚・資本家・軍部などによって議論されていた。しかし，日露戦争が終結すると，その経験から，軍事輸送の便宜や軍事輸送に際しての機密保持の観点が重視され，鉄道国有化の機運が高まってきていた。このようななかで，輸送機能の向上・輸送費の削減・国家財政の再建など掲げ，第一次西園寺公望内閣が鉄道国有法を成立させたのであった。同法に基づき，日本鉄道など私鉄17社が国家に買収され，幹線国有の原則が確立された。その結果，全国の鉄道営業距離の90.9%が国鉄となり，買収価額は約4億6700万円にのぼった。

解答に則してみると，制限字数が少ないので，以下の諸点をうまく文章に組み込めるように推敲すること。

<変化の背景>

①日露戦争の経験に基づく軍事的要請

②軍事輸送の便宜や機密保持など具体例

<変化の理由>

①鉄道国有法の成立

②17社の(主要な・多くの)私設鉄道の買収

B 「1889年度から1901年度にかけて」の鉄道の営業距離の変化に関し，その「特徴」と「背景」を述べながら，「どのように変化したか」ということを説明することが要求されている。

1881年，華族の金禄公債を資金として設立された日本最初の民営(私設)鉄道会社である日本鉄道会社が，政府の保護を受けて成功したことから，1886～90年にかけて「第一次鉄道熱」とよばれる商人や地主らによる鉄道会社設立ブームが起こった。その結果，1889年には，私設鉄道営業距離が官設鉄道営業距離を上回った。また，1891年に上野・青森間を全通させた日本鉄道は，さらに現在のＪＲ東日本の山手線や常磐線なども経営するようになり，鉄道国有法に基づき買収されて国有化されるまでは，日本最大の経営規模を誇る民営鉄道であった。

1893～98年は「第二次鉄道熱」などとよばれるように，民営鉄道による幹線の建設や鉄道会社の設立が推進された。その背景には，軍事的には日清戦争の軍事的要請があった。また，経済的には，日清戦争の勝利で巨額の賠償金を得た政府が戦後経営に取り組み，軍備拡張や産業振興策を推進したことや，産業革命の進展・資本主義の発達があった。

解答に則してみていくと，問題の要求に従い，グラフを読み取りながら，以下の諸点をまとめればよい。

<変化の背景>

①資本主義の発達(産業革命の進展)
②戦後経営
③政府の保護政策
④日清戦争の軍事的要請
<変化の特徴>
①民営鉄道(私鉄)中心の鉄道建設
②日本鉄道の上野・青森間全通などの具体例
<変化の内容>
①鉄道営業距離の飛躍的伸張

C　官設鉄道建設費が「1919年度から1922年度にかけて急激に増加」していることに関し，「当時の内閣」がこのような政策をとった理由を問うている。

「当時の内閣」とは原敬内閣のことである。米騒動の高揚を沈静するため，1918年，元老たちは，衆議院第一党の立憲政友会の総裁原敬を首相として天皇に推挙した。ここに，外務大臣・陸軍大臣・海軍大臣以外はすべて立憲政友会の党員という，初の本格的政党内閣が成立した。原敬は，西南雄藩(藩閥)や公家の出身(華族)ではなく，東北の南部(盛岡)藩の出身であり，平民籍(南部藩士の出身だが，分家して平民となっていた)で，かつ衆議院に議席をもつ初の内閣総理大臣であった。そのため「平民宰相」とよばれ，国民は過剰な期待感をもって迎えたが，原敬は，資本家と地主を主たる支持基盤とする立憲政友会の総裁であり，典型的なブルジョア政治家であった。

原敬内閣は，教育の改善整備・産業および通商貿易の振興・交通通信機関の整備拡充・国防の充実の「四大政綱」を掲げ，大蔵大臣高橋是清を中心に，大戦景気を背景に積極財政を推進した。特に鉄道省を新設し，地方線(ローカル線)敷設を中心に鉄道網の拡張を推進したが，このような「地方開発」政策は，地方への「利益誘導」により党勢拡大を図る政策でもあった。そのため，この政策は「我田引水」をもじって「我田引鉄」と反対派に非難された。ともあれ，現在まで続く「地方開発」を通しての地元への「利益誘導」により党勢拡大を図る保守政党のあり方がここに成立したことは否定できない。

解答に則してみていくと，問題の要求に従い，以下の点をまとめればよい。
<当時の内閣>
①原敬内閣
<官設鉄道建設費の急激な増加の背景>
①大戦景気
②(大戦景気を背景とする)原敬内閣の積極財政

<当時の内閣の意図>

①「我田引鉄」と揶揄された，地方線敷設(鉄道網拡張)

②露骨な地方への利益誘導

③立憲政友会の党勢拡大を図る

解答

A日露戦後，軍事的要請等から鉄道国有法で私鉄17社を買収した。(30字×1行)

B華族資本の日本鉄道会社が上野・青森間を全通させるなど，資本
主義の発展に伴い，政府の保護下で私鉄中心に鉄道建設は推進され
，日清戦争の軍事的要請も相俟って営業距離は飛躍的に伸張した。(30字×3行)

C大戦景気を背景に積極政策をとる原敬内閣は鉄道網拡張を掲げ，
地方線敷設による利益誘導を行い立憲政友会の党勢拡大を図った。(30字×2行)

2005年

第1問

解説 嵯峨天皇・上皇の治世における政策と文化の関わりについて考察する問題である。

奈良時代の事項は，『続日本紀』に詳細に記されているので，教科書の記述も多い。しかし，長岡京への遷都までととらえれば710～784年の74年間であり，平安京への遷都までととらえても，710～794年の84年間である。どちらにしても，人ひとりの人生の長さ程度の時間と言える。当時でも高齢まで生存した人物はいるので，幼少のころは藤原京で過ごし，人生の大半は平城京で生活し，晩年は平安京で暮らしたという人物がいてもおかしくはない。

しかし，平安時代は，形式的には，794～1192年(実質的には1185年頃)の約400年間である。1616年の徳川家康の死から400年後は2016年である。つまり，平安時代の長さは，ほぼ家康から現在の期間であったということである。この認識をもって，平安時代の政治や，社会経済や，文化の変遷を見ていかなくてはならない。

平安時代の約400年間を政治史的に概観すれば，９世紀前半は桓武天皇や嵯峨天皇の律令国家の再建期である。そして，842年の承和の変から，969年の安和の変までが藤原北家の他氏排斥の過程となる。しかし，この間は，藤原良房が摂政，藤原基経が関白に就任したものの，10世紀前半の延喜・天暦の治といわれる醍醐天皇と村上天皇による天皇親政の時代もあり，摂関常置体制ではなかった。藤原北家の他氏排斥の過程は，いわば，摂関政治の確立過程であった。

安和の変により他氏排斥は完成し，これ以後はほぼ摂関常置体制となり，摂関政治は確立した。摂関政治を支えたものは，他氏排斥と外戚政策であった。969年の安和の変から，1068年に藤原氏を外戚としない後三条天皇の親政が始まるまでを摂関政治というが，その全盛期は11世紀前半の藤原道長・頼通父子の時代であった。しかし，頼通には天皇に就任させるべき男性の外孫ができなかったことから，一挙に摂関政治は衰退した。

1086年から院政が始まるが，院政を行った上皇(太上天皇)は「治天の君」とよばれ，平安時代には白河上皇・鳥羽上皇・後白河上皇の３人であった。院政期は私的な専制が進み，鳥羽上皇の治世が寄進地系荘園のピークでもあった。

やがて，天皇家や摂関家の兄弟間で演じられた内紛を，清和源氏や桓武平氏の武力を用いて処理した，1156年の保元の乱が起きる。そして，院近臣の権力闘争と源平の棟梁の対立を要因とする，1159年の平治の乱を経て，初の武家政権である平氏政権が構築されるようになっていった。

平氏政権は，武家的な性格と貴族的な性格を併せ持つ過渡的な性格の政権であった。そのため，貴族化・大荘園領主化した平氏に対し，地方武士は離反し，平氏政権は短命に終わった。

次に平安時代の文化を確認すると，律令国家の再建期を中心とする，９世紀の文化が弘仁・貞観文化である。また，摂関政治の頃の文化が藤原文化で，院政期や平氏政権の時期である平安末期の文化が院政期文化とよばれる。

本問は，嵯峨天皇，及び，嵯峨上皇の政策と弘仁・貞観文化の関わりの中で，律令国家の再建期の意味について考察することが要求されている。

嵯峨天皇(在位809～823)・嵯峨上皇の治世について見ていこう。嵯峨天皇は，桓武天皇の第二皇子で平城天皇の同母弟である。

嵯峨天皇は即位後，兄の平城上皇と対立するようになり，「二所朝廷」といわれる状態を呈していた。810年，平城上皇の寵愛を受けた式家の藤原薬子は，兄の仲成と計って平城上皇の重祚の陰謀を企てた。この平城上皇の変(薬子の変)に際し，嵯峨天皇は，平城上皇の挙兵直前に機密保持のために蔵人を設置して対処した。その結果，仲成は射殺され，薬子は自殺し，平城上皇は出家した。

蔵人とは，天皇の秘書官にあたる，天皇直属の機密事項管轄の要職である令外官であり，後に権限を拡大していった。蔵人の長官を蔵人頭，蔵人の役所を蔵人所といった。なお，令外官とは，令の制定の後に新たに設置された，令の規定に無い官職のことである。

平城上皇の変は，藤原氏の内部における，式家没落・北家隆盛の契機となるとともに，令外官の権限の拡大のきっかけにもなった。

さらに嵯峨天皇は，京中の治安維持のために，令外官である検非違使を設置したが，検非違使は，後に権限を拡大していった。京中の市政権も掌握し，警察・裁判権を行使していき，やがて，律令の正式な官職である弾正台・刑部省・京職などの権限を吸収していった。検非違使の役所は，検非違使庁といわれた。

なお，室町幕府は，朝廷の権限を吸収していったが，侍所の所司が検非違使の権限を吸収して大きな権力を持つ役職となった。そのため，室町幕府は，四職と言われる，山名・赤松・一色・京極の有力守護４氏から任命して権力の集中を防いだ。四職とよばれる侍所の所司は，細川・斯波・畠山３氏から任命されて三管領とよばれる，将軍を補佐する管領と並ぶ室町幕府の重職となった。

嵯峨天皇は，宮廷の儀式の整備を進め，元日の朝賀の儀式や天皇の即位式は，中国的儀式に変えていった。嵯峨天皇は，藤原冬嗣らに編纂させて，日本最初の儀式書である『内裏式』を定め，儀礼の唐風化を進めたので，天皇の持つ神話力は喪失していった。

また，嵯峨天皇は，藤原冬嗣らに弘仁格式を編纂させて，法制の整備を進め，中国風の天皇や儀礼のあり方が規定された。格とは，律・令の補足・修正のための法や追加法であるが，この時は，大宝律令・養老律令の施行の後に出された詔勅や太政官符の内で有効なものを格とした。一方，式とは，律・令・格の運用のための施行細則のことである。弘仁格式は，清和天皇の命で編纂された貞観格式，醍醐天皇の命で編纂された延喜格式と合わせて三代格式と総称された。さらに，嵯峨上皇の時代，833年に，養老令の官撰注釈書である『令義解』が，清原夏野らによって編纂されている。

平安初期，９世紀の律令国家再建期の文化を，嵯峨天皇の弘仁期(810～824)，清和天皇の貞観期(859～877)の年号にちなみ，弘仁･貞観文化とよぶ。

桓武天皇は，平安京への遷都にあたり，南都寺院の平安京への移転を禁止して仏教統制を強化し，天台宗の最澄を援助した。また，嵯峨天皇は，真言宗の空海を援助して東寺(教王護国寺)を与えた。

嵯峨天皇は，唐風を重んじ，文学・学問に優れた文人貴族を重用した。貴族は漢詩文をつくることが重視されたので，唐文化の消化が進み，漢詩文が隆盛となり文章経国の思想が広まった。文章経国とは，魏の初代皇帝となった文帝(曹丕)が著した『典論』の中の一節である「文章経国大業，不朽之盛事」に由来し，文学が栄えることが国家経営の大業につながり，永遠に朽ちることは無い，という意味である。

日本最初の漢詩文集は，奈良時代の『懐風藻』だが，日本初の勅撰漢詩文集は，平安初期に嵯峨天皇の命で編纂された『凌雲集』であった。『凌雲集』の序文にも，「文章は経国の大業なり」とある。また，嵯峨天皇により『文華秀麗集』，淳和天皇により『経国集』といった勅撰漢詩文集が相次いで編纂された。一方，空海も，漢詩文の評論である『文鏡秘府論』を著し，弟子の真済が空海の漢詩文集である『性霊集』を編纂した。

弘仁・貞観文化の時期は，官僚としての貴族には儒教が重んじられ，大学では，儒教を学ぶ明経道や，中国の歴史や文学を学ぶ紀伝道(文章道)，律令を学ぶ明法道，数学を学ぶ算道などの教育が行われた。また，貴族の諸氏は，藤原氏(藤原冬嗣)の勧学院，和気氏の弘文院，橘氏の学館院，在原氏の奨学院など，大学に通う一族の子弟のために，大学別曹とよばれる寄宿舎を設立した。一方，庶民教育を目的に設置した教育施設として，空海は綜芸種智院を設立した。

また，書道でも唐風が広まり，唐様の書道の名手で嵯峨天皇・空海・橘逸勢の三人は，三筆とよばれた。

上記の内容を踏まえ，解答の骨子を示してみよう。

嵯峨朝では，令外官が権限を強め，法制も整備され，文章経国思想が広まる中，儀礼の唐風化が進み，天皇を支える神話力も薄れたこと，文化も唐風化し，勅撰漢詩文集が編纂され，漢詩文が教養として重視されたことなどを述べればよい。

以下の〔ポイント〕は，問題が要求している「論点」を示すとともに，それに対応する「採点基準」における加点要素を示している。また，〔ポイント〕は**解説**で詳述した「解法」のまとめにもなっている。

〔ポイント〕

＜嵯峨天皇・嵯峨上皇の政策＞

①平城上皇の変(薬子の変)

＊式家没落・北家隆盛の契機

＊令外官の権限の強大化

②蔵人の設置

＊天皇の秘書官

＊機密文書を扱う

＊令外官

③検非違使の設置

＊京都の治安維持にあたる

＊令外官

＊弾正台・京職・刑部省の権限を吸収

④法制の整備

＊弘仁格式の編纂

⑤養老令の官撰注釈書の編纂

＊『令義解』の編纂

⑥儀礼の唐風化

＊朝賀の儀式の唐風化

＊天皇の即位式の唐風化

＊天皇の神話力の喪失化

⑦殿舎や宮城の諸門を唐風に改称

＜嵯峨天皇・嵯峨上皇の時代の文化＞

①嵯峨天皇は空海を援助

＊嵯峨天皇は空海に東寺を与える

②文章経国の思想
　＊文芸を中心に国家の隆盛を目指す
③文化の唐風化
④勅撰漢詩文集の編纂
　＊嵯峨天皇の命で最初の勅撰漢詩文集『凌雲集』の編纂
　＊嵯峨天皇の命で『文華秀麗集』の編纂
　＊淳和天皇の命で『経国集』の編纂
⑤漢詩文の隆盛
　＊空海は『文鏡秘府論』を著す
　＊真済が空海の詩文集『性霊集』を編纂
　＊漢詩文が貴族の教養として重視される
⑥大学での学問・教育の重視
　＊儒教を学ぶ明経道
　＊中国の歴史や文学を学ぶ紀伝道(文章道)
⑦大学別曹
　＊大学に通う一族の子弟のために設置された寄宿舎
　＊藤原氏の勧学院，和気氏の弘文院，橘氏の学館院，在原氏の奨学院
⑧書道の唐風化
　＊唐様の書道
　＊三筆(嵯峨天皇・空海・橘逸勢)

解答

嵯峨天皇が置いた蔵人や検非違使などの令外官は権限を強め，弘仁
格式や令義解の編纂など法制も整備された。文芸を中心に国家の隆
盛を目指す文章経国の思想が広まり，儀礼の唐風化が進み，天皇を
支える神話力も薄れた。文化も唐風化し，勅撰漢詩文集が編纂され
，唐様の能書家は三筆と称された。漢詩文が教養として重視され，
貴族は大学で明経道などを学び，子弟のために大学別曹を設けた。(30字×６行)

第２問

解説　鎌倉幕府による御成敗式目制定の意図と朝幕の関係を考察する問題である。

<鎌倉時代の概観>

鎌倉幕府は，中世の東国に成立した武家政権である。1180年，後白河法皇の皇子である以仁王と,畿内に基盤を持つ源頼政が,平氏打倒の兵を挙げて敗死した。しかし，

平氏打倒を呼びかける以仁王の令旨が諸国に伝えられると，伊豆で源頼朝が，信濃の木曽谷で源義仲が挙兵し，これに呼応して，各地の武士団も行動を起こしたので内乱は全国化した。ここに，1185年の平氏滅亡まで続く，治承・寿永の乱が始まった。

1180年，富士川の戦いで平維盛の軍勢を破った源頼朝は，鎌倉に御家人を統率する機関として侍所を設置し，長官である別当に御家人の和田義盛を任じた。1183年，源義仲が入京すると，平氏は平清盛の外孫である安徳天皇を奉じて西国へ都落ちした。

一方，同年，後白河法皇と交渉して，「寿永二年十月宣旨」を受け，東海道・東山道の東国(遠江・信濃以東)の支配の承認を得た源頼朝は，後白河法皇の命により，翌1184年，源義仲を討った。そして，同年，一般政務や財務を担う公文所(1191年に政所と改称)を設置して，長官である別当に大江広元を任じ，裁判事務を担う問注所を設置して，長官である執事に三善康信を任じた。大江広元も三善康信も京から招いた中下級貴族の学識層で，以後，頼朝の側近の重臣として政治を補佐した。

1185年，源義経が率いる軍勢が，長門の壇の浦の戦いで平氏を滅ばした。源頼朝の強大化を恐れた後白河法皇は，義経に頼朝追討の院宣を下した。これに対し，頼朝は，代官として北条時政を派遣して院宣を撤回させ，逆に，頼朝に源行家・義経追討の院宣を下させた。その際，頼朝は，後白河法皇に迫り，諸国に守護を，荘園や公領に地頭を任命し，１段あたり５升の兵粮米を徴収する権利，及び，諸国の国衙の在庁官人に対する命令権を朝廷に認めさせた(なお，このときに承認された地頭は，一国単位に設置される国地頭で，荘郷単位に設置する荘郷地頭ではないとする学説もあり，この学説では，翌年，国地頭の呼称と兵粮米徴収は廃止され，地頭の呼称は，平家没官領や謀叛人の所領に置かれた荘郷地頭に限定されたとする)。

その後，源頼朝は，1189年に奥州藤原氏を滅ぼして陸奥・出羽の両国を支配下に置いた。そして，1190年に右近衛大将になり，1192年，頼朝の征夷大将軍任命を拒絶していた後白河法皇が死去すると，征夷大将軍に任じられた。本来，征夷大将軍は，蝦夷追討の臨時の将軍を意味したが，これ以後，幕府を運営する武家政権の長の地位を示す官職の意味を持つようになった。1180年以来，東国政権は，実質的には徐々に形成されてきたが，ここに，形式的にも鎌倉幕府の成立を見ることになった。

鎌倉幕府は，源氏の棟梁の血を引く貴種である頼朝を擁した東国武士の連合政権であったが，成立初期に於ては，見参(けざん)して名簿(みょうぶ)を提出して臣従し，直臣となった御家人を統率した頼朝の親裁により運営された。しかし，頼朝の死後，家督を継いだ嫡子の源頼家に御家人たちは従わず，有力御家人ら13人の合議制で幕府は運営されるようになった。その後，頼家は２代将軍となったが，1203年，頼家の祖父である北条時政によって，頼家の義父である比企能員一族が滅ぼされ，将軍を廃された。時政は，頼家の弟の源実朝を3代将軍に擁立し，頼家を伊豆に幽閉して翌年殺害し，自らは執権と称すようになった。しかし，1205年，畠山重忠を討伐した後，後妻の牧の方の娘婿である平賀朝雅を将軍に擁立しようとして，娘の政子と息子の義時により失脚させられた。

2代執権となった北条義時は，1213年に侍所別当の和田義盛一族を滅ぼし(和田合戦)，政所別当に加え侍所別当も兼任した。1219年，3代将軍源実朝が，頼家の遺児で甥の公暁に暗殺され，公暁も殺害されたので，源氏将軍家は断絶した。1221年，後鳥羽上皇が挙兵した承久の乱は，幕府の圧勝に終わり，幕府は西国まで支配権を強化した。

3代執権となった北条泰時は，1225年に，初代連署に叔父の北条時房を就任させ，同年，11名の評定衆を任命し，執権・連署・評定衆による合議機関である評定で最高政務を処理し，裁判を行った。ここに執権政治といわれる御家人合議体制が確立した。また，1232年，泰時は，最初の武家法である御成敗式目を制定し，1226年には，将軍に擁立するために京都より迎えていた藤原(九条)頼経が4代将軍に任じられた。

5代執権北条時頼は，1247年，宝治合戦で三浦泰村一族を滅ぼして，幕府内に於ける北条氏の軍事的優位を確立した。1249年には，評定衆のもとに引付を設置し，引付衆を任命して御家人の所領に関する裁判の公正・迅速化に努めた。また，1252年には，5代将軍藤原頼嗣を廃し，後嵯峨上皇の皇子宗尊親王を6代将軍に迎えた。

8代執権北条時宗の時，1274年の文永の役，1281年の弘安の役とよばれる2度にわたる蒙古襲来(元寇)に見舞われた。元寇の結果，多大な戦費と少ない恩賞は，分割相続による所領の細分化と相俟って御家人を窮乏化させた。また，分割相続から単独相続，血縁的結合から地縁的結合への移行により，惣領制の解体は進行した。一方，幕府は，元寇に際して，朝廷から荘園・公領の非御家人の動員権を獲得し，1293年には鎮西探題を設置し，北条一門を任命するなど，支配権を全国的に強化したが，それに伴い，北条氏，特に北条氏の惣領(嫡流の当主)である得宗の権力が強化された。

1284年に北条時宗が死去すると，時宗の義父で9代執権北条貞時の外祖父である御家人の安達泰盛が，弘安の徳政といわれる幕政の改革を行っていたが，翌1285年，御内人(得宗の直臣で将軍の陪臣)の筆頭である内管領の平頼綱によって滅ぼされた。しかし，1293年，貞時は，平頼綱を滅ぼし(平禅門の乱)，幕政を掌握した。こうして，得宗の絶対的な権威の下で，得宗・北条一門・内管領などの御内人によって構成され，得宗の私邸で開かれる，私的な寄合によって重要な政務が決定されるようになったので，公的な執権・連署・評定衆による御家人合議体制は形骸化していった。このような政治体制を得宗専制政治という。

しかし，得宗専制に対する御家人の不満が高まる中，後醍醐天皇は討幕計画を進め，楠木正成らが蜂起した。1333年，追討に派遣された有力御家人で源氏の名門の足利高氏(のち尊氏)が，幕府にそむいて六波羅探題を攻略した。そして，関東で挙兵した源氏一門の新田義貞が，鎌倉を攻略して得宗の北条高時(最後の執権は北条守時)以下，北条一門を滅ぼして鎌倉幕府を滅亡させた。

＜評定衆の設置と御家人合議体制＞

鎌倉幕府の３代執権北条泰時が，弟の六波羅探題北条重時に送った書状の一節(現代語訳)が提示され，その読解を参考として論述することが要求されている。

1221年，鎌倉幕府打倒を図った後鳥羽上皇の野望は，承久の乱による朝廷方の惨憺たる一方的な敗北に終わった。その結果，公武二元支配の情況は，圧倒的に幕府が優位となり，幕府は，皇位継承や朝廷の政治にも干渉するようになっていった。

一方，鎌倉幕府に於ては，1224年に２代執権北条義時が死去したことにより，３代執権には義時の嫡男の北条泰時が就任した。翌1225年６月，鎌倉幕府成立期から源頼朝の側近の政所別当として幕政を支えた，貴族出身の重臣である大江広元が死去した。さらに翌７月には，「尼将軍」とよばれ，幕政の要となっていた北条政子も死去した。そのため，幕府中枢の世代交代が急速に進み，幕政は新しい機運を迎えていた。

このような中で，３代執権北条泰時は，執権を補佐する連署を新設し，六波羅探題の職にあった北条時房を鎌倉に呼び戻し，初代連署に就任させた。また，幕府の所在地となる将軍御所を，源頼朝以来，源氏将軍３代の大倉御所から，若宮大路に面した宇都宮辻子(宇都宮御所)に移転した。新しい政治体制は，新しい政治の場を創出して構築することを期したのである。

そして，1225年12月，北条泰時は，北条一門・有力御家人・幕府の法曹官僚ら11名を評定衆として選び，執権・連署とともに，幕府の最高政務や裁判を担わせる体制を構築した。そのため，この執権・連署・評定衆による合議機関である評定(評定会議)が，幕府の政策決定を行う最高機関となり，従来，将軍の持っていた権限の多くが評定に移され，ここに，執権北条氏の主導の下の御家人合議体制が確立した。

＜御成敗式目の意義＞

1232年，北条泰時は御成敗式目(貞永式目)51カ条を制定し，幕府統治の基本法典として御家人たちに示した。御成敗式目は，武家により制定された最初の武家の体系的法典としての意義を持ち，後世まで武家の根本法典として大きな影響力を維持した。

＜御成敗式目の目的＞

御成敗式目の制定の目的は，公平な裁判の基準を示すことにあった。承久の乱の後，西国を中心とする，後鳥羽上皇方の公家や武家の所領3000余カ所が，幕府により没収され，そこに，戦功により地頭職を補任(新恩給与)された大量の東国御家人が，新補地頭などとして赴任した。このように，幕府の全国支配が進展すると，西国に赴任した西遷御家人と荘園領主の紛争など，多様化した大量の訴訟が発生した。そのため，「右大将家(源頼朝)の例」という慣習法への準拠のみでは，裁判の公平性と客観性が担保できなくなってきたのである。このような情況に対処するため，ここに公平な裁判の基準を構築して明確化することを目的に，鎌倉幕府により御成敗式目が制定された。

＜御成敗式目の基準＞

北条泰時が，御成敗式目で示した，御家人相互間や，御家人と荘園領主との紛争を裁く公平な裁判の基準は，いずれかの典拠に基づく法理でなかった。それは，頼朝以来の先例，すなわち，東国武家政権が成立して以来，源頼朝が行ってきた親裁による裁判の判例，及び，道理とよばれた武家社会の慣習・道徳に基づくものであった。

＜御成敗式目の適用範囲＞

御成敗式目は御家人を対象とした武家法であり，その適用範囲は，幕府の勢力範囲である武家社会に限定されたものであった。朝廷の支配下に於ては，律令・格式などの公家法が，不輸･不入の権を獲得した荘園に於ては，荘園領主が定めた本所法が，効力を持っていた。御成敗式目は，公家法や本所法には抵触せずに並立するものであったが，幕府の勢力が拡大するに伴い，公平な裁判の基準を持つ武家法の影響は広まっていった。すなわち，鎌倉幕府が制定したものとはいえ，御家人に有利に働くこともなく，公平な裁判の基準として機能している御成敗式目は，公家法や本所法が適用される朝廷や荘園領主の支配下でも，しだいに影響を与えるようになっていったのである。また，御家人である地頭と荘園領主が関わり，幕府に提訴された訴訟では，御成敗式目が裁判に用いられた。

＜御成敗式目の内容＞

御成敗式目の内容について見ると，そこに於ては，相続など所領に関する規定が多いが，御家人の権利・義務や，守護や地頭の職務や権限も規定されている。また，無学な御家人が，実際に読んで理解できるように，仮名交じりの平易な文章で書かれていることや，女性の地位が高いことも，御成敗式目の特色として指摘できる。

１国に１名任命される守護の人数は，日本が66カ国で構成されているものの，一人で複数の国の守護を兼任する者もいたので，実際には数十人と考えられている。御成敗式目に規定された守護の職務は，大番催促(守護が任国の御家人を京都大番役に催促すること)・謀叛人の逮捕・殺害人の逮捕の「大犯三カ条」にほぼ限定され，それ以外のことに関与することが禁じられていた。御成敗式目の第３条にも，「国司に非ずして国務を妨げ，地頭に非ずして地利を貪る。所行の企て甚だ以て無道なり」とあり，守護は，朝廷から派遣された国司の職務や権限に介入することを禁じられた。また，地頭のように荘園や公領から経済的収益を獲得することも許されていなかった。

すなわち，鎌倉時代の守護は，任国内の荘園・公領の田地に対する支配を禁じられており，土地からの利益を得ることの許されない名誉職的な存在であったのである。しかし，守護に任じられるような，数十人の有力な御家人は，当然のことながら，地頭を兼任していた。つまり，守護と地頭は，「守護は地頭であるが，地頭は必ずしも守護ではない」，という関係にあり，守護に任命された有力御家人は，兼任している地頭としての収入に依拠していたのであった。

一方，地頭は，将軍から御恩として地頭職を補任された御家人であった。地頭の数は，鎌倉時代初期には，約500人であったが，承久の乱後には全国に拡大し，数千人にも及んだ。地頭は，荘園･国衙領に置かれ，土地の管理や治安維持を行うとともに，田地より徴収した年貢を，荘園領主に納入することを職務とした。御成敗式目第５条では，「諸国地頭，年貢所当を抑留せしむる事」として，地頭が年貢を未納・押領した際には，幕府が地頭職を取り上げるなどの規定が示されていた。

＜御成敗式目と公家法の相違＞

御成敗式目には，裁判に於て，律令と異なる判断を示す規定も存在した。公家法では，親が子に所領を生前に譲与した場合，それを悔やんで取り返すことはできない。一方，御成敗式目第20条では，「その子見存せしむといへども，悔い還すに至りては何の妨げあらんや」とあり，「悔返(還)し」といわれる，親が子に譲与した所領を取り戻す権利が認められている。何故ならば，鎌倉幕府は，惣領制の下での強固な一門一家の血縁的結合を基盤に，将軍が，惣領を通して，その庶子や従者を動員をする体制をとっているからである。それ故，惣領制の結束こそが，軍事動員体制の根幹をなすので，その強固な血縁的結合を維持するために，親の強い親権が認められているからである。また，子のいない女性が，養子をとって所領・財産を譲与することは，公家法では認めていないものの，御成敗式目第23条では，道理であるとして女人養子を認めている。

＜御成敗式目の影響＞

律令の追加法は格であるが，鎌倉幕府も，御成敗式目を制定した後，必要に応じて式目追加といわれる追加法を制定している。また，御成敗式目は，後世の武家法などにも大きな影響を与えており，室町幕府も御成敗式目をその基本法としている。すなわち，1336年に，中原是円らが足利尊氏の諮問に答えるという形で示された建武式目は，事実上の室町幕府の樹立宣言・施政方針の表明であり，室町幕府の基本法ではない。一方，室町幕府は，御成敗式目を基本法とし，必要に応じて追加法を発令したが，それを集大成したものが建武以来追加である。さらに，御成敗式目は，戦国大名の分国法にも影響を与え，江戸時代には寺子屋で読み書きの教材としても使われた。

設問Ａ　御成敗式目の制定意図について，３代執権北条泰時が，六波羅探題の職にあった弟の北条重時にあてた書状から読み取れることを述べることが要求されている。

泰時消息文には，「あらかじめ御成敗のありかたを定めて，人の身分の高下にかかわらず，偏りなく裁定されるように，子細を記録しておいたものです」と書かれている。ここからは，北条泰時が，御成敗式目を制定することにより，裁判の基準を構築・明確化し，公平な裁判が行われるようにしようと意図していることが読み取れる。

そして，御成敗式目は，「ただ道理の指し示すところを記したものです」とあることから読み取り，御成敗式目が，頼朝以来の先例や，武家社会の道理を裁判の基準としたという基本知識を確認して述べればよい。

また，「法令の教えは尊いものですが，武家の人々や民間の人々には，それをうかがい知っている者など，百人千人のうちに一人二人もおりません」とあるところから，武家法である御成敗式目は，無学な御家人が，実際に読んで理解できるように仮名交じりの平易な文章で書かれていたという事項も想起できるはずである。

設問Ｂ　北条泰時が，この書状を送った理由を，当時の朝廷と幕府との関係を踏まえて論じることが要求されている。

1221年の承久の乱での，後鳥羽上皇ら朝廷方の敗北により，鎌倉時代の公武二元支配の情況に於て，皇位継承や朝廷の政治に介入するなど，幕府は，朝廷に対する圧倒的に優位な立場を確保するようになっていった。承久の乱以前は，未だ事実上，西国は朝廷の支配の下に置かれていた。しかし，承久の乱に勝利した幕府は，西国を中心とする3000余カ所の後鳥羽上皇方の所領を没収し，そこに大量の東国御家人を地頭として赴任させ，西国にまで支配を及ぼし，全国支配を進展させた。

その結果，西国に地頭として赴任した西遷御家人と荘園領主の間で紛争が続発したので，朝廷・公家や荘園領主層は不安を抱き動揺していた。

そのため，北条泰時は，御成敗式目は「法令の教えと異なるところも少々ありますが，（中略）もっぱら武家の人々へのはからいのためばかりのものです」と述べ，適用する範囲は，御家人を対象とした武家社会であることを明確化した。また，御成敗式目の制定によって「京都の御沙汰や律令の掟は，少しも改まるべきものではありません」と述べ，御成敗式目は，律令・格式など公家法や本所法に抵触するものではなく，並立するものであり，幕府と朝廷の法的な関係を改変するものでないことを示した。

そして，３代執権の北条泰時は，六波羅探題の職にある弟の北条重時に，「京都の人々が非難を加えることがありましたなら，こうした趣旨を心得た上で，応答してください」と指示し，御成敗式目の制定を非難する「京都の人々」に，御成敗式目制定の意図を説明させ，朝廷・公家・荘園領主層の不安を解消することに努めた。

上記の内容を踏まえ，解答の骨子を示してみよう。

設問Ａは先例と道理に基づく公平な裁判の基準となる武家法を制定することが，御成敗式目の意図であったことを述べればよい。

設問Ｂは承久の乱後，地頭と荘園領主の紛争増加の中での御成敗式目の制定に動揺する朝廷に対し，御成敗式目が公家法・本所法に抵触しないことを伝え，不安解消に努めたことを述べればよい。

以下の〔ポイント〕は，問題が要求している「論点」を示すとともに，それに対応する「採点基準」における加点要素を示している。また，〔ポイント〕は**解説**で詳述した「解法」のまとめにもなっている。

〔ポイント〕

設問Ａ

＜式目制定の意図＞

①公平な裁判の基準の構築(明確化)

②平易な文章の武家法の制定(平易な文章で示す)

＜基準＞

①(頼朝以来の)先例

②(武家社会の)道理

＜対象＞

①御家人(武家社会)

設問Ｂ

＜当時の朝廷と幕府の関係＞

①承久の乱後

＊承久の乱における朝廷方の敗北

②公武二元支配での幕府の優位

＊幕府優位の下での公武協調

③皇位継承に干渉

＊朝廷の政治に干渉

④幕府勢力が西国に伸びる

＊西国に大量の新補地頭

⑤地頭と荘園領主との紛争増加
⑥(御成敗式目の制定に)朝廷は動揺

<北条泰時の意図>

①御成敗式目(貞永式目)は公家法(律令・格式)に抵触しないと伝える
②御成敗式目(貞永式目)は本所法に抵触しないと伝える
③朝幕の法的関係を変更しないと伝える
④朝廷の不安解消に努める

解答

A幕府は，頼朝以来の先例と武家社会の道理に基づく公平な裁判の基準を構築し，御家人を対象に，平易な文章の武家法で明示した。(30字×２行)

B承久の乱後，皇位継承にも干渉する幕府は，西国に勢力を伸ばし，地頭と荘園領主の紛争も増加したので，御成敗式目の制定に朝廷は動揺した。北条泰時は，御成敗式目が公家法や本所法に抵触せず，朝幕の法的関係も変更しないと朝廷に伝え，不安解消に努めた。(30字×４行)

第３問

解説　江戸時代の統一基準を持った軍事動員を可能とする制度について考察する問題である。

江戸時代の将軍と大名との主従関係のあり方，すなわち，幕府と藩の関係を，明確かつ具体的に理解していることが前提となる。その上で，大名と藩士の主従関係のあり方を具体的に述べながら幕藩体制の下で統一基準を持った軍事動員が可能となったことを説明することが求められている。

<封建制度の成立>

後期封建社会にあたる近世における幕藩体制を考察するためには，封建制度に対する正確な理解が不可欠である。

封建制度とは，政治史的に見れば，「主君と従者の土地を媒介とした御恩と奉公の主従関係」，と捉えることができる。

封建制度を議論する際，「土地」のイメージができているだろうか。この議論における「土地」に対し，「さら地」をイメージしては誤りとなる。「土地」とは，農民が生活し，農民が耕作する田畑があり，そこから米などの「富」が生産される「土地」のことである。

一方，封建社会を，社会経済史的に見れば，「封建領主が農民を土地に緊縛して剰余生産物を搾取する社会」，と捉えることができる。

前期封建社会を中世と言い，鎌倉時代と室町時代にあたる。職とは，「職務に伴う土地からの収益権」のことだが，鎌倉初期，源頼朝は，見参して名簿を提出した武士と主従関係を結んで御家人とし，御恩として地頭に任命して地頭職補任を行った。すなわち，源頼朝は，御家人として家臣化した，開発領主の子孫，あるいは元開発領主であった荘官の持つ，私的で不安定な荘官職を，公的で安定した地頭職として補任するという形をとって主従関係を結んだのである。これが典型的な御恩である本領安堵を意味する。

鎌倉初期は，地頭職という土地に対する権利を，御恩として与えたのであって，土地そのものの知行給与が可能となっていた訳ではない。その意味では，鎌倉初期は，「封建制度としては未成熟」であったといえる。荘官の職務を継承した地頭の職務は，荘園を構成する名田ごとに年貢を徴収して荘園領主に納入することであり，その職務に対し，年貢の一部を地頭職として地頭の得分(収益)とした。

＜地頭職の補任＞

地頭の得分とは何か。承久の乱の後に任命された新補地頭の得分，すなわち，承久の乱の軍功に対する新恩給与として与えられた地頭職の法定比率を定めた新補率法を例にとってみよう。新補率法における地頭の得分は，田畑11町ごとに１町の田畑を給田(免田)とすることや，１反(１段)につき５升の加徴米の徴収権などであった。

11町ごとに１町の給田(免田)とは，11町の田畑があれば，10町分の田畑から徴収した年貢は地頭が荘園領主に納入し，その職務に対する報酬として，１町分の田畑から徴収した年貢が地頭の得分になるということである。つまり，荘園領主と地頭の収益の割合が，「10対１」となるのである。なお，地頭は，荘園から徴収した年貢を荘園領主に納入するのであって，将軍に納入するのではないので誤らないこと。

一方，将軍より，地頭職補任という形式で，本領安堵や新恩給与などの御恩を与えられた御家人は，奉公として，戦時には軍役を，平時には京都大番役や鎌倉番役などの番役を勤め，関東御公事などの修造役などの諸役も課せられた。

＜地頭の荘園侵略＞

地頭は，将軍から土地そのものを与えられたわけではなかったが，地頭の任免権は荘園領主ではなく将軍が持ったので，地頭の地位と地頭職という土地からの収益権は安定したものとなった。

そのため，特に承久の乱後になると，年貢を未納する地頭も現れ，荘園領主と地頭との紛争も増加していき，荘園領主が，地頭の不法を幕府の法廷に訴えることも多くなった。しかし，現地に根を下ろした地頭を押さえることは困難を伴ったので，荘園領主の中には，請料などと言われる一定額の年貢を地頭に請負わせ，その代わりに，地頭に荘園の管理をすべて一任する地頭請といわれる契約を結ぶ者もあった。

さらには，荘園の土地を荘園領主と地頭とで折半し，相互に干渉せず，独立して土地と人を支配する契約を結ぶ下地中分が行われることもあった。

このように，地頭請や下地中分を通して，地頭は荘園を侵略し，土地そのものを支配するようになり，在地領主化していったが，このことは同時に，「封建制度が徐々に成熟」していったことを意味した。なお，在地領主とは，封建的小領主のことである。

＜太閤検地と近世社会の成立＞

後期封建社会を近世と言い，安土桃山時代と江戸時代にあたる。前述したように，政治史的に見れば，「封建制度とは，主君と従者の土地を媒介とした御恩と奉公の主従関係」，と捉えることができる。しかし，ここで語られることは，支配階級内部の秩序関係に限定した議論に過ぎず，封建社会そのものへの言及はない。

では，社会経済史的に見れば，封建社会とは，「封建領主が農民を土地に緊縛して剰余生産物を搾取する社会体制」，と捉えることができる。これが全国的な統一システムとして整備されることとなったのは，太閤検地によるものであった。

すなわち，太閤検地により，荘園や名田は名実ともに消滅させられ，荘園制下の「重層的な職の体系」も名実ともに消滅したので，その中での作合といわれる中間搾取も否定された。そして，一地一作人の原則の下，農民は耕作者として検地帳に登録され，石高を設定した土地の耕作権を与えられたが，一方，土地に緊縛され，剰余生産物を年貢として収奪された。つまり，耕作権という「権利」を与えられる代わりに，耕作者である農民には，年貢という「義務」が課せられることになったのである。

「主君と従者の土地を媒介とした御恩と奉公の主従関係」，という政治史的に見た封建制度が成立し，さらに，「封建領主が農民を土地に緊縛して剰余生産物を搾取する社会体制」，という，社会経済史的に見た封建社会が，太閤検地により，全国的な統一システムとして整備されていくが，それ以降を後期封建社会，すなわち近世と捉えることができる。

＜石高制＞

本問では，大名知行制について正確に論じることができなければ解答の作成は不可能となる。そのためには，まず，幕藩体制の前提となる，太閤検地によって確立した石高制について確認する必要がある。

「石」とは体積の単位で，１石=10斗＝100升＝1000合となり，１石＝約180リットルである。また，米の量は枡を用いて体積の単位で計る。つまり，石高制とは，「土地の生産力を米の量で表示する制度」のことである。

近世の封建領主は，家臣に対する御恩としての領地や俸禄米(蔵米)の知行給与の基準，及び，農民からの年貢収奪の基準として，検地により，自らの支配する領地の生産力を，石高という統一基準により，数量化して掌握した。

参考文(1)

江戸時代，幕府の軍事力は直参である旗本・御家人とともに，大名から差し出される兵力から成っていた。大名は，将軍の上洛や日光社参には家臣団を率いて御供したが，これらも軍事動員の一種であった。

ここからは，幕府の軍事力は，将軍の直臣である大名と直参(旗本と御家人)に対し，奉公としての軍役として課して提供させた兵力であること，及び，日光社参も軍役の一つであることを確認することが求められている。また，御恩としての領地の知行給与や，奉公としての軍役の基準が，すべて石高であったことを想起する必要がある。

将軍の直臣で，１万石以上の領地を知行給与された者を大名(藩主)という。また，大名の領地と支配機構を藩という。つまり，江戸時代の大名とは，将軍の直臣で，かつ将軍から１万石以上の領地を御恩として知行給与された者のことである。

一方，将軍の直臣で，１万石未満の領地や俸禄米(蔵米)を知行給与された者を直参という。直参を二つに分けて，将軍との御目見得が可能な者を旗本といい，可能でない者を御家人という。上級旗本は，御恩として領地を知行給与される知行取りであり，下級旗本や御家人は，御恩として俸禄米(蔵米)を知行給与される蔵米取りであった。

参考文(2)

幕府は，動員する軍勢の基準を定めた。寛永年間の規定によると，知行高１万石の大名は，馬上(騎乗の武士)10騎・鉄砲20挺・弓10張・鑓(やり)30本などを整えるべきものとされ，扶持米(ふちまい)を幕府から支給された。

ここからは，幕府が大名に対し，知行地の石高を基準に軍役を賦課していることを読み取り，将軍と大名との主従関係である大名知行制，及び，将軍と直参との主従関係である地方知行制と俸禄制度(蔵米知行制)について論じることが求められていることを確認する。そして，石高制の確立が，統一基準をもった軍事動員を可能としたことを想起する。

幕藩体制を政治史的観点から見ると，「将軍と大名の土地を媒介とした御恩と奉公の主従関係」，すなわち，大名知行制と捉えることができる。

大名知行制とは，将軍が大名に対し，御恩として石高を基準に領地を知行給与し，奉公として知行高(知行地の石高)を基準に軍役や普請役や参勤交代などを課す制度である。

大名は，江戸初期には，御恩として，上級藩士に領地を知行給与し，領民支配を認める地方知行制をとる場合が多かった。しかし，17世紀後半以降，大名は，しだいに領内一円支配を進め，藩士に知行地を与えず，家臣団に編成して城下町に集住させ，藩の直轄地からの年貢を俸禄米(蔵米)として知行給与する俸禄制度(蔵米知行制)が一般的となった。とはいえ，薩摩藩や仙台藩など，西南地方や東北地方を中心に，20万石以上の大きな藩では，地方知行制が維持されることもあった。

参考文(3)

村々からは百姓が兵糧や物資輸送などのために夫役(陣夫役)として徴発された。たとえば幕末に，幕府の年貢米を兵糧として戦場まで輸送した際には，村高1000石につき５人が基準となった。

ここからは，村高(村の総石高)を基準に，本百姓に対し，年貢や諸役が課されたこと，及び，諸役の中には，兵糧や物資輸送などのための夫役(陣夫役)もあったことを確認し，本百姓も，石高を基準として，幕府の軍事動員に貢献させられていたことを考察する。

幕藩体制を社会経済史的観点から見ると，「将軍や大名が本百姓を土地に緊縛して剰余生産物を搾取する社会体制」，すなわち，本百姓体制と捉えることができる。将軍や大名など幕藩領主は，高持百姓として本百姓を検地帳に登録して耕作権を与えるが，土地に緊縛して剰余生産物を年貢として収奪し，その他の諸役も課した。

なお，本百姓に付加される貢租には，検地帳に登録されて年貢を負担する田畑や屋敷地の石高を基準に課される本途物成(本年貢)，山野河海などからの収益や農業以外の副業に賦課される小物成，村高に応じて課せられた付加税である高掛物，治水工事などの夫役や朝鮮通信使の応接費などを賄うために１国単位に賦課される国役，幕府・大名などの公用交通のために宿駅の負担した人馬役や助郷役などの伝馬役がある。

上記の内容を踏まえ，解答の骨子を示してみよう。

幕藩体制においては，将軍が，藩主との大名知行制，直参との俸禄制・地方知行制の下，石高を基準に軍役を賦課し，本百姓体制の下，村高を基準に夫役を課したので，石高を統一基準とする軍事動員が可能となったことを述べればよい。

2005年　解答・解説

以下の〔ポイント〕は，問題が要求している「論点」を示すとともに，それに対応する「採点基準」における加点要素を示している。また，〔ポイント〕は**解説**で詳述した「解法」のまとめにもなっている。

〔ポイント〕

＜石高制＞

①石高制

＊土地の生産力を米の量で表示する制度

＜江戸時代の支配の仕組み―大名知行制＞

①大名知行制

＊将軍は石高を基準として大名に領地を知行給与

＊将軍は知行高(知行地の石高)を基準として大名に軍役を賦課

＜江戸時代の支配の仕組み―俸禄制度(蔵米知行制)・地方知行制＞

①俸禄制度(蔵米知行制)

＊将軍は石高を基準として直参(旗本･御家人)に俸禄米(蔵米)を知行給与

＊将軍は石高を基準として直参(旗本･御家人)に軍役を賦課

②地方知行制

＊将軍は石高を基準として旗本に領地を知行給与

＊将軍は知行高(知行地の石高)を基準として旗本に軍役を賦課

＜江戸時代の支配の仕組み―本百姓体制＞

①本百姓体制

＊本百姓を検地帳に登録して耕作権を保証

＊幕藩領主(将軍や大名)は本百姓に石高を基準として年貢・諸役を賦課

＊幕府は村高(村の総石高)を基準として百姓に夫役(陣夫役)を賦課

＜統一基準と軍事動員＞

①幕府は石高を統一基準とする

②幕府は石高を基準として軍事動員する制度を構築

解答

幕藩体制は，土地の生産力を米量で表示する石高制に基づき，将軍が，藩主との大名知行制，直参との俸禄制・地方知行制の下，御恩として領地や俸禄米を知行給与し，奉公として軍役を賦課する制度である。また，本百姓体制の下，百姓に耕作権を保証し，村高を基準に夫役を課したので，幕府は石高を統一基準に軍事動員し得た。(30字×5行)

第４問

解説　大日本帝国憲法と日本国憲法における三権分立の共通点と相違点を考察する問題である。

＜政府と国会＞

まず，1889年２月11日の大日本帝国憲法の発布から，日本国憲法が施行される前日の1947年５月２日までの大日本帝国憲法の下での日本と，1947年５月３日の日本国憲法の下での日本について，その相違を概観する必要がある。

最高行政機関である「政府」は，古代から存在する。律令国家の太政官も「政府」であり，江戸幕府も「政府」である。明治期の日本の「政府」も，1868～85年までは，養老律令に基づく太政官制である。1885年に太政官制は廃止され，最高行政機関である「政府」の名称は，内閣となり，現在に至る。

「国会」とは，国民の代表による立法機関であるが，前近代の国家や，1890年に帝国議会を開設する以前の日本のみならず，現在でも独裁的な国家は，「政府」は存在しても「国会」は開設していない。明治期の日本でも，民主主義革命運動である自由民権運動の強烈な要求の行動が，明治国家をして帝国議会の開設を余儀なくさせた大きな要因となっている。いわば，国会とは，「近代の産物」である。

＜欽定憲法と民定憲法＞

欽定憲法とは，君主の単独意志で制定する憲法である。欽定憲法である大日本帝国憲法は，「天皇が制定し，臣民に服従させる憲法」であり，「国家から国民への命令」を意味する。

一方，民定憲法とは，国民，または国民により選出された国民の代表者によって制定された憲法である。民定憲法である日本国憲法は，「国民が制定し，公権力を担う者に遵守させる憲法」であり，「国民から国家への命令」を意味する。

＜立憲体制と立憲主義＞

かつて，東京大学の憲法学者である教授が，授業で東大生に対し，「日本国憲法では，憲法の尊重・擁護の義務は誰に課されているか？」と質問した際，85％くらいが誤った答えをした。それも，同じ誤りであったそうだ。

これを見て，その教授は，「この学生たちは，中学・高校で日本国憲法の条文は学んできているはずなのに，憲法の精神や民主主義の理念は学んできていないのか」と愕然として，日本の教育の現状に衝撃を受けたという。

同じ誤りとは，何であったのか？　正解は何であるのか？　受験生諸君は大丈夫であろうか？　なんと，約85％の東大生が，「憲法の尊重・擁護の義務は国民に課されている」と答えたのだ。これは，近代立憲主義(立憲主義)を全く理解していないということである。その時の教授の言動には，このような学生は，今後，絶対に東大に入れない，という怒りが滲み出ていた。

正解は，日本国憲法の第99条にある。「天皇又は摂政及び国務大臣，国会議員，裁判官その他の公務員は，この憲法を尊重し擁護する義務を負ふ。」という条文だ。これは，戦後の日本が，近代立憲主義（立憲主義）に基づく国家であることを示す重要な条文である。

なお，日本国憲法において，国民は国家に対し，第19条にあるように，「思想及び良心の自由は，これを侵してはならない。」と命じているので，日本国民には，憲法を尊重・擁護しないという自由も保証されているのである。

本問に取り組む前提として，近代立憲主義（立憲主義）についての理解は不可欠である。まず，立憲体制（立憲政体）と近代立憲主義（立憲主義）の相違について確認していく必要がある。

立憲体制（立憲政体）とは，「政府」のみならず，「憲法」や「国会」を持った政治体制である。立憲体制（立憲政体）の政治を立憲政治と言い，立憲体制（立憲政体）の国家を立憲国家という。

一方，近代立憲主義（立憲主義）とは，「憲法によって国家権力を制約し，個人の自由や権利，すなわち，人権を守る政治のあり方」のことである。しかし，これに対し，憲法を制定して議会を設置し，立憲体制は確立しているものの，近代立憲主義（立憲主義）を否定する，ドイツ帝国憲法の下のドイツや大日本帝国憲法の下の日本のような統治形態を，外見的立憲主義ともいう。

つまり，大日本帝国憲法の下の日本は，1889年の大日本帝国憲法の発布，及び，1890年の帝国議会の開設以後は立憲体制（立憲政体）が確立したものの，外見的立憲主義にすぎず，近代立憲主義（立憲主義）ではなかったということである。一方，日本国憲法の下の日本は，立憲体制（立憲政体）の国家であり，かつ，近代立憲主義（立憲主義）に基づく政治が行われている国家である。

なお，立憲主義は民主主義と深く結びついている。すなわち，国民が権力の支配から自由であるためには，国民が主体的に政治に参加するという民主的な制度が不可欠となる。つまり，自由の確保は，国民の国政への参加が必要充分条件となるのである。民主主義は，個人の尊重を基本原理とするので，すべての国民の自由と平等が確保されなければならない。民主主義は，多数者の支配の政治に陥ってはならないのである。故に，憲法によって，国家権力を制約することによって個人の自由や権利を守る立憲主義が，民主主義の前提となる。

2005年　解答・解説

<大日本帝国憲法の下の立法権>

大日本帝国憲法の下の日本は，立憲体制(立憲政体)が確立したものの，第１条に「大日本帝国ハ万世一系ノ天皇之ヲ統治ス」とあり，第３条「天皇ハ神聖ニシテ侵スヘカラス」とあるように，神格化された天皇が統治する国家であった。それ故，天皇主権の下で，立法・行政・司法の三権は分立しているものの，三権のそれぞれが，第４条にある「国ノ元首ニシテ統治権ヲ総攬」する天皇を輔弼(補佐)し，天皇の統治権を協賛する存在でもあった。

立法権について見ると，第６条に，「天皇ハ法律ヲ裁可シ其ノ公布及執行ヲ命ス」とあるように，法律とは，天皇が裁可・公布・執行を命じるものであった。そして，国会にあたる帝国議会は，第５条に「天皇ハ帝国議会ノ協賛ヲ以テ立法権ヲ行フ」とあるように，天皇が裁可・公布・執行する法律の制定に関し，「協賛」，すなわち，協力して賛同する時のみ立法権を行使する，天皇の協賛機関にすぎなかった。

とはいえ，第37条には，「凡テ法律ハ帝国議会ノ協賛ヲ経ルヲ要ス」とあり，第38条には，「両議院ハ政府ノ提出スル法律案ヲ議決シ及各々法律案ヲ提出スルコトヲ得」と規定された。また，予算に関しても，第64条では，「国家ノ歳出歳入ハ毎年予算ヲ以テ帝国議会ノ協賛ヲ経ヘシ」と明記された。

なお，帝国議会は，公選の議員からなる下院である衆議院と，皇族・華族・勅任議員(勅選議員と多額納税者議員)からなる上院である貴族院で構成されていたが，衆議院で法案を通過させても貴族院で否決されれば法律は成立しないので，衆議院の立法権は貴族院によって制限されていた。

<大日本帝国憲法の下の行政権>

行政権について見ると，大日本帝国憲法には，最高行政機関である「政府」，すなわち「内閣」の規定が無かったのである。

受験生から，よく，「国務大臣と内務大臣はどう違うのでしょうか？」という質問を受けるが，「国務大臣」という，日常的に使われ，極めて常識的な用語を不明確にしか認識していない者が多い。新聞を読んだことが無いのか，大丈夫だろうか，と思ってしまう。そのような常識を欠如した者が東大に合格できるわけはない。

国務大臣とは，内閣(政府)を構成する閣僚のことで，内閣の長である国務大臣を総理大臣とよび，内務省の長である国務大臣を内務大臣と言った。

大日本帝国憲法の第55条には，「国務各大臣ハ天皇ヲ輔弼シ其ノ責ニ任ス」とあるように，各々の国務大臣は，個別に天皇の行政権を輔弼し，個別に，帝国議会ではなく，天皇にのみ責任を負うものとされた。

天皇は，文官・武官の任免権，陸海軍の統帥権，宣戦・講和，条約の締結，緊急勅令の発令，戒厳令の発令など，強大な天皇大権を有した。それらのうち，統帥権以外の天皇大権は,「帝国議会は関与できないが, 内閣(各国務大臣)が輔弼」した。いわば，内閣は天皇の輔弼機関にすぎなかったのである。

なお，統帥権とは，陸海軍の指揮・統率権，作戦・用兵権である。1882年の軍人勅諭に「我国の軍隊は世々天皇の統率し給ふ所にそある」とあるように, 日本の軍隊は，国家の軍隊などではない。「皇軍」と称されるように，天皇が統率する「天皇の軍隊」であったのである。それ故，統帥権は，「帝国議会のみならず，内閣(各国務大臣)も関与できなかった」のである。大日本帝国憲法の下の日本には，近代軍隊の原則である,「シビリアン・コントロール(文民統制)」は全く存在しなかったということである。

では，天皇の統帥権はどのような機関が輔弼したのか？　それは，軍の内部に存在した。陸軍の参謀本部と海軍の軍令部が，軍令機関(統帥機関)として，天皇の統帥権を輔弼したのである。くだけて言えば，「恐れ多くも天皇陛下の軍隊に対し，日本政府や国務大臣如きが口をはさむことは一切許されない！」，ということであり，このことが,「統帥権の独立」と言われた。

また，現役武官の行動・人事は，統帥権に関わるので，軍部大臣現役武官制が施行されている期間は，軍の合意なくして組閣はできず，軍は，軍部大臣を辞職させ，後任を推薦しないことによって，合法的に倒閣することが可能となった。

一方，行政機関である「内閣(政府)」は，立法機関である帝国議会と比較すれば,大きな権限を持っていた。予算に関しては，第67条に,「政府ノ同意ナクシテ帝国議会之ヲ廃除シ又ハ削減スルコトヲ得ス」とあり，帝国議会は,「内閣(政府)」の同意なくして，予算を削減することはできなかったのである。また，第71条に,「帝国議会ニ於イテ予算ヲ議定セス又ハ予算成立ニ至ラサルトキハ政府ハ前年度ノ予算ヲ施行スヘシ」とあるように, 帝国議会において, 予算案が否決され成立しなかった場合は,「内閣(政府)」は前年度の予算をそのまま施行することができた。

政党内閣とは，衆議院(下院)の多数党を基礎とした内閣で，多数党の党首を首相とし，国務大臣(閣僚)の大半を多数党の党員によって構成した内閣である。日本国憲法の下では，首相は，国会で国会議員の中から指名するので，政党内閣が制度化される議院内閣制であった。しかし，大日本帝国憲法の下では，首相は，元老(のちは重臣)が推挙する慣例に基づき, 天皇が任命したので, 政党内閣は制度化されていなかった。

＜大日本帝国憲法の下の司法権＞

司法権について見ると，大日本帝国憲法の下では，第57条に,「司法権ハ天皇ノ名ニ於テ法律ニ依リ裁判所之ヲ行フ」とあるように，裁判は,「天皇ノ名」によって行われた。とはいえ，司法権は，行政権とは，一応の独立性を保っていた。

<大日本帝国憲法における三権分立>

三権分立とは，国家権力を，立法･行政･司法のそれぞれ独立した機関に担当させ，相互に抑制・均衡をはかることによって，権力の乱用を防ぎ，国民の権利・自由を確保しようとする原理である。

しかし，以上見てきたように，大日本帝国憲法の下での日本では，立法機関である帝国議会，行政機関である内閣，司法機関である裁判所が設けられ，それぞれその権力を行使していたが，統治権は天皇が総攬するとなっており，立法・行政・司法の三権も，一応は分立しているものの，天皇の統治権を補佐する機関であった。

帝国議会は，天皇の立法権を協賛する機関であり，立法の権限を持っていなかった。また，内閣においても，内閣を構成する国務大臣は，個別に天皇の行政権を輔弼し，個別に天皇に対してのみ責任を取っただけで，政党内閣は制度的に保障されておらず，議院内閣制は法的に確立されていなかった。さらに，裁判官は，「天皇ノ名」において裁判を行い，判決を下した。

大日本帝国憲法の下では，天皇がすべての統治権を握り，立法・行政・司法の三権を持つといわれる帝国議会も内閣も裁判所も，天皇の大権を協賛・輔弼する機関の間での分立にすぎなかったのである。つまり，大日本帝国憲法の下の三権分立など，形式的なものにすぎなかったのである。

<日本国憲法の民主的諸制度>

日本国憲法は，「国民主権」･「平和主義」･「基本的人権の尊重」を基本原理としている。その実現のため，政治組織は，権力分立制(三権分立)，議院内閣制(政党内閣の制度化)，司法部の優越(最高裁判所の違憲立法審査権)，地方自治の民主化など，民主的に再編されている。

前述したように，大日本帝国憲法には議院内閣制の規定はなく，政党内閣は制度的に保障されていなかった。大日本帝国憲法の下では，首相は，慣例として元老(のちは重臣)が推挙した人物を，文官と武官の任命権を持つ天皇が任命した。

そのため，1924年に第二次護憲運動の成果により成立した加藤高明護憲三派内閣から，1932年に五・一五事件で犬養毅首相が海軍青年将校たちに射殺されて犬養内閣が崩壊するまで，8年間，政党内閣が連続する慣行があり，「憲政の常道」とよばれた。しかし，この期間も，政党内閣が制度化されたわけではなく，最後の元老西園寺公望が，政党の党首を天皇に首相として推挙したために，政党内閣が現出しただけである。五・一五事件というファシストのテロにより，その後，戦前には政党内閣が成立することはなかった。

＜日本国憲法における国会と内閣＞

一方，日本国憲法では，第67条において，「内閣総理大臣は，国会議員の中から国会の議決で，これを指名する。この指名は，他のすべての案件に先だつて，これを行ふ。」と規定され，第68条で，「内閣総理大臣は，国務大臣を任命する。但し，その過半数は，国会議員の中から選ばれなければならない。」とあるので，日本国憲法の下では，政党内閣が制度化される議院内閣制となる。

また，第69条には，「内閣は，衆議院で不信任の決議案を可決し，又は信任の決議案を否決したときは，十日以内に衆議院が解散されない限り，総辞職をしなければならない。」と，内閣は国会に対して連帯して責任を取ることが明記された。ここには，国民の信任の無い政府は打倒される，という民主主義の基礎となる社会契約論がその背景にあった。一方，内閣には，国会の内閣不信任決議に対して，衆議院の解散権を有しており，均衡がとれる仕組みとなっている。

日本国憲法の第86条には，「内閣は，毎会計年度の予算を作成し，国会に提出して，その審議を受け議決を経なければならない。」とある。このように，国会は，内閣の作成した予算を審議した。また，内閣の職務権限として，第73条において，「条約を締結すること。但し，事前に，時宜によつては事後に，国会の承認を経ることを必要とする。」とあるように，国会は内閣が締結した条約を審議し，条約の締結には国会の承認を必要とした。

＜日本国憲法における国会と裁判所＞

司法部の優越について見ると，大日本帝国憲法の下でも，大津事件に見られるように，「司法の独立」は比較的に確保されていた。しかし，日本国憲法では，第81条に，「最高裁判所は，一切の法律，命令，規則又は処分が憲法に適合するかしないかを決定する権限を有する終審裁判所である。」と，最高裁判所の違憲立法審査権が規定された。そのため，最高裁判所は，法律，命令，規則又は処分が憲法に違反するかどうか判断する終審の裁判所となり，「憲法の番人」と言われた。

一方，国会は，第64条に，「国会は，罷免の訴追を受けた裁判官を裁判するため，両議院の議員で組織する弾劾裁判所を設ける。」と規定されているように，裁判官に対する弾劾裁判の権限を持っている。

＜日本国憲法における内閣と裁判所＞

日本国憲法の第６条において，「天皇は，内閣の指名に基いて，最高裁判所の長たる裁判官を任命する。」とある。また，第79条では，「最高裁判所は，その長たる裁判官及び法律の定める員数のその他の裁判官でこれを構成し，その長たる裁判官以外の裁判官は，内閣でこれを任命する。」と規定されている。

このように，内閣は，最高裁判所の長官を指名し，天皇が国事行為(意思の無い儀式的行為)によって任命した。また，最高裁判所の長官以外の最高裁判所の裁判官は内閣が任命した。そして，79条の２には，「２　最高裁判所の裁判官の任命は，その任命後初めて行はれる衆議院議員総選挙の際国民の審査に付し，その後十年を経過した後初めて行はれる衆議院議員総選挙の際更に審査に付し，その後も同様とする。」と規定され，同条の３には，「３　前項の場合において，投票者の多数が裁判官の罷免を可とするときは，その裁判官は，罷免される。」と明記された。

違憲立法審査権を持ち，「憲法の番人」といわれる最高裁判所の裁判官は，極めて重要な地位にある。そのため，その任免に関しては，他の民主主義国家では，国会の承認を必要とする場合が多い。しかし，日本の場合は，前述したように，内閣が最高裁判所の長官を指名し，他の最高裁判所の裁判官を任命する。そのため，衆議院議員選挙に際し，主権者である国民の審査に付し，過半数が罷免を可とするときは，最高裁判所の裁判官は罷免される仕組みになっている。

また，第80条に，「下級裁判所の裁判官は，最高裁判所の指名した者の名簿によつて，内閣でこれを任命する。」とあるように，下級審の裁判官も内閣によって任命された。

一方，違憲立法審査権を持つ最高裁判所の裁判官は，内閣の発する省令や政令などの違憲性を審査し，違憲であるとされれば，それらの効力は喪失される。

＜日本国憲法における三権分立＞

日本国憲法においては，第41条に，「国会は，国権の最高機関であつて，国の唯一の立法機関である。」とあるように，立法権は国会に属することが規定されている。また，第65条に，「行政権は，内閣に属する」とあるように，行政権は内閣に属することが規定されている。さらに，第76条に，「すべて司法権は，最高裁判所及び法律の定めるところにより設置する下級裁判所に属する。」とあるように，司法権は裁判所に属する。

このように，日本国憲法においては，国会・内閣・裁判所の三権分立制が，大日本帝国憲法の下の形式的な三権分立とは異なり，真の意味で法的に確立し，民主的な統治機構が成立している。これらの，立法権・行政権・司法権は，それぞれが独立しており，権力が一方に集中することを防止している。また，三権は相互に牽制し合い，抑制と均衡が図られている。

上記の内容を踏まえ，解答の骨子を示してみよう。

大日本帝国憲法下，帝国議会は天皇の立法権を協賛，内閣は天皇の行政権を輔弼，司法権は天皇の名で行使されたので三権分立は形式的であったが，日本国憲法では，内閣は国会に連帯して責任を負うが衆議院の解散権を持ち，最高裁は違憲立法審査権を持つので三権は分立していることを述べればよい。

以下の〔ポイント〕は，問題が要求している「論点」を示すとともに，それに対応する「採点基準」における加点要素を示している。また，〔ポイント〕は**解説**で詳述した「解法」のまとめにもなっている。

〔ポイント〕

＜大日本帝国憲法と天皇の統治権＞

①大日本帝国憲法は欽定憲法

＊天皇が制定して臣民に服従させる憲法

②天皇主権

＊天皇が統治権を総攬

＊天皇は神格化されている

③近代立憲主義(立憲主義)が確立していない

＊立憲体制(立憲政体)は確立

＜大日本帝国憲法の下の立法権＞

①帝国議会

＊天皇の立法権を協賛

＊予算審議権を持つ

＊法律審査権を持つ

＜大日本帝国憲法の下の行政権＞

①内閣

＊内閣の規定が無い

＊天皇の行政権を輔弼

＊統帥権以外の天皇大権を輔弼

＊各国務大臣が輔弼

＊各国務大臣が天皇にのみ責任を取る

②議院内閣制の規定はない

＊政党内閣は制度的に保障されていない

③軍部大臣現役武官制が内閣の死命を制す

＊組閣に軍の合意が必要

＊軍による合法的な倒閣が可能

2005年　解答・解説

＜大日本帝国憲法の下の司法権＞

①裁判所

＊天皇の名において司法権を行使

＊行政権に対する独立性は一応確保

＜大日本帝国憲法における三権分立＞

①形式的には立法権・行政権・司法権は分立

②実態は天皇の大権を協賛・輔弼する機関の間での分立

＜日本国憲法における国会と内閣＞

①国会

＊国権の最高機関

＊唯一の立法機関

＊国会は内閣総理大臣を指名

＊衆議院は内閣不信任決議権を持つ

②内閣

＊行政権の最高機関

＊国会に連帯して責任を負う

＊内閣は衆議院解散権を持つ

③議院内閣制

＊政党内閣は制度的に保障されている

＜日本国憲法における国会と裁判所＞

①裁判所

＊司法権を持つ

＊最高裁判所は違憲立法審査権を持つ

②国会

＊裁判官の弾劾裁判所を設ける

＜日本国憲法における内閣と裁判所＞

①内閣

＊最高裁判所の長官を指名する

＊長官以外の最高裁判所の裁判官を任命する

＊下級審の裁判官を任命する

②裁判所

＊行政に対する違憲立法審査権を持つ

<日本国憲法における三権分立>

①三権分立が確立

＊立法権・行政権・司法権が独立

＊権力の集中を防止

＊三権は相互に牽制し合い抑制と均衡を保つ

解答

大日本帝国憲法下では，神格化された天皇が統治権を総攬し，立憲主義は確立せず，帝国議会は天皇の立法権を協賛し，内閣は天皇の行政権を輔弼し，司法権は天皇の名で行使されたので，三権分立は形式的であった。日本国憲法下では，立憲主義が確立し，議院内閣制も規定され，内閣は国会に連帯して責任を負うが衆議院の解散権を持ち，最高裁は違憲立法審査権を持つので三権は分立している。(30字×6行)

2004年

第1問

解説 古代の文字文化の広まりの歴史的背景について考察する問題である。論述する際，年表を読み，「国風文化」･「勅撰漢詩文集」･「唐風化政策」･「渡来人」･「万葉仮名」の五つの語を使用することが条件とされている。

年表には，57年の『後漢書』東夷伝，239年の『三国志』魏書の記述が記載されている。そのため，弥生時代の日本列島に住んでいる人々のあり方や，倭(日本)の政権と中国との交流の歴史を概観すると，前漢(前202～後８)の歴史書『漢書』地理志に，紀元前１世紀，倭人の社会は百余国の小国に分立し，楽浪郡を通じて使者を送っていたという伝聞が記載されている。また，『後漢書』東夷伝には，１世紀に，倭の奴国王の使者が後漢(25～220)に派遣され，光武帝より印綬(印と綬(くみひも))を受領したことや，２世紀に倭国王の帥升(すいしょう)らが生口(せいこう)160人を安帝に献上していることも記されている。奴国王らは，倭国内における小国分立の情況下で，中国の権威を利用して周辺小国を威圧しようとしたものと考えられている。

２世紀後半の「倭国大乱」のあと，３世紀には，卑弥呼を女王とする邪馬台国を盟主とした，30余国の小国の連合で構成される地域的連合政権である邪馬台国連合が生まれた。『魏志』倭人伝(『三国志』魏書東夷伝倭人の条)には，卑弥呼が魏(220～265)の皇帝に使者を送り，魏の皇帝より，「親魏倭王」の称号と銅鏡100面などが贈られたと記載されている。つまり，卑弥呼は，冊封を受けることによって，邪馬台国を中心とする約30の小国で構成される地域的連合政権である邪馬台国連合の統括や，南方の狗奴国(くなこく)との抗争において，優位な立場を得ようとしたのだと考えられる。

これらの記述から，奴国王や邪馬台国女王の卑弥呼が，中国の諸王朝に朝貢し，冊封を受けていることが想定されるが，そのことは，同時に漢字文化圏との交流が始まったことを意味し，１世紀頃に漢字が伝来したと考えられている。

４世紀前半頃から710年の平城京遷都までをヤマト時代というが，５世紀頃になると，朝鮮半島への軍事援助の見返りに多くの先端的な技術が倭国にもたらされた。また，朝鮮半島の戦乱から多くの人が倭国に逃れてきたが，このように，朝鮮半島や大陸から倭国に渡り，永住した人々やその子孫を渡来人という。

年表には，４～５世紀，渡来人の和迩吉師(王仁)が，『論語』と『千字文』を伝えたと，『古事記』の記載にあるということが書かれている。『論語』とは，よく知られているように，孔子と弟子たちの問答や言行を編集した儒教の最重要経典であり，『千字文』

とは，1000の異なる漢字で作られた四言古詩250句で編集された習字の手本である。

ヤマト政権は，渡来人を，陶作部・錦織部・鞍作部・史部などの「部」とよばれる技術集団に組織し，阿知使主を始祖とすると伝えられる東漢氏に管理させた。そして，文筆を司る史部が，ヤマト政権の外交文書・財物の出納・記録文書などを，漢字を用いて作成した。

年表には，「471年カ」として，稲荷山古墳出土鉄剣の銘文が記されるとある。埼玉県の稲荷山古墳出土鉄剣や，熊本県の江田船山古墳出土鉄刀の銘には，「ワカタケル大王」が見える。このような金石文に見られる記載から，5世紀のワカタケル大王(雄略天皇)の治世の時期には，ヤマト政権の勢力範囲は，北関東から九州中部に及んでいることが想定される。また，銘にある「ワカタケル大王」などの漢字から，5世紀には，地方豪族が，漢字の音を借りて日本の人名や地名を表記していることも分かる。

年表には，478年，倭王武が宋の皇帝に上表文を送ったことや，607年に，遣隋使小野妹子が隋の煬帝に国書を届けたことが記載されている。このことから，ヤマト政権は，漢字を用いて外交文書を作成していたことを読み取らなければならない。

年表には，701年，大宝律令が完成したことが書かれている。律令国家とは，法に基づく官僚機構と，戸籍・計帳による人民支配を根幹としているが，大化改新とよばれる，645年の乙巳の変と一連の改革以後の7世紀後半は，いわば，律令国家の建設期にあたる。この時期，天智朝は，近江令を編纂し，初の全国的戸籍である庚午年籍を作成した。また，天武・持統朝は，飛鳥浄御原令を編纂し，初の班田の台帳となる庚寅年籍を作成した。そして，文武朝において，大宝律令が完成した。ここでは，律令の編纂と戸籍の作成において，漢字が用いられたことを指摘することが要求されている。

年表には，712年に『古事記』が完成し，720年に『日本書紀』が完成したことが記載されている。律令国家は，自らの支配の「正統性」・「正当性」を示すために『古事記』や『日本書紀』のような歴史書を編纂した。

『古事記』は，天武天皇が「帝紀」「旧辞」を修正したものを稗田阿礼によみならわせ，元明天皇がそれを太安万侶に筆録させて成立した。『古事記』は，神代の神話から推古天皇までの物語であるが，日本語を漢字の音・訓を用いて表記している。

一方，『日本書紀』は，舎人親王らの撰による，神代から持統天皇に至る歴史を，天皇を中心に描いた日本最古の勅撰の正史である。中国の歴史書の体裁に倣い正式な漢文を用い，編年体で書かれている。ここでは，史書の著述に漢字や漢文が用いられたことを指摘することが求められている。

年表には，751年に『懐風藻』が成立していることが記されている。『懐風藻』は，

7世紀後半以降の漢詩が編纂されている日本最古の漢詩集である。また，8世紀後半の『万葉集』の成立も記されているが，『万葉集』は，漢字の音・訓を用いて表音文字として使用する，万葉仮名によって書かれている。ここでは，文学の発展に伴い，文字の使用が広がっていることを確認する必要がある。

年表には，この時代，各地の国府・郡家などの遺跡から木簡が出土する，とある。木簡とは，文字を墨書した木の札であるが，行政の記録・帳簿や荷札などに用いられた。ここからは地方行政の発展が，地方における文字の使用の広まりを促進していることを読み取ればよい。

年表には，814年に，嵯峨天皇の命により，最初の勅撰漢詩文集である『凌雲集』が成立していることが記されている。9世紀の弘仁・貞観文化は，唐風文化が重んじられた時代で，文章経国の思想が広まった。文章経国とは，魏の初代皇帝となった文帝(曹丕)が著した『典論』の中の1節である「文章経国大業,不朽之盛事」に由来し，文学が栄えることが国家経営の大業につながり，永遠に朽ちることは無い，という意味である。『凌雲集』の序文にも，「文章は経国の大業なり」とある。ここからは，文字文化の広がる背景として，文章経国の思想のもとに，貴族の教養として漢詩を作ることが重視されることを確認し，嵯峨天皇の命で，『凌雲集』・『文華秀麗集』，淳和天皇の命で『経国集』という三つの勅撰漢詩文集が編纂されたことを想起すればよい。

年表には，905年の『古今和歌集』，935年頃の『土佐日記』，11世紀の『源氏物語』について記されている。907年に唐が滅亡するが，唐の先端の文化が流入してこなくなると，10～11世紀を中心とする藤原文化は，「国風」と称される中国文化の日本風アレンジを基調とした。そのことを象徴することが，「真名」とされる表意文字である漢字から作り出した，表音文字である仮名文字の発達である。

すでに9世紀頃より，万葉仮名の草書体を簡略化した平仮名や，偏や旁や冠など漢字の一部を取って作った片仮名が生み出されていたが，11世紀には広く使用されるようになった。そして，表意文字の漢字と，表音文字の仮名を組み合わせて使用することにより，日本語の表現が豊かになった。ここでは，仮名の発達によって，文字文化は大きな広がりを見せ，勅撰和歌集が編纂され，女流仮名文学が隆盛したことを述べることが求められている。

上記の内容を踏まえ，解答の骨子を示してみよう。

中国に朝貢して漢字文化圏と交流し，渡来人が外交文書などを作成したこと，律令国家建設に際し，律令・戸籍・史書が作成されたこと，万葉仮名も考案されたが，唐風化政策により勅撰漢詩文集が編纂されたこと，国風文化の下，女流仮名文学が生み出されたことなどを述べればよい。

以下の〔ポイント〕は，問題が要求している「論点」を示すとともに，それに対応する「採点基準」における加点要素を示している。また，〔ポイント〕は**解説**で詳述した「解法」のまとめにもなっている。

〔ポイント〕

<文字文化が広まった歴史的背景―弥生時代>

①中国に朝貢(中国から冊封を受ける)

②漢字文化圏との交流

<文字文化が広まった歴史的背景―ヤマト時代>

①渡来人

＊朝鮮半島から渡来

＊朝鮮半島の戦乱を逃れる

＊朝鮮半島への軍事援助の見返り

②ヤマト政権の漢字の使用

＊史部が漢字を用いてヤマト政権の文書作成

＊外交文書に漢字を使用

③地方豪族の漢字の使用

＊江田船山古墳出土鉄刀銘・稲荷山古墳出土鉄剣銘

＊漢字の音を借りて日本の人名・地名を表記

＊金石文から確認される

④律令国家の建設における漢字の使用

＊律令の編纂

＊戸籍の作成

<文字文化が広まった歴史的背景―奈良時代>

①歴史書の作成

＊『古事記』は漢字の音・訓を用いて日本語を表現

＊『日本書紀』は漢文で作成

②『懐風藻』

＊日本最古の漢詩集

③『万葉集』

＊万葉仮名を使用

＊漢字の音・訓を用いて表音文字として使用

④地方行政における文字の使用

<文字文化が広まった歴史的背景―平安時代の弘仁・貞観文化>

①唐風化政策

＊文章経国の思想

＊教養として漢詩を作ることが重視される

②嵯峨天皇

＊勅撰漢詩文集の編纂

＊『凌雲集』・『文華秀麗集』

<文字文化が広まった歴史的背景―平安時代の藤原文化>

①国風文化

＊遣唐使の廃止

＊唐の滅亡

＊仮名文字の発達

＊勅撰和歌集

＊女流仮名文学

解答

中国に朝貢して漢字文化圏との交流が始まり，渡来人の史部が外交文書などを作成し，ヤマト政権の拡大は地方豪族の漢字使用を促した。律令国家の建設に伴い，律令・戸籍・史書が作成され，漢字を表音文字として使う万葉仮名も考案されたが，唐風化政策の下，文章経国の思想が広がり，勅撰漢詩文集が編纂された。仮名の発達は国風文化の基調をなし，優れた和歌や女流仮名文学を生み出した。(30字×６行)

第２問

解説　中世の貨幣流通と国家権力との関係を考察する問題である。

貨幣にとって最も重要なものは何であろうか。貨幣とは，商品交換の媒介となるものであり,「商品の価値の尺度」,「商品の流通と支払いの手段」,「価値を貯蔵する手段」の機能を持つ。それ故，貨幣にとって最も重要なものは，「信用」，すなわち，交換の媒介としての「価値を保存」することを可能とする「信用」である。古くは貝類や米・布などが交換の媒介としての機能を果たし，その後，銅銭などの貨幣も鋳造されるようになったが，やがて，金(金貨)と銀(銀貨)が「信用」のある貨幣として定着することになった。

７世紀後半の律令国家の建設期，天武天皇の時代に富本銭が鋳造された。飛鳥池遺跡には富本銭を鋳造した工房跡がある。元明天皇の時代の708年，武蔵から銅が献上されると，律令政府は，元号を「和銅」とし，和同開珎を鋳造した。

しかし，経済活動の実態は，主要には，穀，綿(真綿＝絹綿，綿花を原料とする木綿ではない)，布，絁などが交換の媒介となり，貨幣の役割を果たしている状態であった。そのため，律令政府は，貨幣の流通を図り，711年，穀6升＝銭1文として，712年，調・庸の基準として，布1丈＝銭5文とし，交換の媒介となり，貨幣の役割を果たして「物品貨幣」となっていた穀や布と，新たに発行した銭との交換比率を定め，貨幣としての銭の「信用」を創出しようとした。また，物納であった調や庸を銭で収めることを認めた。

奈良時代初期の711年，律令政府は，蓄銭叙位令を発令して，蓄銭の額により，位階を昇進させることを規定した。しかし，法令の意図とは異なり，銭の死蔵を招いたので，800年に廃止された。

律令政府による銭の発行は，708年，元明天皇の時代の和同開珎の発行に始まり，平安時代中期の958年，村上天皇の時代の乾元大宝の鋳造を最後に終焉を迎えた。その間の250年間，12種類の銭が発行されたが，これらを総称して皇朝十二銭(本朝十二銭)とよぶ。しかし，この期間，銭の発行は続いたものの，京や畿内以外ではほとんど流通せず，それ以外の地域では，依然として「物品貨幣」による交易が行われていた。乾元大宝の発行以降，日本で貨幣(銭)が発行されることとなるのは，近世になってからである。

設問A

平安時代末期，平清盛は，摂津の大輪田泊を修築し，日宋貿易を推進した。日本からは金・水銀・硫黄・刀剣などが輸出され，宋からは，宋銭・陶磁器・書籍などがもたらされた。日本では，近世まで統一貨幣は発行されなかったので，中世は，宋銭・元銭・明銭などの中国銭が用いられ，私鋳銭も作られた。

まず，写真①の皇宋通寳(皇宋通宝)が「どこで造られたものか」と問われている。皇宋通寳(皇宋通宝)についての知識が無くても，問題文の「鎌倉時代の日本で使われていた銭貨」という部分と，「宋」の文字から宋銭と判断できなくてはならない。

次に，鎌倉時代の貨幣流通の背景にある国内経済の変化が問われている。貨幣流通の前提は，生産力の上昇にある。また，貨幣の需要に対応する貨幣の供給が充足していることも不可欠である。

生産の上昇に関して見ていくと，まず，農業生産の上昇があげられる。鎌倉時代になると，水車を用いた灌漑や水田からの排水の技術も進み，畿内や西日本一帯では，麦を裏作とする二毛作が普及した。また，紙の原料の楮，染料を取る藍，灯油の原料となる荏胡麻，養蚕の飼料の桑の栽培なども進んだ。さらに，田に草を敷き込む刈敷や，草木を焼いて灰にする草木灰などの肥料が使用され，牛馬耕も普及し，それに伴い牛馬がひく鉄製の犂が発達した。

手工業も発達し，鍛冶・鋳物師・紺屋などの手工業者が製作を担った。製品は公事として荘園領主などに納められたほか，商品として市で販売されるようになった。このような，農業生産力の上昇や手工業の発達は，商業の発展を促した。月に三度の三斎市など定期市が開かれるようになり，京都・奈良・鎌倉などでは，常設の店舗である見世棚も出現する一方，行商人も現れた。

また，天皇家や大寺社に属する同業者の団体である座が結成された。座は，製品を貢納したり，座役を納めたりする代わりに，原料購入独占権や製品販売独占権や関銭免除などの特権を持った。座の構成員のうち，大寺社に属する者は神人，天皇家に属する者は供御人とよばれた。

交通が発達し，陸上交通の要地には宿が設けられ，河川交通の要地の湊が発達した。遠隔地との交易も行われるようになり，荘園年貢や商品の輸送・保管・卸売などに従事する問(問丸)も発達した。このような商業の発展には貨幣の存在が不可欠であり，また，同時に貨幣流通の条件には商業の発展の前提となる産業の発達・生産力の上昇が不可欠である。

鎌倉時代，商品流通の媒介として必要とされる貨幣は，宋から輸入される宋銭が用いられた。宋銭の利用に伴い，一部の荘園では，年貢を米などで物納するのではなく，宋銭で納める代銭納(銭納)も行われるようになった。代銭納は，貨幣流通の結果であり，直接の背景ではないが，代銭納の進展は，貨幣流通の発展を促した。

設問B

問題文では，写真②の貨幣が，「日本の遺跡で相当数がまとまった状態で発掘される」ことを述べ，その貨幣が，「造られてから，土中に埋まるまでの経過」を説明することが要求されている。写真②の貨幣は永樂通寳(永楽通宝)である。永樂通寳(永楽通宝)が，洪武通寳(洪武通宝)・宣徳通寳(宣徳通宝)と並ぶ代表的な明銭であることは，知識として押さえておかなければならない。

永樂通寳(永楽通宝)は，明で鋳造され，勘合貿易(日明貿易)で日本に輸入された。1401年，足利義満は，明に朝貢し，明の皇帝から日本国王としての冊封を受けた。そして，1404年から勘合貿易とよばれる朝貢貿易を行った。日本からは銅や刀剣などを輸出し，明からは銅銭や生糸などを輸入した。いわば，日本は明に「銅を売って」，明から「銅銭を買っていた」のである。明から流入した明銭は，商業の発展に伴い，日本で大量に使用され，室町時代の経済に大きな影響を与えた。

次に,「日本の遺跡で相当数がまとまった状態で発掘される」こととなった理由について考察することが要求されている。

このことについては, 学説的には議論が分かれる所でもある。一つは, 貨幣経済・商品経済の進展の中で, 富を貨幣の形で蓄積した者も出てくるが, そのような者たちが,戦乱の中で略奪から逃れるため,貨幣を地中に貯蔵して秘匿したと考える説がある。

一方, 日本中世史の網野善彦は, 古代以来の銭の持つ呪術的意味や, 土中に埋めた埋蔵物は無主物となり, 神仏のものとなったことに着目する。また, 銭の持つ「穢れ」の意味は, 民俗学の成果でも指摘されるし, カール=ポランニーなどの経済人類学でも主張される事例であり, このような学際的な視点からも, 埋蔵銭の問題は議論されている。そのような視点からは, 埋蔵銭は, 銭を神仏にささげる, 神仏から土地の用益権を買う, いったん銭を神仏に戻して,「穢れ」を除いてから使用する(現代に例えれば, マネーロンダリングのような作用)などの呪術的な意味を持つとも考えられている。

設問C

写真①の宋銭である皇宋通寳(皇宋通宝)や, 写真②の明銭である永樂通寳(永楽通宝)が「流通していた時代」, すなわち中世から, 写真③の江戸幕府が鋳造した寛永通寳(寛永通宝)が「発行されるまで」に,「日本の国家権力にどのような変化があり, それが貨幣のあり方にどのような影響を与えたか」について述べることを要求している。

律令制の衰退による籍帳支配の崩壊を背景に,902年を最後に班田収授は行われず, 戸籍の作成は, 1872年の明治政府による壬申戸籍までなかったこと, 及び, 958年の乾元大宝の発行から, 近世まで, 国家権力による統一貨幣の発行は行われなかったことは前述した。すなわち, 中世の日本は, 人民も掌握できず, 統一的な貨幣も発行できておらず, 統一的政権による国家権力は成立しているとは言い難い。

薩摩藩や長州藩の下級士族出身の若い権力者たちが実権を掌握した明治政府は,「神である天皇」の権威を利用し,国家神道を「製造」して国民の統合を図った。そして, 1889年2月11日の紀元節に発布した大日本帝国憲法では, その第1条に「大日本帝国ハ万世一系ノ天皇之ヲ統治ス」, 第3条に「天皇ハ神聖ニシテ侵スヘカラス」と明記した。なお, 紀元節は, 1872年に明治政府により「神武天皇即位の日」として祝日に定められたが, 歴史的根拠は全くない。

このように,明治政府は,日本を,神代より「神である天皇」が統治し続けた「神国」として偽造した。さらに, ファシズム期は, 記紀の神話を意図的に歴史的事実と混同させ, 天皇の統治の「正統性」と「永続性」を主張する皇国史観が, 東京帝国大学教授の平泉澄らによって主張され, 日本のアジア侵略のイデオロギーとなっていった。

しかし，歴史的事実は異なっている。「国家とは何か？」という問題は，前近代から使用されている「国家」の持つ意味と，近代国民国家の概念を比較すれば，大きく異なるものではあるとはいえ，この問題は学問上においても重要な課題である。日本法制史・中世史を専攻する東京大学教授の新田一郎は，『中世に国家はあったか』（山川出版社）を著し，統一政権による国家権力が成立しているとは言い難い，日本の中世の歴史的実態に対する考察から，問題を提起している。本問にも，この提起の持つ意味が根底にある。

日本の中世にあたる，写真①の皇宋通寶（皇宋通宝）が流通した鎌倉時代と，写真②の永樂通寶（永楽通宝）が流通した室町時代は，統一権力が構築されておらず，統一貨幣も鋳造・発行されていない。そのため，主に宋銭・元銭・明銭などの中国銭を用いた。しかし，貨幣経済の発展に伴い，許可なく民間で鋳造された粗悪な私鋳銭の鋳造も増加した。その結果，取引にあたって私鋳銭のような悪銭を嫌い，中国銭など良質の貨幣を選ぶ撰銭が行われるようになり，貨幣流通は混乱した。

このような事態に対し，室町幕府や戦国大名は，しばしば撰銭令を発令した。撰銭令とは，一定の悪銭の使用を禁止するとともに，中国銭などの良銭を標準貨幣として指定し，良銭と使用を許容された悪銭との混入率や交換比率を定め，貨幣流通を強制した法令のことである。

③の寛永通寶（寛永通宝）が流通した江戸時代は，統一政権である江戸幕府が成立し，幕藩体制が確立した。江戸幕府は貨幣鋳造権を掌握・独占し，金・銀・銭の三貨の貨幣により，貨幣制度を統一した。

上記の内容を踏まえ，解答の骨子を示してみよう。

設問Aは農業生産の上昇や手工業の発展が商業の発展を促し，宋銭流通の背景となったことを述べればよい。

設問Bは勘合貿易で輸入された明銭が，戦乱の中での秘匿や呪術的な意味から埋蔵されたことを述べればよい。

設問Cは中世は統一権力が構築されず，国家による貨幣鋳造が無かったので中国銭が用いられたが，近世は江戸幕府が貨幣鋳造権を独占し，金銀銭の三貨を発行したことを述べればよい。

以下の〔ポイント〕は，問題が要求している「論点」を示すとともに，それに対応する「採点基準」における加点要素を示している。また，〔ポイント〕は**解説**で詳述した「解法」のまとめにもなっている。

〔ポイント〕

設問A

＜①の貨幣の製造地＞

①宋

＜①の貨幣が流通した背景となる国内経済＞

①農業生産力の上昇

＊畿内や西日本での麦を裏作とする二毛作の普及

＊刈敷や草木灰などの肥料の使用

＊鉄製の犂を用いた牛馬耕

②商業の発展

＊月に３回の定期市である三斎市の開催

＊常設店舗である見世棚の出現

＊行商人の活動

③座の形成

＊座による販売独占権

＊大寺社に属する神人

＊天皇家に属する供御人

④手工業の発展

＊鍛冶・鋳物師・紺屋

⑤交通の発達

＊宿や港の発展

＊遠隔地交易

＊問(問丸)の発展

⑥日宋貿易による宋銭流入

⑦代銭納(銭納)

＊年貢を銭で納める

＊貨幣経済の発展に伴い荘園の一部で始まる

＊貨幣の流通を促す

設問B

＜②の貨幣が土中に埋まるまでの経過＞

①明で鋳造

②勘合貿易で日本に輸入

③全国に流通

＊商業の発展で大量に使用

＊全国に流通

④戦乱の中で貯蔵・秘匿

⑤呪術的な意味による埋蔵

＊銭を神仏にささげる

＊神仏から土地の用益権を買う

＊いったん神仏に戻して「穢れ」をとって使用

設問C

<①の貨幣と②の貨幣が流通していた時代の国家権力>

①中世

②統一権力が構築されていない

<①の貨幣と②の貨幣が流通していた時代の貨幣流通の在り方>

①国家権力による貨幣鋳造は行われていない

＊統一貨幣が鋳造されていない

②中国銭を使用

＊宋銭・元銭・明銭

＊良銭である中国銭

＊悪銭である私鋳銭も使用

③撰銭令の発令

＊中国銭など良質の貨幣を選ぶ撰銭が行われる

<③の貨幣が流通していた時代の国家権力>

①近世

②江戸幕府の成立

＊統一権力の構築

＊幕藩体制の確立

<③の貨幣が流通していた時代の貨幣流通の在り方>

①江戸幕府の貨幣鋳造の独占

②貨幣制度の統一

＊金銀銭の三貨

解答

A宋。二毛作などによる農業生産上昇や手工業の発達は，三斎市の
出現など商業の発展を促し，交通の発達で遠隔地交易も行われた。(30字×２行)

B明で鋳造され勘合貿易で輸入された銭は全国に流通し，戦乱の中

での貯蔵・秘匿や神仏に捧げるなど呪術的な意味から埋蔵された。(30字×２行)

C中世は統一権力が構築されず，国家による貨幣鋳造が無かったの
で中国銭が用いられたが，粗悪な私鋳銭が増加し撰銭令も出された
。近世は江戸幕府が貨幣鋳造を独占し，金銀銭の三貨を発行した。(30字×３行)

第３問

解説　幕藩体制における蝦夷地の持つ意味について考察する問題である。その際，生産や流通，及び，長崎貿易との関係を中心に説明することが求められている。

＜室町時代のアイヌ民族と和人＞

本問に取り組む前提として，室町時代のアイヌ民族と和人の関係を確認しておく必要がある。

室町時代には，蝦夷ケ島(現在の北海道)に古くから住む，先住民族であるアイヌ民族と，津軽海峡を渡って蝦夷ケ島に移り住んだ和人との間で交易が行われていた。そして，津軽地方の十三湊(とさみなと)を拠点とする日本海交易が盛んになってくると，サケやコンブなどの北方の海でとれる物産が京都までもたらされるようになった。

14世紀末から15世紀には，蝦夷ケ島の南端の渡島(おしま)半島には，箱館・志苔館(しのりだて)・茂別館(もべつだて)・花沢館など道南十二館(どうなんじゅうにたて)と呼ばれる和人居住地の領主の館が作られ，和人たちは，津軽の豪族安藤(安東)氏の支配下に属して勢力を拡大していった。道南十二館の一つである志苔舘の発掘調査では，約37万枚の中国銭や越前や能登で制作された大甕が発掘され，このことからも，この地域の発展した経済を知ることができる。

和人の進出はアイヌ民族を圧迫したので，1457年，和人によるアイヌ民族の青年の殺害を契機に，大首長のコシャマインを中心とするコシャマインの戦いと呼ばれるアイヌ民族の大蜂起が起こった。一時は，道南十二館のうち，花沢館と茂別館以外の10の館が，コシャマインが率いるアイヌ民族の人々の手によって陥落した。

しかし，渡島半島日本海側の上之国(かみのくに)の領主で，花沢館の主の蠣崎季繁の客将武田信広が，コシャマインを殺害してこの蜂起を鎮圧した。武田信広は蠣崎季繁の娘婿となって蠣崎氏を継ぎ，蠣崎氏が安藤(安東)氏にかわって，北海道南部の和人居住地を支配するようになった。

＜幕藩体制＞

本問は，幕藩体制にとっての蝦夷地の持つ意味を問うているので，幕藩体制について整理する必要がある。

幕藩体制の前提は，太閤検地によって確立した石高制である。「石」とは体積の単位で，１石=10斗＝100升＝1000合となり，１石＝約180リットルである。また，米の

量は枡を用いて体積の単位で計る。石高制とは「土地の生産力を米の量で表示する制度」である。

近世の封建領主は，家臣に対する御恩としての領地や俸禄米(蔵米)の知行給与の基準，及び，農民からの年貢収奪の基準として，検地により，自らの支配する領地の生産力を，石高という統一基準により，数量化して掌握する必要があった。

幕藩体制を政治史的観点から見ると，「将軍と大名の土地を媒介とした御恩と奉公の主従関係」，すなわち，大名知行制と捉えることができる。江戸時代の大名とは，将軍の直臣で，かつ将軍から１万石以上の領地を御恩として知行給与された者である。将軍は大名に対し，御恩として石高を基準に領地を知行給与し，奉公として知行高(知行地の石高)を基準に軍役や普請役や参勤交代などを課した。

一方，幕藩体制を社会経済史的観点から見ると，「将軍や大名が本百姓を土地に緊縛して剰余生産物を搾取する社会体制」，すなわち，本百姓体制と捉えることができる。将軍や大名など幕藩領主は，高持百姓として本百姓を検地帳に登録して耕作権を与えるが，土地に緊縛して剰余生産物を年貢として収奪した。

将軍と主従関係を結び，将軍から御恩として１万石以上の領地を知行給与された大名は，江戸初期には，御恩として，上級藩士に領地を知行給与し，領民支配を認める地方知行制をとる場合が多かった。しかし，17世紀後半以降，大名は，しだいに領内一円支配を進め，藩士に知行地を与えず，家臣団に編成して城下町に集住させ，藩の直轄地からの年貢を俸禄米(蔵米)として知行給与する俸禄制度(蔵米知行制)が一般的となった。とはいえ，薩摩藩や仙台藩など，西南地方や東北地方を中心に，20万石以上の大きな藩では，地方知行制が維持されることもあった。

参考文(1)

アイヌは，豊かな大自然の中，河川流域や海岸沿いにコタン(集落)を作り，漁業や狩猟で得たものを，和人などと交易して生活を支えた。松前藩は蝦夷地を支配するにあたって，有力なアイヌを乙名(おとな)などに任じ，アイヌ社会を掌握しようとした。また藩やその家臣たちは，アイヌとの交易から得る利益を主な収入とした。

ここからは，幕藩体制の下の支配機構である大名知行制における松前藩の特殊性を確認し，他の藩における，地方知行制や俸禄制度(蔵米知行制)との相違を確認することが求められている。

近世になると，蠣崎氏は松前氏と改称し，1604年，蠣崎慶広が徳川家康からアイヌ民族との交易独占権を御恩として知行給与され藩制をしいた。北海道は寒冷であり，当時は米の生産ができなかったので，松前藩は石高を設定することができなかった。それ故，他の藩のように米が生産される領地の知行給与ができなかったのである。

そのため，松前藩における大名知行制の場合は，その特殊性ゆえに，将軍から松前藩主に対し，アイヌ民族との交易独占権が御恩として与えられ，将軍は松前藩主に対し，奉公として軍役などを課すという形式がとられた。

松前藩とは異なり，他の藩では，藩主は藩士に対して，御恩として石高を設定した領地を知行給与する地方知行制や，年貢を俸禄米(蔵米)として知行給与する俸禄制度(蔵米知行制)が実施されていた。しかし，米が生産できない松前藩では，松前藩主は松前藩士に対して，「商場」また「場所」と呼ばれたアイヌ民族との交易対象地域での交易権を御恩として知行給与し，そこでの交易収入を与えた。この制度を商場知行制という。

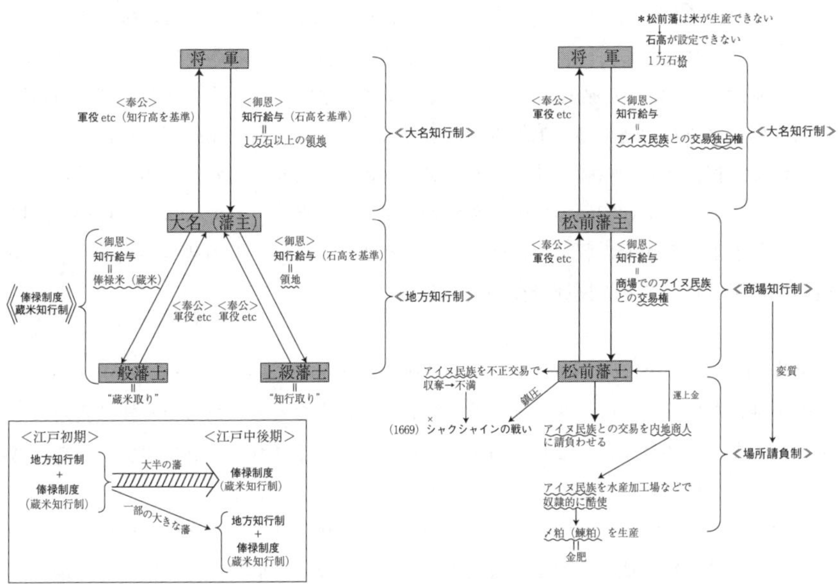

参考文(2)

18世紀に入ると，松前藩は交易を広く商人にゆだねるようになり，18世紀後半からは，全国から有力な商人たちが漁獲物や毛皮・材木などを求めて蝦夷地に殺到した。商人の中にはアイヌを酷使しながら，自ら漁業や林業の経営に乗り出す者も現れた。また同じころ，松前・江差・箱館から日本海を回り，下関を経て上方にいたる廻船のルートが確立した。

ここからは，商場知行制が場所請負制へと変質していったこと，また，内地商人(近江商人などの和人商人)によりアイヌ民族が，水産加工場での〆粕(鰊粕・鯡粕)の生産の現場などで奴隷的に酷使されていたこと，また，〆粕(鰊粕・鯡粕)が北前船により，西廻り航路を通って大坂に運ばれ，畿内の商品作物栽培に用いられる金肥として使用されたことを述べることが要求されている。

商場知行制の下での不等価交換や自由貿易の制限に対し，アイヌ民族の中に不満・反発が高まっていった。そのような中で，1669年，松前藩に対し，日高地方のシブチャリのアイヌ民族の首長シャクシャインを中心とした，シャクシャインの戦いと呼ばれる近世最大のアイヌ民族の武装蜂起が起こった。シャクシャインは全蝦夷地のアイヌ民族を糾合し，松前藩に対して民族的抵抗を行った。松前藩は津軽藩の協力を得て鎮圧にあたり，和睦と見せかけてシャクシャインを謀殺し，蜂起を壊滅させた。

シャクシャインの戦いの敗北により，アイヌ民族は全面的に松前藩に服従させられるようになった。そして18世紀半ば以降になると，商場知行制の下にあった松前藩士は，「商場」での交易を運上屋・場所請負人などと呼ばれる，近江商人など内地の和人商人に請け負わせ運上金を上納させるようになった。これを場所請負制という。

やがて，和人商人の収奪強化により，アイヌの人々は自立した交易相手ではなく，漁場や水産加工場などで過酷に酷使される立場に変質させられていった。1789年，場所請負制の下での和人の収奪・虐待に対し，クナシリ・メナシの戦いが起きたが，松前藩に鎮圧され，アイヌ民族最後の蜂起となった。

参考文(3)……………………………………………………………………………

蝦夷地における漁業は，鯡(にしん)・鮭・鮑(あわび)・昆布などが主なものであった。鯡は食用にも用いられたが，19世紀に入ると肥料用の〆粕(しめかす)などに加工された。鮭は塩引(しおびき)として，食用や贈答品に用いられ，また，なまこや鮑も食用に加工された。

……………………………………………………………………………………

ここからは，蝦夷地を産地とする俵物が，長崎貿易において，通商国である清への主要な輸出品となっていたことを想起することが求められている。

10代将軍徳川家治の側用人から老中となった田沼意次が政権を担った，1767〜86年の治世は田沼時代とよばれる。本百姓体制が動揺する中で幕政を担当した田沼意次は，徹底的に農民を収奪して年貢を増徴し，財政再建を図る従来の政策は，すでに限界に来ていると判断した。そのため，田沼意次は，積極的に商業資本を利用し，民間の経済活動を活発化させ，そこから獲得した富を財源の一部に取り込む方針へと政策を転換した。

つまり，田沼意次は，発展する商品生産や整備が進む流通機構により生み出される富，すなわち，商品経済に新たな財源を見出したのである。それ故，株仲間を積極的に公認し，商業活動を活性化させ，そこで利益を拡大した商業資本に，運上・冥加などの営業税を課して増収を図った。

田沼時代になると，幕府は専売制を実施し，銅座・鉄座・真鍮座・朝鮮人参座などの直営の座を設けた。また，長崎貿易を拡大し，俵物や銅の輸出を奨励して金・銀の輸入を図った。

俵物とは，蝦夷地を主産地とする「いりこ・ほしあわび・ふかのひれ」など，俵詰めした干した海産物のことであるが，中華料理の食材として，のちに通商国として位置付けられる清へ輸出された。さらには，蝦夷地の開発やロシアとの交易の必要性を説く，仙台藩医の工藤平助の『赤蝦夷風説考』が田沼意次に献上されると，それに注目した田沼意次は，蝦夷地開発やロシアとの交易の可能性を調査するため，最上徳内を蝦夷地に派遣した。

上記の内容を踏まえ，解答の骨子を示してみよう。

アイヌとの交易独占権を認められた松前藩において，商場知行制が場所請負制に変質してアイヌへの収奪が強められたこと，北前船が運ぶ〆粕が畿内の商品作物栽培に用いられ，長崎貿易で俵物が清へ輸出されて金銀流入が図られたことを述べればよい。

以下の〔ポイント〕は，問題が要求している「論点」を示すとともに，それに対応する「採点基準」における加点要素を示している。また，〔ポイント〕は**解説**で詳述した「解法」のまとめにもなっている。

〔ポイント〕

＜松前藩＞

①松前藩は石高が設定できない

　＊蝦夷地は寒冷で米が生産できない

②松前藩における大名知行制

　＊将軍は松前藩主に御恩としてアイヌとの交易独占権を知行給与

＜18世紀の蝦夷地＞

①商場知行制

　＊松前藩主は藩士にアイヌとの交易権を知行として給与

　＊松前藩士は不正交易でアイヌ民族を収奪

②シャクシャインの戦い

＊近世最大のアイヌ民族の抵抗

＊不正交易に対するアイヌ民族の不満

＊幕府はシャクシャインの戦いを鎮圧

＊アイヌ民族は松前藩に服従

③場所請負制

＊商場知行制から場所請負制へ変質

＊松前藩士が内地(和人)商人に商場交易を請け負わせる

＊松前藩士は内地(和人)商人に運上金を上納させる

＊内地(和人)商人のアイヌ民族への収奪強化

＊内地(和人)商人はアイヌ民族に奴隷的労働を強制

＊内地(和人)商人はアイヌ民族に〆粕(鰊粕・鯡粕)を生産させる

＜生産・流通面に於ける蝦夷地の必要性＞

①廻船ルートの確立

＊西廻り航路

＊北前船

＊物資が蝦夷地から畿内へ

②蝦夷地の〆粕(鰊粕・鯡粕)

＊畿内などの商品作物栽培(綿作・菜種作)に多用

＊干鰯の高騰と慢性的品不足のため〆粕(鰊粕・鯡粕)の需要は高まる

＜長崎貿易に於ける蝦夷地の必要性＞

①長崎貿易

＊田沼意次が推進

②蝦夷地を産地とする俵物の輸出

＊中華料理の食材

＊通商国の清へ輸出

＊金銀の流入を図る

解答

松前藩は石高が設定できず，将軍よりアイヌとの交易独占権を認められた藩主が，アイヌとの交易権を藩士に知行する商場知行制を採用したが，シャクシャインの戦いの後，藩士が内地商人に交易を請負わせる場所請負制に変質し，〆粕の生産過程などでアイヌへの収奪は強められた。一方，北前船が運ぶ〆粕が畿内の商品作物栽培に用いられ，長崎貿易では俵物を清へ輸出し，金銀流入が図られた。(30字×6行)

第４問

解説 地租改正と農地改革について考察する問題である。

近代経済史とは，資本主義発達史とも言える。そして，日本の資本主義は，1900年頃に確立したと評価されている。

日本の資本主義の発達を，大きく概観すると，①幕末・開港期に，開国と自由貿易によって世界資本主義のシステムに組み込まれる。②1870年代，地租改正によって近代的土地所有制度を確立する。③1880年代，松方財政によって，資本と労働力が生み出され，資本の原始的蓄積が進行し，資本主義の基礎が生み出される。④1890年代，紡績業を中心として，水蒸気を動力とする機械による産業革命が進展する。⑤1900年頃，資本主義が確立する。⑥1900年代，海外市場を求めて他国を侵略・植民地化する資本主義の最終的段階である帝国主義になっていく。という過程をとっていくと見ることができる。

＜地租改正＞

1871年，明治政府は，田畑勝手作の禁を解禁し，翌1872年，田畑永代売買の禁令を廃止し，地券を年貢負担者(耕作権を持つ元の本百姓)に交付して不動産として土地所有権を確認した。そして，1873年，地租改正条例を発令した。

地租改正の目的は，重層的な土地領有関係である封建的土地領有制を解体し，一元的な土地私有である近代的土地所有制度を確立すること，及び，近代的税制を確立して安定した財源を確保することにあった。

課税基準は，江戸時代は，石高(検地帳に記載されて公定された土地の生産力)であったが，地租改正により，地券に書かれている法定地価(実際に売買されている地価ではない)となり，税率も，五公五民(四公六民)から，法定地価の３％となった(1877年に2.5％，1898年に3.3％)。

また，納税者は，耕作権を持つ本百姓から，地券所有者，すなわち，土地所有者である地主・自作農となった。納税法も，米などの物納から，貨幣による金納に変わったが，小作農が地主に支払う小作料は物納であったので，小作農は米価高騰の恩恵を受けることがなく，物納は小作農にとって不利であった。

さらに，明治政府は，「旧来ノ歳入ヲ減ゼザルヲ目的」として地租を設定した。そのため，農民負担は，基本的には江戸時代と変化がなかった。このことが，1876年に伊勢暴動や真壁騒動など各地で地租改正反対一揆が発生する主要因となり，翌1877年，地租は，３％から2.5％に引き下げられた。「竹槍で，どんと突き出す二分五厘」という言葉は有名である。

地租改正の結果，地主は，米価が高騰すれば利益を増大させ，米価が下落すれば小作料引き上げにより損失を減少させたので，地租改正は地主に有利なものとなり，寄生地主制発展の基礎が構築された。一方，小作農は高率現物小作料を収奪され，つねに貧窮化した。

＜農地改革＞

1945年８月から1952年４月まで，日本は連合国により占領されたが，事実上は米軍の単独占領であった。また，日本の本土は連合国による間接統治であったが，沖縄・奄美・小笠原は，米軍による直接軍政であった。なお，連合国の占領政策の実施機関は連合国軍最高司令官総司令部(GHQ)といった。

1945年10月，連合国軍最高司令官マッカーサーは，幣原喜重郎首相に「憲法の自由主義化」，及び，五大改革指令を口頭で伝達した。五大改革指令とは，①婦人の解放，②労働組合の結成奨励，③教育の自由主義的改革，④圧政的諸制度の撤廃，⑤経済機構の民主化，であった。そして，経済機構の民主化として，財閥解体と農地改革が推進された。

GHQは，寄生地主制を「軍国主義の温床」とみなし，農地改革を断行した。寄生地主とは，小作農に土地を貸し付けて地代として小作料を収奪し，基本的には，自らは生産から離れ寄生的性格を有する地主のことである。松方財政期に大きく進展した寄生地主制こそ，戦前の日本資本主義の，農村における主要な土地所有形態といえる。

寄生地主制の下での小作農に対する過酷な収奪は，農村の貧困の主要因となり，農村を低賃金労働力の供給源にした。そして，昭和戦前期においても，小作農が地主に収奪される小作料は，江戸時代に本百姓に課された年貢並みに重いものであり，この過酷な収奪が農地改革まで残存していた。

GHQは，この寄生地主制が，農村の貧困と，そこからの低賃金労働力の供給の要因と捉え，このことが，日本の農民・労働者の貧困をもたらし，国民の購買力を小さくさせて国内市場を狭隘にしていると分析した。それ故，寄生地主制が，日本資本主義を海外市場に依存させ，日本が海外市場や植民地を求めてアジア侵略を行う要因となっていると認識し，「軍国主義の温床」とみなしたのであった。

GHQは，寄生地主制の解体を目的に農地改革を推進したが，そこには，農村が社会主義・共産主義運動の拠点となることを阻止すること，すなわち，農村の赤化防止の意図も存在した。

GHQの指令に基づき，1946年，幣原喜重郎内閣は，1938年に制定された農地調整法改正により，第一次農地改革を自主的に決定した。しかし，その内容は，不在地主の小作地所有は認めなかったものの，在村地主の５町歩(１町歩は約１ヘクタール)以内の小作地所有は認めるという地主本位のものであった。そのため，諮問機関である対日理事会の批判を受けたGHQは，より徹底した改革を要求した。

1946年10月，第一次吉田茂内閣は，農地調整法を再改正するとともに，自作農創設特別措置法を制定して，翌年より，第二次農地改革を実施した。政府は，不在地主の全小作地と，在村地主の１町歩(北海道は４町歩)を超える小作地を，地主から強制的に買収し，それを小作農へ年賦で売却することによって，大量の自作農を創設した。

その結果，全小作地の約80パーセント(農地改革以前は，自作地と小作地はそれぞれ約50パーセント)が解放され，日本の全耕地の約90パーセントが自作地となり，寄生地主制は解体された。小作農は，かつての小作地を所有して自作農になったので，５反以下の零細自作農は，戦前より増加することになった。とはいえ，零細ながら大量の自作農が創出され，生活も向上してきたので，購買力も向上し，しだいに国内市場も拡大していった。

一方，零細自作農にもかかわらず，土地を手に入れた農民は保守化していき，戦後の農民運動は活性化していかず，農村は保守政党(1955年以降は自由民主党)の支持基盤となっていったので，GHQの意図通り，農村赤化も阻止された。

上記の内容を踏まえ，解答の骨子を示してみよう。

明治政府が地租改正により封建的領有制を解体して近代的土地所有制度を確立したこと，占領軍が農地改革により小作地を解放して寄生地主制を解体したことを述べればよい。

以下の〔ポイント〕は，問題が要求している「論点」を示すとともに，それに対応する「採点基準」における加点要素を示している。また，〔ポイント〕は**解説**で詳述した「解法」のまとめにもなっている。

〔ポイント〕

＜地租改正＞

①江戸時代の土地への規制の解除

＊田畑永代売買の禁令の解禁

＊田畑勝手作の禁の解禁(作付制限撤廃)

②年貢負担者(耕作権保持者・旧本百姓)に地券を発行

＊不動産として土地所有権を確認

③(法定)地価を基準に地租を収奪

＊土地所有者(地主・自作農)が地租を金納

④政府は安定した財源を確保

＊米で収奪する年貢は不安定

＊米の豊作・凶作と米価の上昇・下落の影響を受ける

＜土地制度における地租改正の意義＞

①封建的(土地)領有制の解体

＊重層的な土地領有関係の否定

②近代的土地所有制度の確立

＊一元的な土地私有の確立

③寄生地主制発展の基礎

＊寄生地主制を生み出す要因を孕む

＜農地改革＞

①連合国の占領政策

＊戦後改革

＊日本の「非軍事化・民主化」を目的

＊経済機構の民主化

②小作地の解放

＊国家が買収して小作人に売却

＊自作農の大量創出

＊５反以下の零細農は戦前より増加

＜土地制度における農地改革の意義＞

①寄生地主制の解体

＊GHQは寄生地主制を軍国主義の温床とみなした

解答

明治政府は，年貢負担者に地券を発行して土地所有権を認め，地価を基準とした地租を土地所有者に金納させ，封建的領有制を解体して近代的土地所有制度を確立したが，地租改正は寄生地主制を生む要因も孕んでいた。敗戦後，占領軍は，日本の非軍事化・民主化を目的に農地改革を行い，小作地を解放し，零細ながらも自作農を大量に創出して，軍国主義の温床とみなした寄生地主制を解体した。(30字×６行)

2003年

第1問

解説 8世紀における日本と唐の関係と日本と新羅との関係の相違を考察する問題である。その際，律令国家を形成した，8世紀の日本の外交における「たて前」と「実際」との差に着目することが求められている。

前近代の東アジアの国際関係を考える場合，まず，冊封体制とは何かということを確認することから始める必要がある。

冊封体制とは，前近代における(一部，近代にも残存する)中国を中心とした東アジアの国際秩序のことである。冊封とは，「冊(文書)を授けて封建する」の意である。中国皇帝は，朝貢を許した周辺諸国の君主らに対し，次の段階として，「王」などの称号を与えて支配権を承認し，名目的な君臣関係を結んで序列化して冊封体制に編入し，中国を中心とする国際秩序を形成していった。

では，周辺諸国の君主たちが冊封を受ける目的とは何か。第一には，周辺諸国の君主たちは，臣下の礼をとって朝貢し，中国皇帝から冊封を受けて支配権を承認され，中国の元号や暦を使用し，服属の意を示した。そして，冊封を受けることによって，中国皇帝の権威を利用し，自国の周辺諸国や領域内の対立する勢力を威圧したり，国内の配下の豪族たちの統制を図ったりした。第二には，朝貢し，冊封を受けることによって臣下となり，中国の軍事的脅威を回避しようとした。

8世紀の日本と唐，日本と新羅との関係を考察する前提として，倭(天武天皇以降，日本という国号を使用)と東アジア諸国の関係を概観してみよう。

『後漢書』東夷伝によると，1世紀，奴国王が後漢の光武帝に朝貢して印綬を受けていることが分かる。また，2世紀，倭国王帥升等が生口160人を安帝に献じたことが知られる。また，『魏志』倭人伝と通称される，『三国志』のひとつの『魏書』東夷伝倭人の条には，邪馬台国の女王である卑弥呼が，魏の皇帝に遣使し，「親魏倭王」の称号と金印を授与されたことが記されている。また，『宋書』倭国伝によると，5世紀初頭から約1世紀間，讃・珍・済・興・武と記された，いわゆる「倭の五王」が中国南朝に朝貢し，冊封を受けていたことが分かる。

「倭の五王」の後は，倭は中国との冊封関係を結んでいなかった。589年に隋が南北朝を統一すると，『隋書』倭国伝によると，600年，倭は，中国との外交を遣隋使の派遣により再開している。また，607年には，小野妹子が遣隋使として派遣されている。その際，皇帝とは天の命を受けて天下に一人しかいない者にもかかわらず，皇帝を意味する「天子」の称を，倭王の「多利思比孤」が，自らを「日出づる処の天子」，隋の皇帝の煬帝を「日没する処の天子」として使用したことや，中国皇帝に臣属しない形式をとったので，隋の皇帝である煬帝から無礼とされた。しかし，当時，隋は高句麗と対立していたので，倭に答礼使として裴世清を送ってきた。裴世清は，30階の位階の上から29番目の位階しか持たない下級官吏であった。

618年，隋が滅亡して唐が成立すると，630年，倭は，614年に最後の遣隋使として派遣した犬上御田鍬を最初の遣唐使として派遣した。遣唐使・遣隋使の派遣の在り方は，中国皇帝への朝貢であったが，中国皇帝からの冊封は受けていなかった。

一方，朝鮮では，唐から律令を導入し，唐と連合した新羅が強大化していった。660年，唐と新羅の連合は百済を滅ぼした。663年，百済の遺臣鬼室福信の要請で，百済の復興支援に向かった倭軍は，唐・新羅の連合軍と交戦し，錦江河口の白村江の戦いで大敗した。

668年，唐・新羅の連合軍は高句麗を滅ぼしたが，676年，新羅は唐の勢力を排除して朝鮮半島を統一した。その後，唐と対立する新羅は日本との関係を深め，頻繁に新羅使が日本に派遣され，日本からも遣新羅使が派遣された。天武天皇と持統天皇の治世においては，約30年間，遣唐使の派遣は中断されたが，新羅を通して唐の先端の文化は導入されたと考えられ，7世紀後半の白鳳文化も初唐文化の影響を色濃く受けている。

7世紀末に唐と新羅が関係を修復すると，国際的孤立をおそれた日本は，702年に遣唐使の派遣を再開し，その時，国号を倭から日本に変えたことを報告した。8世紀に入ると，ほぼ20年に一度の回数で，日本は遣唐使を定期的に派遣した。日本は唐の冊封は受けていなかったが，遣唐使は，実質的には唐に臣従する朝貢であった。

本問では，8世紀の日本外交における「たて前」と「実際」に着目することが求められているが，「たて前」とは，古代日本の抱いた「主観的願望」であり，「実際」とは，古代日本が規定された「客観的現実」と捉えればよい。

参考文(1)……………………………………………………………………………

律令法を導入した日本では，中国と同じように，外国を「外蕃」「蕃国」と呼んだ。ただし唐を他と区別して，「隣国」と称することもあった。

……………………………………………………………………………………

ここからは，大化改新以降，律令国家建設に向かった倭(のち日本)は，8世紀に律令国家を完成させたが，あたかも中国に準じた立場でありたいとの願望を抱き，外国を「外蕃」「蕃国」と呼称して，下位に位置付けようとしたことを読み取る。さらに，現実には，遣唐使を派遣し，朝貢して臣従している唐を，あたかも対等の国家であるかのように「隣国」と称することを確認し，古代日本の抱いた「主観的願望」と古代日本が規定された「客観的現実」の落差を考察すればよい。

参考文(2)……………………………………………………………………………………

遣唐使大伴古麻呂は，唐の玄宗皇帝の元日朝賀(臣下から祝賀をうける儀式)に参列した時，日本と新羅とが席次を争ったことを報告している。8世紀には，日本は唐に20年に1度朝貢する約束を結んでいたと考えられる。

……………………………………………………………………………………………

ここには，唐の儀式において，新羅と日本が席次を争ったことと，8世紀になると，日本が定期的に遣唐使を派遣していることが書かれている。753年の元旦，唐の都の長安において，玄宗皇帝に対し，朝貢する周辺諸国の使節が拝賀する，元日朝賀の儀式が行われた。唐が周辺諸国の序列を示す，儀式での席次は，この儀式においては，「吐蕃(チベット)→新羅→日本」となっていた。このことは，唐と関係を深め強大化している新羅を，唐は日本より上位の国として扱ったことを意味する。

『続日本紀』によると，この時，遣唐副使の大伴古麻呂は，「新羅は日本に朝貢していた国」と称して抗議し，その結果，席次は，「吐蕃(チベット)→日本→新羅」の順に改められたとある。ここからは，日本が新羅を従属国として扱おうとして，対立が生じていたことが示唆される。また，藤原仲麻呂が，新羅攻撃の軍事行動を計画していたという知識を想起する必要がある。

参考文(3)……………………………………………………………………………………

743年，新羅使は，それまでの「調」という貢進物の名称を「土毛」(土地の物産)に改めたので，日本の朝廷は受けとりを拒否した。このように両国関係は緊張することもあった。

……………………………………………………………………………………………

ここからは，新羅が，「調」を「土毛」にかえて，日本と対等の関係であることを主張していることが分かる。また，日本が受け取りを拒否したことから，日本が新羅を従属国のように扱おうとしていること。このことにより，日本と新羅の関係が緊張していったことが読み取れる。

参考文(4)……………………………………………………………………………………

8世紀を通じて新羅使は20回ほど来日している。長屋王は，新羅使の帰国にあたって私邸で饗宴をもよおし，使節と漢詩をよみかわしたことが知られる。また，752年の新羅使は700人あまりの大人数で，アジア各地のさまざまな品物をもたらし，貴族たちが競って購入したことが知られる。

ここからは，日本と新羅が外交的・政治的に緊張した時期があるにもかかわらず，新羅使が頻繁に日本に派遣され，先進文化や多くの文物をもたらしたこと，それを日本の貴族たちが喜んで享受していたことが分かる。

上記の内容を踏まえ，解答の骨子を示してみよう。

日本は，周辺国を属国扱いし，唐の冊封を受けなかったが，実際には朝貢していたこと。新羅を従属国のように扱おうとしたが，実際には，日本との対等を主張する新羅と緊張が生じる一方，交流は盛んであったことを述べればよい。

以下の〔ポイント〕は，問題が要求している「論点」を示しているとともに，それに対応する「採点基準」における加点要素を示している。また，〔ポイント〕は，**解説**で詳述した「解法」のまとめとなっている。

〔ポイント〕

＜日本と唐との関係の「たて前(古代日本の抱いた主観的願望)」＞

①唐の冊封を受けなかった

②唐と対等であるかのように振る舞おうとした

　＊唐と同様に律令国家を形成した

　＊唐を「隣国」と称することもあった

　＊唐に準じた立場を取ろうとした

＜日本と唐との関係の「実際(古代日本が規定された客観的現実)」＞

①唐は大帝国を形成

②唐を中心とする冊封体制が完成

　＊唐を中心とする華夷秩序の形成

③日本(遣唐使)は唐に朝貢

　＊唐に臣従

　＊使者は唐の元日の朝賀に参加

　＊唐の皇帝を祝賀

＜日本と新羅との関係の「たて前(古代日本の抱いた主観的願望)」＞

①新羅を従属国として扱おうとした

＊新羅を「外蕃(蕃国)」と称した

＊新羅の「土毛」の受け取りを拒否した

＊「東夷の小帝国」のように振る舞おうとした

＊周辺諸国を属国のように扱おうとした

<日本と新羅との関係の「実際(古代日本が規定された客観的現実)」>

①唐の朝賀に新羅と共に臣下として参列

②唐の朝賀において新羅の下位の国として扱われる

③新羅は日本と対等の関係を主張

＊新羅は日本への「調(貢進物)」を「土毛(土地の物産)」に変える

＊新羅と日本は緊張

④新羅使が頻繁に派遣される

＊日本は新羅使を歓待

＊貴族は新羅使のもたらす文物を享受

解答

律令国家を形成した日本は，唐に準じて周辺諸国を従属国のように扱い，唐の冊封も受けなかったが，実際には，冊封体制を完成させた唐に朝貢していた。また，日本は新羅を従属国のように扱おうとしたが，実際には，臣下として参列した唐の朝賀で新羅の下位に扱われ，日本との対等を主張する新羅とは緊張が生じた。しかし，新羅使は頻繁に来日し，貴族たちは新羅がもたらす文物を享受した。(30字×６行)

第２問

解説　南北朝の内乱期の武士の行動や内乱が長期化した理由について考察する問題である。参考文を熟読し，その内容や示唆するものを読み取って，問題の要求に沿って論じることが要求されている。

設問Ａでは，当時の武士の行動の特徴を，60字以内で述べることを要求している。

設問Ｂでは，南朝は弱体であったが，南北朝の内乱は全国的に展開し，また長期化したことの理由を，120字以内で述べることを要求している。

参考文(1)…………………………………………………………………………………

南北朝内乱の渦中のこと，常陸国のある武士は，四男にあてて次のような譲状をしたため，その所領を譲った。

長男は男子のないまま，すでに他界し，二男は親の命に背いて敵方に加わり，三男はどちらにも加担しないで引きこもってしまった。四男のおまえだけは，味方に属して活躍しているので，所領を譲り渡すことにした。

ここからは，南北朝の内乱期になると，武士の相続形態が，分割相続から嫡子単独相続に移行していることを確認することが求められている。

惣領制とは，一族の血縁的結合に基づく中世武士団の社会的結合形態のことである。一族の本家(宗家)の家長のことを惣領，または家督と呼び，惣領を継ぐことが定められた器量・識見のある者を嫡子，その他を庶子といった。また，惣領家と庶子家との集団は，一門・一家と呼ばれ，所領は一門内で分割相続された。

将軍は，見参(けざん)して名簿(みょうぶ)を提出した，一族の惣領である武士と主従関係を結び，御家人とした。そして，将軍は，惣領家，庶子家，及びそれらの家子・郎等に至る一門・一家を統率している惣領を通して御家人を掌握し，戦時に際しては，惣領を通して軍事動員した。一方，惣領は，一門を率いて軍役や京都大番役・鎌倉番役・関東御公事などの御家人役を務めた。すなわち，鎌倉幕府は，惣領制に依拠して御家人を統率していたのである。

元寇の後，鎌倉後期になってくると，元寇の多大な戦費負担と極端な恩賞不足，分割相続による所領の細分化，貨幣経済の進展による所領の売却・入質，などにより御家人は窮乏していった。そのため，相続形態においては，分割相続から嫡子単独相続への転換が進行していった。そして，所領を分割されなかった多くの庶子は，惣領家の家臣化し，惣領家への従属が進んだ。一方，惣領家から独立する庶子も生まれ，周辺の武士と一揆や党を結成する者も現れ，血縁的結合から地縁的結合への転換が促されていった。分割相続から嫡子単独相続への移行，惣領制の解体は，家督相続争いなど，武士団の内部に分裂と対立を引き起こし，対立する一方が北朝方につけば，他方が南朝方につくというような状態を呈し，南北朝の内乱を拡大させ長期化させた。

参考文(2) ……………………………………………………………………

1349年に高師直のクーデターによって引退に追い込まれた足利直義は，翌年京都を出奔して南朝と和睦(わぼく)した。直義はまもなく京都を制圧し，師直を滅ぼした。その後，足利尊氏と直義が争い，尊氏が南朝と和睦した。

ここからは，南北朝の内乱の中で，観応の擾乱が起こったこと，及び，その際，北朝方においては，足利尊氏も，敵対する弟の足利直義も，戦闘の情況により，双方がそれぞれ，「敵の敵は味方」の政治力学に従い，北朝と対立する南朝と和睦すること

があった事実を確認する。そして，このことが南北朝の内乱を長期化させた一要因となっていることを考察することが求められている。

1350～52年，足利尊氏と弟の足利直義との間で，観応の擾乱といわれる戦いが展開された。当時の室町幕府は，尊氏は軍事を掌握し，直義は行政・司法などを掌握する，二頭政治といわれている状態であった。しかし，しだいに尊氏･高師直派と直義･足利直冬派が対立するようになっていった。軍事動員・恩賞給与などの権限を持つ尊氏を新興武士層が支持し，財政・裁判などの一般政務の権限を持つ直義を有力武士層が支持した。1351年，直義が高師直を殺害したので，尊氏・直義の対立が激化し，翌1352年，尊氏が弟の直義を殺害した。観応の擾乱の終結後も，尊氏の実子で直義の養子である足利直冬は尊氏と対立し，尊氏派・旧直義派・南朝方の戦闘が続いた。

参考文(3)……………………………………………………………………………………

1363年のこと，足利基氏と芳賀(はが)高貞との合戦が武蔵国で行われた。高貞は敵陣にいる武蔵国や上野国の中小の武士たちを見ながら，次のように語って味方を励ましたという。

あの者どもは，今は敵方に属しているが，われわれの戦いぶりによっては，味方に加わってくれるだろう。

……………………………………………………………………………………………………

ここからは，南北朝の内乱の中にある武士たちが，その時々によって有利な勢力についたことを読み取ることが要求されている。惣領制の解体に伴い，血縁的結合は弛緩・崩壊していき，武士たちは，国人一揆などとよばれる地縁的結合を形成していった。このような武士の集団は,情勢の推移に応じて有利な勢力について抗争したので,南北朝の内乱が,全国に拡大し,かつ,長期化していったことを考察する必要がある。

上記の内容を踏まえ，解答の骨子を示してみよう。

設問Aは，惣領制の解体に伴い，一揆や党を結成した武士は，有利な勢力について抗争したことを述べればよい。

設問Bは，観応の擾乱に際し，尊氏と直義は，一時期，南朝と和睦し，家督相続を争う武士や国人一揆を形成した武士も,情勢に応じて南朝方･北朝方に加わったので,内乱が全国化・長期化したことを述べればよい。

以下の〔ポイント〕は，問題が要求している「論点」を示しているとともに，それに対応する「採点基準」における加点要素を示している。また，〔ポイント〕は，**解説**

で詳述した「解法」のまとめとなっている。

〔ポイント〕

設問A

<南北朝内乱期の武士の在り方>

①惣領制の解体

＊分割相続から嫡子単独相続への移行

＊庶子の惣領家への従属化

＊庶子の惣領家からの独立化

＊血縁的結合から地縁的結合への転換

<南北朝内乱期の武士の行動の特徴>

①武士は一揆や党を結成

＊国人一揆の形成

②武士は情勢の推移に応じて有利な勢力について抗争

設問B

<南北朝内乱の特色>

①南朝は皇統の正当性を主張

②北朝方では観応の擾乱が起きる

＊足利尊氏と足利直義兄弟の抗争

③尊氏派・旧直義派・南朝方の戦闘の継続

<南北朝内乱の全国化・長期化>

①惣領制の解体による一族の内紛

＊家督相続争いの発生

＊対立する一方が北朝方につけば，他方が南朝方につく

②北朝方の観応の擾乱と南朝への和睦

＊北朝方の足利尊氏が南朝と和睦

＊北朝方の足利直義が南朝と和睦

解答

A惣領制解体に伴う，嫡子単独相続への移行，地縁的結合への転換により，一揆や党を結成した武士は有利な勢力について抗争した。(30字×２行)

B観応の擾乱に際し，尊氏と直義の双方とも，一時期，皇統の正当性を主張する南朝と和睦した。家督相続を争う武士は，一方が北朝方につけば，他方が南朝方につき，国人一揆を形成した武士も，情勢に応じていずれかに加わったので，内乱は全国化・長期化した。(30字×４行)

第3問

解説　17世紀後半における歴史書編纂の隆盛と日本を「中華」とする主張の背景を考察する問題である。

設問Aは，17世紀の後半に歴史書の編纂がさかんになった理由を，当時の幕藩体制の動向に関連させて，90字以内で述べることを要求している。

設問Bは，日本こそが「中華」であるというような主張が生まれてくる背景を，幕府が作り上げた対外関係の動向を中心に，この時期の東アジア情勢にもふれながら，90字以内で述べることを要求している。

最初に，1603～1867年の江戸時代の幕政を概観すると，初代将軍徳川家康から3代将軍徳川家光までの時代を，政治史的には武断政治の時代と捉えることができる。改易・減封・転封などの処分を行い，大名を厳しく統制した時代である。また，この時代は，社会・経済史的には幕藩体制の確立期にあたる。そして，この江戸初期の文化が寛永文化であった。

幕府に対抗しようとする大名が存在しなくなったにもかかわらず，大名の改易を進めた結果，牢人が増加し，新たな社会不安の要因となっていた。1651年，牢人の反乱計画である由井正雪の乱(慶安事件)を機に，末期養子の禁を緩和するなど，幕府は武断政治を転換した。この17世紀後半を中心とする4代将軍徳川家綱から7代将軍徳川家継の時代を文治政治という。儒教道徳を前面に打ち出し，法令や儀礼の整備，儒学などの学問の奨励により，秩序を維持する方向へと移行していった。また，この時代は，社会・経済史的には幕藩体制の安定期にあたる。そして，この江戸前期の文化が元禄文化であった。

8代将軍徳川吉宗から12代将軍徳川家慶の時代は，幕政改革期と捉えることができる。また，この時代は，社会・経済史的には幕藩体制の動揺期にあたる。幕藩体制を支える本百姓体制が動揺してきたのである。この時期には，1716～45年，徳川吉宗により，側用人政治を廃止して将軍親政の回復を図り，財政再建を推進した享保の改革が展開された。しかし，激しい農民収奪は享保の飢饉の一要因となった。

その後，10代将軍徳川家治の側用人から老中に就任した田沼意次は，農民からの年貢収奪の限界を認識し，商業資本を利用し，商品経済そのものから利益を獲得する方法に路線を転換した。この，1767～86年の治世は，田沼時代といわれた。しかし，この治世の末期，浅間山の噴火と東北の冷害を主要因とする天明の飢饉が発生した。

天明の飢饉への対応が迫られ，11代将軍徳川家斉の初期の6年間にあたる，1787～93年は，徳川吉宗の孫の老中松平定信による寛政の改革が行われた。定信は，田沼政治を否定し，商業資本を抑圧し，洒落本や黄表紙などの文化を弾圧し，寛政異学の禁を行うなど学問を統制した。

しかし，尊号一件を巡る徳川家斉との対立により定信が退陣すると，1793～1841年の19世紀前半を中心とする約50年間，家斉が将軍，晩年の４年間は大御所として君臨した，大御所時代，または文化・文政時代とよばれる時代が現出した。家斉は大奥で華美な生活を満喫し，江戸では中下層庶民までが文化を享受した。また，江戸地廻り経済圏が形成されて江戸は全国市場(中央市場)化したので，全国市場(中央市場)としての大坂の地位は低下した。

この幕政改革期の文化は，田沼時代を中心とする宝暦・天明期文化，大御所時代を中心とする化政文化となるが，双方を合わせて，化政文化という場合もある。

しかし，大御所時代の末期に，全国的・長期的な天保の飢饉が発生した。12代将軍徳川家慶の治世の初期の２年間にあたる，1841～43年，天保の飢饉への対応に迫られ，老中水野忠邦が，天保の改革を行った。株仲間解散令を出すなど商業資本を抑圧し，人情本や合巻などの文化を弾圧し，上知令を出すなど幕府権力の強化を図ったが，大名・旗本の反発を受け失脚した。

13代将軍徳川家定から15代将軍徳川慶喜の時代は，幕末・開港期ととらえることができる。この時期は，強烈なウェスタン・インパクトを受けることになる。欧米列強から開国と自由貿易を強いられ，日本は，欧米帝国主義が形成した世界資本主義のシステムに組み込まれて，国内矛盾が一気に顕在化し，激動の中で，わずか十数年で江戸幕府は崩壊した。この時期は，近代史として時期区分される。

設問Ａ　前述したように，17世紀後半は，文治政治の時代にあたる。学問が奨励され，幕藩体制は安定期に入った。リード文は，『本朝通鑑』・『大日本史』・『武家事紀』があげられている。

『本朝通鑑』は，神代から後陽成天皇の1611年に至るまでを叙述した，漢文編年体の日本通史である。宋の司馬光が編纂した『資治通鑑』に倣い編纂した。正編は，林羅山が，３代将軍徳川家光の命により編修した，神武天皇から宇多天皇までで40巻の『本朝編年録』。続編は，羅山の子の林鵞峰が，４代将軍徳川家綱の命により『本朝編年録』を拡充・追加して，1670(寛文10)年に『本朝通鑑』と題して完成させたもので，醍醐天皇から後陽成天皇に至るまでで230巻。ほかに首２巻，前編３巻，提要30巻，付録５巻，総計310巻となる。

『大日本史』は，水戸藩の２代藩主徳川光圀の命により，1657年に編纂が開始され，明治維新後も継続され，1906年に完成した漢文の歴史書である。神武天皇から南北朝時代の終末となる，後小松天皇の治世(1382～1412)までを，中国の正史の体裁である紀伝体により叙述した。全397巻。当初は，江戸の水戸藩邸に彰考館を設け，編纂作業を行った。神功皇后を皇位から除き，大友皇子を弘文天皇とし，南朝を正統とした三点は，『大日本史』の三大特筆といわれる。

その編纂過程で，朱子学を軸に国学や神道を取り入れた国家観を特色とする水戸学といわれる学風が形成された。その水戸学の形成過程における思想の場で，大きな正義の意である「大義」と，君臣の名と上下の分の意である「名分」の２語を合成した「大義名分」という概念が日本でつくられた。この「大義名分」論は，君臣関係を名として保持するところに階層秩序の備わる正義の場があるというもので，幕末の尊王思想に大きな影響を与え，ファシズム期に喧伝された。

なお，朱子学では，道徳的行為の正しさを判定する基準を，個人の心の内面的な動機のあり方に置き，名分というような形式的・外面的なものを基準とはしなかったから，「大義名分」論は朱熹(朱子)の思想とは異なるものであり，「大義名分」という合成語も朱熹(朱子)のものではない。

『武家事紀』は，幕府によって播磨国赤穂に配流された山鹿素行が著した武家の歴史である。全58巻，1673年に刊行された。公家政治から武家政治への転移の原因を朝廷の衰退ととらえ，武家政治の必然性を主張した。そのため，源頼朝，北条泰時，足利尊氏らの政権奪取を肯定している。

また，リード文には上げていないが，６代将軍徳川家宣と７代将軍徳川家継の侍講として，正徳の治(正徳の政治)といわれる治世を担った，朱子学者の新井白石は，文治政治の時期にあたる，1712年に『読史余論』を著している。『読史余論』は，独自の時代区分を行うことによって歴史を叙述し，徳川政権の支配の正当性を主張している。

17世紀後半は，武断政治から，儒教に裏付けられた文治主義の政治を推進する文治政治の時代へと転換していった。特に５代将軍徳川綱吉の元禄時代には，1683年に出された武家諸法度天和令が，従来，第１条の「文武弓馬の道」を，「文武忠孝を励まし，礼儀を正すべき事」に改められるなど，主君に対する「忠」，父祖に対する「孝」，及び，「礼儀」など，儒教道徳が重視された。また，この時代は，社会・経済史的には幕藩体制の安定期にあたる。

武力により構築された江戸幕府も，幕藩体制の確立期から安定期に移行していくに伴い，江戸幕府は，自らの支配の正当性を，日本の歴史の中に位置づけるため，儒学の歴史観に基づく歴史の編纂に着手し，林羅山・鵞峰父子に『本朝通鑑』を編纂させた。また，水戸藩主の徳川光圀も，『大日本史』の編纂を開始し，知識人の中でも，古学派の儒学者である山鹿素行は，『武家事紀』を著して武家政治の正当性を日本の歴史の中に位置づけた。

設問Ｂ　1669年，山鹿素行は，『中朝事実』を著した。同書は，中国は自らを「中華」と称すが，山鹿素行は，これに対抗して，日本を「中朝」とよんだ。そして，中華文明の中心は，中国ではなく日本である，日本こそが「中華」であると主張し，中華思想や，儒学者を中心とする，日本の中国崇拝的風潮に反発した。

『中朝事実』では，中国は王朝が何度も交代し，君臣の義が守られていないが，日本は，「万世一系」の天皇が支配し続け，君臣の義が守られていると称し，中国は「中華」ではなく，日本こそが「中華」とされている。

本問では，このような主張が生まれてくる背景となる，「幕府が作り上げた対外関係」を問うている。

江戸前期の幕府の外交政策を概観すると，徳川家康は，朝鮮や琉球を介して明との国交回復を交渉したが，明から拒否された。明は海禁政策を継続させていたので，貿易は制限されていたが，明の商船が平戸などに来航することはあった。また，日本の朱印船(海外渡航許可証である朱印状を持参した船)と明の商船が，台湾や東南アジアの港で交易する出会貿易も行われた。

明は，北虜南倭(北からのモンゴル，南からの倭寇の攻撃)に苦しみ衰退し，さらに，朝鮮への援軍は財政を逼迫させていた。重税と飢饉のために各地に反乱がおこり，1644年，李自成の反乱軍に北京を占領され，明は滅亡した。

1639年のポルトガル船の来航禁止から，1854年の日米和親条約に基づく開国までを「鎖国」体制と呼ぶことがあるが，一種の海禁政策であって，江戸時代の日本が実際に「鎖国」をしていたわけではない。1801年，ニュートンの力学・天文学などを紹介した『暦象新書』の著者でも知られる洋学者の志筑忠雄が，オランダ商館のドイツ人医師ケンペルの『日本誌』の一部を『鎖国論』と題して翻訳した。そこから，「鎖国」の語が用いられるようになったので誤解が生じたのである。

江戸幕府は，キリスト教の禁教政策や貿易統制のために，日本人の海外渡航・帰国を禁じ，特定の国家や民族以外との国交や貿易を閉ざす海禁政策をとった。国交を持った国は，のちに通信国と位置付けられたが，通信国は朝鮮と琉球で，両国は中国に朝貢して冊封を受けていたが，朝鮮からは，将軍代替わりごとに通信使が派遣され，琉球からは将軍代替わりごとに慶賀使，琉球国王即位ごとに謝恩使が派遣された。

日本の側から国交を求めたが，海禁政策を取る明・清からは，拒否されたので，中国とオランダは国交を持たず交易だけを行う通商国と，のちに位置付けられた。1688年，幕府は，長崎郊外に清人居住区として唐人屋敷の建設に着手し，翌1689年に完成した。

明清交替の動乱がおさまると長崎での貿易額が増加していった。1685年，５代将軍徳川綱吉は，輸入増加による銀の流出をおさえるため，定高貿易仕法を制定し，年間の貿易額を銀換算で，オランダ船は3000貫，清船は6000貫に制限した。

また，６代将軍徳川家宣・７代将軍徳川家継の侍講であった新井白石は，長崎貿易による金銀流出防止を目的に，1715年，海舶互市新例を発して，清船は年間30隻，銀高にして6000貫，オランダ船は２隻，銀高3000貫に定め，長崎貿易を制限した。

一方，10代将軍徳川家治の側用人から老中になった田沼意次は，長崎貿易を奨励して俵物や銅を輸出して金銀の流入を図った。蝦夷地を産地とする俵物は，中華料理の食材となったので通商国である清への輸出品となった。

オランダとは，国交はなく，交易だけの付き合いであったので，のちに，通商国と位置付けられた。1641年，オランダ商館を長崎の出島に設置したが，オランダ商館はオランダ東インド会社日本支店であった。オランダ商館長(甲比丹)は，幕府にオランダ風説書を提出することと，１年に１回の江戸参府を義務づけられた。

アイヌ民族との関係を見ていくと，当時の農業技術では，寒冷な蝦夷地では米の生産ができないので松前藩は石高が設定できず，松前藩主は，「１万石格」の大名とされた。将軍は，松前藩主に対し，アイヌ民族との交易独占権を，御恩の知行として給与した。そして，松前藩主は，藩士に商場でのアイヌ民族との交易権を知行給与したが，この制度は商場知行制とよばれている。

1669年，シャクシャインの戦いとよばれる，不正交易など松前藩の支配に対する大首長シャクシャインらの蜂起が起きたが，鎮圧された。18世紀になると，商場知行制は，商場(場所)を知行した松前藩士が場所交易を和人商人に請負わせ運上金をとる場所請負制へと変質していった。やがて，和人商人のアイヌ民族に対する収奪は強化され，アイヌ民族を交易相手から労働力へ転化して奴隷的に収奪した。

江戸幕府の異国・異民族との貿易・交流の窓口は，「四つの口」という学術用語で説明されるが，それは，薩摩藩・島津氏が管轄する琉球との窓口である「薩摩口」，幕府直轄で長崎奉行が管轄する中国・オランダとの窓口である「長崎口」，対馬藩・宗氏が管轄する朝鮮との窓口である「対馬口」，松前藩・松前氏が管轄するアイヌ民族との窓口である「松前口」であった。

また本問では，日本こそが「中華」である，との主張が生まれる背景となる，「当時の東アジア情勢」に触れることを要求している。17世紀後半の最も大きな東アジア情勢の変化は，明が滅亡して，清が成立したことである。中国は多民族国家で，現在，公的に認められている50以上(実際にはそれ以上)の民族が生活しているが，その約９

割が漢民族である。

1616年，女真人(満州民族)のヌルハチが建国して国号を金(後金)と定め，1636年，第２代の太宗ホンタイジが皇帝となり，国号を清と改めた。一方，漢民族の王朝である明は，1644年，李自成の反乱軍に北京を占領されて滅亡した。その後，清軍は北京を占領し，北京を都とした清は，中国全土に支配を拡大した。

以上見てきたように，江戸幕府は，「四つの口」を通して，異国・異民族と国交や通商関係を持つ，通交・貿易体制を構築した。そして，明清交替を契機に，東アジアにおいては，中国を中心とした冊封体制とともに，「四つの口」を通した日本を中心とする外交秩序も共存するようになっていった。これらのことと，漢民族の明が滅亡して，満州民族の清が成立したという中国情勢が，日本こそが「中華」である，という山鹿素行の主張の背景をなしている。

上記の内容を踏まえ，解答の骨子を示してみよう。

設問Ａは，文治政治に転換し，忠孝や学問が奨励され，幕府支配の正当性を示すために史書が編纂されたことを述べればよい。

設問Ｂは，幕府の海禁政策を説明し，明清交替を機に，四つの口を通した外交秩序が冊封体制と共存するようになったことを述べればよい。

以下の〔ポイント〕は，問題が要求している「論点」を示しているとともに，それに対応する「採点基準」における加点要素を示している。また，〔ポイント〕は，**解説**で詳述した「解法」のまとめとなっている。

〔ポイント〕

設問Ａ

＜幕藩体制の動向＞

①武断政治からの転換

＊厳しい大名統制(改易・減封・転封)からの転換

②文治政治

＊幕藩体制は確立期から安定期へ移行

＊武家諸法度天和令に「文武忠孝」を規定

＊武家諸法度天和令に「礼儀を正す」ことを規定

＊儒教に裏付けられた政治(仁政)を推進

＊法令や儀礼の整備

＊儒学などの学問の奨励

＊礼儀による秩序維持

<歴史書の編纂>

①江戸幕府の支配の正当性を歴史の中に位置づける

②儒学の歴史観に基づく歴史の編纂

③為政者の立場の自覚

設問B

<幕府が作り上げた対外関係>

①朝鮮

＊国交を持つ国(のちに通信国と呼称)

＊将軍の代がわりごとに通信使が派遣される

②琉球

＊国交を持つ国(のちに通信国と呼称)

＊将軍の代がわりごとに慶賀使が派遣される

＊国王の代がわりごとに謝恩使が派遣される

③清

＊国交を持たず交易を行う国(のちに通商国と呼称)

＊長崎郊外に唐人屋敷を設置

④オランダ

＊国交を持たず交易を行う国(のちに通商国と呼称)

＊長崎出島にオランダ商館を設置

＊オランダ商館はオランダ東インド会社日本支店

⑤アイヌ民族

＊松前藩主にアイヌ民族との交易独占権を知行給与

⑥四つの口

＊薩摩口・長崎口・対馬口・松前口

⑦海禁政策

＊のちに「鎖国」と呼称

<東アジア情勢>

①明の滅亡

＊漢民族の王朝の滅亡

＊中華としての明の滅亡

②清の成立

＊満州民族の王朝の成立

③冊封体制と「四つの口」の共存

＊中国を中心とした冊封体制

＊「四つの口」を通した日本を中心とする外交秩序

＊両者の共存

解 答

Ａ武断政治から文治政治に転換し，武家諸法度に文武忠孝が規定され，儀礼整備や儒教的仁政が推進された。学問も奨励され，幕府支配の正当性を示すため，儒学の歴史観に基づく史書が編纂された。(30字×３行)

Ｂ朝鮮・琉球と国交を持ち，清・オランダと交易を行い，松前藩主にアイヌ民族との交易独占権を知行した。明が滅び清が成立すると，四つの口を通した外交秩序が冊封体制と共存するようになった。(30字×３行)

第４問

解説　柳田国男の文章を参考にして近代の食糧の需要と供給に関して考察する問題である。

設問Ａは，米の配給の背景と目的について，60字以内で説明することを要求している。

設問Ｂは，砂糖の消費量の増加と肉食の始まりの要因について，60字以内で説明することを要求している。

設問Ｃは，明治時代の農村の人々が，都市の人ほど米を食べなかった理由について，90字以内で説明することが求められている。

設問Ａ　1937年７月７日に起きた盧溝橋事件を機に全面戦争となった日中戦争は，長期化・泥沼化していった。そのような情況下で，1938年４月，第一次近衛文麿内閣は，国家総動員法を制定させた。同法は，国防目的のために人的・物的資源を統制・運用する権限を政府に与える授権立法であり，政府(内閣)は議会の承認なしに勅令によって経済・国民生活を統制することができるようになった。比較してみれば，ヒトラー政権が行った，国会の立法権を行政機関である政府に移す，ナチス=ドイツの全権委任法を緩和させたような内容であった。

そのため，帝国議会や議会内の政党の地位は一挙に低下していった。それ故，同法は，「帝国議会の自殺行為」，「議会は内閣に白紙委任状を渡したに等しい」との批判を受けた。なお，勅令とは天皇の名による政府の命令のことである。

国家総動員法に基づき，政府の手によって，国民徴用令・賃金統制令・価格等統制令・小作料統制令・生活必需物資統制令などの各種統制令が制定され，総力戦体制が構築されていった。従来は小作料に法的な規制はなく，地主は可能な限り，小作農から高率現物小作料を収奪していたので，寄生地主制の下では農業生産は停滞していた。戦争遂行のためには，食糧生産の増加が不可欠なため，1939年12月に出された小作料統制令は，小作農の生産意欲を上昇させて食糧を増産させ，農産物価格を引下げることを目的とした。そのため，従来，日本の支配層を構成してきた地主の利益を一部抑えても，総力戦体制の一環としての米の増産を意図して小作料値上げを制限したのであった。

日中戦争の長期化の中で，農民の兵士への動員はすすみ，さらに，対米関係が緊張していき，アメリカとの戦争が予測されたことも相俟って，農民の軍需産業への徴用も行われていった。そのため，農村における労働力である耕作者が減少していき，肥料の不足も重なり，1939年を境に食糧生産は低下していき，食糧難は深刻になっていった。

このような情況に対し，政府は農業生産増進策と農産物の統制を進めていった。1940年から，農村では，政府による米の買い上げ制度である供出制が実施され，翌1941年４月，第二次近衛文麿内閣は，米穀配給通帳制による米の配給制を確立し，国民に対して家族数に応じて米を配給し，国民生活の安定と民心の不安の除去を図った。さらに，1942年２月，東条英機内閣は食糧管理法を制定して，食糧の国家管理（食糧管理制度）に関する法令を集大成した。なお，戦後の食糧難も同法で統制した。

設問Ｂ　肉食の始まりの要因としては，明治初期の文明開化の風潮があげられる。明治政府は，一方で，神道国教化政策の下，神仏分離令を出して廃仏毀釈を煽って伝統的仏教文化を破壊し，神道国教化政策が挫折すると，次に国家神道を作り上げ，「神である天皇」の観念を国民に注入するという復古的・教条主義的な統制を行った。しかし，他方では，「後進国」の支配者そのものに，西洋の文明・習慣・価値基準を無媒介に取り入れた。

江戸幕府の身分制度の下においては，陽の目を見ることもなかった薩摩藩や長州藩の下級武士出身の青少年を中心とする若輩の権力者たちは，盂蘭盆会・道祖神祭り・盆踊りなどの江戸時代の民衆文化・民俗行事を禁止した。また，明治政府は，半裸体に近い生活を習慣とし，男女の混浴を楽しんだ江戸時代の民衆の生活を，欧米人から「未開」とされることを恐れた。そして，欧米の植民地主義者のアジアを見下した視点に倣い，裸体と混浴を法律で取り締まって，江戸時代の人々の習慣をつぶした。典型的なポスト・コロニアリズムの問題である。なお，ポスト・コロニアリズムとは，植民地時代の負の遺産を，かつて植民地とされ支配された地域の人々が，意識的・無意識的に忘却している事実を，植民地化された地域の人々の視点から捉え返し，批判する思考と実践のことである。

西洋文化の導入は，権力者のレベルでは,「鹿鳴館時代」といわれた極端な欧化政策・欧化主義が見られるが，民衆レベルにおいても，戯作文学の仮名垣魯文が『安愚楽鍋』を著したように，牛鍋が流行し，肉食の習慣が進んだ。

さらに，都市の発展は生活レベルにおける西洋化をすすめ，官僚機構の整備や官庁での職務，及び，軍隊の近代化には，西洋化が不可欠の要素であった。また，徴兵制の軍隊は農村出身の兵士にも西洋文化との接触の機会を与え，農村にも西洋文化を伝える役割も果たした。

砂糖の消費量の増加の要因としては，食生活の西洋化が砂糖の需要を増加させたことは指摘しなければならない。一方，供給面をみると，幕末の日米修好通商条約など安政の五カ国条約は，不平等条約であり，日本は，欧米人の領事裁判権を承認させられた上に，欧米諸国との協定関税制を強いられ，欧米諸国によって日本の関税自主権が奪われていた。そのため，1866年の改税約書の締結以降，輸入関税は，一般品目が５％という低関税を強いられたので，安価で砂糖が輸入された。

また，日清戦争に勝利した結果，1895年の下関条約に基づき，日本は清から台湾を奪取し，日本初めての植民地とした。台湾において，日本や日本の資本は製糖業を発展・拡大させたが，台湾銀行の資金援助を受け，鈴木商店が台湾の砂糖を幅広く扱ったことは有名である。こうして，植民地台湾から砂糖が大量に供給されるようになった。

設問Ｃ　まず，東大の日本史で押さえておかなければならない頻出事項である，江戸時代の農民について再確認しておこう。

幕藩体制を社会経済史的観点から見ると,「将軍や大名が本百姓を土地に緊縛して剰余生産物を搾取する社会体制」，すなわち，本百姓体制と捉えることができる。将軍や大名など幕藩領主は，高持百姓として本百姓を検地帳に登録して耕作権を与えるが，土地に緊縛して剰余生産物を年貢として収奪した。

兵農未分離で武装することもある惣村などの中世の自然村と異なり，近世の村は太閤検地の際の村切りと兵農分離･刀狩令による武装解除により確立した行政村である。

村の運営は，名主(庄屋・肝煎)・組頭・百姓代といわれる村役人(村方三役)を中心とする本百姓により運営された。名主(庄屋・肝煎)は貢租納入の責任者，組頭は名主の補佐であり，百姓代は村民の代表として名主・組頭による村政運営を監視するために後に設置された。

本百姓は，検地帳に登録され耕作権を保障された地主・自作農などの高持百姓で,年貢・諸役を負担して村政に参加した。水呑百姓は検地帳に登録されるべき田畑を持たない無高の百姓などで，村政には参加できなかった。

また，年貢及び夫役などの諸役は，村高(村の総石高)を基準に村役人により村を単位に納入する村請制度が確立し，幕府・藩は村落組織の自治的機能を利用するかたちで支配することが可能となった。

貢租についてみると，本百姓に課される本途物成(本年貢)は，田畑・屋敷地の石高を基準に賦課され，石高の40%(四公六民)～50%(五公五民)を収奪された。また，小物成は山野河海などからの収益や農業以外の副業に賦課された。そのほか，村高に応じて課せられた付加税である高掛物，治水工事などの夫役や朝鮮通信使の応接費などのために1国単位に賦課される国役や，街道周辺の村に人馬を提供させる労役で伝馬役の一種である助郷役もあった。

このような本百姓体制の中で，江戸時代の農民は幕府や藩の財源となる年貢米を生産する存在であった。そのため，農民は，建て前としては，「晴れの日」だけ米を食するが，日常的には，粟や稗などの雑穀を主食としていた。生活習慣は，政治体制の変革によっても，そう簡単に変わるものではなかったので，明治期になっても，農村では，米を主食として常食する習慣はなかなか定着していかなかった。

一方，幕府や藩は，本百姓から収奪した年貢米を，大坂の蔵屋敷などで売却・換金して財源とした。また，俸禄制度(蔵米知行制)の下，幕藩領主が年貢米として収奪した米を，御恩の俸禄米(蔵米)として知行給与された，蔵米取りの旗本・御家人や各藩の藩士たちは，江戸や大坂や各地の城下町で，商人の手を介して俸禄米(蔵米)を売却・換金して，その現金を用いて，家族を養い消費生活を行った。つまり，この制度の下，武士や町人など都市の住民は，江戸時代から米を主食とする生活を送っていたのである。

1873年，明治政府は地租改正条例を発令して地租改正の作業に着手した。地租の課税基準は，地券に書かれている法定地価(実際に売買されている地価ではない)となり，税率は法定地価の3%となった(1877年に2.5%，1898年に3.3%)。また，納税者は，耕作権を持つ本百姓から，地券所有者，すなわち，土地所有者である地主・自作農となった。納税法も，米などの物納から，貨幣による金納に変わったが，小作農が地主に支払う小作料は物納であったので，小作農は米価高騰の恩恵を受けることがなく，不利であった。さらに，明治政府は，「旧来ノ歳入ヲ減ゼザルヲ目的」として地租を設定したので，農民負担は，基本的には江戸時代と変化がなかった。

その結果，地主は，米価が高騰すれば利益を増大させ，米価が下落すれば小作料引き上げにより損失を減少させたので，地租改正は地主に有利なものとなり，寄生地主制発展の基礎が構築された。一方，小作農は高率現物小作料を収奪され，つねに貧窮化した。

地租改正により，土地所有者(地主・自作農)は，米を売却・換金して，江戸時代の年貢並みに重い地租を政府に納入した。また，寄生地主制の下，小作農は高率現物小作料を収奪された。そのため，貧農や小作農にとって，地租を納入したり，小作料を収奪された後に残った米は，農具や肥料など米の再生産や生活必需品の購入のため，売却・換金されたりしたので，明治時代の農村の人々は，都市の人々ほど米を食べていなかった。

上記の内容を踏まえ，解答の骨子を示してみよう。

設問Aは，日中戦争長期化がもたらす食糧危機に対し，米の配給により国民生活の安定化を図ったことを述べればよい。

設問Bは，文明開化は食生活の西洋化を促し，植民地台湾での製糖業の発展が砂糖の需要に対応したことを述べればよい。

設問Cは，雑穀を食す近世の習慣が残った上，土地所有者は米を換金して地租として納入し，小作農は現物小作料を収奪され，残る米は再生産などのために換金されたことを述べればよい。

以下の〔ポイント〕は，問題が要求している「論点」を示しているとともに，それに対応する「採点基準」における加点要素を示している。また，〔ポイント〕は，**解説**で詳述した「解法」のまとめとなっている。

〔ポイント〕

設問A

＜米の配給の背景＞

①日中戦争の長期化

②米の不足(食糧難)

＊農民の兵士への動員

＊農民の軍需産業への徴用

＊耕作者(労働力)の減少

＊肥料の不足

＊寄生地主制による生産力の停滞

＜米の配給の目的＞

①総力戦体制の構築

＊統制経済の強化

②戦争の遂行

＊米の増産が不可欠

＊国民生活の安定

＊民心の不安の除去

設問B

<砂糖の消費量の増加の要因>

①欧米からの砂糖輸入

＊協定関税制で低関税

②台湾の植民地化

＊台湾での製糖業の発展

＊安価な砂糖の移入

<肉食の始まりの要因>

①文明開化の風潮

＊牛鍋の流行

②生活の西洋化

＊都市の発展

＊官庁における西洋化

＊軍隊における西洋化

設問C

<近世の農村の人々>

①江戸時代の本百姓

＊年貢米として米を生産

＊雑穀(稗・粟)を主食とする

<明治時代の農村の人々>

①江戸時代の習慣が残る

②地租改正

＊土地所有者(地主・自作農)は米を売却・換金

＊金納の地租を政府に納入

③寄生地主制

＊小作農は高率現物小作料を収奪された

＊米の生産力は停滞

④米の換金

＊農具や肥料など米の再生産のために換金

＊生活必需品の購入のために換金

解答

A日中戦争長期化は，兵力動員による耕作者減少などを要因に食糧危機を生じさせたので，米の配給により国民生活の安定を図った。(30字×2行)

B文明開化の風潮や都市の発展は肉食や砂糖の使用など食生活の西洋化を促し，植民地台湾での製糖業発展は砂糖の需要に対応した。(30字×2行)

C年貢米を生産し雑穀を食す近世の習慣は農村に残った。明治期，土地所有者は米を換金して地租として納入し，小作農は現物小作料を収奪され，残る米は主に再生産や必需品購入のために換金した。(30字×3行)

2002年

第1問

解説 平安時代における密教と浄土教の展開について論述させる問題である。とくに浄土信仰の展開についての問題は，論述問題としては頻出テーマであるが，東大としては1974年以来であった。

「平安時代に日本に伝来し広まった密教と浄土教の信仰は，人々にどのように受け入れられていったか」というのが問題の骨子。それに，「10世紀以降平安時代末に至るまで」という時期の限定がつき，さらに「受け入れられ方」については，「朝廷・貴族と，地方の有力者の受容のあり方」というように補足されている。それに加えて，「阿弥陀堂」「加持祈禱」「聖(ひじり)」「寄木造」の4語句を用い，使用した語句には下線を引くことが求められている。

このような問題では，歴史を大きくとらえて，解答の「大きな見通し」を立て，それに沿って解答を書くことが必要である。平安初期には密教が隆盛し，平安中期以降浄土教が広まった，という知識をもっていることを前提にすると，「平安初期にはAのような密教がBのようにしてCに受け入れられたが，平安中期以降はDのような浄土教がEのようにしてFに受け入れられた」というのが，解答の骨子になる。このA～Fを具体的に考え，それに指定された語句の説明を加えて補っていくと，解答ができあがる。だから，まず密教と浄土教のそれぞれについて考え，次に指定された語句について考えるという手順に従うとよい。そのとき，あらかじめ下記のような表をつくり，それに書き込みを行うという作業をすれば，必要なデータの欠落を防止できる。

	10世紀	11世紀	12世紀
密教 (教義)(受容層)(受容目的)			
浄土教 (教義)(受容層)(受容目的)			

密教とは，経典に記された教えである顕教に対していわれるもので，「秘密の教え」の意である。9世紀に空海が開いた真言宗は密教であったが，その隆盛を見て，天台宗も密教を取り入れた。密教では，仏を感得して仏と一体化することを求める。それが加持(かじ)である。仏と一体化するのだから，即身成仏(そくしんじょうぶつ)となる。偉大な力をもつ仏と一体化し

2002

ているから，念ずれば，自然の動きも人間の運命も意のままとなる。それが祈禱である。祈禱によって，国家・一族の繁栄や個人の栄達・病気平癒などの現世利益がかなう。こうして，密教は現世利益を求める貴族たちに受け入れられていった。

以上から，Aは加持祈禱，Bは現世利益，Cは貴族たちとなり，「加持祈禱を行う密教は，現世利益を求める貴族たちに受け入れられた」とまとめられる。

浄土教とは，阿弥陀如来の本願にすがり，死後，阿弥陀如来のいる極楽といわれる西方浄土への往生を求めるものである。9世紀に最澄が開いた天台宗は，心を平静にして対象の本質に迫る止観を求めるものだったが，止観のための方法の一つとして常行三昧が取り上げられ，そこから浄土教が生まれた。

浄土教は死後の極楽への往生を求めるものだから，個人の宗教，内面の宗教であるといえる。さらに，現世への絶望や諦めが背後にあることになる。律令制崩壊の中で生じた政治の乱れや戦乱・飢饉・疫病流行などの政治不安・社会不安が，浄土教の広がりを助長した。とくに，11世紀に流行した末法思想の影響を受けて，一層広がった。よく使われた「厭離穢土，欣求浄土」という言葉は，それをよく示している。

浄土教は，10世紀に空也が京都市中で念仏を唱え，源信が『往生要集』を著してから，まず中下層貴族に広まり，次第に各層に広まって，12世紀になると地方にまで広がっていった。

以上から，Dは「阿弥陀如来の本願にすがり，極楽＝西方浄土への往生を願う」，Eは「政治不安・社会不安，さらには，末法思想の影響を受ける」，Fは「貴族をはじめ都の人々から，のちには地方の人々にまで」となる。それをまとめると，「阿弥陀如来にすがって極楽への往生を願う浄土教が，政治不安・社会不安のなかで，末法思想の影響も受けて，都から地方にまで広まった」となる。

次に，指定語句を考える。

4語句のうち，「加持祈禱」が密教についてのもの，「阿弥陀堂」「寄木造」が浄土教についてのものであることはすぐにわかる。「聖」はどちらのものとも断定できないが，民間や地方への布教を考えると，浄土教のものとして用いるのが妥当である，と推定できる。

与えられた語句を文章化させる問題では，それぞれの語句を説明することが求められている，と考えなければならない。そこで，それぞれの語句を説明する。

加持祈禱　すでに説明済みである。ただ，加持と祈禱のそれぞれについての詳しい説明は，不要であろう。「密教では，加持祈禱によって現世利益がかなえられた」とすればよいであろう。

聖　もともとは，学徳にすぐれた高僧のことであるが，のちには，僧位・僧官をもたない民間布教者をいうようになった。10世紀ころから，聖は勧進（かんじん）・布教など，多彩な活動を展開する。空也が市聖（いちのひじり）といわれたことはよく知られているが，ここでは，「聖が民間に布教し，地方にも浄土教が広まった」と用いればよいだろう。

寄木造（よせぎづくり）　木彫りの技法で，一木造に対していわれる。仏像を部分に分けてつくり，それを接ぎ合わせて完成させるもので，大きさが自由になるとともに，工房での分業によってつくられるため，多くの仏像をつくることが可能になった。11世紀に定朝によって完成され，宇治の平等院鳳凰堂阿弥陀如来像は，定朝作として知られている。浄土教が広がると，寄木造による多くの阿弥陀如来像がつくられるようになった。ここでも，寄木造そのものの説明は不要で，「寄木造によって多くの阿弥陀如来像がつくられた」と用いればよい。

阿弥陀堂　阿弥陀如来を祭る堂。極楽を具現化したいという貴族の念願によって建立された。藤原頼通が建立した平等院鳳凰堂は，その典型である。12世紀になると，藤原清衡が建立した陸奥平泉の中尊寺金色堂，豊後の富貴寺（ふきじ）大堂など，地方でも多く建立されるようになった。ここでは，「浄土教の広がりによって，阿弥陀如来像を祭る阿弥陀堂がつくられ，さらには地方にもつくられた」とまとめればよいであろう。地方への普及の具体例として，中尊寺金色堂をあげておこう。

最後に，字数の配分。総字数は７行＝210字。指定された４語句のうち，１語句が密教，３語句が浄土教に関するものだから，単純に按分すると，密教が50字前後，浄土教が150字前後となる。密教は平安初期に始まり，平安時代を通じて，その信仰の内容や形態に大きな変化がないから，最初に密教について述べ，その上で浄土教について述べる。そこでは，発生と展開について触れなければならない。指定語句を考えると，展開では，「浄土教が広まると，寄木造によってつくられた阿弥陀如来像を安置する阿弥陀堂が建立されるようになり，のちには聖の活動によって地方にも広まった」というのが骨子になるだろう。

解答

平安時代には，加持祈禱を行う密教が，現世利益を求める朝廷・貴族に受容された。中期になると，阿弥陀如来の力にすがり極楽浄土への往生を願う浄土教が，社会不安を背景に空也や源信らにより貴族を始め都の人々に広まり，寄木造で大量につくられた阿弥陀如来像を安置する阿弥陀堂が多く建てられた。末法思想の影響で一層盛んとなり，後期には，民間の布教者である聖によって地方の有力者にも広がって，中尊寺金色堂などの阿弥陀堂が各地に建立された。（30字×７行）

第２問

解説　2002年度は，問題数が全３問であった。全３問となったのは，1988年以来である。しかし，本問は中世と近世の実質２問であるから，形式上３問であっただけで，実質はやはり全４問だったといえる。

中世と近世のそれぞれにおいて，村と城下町について設問されている。与えられた文章アが設問Ａに対応し，同じくイがＢ，ウがＣ，エがＤに対応している。文章ア～エにそれほど相関もないし，設問Ａ～Ｄにもそれほど相関がない。それで，設問ごとに個別に考えていくことにする。

Ａ　文章アに対応する設問で，「室町時代の地侍が幕府・大名・荘園領主たちに対立してとった行動」を「具体的に」説明することが求められている。

中世では，階級や身分がまだ確立・固定されていなかった。国人と地侍との間も，地侍と農民との間も，流動的であった。しかし，それでは考えるときに困るので，マックス＝ウェーバーのいう理念型的に考えて，農業経営から離れ，したがって，村の共同体規制に縛られず，領主としての地位を確立し，幕府や大名と主従関係を結んで，侍身分をもつものを国人，それに対して，大名・国人と主従関係を結んで侍身分をもつ一方で，自ら農業経営に従事し，したがって，村の共同体規制にも縛られるが，有力名主として村内での支配権・指導権をもっているものが地侍，として区別すればよい。農民とは，国人・地侍が戦争に参加するときには，雑兵である足軽として駆り出されることはあるが，通常は農業経営に専念していたもの，とみなせばよい。

本問では，地侍が「惣村の指導者」であったことに着目し，年貢を納める被支配階級である農民としての立場から，「幕府・大名・荘園領主」，つまり，支配階級である領主層に対立してどのような行動をとったか，が問われている。言い換えれば，地侍も農民だったことを確認した上で，農民の領主層に対立してとった行動について述べればよい。

室町時代の農民が領主層に対立してとった行動となると，話は簡単になる。惣村という自治組織を形成していた農民は，凶作などのとき，年貢減免を領主に要求した。要求が認められないと，鎮守に集まって要求貫徹のために一味同心を行い，共同して行動した。それが「揆（はかりごと）を一つにする」という意味での一揆である。その上で愁訴（しゅうそ）を行い，それで解決しないときには，逃散（ちょうさん）・強訴（ごうそ）などの強硬手段をとった。強訴が武力蜂起になったのが土一揆であり，土一揆は未納年貢を含む債務の破棄を認める徳政を要求する徳政一揆になった。

以上で，解答は決まる。地侍も農民であり，その指導者として，一揆を結んでの愁訴・逃散・強訴や徳政一揆の先頭に立った，ということである。

B　文章イに対応する設問で，「戦国大名が家臣たちを城下町に集住させた目的」を説明することが求められている。

知っていれば，解答は簡単である。「武士の在地勢力剝奪」と「機動性のある常備軍の創設」の２点である。それを４行＝120字という制限字数に照らして説明すれば，解答になる。

戦国大名は，分国内の中心にあたる交通の便のよい平野部に城下町をつくり，それを分国の政治・経済・軍事の中心地にしようとした。城下町に楽市を令して商業を活発化して商工業者を集住させるとともに，家臣も集住させたのである。

戦国大名は，分国内の土地・人民はすべて自分の支配下にあるという原則をとり，その実現をはかった。指出という形式であれ，検地を行ったのは，その原則を実現するためであり，分国内の武士はすべて自分の家臣とみなして，検地によって打ち出された貫高に基づいて恩給地を宛て行うという形式をとった。

しかし，家臣の多くは従来からの国人・地侍であり，強い在地性をもち，自分の支配下の農村に対して強い支配力をもっていた。大名が一円的に分国内の土地・農民に対する支配権をもっていることを明確にするには，国人・地侍である家臣を農村から切り離すことによって，その在地支配権を弱体化しなければならなかった。また，戦国時代には，戦国大名相互の争いが激化した。戦争は大規模化・長期化し，総力戦としての様相を帯びてきた。家臣が農村に居住していれば，その動員にも時間がかかって緊急の間に合わないし，農業経営に従事しているようでは，農繁期の戦闘にも耐え得なかった。そのためには，分国内の中心の交通の便のよいところに家臣を集住させ，それを家臣団として組織し，その家臣団をそのような戦闘に従事しうる常備軍として編成する必要があった。そのとき採用されたのが，寄親・寄子制である。能力があり，貫高も高い家臣を寄親とし，その下に多くの家臣を寄子として配属し，大名の意のままに動く軍隊としたのである。

以上を，解答らしい文章にすればよい。大名が分国の一円支配を貫徹するために，国人としての家臣の在地支配権を奪いとるために城下に集住させたこと，城下に集住した家臣を機動性のある大規模・長期の戦闘に耐えうる常備軍に編成し，そのとき，寄親・寄子制がとられたこと，である。

C　文章ウに対応する設問で，「近世大名の城下町に呼び集めた商人・手工業者に対する政策」が問われている。そして，その内容は，「居住のしかた」と「与えた特権」と限定されている。解答は，この２点だけに絞ればよい。あとは，「知っているかどうか」だけの問題である。

まず，「居住のしかた」。近世大名は，城下町を武家地・寺社地・町人地などに区分し，身分によってそれぞれの居住区域を設定した。町人地は城下町の周辺部に設定され，町人と呼ばれた商人・手工業者は町人地に住むことが定められ，他の区域での居住は認められなかった。城下町人口の半数以上が町人であったが，町人地はその人口に比して極めて狭い区域が設定され，したがって，その人口密度は非常に高かった。さらに町人地は，町に区分され，呉服町・魚町・大工町など，職種ごとに居住区が定められていた。町では，町人の中から町役人が定められ，町役人を中心として，町人による自治が行われた。

次に，「与えた特権」。江戸時代には，年貢負担者＝被支配階級とされた農民には日常生活に至るまでの厳しい統制が加えられたが，町人の営業や日常生活にはほとんど統制しなかった。中世末以来の楽市・楽座の政策が引き継がれ，貨幣鋳造や貿易などの特殊なものを除いて，座・会所・株仲間などは許されず，自由な営業が認められ，したがって，営業税などは納めなかった。町地も検地が行われ，その石高は打ち出されていたが，農民の納める年貢に相当する地子銭は免除されていた。もっとも，元禄期には，内仲間として大坂二十四組問屋・江戸十組問屋が結成され，享保期にそれが公認されるとともに，株仲間結成が奨励され，商工業に対する統制がはかられるようになり，田沼期には，多くの座・会所・株仲間を結成させて，営業の独占を認める一方で，運上・冥加などの営業税を納入させるようになったが，それはのちのこととして，ここでは書く必要はない。また，町人地のうち，地子銭免除とされたのは城下の中心に近い区域で，さらにその周辺には，地子銭納入の義務のある町人地が存在したが，それは農村に類するものとして，本問の解答としては，町人地は地子銭免除の特権があったと一般化してよいだろう。

以上をまとめると，「居住のしかた」では，城下町は武家地・寺社地・町人地などに分けられ，商工業者は周辺の狭い町人地に居住したこと，町人地は職種ごとに町に区分されていたこと，町では町人による自治が行われたこと，の３点について述べればよい。「特権」としては，営業の自由と地子銭免除の２点である。

D　文章エに対応して，「近世の村のもつ二つの側面とその相互の関係」を説明することが求められている。そして「二つの側面」とは，文章エから，「農民の生産と生活のための共同体」という側面と「支配の末端組織としての性格」ということだ，とわかる。解答の骨子は，「近世では，支配の末端組織として村が設定され，村は農民の共同体として機能していたが，幕藩領主はそのような機能を利用して村を支配した」となるだろう。その内容を具体的に記すと，解答になる。

中世には，農村では広く惣村が形成され，農民による自治が行われていた。農村に対する支配を貫徹するには，その自治をいったん解体し，行政単位として組織しなおさなければならなかった。それが村切り(むらぎり)である。太閤検地では，1筆ごとに検地を行い，村ごとに検地帳を作成した。こうして，村が行政の末端組織に設定されたのだが，そのとき，村境を定めるなど，村の範囲を明確にする村切りが行われた。この村切りによって，近世村落が成立したのである。以上が「村の設定」。

村には，広範な自治が認められた。村政に参加できるのは，検地帳に記載され，年貢負担義務のある本百姓といわれた農民で，その中から名主・庄屋をはじめとする村役人が定められ，村役人を中心に村は運営された。入会地・灌漑用水などの管理は村で行い，結(ゆい)などの農業の共同作業も行われた。軽微な犯罪は村の中で処理された。以上が「村の共同体としての性格」。

幕藩領主は，村の自治を認めた上で，それを支配の末端組織として利用した。触書などの法令も村に伝達され，村役人を通して村人に周知徹底された。年貢は村高としてかかり，村役人がそれを石高に応じて個々の村人に配分し，個々の村人が納めたものを村がまとめ，代官などを通して幕藩領主に収納した。以上が「村の共同体としての性格を利用した幕藩領主の村支配」。

簡単にまとめれば，「村切りにより近世村落が成立し，村では自治が行われたが，幕藩領主はその自治を利用する村請制をとって村を支配した」となる。それを制限字数4行＝120字をにらみながら，具体的に述べればよい。

解答

A地侍は大名・国人と主従関係を持つ侍身分である一方，年貢を負
担する農民であり，一揆を結び年貢減免を要求する愁訴・逃散・強
訴では惣の指導者として先頭に立ち，徳政一揆の中心ともなった。(30字×3行)

B戦国大名は農民の直接支配による分国の一円支配を図り，国人・
地侍を農村から引離して城下町に集住させ，その在地支配権を否定
しようとした。その上で彼らを家臣団に編成し，寄親寄子制に基づ
く常備軍を整備して大規模・長期の戦闘に耐えうる軍事力とした。(30字×4行)

C城下町は武家地・寺社地・町人地などに区分され，商工業者は町
人地に職業別の町に分けられて居住し，自治が行われた。近世大名
は，彼らに地子銭免除や営業の自由などの特権を与えて優遇した。(30字×3行)

D近世の村は，村切りにより行政単位として編成された。村内では
村役人を中心に，本百姓により入会地・灌漑用水の管理などの自治
が行われた。幕藩領主は村高を基準に年貢や諸役を村の責任で納入
させる村請制をとり，村の自治機能を利用して農村支配を行った。(30字×4行)

第3問

解説 日露関係を中心とする対外関係についての問題である。近代の対外関係の問題は，1988年以来だからひさしぶりであるが，東大の近代対外関係の問題は，もともとそれほど出題頻度が低いというものではない。もっとも，日露関係を扱った問題は，本問が初めてである。北方で領土を接する以上，日露関係は重要である。とくに日露戦争の与えた影響は大きい。日露戦争によって日本をめぐる国際環境は大きく変化し，以後の対外関係の基調ができあがった。そこで起きた変化が第一次世界大戦によって増幅され，それが極端化したとき，日中戦争・太平洋戦争になったといえる。そのような重要な意味をもつ日露関係や日露戦争の影響をなぜ出題しないのか，常々不思議に思っていたのだが，ようやく出題されたことになる。

設問は，Aが日清戦争後，Bが日露戦争後を扱っている。Aがあって，そのあとにBがあるのだから，個別に順を追って考えていこう。

A 「日清戦争直後に『怖露病』が激しかった国際関係上の背景」の説明が求められている。

三国干渉について答えることは，受験生としての常識であろう。日清戦争に勝利した日本は，1895(明治28)年，清と下関条約を結んだ。そのなかに，清の日本への遼東半島割譲が含まれていたが，それに対して一貫して南下政策をとり，蒙古・満州から中国への進出をはかっていたロシアは，日本の南満州進出が自らの南下の障害になるとみなし，ただちにドイツ・フランスを誘って，遼東半島の清への還付を要求した。それが，三国干渉である。それを拒否すると三国と敵対することになるが，当時の日本にはそれに堪えうる国力はなく，やむをえずその要求を受け入れ，清に遼東半島を還付し，その代わりに，賠償金を三千万両(テール)上乗せさせた。この三国干渉は国内の対露敵愾心を高揚させ，「臥薪嘗胆」という語がよく用いられた。

しかし，三国干渉を説明するだけでは，半分の得点にしかならないだろう。朝鮮とロシアとの関係にも，言及する必要があるのである。

ロシアの南下政策は18世紀以来活発化し，日本は樺太・千島からの北からの南下とともに，蒙古・満州を経て朝鮮からの南下にも脅えていた。そのため，すでに幕末に「征韓論」が芽生え，1875年の江華島事件，1882年の壬午事変や1884年の甲申事変を経て，1890(明治23)年の第一議会では，ときの山県有朋首相が「主権線・利益線」演説で朝鮮への進出を匂わせた。そのような日本の朝鮮進出に対して，清との宗属関係下にあった朝鮮は，宗主国である清と結んで日本に対抗しようとした。清は，欧米列強のアジア進出によって宗属関係を相次いで放棄させられ，唯一残っていた朝鮮との宗属関係は維持しようとしたから，日本と清との対立が深まり，日清戦争となったのである。

その結果としての下関条約で清に朝鮮との宗属関係の放棄を認めさせたが，清に頼れなくなった朝鮮は，国号を朝鮮から大韓に改めるとともに，南下の勢いを強めていたロシアと結んで日本に対抗しようとした。日本は親露派の中心だった閔妃（ミンビ）を殺害する王宮事件を起こしたが，それは韓国内の反日感を強め，皇帝高宗はロシア公使館に移り，親露政権を成立させた。日本の側からすれば，日清戦争によって朝鮮への進出を保障されたつもりが，ロシアによって脅かされたのである。かくして，日清戦争はロシアとの対立を顕在化させ，日露戦争の遠因をつくることになった。

制限字数は２行＝60字だから，ロシア主導の三国干渉と韓国のロシアへの接近を述べれば，いっぱいになる。

Ｂ　問題文中の「明治三十七八年役」が日露戦争のことだとは，わかるだろう。問題は，「日露戦争後における日露両国政府の関係の変化の内容と理由」を答えさせるものである。「上の文章の執筆時＝1916（大正５）年において」という時期の限定はあるが，日露戦争による日露関係の変化の大枠を答えればよい。

日清戦争後，ロシアは，1896年にシベリア鉄道を延長してウラジオストクと結ぶ東清鉄道の敷設を，さらに，1898年にはハルビン―旅順間の南満州支線の敷設を清に認めさせるとともに，遼東半島の旅順と大連を租借した。日本の側からすれば，日清戦争によって日本が獲得するはずだった遼東半島をロシアに奪われたことになる。

日露戦争に勝利した日本は，1905（明治38）年のポーツマス条約によって，日本の韓国における政事上・軍事上・経済上の優越権をロシアに認めさせた。前後して，同様のことがアメリカ・イギリスからも認められ，以後，日本は国際的非難を浴びる恐れなしに，朝鮮の植民地化を推進する。さらに，旅順・大連などのロシアの関東州租借権や東清鉄道南満州支線（南満州鉄道）が，清の承諾の下で日本に譲渡されることになった。これによって，日本は南満州を拠点にもつことになり，以後，中国への本格的進出を開始する。

朝鮮と南満州が日本の権益となったことによって，ロシアの南下は制約されることになった。しかし，逆に，外蒙古・北満州はロシアの，南満州・朝鮮は日本の権益に属するというように，日露の権益の境界線が明確になったことによって，両国が対立する条件は消滅した。一方，日露戦争は，日英同盟を結んでいたイギリスや中国の門戸開放を主張するアメリカの支持の下で戦われたのだが，戦後，日本が南満州に進出してその権益を独占しようとしたため，これら両国との対立もみられるようになった。イギリスは日本の南満州の権益独占の動きに抗議してきたし，アメリカは南満州鉄道の共同経営をもちかけてきた。白人社会である欧米では黄禍論（イエロー・ペリル）が声高に叫ばれ，アメリカでは日本人移民排斥の動きも始まった。戦勝によって，日本は五大国に数えられる強国として扱われるようになったが，国際的孤立の兆しも現れたのである。

そのようななかで，日本は対立の条件が消滅したロシアに接近した。ロシアもバルカンへの南下がドイツとの対立を引き起こしていたため，日本との接近をはかった。日露関係では例外的な蜜月の時期を迎えたのである。1907年，日露協約が締結され，ロシアの外蒙古・北満州，日本の韓国・南満州における特殊権益を相互に承認した。それはポーツマス条約によって確定した境界線を再確認するものであったが，1910年には第二次日露協約によって，それらの権益を擁護するための共同行動を約し，中国の辛亥革命によって外蒙古独立運動が起きると，1912年，第三次日露協約によって内蒙古を分割し，西部内蒙古はロシアの，東部内蒙古は日本の勢力範囲であることを確定した。第一次世界大戦中の1916年，すなわち，問題文の文章が執筆された年，第四次日露協約が締結され，日露両国による中国全土の分割がはかられ，そのときには，共同して軍事行動を行うことまでもが約された。

このように，日露協約は次第に強化された。最終的には，中国全土を日露で分割することまでが計画されたのであった。しかし，1917年ロシア革命が起きてロシアが消滅し，日露協約は失効した。ロシアに代わって成立したソビエト政権とは，激しく対立する。また，大戦中の中国の袁世凱政権に対する二十一カ条要求は中国での反日運動を激化させ，日本が中国のみならず，東南アジアにも進出するようになって，アメリカ・イギリスとの対立も目立つようになった。大戦後は，日本の国際的孤立が明確になるのである。

以上をまとめるとよい。日本の南満州進出とその権益独占がアメリカ・イギリスとの対立を招いたこと，勢力範囲が確定したことによって日露両国は接近し，日露協約を締結して相互の権益維持をはかるとともに，権益の拡大をはかったこと，である。

なお，「変化」を問う問題では，「何々から何々へ」と答えるのが原則である。しかし，本問では，「何々から」に相当する部分はAで答えているので，「何々へ」だけを答えればよい。

解答

A日本は南下政策をとるロシア主導の三国干渉により遼東半島の還
付を強いられ，韓国では日本に対抗するため親露政権が成立した。(30字×2行)

B日露戦争により日本が満州に権益を獲得したので，英・米，とく
に門戸開放を唱えるアメリカとは満州の鉄道利権などをめぐり対立
が顕在化した。一方，勢力範囲が確定したことにより日露関係は好
転し，日露協約を結び満州・蒙古の権益の維持と拡大をはかった。(30字×4行)

2001年

第1問

解説 律令租税の一つである調の課税と納入の方式を，奈良時代と平安時代中期とで比較させる問題である。要するに，調の徴収・納入をめぐって，律令制度が奈良時代から平安時代中期にかけてどのように変質したかが問われている。98年度に現地の役人の役職について，奈良時代と平安時代後期を比較させる問題が出たが，それと類似している。東大の古代では，同一のテーマの出題が何年か続くことがあるから，あと2・3年は，このテーマをさまざまな分野で整理しておくとよいだろう。

(1)・(2)の史料とそれを説明する問題文が与えられた上で，「調の課税の方式や，調が徴収されてから中央政府に納入されるまでのあり方の違い」を奈良時代と平安時代中期に分けて説明することが求められている。そのとき，「(1)・(2)の史料からわかること」という注記と，「具体的に」という指示が付けられている。

本問の問題の要求を単純に表化すると，次のようになる。

	調の課税の方式	調が徴収されてから中央政府に納入されるまでのあり方
奈良時代	①	③
平安中期	②	④

この①～④に書き込みを行うのが，第一の作業である。それにあたって，まず既存の知識でデータを整理し，その上で，(1)・(2)の史料からわかることを補足する，という手順に従うことになる。

①・② 租税については，一般に，ⅰ基準，ⅱ負担者，ⅲ内容の三点から整理するとよい。①は律令制度から考えるのであるが，律令制度では，戸籍・計帳に基づく人民の個別人身支配を前提とし，ⅰ基準は，口分田にかかる租や出挙を別にして，課口といわれた公民成年男子に人頭税として賦課されるのが基本であった。ⅱ負担者としては，調も公民成年男子にかかる人頭税であり，中男(少丁)・正丁・次丁(老丁)の三者が負担した。ⅲ内容については，令に調は「郷土の出す所に随へ」とあり，地域によってさまざまなものが賦課されたが，絹・絁(あしぎぬ)・糸(生糸)・綿(真綿)など，要するに，蚕の繭からつくられたものが主として納入された。律令制度が変質・崩壊した②になると，戸籍・

2001

計帳による人民の個別人身支配は不可能となり，国司が国衙領を名に編成し，名を田堵に請作させ，田堵から請作料を徴収するようになった。律令は名目的には有効であったから，その請作料は律令の租税形式に従って徴収され，租・庸・調・雑徭や出挙などの律令税制の系譜を引き，米納中心になった官物と夫役・雑物などの雑役とに大別された。したがって，ｉ基準では名であり，ⅱ負担者では，実際はその下の隷属民に転嫁されるにせよ，田堵となる。ⅲ内容は，調は米納中心の官物に含まれる。

③・④　律令制度が行われた奈良時代の③では，公民は律令行政機構によって支配されたから，調は，律令行政機構に基づいて徴収され，律令行政機構に基づいて中央政府に納入された。即ち，人民は戸を単位に組織され，保・里・郡・国の機構を通じて支配された。調をはじめとする租税は，戸主を通じて戸を単位に徴収され，保・里・郡・国の機構を通じて国衙に納入された。租と出挙の利稲は多くが国衙の財源として用いられたが，調・庸は課口から運脚が徴発され，国司・郡司らに率いられた運脚夫によって都まで運ばれ，民部省に届け出，庸はそのまま民部省に，調は大蔵省に納められた。平安時代中期の④になると，地方政治は国司に任されるようになり，国司の権限が強大化して，郡司以下の地方官人は次第に権限を失っていった。国司は郎等や従類を率いて入部し，かれらが直接徴税にあたることが通常になった。地方政治を任された国司は徴税請負人化し，規定以上の徴税を行っても，国ごとに定められた一定の官物を中央政府に納入すればよかったから，私腹を肥やすことが可能となった。中央政府への納入も，国司がみずから行うようになった。

次に，(1)・(2)の史料からわかることを補足する。奈良時代の(1)では，尾張国から都に運ばれた調の品に付けられた木簡に，本籍地・氏名，量，日付が記されていることから，律令制度に基づいて徴税・納入が行われていたことがわかる。調として塩が納められていることから，調が「郷土所出」に随っていたことは，付け加えておく必要があろう。平安時代中期の(2)の尾張国郡司百姓等解文からは，調が官物に含まれていること，田地に割り当てて調が徴収されていること，その価値が米に換算されていること，ところが，国司が先例を破って絹の価値を低く設定し，きわめて多くの絹を徴収していることなどがわかる。これらはすでに②・④で考えたことに含まれる。一方，農民からは精好の生糸を徴収し，それで上質の絹織物を織って私用にし，政府には他国の粗糸を買い上げて納入しているという記述に相当するものは，今までに考えた②・④になかったので，それは，何らかの形で解答に盛り込もう。

ついで，制限字数を考慮して，データを絞り込む必要がある。そのために，あらかじめおよその字数の配分を行うと，与えられた５行(150字)を奈良時代と平安時代中期に按分して，それぞれに75字，さらに，調の課税の方式と徴収・納入の方式をとりあえず五分五分とみなすと，それぞれが40字弱となる。これがうまく行くとは限らないが，およその目安として，重要な事項をもらさないようにしてデータを絞り，文章化すると，解答になる。

解 答

調は戸籍・計帳に基づき公民成年男子に課される人頭税で，諸国産物などが戸を単位に国司・郡司などを通じて徴収され，農民の運脚により都に運ばれた。10世紀には調は官物に編入され，名を単位とする土地税として田堵に課された。定額租税納入方式の下で国司が恣意的な徴税を行い，一部は他国産物と交易して政府に納入した。(30字×５行)

第２問

解説　鎌倉時代の荘園についての問題である。鎌倉時代についての出題は最近減っていて，将軍と北条氏・御家人との関係について出題された97年度以来の出題であった。また，問題に図が与えられているが，それはとくに中世を中心に，文字史料だけでなく，絵画史料をも新たな領域として開拓しようとする学界の動向に沿うものである。95年度にも，中世の商業・貨幣流通をめぐって，絵画史料が出題された。近世では，92年度に蔦屋(つたや)の店舗の情景を描いた版画が史料として出題された。

(1)〜(3)の文章と図が与えられ，これらを読み，図をみて，それぞれ２行(60字)と少ない制限字数のＡ・Ｂ・Ｃの３つの設問に答えるように求められている。それぞれの問題にそれほど密接な相関関係が認められないので，設問ごとに個別に考え，それとの関連で，与えられた文章と図を読み解いていくことにする。

Ａ「東国と西国では，地頭がもっている荘園支配の権限にどのような違いがあったか」という問題である。

まず，地頭のもつ荘園支配の「権限」とは何か，ということが問題になる。一般には，守護が「権限」を問題とするのに対して，地頭は「得分」が問題とされる。何故なら，守護は鎌倉幕府の地方官として将軍のもつ権限を地方で執行するものだから，「権限」が重要なのに対し，地頭職は将軍から御家人に「御恩」として与えられるものだから，御家人にとって「得分」が重要になるのである。例えば，承久の乱後の1223年に定められた新補率法は，いわゆる新補地頭の得分を定めたものであった。そして地頭とは，要するに荘官の一種だから，その権限は「荘官」としての権限なのであった。だから，ここでの「地頭がもっている荘園支配の権限の違い」とは，荘園領主との関係において，地頭が「荘官」としてもっている権限の強弱が問われている，と考えてよいだろう。ただし，「強い」「弱い」という表現には具体性が欠けるから，その具体的内容や性格に言及する必要があろう。

次に，東国の地頭と西国の地頭との違いが問題になる。上述のような地頭の権限が，本領安堵か新恩給与かによって強弱が異なることは，容易に想定できる。本領安堵の方が，新恩給与の場合よりも地頭は荘園領主に対してより強い立場にあるだろう，という推定である。しかし現実には，東国にも本領安堵の地頭も新恩給与の地頭もいたし，西国にも新恩給与の地頭のみならず本領安堵の地頭がいた。だから，東国＝本領安堵の地頭，西国＝新恩給与の地頭，として一般化するのは，不可能である。ここで，東国と西国の地頭の違いを考えるとき，あくまでも与えられた問題文(1)〜(3)に従うしかないのである。

(1)は上野国，(2)は丹波国，(3)は伯耆国の荘園だから，(1)が東国，(2)・(3)が西国の地頭についての記述である。(1)は，豪族が未墾地の開発を進めて開発領主として成長し，その所領を貴族など中央の権門に寄進して寄進地系荘園となり，その子孫が御家人となって本領安堵によって地頭職に任命されたことを示唆している。そこから，東国では，開発領主，相伝所領，本領安堵などの語が引き出され，地頭の在地支配権が強かった，という結論が導き出される。(2)・(3)は設問Bに関してのもので，(2)は地頭請，(3)は下地中分についての説明だが，(2)に「承久の乱後に任命された地頭」と記され，承久の乱後に新恩として任命された新補率法による新補地頭であることが示唆されている。ところが，新補率法は得分についての規定であって，権限についての規定ではない。権限については(2)・(3)から，荘園領主と地頭との話し合いが行われ，その結果を契約として結んだという共通項がうかがわれるから，それを答えればよいだろう。

地頭の権限としては，その所領内における下地支配権・年貢徴収権・治安警察権など，「荘官」としての権限があげられるのが普通である。しかし，ここでは東国と西国との違いが問われているのだから，それは前提とし，「東国では本領安堵による地頭だったので，開発領主としてもともともっていた権限，西国では新恩による地頭だったので，荘園領主との契約によって認められた権限」としてまとめられる。文章化にあたっての表現上の違いは，それほど問題にはならない。

B　「西国では，荘園領主と地頭の間にどのような問題が生じたか。また，それをどのように解決したか。」という問題である。要するに，地頭の荘園侵害について述べればよい。ありふれた平易な問題である。

地頭は「荘官」だから荘園領主に対する年貢納入の義務を負うが，やがて年貢を抑留し，それが押領・対捍(たいかん)(命令を拒否して年貢徴収に応じないこと)へと進み，そのような荘園領主との紛争の結果，訴訟・和与（示談）を経て，地頭請・下地中分が行われた，というのが，地頭の荘園侵害についてのまとめである。そのうち，問題としては紛争の内容と解決の結果だけが問われているので，経過である「訴訟・和与」については，触れる必要はない。また，(2)が地頭請，(3)が下地中分についての文章なので，地頭請と下地中分についてはその内容に触れ，具体的な説明となるように留意すればよい。

なお，地頭の荘園侵害とは，「荘官」であった地頭の下地・農民に対する権限拡大の過程である。地頭は本来年貢徴収権をもっていたが，耕地面積・収穫高・年貢量などの調査権・決定権は荘園領主にあった。ところが，地頭請によって荘園領主はそれらの権限を失い，それらの権限が地頭に帰して，地頭は荘園領主に対して定められた請料を納入する義務を負うだけになった。下地中分が行われると，地頭の支配する下地は半分になるが，地頭分については，地頭は荘園領主の干渉をいっさい受けずに支配することが可能となり，荘園領主に対する年貢納入義務もなくなる。このことは理解した上で，解答を記してもらいたい。

C　「荘園では，どのような産業が展開していたか」が問われている。ただし，一般論として答えるのでなく，「上の文章と図から読み取れることを」答えるのだから，まず，文章と図から荘園内の産業に関連するものをすべて選び出し，次いで，それを既存の知識によって整理し，それを文章化して解答とするという手順になる。なお，ここでの「産業」とは，かなり広義にとって，農民が生業としていたものをすべて含むと考えた方がよいようである。

(2)には，地頭が荘園領主である東寺に納める年貢として契約したものに，米142石，麦10石のほか，栗１石，少量の干柿・くるみ・干蕨・つくしがある。ここから，米作が中心であるが，麦作もあったこと，そして，既存の知識から，米を表作，麦を裏作とする二毛作が行われていたことが推測される。少量の干柿・くるみ・干蕨・つくしは，庭先や原野に生えているものを採ってきて，それに単純な加工を施しただけと考えられるが，栗の１石というのはそれなりの量だから，意図的に栽培されていたと考えてよいだろう。

(3)の下地中分のときに作成された図には，「馬野」の地名があり，原野のあちこちに数匹の馬が描かれている。ここでは，馬の放牧はかなり重要な生業であったのだと思われる。また，海に通じている湖には１艘の舟が浮かび，釣りをしているように見える。漁業も行われていたことを示すものだろう。海の沖合いには帆掛け舟３艘が描かれ，海運が活発だったことを示唆する。「大湊宮」が描かれ，「大湊」の地名があったことが推定されるから，その海運にこの荘園もかかわっていたのだろう。

以上，(2)と図からわかったことを２行にまとめれば，解答になる。

解答

A東国では開発領主として元来持っていた権限が本領安堵により保証され，西国では新補率法に基づいて荘園領主と契約が行われた。(30字×２行)

B年貢納入などを巡り紛争が発生したため，地頭が年貢などの納入を請負う地頭請や，土地そのものを折半する下地中分が行われた。(30字×２行)

C稲作を中心に，麦を裏作とする二毛作も行われた。山野河海を利用しての馬の飼育・果樹栽培や採集・漁労，湊での水運も営んだ。(30字×２行)

第３問

解説 1840年代になると，村人の間に識字率が高まり，学問・俳諧・書画など，さまざまな文芸を心がける人が多くなった，という文章をあげ，「そのような変化が生まれた背景」を「化政文化の特徴」にもふれながら説明することが求められている。近世の出題は，幕藩体制の構造に関するものとその推移に関するものとにほぼ大別できるが，本問は，後者の幕藩体制の推移に関する問題で，化政～天保の時期がテーマになっている。

92年度に蔦屋の店舗の情景を描いた版画をあげ，「化政期に出版が盛んになった原因は何か」という問題が出されたが，それと類似した問題である。92年度の問題が江戸を中心に説明するのに対し，本問は村の変化として説明することを求めたもので，重点が移動しているだけである。

江戸時代には，もともと村役人など豪農層には学問が必要であった。それについては85年度に，「豪農が学問を必要とした理由」を説明させる問題として出題された。さらに，一般農民の識字率も向上し，学問は本百姓といわれた一般農民層にも普及した。それに関連して89年度に，さまざまな農書が刊行され，広く全国に流布したという現象から考えられる「江戸時代の農村社会で起きていたこと」を説明させる問題が出題されている。そのなかで当然，「化政期・天保期に起きていたこと」の説明も求められるが，それを独立の問題にしたのが本問だといえる。

江戸時代には村請制がとられた。村には広い自治が認められ，幕府や諸大名の法令は村に送達され，村役人を通して一般の農民に周知・徹底された。年貢も村高としてかかり，村役人が各農家に年貢高を割り当て，その徴収にも村が責任を負った。それが豪農に読み・書き・算盤の能力が必要であった理由である。さらに，寛文年間（1660～70年代）には小農経営が一般化し，農民は収穫物の年貢を納めた残りがすべて自らの所有に帰すことになったため，農業生産性の向上への意欲が高まった。江戸時代において，品種改良の進展，農業技術の改善，商品作物の栽培，金肥の利用，農書の発達・普及など，農業の発達がきわめて著しかったのは，このような小農経営の一般化が，すべての前提である。それらを前提とし，化政～天保期になると，農民の読み・書きの能力はいっそう普及し，奉公人にまで及び，さまざまな文化をも享受するようになった。それは何故か，というのが，本問の要求である。

幕藩体制の推移は，幕藩領主・農民・商品流通の三者の展開とその相互の関連をとらえればよいのだが，本問では，幕藩領主はそれほど関係しない。農民と商品流通の展開との関連のなかで，化政～天保期をとらえるとよい。

江戸時代には，兵農分離とともに商農分離も行われ，農村内には商人の居住は禁じられ，農民は自給自足の生活を送ることが求められたが，米納中心の年貢の換金の必要に迫られた幕藩領主が都市に年貢を送って販売したため，全国的商品流通が発達した。寛文期に全国的交通網が整備され，小農経営が一般化すると，農民による商品作物栽培が活発化し，大坂など大都市の問屋商人が地方商人を組織し，その商品作物を集荷し，加工して販売するようになった。こうして成立した全国的商品流通機構を大坂を中心とする大都市問屋商人が掌握したことを背景に，上方を中心に上層町人を主な担い手とする元禄文化が展開した。かれら大都市問屋商人は株仲間を結成して営業の独占をはかったが，享保期になると，幕府はそれを公認して商品流通を統制しようとし，さらに，田沼期には株仲間に営業独占権を与えるかわりに運上・冥加を徴収して，窮乏した財政の再建をはかった。諸大名も，それに倣ったと考えてよい。しかし，株仲間による営業独占は，商品作物栽培によって農民がえるべき利益が都市問屋商人に吸収されることを意味していた。寛政期に，田沼期につくられた株仲間の多くが廃止されると，農村内で商品作物を集荷・加工し，消費地に送って販売しようとする動きが活発になった。とくに，江戸という大消費地を背後にもつ関東において，それは活発であった。前者が在郷商人であり，後者が江戸地廻り経済圏の発達である。中下層町人や農民など，庶民の生活水準の上昇を受けて，商品の内容にも変化が見られた。例えば，農民の代表的な商品作物栽培である綿作で見ると，元禄期には農民が綿作でつくった綿花を，都市問屋商人が集荷して問屋制家内工業により繰綿に加工し，庶民は繰綿を購入して，自ら綿糸に紡ぎ，綿織物に織って着用していたが，化政期になると，在郷商人が集荷した綿花を，問屋制家内工業のみならずマニュファクチュアの方式も採用して綿織物にまで加工し，庶民は綿織物を購入して着用するようになった。言い換えると，庶民はより高い加工度をもつものを購入するようになったのである。こうして，庶民を主な購買者とする在郷商人の活動が活発化し，とりわけ江戸地廻り経済圏が成長したことを背景に，江戸を中心に庶民を主な担い手とする化政文化が展開した。在郷商人は広域にわたって行動するが，それは文化の交流を活発にし，天保期ともなると，化政文化は農村にまで広く深く浸透していった。

本問の要求は，化政文化の特徴とその農村内への浸透を答えさせることにある。江戸初期までさかのぼって説明したが，そうしないと，化政～天保期の特徴をえぐり出すことができないからである。例えば，「農村に商業が浸透した」と記せば，それは江戸時代を通じてそれなりにどの時期にもあったことだから，化政～天保期についての具体的説明にはならない。それまでの推移を押さえることによって，はじめて化政～天保期の特徴が浮かび上がってくるのである。

解答

化政期には農村内での商品作物栽培やその加工・販売が進展し，とくに江戸近郊で農村工業の発達が顕著だった。その結果，江戸など都市では中下層町人を担い手とする文化が栄え，農村でも自治意識の高まりもあって教育が普及した。都市と農村は結びつき，商人・文人との交流や出版物を通して都市文化は農村に伝播・浸透した。(30字×５行)

第４問

解説　明治時代の銅の生産をめぐる問題である。2000年度に昭和初期の井上財政・高橋財政をめぐる問題が出されたから，近代では２年連続して経済からの出題だったことになる。また，2000年度の問題に，1996年度の輸出入の背景を問う問題を含め，最近の近代経済の問題は，いずれもグラフをもとにして考えさせる問題であった。

問題はＡ・Ｂの二つに分かれるが，両者には関連がみられない。だから，別個に考える。

Ａ　銅の生産と輸出についての1881～1910年のグラフが与えられ，「銅の生産がこの時期の日本の経済発展にはたした役割」を説明することが求められている。制限字数は２行(60字)だから，結論を書くだけで，字数はいっぱいになる。

1881(明治14)年といえば松方財政が始まった年であり，1910(明治43)年といえば明治がもうすぐ終わるころである。この時期の日本経済にとってのもっとも重要な課題は，産業革命であった。だから，「銅の生産が日本の経済発展にはたした役割」とは，「銅の生産の日本の産業革命との関連」とほぼ同義である。

日本の産業革命は，明治20年代に綿紡績業を中心に展開し，明治30年代後半になって鉄鋼業を中心とする重工業にも及んだ。綿紡績業の産業革命は，原料である綿花をインドやアメリカから輸入し，紡績機械をイギリスから輸入することで可能となった。鉄鋼業でも，原料の鉄鉱石・銑鉄や機械は輸入に依拠した。つまり，産業革命を実現するには，原料・機械を輸入するための外貨の獲得が必須の条件であった。

次に，グラフでみると，1901～1905年には内需が拡大しているが，銅はその生産されたものの大部分が輸出されていることがわかる。1901～1905年に内需が拡大したのは日露戦争の影響と考えられるが，要するに，銅生産は輸出産業であり，製糸業に勝るとも劣らない外貨獲得産業だったのである。以上で，解答を導きだせる。「生産された銅を輸出して外貨を獲得し，その外貨で，産業革命のために必要な原料・機械を輸入できた」とすればよい。

日本の代表的な外貨獲得産業は，生糸を生産する製糸業であった。そして，「製糸業が日本の経済発展(＝綿紡績業の産業革命)にはたした役割を説明せよ」という問題は，論述問題としては頻出のテーマである。東大でも84年に，「男軍人　女は工女　糸をひくのも国のため」という製糸工女の工女節の意味を説明せよ，という形をとって，そのような問題が出た。ただ，「製糸業と綿紡績業との関連」では問題としてやや陳腐になったので，ちょっとひねりを利かし，製糸業に似た性格の製銅業を例にあげ，同様の問題としたのである。

B 「銅の生産がもたらした社会問題」を説明せよ，という問題である。足尾銅山鉱毒事件について説明すればよいということは，すぐわかるだろう。このような事項を説明させる問題では，必要事項をもらさず，全体を過不足なく説明することに留意さえすればよい。本問での必要事項は，足尾銅山，渡良瀬川流域で鉱毒，被害農民の抗議行動，元代議士田中正造が天皇に直訴，などとなる。

本問には，これ以上の解説の必要を認めない。もっと詳しく知りたければ，辞書でも引いてもらいたい。東大で論述問題を出すようになって以来の，もっとも平易・安易な問題である。

解答

A銅生産は製糸業と並ぶ外貨獲得産業であり，その大半が輸出に回
されることで，産業革命に必要な原料・機械の輸入を容易にした。(30字×２行)
B足尾銅山の鉱毒が渡良瀬川に流出し，広範な流域農地が被害を受
けた。この公害問題は，被害農民による抗議行動や代議士を辞した
田中正造による天皇への直訴等により，大きな社会問題になった。(30字×３行)

2000年

第1問

解説 律令国家のもとでの駅制についての問題である。しかし，駅制そのものについての知識が求められているのではない。必要な知識は，(1)〜(5)の文章ですべて与えられている。律令制と当時の諸状況についての理解があるかどうかを，駅制を通して答えさせる問題である。

問題はA・Bの二つの設問に分けられているが，問題を考えるに先立ち，与えられた(1)〜(5)の文章のポイントを押さえておこう。

(1) 各道の駅には駅馬が置かれ，国司が監督責任を負っていた。

(2) 地方の諸情報は，駅馬を利用した駅使によって中央に報告された。

(3) 中央の命令は，駅使によって地方に伝えられた。駅では，駅使に食料を提供した。

(4) 駅長は調・庸・雑徭を，駅子は庸・雑徭を免除され，駅馬の管理・飼育などに従事し，駅使への供給にあたった。

(5) 駅使が利用できる馬の頭数は定められていたが，さまざまな使者が規定より多くの駅馬を利用するようになった。

以上をまとめると，(1)は駅に駅馬が置かれたこと，(2)・(3)は駅の役割，(4)は駅長・駅子，(5)は9世紀に駅馬の利用が増大したことの説明である。以上をもとに，問題を考える。

A 律令制のもとで,「駅が設置された目的」と「山陽道の駅馬が他道よりも多かった背景」とが問われている。前者があって後者の問題がありうるのであるが，両者を別個に考えてよい。制限字数は3行(90字)だが，両者を対等と考えて，それぞれに45字ずつを配分するとよいだろう。

まず,「駅が設置された目的」。(2)・(3)から,「駅使に駅馬を提供するため」ということに尽きる。しかし，それでは抽象的すぎるから，その具体的内容を考える。

第一に,駅という施設が設けられるに先立ち,道路が敷設されることが前提である。道路は,問題文にあるように,「都と地方を結ぶ」ものである。なぜ「都と地方を結ぶ」必要があったかというと，律令制ではきわめて中央集権的な支配が行われ，中央が地方を支配したからである。だから,「律令制ではきわめて中央集権的な支配が行われ，中央が地方を支配するために，中央と地方を結ぶ道路が敷設された」という意味のことを解答に盛り込む必要がある。

第二に，駅使とは何か，を具体的に考える。一言でいえば，公使＝官吏の公用の使者である。もっと具体的には，中央の役所が地方に派遣する使者，例えば御贄（みにえ）使など，地方の国司が中央に派遣する使者，例えば朝集使などである。まとめると，「中央集権的な地方支配を実現するために，中央と地方の間を絶えず公用の駅使が往来し，その便のために駅が設けられた」となる。

第三に，駅使によって何が伝えられたか，ということである。(2)から，反乱や災害・疫病の発生，外国の動向などが中央に報告されたことが，(3)から，詔が駅を通じて地方に伝えられたことがわかる。問題文には述べられていないが，調・庸などの京進物が駅を通じて都に運ばれたことも，当然であろう。

以上の三点を45字程度にまとめる。字数を絞り，ポイントを押さえた簡潔な文章を書かないと，すぐ字数がパンクする。

つぎに，「山陽道の駅馬が他道よりも多かった背景」。これは，「山陽道が他道よりもとくに重視された理由」と言い換えることができる。

ここでは，まず，山陽道がどのようなものだったか，を考えなければならない。(1)に，「都と大宰府を結ぶ道」とあるから，大宰府がどのようなものだったかを考えれば，およその見当がつく。大宰府は，現在の九州にあたる西海道を統括するとともに，鴻臚館が置かれて外交を，防人司が置かれて国防を取り扱った。つまり，対外関係を管轄する重要な地方機関だった。

さらに，山陽道は，ほぼ現在のJR山陽本線のルートに沿って九州に至る。その沿線地域がどのようなものだったか，についても考える必要がある。すると，弥生時代以来，日本の歴史が西日本を中心にして発展し，西日本が先進地域で，その支配は中央にとって重要だったことがわかるだろう。

ここでは，この二点について述べればよい。それを45字程度にまとめる。

B　「850年に逃亡した駅子を捕えるようにと太政官の命令が出されたが，なぜ駅子は逃亡したのか」という問題である。

問題文(1)・(2)・(3)は設問Aに関するものだったが，駅長・駅子について説明した(4)と駅馬利用の増大を述べた(5)が，設問Bに関する問題文であるという見当はつくだろう。

駅子そのもの，まして駅子の逃亡などというようなことは，聞いたこともないというのが，諸君の大部分だったと思われるが，それは深刻に考える必要はなく，「なぜ班田農民は逃亡したのか」という，きわめてありふれた問題に還元させて考えてよい。それを駅子という具体的条件のもとで考えればよい。

「浮浪・逃亡」については，1990(平成２)年にも出題されたことがある。その問題は，律令制の人民支配の本質に関するかなりの難問だったが，本問は，「なぜ駅子は逃亡したのか」というだけの問題で，きわめて単純である。一般の農民の逃亡であれば，「農民は口分田を与えられたが，租・庸・調・雑徭など，その負担は重く，その負担に堪えかねて逃亡した」となろう。それを問題文(4)・(5)を利用しながら，駅子にあてはめてみると，「駅子は庸・雑徭を免除されたが，駅馬の飼育，駅使の供給など，一般農民と異なる負担も重く，令の規定以外の駅馬の利用が増大すると，その負担に堪えきれずに逃亡した」となる。

もう一つ，注意したいことがある。令の規定より多くの駅馬の利用を禁ずる太政官の命令が出たのが838年，逃亡した駅子を捕えるようにとの太政官の命令が出たのが850年，ということである。その年代の前後関係から，駅馬利用の増大が駅子の逃亡を結果させたことが推測できるが，もっと重要なことは，これらが9世紀になってからだ，ということである。そこから，9世紀になって起こっていたことの説明も求められていると考えるべきである。

本問の制限字数は4行(120字)だが，それほどはいらない。設問Aと字数を逆転させ，Aを4行，Bを3行としたほうがよかったであろう。

解答

A中央集権的な律令制下，駅は中央と地方を結び，官吏の公用のため設置され物資や情報も伝えた。山陽道は，西海道統括と外交にあたる大宰府及び先進地域である西日本を都と結ぶので重視された。(30字×3行)

B駅子は令の規定では庸・雑徭を免除されたが，一般農民にはない負担も多かった。9世紀になると，律令国家体制の衰退・変質が進み，地方支配も弛緩したので，令の規定以上の駅馬使用が横行しだした。そのため駅子の負担は過重なものとなり，逃亡が続出した。(30字×4行)

第2問

解説　豊臣秀吉が天正15(1587)年6月18日に出したキリシタン禁令の第6条と第8条が史料として与えられ，A・B・Cの設問が付されている。豊臣政権は，通常は近世にいれるから，本年度は，本格的な中世の出題はなかったことになる。

設問A・B・Cとも，制限字数は2行(60字)。もう少し制限字数が多いと，解答にあたってさまざまな問題点を考えなければならないのだが，60字程度では，問題で問われていることだけを答えればよい。その点では，いずれも，考えやすい問題であるといえる。

A　「一向一揆の行動の特徴を説明せよ」という問題である。「第6条には戦国時代の一向一揆の行動が記されている。その特徴を説明せよ」とあるのだから，基本的には,与えられた第6条に記された一向一揆の行動の内容を記すだけでよい。そのとき，あらかじめもっている一向一揆についての知識を援用する程度で十分である。

第6条の一向一揆に関する部分を，やや補足を加えて書き直すと，次のようになろう。「一向宗(の一揆)は，国・郡に寺内を立て(門徒による支配の拠点とし)，(大名から知行を与えられて支配にあたる)給人には年貢も納めず，加賀一国を門徒領国として(門徒による自治を行い)，国主の富樫氏を追放して，一向宗の坊主(＝本願寺)の知行に服し，その上，越前までも奪って，門徒領国にした」。

解答に記すべき内容は，以上に尽きる。注意点は，それを整序して記す，ということぐらいである。支配を確立する経緯，自治の内容，外部権力との関係という順序で記せばよいだろう。

B 「伴天連は，日本布教にあたってどのような方針を採ったか」を説明せよ。という問題である。「第8条から読みとって」という指示があるから，その内容を読みとり，それを解答するだけでよい。

第8条の関連部分には,「国・郡や在所を持っている大名が，その家中の者たちを強制的に伴天連門徒にさせている」とある。それを,伴天連を主語にして書き換えると,「伴天連は，まず大名を信者にし，信者になった大名にその家臣を強制的に信者にさせて，布教の拡大をはかった」となろう。それを若干一般化し,「大名など支配階級のものをまず信者にし，主従関係など，その影響力を利用して信者を拡大しようとした」とでもすればよい。

諸君は，イエズス会とポルトガルは一体であり，そのため，北九州の大名らは南蛮貿易の利益と鉄砲・弾薬などの輸入を求めてキリスト教に接近したこと，また，最初に信者になったのは女性や貧民が多く，そのため，すでにザヴィエルは上京して正式な布教の許可をもらい，支配階級のものを信者にしたいという意図をもっていたことなどを，知ってはいよう。しかし，それらのことは，解答にいれてはならない。あくまでも,「第8条から読みとって」解答すべきなのである。

C 「秀吉が一向宗や伴天連門徒を『天下の障り』と考えた理由」を答えることが求められている。

本問は，因果関係を問う問題だから，史料から読みとったことを記すだけでは，解答にならない。因果関係を問う論述問題の一般的な考え方に従わなければならない。三段論法の論理を援用し，およそ次のように考えれば，よいだろう。

① 秀吉は，aのような「天下」の支配を考えていた。

② ところが，一向宗や伴天連門徒は，bのような行動をとった。

③　aとbは矛盾するから，秀吉には，一向宗や伴天連門徒は「天下の障り」だった。

このうち，bは，すでに設問AやBによって答えられている。③は，aとbとが矛盾することさえわかれば，問題と同じことである。ということは，aだけ答えればよいということになる。

aとは，秀吉の意図していた全国支配の方式である。それは，太閤検地を中軸とし，全国の検地を行うことによって，秀吉に全国の土地支配権が最終的に帰属することを明確にし，一地一作人の原則によって，農民を土地に緊縛し，秀吉のみが全国の土地・人民からの年貢収納権を保有する体制を築いた上で，それを武士に知行として与えて給人とする大名知行制を確立し，全国の武士に対する軍事動員権を掌握するものであった。

それを説明するには，まだまだ多くのことを述べなければならないが，ここで求められているのは，そのようなことではない。60字という制限字数を考えると，これらのなかの，もっとも根幹的なもののみに焦点を絞り，ポイントを押さえてまとめることである。太閤検地とその原則である一地一作人制，それによって確立した大名知行制などの語は必須である。それらの語の基本的説明を加えると，字数はいっぱいになる。

解答

A一向一揆は大名や他宗派を排除し，寺内町を形成し門徒が自治を
行い，本願寺を事実上の領主と仰ぎ給人への年貢も納めなかった。(30字×２行)

B伴天連は，まず大名など支配階級の者を信徒とし，主従関係を利
用して家臣らを信者にするなど，その影響力により布教を進めた。(30字×２行)

C検地・一地一作人制による土地・人民支配及び大名知行制に基づ
く武士支配を進めて全国統一を図る秀吉にとって，障害となった。(30字×２行)

第３問

解説　幕末，開国後の政情不安のなかで，文久３(1863)年，幕府は横浜鎖港を考えたが，それをめぐる問題である。幕末は近代にいれるべきだとすると，近世のうち，江戸時代そのものを扱った問題も，本年度は出題されなかったことになる。また，文久３(1863)年の横浜鎖港というきわめて小さいテーマが出題されたという点では，明治元(1868)年の五榜の掲示をめぐって出題された1997(平成９)年度の問題と同様である。

ヨーロッパに派遣された幕府使節とフランス外務大臣との横浜鎖港をめぐる交渉記録が史料として与えられ，A・B・Cの設問が付されている。それぞれを，別個に考えることにする。

2000年　解答・解説

A 「幕府使節のフランスへの要求」の内容を1行(30字)以内で述べよ，という問題である。

与えられた史料を読めば，「神奈川港閉鎖」であるとすぐにわかる。そして，「神奈川港閉鎖」と答えれば，正解として扱われるであろう。しかし，それでは，字数が余ってしまう。やむをえないから，何かを補足し，字数を埋めよう。「神奈川港閉鎖」のうち，「閉鎖」を幕府が考えるに至った背景は設問Bで問われているから，それは必要ないとすると，「神奈川港」そのものの説明を加えるとよいであろう。

まず，日米修好通商条約などでは「神奈川」が開港されることになっていたが，実際に開港されたのは，隣接の横浜だったこと。つまり，「神奈川港閉鎖」とは「横浜港閉鎖」だったこと。そして，江戸にも近く，江戸地廻り経済圏や最大の輸出品となった生糸を産出する東山養蚕地域を背後にもっていたため，横浜港が貿易の中心港であったこと，などである。

B 「幕府が神奈川港閉鎖を求める使節をヨーロッパに派遣するにいたった背景」を説明せよ，という問題である。

ここでの問題点は，「幕府が使節をヨーロッパに派遣した」という点と，「幕府が神奈川港閉鎖を求めた」という点との二点があるが，「すでに，不都合の事ども差し重なり」という「下線部の内容に留意しながら」説明せよ，という問題における限定を考慮すると，前者の「幕府が使節をヨーロッパに派遣した」という点は問題としては求められておらず，後者の「幕府が神奈川港閉鎖を求めた」背景の説明が求められていることになる。だから，本問は，「横浜港を開き続けることが困難になった理由，あるいは，幕府が横浜港を閉鎖したくなった理由を説明せよ」という問題に，言い換えることができる。さらに言い換えると，「開国によって，『すでに，不都合の事ども差し重なり』という事態が起きたが，それはどのようなことか，文久3年という時点において，具体的に説明せよ」となろう。

そこで，下線部の「すでに，不都合の事ども差し重なり」とはどのようなものかを考えてみる。与えられた史料には，その内容が「外国貿易の儀は，最初より天朝において忌み嫌われ，民心にも応ぜず，一種の凶族ありて，人心不折合の機会に乗じ，さかんに外国人排斥の説を主張す。」と記されている。それらは具体的にはどのような事柄であったかを，考えればよい。

それを箇条書き的に考えてみよう。

① 外国貿易には，朝廷は最初から反対していた。

将軍継嗣問題と条約勅許問題で揺れるなか，大老となった井伊直弼は，紀伊の慶福(よしとみ)を将軍継嗣とし，勅許をえずに日米修好通商条約を締結した。それは，西南雄藩を中心とする尊王攘夷運動を激化させた。文久2(1862)年，坂下門外の変のあと，薩摩藩の島津久光は率兵上京を行い，勅使を伴って江戸に赴き，文久の幕政改革を実行させた。その間，京都では長州藩の尊王攘夷派が朝廷を掌握して，朝廷は尊王攘夷派一色となり，文久3(1863)年上京した将軍家茂に攘夷決行を迫り，5月に長州藩は外国船を砲撃して攘夷を決行した。しかし，西郷隆盛を中心とする薩摩藩が京都守護職松平容保(かたもり)を頂点とする会津藩と結んで八月十八日の政変を起こし，朝廷内から尊王攘夷派を一掃し，長州藩を京都から逐った。その後，雄藩大名が上京し，朝廷内の諸侯会議である参預会議が開かれた。幕府が横浜鎖港を主張したのは，この参預会議においてだった。

これらの経過を順を追って書くことは，字数の上から不可能である。まとめると，朝廷の権威の高まり，西南雄藩の台頭，尊王攘夷運動の激化の三点となろう。

② 外国貿易は，民衆に不満を抱かせた。

貨幣は同種同量交換という条件で開国されたが，欧米との金銀比価の違いにより金の大量海外流出を招き，1860年，幕府は金貨の量目を大幅に減らした万延改鋳を行った。それは物価高騰を招き，庶民の生活を圧迫した。また，生糸を中心として輸出が伸張した。それは養蚕業・製糸業などを活性化させた反面，国内には品不足を招き，物価高騰を増幅した。さらに，開国による欧米の文物の導入は，長い鎖国のなかで安定していた庶民の生活に不安と動揺を与えるものであった。

ここでは，開国が物価騰貴をもたらし，それが民衆生活を圧迫した，という程度でまとめると，よいであろう。

③ 開国後の社会不安は，外国人排斥の説をさかんにした。

すでに①で述べた攘夷運動が，「外国人排斥の説」である。直接的には，外国人襲撃として現れた。外国人襲撃は，安政6(1859)年6月の開国直後から頻発していた。1859年にロシア人，1860年にはオランダ人が横浜で殺害されているが，1861年薩摩藩士によるアメリカ公使館通訳官ヒュースケン殺害事件，水戸浪士や松本藩士による二次にわたる東禅寺事件，1862年島津久光の江戸からの帰途に薩摩藩士がイギリス人を殺傷した生麦事件，高杉晋作ら長州藩士によるイギリス公使館焼打ち事件，さらに，1863年長州藩による外国船砲撃などである。

しかし，これらの事件を列挙しても意味はない。「攘夷運動の高まりにより，外国人襲撃事件が頻発した」とまとめればよい。

なお，自ら条約を結び，開国を決断した幕府が横浜鎖港を主張した背景には，参預会議において，開国を主張した諸侯に対して，横浜鎖港を主張することによって，幕府が主導権を握りたいとする意図があったものと思われる。それが「幕府が横浜港を閉鎖したくなった理由」であるが，それは，本問では答える必要はない。

C 「幕府使節が神奈川港閉鎖の交渉を断念した理由」が問われている。ここでは，主語は「幕府使節」であって，「幕府」ではない。つまり，ここでは最初から幕府の意向は問われておらず，渡欧して現地に行っていた使節が，現地での相手との交渉のなかで，交渉を継続する訳にはいかないと判断した，ということである。そのことは，問題にも，「フランス外務大臣の対応にふれながら」という形で示されている。

そこで，与えられた史料から，使節が交渉を断念する理由となったと思われるフランス外務大臣の言動を引用すると，「ただ今にいたり条約御違反相成り候わば，戦争に及ぶべきは必定にこれあり。御国海軍は，たとえば大海の一滴にて，所詮勝算はこれあるまじく存じ候。」とある。つまり，「神奈川港閉鎖は条約違反であり，条約違反を行えば列強との戦争になり，いざ戦争となれば，日本には勝ち目はない。」ということである。そして，それだけ書けば，一応正解とされたであろう。

さて，国内を焦土と化しても，あえて神奈川港閉鎖を断行すべきかどうか。ここで使節は考えた筈である。使節は，神奈川港閉鎖と何かを天秤にかけて考える。その天秤にかけられたものは何か。それも答える必要があろう。それは，設問Bで答えた事態がいっそう深刻化することである。そこまで答えて，万全となる。

解答

A神奈川に代わって開かれ，貿易の中心だった横浜港を閉鎖する。(30字×1行)

B開国がもたらした物価高騰は民衆生活を圧迫し，朝廷の意に反し
た開国に幕府への反発が強まった。そのため朝廷の権威が高まり，
西南雄藩が台頭し，尊王攘夷運動が高揚して外国人襲撃も起きた。(30字×3行)

C国際法無視の横浜鎖港は列強との戦争を招くとわかり，開港継続
による国内矛盾の深刻化以上の危機を幕府にもたらすと認識した。(30字×2行)

第4問

解説　「1928（昭和3）年から1935（昭和10）年にかけての経済政策と経済状況を説明せよ」という問題である。金解禁・金輸出再禁止を中心とする井上財政・高橋財政に関する問題だが，それは，近代の論述問題の頻出テーマである。頻出テーマが出題されたという点では，1999（平成11）年度の近代教育史，98（平成10）年度の労働運動史と同様である。近代経済史からの出題としては，96(平成8)年度の貿易の動向に関する問題以来の出題となる。

外国為替相場と商品輸出金額の変動を示すグラフを見，与えられた四つの語を用いて，この時期の経済政策と経済状況を説明することが求められているから，その両者

を個別に考えた上で，両者を結びつけてまとめる，という手順に従うことになる。

まず，与えられた語。

最初に，与えられた語の用いる順序を考える。

年代がはっきりしているものは年代順に従うべきだから，年代順に並べると，緊縮政策→世界恐慌→金輸出解禁→金輸出再禁止，となる。しかし，世界恐慌が起きたのは1929年だが，緊縮政策のなかですでに恐慌状態だった日本経済に1930年に影響が及び，深刻な昭和恐慌に陥ったことを考えると，緊縮政策→金輸出解禁→世界恐慌→金輸出再禁止，の順で用いるべきであろう。

ついで，与えられた語の補足説明を考える。

緊縮政策　1929年成立した立憲民政党の浜口雄幸内閣において，井上準之助が大蔵大臣になり，緊縮財政政策をとり，産業合理化を推進した。それによって国内物価を引き下げた上で，翌30年金輸出解禁を実行した。

金輸出解禁　日本は第一次世界大戦中の1917年金輸出を禁止したが，戦後，列強が金本位制を復活させたあとも金解禁のチャンスを失い，金輸出禁止を続けたため，為替相場は不安定で，円は下落していた。浜口内閣は，1897年の貨幣法に基づく旧平価により金輸出解禁を行った。その結果，為替相場は安定したが，円が上がったため輸入は増大し，国内物価を引き下げたにもかかわらず，輸出は減少した。

世界恐慌　1929年アメリカのニューヨークにおける株価暴落を発端に世界恐慌が始まった。世界的に物価が下落し，貿易は激減した。日本への影響は1930年に現れ，輸出が激減し，日本経済は深刻な昭和恐慌に陥った。金輸出解禁の下で，正貨である金の海外流出を招くことにもなった。

金輸出再禁止　1931年成立した立憲政友会の犬養毅内閣は高橋是清を大蔵大臣に迎え，成立直後に金輸出再禁止を行い，あわせて，金本位制を停止して管理通貨制をとった。すでに満州事変が勃発していたから，緊縮政策を前提とする金輸出解禁は困難となっていた。高橋蔵相の下で，赤字国債を発行する積極財政政策がとられ，為替管理によって円を安く設定し，輸出を増大させる政策がとられた。

以上をまとめると，緊縮政策で，浜口内閣または井上財政・産業合理化，金輸出解禁で，旧平価・為替相場安定，世界恐慌で，輸出激減・金流出・昭和恐慌，金輸出再禁止で，犬養内閣または高橋財政・金本位制停止または管理通貨制への移行・戦時需要・為替管理制または低為替政策の語を補足して用いなければならないだろう。

次に，与えられたグラフ。

商品輸出金額は，1930年，31年に激減し，32年から回復傾向がきざし，34年には以前の状態に復帰したことがわかる。つまり，井上財政の緊縮政策・金輸出解禁の下で輸出が激減し，世界恐慌の影響を受けてそれが加速され，高橋財政の積極財政政策・金輸出再禁止と管理通貨制による低為替政策の下で輸出が増大していったことが示されている。

なお，32年以後の輸出の増大には，満州事変によって日本の支配下にはいった満州をはじめとする対中輸出の増大が大きい比重をしめるが，それは与えられたグラフからだけではわからない。

外国為替相場は，やや低落していたものが，1930年100円＝米50ドルとなって安定したが，32年に急落し，34年にやや もち直したとはいえ，30年の半値程度であったことがわかる。つまり，旧平価による金輸出解禁によって外国為替相場は安定したが，金輸出再禁止と為替管理制によって外国為替相場は急落したのである。

文章化にあたっては，与えられた語で考えたことを中心にしながら，グラフから判断されることを加味していくとよい。

解答

浜口内閣は為替相場の安定を図り，緊縮政策・産業合理化を進め，
旧平価での金輸出解禁を断行した。しかし，世界恐慌が起きていた
ため，輸出減少・金流出をもたらし，昭和恐慌を招いた。そのため
犬養内閣は金輸出再禁止・管理通貨制移行を断行し，低為替政策に
よる輸出伸張と軍事インフレにより，日本経済は恐慌を脱出した。(30字×5行)

1999年

第1問

解説 7世紀後半の戸籍作成の進展と律令国家の軍事体制の特色について説明させる問題である。平成10年度の古代史の問題は，地方行政における現地の役人について説明させる社会史・制度史的な問題だったが，社会史・制度史的な問題が続けて出題されたことになる。ただし，時期については，東大の古代史で頻出の時期である7世紀後半であった。とにかく，7世紀，とりわけ，律令国家が形成される7世紀後半は，東大古代史の頻出テーマであり，過去10年間に5回も出題されたことになる。

さて，7世紀後半の戸籍作成の進展と律令国家の軍事体制の特色について説明させる問題であった。そのとき，両者の関連と，「天武の個人的経験」「古代の国際的経験」を背景としてふまえて説明することが求められている。それらの条件を一つずつ，考えていくことが必要である。

まず，7世紀後半の戸籍作成の進展。いうまでもなく，天智天皇が670年，最初の全国的戸籍として作成し，のち，大宝令・養老令では氏姓の根本台帳として永久保存されることになった庚午年籍（こうごねんじゃく），持統天皇が689年の浄御原令の施行にともない，690年に作成した庚寅年籍（こういんねんじゃく）の二つがあげられる。この2語は，必須である。

また，戸籍そのもののもつ意味についても考慮をはらう必要がある。戸籍が班田収授を行うための台帳であることは基礎知識だから，戸籍が作成されたことは，班田収授が行われるようになったことを示すものである。と同時に，律令制が全人民を国家の直接掌握下におき，その個別人身支配を行う体制だったことを考えるとき，戸籍作成がその必須の手段だったことを考慮しなければならない。ちなみに，徴税台帳だった計帳も，戸籍をもとにして作成された。とくに，律令制の形成途上であった7世紀後半においては，豪族が掌握していた部民（べのたみ）層を国家の掌握下におくために，戸籍作成を推進する必要があったのである。

つぎに，律令国家の軍事体制の特色。最初に，軍事権を国家が掌握していたことがあげられる。具体的には，戸を単位として正丁（せいてい）（公民男子のうち，21～60歳のもの）が3人いれば1人を兵士にとって軍団で訓練し，衛士（えじ）や防人（さきもり）を選ぶなど，必要に応じて動員するものであった。

律令国家の形成途上である7世紀後半がテーマであるから，大和国家の軍事体制との比較も行う必要がある。大和国家では，大王自身も名代（なしろ）・子代（こしろ）などを組織した直属の軍事力をもっていたとはいえ，基本的には，豪族がそれぞれ固有の軍事力をもち，大和国家に帰属している大伴氏・物部氏などの豪族の軍事力に依拠していた。それをいかにして国家の直接掌握下におくかが，課題だったのである。だから，軍事力・軍事権を国家が掌握したということの指摘は，欠かすことができない。

第三に，戸籍作成の進展と律令国家の軍事体制の特色との関連。それは，以上でほぼ明らかであるが，要するに，豪族が支配していた人民を国家の直接掌握下におき，豪族が有していた軍事力を解体して，国家が掌握している人民から兵士を徴発して，国家直属の軍事力をつくる，ということである。戸籍によって国家が人民を掌握したこと，その人民のなかの壮年男子である正丁を徴発して兵士として軍団に組織したことがわかっていれば，両者の関連を考えることができる。

最後に，この両者の背景になった「天武の個人的経験」と「古代の国際的経験」をふまえることが求められている。

年代順に，「古代の国際的経験」を先に考えよう。「古代の国際的経験」としては，さまざまなことがあった。しかし，本問のテーマが軍事体制であることを考えると，663年百済の救援要請に応じて朝鮮半島に出兵し，唐・新羅軍と戦って潰敗した白村江の戦いを意味することは，自明であろう。唐・新羅と戦って完敗したことは，日本(倭)が唐・新羅による侵攻の恐怖に脅えなければならなくなったことを意味した。そのために，天智天皇は防備体制の強化に邁進するが，一方で，唐の府兵制にもとづく直属軍の強大な軍事力を身をもって味わい，唐の軍事制度に倣った軍事制度をつくりあげる必要性を痛感させることにもなった。白村江の戦いから10年もたたないうちに即位した天武天皇の時期において，朝鮮半島で新羅が唐と交戦状態にはいるなど，極東の国際関係には変化が生じてはいたが，唐・新羅との緊張関係は，基調としては継続していたのである。

「天武の個人的経験」としても，さまざまなことがありうる。しかしここでも，本問のテーマが軍事体制であることを考えると，軍事的な経験に限られるから，天智天皇の死後の672年，皇位継承をめぐって，天智の弟であった天武が天智の皇子であった大友皇子と戦った壬申の乱を意味することは，自明であろう。近江大津宮を拠点とした大友皇子の近江朝廷軍に対し，吉野で挙兵した大海人皇子は美濃を中心とする東国の地方豪族軍を組織して戦って勝利をおさめ，即位して天武天皇となった。この事件は，二つのことを天武に痛感させたであろう。一つは，結局，政治の最終的決着は軍事力で決するということであり，もう一つは，自らが組織した地方豪族軍に比しての朝廷軍の意外な弱体さであった。即位して権力を掌握した天武としては，自らの権力を万全のものとするために，また，自らを基点とする新たな皇位継承のルールをつくり，今度は逆に，その皇位継承を脅かすような反乱が起きることを防止するためにも，自らの手に強大な軍事力を恒常的に組織する必要を感じた。

以上を，７行(210字)以内でまとめることになる。記述の順序としては，年代順，原因から結果へというのが原則だから，背景(古代の国際的経験→天武の個人的経験)→戸籍作成→その軍事体制との関連→軍事体制の特色となろう。字数配分としては，三つの条件を均分してそれぞれ２行(60字)程度とし，背景には二つの条件があるからやや多めの字数をとることを考慮して，書き始めるとよい。字数は限られているから，それぞれなにがもっとも重要かを考え，問題の要求に沿ってポイントを絞り込んで解答を書いていかないと，字数がパンクしてしまうだろう。

解答

白村江の敗戦後の唐・新羅との緊迫した国際関係下で，天武天皇が壬申の乱で勝利して権力を掌握したこともあり，中央権力による強大な軍事力掌握の重要性が痛感された。そのため，天智朝の最初の全国的戸籍である庚午年籍，持統朝の庚寅年籍などの戸籍作成を通じて，豪族支配下の人民を国家の直接支配下におく改革が進み，その上で，国家の人民支配の根元である戸を単位として正丁を徴兵して軍団に編成し，衛士・防人を選抜する律令軍事体制を形成した。(30字×７行)

第２問

解説　室町時代の文化の特徴について説明させる問題。中世では，平成６年度に南北朝期の文化の新しい傾向を説明させる問題が出題されたが，それに続く文化史の問題である。東大の文化史の問題は，近世で出題された，平成５年度の元禄文化，４年度の化政文化を説明させる問題を含めて，文化をその時代の「鏡」と考え，文化を通じて，その時代の特徴を答えさせるという問題であることが多い。本問も，そのパターンに属する。

室町時代の文化の特徴を説明させるのだが，限定がつく。一つは，(1)〜(4)の文章からうかがわれる特徴であることであり，もう一つは，当時の民衆の状況と関連づけるということである。

しかし，それらの限定条件を考えるのに先だって，室町文化を文化史の大きな流れのなかで押さえておくことが前提になる。それについては，平成６年度の第２問の解説でも触れたので，ここでは結論だけを述べておくと，第一に，文化の担い手が，国家・公家から武家や都市民・農民にまで広がり，地域的にも，都・都市だけのものでなくなったこと，第二に，仏教文化から生活を楽しむ世俗文化への傾向が生まれたこと，第三に，宋・元文化の導入により，文化に新しい要素が付加されたことである。以上を前提にして，文章(1)～(4)のそれぞれを吟味しよう。

(1)　観阿弥が伊賀国の山間部の農村で猿楽座を結成し，子の世阿弥とともに将軍足利義満に称賛を受けたこと。ここから一般化して言えることは，農村で始まった文化が武家にも受け入れられていった，ということである。

ここでは,猿楽のもつ意味についても,考えなければならない。古代に唐から伝わった雑芸である散楽(さんがく)が神社の祭礼に催される神楽(かぐら)と結びつき，滑稽な所作を演じるようになって成立したのが，猿楽である。言い換えると，農民たちがみんなが一緒になって楽しんだもので，猿楽師たちはそのような農民との共感のなかで猿楽をつくりあげていった。それが武家にも受け入れられ，その保護下に能楽として大成されていったのである。猿楽の「みんなが一緒に楽しむもの」という特徴は，忘れてはいけない。

(2)　村田珠光が貴族的な喫茶にあきたらず，町衆の間に行われていた質素な喫茶を取り入れて，わび茶を始めたこと。ここからは，公家・武家の文化に町衆の文化が融合して，新しい文化がつくりだされたことがわかる。

ここでも，喫茶の歴史を振り返っておく必要がある。喫茶の風はすでに奈良時代に伝わったと推定されるが，鎌倉時代に臨済宗を伝えた栄西が宋から伝え，茶の効能が喧伝されて，公家・武家・社寺などで広まった。南北朝期には茶寄合が盛んに行われるようになり，とくに新興大名の間では喧騒・猥雑な闘茶が盛んとなった。一方で，上流武家の間で唐物である茶道具をたしなみ，風雅を楽しむ喫茶も起こり，村田珠光はそれらを融合して，書院の茶の湯であるわび茶を創始したのである。わび茶が,「公家・武家・町衆の文化を融合して形成された」という特徴は，重要である。

(3)　戦国時代の初め，都からきて和泉国のある村に滞在していた公家が村人の演じるお囃子や舞を見て，都の熟練者にも劣らぬと驚嘆したこと。ここからは，中央の文化が地方に広がり，地方の農民の間にも中央の熟練者に劣らない文化が成立していたことがわかる。

戦国大名の分国が形成され，荘園がその支配下に組み込まれて，荘園からの収入が期待できなくなると，生活の手段を失った公家のなかには，畿内やその周辺の荘園だけでも何とか確保しようとし，その荘園のあるところに居を移すものもあった。この公家も，その例である。しかし，多くの公家や文化人は，つてを頼って，地方に下っていった。例えば，大内氏の城下町山口にはそのような多くの公家が集まり，京都の文化を移した観があって,「西の都」といわれた。勘合貿易などで発展した堺も，文化の中心地になった。こうして，戦国時代には，中央の文化が地方に広まるとともに，中央と地方の文化の融合が進んだのである。

(4)　大和国のある村の神社に連歌会を催すための掟が残され，点者(てんじゃ)などが参加者の多数決によって互選されたこと。ここからは，連歌が掟が作られるほど農村でも盛んに行われ，それはみんなが一緒に楽しむ場であったことが，わかる。

鎌倉末期から，武士の党・一揆や農村の惣，都市の町などで広く自治が行われ，そこではみんなが参加する寄合が意思決定機関としてしきりに開かれた。寄合は，みんなの共感を強化するためにも開かれ，リクリエーションの場ともなった。こうして，寄合を母体とする文化が成立した。連歌がその典型であり，茶寄合・猿楽なども，そのようなものだった。

つぎに，当時の民衆の状況。これは，(1)〜(4)で考えたことに，すでに触れられている。すなわち，一つは，古代以来の身分秩序が崩壊し，民衆にも活動の場が大きく開かれ，その結果，民衆が公家や武家の文化を吸収し，それらを融合して新しい文化をつくりだせるようになったこと。もう一つは，農村や都市で広く自治が行われ，寄合がしきりに行われて，寄合を母体とする共感を重視するさまざまな文化が成立したことである。

以上を，6行(180字)以内でまとめる。まず，当時の民衆の状況を述べ，当時に成立・流行した文化に触れ，その特徴を記す，という順序になろう。そして，特徴としては，共感の文化ということと身分・地域を超えた文化ということの２点は指摘しなければならないだろう。

解答

室町時代には，農業生産力の向上や商工業の発展を背景に，惣村や都市の町の形成が進んだ。自治的結合を強めた民衆は，猿楽・喫茶・連歌など，共同の芸能を創造・享受した。一方，伝統的公家文化と禅宗文化の影響の下で武家を中心に形成された中央の文化が地方へ普及し，惣村や都市の民衆文化との交流・融合が進んだ。この結果，上下の身分を超えた，広い民族的基盤をもつ文化が成立した。(30字×６行)

第３問

解説　江戸時代の有力な商人の家の相続の特徴を説明させる問題である。東大の近世の問題はほぼ，幕藩体制の特徴を説明させる問題と幕藩体制の時期による推移・変化を説明させる問題の二つに大別されるが，幕藩体制の特徴を説明させる問題では，きわめてありふれた，というよりもむしろ，とらえどころのない問題が出題されることがある。昭和61年度の銭湯が幕藩体制に対してもっていた意味を説明させた問題がその典型で，平成８年度の御蔭参りが発生した理由を説明させた問題もそれに準ずる。本問も，そのようなものの一つである。

江戸時代の有力な商人の家の相続の特徴を説明させる問題であるが，限定がつく。武士の家とくらべることと，商家の家訓から抜粋された文章(1)〜(5)に見られる長男の地位にふれることである。基本的には，「武士に倣って長子単独相続が行われた」ということになるが，それでは与えられた字数が埋まらないから，あとは，文章(1)〜(5)の内容を整理してまとめればよい。

まず，文章(1)〜(5)を，必要に応じて武士の家の相続と比べながら，考えてみる。

(1)　家の財産をご先祖からの預かりものと心得て，子孫に首尾よく相続させることが肝要とされた。

江戸時代には，きわめて固定的・閉鎖的な社会が形成され，「家」が単位とされた。家は先祖から子孫へ受け継がれるものとされ，個人はその生まれた家に帰属し，自分が受け継いだ家を支障なく子孫へ引き継ぐことが，最大の責務とされた。個人が勝手に振る舞って，家を没落させたり，なくすようなことは許されなかった。そのような状況・観念は武士社会で成立し，商人・農民などにも広まって，江戸時代の社会的な通念となった。

(2)　天子や大名では長男のみがその地位を継ぎ，次男以下はその家来となるが，商人の家でも，同様であるべきだとされた。

天子や大名が受け継ぐのは，「地位」である。「地位」はある特定の人物しか相続できないから，相続の形態は，単独相続しかありえない。それに対して，商人の相続は「財産」の相続であるから，分割相続も可能な筈である。ところが，天子・公家や大名・武士のあり方が商人にも影響を与え，相続の対象になるのは，財産ではなくて，財産が帰属する「家」だとされた。家長は「地位」であるから，商人の家の相続も，天子・公家や大名・武士に倣って，長子単独相続が行われ，次男以下は家を継ぐ長男の家来同様の扱いを受けた。

実際には商人の家では，次男以下や奉公人が財産を分与され，「暖簾分け（のれんわ）」という形で独立することが可能であった。しかし，その場合，本家と同じ屋号を用い，本家に対する分家として，本家の統制下におかれた。分家も本家の「家」に含まれるもので，「家」の相続は，あくまでも単独相続の形だったのである。もっとも，分家が独自の営業活動を行い，その勢威が本家をしのぐようになると，本家の影響力が弱まっていくのは，否定できなかった。ただし，商人の「家」の相続が問題にされている本問では，この「暖簾分け」については，考慮する必要はないだろう。

(3)　家を継ぐ長男には幼少のころから学問をさせ，その成長が思わしくないときは，長男には相続させず，人品を見て相続権者を定めた。

単独相続では，相続権者がすべてを相続するから，相続権者以外には何らの権益も与えられない。そのため，単独相続であるとき，相続をめぐる紛争が頻発する。それを防止するには，相続のルールを明確にし，相続権者以外が相続への意欲をもつような可能性を断ち切っておく必要がある。それが，単独相続が長子単独相続になる理由である。中世において武士社会の相続が分割相続から単独相続に変わったとき，戦乱が相次ぎ，社会秩序も安定していなかったときには相続権者にはふさわしい能力が求められ，相続権者である嫡子は必ずしも長男とは限らなかったが，社会秩序が安定した江戸時代の武士社会では，長子単独相続が制度化された。社会秩序の維持が最優先事項になったのである。もちろん，武士の間でも，長男が死亡すれば次男が相続し，実子がない場合は養子をとったが，それは相続のルール内のことである。一方，商人の家では，相続権者には家業や財産を維持・管理する能力が必要であった。そのため，武士に倣って長子相続を原則としたが，長男にその能力がないとき，ふさわしい人物を相続権者にしたのである。

⑷　血脈の子孫に相続権者にふさわしい人物がいないとき，他人でも役に立ちそうな人物を養子として相続させることとした。

上記⑶の延長上である。商人の場合，相続権者にはふさわしい能力が求められる。また，相続の対象は「家」であり，「家」の存続が重要であるから，血脈にふさわしい人物がみあたらず，血脈が相続すると家を滅亡させる恐れのあるときは，能力のある他人を養子として相続させ，家の存続をはかったのである。

⑸　他家へ嫁ぐ女子は，嫁ぎ先でも辛抱できるように，厳しく育てる。

ここでは，女子には相続権がなかったことに尽きる。相続の対象は家であり，女子は家を出て他の家に嫁ぎ，その家に属するとされたから，家の相続の対象外とされたのであった。

以上で，武士の家の相続とも比べたが，武士と商人の相続を一般論としても比べておかなければならない。

江戸時代には，土地・人民に対する支配権は形式上，すべて将軍に帰属し，主従制の原理に基づき，将軍が大名にその支配権を知行として与える大名知行制がとられていた。一般の武士は，そのような大名の家臣として，大名からさらに俸禄という形で知行を受けた。そして，幕藩体制が安定すると，その知行・俸禄が世襲されていったのである。だから，武士が相続するのは家や個人の財産ではなく，主君から与えられる知行・俸禄である。そして，主従制は形式的には個人と個人との関係だから，相続権者の決定権は主君に帰属した。つまり，武士の相続は幕府法などによって統制され，相続のときには主君の許可が必要だったのである。それに対して，商人が相続するのは，その家の家業・財産である。一般に，江戸時代には商人に対する統制は緩かったが，商人の相続には幕府法などの制約はなく，その家のなかで決めることができた。当時の支配階級であった武士の相続法が自然に商人の相続に浸透し，武士と同様の相続法をとるようになったのである。

武士社会では，大名知行制を維持するための秩序維持が優先され，長子単独相続が厳守された。(3)・(4)で述べたように，家業・財産を相続する商人では，長子単独相続を原則としながらも，その家業・財産を維持する能力が重視されたのである。

家が相続の対象であった江戸時代には，他家に嫁ぐ女子には相続権はなかった。武士の家の観念は商人にも広まったから，商人の家でも女子には相続権は与えられなかった。

以上を5行(150字)以内でまとめる。字数はかなり少ないから，ポイントを絞り込む必要がある。まず武士の家の相続について述べ，それとの対比で商人の家の相続を，(1)〜(5)の内容をもらさないように要約して記せばよい。

解答

大名知行制下で主君から与えられた俸禄を世襲した武士では相続に
主君の許可が必要で，身分秩序維持のために長子単独相続が行われ
た。有力商人の相続もその影響を受けたが，家業と家産を相続する
商家では相続権者にふさわしい能力が求められ，場合により次三男
や養子への相続も行われた。他家へ嫁ぐ女子は相続権がなかった。(30字×5行)

第4問

解説　「明治初年から戦後までの間の，初等教育・高等教育の制度・内容の両面の変遷の概略」を説明させる問題である。昭和60年度に「明治以後の教育の発達」を説明させる問題が出たが，それと類似している。東大の近代の出題では，近代の頻出テーマについて，近代を通じての変遷を説明させる問題が増えている。本問は，平成7年度の「女性の地位とその変遷」，10年度の「労働組合運動の変容」に続くものである。昨10年度の「労働組合運動の変容」では語群を与えて文章化させたが，語群が年表に変わったのを除くと，昨10年度とまったく同じ形式の問題である。

本問では，初等教育と高等教育というやや異質のものを一緒に説明しなければならず，書きづらいという印象を受けるだろう。与えられた年表にも，初等教育に関するものと高等教育に関するものが混在している。あまり神経質にはならず，初等教育と高等教育とを頭の中で区別し，それがニュアンスとして解答の中に出せればよい。

このような経過を説明させる問題は，知っていることを順々に書いていけば，そこそこの点数はとれるものである。与えられた年表については，その内容について知っていることを採点者に知らせる必要があるから，それぞれ何らかの説明を加えなけれ

ばならない。そこでまず，年表について考えてみよう。

1872(明治５)年　学制公布。近代学校教育の出発点となった。「必ス邑ニ不学ノ戸ナク」と国民皆学を謳い，教育の義務化をはかったが，フランスの画一的な学区制を採用して実情にそぐわず，また，その負担が住民にかかったことと重要な労働力である子供が学業に奪われることに対して，一揆などの激しい反対が起こった。

1886(明治19)年　帝国大学令公布。同時に公布された小学校令・中学校令・師範学校令などと総称して，学校令という。これによって，近代教育制度が体系化され，確立した。帝国大学令で，「国家ノ須要ニ応ズル学術技芸ヲ教授シ其蘊奥ヲ攻究スル」ことが目的とされたことからもわかるように，教育は富国強兵の手段とみなされ，教育に対する国家の統制が強化された。

なお，1879年に教育令が公布されている。アメリカの制度に倣い，地方の実情に即した教育を認めたものであるが，翌90年には改正され，教育に対する国家の統制が強化された。教育令は年表に入っていないが，初等教育が学制→教育令→学校令の順に制度的に整備されていったことは，触れる必要があろう。

1890(明治23)年　教育勅語発布。1889年強大な天皇大権を規定した大日本帝国憲法が発布され，日本近代国家が天皇制国家として確立されると，思想的にそれを支える天皇制イデオロギーが求められた。こうして，その翌90年発布されたのが教育勅語である。忠孝などの儒教的徳目が掲げられて教育の基本理念とされ，国民は天皇のよき臣民であることが求められた。

1907(明治40)年　義務教育４年から６年に延長。1904〜05年の日露戦争の中で，武器の取扱いや作戦遂行などにあたっての兵士の質を高めることの重要性が認識され，そのために教育水準を高めることが求められた。それが，義務教育年限の６年への延長となった。

1918(大正７)年　大学令公布。第一次世界大戦による大戦景気の中で，日本資本主義は，従来からの製糸業・綿紡績業・綿織物業などだけでなく，鉄鋼業・機械工業・造船業・海運業や化学工業など，高度な産業が発達し，重化学工業への萌芽も見られた。それに応じて高等教育を拡充する必要に迫られ，大学令が発布された。従来は帝国大学のみが大学と認定されていたが，これによって，専門学校の一部や私立大学が大学として認められ，公・私立大学が成立した。

1941(昭和16)年　国民学校令公布。1931年の満州事変勃発後，軍国主義の風潮が高まり，教育にも軍事色が強まっていたが，日中戦争が長期化し，アメリカとの対立が深刻化する中で，国民学校令が公布され，小学校を国民学校と改称し，義務年限は初等科６年，高等科２年の８年に延長された。戦時教育が重視されて教科編成も改訂され，「皇国民の錬成」が目標とされた。

1943(昭和18)年　学徒出陣開始。1937年に始まった日中戦争の長期化の中ですでに総動員体制がとられていたが，1941年に太平洋戦争が始まり，やがて敗色が濃くなると，徴兵強化が行われ，「根こそぎ動員」といわれるようになった。その中で，法文系の大学生と高等・専門学校生徒の徴兵猶予が停止され，学徒出陣が行われた。

1947(昭和22)年　教育基本法・学校教育法公布。戦後の改革の一環として，教育の民主化がはかられ，まず修身・歴史の教育中止などが行われた。こうして，民主教育を確立し，新たな学校制度を確立するために，教育基本法と学校教育法が制定された。教育基本法で，教育の機会均等や男女共学などの民主教育の理念が謳われ，学校教育法で，現在の学校制度につながる六・三・三・四制が確立し，小学校６年と中学校３年の６年が義務教育とされた。

本問の制限字数は，８行(240字)以内であり，比較的多い。その点で，解答をつくりやすい。しかし，与えられた年表に８項目があり，制限字数が８行だから，平均して，１項目に１行(30字)となる。それぞれにそれぞれの内容を述べ，かつ，その時代背景にも考慮を払うと，かなり凝縮した文章を書かなければならないことには，変わりがない。

解 答

明治政府は学制で国民皆学を掲げたが民衆の反発を受け，教育令を
経て，帝国大学令など学校令により学校制度を確立した。憲法発布
後，儒教的徳目を基礎にした教育勅語を基本理念とし，日露戦後，
義務教育が６年に延長され，そのころ就学率は90％を超えた。大正
期の急速な経済発展下で，高等教育拡充の必要から大学令で公・私
立大学を承認した。昭和の戦時体制下で，皇国民の錬成を目的に小
学校を国民学校に改編し，学徒出陣で大学生を戦場に送った。戦後
の教育基本法・学校教育法で民主教育の理念と新制度を確立した。(30字×８行)

写真提供・協力

米沢市上杉博物館

日本銀行金融研究所貨幣博物館

ユニフォトプレス

東大入試詳解25年　日本史〈第3版〉

編者	駿台予備学校
発行者	山﨑良子
印刷・製本	日経印刷株式会社
発行所	駿台文庫株式会社

〒101-0062　東京都千代田区神田駿河台1-7-4
小畑ビル内
TEL. 編集 03(5259)3302
販売 03(5259)3301
《第3版①－656pp.》

©Sundai preparatory school 2018
許可なく本書の一部または全部を，複製，複写，デジタル化する等の行為を禁じます。

落丁・乱丁がございましたら，送料小社負担にてお取替えいたします。

ISBN978-4-7961-2419-5　Printed in Japan

駿台文庫 Web サイト
https://www.sundaibunko.jp